새로 쓴
미국 종교사

새로 쓴
미국 종교사

류대영 지음

A NEW HISTORY OF
RELIGION IN THE UNITED STATES

푸른역사

†
지상에서 영원을 꿈꾸는 모든 이에게

은퇴를 앞두고 마지막 작업으로 미국 종교사를 새로 썼다. 대학 은퇴는 학문적 공생애를 마감한다는 뜻이다. 은퇴에 별다른 의미를 부여하지는 않는다. 은퇴식이나 은퇴 강연 같은 것을 하기도 한다는데, 나에게는 민망하고 어색한 일일 따름이다. 대학과 대학원 졸업식에도 가보지 않았다. 그냥 조용히 방 치우고 나가면 되겠지만, 그래도 공부의 마침표는 찍어야겠다는 생각이 들었다.

대학에서 영문학을 배웠다. 나는 미국 문학, 특히 소설을 좋아했던 것 같다. 백낙청, 장왕록, 김성곤 선생님께 존 윈스롭과 코튼 마터부터 호손과 멜빌, 포크너와 피츠제럴드, 헤밍웨이까지 배운 기억이 새롭다. 그때는 미처 몰랐지만, 사전을 찾아가며 띄엄띄엄 억지로 읽은 그 글들이 내 지성의 살과 피가 되었다. 대학원에서도 여러 분야를 맛보기 하다가 결국 미국 종교사를 전공했다. 종교라는 것이 온갖 세상사와 연결된 것이다 보니, 종교사를 공부하면서 문화사, 사회사, 정치-외교사까지 기웃거릴 수밖에 없었다. 대학 이후 내 공교육은 미국 문학에서 시작하여 미국사로 끝난 셈이다. 미국이 내 공부의 시작과 끝이었다는 사실을 이 책을 쓰면서 새삼 느꼈다.

이 책은 청년사에서 2007년 냈던 《미국 종교사》를 기초로 삼았다. 독자들의 반응도 좋았고 정부의 우수학술도서로 선정되기도 한 책이다. 지금 생각해보면 용기가 가상한 책이지만, 그래도 한국인이 쓴 것으로는 아마도 유일한 미국 종교 관련 통사라는 의미는 있었다. 그러나 출판사가 문을 닫으면서 절판되고 말았다. 절판을 아쉬워하는 분들의 연락을 여러 차례 받았다. 그런 의미와 아쉬움이 퇴임 전 마지막 작업으로 미국 종교사를 다시 써야겠다는 생각으로 이어졌다.

옛 원고를 찾아 다시 읽으면서 한편 기특하고 한편 부끄러웠다. 이런 것까지 관심을 가지고 공부했던가 싶은 것이 있는가 하면, 일차자료도 읽지 않고 대충 쓴 내용도 눈에 띄었다. 유학을 마치고 온 지 얼마 되지 않아 우리말 구사가 왠지 어색했고, 또 젊어서 그랬는지 여기저기 잘난 체한 곳도 있었다. 그리고 무엇보다 17년 전에 쓴 책이라 그 이후의 많은 변화를 충분히 담지 못하기도 했다. 그런 부끄럽고, 어색하고, 부족한 부분을 고치고 보충하며 완전히 새로 썼다. 많은 인용문과 각주, 그리고 통계를 사용하여 학문적 성격을 좀 더 강화하기도 했다. 특히 원전 인용을 적절히 활용하여 내 말이 아니라 역사적 현장의 소리를 들려주기 위해 노력했다. 생각보다 많은 시간과 공력이 든 작업이었다. 따라서 이번에 "새로 쓴"이라는 단서를 붙이고 책을 새로 내는 것은 그렇게 하겠다는 각오 이상을 의미한다.

한동대학에서 꼬박 25년을 근무했다. 많은 잘못을 저질렀다. 특히 학생들에게 하지 말았어야 했던 많은 일이 생각난다. 왜 졸업을 앞둔 친구에게 F를 주었는지, 무거운 마음으로 찾아온 친구를 왜 따뜻이 맞지 못했는지, 왜 잘 알지도 못하는 것을 아는 양 가르쳤는지, 왜 내 생각이 늘 옳은 것처럼 말하곤 했는지, 모르겠다. 책은 다시 쓸 수 있지만 사람에게 한 일은 되돌릴 길이 없다. 한동대에서 나에게 배운 사람 가운데 혹시 누군가 이 글을 읽는다면, 용서를 구한다. 진심으로 용서를 빈다.

은퇴를 앞두고 돌아보니 무엇보다 아내에게 고맙고 미안하다. 아내 지철미는 나보다 훨씬 똑똑하고 현명한 사람이다. 공부를 했어도 나보다 나았을 것이고, 다른 무엇을 했어도 더 잘했을 것이다. 단지 우리 세대의 착한 여성이 다 그렇듯 아내는 남편과 자녀를 위해 살았다. 나는 그 재능이 아깝고, 나에게 바친 그 시간이 고맙고 미안하다. 이 책도 아내가 여러 번 읽으며 부족한 점을 알려주었다. 내가 아내 없이 제대로 할 수 있는 일이 있기나 한지 모르겠다. 이번에도 표지를 만들어준 아들 둘리와 이제는 기댈 수 있는 언덕이 되어주는 딸 나리도 늘 고맙다. 책 출간을 위해 자기 일처럼 애써준 최기영 선생과 출간을 결심해 준 푸른역사에 다시 신세졌다.

　책을 쓰면서 종교가 무엇인지, 인간의 종교성이란 무엇인지, 그리고 도대체 인간이란 무엇인지 많이 생각했다. 인간은 육신을 가지고 유한한 시간을 살다 소멸하지만 그 한계를 극복하기 위해 발버둥이치는 생명 아닌가. 이 책도 그런 발버둥질의 결과일 것이다. 지상에서 영원을 꿈꾸는 모든 이에게 이 책을 바치고 싶어졌다. 나의 동지들에게.

2024년 봄
류대영

차례 | 새로 쓴 미국 종교사 A New History of Religion in the United States

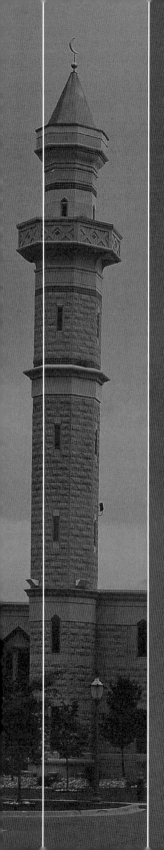

제1장

원주민의 삶과 종교

오하이오 피블스 Peebles에 있는 뱀 모양 흙 구조물Great Serpent Mound.
Harper's New Monthly Magazine(1902)

길이 411미터, 높이 30~100센티미터의 이 구조물은
2천 년 이전 원주민이 만든 것으로, 세계에서 가장 큰 뱀 모형이다.

유럽인 진출 이전 원주민 종교

생물학과 고고인류학은 인류*Homo sapiens*가 약 30만 년 전 아프리카에서 출현하여 지구 여러 곳으로 퍼져갔다고 한다.[1] 처음부터 북미대륙에서 살던 사람은 없었다는 뜻이다. 북미대륙을 처음 발견하고 정착한 이들이 누구였는지는 확실하지 않다. 많은 학자들은 그들이 지금부터 약 1만 5천 년에서 2만 5천 년 전 시베리아와 북미대륙을 연결했던 베링기아Beringia를 건너갔다고 생각한다.[2] 그러나 어떤 학자는 선사시대 초기 이주민들이 동북아시아에서 해안선을 따라 배를 타고 아메리카대륙 태평양연안으로 갔다고 주장한다. 정확히 언제 어떤 사람이 아메리카대륙으로 갔는지는 여전히 논란거리지만, 다양한 사람들이 각기 다른 시기에 여러 경로를 통해 도착한 것은 분명하다.

어쨌든 아메리카대륙에 처음 정착한 사람들이 유라시아대륙에서 왔다는

---

[1] 미국 종교사 관련 문헌은 다 모으면 그것만으로 책 몇 권은 될 방대한 분량이다. 참고한 대표적 자료는 각주에 밝혔으며 참고문헌에는 주로 연구서만 추려서 소개했다. 이 책은 통사가 일반적으로 사용하는, '의견은 나의 것이고 사실은 모든 사람의 것*Opiniones meae, facta omnibus*'이라는 원칙을 적용했다.

[2] 마지막 빙하기 때 빙하의 양이 많아지면서 해수면이 크게 낮아졌다. 해수면이 지금보다 50미터 이상 낮아질 경우 시베리아에서 북미로 이어지는 낮은 지역이 바다 위로 드러났는데, 그 땅을 베링기아 혹은 베링 육교라 부른다.

사실에는 이론이 없는 듯하다. 훗날 아메리카대륙을 처음 방문한 유럽인들은 이들의 후손을 '인디언Indian', 즉 인도 사람이라 불렀다. 그러나 아메리카대륙 원주민의 조상인 선사시대 초기 거주자들은 인도 같은 남부 아시아가 아니라 알타이산맥–바이칼호수 지역이나 극동지역에서 온 사람들로 보인다. 오늘의 북미 원주민은 몽골인, 아무르Amur인, 한국인, 일본인과 유전학적으로 유사하다.

아메리카대륙 거주자들을 인도인이라고 부르는 관습은 크리스토퍼 콜럼버스Christopher Columbus(1451~1506)에서 시작된 것 같다.[3] 그는 에스파냐의 팔로스Palos 항을 출발하여 대서양을 건너와 1492년 10월 카리브해 바하마Bahamas에 도착했다.[4] 유럽인 가운데 처음으로 카리브해와 중앙아메리카에 도착한 사람으로 역사에 기록된 사건이었다. 인도를 찾아서 항해하던 그는 자신이 발견한 곳을 인도 바깥의 섬이라고 잘못 생각했다. 잘 알려진 바와 같이 당시 유럽인들은 아시아 남부와 동부 전체를 '인도Indies'라고 불렀다. 콜럼버스가 발견한 곳이 인도가 아니라 '새로운 세계New World'라는 사실이 알려진 이후에도 유럽인들은 카리브해 섬들을 서인도West Indies라 부르고, 동남아시아를 동인도East Indies라고 불렀다.

콜럼버스는 유럽에서 인도로 가기 위해 아프리카 연안을 돌아야 했던 긴 여정을 단축하기 위해 대서양을 가로질러 항해하는 모험을 감행했다. 당시는 아직 항해 기술이 발달되지 않았고 유럽 이외 지역에 대한 지식이 별로 없어서 선박들은 육지가 보이는 범위 내에서 해안선을 따라서 운항했다. 따라서 해안선을 멀리 떠나 미지의 대양을 서쪽으로 가로질러 동양에 도착

---

[3] 콜럼버스의 출신 배경에 대해서는 다양한 의견이 있었으나 최근에는 이탈리아 제노아Genoa 출신이라는 데 학계의 공감대가 이루어지고 있다. 그의 이름은 이탈리아어로 Cristoforo Colombo, 에스파냐어로는 Cristobal Colon으로 표기하는데, 이 책에서는 우리나라에서 지금까지 흔히 사용되고 있는 영어식 이름을 사용했다. 다른 인명도 해당 언어의 발음대로 표기하는 것을 원칙으로 했으나 영어식 이름이 보편적으로 사용된 경우는 예외로 했다.

[4] 당시에는 '에스파냐'가 포르투갈을 포함한 이베리아반도 전체를 일컫는 지명으로 사용되었다. 그러나 이 책에서는 이베리아반도의 다른 나라와 구별되는 오늘의 에스파냐를 의미한다.

하겠다는 콜럼버스의 생각에 동의하는 사람은 거의 없었다. 콜럼버스를 시작으로 유럽인이 아메리카대륙에 진출한 것은 유라시아계 사람들이 그곳에서 살기 시작한 지 일만 수천 년이 지난 다음에 일어난 일이었다. 유럽인들이 북미대륙에 본격적으로 진출하기 시작한 것은 16세기 초였다. 그들은 그 새로 '발견'한 땅을 '광야wilderness', 즉 비어있는 땅이라 여겼지만, 거기에는 적어도 수백만 명의 원주민이 오래전부터 살고 있었다.[5]

유럽인 진출 이전에 북미대륙 원주민이 어떤 종교생활을 했는지 알려주는 단서는 매우 제한되어 있다. 그것은 무엇보다 어느 부족도 문자를 가지고 있지 않았기 때문이다. 그들의 삶과 생각을 직접 전해주는 문자 기록은 없다. 그러나 기원전 약 1만 년으로 거슬러 올라가는 구석기 화살촉이나 기원전 약 2천 년부터 생산된 것으로 보이는 신석기 토기를 비롯하여 원주민들의 생활을 알려주는 단편적인 단서들은 여러 곳에 많이 남아있다. 그들의 종교를 짐작하게 해주는 흙구조물, 거주지, 무덤, 동굴벽화 등의 고고학적 증거와 각종 유물이 북미대륙 각지에서 수없이 발견되고 있다.

유럽인들이 진출한 이후에는 여러 가지 관찰 기록이 등장하기 시작한다. 특히 기독교 선교사들이 많은 기록을 남겼다. 다른 지역에서와 마찬가지로 북미지역에서 활동한 선교사들도 원주민들의 삶을 관찰하고, 보고하고, 관련 자료를 보관하는 데 남다른 관심과 재능을 보인 것이다. 예를 들어, 프랑스 점령 지역에서 활동한 예수회 선교사들이 1610년부터 1791년까지 남긴 기록은 73권의 책으로 출간될 만큼 세밀하고 방대했다.[6] 물론 선교사를 비롯한 유럽인 관찰자들은 자신들의 서구–기독교 중심적 세계관에 따라 원주민의 삶과 종교를 관찰하고 이해하여 묘사했다. 그러나 그들의 기록은 당시 북미대륙 원주민들의 종교–문화에 대한 유일한 문자 기록이기 때문

---

[5] 북미대륙을 광야로 본 서구인들의 문명과 세계관에 대한 분석은 다음 책 참조: Frederick W. Turner, *Beyond Geography: The Western Spirit against the Wilderness* (New York: Viking Press, 1980).

[6] 뉴프랑스New France(*Nouvelle-France*)라고 불린 북미대륙 프랑스 식민지는 남쪽의 루이지애나부터 미시시피강 유역, 오대호, 그리고 캐나다의 뉴펀들랜드와 북극해 연안에 이르는 방대한 영토였다.

에, 원주민 종교를 이해하는 데 없어서는 안 될 자료다.

콜럼버스 이전 시기 북미 원주민들의 종교는 매우 복잡하고 다양한 양상을 띠고 있었다. 유럽인들이 북미에 진출하여 놀란 것 가운데 하나는 대단히 많은 부족이 존재하며, 부족에 따라 독특한 문화를 가지고 상호 독립적으로 살고 있다는 사실이었다. 원주민 문화의 다양성은 '인디언'이라고 뭉뚱그려 정의할 수 있을 만큼 단순하지 않았다. 이와 같은 사실을 전제로, 여기서는 역사적 흐름에 따른 원주민 종교의 몇 가지 유형을 보여주고, 그 특징을 설명한 후, 적당한 시점에서 유럽인 접촉이 가져다 준 영향을 언급하도록 하겠다. 원주민들의 종교는 시기에 따라, 그리고 그들이 살던 자연환경에 따라 다양하고 독특한 모습을 보여주었다. 삶에 의미를 부여하는 것이 종교가 하는 역할 가운데 하나라면, 북미대륙이라는 광대한 지역 속에서 다양한 생산방식과 환경에 따라 여러 가지 다른 모습으로 살아가던 원주민들이 자신의 생활감정에 맞는 종교를 발달시킨 것은 당연한 일이었다.

수렵채집문화

다른 문화권과 마찬가지로 북미대륙에서 가장 먼저 생겨난 생산방식은 수렵채집이었다. 짐승과 물고기를 잡고 열매, 뿌리, 야생 곡식을 채집하여 생활하는 방식이다. 이런 삶을 사는 사람들은 한 곳에 정착하지 않았으며 수렵채집의 대상과 자연의 변화에 따라 거주지를 옮겨 다녔다. 그리고 그들은 수렵채집과 이주 생활에 적당한 규모의 소집단을 이루고 살았다. 수렵채집인들도 종교성을 가진 인간homo religiosus이었고, 자신들의 필요와 생활감정에 맞는 종교를 발달시켰다. 다른 모든 인간과 마찬가지로 그들에게도 생로병사는 가장 중요한 문제였기에, 그것을 맞이하는 의례가 만들어졌다. 출생과 성인成人이 되는 순간을 함께 기뻐했고, 병을 예방하고 치유하기 위해 노력했으며, 죽음의 속절없음을 알고 가까운 사람의 죽음을 애도했다. 이런 삶의 통과의례들은 노래, 춤, 그리고 정해진 의식에 따라, 종교 지도자

(보통 샤먼shaman이나 치료-주술사)의 인도로 행해졌을 것이다. 종교 지도자는 또한 날씨의 변화와 짐승들의 움직임을 관찰·예측하고, 병의 원인을 알아내며, 인간의 잘못이나 무관심으로 깨어진 인간과 인간, 인간과 자연, 그리고 인간과 초월세계 사이의 조화와 균형을 회복하는 일을 담당했다.

수렵채집인들은 그 문화의 특성상 자연을 변형시키는 큰 인공 구조물을 많이 만들지 않았다. 그러나 미시시피강 하류인 루이지애나주 먼로Monroe 근처에는 11개의 흙구조물mound이 이랑으로 연결된 타원형의 거대한 구조물이 남아있다. 이것은 수렵채집을 하던 원주민들이 5천 년 이전에 남긴 구조물로서 그 크기가 축구 경기장 3개를 합친 것과 같다. 이 구조물은 수렵채집인들이 하루 종일 먹잇감이나 찾아다니던, 유인원과 다름없는 사람들이 아니었음을 웅변해주고 있다. 이 구조물이 정확하게 무슨 목적으로 만들어졌는지 알 수는 없지만, 아마도 종교 행위나 집단의례를 위한 장소였을 것으로 짐작된다. 음식물을 구하는 일과 직접 관련이 없는 이런 거대한 구조물은 수천 년 전 북미 수렵채집인들이 상징과 의례가 있는 삶을 살았을 것으로 추측하게 한다. 그들의 종교는 삶의 기반이 되는 땅과 주변의 생명체를 존중하도록 가르치면서 역동적이고 의미 있는 삶을 살도록 도왔을 것이다. 수렵채집문화와 연결된 원주민 종교는 수천 년 동안 이어지면서 북미의 자연 속에서 삶을 영위하는 데 매우 적절한 세계관과 생활방식을 낳았다. 어떤 경우에는 21세기까지도 그 전통이 살아남았다.

동부 농경문화

북미지역에서 야생의 열매와 곡식을 채집하는 단계를 넘어서 농작물을 경작하는 초기 농경단계가 시작되었다는 증거는 약 3천 년 전부터 나오기 시작한다. 물론 그 이전에도 원주민들은 어떤 형태로건 오랫동안 농작물을 재배해오기는 했다. 그러나 이제부터 일부 부족들이 좀 더 다양한 곡물을 대규모로 경작하기 시작한 것이다. 영양가가 풍부한 해바라기는 수천 년 동안 원주민들이 재배해 오던 작물이었으며, 시간이 가면서 콩을 비롯한 여러 다른 종류의 농작물이 추가되었다. 농경은 수렵채집 시대와는 전혀 다른, 새로운 문화 지형을 만들어내었다. 지구의 다른 지역보다 조금 늦었지만 북미에도 '신석기 혁명'이 일어난 것이다.[7] 신석기 혁명은 수렵채집과 비교할 수 없이 뛰어난 농경의 생산성 때문에 발생했다. 남겨두었다 먹을 만큼의 농산물이 생산되자, 농경 원주민들은 수확한 열매와 곡물을 저장하기 위한 그릇이 필요했다. 농경 생활 유적지에는 조롱박이 발견되곤 하는데, 원주민들이 조롱박을 재배한 것은 무엇보다 열매와 곡식을 저장하기 위해서였을 것이다. 농경민들이 토기를 만들게 된 결정적인 이유도 잉여 농산물을 저장하기 위함이었다. 그들은 거친 토기에서 시작하여 점점 더 정교한 토기를 대량생산 했다. 그리고 무엇보다 농경문화는 정착 생활로 이어졌다. 정착 생활이 시작되어 항구적인 거주지가 만들어진 이 시기를 고고학자들은 삼림시대Woodland period(1000 BCE~1000 CE)라고 부른다.

　한 곳에 정착하여 사는 농경인은 떠돌아 다니는 수렵채집인과 구별되는 새로운 종교문화를 만들었다. 정착 생활을 했던 삼림시대의 아데나인Adena 들은 수많은 흙구조물을 남긴 것으로 유명하다. 플로리다부터 위스콘신에 이르는 넓은 지역에서 특히 많은 흙구조물이 발견되는데, 오하이오강 계곡에만 1만 개 이상의 거대한 흙구조물이 만들어졌던 것으로 보인다. 흙구조물 가운데는 뱀이나 독수리 같은 부족의 토템 동물을 표현한 것이 많았다. 원주민들이 신성시하던 동물을 형상화한 이런 구조물은 영적인 힘을 나타내는 상징으로서 매우 중요한 종교적 역할을 담당했을 것이다. 짐승 모양의 흙구조물 가운데 상당수는 그 규모가 대단했다. 예를 들어, 남부 오하이오에 있는 뱀 모양 구조물Great Serpent Mound은 그 길이가 411미터에 달한다. 뱀이 매년 껍질을 벗는 동물이라는 점을 상기한다면, 이런 뱀 모양 구조물은 사후의 재탄생에 대한 믿음과 연결되었을 것이다. 종교적 상징과 역

---

[7] 최초의 신석기 혁명은 지금부터 약 1만 1천 년 전 티그리스–유프라테스강 유역에서 시작했고, 황허–양쯔강 유역은 약 9천 년 전, 그리고 멕시코 중부에서 5천~4천 년 전에 나타났다.

할이 담긴 이와 같은 장대한 구조물은 그것을 만든 사람들이 삶의 근원과 본질을 설명하는 신화적 전승을 가지고 있었음을 알려준다. 실제로 아데나인 주거지는 그들이 가옥, 의례를 위한 건물이나 장소, 무덤, 마을 등을 신화적 전승과 그 상징에 따라 면밀하게 계획하여 조성했음을 보여준다.

아데나인들이 남긴 흙구조물 가운데 많은 수는 동물 모양을 하고 있지 않다. 오하이오의 뉴어크Newark에 있는 '원형 박람회장Fairgrounds Circle'은 원형의 거대한 흙구조물이다. 이 구조물은 고고학자들이 호프웰인Hopewellians이라고 부르는 사람들이 약 1천 7백여 년 전에 조성한 것으로, 그 원형 흙벽은 높이가 3층 건물에 해당되며 지름이 무려 365미터에 달한다. 호프웰 문화는 아데나 문화의 발달된 모습으로 보인다. 많은 다른 원주민 종족과 마찬가지로 호프웰인은 원형이 그 속에 있는 사람을 유해한 귀신이나 영으로부터 지켜주는 가장 완벽한 형태라고 여겼던 것 같다.[8] 이렇게 외부로부터 차단되어 보호받는 원형의 구조물 정중앙에는 돌 제단이 있고, 화장이 행해졌다는 증거가 발견되었다. 이 구조물이 전체적으로 장례를 위해서 만들어졌음을 알 수 있다. 이처럼 거대한 구조물을 만들어 장례를 치렀다는 사실은 사람들이 내세관을 가지고 있었음을 알려준다. 죽은 자의 다음 삶에 대해 깊은 관심을 가졌던 호프웰인이 만든 이 거대 구조물은 내세로 통하는 관문 역할을 했을 것이다.

호프웰인만 거대한 종교적 흙구조물을 만든 것은 아니다. 약 1천 년 전 광대한 미시시피강 유역을 따라 문명을 일구어낸 원주민들은 호프웰인과 구별되는 독특한 흙구조물을 건축했다. 이 미시시피인Mississippians들은 사각형 모양의 흙구조물을 조형했는데, 이 구조물은 윗부분이 평평한 것이 특징이다. 물이 풍부한 미시시피강 유역 문화는 수확량이 많은 새로운 옥수수 품종을 대량 재배하는 데 기반을 두고 있었다. 미시시피인들은 수확한 대량의 옥수수를 저장하고, 여기저기 흩어져 있는 농장을 보호할 필요

---

[8] Joel W. Martin, *Native American Religion* (Oxford: Oxford University Press, 1999), 25.

가 있었다. 윗부분이 평평하고 요새화된 사각형의 흙구조물은 이런 목적에 맞추어 만들어졌다. 이 흙구조물은 식량과 물품을 저장하고 분배하는 경제적 중심지 역할과 종교적 기능을 겸해서 행했을 것으로 보인다. 그 구조물은 일종의 거룩한 제단으로서, 하늘과 땅이 만나는 곳이었고, 중요한 정치적 · 종교적 의식이 행해지는 장소였다. 미시시피강 남서부에 거주했던 나체즈Natchez족은 흙무덤 위에 성전을 만들고 그 안에 거룩한 불을 항상 피워 놓았다. 그런데 미시시피인 사회는 계급사회였고, 누구나 그 거룩한 단에 접근할 수 있는 것은 아니었다.

수확량이 많은 옥수수의 대량 경작은 새로운 사회적, 정치 · 종교적 질서를 낳았다. 풍부한 농산물은 많은 사람이 한 곳에 모여서, 즉 마을을 이루며 살 수 있게 해주었다. 사람들이 함께 모여 살게 되자 사회가 복잡해졌고, 옥수수의 대량생산으로 잉여 농산물이 축적되자 추장 및 사제라는 지배계급이 발생했다. 사제는 농경문화에서 발견되는 종교 지도자로서, 일정한 조직을 갖춘 전문적인 전업full—time 종교인이라는 점에서 샤먼과 구별되었다. 나체즈족은 평민과 귀족으로 분명하게 나뉜 엄격한 계급제도를 가지고 있었다. '위대한 태양'이라고 불렸던 추장은 모계로 세습되었으며, 흙무덤 위에 만든 집에서 살았다. 그리고 귀족이 죽으면 사후세계로의 여정을 돕기 위해 친척과 하인들을 순장시켰다. 순장제도가 있었다는 것은 그것을 강제할 만큼 강력한 권력이 존재했음을 알려준다. 또한 순장제도는 사후세계에 대한 믿음, 그리고 현세와 내세를 연결하는 정교한 종교의식이 있었음을 알려준다.

미시시피인들이 이룬 마을은 초기 단계의 도시로서 대부분 그렇게 규모가 크지는 않았다. 그러나 미주리주 세인트루이스 동쪽의 카호키아Cahokia 는 최대 4만 명이 살았던 매우 큰 도시였다. 카호키아는 멕시코 이북에서 가장 큰 도시였고, 유럽인이 북미에 와서 건설한 도시가 그 정도 규모로 커진 것은 19세기에 들어서였다. 그곳 거주민들은 많은 흙구조물을 세웠다. 그 가운데 가장 큰 '수도사의 언덕Monk's Mound'은 밑면적이 316미터×241미터에 높이 30.5미터나 되는 거대한 구조물로서, 전체 부피가 이집트 기자Giza의 대피라미드보다 더 컸다. 카호키아의 추장들은 신화적 전승과 전쟁에 관한 지식을 독점했고, 사제들은 삶과 죽음의 세계를 관장하며 거룩한 제단에서 행해지는 의식을 주관했다. 특히 사제들은 태양을 관찰하여 그 움직임의 주기를 알아내는 전문가 역할을 했으며, 씨앗을 뿌리고, 경작하고, 추수하는 모든 과정을 관장했다. 생명의 근원인 태양과 거룩한 작물인 옥수수에 대해 알고 있으며, 신령의 축복으로 비를 내리는 방법도 알고 있던 사제의 역할은 농경민이던 미시시피인들에게 대단히 중요했을 것이다.

남서부 농경문화

농경문화는 대체로 북미대륙 남동부에서 발달된 것으로 보인다. 오하이오 강 유역과 미시시피강 주변 지역이 그 중심이었다. 그러나 북미대륙의 남서부, 오늘의 남부 콜로라도, 유타, 애리조나와 뉴멕시코 지역에서 살던 아나사지인Anasazi들도 정착 농경 생활을 하며 뛰어난 소읍小邑 문화를 만들었다. 아나사지인은 그 문화의 전성기 때 벽돌이나 돌로 지은 밀집된 마을을 계곡 위나 절벽에 만들고 살았다. 이 시기를 푸에블로Pueblo 시기라고 부른다. 푸에블로란 마을 또는 공동체를 뜻하는 에스파냐어로, 아나사지인들이 만든 밀집된 아파트형 마을을 보고 에스파냐인들이 붙여준 이름이다. 콜로라도 메사 베르데Mesa Verde에는 약 1,200년 전, 가파른 협곡 벽에 돌로 아름답게 만든 마을이 지금까지 남아있다. 뉴멕시코의 차코 협곡Chaco Canyon에 있는 푸에블로 보니타Pueblo Bonita는 푸에블로 가운데 가장 규모가 크다. 약 1,100년 전에 형성된 거대한 반원형의 이 도시에는 5개 층으로 구성된 약 800개의 방이 있었다. 아나사지인들은 농사의 생산력을 높이고 마을에 용수를 공급하기 위해 인공 관개시설을 하였다. 그들은 능숙한 건축가였을 뿐 아니라 뛰어난 공예가로서, 정교하게 색칠한 도기, 면과 깃털로 짠 화려한 옷감, 그리고 터키석으로 섬세하게 만든 보석 등을 남겼다.

아나사지인들의 삶도 다른 북미 원주민 종족과 마찬가지로 매우 종교적이었던 것으로 보인다. 각 푸에블로에 있는 키바kiva(거룩한 방)라는 공간은 그들의 종교생활을 알려주는 대표적인 유적이다. 키바는 땅 밑으로 판 원형의 공간으로 사람들이 모이고, 의식을 행하고, 종교 문제를 의논하는 공공장소였다. 원주민들은 그들의 신화에 등장하는 농경 신들을 묘사한 정교한 벽화를 그려 키바를 장식했다. 각 푸에블로에는 여러 개의 키바가 있었는데, 푸에블로 보니타에서는 37개나 되는 키바가 발견되었다. 푸에블로 보니타의 키바 가운데 가장 큰 것은 지름이 13.5미터로서 상당히 많은 사람이 모일 수 있는 공간이었다. 키바들은 대부분 중앙 광장과 맞닿아 있어서 아나사지인들이 특정한 목적과 계획에 따라 키바를 만들었다는 사실을 짐작하게 해준다.

남서부의 푸에블로 거주민들은 그들보다 동쪽에 있던 농경 정착민들과 마찬가지로 성스러운 제단, 사제제도, 의미심장한 종교의례, 그리고 종교력曆을 가지고 있었다. 예를 들어, 건조한 지역에 살면서 훌륭한 파란 옥수수maize 농업을 일구었던 호피Hopi족은 확립된 사제제도를 가지고 있었다.[9] 호피족 사제는 일종의 신학교 같은 곳을 운영하여 다음 사제에게 복잡한 종교의례를 전승해주었다. 호피족은 조상의 신령을 믿었으며, 모든 자연현상은 조상의 신령이 일으킨다고 보았다. 그들은 카치나kachina라고 불리는 조상신들이 가끔 방문하여 비 같이 삶에 긴요한 것들을 가져다준다고 믿었다. 따라서 호피족은 카치나를 미루나무 뿌리로 의인화한 인형을 만들었으며, 조상의 신령을 불러서 도움을 청하기 위해 정교하게 만든 카치나 탈을 쓰고 춤추는 카치나 의식을 거행했다.

다른 남서부 원주민들과 마찬가지로 호피족은 농경문화에 어울리는 종교를 가지고 있었다. 호피족은 평화적이었으며, 전쟁보다는 일상, 특히 농

---

[9] 파란 옥수수는 멕시코나 미국 남서부처럼 건조한 지역에서 재배되는 옥수수로 부드러운 점성이 있어서 가루를 내어 여러 가지 음식을 만드는 데 사용할 수 있다. 요즘에도 토르티아tortilla, 콘칩, 시리얼, 옥수수빵 같은 음식을 만드는 데 사용된다.

경 생활과 관계된 종교를 발달시켰다. 그들의 신화는 농업과 각종 문화 전통의 기원, 병의 원인과 치료법, 동물의 행동, 새의 지저귐, 해와 달의 움직임, 그리고 중요한 지형의 이름에 대하여 설명했다. 그리고 신화는 무엇보다 세상의 창조 및 종족의 기원에 관한 이야기를 통해 그들에게 정체성을 부여하는 역할을 했다.

호피족 신화에 의하면, 이 세상은 우주의 시대 가운데 네 번째 시대로 투와콰치Tuwaqachi, 즉 '완결된 세상'이다.[10] 이전 세상들만큼 아름답고 살기 편한 곳은 아니지만, 사람들이 선택할 수 있는 모든 것이 있는 곳이다. 결국이 세상의 삶은 어떤 선택을 하느냐에 달려있다는 것이다. 이전 세상들은 사람들이 불순종하고 악해져 멸망했으며 오직 착한 사람들만이 지하세계에서 보존되어 살아남았다. 지하세계에 있던 호피족 조상들은 새로 만들어진 네 번째의 땅 위로 나올 때, 땅 위에 가서 무엇을 하며 살겠냐는 질문을 받았다. 이때 그들은 파란 옥수수를 재배하는 힘들고도 겸손한 일을 선택했다고 한다. 이번 세상을 책임진 것은 마소Masaw 신이다. 그는 창조신 타이오와Taiowa로부터 세 번째 세계를 관리하는 책임을 부여받았지만 겸손함을 잃는 바람에 좌천되어 죽음과 지하세계를 맡게 된 신이었다. 그 후 네 번째 세상이 만들어지자 창조신은 마소에게 다시 기회를 주어 그것을 보존하고 관리하게 하였다. 마소는 파란 옥수수를 심고 경작하는 올바른 방법을 호피족에게 가르쳤다.

한편, 푸에블로 거주민들 근처에서 살았지만 정착 농경을 하지 않고 천막에 거주하며 유목민으로 살았던 나바호Navajo족은 정착 농경민과 구별된 종교문화를 가지고 있었다. 나바호족은 알래스카나 캐나다 지역에서 남서부로 이주해 온 이들로 원래 아메리카 들소 사냥이 생업이었다. 따라서 그들은 수렵문화의 영향을 받아 샤먼을 중심으로 한 종교를 발전시켰다. 나바호 샤먼들은 병을 치료하고, 다산多産과 사냥의 성공을 기원하기 위해 여

---

[10] Frank Waters, *The Book of the Hopi* (New York: Penguin, repr. 1977), 21~22.

러 가지 천연 색채를 이용하여 기하학적인 모래 그림을 그렸다. 한 번 사용한 이후에 지워 없애버리는 이 주술적 모래 그림은, 예를 들어 근처에 사는 농경민인 호피족의 카치나와 비교할 때 수렵 유목민인 나바호족의 특징을 잘 드러낸 종교문화다. 호피족의 카치나와 나바호족의 모래 그림은 종교문화가 각 부족의 생활양식에 맞게 발전한다는 사실을 증명하는 한 가지 예가 된다.

정착 농경민인 아나사지인은 소읍을 만들고 살았지만 진정한 의미에서 도시문화를 형성한 것은 아니었다. 콜럼버스 이전의 북미대륙에 살던 어떤 종족도 멕시코의 아즈텍Aztec제국이나 안데스의 잉카Inca제국 같은 거대한 도시문화를 발달시키지 않았다. 유럽인이 막 아메리카대륙을 발견했을 때 아즈텍제국은 테노크티틀란Tenochtitlan(현재의 멕시코시티)이라는 거대한 도시를 중심으로 발달된 도시문명을 형성하고 있었다. 테노크티틀란은 25만 명의 인구를 가진, 당시 세계에서 가장 크고 발달된 거대도시 가운데 하나였다. 처음 이 도시를 목격한 에스파냐 사람들은 그 엄청난 규모와 돌로 만든 장엄한 건축물을 보고 놀라지 않을 수 없었다. 로마나 콘스탄티노플보다 더 웅장하다고 느꼈다고 한다. 그러나 에르난도 코르테즈Hernando Cortes (1485~1547)를 비롯한 에스파냐 정복자들은 아즈텍의 도시문명을 보존해야 할 가치가 있는 인류의 문화유산이 아니라 점령하고 탈취해야 할 대상으로 여겼으며, 침략전쟁을 일으켜 멸망시키고 말았다.

다른 메소아메리카Mesoamerica 문화와 마찬가지로 아즈텍에서는 인간 희생 의식이 행해졌다.[11] 인간 희생은 신들의 지속적 희생으로 우주와 인간의 삶이 유지되는 데 대한 보답의 의미가 있었다. 그러나 그런 세계관을 이해할 수 없었던 에스파냐인들에게는 인간 희생은 아즈텍 종교의 사악함을 보여줄 뿐이었고, 그들의 파괴적 정복 행위에 정당성을 부여했다. 에스파냐 사람들은 아즈텍의 '우상'들을 부수고 그 자리에 마리아 상을 세웠으며, 아

---

[11] 메소아메리카는 북미 남부에서 중미 거의 전체를 아우르는 지역으로 멕시코 중부에서 코스타리카 북부에 이르는 지역에 해당된다.

즈텍의 사원에서 돌을 캐어 가톨릭 교회당을 지었다. 멕시코와 남아메리카를 침략한 에스파냐와 포르투갈은 그들이 손댈 수 있는 모든 유형의 원주민 문화를 파괴했으며, 무형의 문화 전통을 금지하고 가톨릭 신앙을 강요했다. 지금까지 남아있는 아메리카 원주민의 고대 유적은 대부분 유럽인들이 파괴한 나머지이거나 아니면 파괴할 수 없을 만큼 견고한 것들이다. 원주민과 그들의 문화가 말살되고 라틴어로 미사가 드려지는 그 땅을 유럽의 가톨릭교인들은 '라틴 아메리카'라고 불렀다.

멕시코와 중남미에 도시문화가 발달했던 것은 그곳이 농경문화 중심지였기 때문이다. 그만큼은 아닐지라도 미국 대륙의 원주민들도 대체적으로 농경문화를 발전시켰다. 북미대륙 전체로 볼 때 알래스카와 캐나다와 같은 북쪽은 수렵문화권에 속해 있었고, 멕시코를 중심으로 한 남부는 농경문화권이었다. 수렵문화는 샤먼(혹은 치료-주술사)을 중심으로 샤머니즘, 동물숭배, 사냥이나 치유를 위한 주술 등의 종교 행위를 발전시켰다. 이에 비해서 남부의 농경문화에서는 사제계급이 발생했고, 씨뿌리기 및 추수와 관련된 의식, 그리고 다산을 위한 종교 행위가 이루어졌다. 아메리카대륙으로 인간이 들어온 것이 북쪽에서였기 때문에 역사적으로 먼저 시작한 것은 북방의 수렵 전통이었다. 수렵 전통은 남하하면서 영향을 미쳤다. 한편, 농경문화가 발전하면서 새롭게 생겨난 남방의 농경 전통은 옥수수 재배법의 전파와 함께 점점 북쪽으로 그 영향력과 범위를 확대해 나갔다.

북진하던 남방의 농경문화가 더 이상 북진을 하지 못하고 북방의 수렵문화와 만난 곳은 대체로 현재 미국의 북쪽에 해당하는 지역이다. 따라서 미국 대륙의 대부분은, 위에서 살펴본 바와 같이, 태양이나 농작물의 재배와 관계된 농경문화적 종교를 가지게 되었다. 수렵문화와 농경문화가 만난 북서부 연안 및 캘리포니아 북부, 북부 대평원, 오대호 연안 지역에서는 농경 및 다산과 관계된 농경문화권 종교와 환상, 치유, 동물제사 같은 샤먼 중심의 과거 수렵문화 종교 전통이 혼재되어 나타났다.

우주, 자연, 그리고 인간

한 가족인 우주

유럽인 진출 이전, 북미 원주민들의 종교생활을 포괄적으로 설명할 수 있는 가장 좋은 단어는 '다양성'이다. 학자마다 의견이 다르기는 하지만, 콜럼버스 이전 미국과 캐나다에 해당하는 지역에는 최소 380만 명에서 최대 1천 220만 명의 원주민이 살고 있던 것으로 추정된다. 남북 아메리카대륙 전체의 원주민 인구는 멕시코와 중미에 살았던 것으로 추측되는 약 3천만 명과 남미에 거주하던 1천만 명을 여기에 합해야 한다. 그런데, 멕시코 이북의 원주민들은 대륙 전체를 아우르는 어떤 형태의 정치적, 문화적 결속력도 가지고 있지 않았다. 대륙의 광대함, 그리고 그 속의 지형적·기후적·생태적 다양함과 결부되어 그들은 극히 다양한 언어적·문화적·종족적 집단을 형성하고 있었다. 물론 정확하게 계산하는 것은 불가능하지만, 최근 역사학자들은 유럽인 진출 이전, 현재의 미국 대륙을 이루는 지역 내에 최소한 500개의 독립된 원주민 문화가 존재했을 것으로 추측한다. 캘리포니아 지역에만 200개가 넘는 언어적-문화적 집단이 있었다는 것이다. 이렇게 다양한 부족들은 각각 독특한 종교문화를 가지고 있었다.

수백 개의 종족 집단을 이루고 있던 미국 대륙 원주민들은 그 집단 수만큼 다양한 종교를 만들어내었을 것이다. 대륙의 원주민 전체 속에 공통된 정체성이 나타나고 여러 부족을 포괄하는 종교운동이 일어난 것은 19세기에 들어서 비로소 시작된 일이었다. 그리고 그런 범凡 원주민 정체성을 위한 운동을 모든 부족, 모든 원주민이 다 받아들인 것도 아니었다. 콜럼버스 이전 미국 대륙 원주민 부족의 다양함 속에도 공통점은 발견된다. 모든 부족이 예외 없이 매우 종교적인 삶을 살았으며, 각 부족의 종교는 그들의 삶이 요구하는 종교적 필요에 각각의 독특한 방식으로 부응했다는 사실이다. 북미 원주민들의 다양한 종교도 인류의 다른 모든 종교와 마찬가지로 생명과 우주의 근원, 자연의 질서, 삶의 의미, 화禍와 복, 그리고 죽음 이후 등 인간 삶의 가장 본질적이고 절실한 문제와 관련되어 있었다. 원주민 부족은 정치적, 문화적으로 다양했지만 그들을 아우르는 인종적, 환경적 유사성이 있었다. 따라서 그들의 종교가 보여준 엄청난 다양성의 기저에는 어떤 공통된 종교적 특징이 흐르고 있을 수밖에 없었다.

미국 대륙 원주민들의 종교적 세계관에서 발견할 수 있는 가장 대표적인 특징은 통합적 우주관이다. 그들은 유럽인처럼 세계를 영과 육, 인간과 자연, 혹은 자연과 초자연의 세계로 양분하지 않고 전체를 아울러 하나로 이해했다. 플라톤주의적 영육 이원론에 영향을 받은 기독교 전통은 신, 천사, 악마 같은 영적인 존재들의 세계와 유한하고 물질적인 현상 세계를 명확하게 구별하였다. 이런 세계관에 의하면 물질의 세계는 가변적이고 근본적으로 허무한 곳이며, 가치 있고 항구적인 것은 그것과 본질적으로 구별되어 존재하는 보이지 않는 신과 영의 세계였다. 또한 기독교에는 마니교적Manichaean 선악 이원론이 지배하고 있어서 선한 신과 그 백성, 그리고 악한 신과 그 세력을 분리해서 생각했다. 그런 세계관 형성에 지대한 영향을 준 아우구스티누스 Augustine of Hippo(354~430)는 세상을 "천상의 도시"와 "지상의 도시"로 양분했다.[12] 전자는 "신의 사랑"으로 창조되어 신의 영광을 위해 사는 곳이고, 후자는 신을 저버리고 "인간의 기준"에 따라 "육체의 재화"를 추구하며 사는 곳이다. 그는 플라톤주의와 마니교로부터 큰 영향을 받은 사람이었다.

그러나 북미 원주민들에게 세상은 인간, 자연, 그리고 초자연적 존재와 힘들이 서로 관계하고 영향을 주며 공존하는 하나의 커다란 집안과 같다. 예를 들어, 미시시피인들에게 옥수수는 거룩한 곡식이며, 농업은 거룩한 일이었다. 옥수수 씨를 땅에 뿌리고 재배하는 일은 단지 생존하기 위해서 하는 불가피한 육체적 작업이 아니라 생명을 준 존재와 교감하게 하는 심오하고 성례전적인sacramental 행위였던 것이다. 미시시피인들은 어쩔 수 없어서가

---

[12] St. Augustine, *Concerning the City of God against the Pagans*, tran. Henry Bettenson (London : Penguin Books, 1984), 593.

아니라 감사하며 땅을 갈았고, 씨를 뿌릴 때 기도를 함께 드렸다. 그리고 첫 수확을 한 다음에는 제일 좋은 것을 선별하여 감사 제물을 바쳤다. 사제가 이 모든 과정을 제의적으로 주관한 것은 옥수수 농사가 단순한 노동이 아니라 삶을 유지해주는 거룩한 일이었기 때문이다. 따라서 그들에게 종교란 일상의 삶과 구별된 어떤 것, 즉 특별히 기뻐하거나 슬퍼하거나 기념해야 할 일이 있을 때만 특정한 목적을 가지고 행하는 무엇이 아니라 일상생활의 일부분이었다. 원주민들은 숲이나 사막을 걸으며 신령들과 대화했으며, 신령들에게 존경을 표하기 위해 간단하지만 정중한 의식을 수시로 행했다. 그들은 꿈과 환상 속에서 조상의 영혼과 만났고, 벌에 쏘이고 가시에 찔리는 일을 통해 조상의 경계警戒를 받았으며, 때에 따라 내리는 단비를 통해 조상의 은총을 누렸다. 그리고 다른 부족이나 유럽인들과의 전쟁 속에서 신들의 세계에서 벌어지는 불가사의한 갈등과 다툼을 느꼈을 것이다.

아나사지인의 후손인 현대의 주니Zuni족이 신생아를 태양에게 신고하는 의식은 그들의 세계 속에서 여전히 인간과 태양과 옥수수가, 그리고 세대와 세대가 하나로 연결되어 있음을 보여준다. 주니족은 아이가 태어나서 8일째가 되면 아이의 머리를 씻기고, 옥수수로 음식을 만들어 그의 손에 쥐어준 다음, 태양이 뜨기 전 밖에 나가 동쪽을 향하여 아이를 떠오르는 태양에게 신고하는 장엄한 의식을 행한다. 태양이 떠오르면 준비한 옥수수 음식을 태양 쪽으로 뿌리면서 아이의 할아버지는 대대로 반복되어온 기도를 올린다. 이때 할아버지는 태양을 "우리의 태양 아버지"라고 부르면서, 자신들의 날들은 지나갔지만 이제 새로 시작되는 아이의 길은 충만하여 "태양 아버지의 길"에 닿기를 기원한다면서 옥수수를 제물로 바치고 기도한다.[13] 할아버지가 아울러 기원하는 것은 아이가 성장하여 그의 길이 충만해질 때 그가 기억 속에서 조상을 맞아주는 것이다. 현대 주니족 의식이 얼마나 옛

---

[13] *Forty-Seventh Annual Report of the Bureau of American Ethnology, 1929~1930* (Washington: Government Printing Office, 1932), 635~36, in *A Documentary History of Religion in America: To 1877*, 3rd ed., ed. Edwin S. Gaustad and Mark A. Noll(Grand Rapids: Eerdmans, 2003) (이하 Documentary History I), 13~14.

전통을 잘 보전하고 있는지는 정확히 알 수 없다. 그러나 옥수수 농업에 성스러운 의미를 부여하고, 인간과 자연, 세대와 세대, 그리고 산 자와 죽은 자가 연결된 거대한 연대감 속에 살았던 그 조상들의 세계관과 종교세계를 충분히 짐작할 수 있게 해준다.

거룩함과 속됨, 물질과 영혼, 인간과 자연을 통합적으로 이해했던 원주민들의 세계관은 그들의 시간관에도 드러났다. 원주민들은 시간 또한 통합적으로 이해했다. 다시 말해서, 그들은 유대-기독교 전통처럼 종교적 시간과 비종교적 시간을 나누어 구별하지 않았다. 즉 일상으로부터 특별히 구별된 거룩한 시간이 없었다는 것이다. 유대인이나 기독교인처럼 안식일(주일)은 신을 예배하는 날로 거룩하게 지키고, 평일에는 세속의 삶을 사는 것 같은 구별은 원주민 세계에 존재하지 않았다. 그들에게 모든 시간은 거룩함과 일상이 결합되어 얽혀있는 무엇이었다. 또한 자연의 변화에 순응하여 순환적인 삶을 살았던 원주민들은 유대-기독교 전통처럼 어떤 최종적 목표를 향해 나아가는 직선적 시간관을 가지고 있지 않았다. 따라서 그들은 과거, 현재, 미래를 서구인들처럼 명확하게 구분하지 않았다. 죽은 조상들과 늘 대화하고 살면서 자신들도 곧 그 세계에 들어갈 것으로 믿었던 원주민들은 현재와 완전히 구별된 미래의 어떤 시점이라든지, 현세와 근본적으로 다른 초월적 세계인 기독교적 천국을 이해할 수 없었을 것이다.

미국 대륙 원주민에게 종교는 그들의 통합적 세계와 분리할 수 없게 연결되어 있었다. 종교와 종교적 의식은 삶의 모든 의미 있는 일에 관여했다. 생로병사 같은 중요한 통과의례는 말할 바도 없고, 농사나 사냥처럼 생존을 위한 일, 사회적-정치적 조직과 질서, 축제와 전쟁, 그리고 문화와 예술이 모두 종교적 차원의 의미를 지녔다. 그리고 종교적 의식은 과학기술적 행위와 분리할 수 없을 정도로 혼합되어 있기도 했다. 짐승이나 물고기를 잡기 위해서는 정교한 사냥-고기잡이 기술과 아울러 기도가 필요했으며, 질병을 치료하는 데는 효과가 검증된 약초와 함께 주술이 사용되었다. 원주민들의 우주에서 영적인 세계와 자연이 연결되어 있었던 것과 마찬가지로, 그들의 주술과 기도는 생활의 기술과 분리되어 있지 않았던 것이다.

친밀한 자연

삶을 바라보는 통합적인 태도 이외에 북미 원주민들의 종교가 공통적으로 가지고 있던 특징은 자연과의 친밀함이다. 이런 친밀함은 모든 사물에 영혼과 인격을 부여하는 애니즘animism적 경향으로 나타났다. 종족을 불문하고 원주민들의 삶에 가장 직접적이고 큰 의미가 있는 존재는 광활한 북미대륙의 자연이었다. 따라서 그들의 종교는 자연과 조화롭고 친밀한 관계를 유지하는 데 초점이 맞추어진 경우가 많았다. 자연은 원주민들에게 힘있고, 풍요로우며, 모든 것을 포괄하는 무엇이었으며, 무엇보다 성스러운 대상이었다. 자연과 느끼는 특별한 친밀함은 그들로 하여금 자연과 일종의 친족 의식을 느끼게 해주었다. 원주민은 주위의 동식물뿐 아니라, 산이나 강 같은 무생물, 그리고 자연현상을 인간처럼 여겨 거기에 영혼과 인간적 성품을 부여하곤 했다. 예를 들어, 위에서 언급된 영아를 태양에게 고하는 주니족 의식 기도는, 태양을 아버지라고 하는 이외에도 밤을 "밤 아버지들," 새벽을 "새벽 사제들"이라고 불렀다. 그런데, 자연 가운데서도 농경 전통의 원주민들에게 특별한 의미가 있는 대상은 땅이었다. 많은 원주민 창조신화에서 땅이 핵심적 위치를 차지하고 있었다는 사실은 그들의 삶 속에서 그것이 얼마나 중요했는지 말해준다.

　대부분의 원주민 종교는 신화, 전설, 그리고 그와 연관된 풍부하고 다양한 의례와 성스러운 대상을 만들었다.[14] 많은 원주민 부족은 대단히 풍부한 상징성을 가진 창조신화를 가지고 있었다. 다른 고대문화와 마찬가지로 북미 원주민의 창조신화는 그들 자신, 그리고 그들의 삶에 영향을 주는 모든

---

[14] 북미 원주민 신화와 전설을 채집하여 묶은 많은 책이 있다. 다음의 대표적 책들 참조: Jeremiah Curtin, *Native American Creation Myths* (Mineola, NY: Dover Pub., 2004); Richard Erdoes and Alfonso Ortiz, *American Indian Myths and Legends* (New York: Pantheon Books, 1984).

객관적-주관적 사물과 현상의 기원과 역할, 공동체의 역사, 그리고 운명에 대한 생각을 포괄적으로 보여준다. 다시 말해서 그들의 창조신화는 모든 것을 설명하는 "하나의 완결된 시스템"이었다.[15] 창조신화는 무엇보다 이 세상이 어떻게 탄생했으며 자기들은 어떻게 이 세상에 존재하게 되었는지 알려주었다. 공동체의 정체성과 정당성을 부여해 주는 전승으로서 극히 중요한 역할을 한 것이다. 그리고 창조신화는 그들에게 무엇이 중요하며 무엇이 절실하게 필요한 것인지 알려주기도 했다. 그 내용의 세부적 차이에도 불구하고 북미 원주민의 다양한 창조신화는 매우 유사한 형태와 모티브를 가지고 있었다.

미국 대륙 원주민들의 신화 중 가장 오래되고 널리 퍼져있는 것은 처음으로 땅을 발견한 동물 영웅에 관한 이야기다. 부족마다 조금씩 다르기는 해도 이 신화는 대체로 다음과 같은 골격을 가지고 있다. 태초에 지구는 물로 뒤덮여 있었다. 땅은 보이지 않았고, 육상 동물과 인간은 지상 위에 존재하지 않았다. 신들은 지구에 땅을 만들기로 결정하고, 땅을 가져올 책임자를 정했다. 이 책임을 맡은 자가 누구였는지는 신화마다 다르다. 그러나 모든 신화에서 그 중요한 책임을 맡은 영웅은 동물이며, 그것도 그 부족이 신성시하는 동물이기 마련이다. 체로키Cherokee 신화에서는 물방개가 주인공인데, 아니쉬나벡Anishinaabeg을 비롯한 일부 부족은 사향뒤쥐muskrat, 아리카라Arikara족은 오리, 샤이엔Cheyenne족은 물닭mud hen, 아라파호Arapaho족은 거북이를 영웅으로 등장시킨다. 이 동물 영웅들은 깊은 물속으로 잠수해 들어가서 흙을 가져오는 데 성공한다. 그리고 신들은 그 흙을 이용해서 육지를 만든다. 땅의 탄생은 완전히 새로운 세상, 새로운 형태의 생명을 낳게 된다. 그런데 나바호나 호피 신화를 포함하여 많은 신화는 인간의 조상이 지하에 있던 '첫 번째 세계'에서 살다가 지상으로 올라온 것으로 설명한다. 체로키는 지하에 지상과 똑같은 또 하나의 세상이 있다고 본다.

---

[15] Curtin, *Native American Creation Myths*, ix.

오늘까지 전해지는 동부지역 원주민 신화 가운데는 각 인종의 기원과 그들의 각기 다른 생활의 근원을 말해주는 것들이 많다. 즉 인간을 창조할 때 신(들)이 '홍인,' '흑인,' '백인'을 각각 만들었고, 그들에게 각기 다른 재능과 임무를 주었다는 것이다. 예를 들어, 세미놀Seminole 지도자 니아마틀라 Neamathla(1750s~1841)가 구술한 것을 채록한 1820년대의 기록에 의하면, 신 Great Spirit이 먼저 백인을 만들었는데 그가 약하고 피부색이 엷어 다시 시도하여 만든 인간이 흑인이었다.[16] 그러나 신은 흑인을 백인보다 더 마음에 들지 않아 했고, 결국 마지막으로 만든 것이 홍인이었다고 한다. 그리고 신은 하늘에서 세 상자를 내려오게 해서 각각 선택하게 했다. 가장 먼저 만들어진 백인은 펜, 잉크, 종이, 컴퍼스 등 지식을 위한 도구가 담긴 상자를 선택했다. 신은 가장 좋아하는 홍인에게 두 번째 선택을 하게 했고, 홍인은 칼, 토마호크tomahawk(손도끼), 올가미 등 전쟁과 사냥을 위한 도구를 선택하여 신을 기쁘게 했다. 신은 남아있던 세 번째 상자를 흑인에게 주었는데, 거기에는 도끼, 괭이, 물동이 등이 들어있어 흑인은 백인과 홍인을 섬기는 일에 종사하게 되었다. 이와 같은 창조설화는 서부 아프리카에서 발견되는 것과 연관성이 있어, 아프리카계 노예들이 북미대륙에 등장한 17세기 이후 그들로부터 영향을 받아 생겨났을 것으로 보인다.[17] 이것은 원주민들의 신화적 전승이 시간이 지나고 환경이 변화하는 데 맞추어 지속적으로 변화했음을 말해주기도 한다.

미국 대륙 원주민 대부분은 이 세상과 분리되지는 않았지만 그것을 넘어선 어떤 초월적 세계의 존재를 믿었다. 그러나 그들의 신관은 매우 다양하여 일반화하기 어렵다. 모든 생명체와 영적인 존재의 근원인 전지전능하고 전 우주적인 유일신 같은 신이 있는가 하면, 범신론적인 신이 있고, 죽은 사

---

[16] Claudio Saunt, *Black, White, and Indian: Race and the Unmaking of an American Family* (Oxford: Oxford University Press, 2005), 60~61.

[17] 북미 원주민과 아프리카 출신 사람들의 접촉, 그리고 인종 문제에 관해서는 다음 책 참조: Jack D. Forbes, *African and Native Americans: The Language of Race and the Evolution of Red-Black Peoples* (Chambaign: University of Illinois Press, 1993).

람의 귀신과 조상의 신령이 있으며, 동식물 및 해나 비 같은 자연현상과 관련된 신도 있다. 또 인간을 돕고 이롭게 하는 신령이 있는가 하면 악한 신령도 있다. 지구 위 다른 곳에 사는 인간들과 마찬가지로 북미 원주민은 신의 도움을 받아 자연에서 풍족한 식량을 얻고, 위험과 질병을 피하고, 전쟁에서 승리하고, 공동체를 조화롭고 평화롭게 유지하고자 했다. 원하는 바를 이루기 위해서는 신들을 만족시켜야 했다. 이를 위해 그들은 절기를 지키고 기도와 제물을 바쳤으며, 거룩한 물건을 소중히 여기고 터부taboo를 피했다. 또한 원주민들은 죽음이 인간 삶의 끝이라고 보지 않았다. 그들은 현세에서 이루지 못한 것들이 충만하게 채워지는 사후의 세계를 믿음으로써 삶의 고통과 허망함을 극복하려 했다. 앞서 살펴본 바와 같이, 원주민 종교의 중요한 기능 가운데 하나는 이 세상을 마친 사람이 저 세상으로 안전하게 갈 수 있도록 해주는 것이었다.

자의식과 이성을 가진 인간을 가장 괴롭히는 것은 의미를 발견할 수 없는 삶, 그리고 인간의 의지와 상관없이 전개되는 철저하게 무작위적인 세상이다. 고통 그 자체가 아니라 의미 없는 고통이 인간을 절망시키고, 자연의 압도적인 힘 그 자체보다 예측할 수 없는 자연의 변덕이 인간을 두렵게 만들기 마련이다. 따라서 인간은 매일 반복되는 일상에서부터 평생 한 번씩만 맞게 되는 탄생과 죽음에 이르기까지, 모든 일에서 의미를 찾지 않을 수 없다. 그리고 일정한 규칙과 질서를 통해 우주와 자연의 움직임을 해석하고, 그것으로 설명되지 않는 우연한 현상에는 특별한 의미를 부여하기 마련인 것이다. 유럽인이 진출하기 이전 오랫동안 북미대륙에서 살고 있던 원주민들도 이런 점에서 예외는 아니었다. 그들은 자신들의 존재에 의미를 부여하고, 자신들을 둘러싸고 있는 세계에서 일정한 질서를 발견해야 했다. 그들의 종교는 그런 삶의 필요와 과정에서 탄생했으며, 그렇게 탄생한 종교는 또 반대로 그들의 삶에 의미를 부여하고 삶을 만들어갔다.

북미대륙은 광야도, 처녀지도 아니었다. 그곳은 일이만 년 전부터 사람들이 살아오던 곳이었고, 독특하고 다양하며, 때로는 고도로 발달된 문화를 형성해 온 곳이었다. 물론 모든 원주민 부족이 평화주의자는 아니었으며, 부족들 사이가 화평하기만 했던 것도 아니다. 그러나 북미대륙은 원주민들이 그들 나름의 방식으로 삶을 영위하던 그들의 땅이었다. 이런 의미에서, 식민지 건설을 위해서 아메리카대륙을 찾아온 유럽인들은 침입자요 이방인이었다. 친근한 자연환경 및 인근 부족과의 관계를 중심으로 형성되어 온 원주민들의 삶은, 이질적이고 공격적인 유럽인의 등장으로 이전과는 전혀 다른 방향으로 전개될 수밖에 없었다. 준비 없이 유럽인을 맞게 된 원주민의 삶은 뿌리부터 뒤흔들렸다. 유럽인들은 압도적으로 우월한 물리적 힘을 가지고 있었으며, 원주민들의 삶은 그 힘에 밀려 강제적으로 혹은 불가피하게 파괴되거나 변화되어 갔다. 이에 따라 원주민의 삶과 가장 긴밀하게 연결되어 있던 종교도 그들과 함께 생멸生滅과 강요된 변화의 어려운 과정을 지나가야 할 처지에 놓이게 되었다.

아메리카대륙에 처음 진출했을 때 유럽은 오랫동안 기독교를 국교로 신봉해오며 기독교로부터 절대적이고 총체적인 영향을 받아온 세계였다. 아메리카 원주민의 삶이 종교와 연결되어 있는 것과 마찬가지로 유럽인도 매우 종교적인 세계 속에 살고 있었던 것이다. 아메리카에 진출할 때 유럽인들이 기독교를 가져온 것은 자연스러운 현상이었다. 기독교는 다른 종교와 마찬가지로 독특한 세계관과 문화를 가지고 있었으며, 신자들의 삶과 긴밀하게 연결되어 있었다. 유럽인들이 가져온 기독교는 그런 의미에서 단순히 종교가 아니라 유럽의 역사와 전통이 그 속에 포괄적으로 녹아 있는 매우 복잡하고 풍요로운 무엇이었다. 무엇보다, 유럽인 정복자들이 '신대륙'에 가져온 기독교는 당시 유럽인들의 인종주의, 유럽중심주의, 기독교중심주의와 분리될 수 없을 정도로 연결되어 있었다. 유럽인 진출과 기독교 전래는, 적어도 원주민들 입장에서 볼 때 그 땅에 이미 형성되어 있던, 세밀하게 발달된 종교문화를 뒤흔들어 파괴하며 원하지 않는 변화를 강요하는 대단히 비극적인 결과를 가져오고 말았다.

제2장

가톨릭 국가의
진출

알타 캘리포니아Alta California에서
원주민에게 베푼 첫 세례(1769)
Zephyrin Engelhardt, *San Juan Capistrano Mission*(1922)

에스파냐

정복과 선교

콜럼버스 이후 북미대륙에 진출한 유럽인은 원주민을 두 가지 극단으로 이해하는 경향이 있었다. 한편으로, 유럽인들은 신대륙 원주민을 무죄함의 상징으로, 타락 이전 에덴동산의 진정한 상속자로 종종 이상화했다. 자연 속에 살면서 문명에 물들지 않은 순수한 인간으로 낭만화 된 원주민은 그 옛날 전설 속 황금시대를 연상시켰고, 유럽인들은 그들을 '고상한 야만인noble savage'이라고 불렀다. 그러나 원주민을 이상화, 낭만화한 다른 극단에는 그들을 인간 이하로 보고, 정복하여 지배하거나 심지어 말살시켜야 할 대상으로 여기려는 태도가 있었다. 이 두 가지 상반된 관점은 유럽인이 원주민과 직접 접촉하기 시작한 이후 상당히 오랫동안 지속되었고, 유럽인들이 원주민과 그들의 세계를 객관적으로 이해할 수 없게 만들었다. 물론 원주민도 자신들의 세계에 느닷없이 나타난 유럽인을 충분히 이해하기 어려웠을 것이다. 유럽인 진출 이전이라고 해서 원주민들이 늘 평화롭고 행복하게 살았던 것은 아니고, 유럽인과의 관계에서 원주민들이 항상 피해자 입장이었던 것도 아니다. 그러나 두 집단 사이에 앞으로 벌어질 비극적인 역사는 압도적인 힘을 가진 유럽인들이 시작하고 주도했으며, 그만큼 그들에게 사태의 궁극적 책임이 있었다.

　오늘의 미국에 해당하는 땅에 가장 먼저 진출한 유럽인은 에스파냐 사람들이었다. 그들은 1500년대 초반부터 카리브 지역과 오늘의 멕시코에 들어가 아즈텍·마야 문명을 멸망시키고 식민지를 건설함과 동시에 자신들의 종교인 가톨릭을 전파했다. 이 당시 유럽의 신대륙 진출은 강력한 종교적 동기를 가지고 진행되었다. 대서양을 건너 인도로 가겠다는 콜럼버스의 계획을 승인하고 함대를 내준 에스파냐의 부부 군주 페르디난드Ferdinand II(1452~1516)와 이사벨라Isabella I(1451~1504)는 자신들이 다스리던 땅에서 무슬림과 유대인을 몰아내고 가톨릭을 유일한 종교로 세우고자 했다.[18]

　711년 처음으로 이베리아Iberia반도(지금의 포르투갈과 에스파냐)를 침략해온 무어인들Moors은 강성한 이슬람 왕국을 형성하며 오랫동안 그곳에서 살고 있었다.[19] 그런데 이베리아의 무슬림은 다른 종교인들에게 관용적이었다. 그들의 영토 안에는 기독교인이 다수 남아있었을 뿐 아니라, 자신들보다 400여 년 전에 와서 정착한 수많은 유대인도 있었다. 무어인은 기독교인이나 유대인과 수세기 동안 평화롭게 지냈다. 특히 유대인들은 기독교 국가보다는 이슬람 왕국이 자신들에게 더 우호적이라는 사실을 알고 무슬림들과 친하게 지내면서 유대교 문화를 발전시켰다. 그러나 15세기로 접어들면서 상황은 급변했다.

　유럽의 기독교 세력은 이베리아 무어족을 축출하기 위해 8세기부터 수백년 동안 애썼지만, 세력 확산을 저지하는 것 이상의 성공을 거두지 못했다. 한편, 무슬림 세력은 기독교 유럽을 향해 동쪽에서 점점 압박해 오고 있었다. 이슬람의 세력 확장은 빠른 속도로 진행되었다. 예언자 무함마드

---

[18] 15세기 이베리아반도는 크게 포르투갈, 카스틸레-레온Castile-Leon, 아라곤Aragon 세 부분으로 나뉘어 있었다. 1469년에 결혼한 페르디난드와 이사벨라가 각각 아라곤과 카스틸레-레온의 군주가 되자 두 왕국은 통합되어 에스파냐가 되었다.

[19] 로마제국은 북부 아프리카에 살던 사람들을 통칭하여 무어인이라 불렀다. 따라서 무어인은 어떤 특정한 인종을 지칭하는 용어가 아니었다. 유럽 기독교인들은 아프리카에서 와서 이베리아반도를 점령한 무슬림을 무어인이라 불렀다.

Muhammad(570~632) 당대에 이미 아라비아반도 거의 전체를 점령했고, 그로부터 한 세대 이내에 사산조Sassanian 페르시아마저 멸망시켰다. 페르시아 바로 옆에 있는 것이 비잔틴(동로마)제국이었다. 11세기 말부터 13세기 말까지 이어진 수많은 십자군 전쟁은 세력을 확장하는 이슬람 세력과 그것을 저지하고 잃어버린 땅을 되찾으려는 기독교 세력 간의 길고 처절한 싸움이었다. 그러나 결과적으로 십자군은 목표를 달성하지 못했고, 투르크족 무슬림은 1453년 마침내 동로마의 천년고도 콘스탄티노플까지 함락하고 말았다.

15세기 들어 점증하던 새로운 민족주의 의식 속에서, 기독교 유럽과 이슬람 사이의 적대감은 크게 증폭될 수밖에 없었다. 자신들의 영토에 들어와 정착한 무슬림에 대한 에스파니아 기독교들의 증오심은 특히 컸다. 이사벨라와 페르디난드는 십자군의 이름을 빌려 기독교 세력을 규합했다. 그리고 마침내 1492년 1월 이슬람 왕국의 수도 그라나다Granada에 들어가 알함브라Alhambra 궁전을 점령하는 데 성공했다. '재정복Reconquista'이 이루어진 것이다. 이슬람 건축의 극치인 알함브라는 이사벨라와 페르디난드의 궁전이 되었고, 그해 4월 콜럼버스는 그곳에서 대서양 횡단 계획을 윤허 받았다.

이사벨라와 페르디난드는 점점 세속화되어 가던 교회를 개혁하여 초월적이고 영적인 기독교를 회복하려는 가톨릭 개혁운동의 중심에 서 있었다. 그러나 내세적 가치를 지나치게 강조하는 종교는 자신에게 절대적 가치를 부여하게 되고, 결과적으로 다른 종교에 대하여 매우 적대적인 자세를 낳는다는 것이 역사를 통해 반복되는 현상이다. 자기 왕국의 기독교를 초월적이고 '정화된' 가톨릭으로 만들려는 에스파냐 두 왕의 노력은 잘못된 가르침을 처단하려는 종교재판Inquisition 설치에 이어 이슬람교와 유대교에 대한 대대적인 핍박으로 연결되었다.[20] 처음 이슬람 왕국을 붕괴시켰을 때 에

---

[20] '이단'을 처단하려는 가톨릭교회의 종교재판은 12세기 프랑스에서 시작했는데, 1478년 이사벨라와 페르디난드가 설치한 종교재판은 흔히 '스페인 종교재판'이라고 불린다. 스페인 종교재판은 이후 약 3세기 동안 아메리카를 포함한 에스파냐의 모든 영토에서 계속되며 약 15만 명을 재판하여 최대 5천 명 정도를 처형한 것으로 알려지고 있다.

스파냐 교회는 남아있던 많은 무슬림에게 상당한 관용을 베풀었다. 그러나 에스파냐 내에서 가톨릭 개혁운동이 진행될수록 무슬림에 대한 관용은 사라지고 압박이 가중되었다. 에스파냐 교회는 이슬람 책을 불태우고 무어인들에게 개종을 강요했다. 무어인들이 반란을 일으켰지만 곧 평정되었다. 그 이후에는 가톨릭으로 개종하거나 아니면 박해를 받고 추방되는 것 이외에 무어인 무슬림들에게 다른 선택의 여지는 없었다.

에스파냐에 살던 수많은 유대인에게도 같은 운명이 기다리고 있었다. 이슬람 왕국에서 평화롭게 살던 유대인들은 에스파냐의 지배 아래 놓이면서 정부나 교회뿐 아니라 반유대적 정서를 지닌 일반 백성으로부터 혹독한 핍박을 받았다. 그리고 1492년 3월, 이사벨라와 페르디난드는 모든 무어인과 유대인에게 기독교로 개종하든지 아니면 에스파냐를 영구적으로 떠나라는 최후통첩을 하였다. 이때 에스파냐를 떠나지 않고 남아있던 무어인과 유대인은 적어도 공식적으로 기독교인이 되었으며, 그렇게 (실질적으로 혹은 명목상) 개종한 사람들은 기존의 기독교인과 구별하기 위해서 '새로운 기독교인 *Cristiano Nuevo*'이라고 불렸다. 이 과정에서 유대인 30만 명이 가톨릭으로 개종했고, 17만 명은 천 년 이상 삶의 기반이었던 에스파냐를 떠났다. 그 개종자들 가운데 상당수는 비밀리에 유대교를 계속 신봉한 '비밀 유대인 *crypto-Jews*'이었다. 중세의 개종은 진정한 의미의 종교적 회심이라기보다 육체적, 사회적, 경제적 압력과 강제의 결과인 경우가 많았으며, 개종한 후에도 지속적으로 배교와 이단의 의심을 받아야 했다. 무슬림과 유대인의 강요된 개종, 그리고 개종이 강요되는 속에서 전통을 유지하기 위한 비밀스럽고 고통스러운 노력은 이후 신대륙 원주민들이 기독교와 만난 후 겪어야 할 운명과 유사한 면이 많았다.

무슬림과 유대인을 쫓아내고 에스파냐에 기독교 왕국을 건설한 이사벨라와 페르디난드는 교황으로부터 '가톨릭 군주*Reyes Catolicos*'라는 칭호를 받았다. 깊은 신앙심을 가지고 있던 이사벨라는 에스파냐를 순수한 기독교 신앙으로 통일하는 일에 관심이 많았고, 종교적 문제에서 페르디난드보다 훨씬 더 적극적이었다. 서쪽으로 대서양을 항해해서 인도에 도착하겠다고 콜럼버스가 제안할 때도 페르디난드는 동양의 금은보화가 언급될 때 외에는 별다른 관심을 보이지 않았다. 그러나 이사벨라는 동양인을 기독교로 개종시킨 후 동양 쪽에서 공격하면 무슬림이 차지하고 있는 성지 예루살렘을 회복할 수 있으리라는 말에 귀가 솔깃했다. 여러 차례의 우여곡절 끝에 이사벨라가 포르투갈, 프랑스, 그리고 영국이 모두 거절했던 콜럼버스의 그 무모한 제안을 "나의 사업"으로 받아들이기로 한 것은 그것이 왕권과 에스파냐의 영광을 위해서뿐 아니라 신을 섬기고 교회를 위해서 감행할 만한 모험이라고 생각했기 때문이었다.[21]

한편, 콜럼버스도 매우 신실한 기독교인이었다. 그가 밝힌 항해의 목적 가운데는 명예와 부 이외에도 그가 만나게 될 이방인들을 '거룩한 믿음'으로 개종시키는 일이 포함되어 있었다. 그가 탄 배의 이름은 성모 마리아 Santa Maria였고, 그는 항해 중 규칙적으로 예배를 드렸다. 그가 항해 중에 쓴 모든 기록물은 "예수와 마리아, 우리의 항해와 함께하소서"라는 간구로 시작되었다. 그리고 콜럼버스는 처음으로 도착한 섬에 왕관을 쓴 십자가가 새겨진 카스틸레Castile의 깃발을 꽂고 산살바도르San Salvador, 즉 '거룩한 구세주'라고 명명했다. 그는 '그리스도의 전달자'라는 자신의 이름대로 스스로 이사야와 묵시록이 예언한 "새 하늘과 새 땅"의 사자라고 믿었다.[22] 이런 점에서 볼 때 콜럼버스의 항해는 동방 항로와 교역을 지배하려는 정치경제적 욕망의 발현인 동시에 에스파냐로부터 무어인과 유대인을 몰아내고 영적 기독교 왕국을 건설하려던 종교적 열심의 연장선상에 있었다. 세

---

[21] Edward Everett Hale, *The Life of Christopher Columbus: From His Own Letters and Journals and Other Documents of His Time* (Chicago: G. L. Howe, 1891), ch. 2(많은 인터넷 버전이 있음); Nancy Rubin Stuart, *Isabella of Castile: The First Renaissance Queen* (New York: St. Martin's Press, 1991)의 part five 중 "1492: Columbus" 참조.

[22] Christopher Columbus, *The Four Voyages: Being His Own Log-Book, Letters and Dispatches with Connecting Narratives…*, ed. and trans. J. M. Cohen (Harmondsworth, NY: Penguin, 1969), 265. Columbus란 'Christ-Bearer'라는 뜻이다.

속적 야욕과 종교적 열심의 이런 혼합은 비단 이사벨라와 콜럼버스에 한정된 것이 아니었고, 이후 포르투갈, 프랑스, 영국 등 유럽 기독교 열강의 신대륙 진출에서 공통적으로 발견되는 현상이었다.

신대륙에 대한 유럽인들의 종교적 관심은 높았다. 1500년부터 1800년 사이에 1만 5천명의 가톨릭 성직자가 파견되어 에스파냐와 포르투갈이 점령한 지역에서 활동했다. 그 가운데 프란치스코회, 도미니쿠스회, 예수회 소속의 사제 및 수사들은 주로 원주민에게 기독교를 전하는 데 종사했다. 그런데 아메리카대륙을 발견할 무렵 유럽의 종교 상황은 가톨릭이 지배하고 있었다는 선언적 사실이 시사하는 것보다 훨씬 종교적으로 다양했다. 거의 모든 사람이 명목상 가톨릭 신자였지만, 적극적으로 신앙생활을 하는 사람의 수는 놀랄 만큼 적었고 종교가 없는 사람도 대단히 많았다. 사람들은 민간신앙으로 오랫동안 전승되어 온 마법magic을 믿었고, 교회 지도자들이 그것을 기독교 신앙과 뒤섞기도 했다.[23]

그러나 가톨릭교회는 국가에 의해 유지되는 막강한 제도였고 여러 가지 정치경제적 특권을 누리면서 모든 공식적인 종교 행위를 결정했다. 인구수에 비해서 지나치게 많은 성직자가 있었다는 사실도 가톨릭의 세력을 증명하는 한 가지 증거다. 프랑스와 에스파냐에는 사제, 수사, 수녀들이 전체 성인 인구의 10~15퍼센트나 될 때도 많았다고 한다.[24] 많은 가톨릭 성직자가 신대륙 진출에 참여한 것은 교황과 국가가 수행하는 사업인데다 성직자 수자체가 이렇게 많았기 때문일 것이다.

콜럼버스의 신대륙 '발견'이 알려진 다음 해, 교황 알렉산더 6세(1431~1503)는 에스파냐의 요청에 따라 "발견되었거나 앞으로 발견될" 모든 땅, 즉 아직 어떻게 생겼는지, 누가 살고 있는지도 모르는 유럽 이외의 세계 전체를 에스파냐와 포르투갈이 나누어서 점령토록 하는 일련의 칙서를 발표했

---

[23] 마법과 가톨릭교회의 관계에 대해서는 다음 연구 참조: Valerie I. J. Flint, *The Rise of Magic in Early Medieval Europe* (Princeton: Princeton University Press, 1991).

[24] Jon Butler, *Religion in Colonial America* (Oxford: Oxford University Press, 2000), 21.

다.[25] 에스파냐 출신인 교황은 이때 자신의 조국이 신대륙 전체를 거의 무한한 권리로 지배할 수 있도록 하는 경계선을 만들었다. 포르투갈의 강력한 항의가 있은 후 1494년에 토르데시야스 조약Treaty of Tordesillas으로 재조정된 경계선은 에스파냐에게 브라질 일부를 제외한 아메리카대륙 전체, 그리고 포르투갈에게는 아프리카 전체에 대한 독점적 권리를 부여했다.[26]

이 일련의 조치는 새롭게 발견될 지역의 사람들을 가톨릭으로 개종시키는 책임을 두 나라에게 지우는 형식을 띠고 있었다. 그러나 유럽보다 더 오래된 문명을 가지고 있던 아메리카와 아프리카를 '새로운' 세계라고 부르며 행한 이런 조치들은 모든 것을 자신들 기준에서 판단하던 당시 유럽 기독교인들의 정복주의적 사고방식을 극명하게 보여주었다. 즉 유럽 이외의 세계를 발견해서 취해야 할 재산 정도로 여기고, 그곳에 사는 사람들은 짐승에 가까운 야만인으로 취급하며, 기독교 이외의 어떤 종교 전통도 인정하지 않았던 것이다. 정도의 차이는 있었겠지만, 처음 아메리카대륙에 진출한 유럽인들은 모두 이런 세계관을 공유했다. 그리고 그것은 식민지 시대의 유럽인과 원주민 관계를 넘어서 아메리카대륙에서 사는 사람들의 삶과 사고방식에 두고두고 영향을 미쳤다.

신대륙에 대한 독점적 권리를 얻은 에스파냐는 카리브 해역과 멕시코를 점령한 후 점점 그 영역을 확대하여 16세기 중반부터 오늘의 미국 대륙에 진출하기 시작했다. 그들은 카리브해에서 가까운 플로리다에 먼저 진출하여 조지아 남부, 미시시피, 앨라배마로 나갔으며, 멕시코 북쪽의 뉴멕시코,

---

[25] 이들 칙서는 흔히 '발견의 교리Doctrine of Discovery'라고 불리는데, 인용문은 알렉산더 6세의 칙서 *Inter caetera*(Among other [works])"(https://www.papalencyclicals.net)에 있는 표현이다. 2023년 교황청은 이들 칙서가 더 이상 가톨릭교회의 교리가 아니라고 밝혔다.

[26] 에스파냐와 포르투갈은 협상을 통해 아프리카 서쪽 해안의 케이프 베르데섬Cape Verde Islands 서쪽 370해리(약 1770km)를 기준으로 그 서쪽의 모든 땅은 에스파냐, 유럽을 제외한 그 동쪽의 모든 땅은 포르투갈이 독점적 권리를 가지기로 한 토르데시야스 조약에 1494년 7월 서명했다. 이에 따라 두 나라를 제외한 다른 나라는 원칙적으로 신대륙과 아프리카에 진출할 수 없었다. 그러나 이 조약이 포괄하고 있는 범위의 광활함과 그 지역에 대한 무지 때문에 조약이 엄밀하게 지켜질 수 없었다. 예를 들어, 에스파냐는 포르투갈이 1500년에 진출한 브라질 식민지를 서쪽으로 점점 넓혀가는 일을 묵인했다.

텍사스 남서부, 애리조나, 그리고 캘리포니아로 진출하여 '새로운 에스파냐Nueva España' 영역을 확장했다. 이 세력 확장 과정에서 가장 앞서간 사람들이 정복자와 선교사들이었다. 군인, 상인, 모험가, 탐험가, 이주민 등으로 이루어진 세속적 정복자들은 신대륙의 황금을 찾아온 사람들이었다. 그들은 콜럼버스의 전례에 따라 원주민을 홀대하고 약탈했으며, 필요할 경우 고문하여 죽이거나 노예로 삼았다. 원주민에 대한 이들의 횡포가 얼마나 심했던지 교황 바오로 3세(1468~1549)는 1537년 칙서를 발표하여 원주민들도 짐승이 아니라 신에 의해 창조된 완전한 인간이므로 개종을 시키되 노예로 삼아서는 안 된다고 선언하기도 했다.

정복자가 가는 곳에는 늘 가톨릭 성직자들이 동행했다. 성직자들은 에스파냐 정복자들의 종군사제로 동행하거나 원주민에 대한 선교를 모색하기 위해 아메리카대륙 정복의 최전방에 서 있었다. 예를 들어, 1532년 11월 잉카제국 정복에 나선 프란치스코 피사로Francisco Pizarro(1478~1541)가 잉카 황제 아타후알파Atahuallpa(c.1502~33)에게 제일 먼저 보낸 사람이 도미니쿠스회 신부 빈센테 데 발베르데Vincente de Valverde(c.1499~1541)였다. 발베르데는 한 손에 십자가, 또 한 손에는 성서를 들고 아타후알파에게 가서 자신을 하느님의 사제라고 소개한 후, 성서 속 하느님의 말씀을 "가르치러 왔다"고 선포했다.[27] 분노한 아타후알파가 성서를 내던져버리자 발베르데는 피사로 진영으로 돌아가서 "하느님의 것들을 거부하는 개 같은 적들"을 정중하게 대하지 말고 진격하라고 소리치며 병사들에게 면죄를 선언했다. 이날 피사로의 기병 62명과 보병 106명은 싸울 준비도 안 된 잉카 병사 7천 명을 살육했다. '카하마르카Cajamarca의 대학살'이었다. 피사로는 체포된 아타후알파에게 "모든 사람이 하느님과 거룩한 가톨릭 신앙"을 알도록 하기 위해 그의 땅을 정복했다고 말했다. 몇 개월 후 아타후알파는 세례받고 처형당했다.

---

[27] 다음에 인용된 당시 에스파냐 측 목격 기록: Jared Diamond, *Guns, Germs, and Steel* (New York: Norton, 1999), 71, 72, 74.

페르디난드와 이사벨라, 그리고 콜럼버스와 피사로가 보여준 바와 같이 중세 기독교 유럽에서 종교와 정치, 경건과 야욕은 그 경계선을 알아볼 수 없을 정도로 밀접하게 연결되어 있었다. 지구 전체를 에스파냐와 포르투갈에게 절반씩 나누어준 교황이나 그렇게 독점권을 가지게 된 두 나라의 왕들 모두 기독교 선교를 신대륙 진출의 (적어도 명목상) 가장 큰 동기와 이유로 삼았다. 물론 아메리카를 침략한 정복자들 속에서도 종교적 경건의 모습은 쉽게 찾을 수 있었다. 그러나 역으로, 선교사들 속에서 중세 기독교 유럽의 정복주의적 잔인함을 발견하는 것도 어렵지 않았다. 배타적 개종을 지향하는 종교는 그 수사修辭적 이타주의나 인도주의적 행위에도 불구하고 본질적으로 우월주의와 정복주의적 가치관, 그리고 그것을 가능케 하는 물질적 힘에 기대고 있기 마련이다. 아메리카에서 에스파냐의 기독교 선교는 정치와 불가분의 관계를 맺고 있었다. 교황은 신대륙에 관한 모든 권한을 에스파냐 정부에게 부여했고, 에스파냐 정부는 아메리카에 건설된 식민지의 모든 권한을 식민정부에 위임했다. 교회의 재정과 인사가 식민정부 권한 아래 놓이게 되자 에스파냐의 가톨릭교회는 선교를 효과적으로 수행하는 데 많은 어려움을 겪어야 했다.

가톨릭 선교사의 진출

아메리카에 온 중세의 가톨릭 선교사들에게 21세기의 다원적 종교 상황이 요구하는 종교적, 문화적 감각을 기대하는 것은 시대착오적이다. 선교사들은 정복자들과 마찬가지로 유럽-기독교중심주의 세계관을 가지고 있었으며, 원주민의 종교세계에서 긍정적인 것을 볼 수 있을 만큼 눈이 열려있지 않았다. 원주민들의 순수함과 단순함을 칭찬하는 선교사들은 있었다. 그러나 그들의 종교는 타파되어야 할 우상숭배, 미신, 혹은 아예 종교라고 할 것도 없는 어떤 미개한 것이었다. 그리고 중세의 기독교에서 개종은 개인의 자발적이고 의지적인 결단이 아니라 제도로서의 교회에 속해 그 지배 속에 살게 하는 것이었다. 자발적 의지에 의한 개종은 개신교 종교개혁이 가져다줄 미래의 선물이었다.

강압적 개종을 반대한 바르톨로메 데 라스카사스Bartoleme de Las Casas(1484~1566)는 시대를 앞서간 인물이었다. 도미니쿠스회 소속 가톨릭 사제이자 원주민 노예를 거느린 지주이기도 했던 라스카사스는 자신이 가난한 원주민들의 소유를 빼앗아 신에게 드리는 죄를 범하고 있다는 사실을 성서를 통해 깨달았다. 그 후 그는 원주민의 인권과 권익을 위한 일에 헌신했다. 에스파냐와 카리브해 사이를 오가면서 그는 저술을 통해 자신의 동족이 원주민에게 저지르는 각종 폭력과 악행을 고발하고 맹렬하게 비난했으며, 원주민의 문화 전통을 존중해야 한다고 주장했다. 특히 그는 원주민은 야만인이기 때문에 문명화된 유럽인이 노예로 삼을 수 있다고 주장하는 당대의 신학자들과 격렬한 논쟁을 벌였다. 라스카사스의 노력은 마침내 앞서 언급한 교황 바오로 3세의 칙서와 신대륙에서 원주민을 학대하지 말고 모든 원주민 노예를 해방하라는 카를로스 5세(1500~58)의 1542년 '신법Leyes Nuevas'을 통해 열매 맺었다.[28]

물론 아메리카에서 노예가 완전히 없어진 것은 아니었다. 유럽인들은 아프리카 흑인을 아메리카 원주민보다 더 야만적이라고 생각했고 그들을 노예로 삼는 행위는 라스카사스마저 처음에는 반대하지 않았다. 유럽인 진출 이후 아메리카 원주민 인구가 질병과 전쟁으로 급감하자, 부족한 노동력을 충당하기 위해 유럽인들은 노예상으로부터 아프리카 노예를 사들였다. 아프리카 노예는 이후 300년 동안 사라지지 않았다. 많은 교회가 아프리카 노예들이 경작하는 플랜테이션을 소유하고 있었으며, 신학자들은 성서에 기초하여 노예제도를 옹호했다. 성서는 라스카사스 같은 선구적인 시대의 양심을 낳기도 했지만 수많은 기독교인의 추악한 욕심에 정당성을 부여하는

---

[28] Lee M. Penyak and Walter J. Petry, eds., *Religion in Latin America: A Documentary History* (Maryknoll, NY: Orbis, 2006), 23~24, 28~29, 53~54. 카를로스 5세는 신성로마제국 황제로서 오스트리아, 네덜란드, 에스파냐의 통치자였는데 에스파냐에서는 카를로스 1세로 불린다.

역할도 했다.

에스파냐에서 온 선교사와 미국 대륙 원주민이 처음 만났을 때 어떤 일이 벌어졌을지 상상하기란 어렵지 않다. 선교사들은 원주민의 문화와 세계관, 그리고 오랜 종교 전통을 존중하지 않은 채 자신들의 가치관과 종교를 강요했다. 정복자들이 무력으로 원주민을 무릎꿇게 만들면, 선교사들은 십자가와 성서를 가지고 그들의 정신세계를 굴복시키려 했다. 선교사들은 원주민의 삶에 의미를 부여하고 활력을 주는 춤, 축제, 의례를 못하게 함으로써 용기와 창조성, 그리고 행복을 앗아갔다. 그들은 원주민의 원로를 무시했고, 사제를 마녀라고 불렀으며, 모든 오랜 전승을 하루아침에 버리거나 바꾸도록 요구했다. 선교사들은 윽박지르며 가르쳤고 설교하며 꾸중했다. 원주민들이 선교사에게 저항하는 일은 빈번했다. 그들은 때때로 피비린내 나는 반란을 일으켰다. 또한 이베리아반도에서 개종을 강요받았던 많은 유대인이 그랬던 것과 마찬가지로, 겉으로는 기독교를 받아들이고 선교사들의 요구에 순종하는 모습을 보이면서, 조상 대대로 내려온 전승을 버리지 않고 몰래 간직해간 원주민들도 많았다.

에스파냐 선교사들이 현재의 미국지경 내에 가장 먼저 진출한 곳은, 1513년 처음 발견했을 때 쿠바와 비슷한 섬이라고 생각했던 플로리다였다. 에스파냐인들은 1565년 미국 대륙 최초의 항구적 유럽인 거주지인 세인트 어거스틴St. Augustine을 만들었다. 그들은 그보다 일 년 전 근처의 세인트존스강St. Johns River 하구에 와서 막 정착해 살던 1백수십 명의 프랑스 위그노 Huguenot를 '이단', 즉 개신교인이라는 이유로 몰살시켰다. 앞으로 다시 언급되겠지만, 위그노는 1562년 사우스 캐롤라이나 패리스섬Parris Island에도 진출했는데 정착하지는 못했다. 어쨌든 미국 대륙에 가장 먼저 성공적으로 정착한 것은 플로리다에 온 에스파냐인들이었다. 그러나 정복자들을 따라 플로리다에 처음 진출한 예수회, 그리고 그들이 철수한 후에 들어온 프란치스코회 선교사들은 그곳이 살기도 어려울 뿐 아니라 용맹하고 전투적인 원주민이 사는 지역이라는 사실을 이내 알게 되었다. 티무쿠안Timucuan, 아팔라치Apalachee, 칼루사Calusa 등 그 지역 원주민들은 정착생활을 하지 않는 경우가 많았고 유럽인 진출에 격렬하게 저항했다. 여러 명의 선교사가 목숨을 잃었다. 따라서 이 지역의 선교는 에스파냐 군대가 보강되어 선교사의 안전이 상대적으로 보장된 17세기에 들어서 본격화되었다.

에스파냐는 증강된 군사력으로 반란하는 원주민에게 무자비한 보복을 감행했다. 선교사들은 그 힘에 기대어 선교지를 늘려갔고, 원주민은 가톨릭 신앙을 강요받았다. 그런데 플로리다의 프란치스코회 선교사들은 원주민과 같이 사는 대신 그들로부터 따로 떨어진 곳에 선교구mission를 만들어 생활했다. 1580년부터 백 년 동안 프란치스코회 선교사들은 플로리다에 30개 이상의 선교구를 만들었다. 그러나 드문드문 흩어져 있는 선교구 밖의 모든 지역은 원주민들이 여전히 장악하고 있었다. 더구나 17세기 후반부터는 북쪽에서 영국인들이 압박해왔다.

17세기 초 버지니아에 정착한 영국인들은 캐롤라이나, 조지아를 거쳐 점점 남쪽으로 진출했다. 결국 플로리다의 프란치스코회 선교구들은 영국인의 공격을 받고 1720년까지 완전히 파괴되고 말았다. 플로리다는 1763년의 파리 조약Treaty of Paris에 따라 영국 식민지가 되었다. 선교구가 파괴되고 선교사들이 떠나자 개종했던 원주민들도 곧 그들의 원래 종교로 돌아갔다. 원주민들의 가톨릭 수용이 강압적 환경에 의한 불가피한 선택이었을 뿐 참된 종교적 결단은 아니었던 것이다. 그리고 에스파냐가 프랑스 개신교인 정착지를 파멸시키고, 영국이 에스파냐의 플로리다 선교지를 파괴한 일은 앞으로 미국의 종교지형이 원주민과 유럽인의 관계뿐 아니라, 가톨릭과 프로테스탄트의 대결, 그리고 신대륙에 진출한 유럽 열강의 정치군사적 운명에 따라 복잡하게 얽히게 될 것임을 잘 보여주었다.

에스파냐의 북미대륙 중심지는 멕시코였다. 멕시코에 접한 미국 남서부 지방 선교는 1590년대부터 뉴멕시코에서 시작되어 인근의 텍사스와 애리조나로 전개되었다. 이 지역 선교는 원주민에 대한 에스파냐 군대의 잔혹 행위로 인해 큰 어려움을 겪으며 시작되었다. 1610년에 만들어진 산타페

Santa Fe(거룩한 신앙)주의 수도 산타페에 기지를 둔 초기 정복자들은 주변의 푸에블로 거주 원주민을 닥치는 대로 강간, 고문, 살육하고 마을을 약탈·파괴하면서 기독교를 강요했다. 산타페의 정식 명칭은 '성 프란치스코의 거룩한 신앙의 마을'이었지만 그곳을 건설한 정복자들에게 청빈과 겸손, 그리고 생명 존중의 성인인 프란치스코Francis of Assisi(1181~1226)의 모습을 찾기는 어려웠다. 에스파냐 병사들이 어린 소녀들을 강간한 데 격분한 아코마Acoma 부족이 반란을 일으키자 산타페 초대 총독 후앙 데 오냐테Juan de Onate(1550~1626)는 마을을 공격하여 800명 이상의 원주민을 살육하고 25세 이상의 모든 남자의 한쪽 발을 절단했으며, 12세 이하 어린이들은 프란치스코회 선교사들에게 하인으로 선물했다. 정복자들의 이와 같이 비인간적인 잔혹 행위는 유럽인과 기독교에 대한 원주민들의 적개심을 불러 일으켰고, 결과적으로 기독교 선교를 어렵게 만들었다.

초기의 어려움에도 불구하고 프란치스코회 수사들의 푸에블로 선교는 상당한 성공을 거두었다. 이 성공의 제일가는 비결은 무엇보다 그들의 집요함이었다. 프란치스코회 선교사들은 원주민을 서양화시키는 방법을 사용했다. 원주민들이 에스파냐 사람들과 교역하게 만드는 한편 어린이들을 마을에서 선교 학교로 옮겨와서 기독교와 에스파냐어, 그리고 서양 관습과 가치관을 가르쳤다. 에스파냐 사람과 문화에 익숙해지도록 했던 것이다. 물론 가톨릭 기숙학교에서도 많은 정신적·육체적 학대가 있었지만 이전의 폭압적 선교보다는 효과가 좋았다. 1630년까지 뉴멕시코에 세워진 25개의 선교지를 중심으로 리오그란데Rio Grande강과 산타페 인근의 푸에블로에서 3만 5천 명이나 되는 원주민이 공식적으로 가톨릭 신자가 되었다고 한다.

이후 프란치스코회 수사들은 오늘의 캘리포니아 지역으로 진출했다. 1769년부터 1845년 사이에 146명의 선교사들이 남쪽의 샌디에고San Diego에서 북쪽의 샌프란시스코에 이르는 지역에 21개의 선교지를 개척하고 10만 명의 원주민에게 세례를 베풀었다. 한편, 동쪽의 대서양 연안에서는 예수회 선교사들이 버지니아 체사피크Chesapeake만까지 진출했다가 원주민에게 몰살당하는 일이 벌어졌다. 이어서 영국 식민지가 그곳에 건설되자 가톨릭 선교사들의 진출은 완전히 막히고 말았다. 이에 비해서, 태평양 쪽에서는 오랫동안 에스파냐의 독점적 지배가 계속되었고, 그에 따라 가톨릭 선교도 활발하게 진행되었다. 그러나 캘리포니아 선교의 개척자인 후니페로 세라Junipero Serra(1713~84)를 비롯하여 프란치스코회 선교사들은 선교를 위해 원주민을 육체적, 정신적으로 학대하기를 주저하지 않았다. 세라는 이후 '캘리포니아의 사도'로 인정받아 성인이 되었지만, 그의 선교방식에 대한 비판은 끊이지 않았다. 그리고 선교사들은 원주민 노동력을 이용하여 대규모의 오렌지, 포도 농장을 경영했다. 기독교로 개종한 원주민들을 보호해주고 그 대가로 노동을 요구하는 '엔코미엔다encomienda' 제도는 원래 이베리아에서 이슬람 왕국을 멸망시킨 후 사용했던 방법인데, 캘리포니아 선교에서도 유용하게 사용되었던 것이다.

기독교 선교의 성공 여부는 원주민들이 얼마나 결집된 힘을 가지고 있느냐, 반대로 말해서 에스파냐의 식민통치가 얼마나 강하고 안정되었는가에 크게 좌우되었다. 일반적으로 말해서 원주민들은 에스파냐의 힘이 지배하는 동안만 기독교인으로 행동했고, 힘의 지배가 약화되면 곧 반란을 일으키거나 기독교 신앙을 버렸다. 에스파냐 사람들의 압도적인 힘에 저항하기 힘들었던 소규모 푸에블로 거주민들은 대대적으로 개종했다. 그러나 규모가 큰 푸에블로를 형성하고 살던 원주민들, 특히 호피족은 기독교를 줄기차게 거부했다. 원주민들은 17세기 중반에 간헐적으로 반란을 일으켜 선교사 여러 명을 살해했고, 1680년에는 여러 부족이 힘을 합쳐 대규모 반란을 일으켰다. 이때 반란 원주민들은 30여 명의 선교사와 500명 가까운 원주민 및 혼혈인을 죽이고 성당과 성상을 파괴한 후 강으로 몰려가 기독교 세례를 무효로 만들기 위해 몸을 씻었다고 전한다. 그러나 에스파냐의 가톨릭 선교사들은 미국 내 과거 에스파냐 점령지역에서 21세기까지 발견되는 강성한 히스패닉Hispanic 가톨릭 문화의 기초를 놓았다. 또한 플로리다부터 캘리포니아에 이르는 방대한 지역에 산재한, 가톨릭 성인의 이름을 딴 수많은 도시들은 그 지역이 오랫동안 가톨릭 에스파냐의 점령지였음을 알려주는 역사적 증거가 되고 있다.

개종한 푸에블로 원주민들은 기독교를 수용하면서도 그들의 종교 전통을 계속 유지하거나 새 신앙을 전통의례와 접맥시키는 모습을 보여주었다. 프란치스코회 선교사들은 세례를 받고 성찬에 참여하여 정식으로 기독교인이 된 원주민들이 비기독교적 종교 관습을 여전히 행하는 것을 묵인할 수밖에 없었다. 기독교와 전통 종교의 혼합은 개종의 초기 단계에서 흔히 나타나는 일종의 전이과정처럼 보이기도 했다. 기독교를 새로 접한 비기독교 지역 개종자들이 그런 전이과정을 통해서 자신의 전통과 문화, 그리고 종교적 정서에 맞게 기독교를 독특하게 토착화시키는 것은 어느 선교지에서나 나타나는 현상이다. 그러나 푸에블로 원주민들이 보여준 종교 혼합은, 기독교를 강요당한 이베리아반도의 유대인들과 마찬가지로, 어떤 종교 외적 요인에 의해 이질적 종교가 강제되었을 때 겉으로는 강요에 굴복하면서 속으로는 전통을 간직하려는 의지의 표현이었다. 오랜 세월을 거치며 원주민의 삶에 가장 맞게 발달하여온 원주민 종교는 엄청난 환경의 변화와 외부의 압력에도 불구하고 끈질기게 살아남았다. 그 놀라운 생명력과 적응력, 그리고 북미대륙 자연에 적합한 종교로서의 탁월함을 보여준 것이다.

프랑스

아메리카에 대한 에스파냐와 포르투갈의 독점적 권리에 대하여 가장 먼저 항의하고 나선 나라는 같은 가톨릭 국가인 프랑스였다. 부유했지만 해양대국이 아니었던 프랑스는 아메리카대륙 발견과 그에 따른 헤게모니 싸움에 처음부터 관여할 수는 없었다. 그러나 프랑스는 1524년 이탈리아 선장을 고용하여 뉴욕과 노바 스코티아Nova Scotia를 발견한 후 '인도'로 가는 북서항로에 관심을 가지고 있었다. 프랑스에게 아메리카대륙 진출의 동기를 부여한 사람은 교황 클레멘트 7세(1478~1534)였다. 프랑스에 우호적이었던 그는 신세계를 양분해서 이베리아인들에게 나누어주는 칙서가 발표된 것은 1493년과 1494년이므로 그 이후에 발견된 지역에 대해서는 그 조치가 적용되지 않는다는 의견을 1534년 프랑스에게 전달했다. 이에 용기를 얻은 프랑스는 바로 이듬해에 대서양 북서쪽 항로를 다시 찾아 나섰고, 결과적으로 지금의 캐나다 대서양 연안에 진출하게 되었다. 그러나 프랑스 정부가 북미대륙에 식민지를 건설한 것은 1620년대 이후의 일이었다.

프랑스에서 처음으로 아메리카 신대륙으로 이주한 사람들은 가톨릭 신자가 아니라 일군의 위그노였다. 콜럼버스를 통하여 신대륙의 존재가 유럽에 알려진 지 사반세기 만에 유럽은 개신교 종교개혁의 격변을 겪었다. 프랑스의 개신교 종교개혁은 독일의 선구자 마틴 루터(1483~1546)보다 프랑스 출신으로 스위스 제네바에서 활동한 종교개혁가 장 칼뱅(1509~64)의 영향을 받은 위그노들에 의해 추진되었다. 프랑스 개신교도들은 1560년대부터 '위그노 전쟁(1562~98)'이라고 후세 역사가들이 이름 붙인 여러 차례의 격렬한 종교전쟁을 겪으며 신앙의 자유를 얻고자 노력하였다.

위그노 가운데 일부는 본국의 혼란과 박해를 피하여 신대륙에 새로운 보금자리를 얻으려 했다. 1562년 일군의 위그노가 사우스캐롤라이나 연안 패리스섬에 가서 처음으로 정착촌을 만들었다.[29] 유럽인이 미국대륙에 만든 최초의 정착촌이었다. 그러나 그곳은 채 2년을 넘기지 못하고 사라졌다. 이후 1564년 수백 명의 위그노들이 오늘의 플로리다 잭슨빌Jacksonville에 해당하는 세인트존스강 하구에 다시 정착하여 그곳을 포트 캐롤라인Fort de la Caroline이라고 명명했다. 이들은 그해 6월 30일 추수감사 축제를 벌였다. 이것은 미국 대륙에서 행해진 최초의 개신교 추수감사로서, 1620년 겨울 영국 청교도들이 매사추세츠에 도착하여 그 이듬해 가을 추수감사 축제를 행

---

[29] 프랑스인들은 이 섬을 포트 로얄Port Royal이라고 불렀으나 이후 이 지역을 영국인들이 정복한 후 섬의 주인이던 알렉산더 패리스Alexander Parris의 이름을 따라 섬 이름이 바뀌었다. 현재 포트 로얄은 그 북쪽에 있는 섬이다.

한 것보다 60년 가까이 앞선 것이었다. 그러나 앞서 언급된 바와 같이 포트 캐롤라인의 위그노들은 세인트 어거스틴을 중심으로 플로리다에 이미 진출해 있던 에스파냐 군대에 발각되어 전멸되고 말았다.

프랑스가 신대륙 진출을 본격적으로 개시한 것은 위그노 전쟁이 낭트 칙령Edict of Nantes으로 마무리 된 1598년 이후였다. 개신교에 우호적이던 국왕 앙리 4세(1553~1610)가 반포한 이 칙령은 당시로서는 혁명적으로 진전된 종교와 양심의 자유를 보장했다. 모든 백성에게 포괄적인 양심의 자유를 베풀었고, 개신교를 이단에서 풀었으며, 개신교인들에게 사면과 아울러 국민으로서의 권리를 회복시킨 것이다. 앙리 4세는 개신교 동조자였지만 가톨릭 국가였던 프랑스에서 왕권을 지키기 위해 가톨릭으로 뒤늦게 개종한 사람이었다. 가톨릭 왕이 개신교 신앙의 자유를 선포한 낭트 칙령은 당시 유럽을 지배하던, 지배자의 종교가 그 지역의 종교를 결정하는 원칙을 근본적으로 깨뜨린 혁명적 조치였다.[30] 중세 유럽뿐 아니라 초기 개신교 지역에서도 주민 개개인은 종교의 자유 없이 무조건 그곳을 지배하는 사람의 종교를 받아들여야 하는 상황이었다.

종교전쟁을 끝내고 평화와 사회적 단합을 다시 이룬 프랑스가 진출한 곳은 뉴펀들랜드Newfoundland 인근의 세인트로렌스St. Lawrence 만과 강이었다. 세인트로렌스강은 서쪽으로 오대호와 연결되고, 거기서 다시 남쪽으로 미시시피강을 통하여 멕시코만으로 연결된다. 세인트로렌스만에 퀘벡Quebec을 건설한 프랑스 정복자, 선교사, 상인, 이주민들은 강을 따라 내륙으로 들어가 몬트리얼Montreal을 세웠으며, 오대호 인근 오늘의 미국 중서부 지역에 진출했다. 그리고 디트로이트, 세인트루이스를 거쳐 미시시피강을 따라 남하하여 1700년대 초부터 앨라배마의 모빌Mobile, 루이지애나의 뉴올리언스, 그리고 미시시피의 빌록시Biloxi 등 정착지를 걸프 해안에 세웠다. 이로서 프랑스는 미시시피강을 따라 북미대륙 중앙을 관통하는 광대한 '루이지

---

[30] 이 원칙을 "*cuius regio, eius religio*(Whose the region is, his the religion)"라고 했다.

애나 영토Louisiana territory' 소유권을 주장할 수 있게 되었다.[31]

프랑스의 가톨릭 선교를 대표했던 예수회 선교사들은 에스파냐 선교사들에 비해서 대체적으로 성공적인 선교를 했다. 프랑스 선교사들은 원주민 거주지와 분리된 선교구를 만들고 살면서 원주민들을 선교구로 불러들여 선교했던 에스파냐 선교사들과 달리 원주민들 속에 들어가서 같이 살면서 선교했다. 이 방법을 실천하기 위해서는 선교사들이 원주민의 문화와 사회를 깊이 이해해야 했으며, 엄청난 용기를 가지고 희생을 각오해야 했다. 프랑스 예수회 선교사들은 오대호, 퀘벡, 뉴욕 북부 등지에 살던 휴론Huron족과 이로쿼이Iroquois족 마을에 들어가 살면서 언어를 배웠으며, 개종한 이후에도 가능하면 원주민들이 전통을 유지할 수 있도록 해주었다.

프랑스 예수회 선교사들의 이런 태도에 큰 기여를 한 사람이 1625년부터 휴론족 선교를 시작한 선구자 장 드 브레보Jean de Brebeuf(1593~1649)였다. 그는 원주민에게 진지한 애정을 가지도록 후배 '검은 옷Blackrobes'(선교사)들에게 당부하면서, 그들이 주는 음식이라면 어떤 것이라도 기꺼이 먹고, 아무리 더럽고 역겹더라도 인내하며 절대 불편한 감정을 드러내지 말라고 했다.[32] 또한 그는 휴론족 언어로 찬송가와 기독교 문서를 번역하여 사용했다. 브레보는 휴론족과 적대관계였던 이로쿼이족에게 붙잡혀 극심한 고문 끝에 순교하였다. 휴론족처럼 유럽인에게 우호적인 부족은 같이 지내면서 선교하기가 쉬웠지만, 이로쿼이 같이 독립적이고 팽창적인 부족에게 선교하는

---

[31] 루이지애나 영토는 현재의 루이지애나주를 포함하지만 그보다 훨씬 넓은 지역으로, 몇 가지 다른 의미로 사용될 수 있다. 본문에서 사용한 의미는 프랑스가 점령했던 미시시피강을 중심으로 한 광대한 땅인데, 애팔래치아산맥과 로키산맥 사이의 모든 땅이 여기에 해당되었다. 이 땅을 '프랑스 루이지애나French Territory of Louisiana'라고 부르기도 한다. 그런데 7년전쟁(1756~1736)을 끝내면서 1763년 맺은 파리 조약으로 프랑스는 이 땅 가운데 미시시피강 동쪽을 영국, 서쪽을 에스파냐에게 주었다. 1801년 나폴레옹은 에스파냐가 가지고 있던 지역을 다시 차지했는데, 1803년 그는 이 지역을 막 영국에서 독립하여 영토를 서쪽으로 확장하고 있던 미국에게 팔았다. 일반적으로 루이지애나 영토는 이때 미국이 사들인 이 땅을 일컫는다. 미국이 당시 화폐 1500만 달러(2003년 가격으로 3조 9천억 달러)를 주고 프랑스로부터 사들인 이 영토는 현재 미국 대륙 영토의 22.3퍼센트에 해당된다.

[32] 브레보의 일생에 관해서는 다음의 뛰어난 전기 참조: Francis Xavier Talbot, *Jean de Brebeuf: Saint among the Hurons* (San Francisco: Ignatius Press, 2018).

일은 대단히 어려웠다. 브레보는 이후 성인의 반열에 올랐고, 캘리포니아의 후니페로 세라처럼 선교방법을 두고 구설수에 오르는 일도 없었다.

원주민 문화와 전통에 대한 브레보와 예수회 선교사들의 태도는 비슷한 시기 중국에서 마테오 리치Matteo Ricci(1552~1610)를 비롯한 예수회 선교사들이 사용하여 성공한 방법과 같았다.[33] 그것은 원주민이나 흑인 노예의 노동력을 이용하여 농장을 경영한 에스파냐인들과 달리 프랑스 이주민들이 주로 원주민과의 모피 거래에 의존했던 상황과도 연관이 있어 보인다. 거래를 위해 원주민의 언어와 문화를 깊이 이해해야 했던 것이다. 그러나 원주민 문화를 존중하는 선교정책을 썼다고 해서 예수회 선교사들이 기독교-유럽중심주의에서 완전히 벗어난 것은 아니었고, 원주민들이 기독교를 갈등 없이 받아들인 것도 아니었다. 그리고 선교사들이 공언하고 원주민들이 기대했던 것처럼 기독교가 원주민에게 행복하고 더 나은 삶을 가져다준 것만도 아니었다. 에스파냐 점령지에서 발생했던 갈등, 반란, 살육이 정도와 규모의 차이는 있었지만 프랑스 선교지에서도 일어나지 않을 수 없었다. 선교사와 원주민 사이에는 압도적인 힘의 차이가 존재했다. 개종자를 얻는 일이든 이권을 차지하는 일이든 그 힘을 배제하고는 생각할 수 없었다. 브레보 같은 선교사의 영웅적 순교나 2012년 아메리카 원주민 최초로 성자가 된 '모호크Mohawks의 백합' 카테리 테카퀴타Kateri Tekakwitha(1656~80) 같은 개종자의 아름다운 신앙에 관한 전설적인 이야기는 원주민 선교에서 극히 예외적인 일이었음에 틀림없다.[34]

---

[33] 마테오 리치와 예수회 선교사들은 가톨릭을 중국인들이 받아들일 만한 것으로 만들기 위해서 유교 전통을 존중하고 가톨릭을 중국 문화와 조화하려 했다. 마테오 리치는 유생 옷을 입고 다녔으며, 유교와 기독교의 공존 가능성을 주장했다. 따라서 예수회 선교사들은 중국 정부와 마찰을 일으키지 않으면서 활동을 할 수 있었다. 마테오 리치의 세계문화사적 위치에 대해서는 다음 참조: 히라카와 스케히로(지음), 노영희(옮김), 《마테오 리치: 동서문명교류의 인문학 서사시》 (서울: 동아시아, 2002).

[34] 카테리 테카퀴타는 뉴욕 북부지역에 살던 모호크족 처녀로 20세인 1676년에 예수회 선교사들을 통해 개종한 후 퀘벡의 예수회 선교지로 들어갔다. 예외적인 종교적 헌신과 경건생활로 주위를 놀라게 하던 그녀가 이른 나이에 죽은 후 무덤은 기적이 일어나는 순례지로 믿어져 가톨릭 신자들의 발걸음이 이어졌다. 2012년 테카퀴타는 교황 베네딕트 16세에 의해 시성諡聖 되었다.

아메리카대륙에 진출하여 광대한 땅을 선점한 이후에도 프랑스는 적극적으로 이민을 권하지 않았다. 1763년 파리 조약에 따라 프랑스가 미시시피강 유역의 루이지애나 영토를 에스파냐와 영국에게 넘겨줄 때까지 그 방대한 영토에 거주하는 유럽인은 불과 수천 명에 불과했다. 아메리카대륙의 다른 지역과 마찬가지로 그곳은 원주민들이 오래전부터 살아온, 그들의 땅이었다. 원주민과 물물거래로 행해지는 모피 장사를 제외한다면 1620년대부터 한 세기가 넘도록 예수회 선교는 프랑스가 신대륙에서 가지고 있는 가장 큰 이해관계였다. 그러나 1700년대로 접어들면서 캐나다 지역의 예수회 선교는 점차 쇠퇴했다. 새로운 선교사의 수는 감소했고 선교지는 축소되었다. 이런 상황에서 1763년 프랑스 정부는 부유하고 막강해진 예수회를 경계하여 대대적인 억압 조치를 내렸다. 모든 예수회 재산이 몰수당했으며, 신대륙 선교지에 있던 예수회 선교사들은 귀국길에 올라야 했다. 이 조치로 인해 예수회 선교사 이외에는 프랑스 거주민이 거의 없던 미시시피강 유역의 프랑스 선교와 이권은 회복할 수 없는 타격을 입고 말았다.

파리 조약이 맺어진 1763년은 프랑스가 그동안 아메리카에서 점령했거나 소유를 주장해 온 영토를 거의 전부 잃게 된 시점이었다. 1754년부터 1763년까지 전 세계의 식민지를 놓고 프랑스, 영국, 에스파냐, 러시아, 포르투갈 등 유럽 열강과 미국 식민지들이 7년전쟁(전쟁은 9년간 지속)을 벌였다. 유럽, 인도, 북미에서 진행된 이 전쟁의 일부로 북미대륙에서는 '프랑스와 인디언 전쟁French and Indian War'(1754~63)이 벌어졌다. 프랑스와 영국, 영국의 식민지, 그리고 원주민들이 미시시피강부터 애팔래치아산맥 사이의 땅, 뉴펀들랜드 어장, 그리고 모피 거래 등의 복잡한 이해관계를 두고 싸운 전쟁이었다. 이 전쟁은 근본적으로 식민지 쟁탈전이었지만, 가톨릭 국가(프랑스)와 개신교 국가(영국) 사이의 종교전쟁이기도 했다. 전쟁에서 패한 프랑스는 종전협약인 파리 조약을 맺고 퀘벡과 루이지애나를 포함하여 아메리카대륙에서 그동안 얻은 거의 모든 땅을 내놓아야 했다. 이때 프랑스는 광대한 루이지애나 영토를 에스파냐(미시시피 서쪽)와 영국(미시시피 동쪽)에게 내어주었다. 에스파냐는 프랑스와 인디안 전쟁의 당사국이 아니었지만, 전쟁 중 플로리다를 점령한 영국이 그 대가로 미시시피 동쪽의 루이지애나 영토를 에스파냐에게 양도했던 것이다.

7년전쟁 이후 프랑스는 북미대륙에서 거의 철수하다시피 했다. 그러나 정착민이 상대적으로 많이 들어와 있던 퀘벡과 걸프 해안의 도시들은 상황이 달랐다. 퀘벡에는 많은 프랑스 이주민과 여러 가톨릭 수도회가 진출하여 가톨릭교회가 안정적으로 정착해 있었다. 위그노들도 낭트 칙령이 부여한 종교 자유에 기대어 가톨릭이 지배하는 퀘벡에 이주하기도 했다. 그러나 1685년 낭트 칙령은 철회되었고, 퀘벡은 정치, 경제, 종교적으로 독립되어 가톨릭의 지배가 더욱 확고해졌다. 따라서 이후 퀘벡을 점령한 영국도 튼튼하게 자리 잡은 가톨릭 공동체를 어찌할 수 없어 종교의 자유를 베풀지 않을 수 없었다. 퀘벡의 가톨릭교회는 개신교 영국의 지배 아래서도 프랑스-가톨릭 전통과 정체성의 담지자로서 계속 발전할 수 있었다. 또한 상당수의 프랑스인이 정착한 멕시코만 도시들도 상황이 비슷했다. 특히 뉴올리언스에는 그동안 프랑스 이주민이 증가하여 1720년대에 들어서면서 가톨릭 본당parish을 만들 수 있을 정도가 된 상태였다. 따라서 퀘벡과 마찬가지로 걸프 해안의 프랑스 정착지들은 정치적 지배권이 바뀐 후에도 프랑스-가톨릭 전통을 이어갈 수 있었다. 이후 프랑스 및 가톨릭 전통은 캐나다 퀘벡 지역 정체성의 기반이 되었고, 미국에서는 빌록시, 모빌, 뉴올리언스 같은 멕시코만 도시를 비롯하여 루이지애나 남부지역에 가톨릭 교세 및 종교문화가 강하게 형성되었다.

신대륙의 프랑스 식민지는 최초로 여성 선교사들이 활발한 활동을 펼친 곳이기도 하다. 우르술라회Ursulines 소속의 수녀 마리 귀야르Marie Guyar(1599 ~1672)는 유럽에서 아메리카대륙에 온 최초의 여성 기독교 전도자였다. 퀘벡에 정착한 그녀는 휴론, 알곤퀴안Algonquian 같은 원주민 언어 문법책을 만들고 그 언어로 기독교 문서를 번역하는 등 원주민 부족 선교에 깊이 헌신하였다. 귀야르의 뒤를 이어 다른 수녀회 소속 선교사들도 들어와 활동했다. 뉴올리언스에서는 우르술라회, 마리아 자녀회Children of Mary 같은 수녀회가 와서 열심히 일했다. 이들은 환자를 돌보고, 가난한 사람을 구제하고, 여자 아이들을 가르쳤다. 가장 소외된 사람들을 위하여 일하는 것을 주임무로 했던 여성 선교사들은 아프리카에서 유입되기 시작한 흑인 노예를 전도하는 데도 정성을 쏟았다. 아직 누구도 기독교 전도의 대상으로 여기지 않던 흑인 노예들에 대한 여성 선교사들의 관심은 그들이 믿던 종교의 본질을 실천하는 행위였고 시대를 앞서가는 일이었다.

제3장

영국의
진출

Pilgrims Going to Church(1867)
George Henry Boughton
New York Historical Society

초기 청교도들이 교회에 가는 모습

성공회

영국의 식민지 건설

콜럼버스가 제1차 항해에서 오늘의 산살바도르와 쿠바를 발견한 1492년의 유럽은 교황을 정점으로 가톨릭교회가 지배하는 세상이었다. '유럽'이란 원래 고대 그리스인들이 아시아 및 아프리카와 구별한 세계의 한 영역이었다. 그러나 서로마가 멸망한 후 그 문화 전통을 계승했다고 자임한 캐롤링거Carolingian 왕국이 서로마 전통의 영역을 유럽이라고 부르기 시작했다. 유럽이 서로마의 계승자라는 자기 인식은 샤를마뉴 대제Charlemagnue(c.747~814)가 신성로마제국 황제로 등극하면서 공식화 되었다. 이제 유럽은 라틴-가톨릭 전통을 공유한 제국이 되어, 거기에 속한 모든 사람에게 하나의 기독교 제국Christendom에 속한 백성이라는 정체성을 부여했다.

이런 관점에서 본다면 유럽인이 새롭게 발견한 세계도 그 기독교 제국에 속했다. 에스파냐와 포르투갈, 그리고 프랑스가 국가 차원에서 아메리카대륙에 진출할 때 교황으로부터 그 지역을 기독교화하라는 사명과 함께 형식적인 승인을 받아야 했던 것도 이 때문일 것이다. 그러나 15세기 들어서 민족의식이 증대되고, 그것을 바탕으로 민족국가가 설립되어 유럽은 과거와 같은 결속감과 통일성은 찾을 수 없었다. 거기에 더하여 중세 유럽의 기독교는 오랫동안 정치·경제적 특권을 누려온 국가종교의 경직성과 한계를 드러내며 내부적으로 심각한 위기 상황에 봉착하고 있었다. 이윽고 르네상스나 개신교 종교개혁 같은 대사건이 중세 유럽의 종말을 가져왔다.

1517년 10월 31일 독일 비텐베르크Wittenberg대학 성서신학 교수이며 아우구스티누스회 수사인 마틴 루터가 "면죄부의 힘과 효력"에 대한 "95개 조항"의 반박문을 발표했다. 고백성사, 면죄부, 그리고 그와 관련된 교황의 권위에 대한 교회의 전통적 가르침에 정면으로 맞선 역사적 사건이었다. 그런데 교회를 바로잡고자 했던 루터의 원래 의도와는 달리 이 일은 가톨릭교회로부터 분리된 '프로테스탄트'라는 새로운 기독교를 낳고 중세 유럽의 근간을 무너뜨리는 엄청난 사건으로 전개되었다.[35] 루터가 "95개 조항"을 발표한 것이나 그것이 급속히 전파되어 수많은 정치적, 종교적, 사상적 동조자를 얻게 된 것은 인문, 예술, 과학을 아우르는 르네상스의 도도한 전개와 16세기 초 유럽의 정치와 종교가 만들어낸 총체적 위기 상황이 복잡하게 얽힌 결과였다. 따라서 개신교 종교개혁은 종교만의 개혁에 머물 수 없었고, 교회와 국가, 학문과 사상, 정치와 경제 등 온갖 문제 및 관련된 사람들의 이해관계가 충돌하면서 걷잡을 수 없이 전개되었다.[36]

무엇보다 개신교 종교개혁은 북부 유럽 및 영국에 개신교 국가들을 탄생시켜 가톨릭 유럽의 통일성을 완전히 붕괴시켰다. 지배자의 종교가 그가 지배하는 지역의 종교를 결정하는 당시 관례 때문에, 어떤 이유에서든 왕이나 영주가 개신교를 받아들이면 그가 지배하는 모든 지역이 개신교 세력권에 편입되었다. 따라서 가톨릭권의 입장에서 볼 때 개신교 종교개혁의 전개는 종교적인 문제 이전에 유럽이라는 제한된 땅을 두고 벌이는 영토분쟁이기도 했다. 가톨릭 세력은 개신교의 세력 확장을 막고 잃은 땅을 찾기

---

[35] 종교개혁 초기의 두 세력, 즉 루터파와 칼뱅파는 각각 '복음적evangelisch(evangelical)' 교회, '개혁적 reforme(reformed)' 교회라고 불렸다. '프로테스탄트'가 개신교에 속하는 모든 교파를 지칭하는 용어로 사용된 것은 한참 이후였다.

[36] 개신교 종교개혁에 관한 전체적 조명은 다음 책 참조: Diarmaid MacCulloch, *Reformation: Europe's House Divided, 1490~1700* (London: Allen Lane, 2003).

위해 사활을 건 싸움을 벌여야 했다.

한편, 중세교회의 전통을 버리고 성서에 절대적이고 유일한 권위를 부여한 개신교는 성서 해석에서 통일성을 찾는다는 일이 거의 불가능하다는 사실을 이내 깨닫게 된다. 중세교회를 지탱해오던 교회, 전승, 그리고 교황이라는 외적 권위와는 달리 성서는 개신교인 각자의 신앙양심에 절대적인 자기 확신을 심어주었다. 성서가 부여한 그 타협할 수 없는 확신의 내용과 성격에 따라 개신교계는 다양하고 복잡하게 전개되었다. 그 다양함과 복잡함은 개신교의 장점이자 본질적 어려움이기도 했다. 유럽에서 발생한 이런 정치·종교적 분열과 세력다툼은 아메리카대륙에 대한 몇몇 국가의 독점을 붕괴시켰고, 종교 간 갈등과 경쟁은 이전보다 훨씬 더 복잡한 형태로 신대륙에서 치열하게 전개되었다.

영국은 뒤늦게, 그리고 종교와는 관계가 없는 이유로 가톨릭과 결별하게 된 나라였다. 대륙에서 개신교 종교개혁이 막 시작되었을 때 국왕 헨리 8세(1491~1547)는 루터를 맹렬하게 비판하며 7성사聖事와 교황에 대한 지지를 재확인하였다.[37] 이에 교황 레오 10세(1475~1521)는 1521년 헨리에게 '신앙의 수호자fidei defensor'라는 영광스런 칭호를 부여했다. 그러나 헨리 8세는 왕자를 생산하지 못한 왕비 캐서린를 버리고 한때 정부情婦였던 여자의 동생 앤 볼린Anne Boleyn과 결혼하려는 문제를 두고 교황 클레멘트 7세와 충돌했다. 캐서린은 원래 헨리의 형수였기 때문에 헨리는 캐서린과의 결혼을 무효로 해달라고 교황에게 요청했다. 왕실 내의 이런 부적절한 통혼과 이혼은 늘 있는 일이었고 교회는 교회법을 신축성 있게 적용하여 왕실과의 관계를 어그러지지 않게 하는 것이 관례였다. 그러나 당대 최강국 에스파냐의 국왕이기도 했던 신성로마제국 황제 카를로스 5세가 에스파냐 아라곤

---

[37] 성사는 신의 은총이 인간에게 전해지는 특별한 통로가 되는 의식이다. 7성사에는 세례, 견진(세례 받은 신자가 더욱 성숙한 그리스도인이 되도록 성령의 은혜를 받는 성사), 성체(성찬), 고해(세례 후 지은 죄를 뉘우치고 사제에게 그 죄를 고백하여 용서받는 성사), 혼인, 신품(사제가 되는 성사), 병자(위중한 병자를 위한 성사)성사가 있다. 이와 같은 7성사는 고래의 전통으로, 동방정교회나 콥트교회에서도 받아들이나 개신교는 세례와 성찬 두 가지만 사도전승으로 인정한다.

Aragon의 공주였던 캐서린 왕비의 조카였다. 마침 로마를 침공한 황제의 강력한 영향력 아래 있던 교황은 헨리 8세의 소원을 들어줄 수 없었다.

헨리 8세는 자신에게 순종할 토마스 크랜머Thomas Cranmer(1489~1556)를 켄터베리 대주교로 임명했다. 크랜머는 중요한 교직을 담당한 바 없는, 사실상 무명 인사였다. 헨리는 이미 동거하고 있던 앤과 1533년 초 비밀리에 결혼식을 치르고 이어서 캐서린을 폐위했는데, 물론 거기에 종교적 정당성을 부여해준 것은 크랜머였다.[38] 분노한 교황은 헨리를 출교시키고 만다. 이에 헨리 8세는 영국 교회를 교황의 권위로부터 독립시키고 자신이 교회의 우두머리가 되는 일련의 법률을 1533년부터 1534년 사이에 의회를 통하여 만들어 반포했다. 영국 국교회(성공회)가 만들어진 것이다.

헨리 8세는 영국의 교회를 로마로부터 분리시켜 스스로 그 수장首長이 되는 데는 성공했지만 그것이 어떤 성격의 교회가 되어야 할지에 대한 안목이나 계획은 없는 사람이었다. 헨리는 개신교 동조자가 아니었으며 가톨릭을 개혁하고자 하는 의도도 가지고 있지 않았다. 그러나 영국에도 개신교 종교개혁가들의 주장에 동조하는 사람들이 많았다. 영국 성공회의 설립은 그들에게 자신들의 종교적 신념을 실천할 수 있는 좋은 계기와 통로를 제공해 주었다. 결국 다른 곳보다 쉽게, 느닷없이 시작된 영국의 종교개혁은 그 후 유럽대륙의 어떤 곳보다 오래고 힘든 과정을 겪으면서 새로운 교회의 정체성과 신학을 정립해 나가야 했다.

명예혁명Glorious Revolution(1688)과 권리장전Bill of Right(1689)을 통해 가톨릭 국왕이 다시 등장하는 것이 근본적으로 금지될 때까지 영국의 종교개혁은 한 차례의 내전, 두 왕의 폐위, 그리고 가톨릭으로 회귀부터 청교도 집권에 이르는 십여 차례의 정치·종교적 대변혁을 겪어야 했다.[39] 그리고 앞으

---

[38] 헨리 8세는 1536년 부정을 저질렀다는 혐의를 덮어씌워 앤 볼린의 목을 베었다. 엘리자베스 1세는 이 둘 사이의 유일한 혈육이었다.

[39] 영국 종교개혁에 관해서는 다음 책을 참조: Peter Marshall, *Heretics and Believers: A History of the English Reformation* (New Haven: Yale University Press, 2017).

로 자세히 다루겠지만, 본국의 이런 혼란은 결과적으로 북미대륙 신민지를 효과적으로 통제하기 어렵게 만들었고, 영국 식민지들이 다른 나라 식민지보다 더 많은 자율권을 누리며, 예측하지 못했던 방향, 전례가 없는 방식으로 성장할 수 있게 해주었다.

유럽의 제일 변방으로 "세계의 끝"이었던 영국은 지리상의 발견 이후 "신대륙으로 가는 출발점"이 되었다.[40] 영국이 북미대륙에 관심을 보이기 시작한 것은 종교개혁 이전인 15세기 말이었다. 그러나 탐험을 넘어서 식민지를 건설하는 차원의 진출은 제임스 1세(1566~1625)에 가서 시작되었다. 그것은 제임스 1세 직전 오랫동안 영국을 다스렸던 엘리자베스 1세(1533~1603) 재임 기간에 종교적 차원의 종교개혁이 사실상 마무리되어 나라가 안정되고 국력이 급격하게 신장했기 때문이다. 엘리자베스는 영국 국교회를 중도적이지만 확실하게 개신교적으로 확립한 후 그 예배에 참여하는 것을 의무로 만들고 가톨릭 미사를 금했다. 이것은 가톨릭의 수호자 역할을 하던 에스파냐의 펠리페Felipe 2세(1527~98)를 자극했다. 거기다 당시 영국은 "해적의 나라"였다.[41] 특히 에스파냐의 카리브해 식민지에 대해서는 가톨릭을 공격한다는 종교적 정당성을 핑계 삼아 해적 행위를 일삼아왔기에 두 나라의 관계는 급격히 악화되었다.

마침내 1585년 전쟁이 벌어졌다. 당시 유럽의 여러 나라 사이에 벌어진 많은 다른 싸움과 마찬가지로, 영국과 에스파냐의 이 전쟁에도 종교, 경제적 이권, 왕가 사이의 정치적·개인적 갈등이 복잡하게 얽혀있었다. 전쟁의 와중인 1588년 영국은 그때까지 세계의 해상을 지배하던 에스파냐의 '무적함대'를 격파했다. 이것은 영국의 해군력이 어떤 지경에 도달했는지 과시한 사건이었다. 아메리카에 대한 에스파냐의 해상 독점이 끝나고 바야흐로

---

[40] 페르낭 브로델(지음), 주경철(옮김), 《물질문명과 자본주의 III-1: 세계의 시간 상》 (서울: 까치글방, 2010), 493.

[41] 영국의 해적 행위에 대해서는 다음 참조: C. M. Senior, *A Nation of Pirates*: *English Piracy in Its Heyday* (New York: Crace, Russak, 1976).

영국의 시대가 도래했다.

엘리자베스 1세 시절 영국에서는 북미대륙에 진출할 것을 주장하는 목소리가 크게 증가했다. 이때 리처드 하크루이트Richard Hakluyt(1553~1616) 같은 성공회 신부들도 적극적으로 나서서 개신교와 국력의 신장을 위해 식민지 건설을 해야 한다고 주장했다. 하크루이트는 신이 "진정한 종교"(즉 개신교)를 아메리카 원주민들에게 전하라는 사명을 영국에게 주었다고 말하면서, 교황은 신세계를 누구에게도 나누어줄 권한이 없는 사람이라고 강변했다.[42] 개신교 국가에게 교황은 어떤 권위도 없었고, 신대륙 진출은 교황의 허가 없이, 좀 더 정확하게는 교황의 세력과 싸우기 위해 경쟁적으로 이루어졌다.

식민지 경영을 주장하면서 성공회 사제들이 쓴 책은 여왕을 비롯하여 많은 사람이 읽고 큰 자극을 받았다. 그것은 1580년대 들어 북미대륙에 진출하려는 구체적인 시도로 연결되었다. 뉴펀들랜드(1583)에 이어 노스캐롤라이나와 버지니아 연안(1584)에 대한 탐사가 이루어졌다. 그리고 대서양 연안에서 발견된 모든 땅을 평생 독신으로 지낸 여왕을 기려 '버지니아'라고 명명했다. 탐사를 주도한 월터 랄레이Walter Raleigh(1554~1618)는 1585년 마침내 108명을 노스캐롤라이나의 로우노크Roanoke섬으로 보냈다. 그러나 로우노크섬 정착은 실패했고, 사람들은 다시 돌아오고 말았다. 2년 후, 이번에는 여자와 아이를 포함한 150명이 다시 로우노크섬으로 가서 정착했다. 그런데, 얼마 후 보급품을 가지러 영국으로 갔던 총독 존 화이트John White(c.1540~93)가 영국과 에스파냐 사이의 전쟁 때문에 발이 묶여 4년 후에 돌아왔을 때, 사람들은 흔적도 없이 사라진 상태였다. 이후 영국인들은 그곳을 '잃어버린 로우노크 식민지lost colony of Roanoke'라 불렀다.

로우노크에 식민지를 건설하려는 영국의 시도는 실패로 끝났지만, 두 차례에 걸친 그 시도는 영국의 식민지 경영이 에스파냐나 프랑스와는 전혀

---

[42] 하크루이트가 프란시스 나이트Francis Knight에게 보낸 1589년 11월 17일 자 편지, 다음에서 재인용: David A. Boruchoff, "Piety, Patriotism, and Empire: Lessons for England, Spain, and the New World in the Works of Richard Hakluyt," *Renaissance Quarterly* 62/3 (Fall 2009), n. 38.

다른 방식으로 전개될 것임을 잘 보여주었다. 리처드 하크루이트는 식민지 경영과 관련하여 엘리자베스 여왕에게 올린 글에서 상업적 교역소나 군사 주둔지가 아니라 정착민과 마을을 중심으로 식민지를 건설할 것을 건의한 바 있었다.[43] 그렇게 하여 진정한 의미의 식민지 건설에 성공하면 선교도 에스파냐나 프랑스보다 더 잘 수행할 수 있을 것이라는 논리였다. 영국은 군사와 선교사를 먼저 파견하여 식민지를 개척하던 에스파냐나 프랑스와 달리 처음부터 이주민을 보내는 방식으로 북미대륙에 진출했다.

영국 정부는 식민지로 이주할 것을 국민들에게 적극 권했다. 이것은 식민지 이주를 장려하지 않은 에스파냐나 프랑스의 정책과 크게 구별되는 것이었다. 특히 에스파냐는 차지하고 있는 면적에 비해서 정착민이 크게 부족해서 영토를 유지하거나 경영하는 데 큰 어려움을 겪어야 했다. 한편, 1660년대에 북미대륙에서 살고 있던 프랑스인은 약 3천 명이었다. 이것은 광대한 지역에 흩어져 있는 선교지를 중심으로 형성된 에스파냐의 식민지 인구와는 비교할 수 없을 정도로 많은 것이었다. 그러나 이때 영국 이주민은 뉴잉글랜드에 거주하는 사람만 이미 4만 명에 달했다. 1740년 캐나다의 프랑스 이주민은 4만 2천 명이었지만, 영국 식민지인 뉴잉글랜드 정착민은 무려 25만을 헤아렸다. 이와 같은 정착 인구의 차이는 북미대륙에 가장 먼저 진출했던 에스파냐가 프랑스에게 밀리게 되고, 결국은 영국이 두 나라를 내쫓고 미국과 캐나다 전체를 차지하게 된 결정적인 이유가 되었다. 그러나 영국 식민지 인구의 폭발적 증가는 식민지들이 본국에 의존하지 않고 독자적으로 생존할 수 있게 만들었고, 결국 본국과 분리된 자기 정체성을 가져 마침내 새로운 나라로 독립하는 데까지 이어졌다.

로우노크섬 식민지 건설에 실패한 후 영국이 다시 북미대륙에 진출한 것은 1607년이었다. 제임스 1세로부터 '버지니아,' 즉 사우스캐롤라이나에서

---

[43] David B. Quinn and Alison M. Quinn, eds., *A particuler discourse concerninge the greate necessitie and manifolde commodyties…known as Discourse of Western Planting* (London: Hakluyt Society, 1993), 특히 article 21.

메인에 이르는 광대한 지역에 대한 독점권을 부여받은 버지니아 회사 Virginia Company는 런던 회사와 플리머스Plymouth 회사를 설립하고 버지니아 제임스강(혹은 포우하탄Powhatan강) 하구와 메인Maine의 케네벡Kennebec강 하구 핍스버그Phippsburg에 각각 식민지를 건설했다. 두 회사는 남북으로 기다란 북미대륙 영국 식민지를 분할하여 개척했다. 그러나 메인의 팝햄Popham 식민지는 1년 후 버려지고 말았다. 이에 비해서, 왕의 이름을 딴 버지니아 제임스타운Jamestown은 영국이 아메리카대륙에 건설한 최초의 항구적 정착촌으로 발전하였다.

초기 정착지의 삶은 가혹했다. 1607년 5월에 100여 명이던 제임스타운의 주민은 그해 9월 반으로 줄어들었으며, 이듬해 보급선이 오기 전 3분의 2가 죽었다. 질병, 해충, 내부 반란이 만연하였으며 식량과 보급품은 항상 부족하여 겨울이면 잔인한 굶주림 때문에 고통 받아야 했다. 그리고 인근의 원주민도 우호적이지 않았다. 1622년에는 원주민들의 반격으로 2천 명에 달했던 이주민의 5분의 1이 몰살당하기도 했다. 이런 와중에도 버지니아 식민지가 지속적으로 커갈 수 있었던 가장 큰 이유는 성공적인 담배 농사였다. 아메리카 원주민이 오랫동안 약용이나 종교적으로 사용해 오던 담배는 유럽인의 기호품이 되어 점점 더 인기를 얻었다. 영국에서 담배 소비는 급증하고 있었고, 질 좋은 담배 재배에 적합한 기후 조건을 갖추고 있던 버지니아는 대규모 담배 농장을 통하여 많은 수익을 얻을 수 있었다. 제임스타운에서는 담배가 화폐로 사용될 정도였다.

성공회의 진출

가톨릭 열강들과 마찬가지로, 기독교를 전파하는 일은 영국에게도 북미대륙 진출의 가장 큰 선언적 동기였다. 식민지 건설을 선전하는 단계부터 런던 회사는 버지니아 식민지 건설의 가장 큰 목적이 원주민 선교에 있다고 주장했다. 그리고 런던 회사가 왕과 맺은 계약인 최초의 버지니아 식민지 설립강령Royal Charter of Virginia도 참된 신을 모른 채 "어둠과 비참한 무지"
속에 살고 있는 원주민들에게 기독교를 전하기 위해 식민지를 개척한다고
밝혔다.[44] 그런데 종교적 동기는 황금의 땅으로 알려진 식민지에 진출한 여
러 가지 동기 가운데 부수적인 것에 불과했다. 에스파냐나 프랑스의 가톨릭
선교사들과 달리 버지니아에서 원주민 선교를 위해 헌신한 영국인은 찾기
어려웠다. 그러나 버지니아의 식민정부 지도자들은 영국 주민과 관련된 종
교 문제에는 큰 관심을 가지고 있었다. 그들은 본국과 마찬가지로 식민지를
영국 국교가 독점적으로 지배하는 곳으로 만들고자 했다.

아메리카대륙 식민지 최초의 의회인 버지니아 의회Virginia House of
Burgesses는 1619년 의회를 시작하는 모임에서 식민지를 성공회와 도덕이 지
배하는 곳으로 만들고자 했다. 모든 식민지 주민이 성공회 주일 예배에 의
무적으로 참석해야 한다는 규정이 이때 만들어졌다. 이뿐만 아니라 의회는
게으름, 술주정, 노름, 사치한 옷 등을 금지했으며, 여성과 부적절한 관계
를 맺는 것을 포함하여 온갖 종류의 "경건하지 않은 무질서ungodly disorders"
를 범한 사람은 교회에 고발하여 출교하고 재산을 압수하도록 정했다.[45] 성
적인 비행을 저지른 여인은 흰 가운을 입고 흰 지팡이를 든 채 예배가 진행
되는 동안 자리에서 서 있어야 했다.

1624년 런던 회사가 해체되자 버지니아는 왕이 총독을 파견하여 직영하
는 식민지가 되었다. 왕립 식민지royal colony가 된 버지니아는 더욱 완고한
종교 정책을 실시했다. 종교의 자유를 허락하지 않았고, 공식적으로 영국
의 국교제도를 그대로 옮겨와 종교세를 거두어 교회를 유지하고 목회자 월
급을 주었다. 버지니아 의회는 또한 1642년과 1662년에 영국 성공회의 교
리장전인 39개 조항Thirty-Nine Articles 이외의 어떤 신학도 금지하고 영국의
주교가 파견한 성직자만 교역할 수 있도록 하는 법을 통과시켰다. 성공회

---

[44] "The First Charter of Virginia; April 10, 1606," http://www.yale.edu/lawweb/avalon.
[45] Butler, *Religion in Colonial America*, 32, 34.

가 버지니아의 공교회(국교)established church가 된 것이다.

이런 법으로 말미암아 버지니아 총독은 영국 성공회에서 파견된 신부가 아닌 교역자가 와서 활동하는 것을 금하고, 거부할 경우에는 추방할 수 있는 권한을 가지고 있었다.[46] 이 권한은 1640년대에 제임스타운 남쪽에 청교도 유형의 신앙공동체가 생겼을 때 실제로 발휘되었다. 당시 버지니아에 이주한 청교도들은 성직자를 보내주도록 뉴잉글랜드에 편지로 요청했고, 이에 따라 뉴잉글랜드에서 세 명의 목사가 도착했다. 그러나 1650년까지 이들은 모두 버지니아 밖으로 쫓겨나고 말았다. 총독 윌리엄 버클리William Berkeley(1605~77)가 성공회에 위협이 된다는 이유로 뉴잉글랜드에서 온 청교도 목사들을 내쫓았던 것이다. 그런 조치는 많은 청교도로 하여금 버지니아를 떠나 신앙의 자유가 있는 북쪽의 메릴랜드로 떠나게 만들었다.

법과 규례로 볼 때 버지니아의 기독교는 성공회가 지배하는 영국의 어느한 지방과 유사한 모습을 보여야 했다. 그러나 버지니아의 종교생활은 영국과는 전혀 다른 모습을 보였다. 여기에는 크게 두 가지 이유가 있었다. 먼저 버지니아는 영국처럼 사람들이 마을과 도시를 이루고 집단적으로 모여사는 곳이 아니라, 얼마 되지 않는 주민이 강을 따라 넓게 분포되어 살고 있는 식민지였다. 몇 마일씩 거리를 두고 흩어져 있는 가정들로 구성된 교구는 교역자 한 사람이 감당할 수 없을 정도로 넓었다. 인구가 가장 밀집되어 있는 동부지역이라고 해도 교구의 크기는 길이가 20에서 40마일, 너비가 5에서 10마일이나 되었으며, 그보다 남쪽이나 서쪽으로 가면 한 교구의 길이가 100마일 혹은 그 이상이나 되었다. 영국식 교구제도는 초기 식민지 상황에 알맞지 않은 것이 분명했다. 더구나 인구가 늘어나고 영토가 넓어짐에도 불구하고 버지니아의 지방정부들은 좀처럼 교회를 더 세우지 않았다. 따라서 다닐 수 있는 교회를 근처에서 찾을 수 없는 사람들이 시간이 지날수록 점점 많아졌다. 출생, 결혼, 죽음과 같은 중요한 삶의 통과의례에도 이

---

[46] "Ministers to Be Inducted," *Documentary History I*, 58.

들에게 도움을 줄 수 있는 성직자가 주위에 없었다.

광대한 영토, 낮은 인구밀도와 아울러 버지니아의 종교생활을 어렵게 만든 다른 이유 가운데 하나는 교역자의 부족이었다. 다른 교파의 활동은 금지되어 있는데 잘 교육받고 자격을 갖춘 성공회 성직자는 절대 부족했다. 런던 회사는 1624년 해체될 때까지 22명의 성공회 신부를 버지니아에 파견하였다. 이것은 인구비례로 볼 때 결코 본국보다 적은 수의 목회자는 아니었다. 그러나 식민지 인구의 급격한 증가만큼 목회자 수가 따라서 증가하지 않았다. 1661년의 경우 버지니아의 50개 교구 가운데 단지 10곳만이 상주하는 목회자를 가지고 있었다는 주장도 있다.

17세기의 버지니아는 목회자들에게 매력적인 곳이 아니었다. 많은 교구는 교구 소유의 토지glebe가 없어 재정은 열악했고, 담배와 옥수수를 현물로 주는 사제 월급은 수확량과 시세에 따라 크게 들쑥날쑥했다.[47] 교구 안에 모임을 가질 수 있는 장소 하나 없을 정도로 열악한 식민지에 살면서 자녀를 교육시키는 일은 더더구나 어려웠다. 따라서 버지니아로 건너오는 성공회 신부는 대개 영국에서 자리 잡을 수 없는 수준 이하의 인물이거나 빚이나 불행한 결혼생활을 피해온 사람들이었다. 버지니아 사제들은 "강단에서는 떠듬거리고 술집에서는 소리를 질러대는" 자들로 영국에서 악평이 나 있었다.[48] 이들의 문제가 얼마나 심각했던지 1632년 버지니아 의회는 교역자들이 술을 너무 많이 마시고, 소란을 일으키며, 도박으로 밤낮을 지새우는 대신 공부하고, 덕을 쌓으며, 교회의 유익을 위해 일할 것을 규정하는 법안을 통과시키기도 했다.

한편, 아메리카 식민지에서 태어나서 성공회 신부가 되려고 하는 사람은 사제서품 권한을 가진 주교가 있는 영국으로 가야 했다. 1693년 버지니아의 윌리엄스버그Williamsburg에 윌리엄-메리대학College of William and Mary이

---

[47] 글레베는 중세 유럽에서 교구가 소유한 영지로서 거기서 나오는 수익으로 교구의 재정을 충당했다.
[48] 존 해몬드John Hammond의 기록으로, 다음에서 재인용: Edwin S. Gaustad and Leigh E. Schmidt, *The Religious History of America*, rev. ed. (San Francisco: HarperSanFrancisco, 2002), 41.

세워질 때 그 목적 가운데 하나는 교역자를 양성하는 일이었다. 하버드대학에 이어 두 번째로 북미대륙에 세워진 이 대학은 남부의 유일한 고등교육 기관으로서 성공회 신학교로도 기능했다. 그러나 신학 공부를 하여 자격을 갖춘다 하더라도 단 한 사람의 주교도 상주하지 않는 식민지에서는 서품을 받을 수 없었다. 당시 상황에서 대서양을 건너가는 일은 대단히 위험할 뿐 아니라 비용도 많이 드는 일이어서, 젊은 사제 지망자들이 마음만 가지고 실행할 수 있는 일이 아니었다. 신대륙에 첫 성공회 주교가 생긴 것은 미국이 독립하고 난 다음인 1784년의 일이다. 따라서 그때까지 영국 북미 식민지의 성공회는 대양 건너에 있는 주교로부터 지리적으로 떨어져 있는 만큼 그의 관심에서도 멀어진 채 어렵게 생존해 나가야 했다.

버지니아의 종교 상황은 시간이 지나면서 조금씩 호전되었다. 여기에 큰 기여를 한 것이 기독교 문서선교회Society for Promoting Christian Knowledge와 복음선교회Society for the Propagation of the Gospel in Foreign Parts(SPG)였다. 각각 1698년과 1701년 설립된 이 두 기관은 북미와 카리브해의 영국 식민지에 기독교 문서를 보급하고 선교사를 파견하는 데 크게 기여하였다. 특히 선교사 파송기관인 SPG는 1702년부터 사제와 교사를 보내고 교회 건축을 도와 북미 식민지 성공회 조직과 활동에 큰 활력을 불어넣었다.[49] SPG는 원래 북미와 카리브해 식민지에 있는 성공회 교인의 종교생활을 돕기 위한 기관이었지만, 곧 노예와 원주민에 대한 선교에 주된 관심을 가지게 되었다. 그러나 노예와 원주민 선교는 성공하지 못했으며 주로 유럽계 사람, 특히 뉴잉글랜드 지역 주민을 대상으로 많은 활동을 하였다. 미국 독립 때까지 SPG는 약 300명의 선교사를 북미에 파견했다. 이런 노력에 힘입어 1700년경에는 메인부터 사우스캐롤라이나까지 영국 식민지 전체에 약 100개의 성공회 교

---

[49] SPG는 북미와 카리브해에 이어 호주, 뉴질랜드, 아프리카, 인도의 영국 식민지로 진출했으며, 궁극적으로는 영국 식민지를 넘어 중국, 일본, 한국 등 전 세계로 사역지를 넓혔다. 1866년에는 자매 기관인 여성 교육 선교회Ladies' Association for Promoting the Education of Females in India and other Heathen Countries in Connection with the Missions of the SPG가 설립되었다.

회가 생겼으며, 미국 독립 직전에는 그 수가 약 300개로 늘었다.

성공회는 버지니아를 중심으로 점점 교세를 확장해 나갔는데, 노스캐롤라이나, 메릴랜드, 사우스캐롤라이나, 조지아 등 남부 식민지와 뉴욕 남부의 일부 지역에서는 공교회가 되었고, 펜실베이니아, 뉴잉글랜드에는 교회를 설립했다. 그러나 성공회의 중심지는 버지니아와 메릴랜드여서, 1700년까지 아메리카 영국 식민지의 성공회 인구 가운데 약 80퍼센트가 그곳에 있었다. 성공회 교세가 가장 강했던 버지니아의 교구 수는 17세기 말에 60여 개로 증가했고, 18세기 중엽에는 100개를 넘어섰다. 그러나 신대륙 식민지의 성공회는 식민지 주민의 생활감정에 유연하게 대처할 수 있는 침례교나 장로교 같은 교파와의 경쟁에서 이기기 힘들었다. 영국 주교들의 직접적 통치를 받는 조직으로 자율성이 없었고, 신학적 경직성, 목회자의 부족, 그리고 젠트리gentry 계급과의 연관성 때문에 활력도 부족했다.[50] 이뿐만 아니라, 성공회는 영국 국교회로서 영국 국왕을 수장으로 하는 조직이었다. 성공회 교인이나 사제가 된다는 것은 영국 국왕에게 충성을 한다는 형식적 의미가 있었다. 따라서 성공회는 미국 독립의 시기에 정체성의 혼란과 함께 독립을 원하는 식민지 사람들로부터 친왕파로 여겨져 많은 어려움을 겪게 된다.

청교도와 회중교회

청교도 식민지 건설

법의 구속력이 상대적으로 느슨했던 식민지 버지니아와 달리 영국 본토의 성공회는 훨씬 더 강력한 강제력으로 다른 교파를 탄압할 수 있었다. 따라

---

[50] 미국 건국 이전 남부에서 젠트리는 넓은 땅을 소유한 부유한 지주를 일컫는다.

서 영국에서 국교회의 조직과 신학을 받아들이지 않고 자신의 종교적 신념을 따르는 일은 불법을 저지르는 행위였고, 발각되면 재산을 잃고 엄한 신체적 처벌을 받을 수 있었다. 영국의 버지니아 진출이 막 시작되었을 무렵, 런던 북부 노팅검Nottingham에 숨어서 종교생활을 하던 한 작은 분리파Separatist 공동체가 네덜란드로 집단 이주했다.[51] 네덜란드는 칼뱅의 신학을 따르는 네덜란드 개혁교회Dutch Reformed Church를 국교로 삼고 있었지만 상업을 진작시키기 위해 당시 유럽의 어떤 곳에서도 찾기 힘들 정도로 종교적 관용을 베풀고 있었다.[52]

이들 분리주의자들은 먼저 암스테르담에 도착했다가 다시 좀 더 작은 도시인 라이덴Leyden으로 옮겨간 후, 영국에 종교의 자유가 찾아오기를 기다리며 낯선 도시에서 여러 해를 이방인으로 지냈다. 그러나 시간이 지날수록 영국으로 돌아갈 가능성은 점점 낮아졌고, 개방적이고 상업적인 주위의 환경은 그들의 정체성과 신앙의 순수성을 위협했다. 결국 이 분리주의자들은 막 정착이 시작된 식민지 버지니아로 가기로 결정했다. 그들은 국왕에 대한 충성을 약속한 후 버지니아 회사와 국왕 제임스 1세의 허락을 어렵게 얻은 후 신대륙으로 가기 위해 다시 영국으로 돌아갔다.

분리파 '순례자들Pilgrims'을 태운 메이플라워Mayflower호가 버지니아 북부를 향해 영국 플리머스를 출발한 것은 1620년 9월이었다. 그런데 순례자들은 102명의 전체 승선원의 절반에도 미치지 못했고, 나머지는 "낯선 사람들strangers", 즉 상업적 이주민이었다.[53] 미국의 건국설화가 말하는 것과는

---

[51] 분리파(혹은 독립파 Independents)는 16~17세기 영국 청교도 가운데 가장 급진적 집단으로 교회를 철저히 신앙에 근거한 모임으로 여겨 국가 같은 외적 요소와 연결되는 것을 거부했다. 영국 국교회의 철저한 개혁을 요구하면서 국교회에 소속되지 않고 독자적인 교회를 만들었으며, 국가와 국교회로부터 많은 핍박을 받았다.

[52] 개혁주의Reformed는 칼뱅주의Calvinism의 다른 표현이며, 개혁교회는 개혁주의 전통을 따르는 교회를 말한다.

[53] 라이덴의 청교도들은 자기 교회 일원이 아닌 승객을 'strangers'라고 분류했다. 이에 관해서는 다음 참조: George F. Willison, *Saints and Strangers: Lives of the Pilgrim Fathers and Their Families* (New Brunswick, NJ: Transaction Pub., 2011, orig. pub., 1945), 특히 Appendix A.

달리 메이플라워호에는 상업적 이유로 신대륙에 가려는 사람들이 더 많이 타고 있었고, 이후 미국의 역사도 그런 사람들을 중심으로 전개되었다. 3개월 후 메이플라워호는 목적했던 곳으로부터 멀리 떨어진, 지금의 매사추세츠주 케이프 코드Cape Cod에 도착했다. 이주민들은 자유로운 신앙과 새로운 기회를 꿈꾸며 '뉴플리머스(오늘의 플리머스)'에서 살기 시작했다. 그러나 부족한 인력과 자원을 가지고 "험한 짐승과 험한 사람"들로 가득 찬 신대륙에서 첫 겨울을 나는 일은 가혹했다.[54] 이듬해 10월, 원주민들과 함께 그 유명한 첫 추수감사 축제를 벌일 때까지 살아남은 사람들은 처음의 100여 명 가운데 단지 일부에 불과했다.

총독 윌리엄 브래드포드William Bradford(1590~1657)의 지도 아래 만들어진 이 플리머스 식민지는 좀처럼 세력이나 인구가 증가하지 않았다. 메이플라워호가 처음 도착하고 40년이 지난 1660년에도 식민지 전체 인구는 겨우 2천 명밖에 되지 않았다. 그것은 1629년부터 청교도들이 대대적으로 이주하여 북쪽에 건설한 매사추세츠만 식민지Massachusetts Bay Colony 인구의 10분의 1에 불과했다. 1691년 플리머스 식민지는 매사추세츠만 식민지에 흡수되고 만다.

플리머스 식민지를 시작한 '순례자'들은 청교도 가운데 급진파로서 영국 성공회와는 다른 길을 가고자 했던 분리주의자였다. 그러나 그들과 달리 대부분의 청교도는 영국 국교회를 떠나지 않고 그 안에서 교회를 좀 더 성서적–개신교적으로 개혁하고자 노력하던 '불복종주의자Nonconformist'들이었다. 종교개혁가 칼뱅의 영향을 받은 그들은 특히 성서에 근거하지 않거나 비기독교 전통에서 기인했다고 생각된 관습들(예를 들어, 교회 장식, 사제 복식, 화려한 예배음악과 악기, 크리스마스), 그리고 성공회 신학과 예배의 전범인 《공동기도서Book of Common Prayer》를 거부했다. 따라서 청교도들은 가톨릭교인을 왕비로 맞고, 중세 가톨릭 전통의 예식을 숭상한 고교회High

---

[54] William Bradford, "Of Plymouth Plantation, Book I," in *The American Tradition in Literature*, 7th ed., Sculley Bradley, et al., eds. (New York: Random House, 1981) (이하 *American Tradition*), 17.

Church주의자요 절대왕권 신봉자였던 찰스 1세(1600~49)와 충돌하지 않을 수 없었다.[55] 청교도들이 계속되는 박해를 피해 신대륙으로 건너가기 시작한 것이 그의 재임기간 동안이었다.

매사추세츠 연안에 식민지를 건설하고자 하는 시도는 본격적인 청교도 이주가 있기 이전부터 몇 차례 있었지만 대부분 실패하고 말았다. 그러다가 1628년 존 엔디코트John Endicott(c.1588~1665)가 60명의 청교도를 이끌고 살렘Salem에 가서 정착하는 데 성공했다. 엄격한 청교도였던 엔디코트는 살렘을 청교도가 지배하는 도시로 만들고자 했다. 청교도의 대규모 이주가 이루어진 것은 영국에서 청교도에 대한 탄압이 심해진 직후였다. 1628년 런던 주교가 된 윌리엄 로드William Laud(1573~1645)는 가톨릭적인 성향이 강한 사람으로서 국왕 찰스 1세를 절대적으로 지지하며 청교도를 증오했다. 그는 성공회를 좀 더 가톨릭에 가까운 쪽으로 끌고 가려 했으며, 국교회에 대한 순종을 강요하며 불순종주의자들에 대한 탄압의 강도를 높여갔다. 결국 청교도들은 영국에 남아있으면서 국교회의 신학과 의례를 받아들이든지, 영국을 떠나든지, 아니면 전쟁을 치러야 하는 절박한 상황에 직면하고 있었다. 1629년 봄부터 시작된 청교도의 대규모 신대륙 이주는 이런 상황 아래서 이루어졌다.

물론, 청교도의 신대륙 이주는 종교적 동기로만 설명될 수 있는 일이 아니었다. 청교도들은 종교적 박해만큼이나 당시 영국이 직면하고 있던 경제적 불황으로부터 도망쳐 신대륙에서 새로운 기회를 얻고자 했다. 1630년 말까지 1천 명이 넘는 청교도가 살렘에 도착했고, 두 번째 도시인 보스턴이 곧 만들어졌다. 1630년대가 지나기까지 총 1만 6천여 명의 청교도가 뉴잉

---

[55] 고교회는 성공회에서 가톨릭 전통을 지키는 사람들을 일컫는 말로, 앵글리칸-가톨릭주의Anglican-Catholicism와 거의 같은 의미를 지닌다. 가톨릭의 신학, 의례, 영성을 따르며, 성례전을 강조하고, 교회음악, 성전 장식, 사제복장 등에서 가톨릭과 유사하다. 이에 비하여 개신교적 성향이 강한 전통을 저교회Low Church라고 통칭한다. 앵글로-가톨릭은 성공회에 속해 있으면서 가톨릭적 유산과 정체성을 강조하는 사람들인데, 로마 교황의 최고 권위를 인정하는 사람도 있다. 그러나 고교회는 루터교나 장로교 같은 다른 교파에서도 의식과 예전을 중시하는 사람들을 지칭하는 데 사용되기도 한다.

글랜드에 정착했다.

이때 뉴잉글랜드에 온 청교도들은 플리머스의 분리주의자들과 달리 스스로를 여전히 성공회에 속해 있다고 믿는 사람들이었다. 따라서 그들은 정치와 종교가 합일된 국교제도의 필요성과 그 가치를 믿고 있었다. 다만 국교가 가톨릭과 '이교도적' 전통을 벗어나 성서에 따라 더 개혁되기를 바라고 있을 따름이었다. 청교도가 주도권을 잡고 있던 매사추세츠와 코네티컷은 청교도적 회중교회Congregational Church를 공교회로 삼고 다른 신학적 견해나 교파에 대해서 대단히 배타적인 태도를 보였다. 성공회가 영국이나 버지니아에서 보인 태도와 다르지 않았던 것이다. 특히 매사추세츠의 청교도들이 로저 윌리엄스Roger Williams(c.1603~82)에게 보인 반응은 성공회를 개혁하려 했지만 떠나지는 못하고, 종교의 자유를 찾아왔으면서도 자신들과 다른 견해는 용납하지 않던 그들의 이율배반적 성격을 잘 드러내었다.

1631년 보스턴에 들어온 청교도 목사인 윌리엄스는 뉴잉글랜드 청교도들이 여전히 성공회를 버리지 못한 채 영국과 마찬가지로 국교를 만들어 정치와 종교를 결합시키고, 원주민에 대한 어떤 고려도 없이 그들의 땅을 마구 점령하는 것을 비판하기 시작했다. 특히 그는 강요된 예배는 "하나님의 코에 악취를 풍긴다"고 국교제도를 맹렬하게 공격했다.[56] 1635년 매사추세츠만 식민지 법정은 윌리엄스가 교회와 위정자들의 권위에 도전하는 '새롭고 위험한 여러 가지 견해'를 퍼뜨렸다는 이유로 추방시켰다.[57]

뉴잉글랜드 청교도들은 성공회의 경직된 신학과 의례를 비판했지만, 그런 비판의식이 열어놓은 신학적 가능성의 길을 탐험하고자 하는 사람은 환영하지 않았다. 1634년 보스턴으로 이주한 부유한 상인 윌리엄 허친슨 William Hutchinson(1586~1641)의 부인 앤Anne(1591~1643)은 스스로 충실한 청교도라고 믿는 사람이었다. 영국 보스턴의 저명한 청교도 목사 존 코튼John

---

[56] John M. Barry, *Roger Williams and the Creation of the American Soul: Church, State, and the Birth of Liberty* (New York: Penguin Books, 2012), 4.

[57] 이 추방령은 300년 후인 1936년 매사추세츠 의회에 의해 공식적으로 취소되었다.

Cotton(1584~1652)을 추종하던 허친슨 부부는 코튼이 켄터베리 대주교 로드의 박해를 피해 뉴잉글랜드로 가자 따라서 이주했다. 당대 최고의 청교도 목사였던 코튼은 성공회 의례를 버리고 설교에 중점을 두었으며, 아르미니안주의적Arminian 경향이 있던 성공회를 비판하며 구원이 사람의 선행과는 상관없이 오직 신의 은총으로부터 온다고 강조했다. 네덜란드 신학자 야코부스 아르미니우스Jacobus Arminius(1560~1609)는 신의 절대적 자유와 주권, 그리고 인간의 완전한 타락과 무능력을 강조한 칼뱅의 신학을 비판하면서, 구원에서 인간의 노력과 역할을 강조한 바 있었다.[58]

　　뉴잉글랜드에 정착한 직후부터 앤 허치슨은 주중에 사람들을 모아놓고 존 코튼의 신학과 성서를 가르치기 시작했다. 성서에 정통하고 비범한 논리를 가졌던 그녀는 신의 은총을 더욱 강조하면서, 도덕적 행동을 중시한 뉴잉글랜드의 청교도 목사들을 비판했다. 더 나아가서 그녀는 목사들의 중재 없이 신과 직접 대화하여 신이 직접 자신의 영혼에 들려주는 "즉시 계시 immediate revelation"를 받았다고 주장했다.[59] 매사추세츠의 청교도들은 앤 허친슨의 주장이 담고 있는 내용은 물론이고, 여성이 그런 의견을 당당하게 밝히는 데 충격을 받았다. 그들은 율법을 무시하고 직접 계시를 주장한다는 이유로 앤 허친슨을 재판에 회부하였고, 보스턴 법정은 그녀와 추종자

---

[58] 아르미니우스는 원래 칼뱅의 후계자인 테어도어 베자Theodore Beza(1519~1605)에게 배웠다. 그러나 그는 스승의 신학을 거부하고 예정은 인간의 신앙과 연관되어 이루어진다고 주장했다. 이에 네덜란드 칼뱅주의자들이 아르미니우스의 신학을 문제 삼았고, 종교회의를 열어 이 문제를 다루기로 했다. 그러나 회의가 열리기 전에 아르미니우스가 사망하자 추종자들이 그의 신학을 정리하여 "5개 조항의 항의Five Articles of Remonstrance"를 제출했다. 아르미니안주의자들을 배제하고 칼뱅주의자들만 모인 1618년의 도르트 종교회의Synod of Dort는 아르미니우스를 이단으로 정죄하고 "5개 조항의 항의"를 반박하는 "칼뱅주의 5개 조항Five Points of Calvinism"을 발표했다. 두 조항은 신의 예정이 인간의 신앙을 전제로 한 것이냐 아니면 무조건적인 것이냐, 예수가 모든 사람을 위해 죽었느냐 아니면 구원받을 사람만을 위해서냐, 신의 은총을 사람이 거부할 수 있느냐 없느냐, 인간 구원의 완성이 인간의 노력과 상관있느냐 아니면 신의 의지로만 이루어지느냐 하는 문제에서 상반된 견해를 보였다. 아르미니안주의는 감리교를 비롯하여 개혁교회가 아닌 많은 교파에 의해 받아들여졌으며, 특히 인간의 결단과 노력을 중시하는 교회에 큰 영향을 끼쳤다.

[59] Thomas Hutchinson, *The History of the Colony and Province of Massachusetts Bay* (Cambridge: Harvard University Press, 1936), 383~84.

들에게 추방령을 내렸다.

　은혜의 절대성을 강조한 앤 허친슨의 해석은 신학적으로 분명히 칼뱅주의 전통의 연장선 위에 서 있었다. 그러나 뉴잉글랜드 공동체는 은혜와 율법 사이의 위태로운 균형 위에 세워져 있었다. 율법 없는 지상 공동체는 존재하기 어려웠던 것이다. 존 코튼, 토마스 후커Thomas Hooker(1586~1647), 잉크리스 마터Increase Mather(1639~1723) 같은 초기 청교도 지도자들은 뉴잉글랜드의 '광야'에 자신들이 꿈꾸던 모범적인 국교회를 건설하겠다는 이상을 가지고 있었다. 다른 신학, 다른 교파를 그 속에 참여시킨다는 생각은 처음부터 존재하지 않았던 것이다. 실제로 많은 청교도 공동체는 '마을 계약town covenant'을 맺어 신을 경외하고 서로를 사랑하며 살기로 서약했다. 마을 계약은 "우리와 같은 마음을 가진" 사람들만 그 계약 공동체에 포함시키고 신앙과 가치관이 다른 사람들을 배제했다.[60] 케임브리지대학 출신의 법률가로 1629년부터 여러 차례 매사추세츠만 식민지 총독을 지낸 존 윈스롭John Winthrop(1588~1649)은 1세대 뉴잉글랜드 청교도들의 그와 같은 이상을 가장 잘 대변한 사람이었다.

　윈스롭이 생각했던 청교도 식민지의 이상은 1630년 이주민을 대상으로 그가 행한 "기독교 사랑의 모범A Model for Christian Charity"이라는 설교에 잘 나타나 있다.[61] 여기에서 그는 모든 이주민이 신과 "계약Covenant"을 맺었을 뿐 아니라 서로 서로와 계약을 맺은 사람들로서, 진정하고 순수한 교회라고 정의했다. 신과 계약을 맺은 식민지의 청교도 공동체는 신이 부여한 "임무Commission"를 수행해야 할 의무를 가지고 있었다. 따라서 공동체는 올바르게 살고, 자비를 베풀며, 신앙을 견지한 채 신 앞에서 겸손해야 했다. 그

---

[60] 예를 들어, "The Dedham Covenant (1636)," in "Covenants of New England (1629~1639)," https://www.apuritansmind.com.

[61] John Winthrop, "A Model of Christian Charity," *American Tradition*, 24~32. 전통적으로 이 설교는 그가 이끌고 간 선단船團이 살렘에 도착한 후 육지에 내리기 직전 타고 있던 아르벨라Arbella 호 선상에서 행한 것으로 알려져 있다. 그러나 학자들의 연구에 의하면 이 설교는 신대륙으로 떠나기 전 영국에서 행했을 가능성도 있다.

리고 서로 계약을 맺은 집단으로서, 청교도 공동체는 "한 사람처럼 묶여서" 서로를 형제애로 돌보아야 하며, 희로애락을 같이 나누고 같이 일하여 신으로부터 받은 임무를 달성해야 했다. 윈스롭은 청교도 이주민들에게 그들이 모든 사람들이 지켜보는 "언덕 위 도시a city upon a hill"가 될 것이라고 선언했다. 그 도시를 신의 뜻에 따라 잘 건설하면 신이 함께하며 축복을 내릴 것이고, 그렇지 않으면 신이 진노하여 계약을 파기한 죄를 엄중하게 물을 것이라는 의미였다.

아마도 미국 역사에서 가장 유명한 이 설교는 매사추세츠만 식민지의 성격뿐 아니라, 자기 정체성의 많은 부분을 뉴잉글랜드 청교도주의에서 끌어오고 있는 오늘의 미국에 대해서도 깊이 시사하는 바가 있다. 무엇보다 윈스롭은 청교도 공동체를 신과 '계약'을 맺은, 하나의 '새로운 이스라엘'로 파악했다. 신성한 계약 공동체로서 교회이며 동시에 정치집단인 매사추세츠만 식민지는 신의 선택을 받은 고대 이스라엘과 마찬가지로 신으로부터 특별한 사랑과 임무를 부여받았다는 것이다. 신을 섬기고 사람에게 정의와 자비를 베푸는 기독교 공동체를 건설해야 했다. 윈스롭은 이 청교도 공동체가 영국 본토를 비롯하여 온 세상 사람들에게 모범을 보여주는 사명을 가지고 있다고 생각했다. 그의 설교는 세속적 동기도 종교적으로 이상화하여 신의 섭리 속에서 이해하는 청교도 세계관의 특징을 보였다. 세월이 흐르면서 1세대 청교도 이주민들이 가졌던 기독교적 색채는 점점 희석되었다. 그러나 윈스롭의 설교에는 미국은 세상 어떤 나라와도 다른, 정의롭고 자비로운 나라라는 미국 예외주의American Exceptionalism, 그리고 미국은 세상을 구원하라는 특별한 섭리적 사명을 받았다는 '구원자 미국Redeemer America'에 대한 믿음의 씨앗이 들어있었다. 그 씨앗은 청교도나 기독교의 운명과 상관없이 이후 미국 정체성의 중심에 뿌리 내렸다.

청교도들이 뉴잉글랜드에 건설한 교회는 영국 국교회와 상당히 다른 모습을 보였다. 청교도의 '집회소meetinghouse', 즉 교회에는 성상聖像이나 스테인드글라스 같은 장식이 일체 배제되었으며 악기도 들이지 않았다. 무엇보다 청교도들은 성서가 명시적으로 규정하지 않은 모든 전통적 의식을 버리고, 예배를 기도, 성서 봉독, 시편 찬송, 그리고 설교에 집중시켰다. 설교의 길이는 한 시간 이상이 보통이었고 마치는 기도도 한 시간 이상 드려지는 경우가 많아 뉴잉글랜드 청교도 예배는 서너 시간씩 지속되곤 했다. 신학적인 차원에서, 청교도들은 엄격한 칼뱅주의를 선호하여 아르미니안주의적 성격이 농후했던 성공회의 신학과 교리를 비판했다. 뉴잉글랜드 청교도들은 구원받을 사람은 그 자신의 자격과는 아무 상관없이 신비한 신의 뜻과 무조건적 선택에 의해 영원 전부터 이미 예정되어predestined 있다고 보았다. 인간은 지정의知情意 모든 차원에서 총체적으로 타락했기 때문에 오직 신의 은총에 의해 구원될 뿐 자신의 구원을 위해 어떤 능동적인 역할도 할 수 없다는 믿음이었다.

청교도들이 만든 회중교회 제도는 중세적 가톨릭 전통을 개혁하려는 노력의 일환이었다. 성서에만 절대적 권위를 부여한 그들은 사도 전승apostolic succession을 받은 주교(감독)bishop가 있어야 교회가 성립될 수 있다는 감독Episcopal교회 전통을 부인하고 각 교회와 교인들이 신앙과 관련된 최종 권한을 갖는 제도를 선택했다. 뉴잉글랜드 청교도들은 주교가 사제를 안수하여 세우는 독점적 권한을 가진다는 주장의 근거를 성서 어디에서도 발견할 수 없었다. 회중교회는 지상에서 교회의 최고 권위는 각 지역교회의 회중과 목사에게 있다고 여겨, 지역교회 위에 있는 어떤 권위도 인정하지 않았다. 주교와 감독교회의 부인은 결과적으로 영국 국교회와 완전한 단절을 의미했다. 매사추세츠만 식민지가 건설된 직후인 1636년에 세워진 하버드대학은 뉴잉글랜드 청교도들이 자신들의 종교적 이상을 위해 영국에서 독립하여 자체적으로 교역자를 재생산해 나가겠다는 의지의 표현이기도 했다.

그런데 회중교회 제도는 교인들의 신앙과 행실을 강제하는 강력한 기제로 작동했다. 각 교회가 신앙과 교회정치의 모든 차원에서 최종의 권위를 가지려면 교인들이 그런 권위를 행사할 수 있는 최소한의 자격을 갖추어야 했기 때문이다. 다시 말해서, 뉴잉글랜드 청교도 교회 교인들은 신의 뜻에 따라 신의 영광을 위해 살 것을 신과 서로에게 계약을 맺은 '진짜' 기독교인이어야 했다. 그런 의미에서 진정한 성도는 물론 신이 선택하여 구원하기로 예정한 사람이지만, 동시에 누구든지 보면 그가 기독교인임을 알 수 있는 '가시적인 성도visible saints'여야 했다. 인간이란 눈에 보이지 않는 가치를 말하지만 그것을 눈에 보이는 형태로 표현하지 않으면 불안해하는 존재 아닌가.

뉴잉글랜드 청교도 교회는 교인이 되는 데 매우 높은 기준을 적용하여 교회의 순수성을 지키고자 했다. 즉 참된 신앙인만 교회의 정회원이 되도록 하기 위해서 일정한 기준의 신앙이 확인되는 사람만 받아들였던 것이다. 참된 신앙인, 혹은 그들이 말한 가시적인 성도는 어떤 사람이었을까? 1648년 매사추세츠 케임브리지에서 채택된 회중교회의 교회행정 및 치리治理 규정인 "케임브리지 강령Cambridge Platform"은 이렇게 규정했다. "종교[기독교]의 원칙에 관한 지식을 습득하고 공공연한 큰 추문이 없는 자로 신앙을 고백하고 회개하며 하나님의 말씀에 순종하여 흠 없는 길을 가는" 사람.[62] 여기서 말하는 "공공연한 큰 추문" 속에는 안식일을 지키지 않는 일이나 부도덕한 행위 이외에 탐욕, 머리 모양이나 옷의 지나친 멋부림, 술집 출입, 주사위로 점 치는 행위, 그리고 크리스마스 절기를 지키는 일 등이 포함되었다.[63] 이런 원칙에 위배되는 일을 한 적이 없는 사람만이 회중 앞에서 자신의 신앙을 공개적으로 고백하고 진솔한 신앙 간증을 한 이후에 교인들의 투표에 의해 정회원으로 받아들여졌다. 이것은 청교도들이 영국에서 해본 적이 없는 새로운 시도였다.

뉴잉글랜드의 회중교회는 각 지역교회가 신앙과 생활의 최종적인 권위

---

[62] *The Cambridge Platform of Church Discipline, Adopted in 1648 and The Confession of Faith, Adopted in 1680* (Boston: Perkins & Whipple, 1850), 52. 치리란 신학적, 윤리적 문제를 일으킨 교인을 교회가 심사하여 적절한 벌을 주는 행위를 말한다.

[63] *Increase Mather's Testimony against prophane customs, namely health drinking, dicing, cards, Christmas-keeping, New Year's gifts, cock-scaling, Saints' Days, etc.* (Charlottesville: University of Virginia Press, repr., 1953).

를 가지고 있었기 때문에, 각 교회는 교인들이 지켜야 할 규범과 가치를 정하여 그것을 지키도록 요구했다. 교회는 교인들을 가르치고, 인도하고, 위로할 뿐 아니라, 필요할 경우 치리하는 등 그들의 삶에 적극적으로 개입했다. 회중교회는 뉴잉글랜드 식민지, 즉 매사추세츠, 코네티컷, 뉴햄프셔의 공교회(국교)였다. 따라서 그 지역에서는 교회와 식민지 정부, 목사와 행정가 사이에 긴밀한 협조가 이루어졌다. 교회가 정한 도덕적 가치관에 어긋나는 일을 행한 사람이나 교회의 신학과 질서에 도전하는 사람은 교회의 치리를 받았을 뿐 아니라 정부로부터도 벌금, 징역, 추방, 혹은 사형 같은 처벌을 받아야 했다. 청교도의 이상은 시민법에 반영되어 있었고, 모든 거주민은 회중교회 예배에 참석할 의무가 있었다. 또한 회중교회 정교인만 투표권을 가졌으며, 모든 정치·행정가와 공무원은 가시적 성도여야 했다. 그러나 뉴잉글랜드가 엄밀한 의미에서 신정정치theocracy인 것은 아니었다. 정치와 종교는 분명히 분리되어 있었으며, 목사는 정치가나 행정가가 될 수 없었다.

청교도 공동체의 붕괴

청교도들의 종교적 열심은 뉴잉글랜드에서 찬란하게 꽃피었다. 뉴잉글랜드의 회중교회는 1640년에 이미 버지니아 지역 성공회 교세의 두 배가 되었으며, 1700년에는 120개의 회중교회가 세워져 영국 식민지 전체를 통틀어 가장 큰 교회가 되었다. 1740년까지 매사추세츠와 코네티컷을 중심으로 뉴잉글랜드 전역에 세워진 회중교회는 400개를 넘어섰다.[64] 이 숫자는 그때까지 북미대륙에 세워진 전체 성공회 교회 수의 거의 두 배에 해당되었다. 뉴잉글랜드가 북미에서 가장 기독교인 비율이 높은 지역이 된 것은 회중교회

---

[64] Mark A. Noll, *A History of Christianity in the United States and Canada* (Grand Rapids, MI: Eerdmans, 1992), 80.

덕분이었다. 청교도 회중교회는 뉴잉글랜드뿐 아니라 롱아일랜드Long Island, 뉴욕, 그리고 성공회가 국교로 확립되어 있던 남부의 여러 주에도 드문드문 설립되었다. 그러나 그런 양적인 성장에도 불구하고, 청교도들이 뉴잉글랜드에 만들고자 꿈꾸던 '성도의 공동체communities of saints'는 실현 불가능하다는 사실이 세대가 지나면서 점점 더 분명해졌다.

뉴잉글랜드는 이주민의 엄청난 증가로 인해 북미에서 가장 인구밀도가 높은 곳이 되었다. 그러나 그 많은 이주민 가운데 1630년대의 1세대 청교도들과 같은 종교적 이상을 가지고 대서양을 건너온 사람은 많지 않았다. 1640년대가 되어 찰스 1세의 독재가 끝나고, 양심의 자유를 신봉하던 청교도 성향의 올리버 크롬웰Oliver Cromwell(1599~1658)이 정권을 장악하자 청교도들은 더 이상 대대적으로 뉴잉글랜드로 이주하지 않아도 되었다. 이주민 가운데 청교도의 비율이 크게 줄어들었다. 새로 들어온 이주민들은 잉글랜드, 스코틀랜드뿐 아니라 프랑스에서도 왔으며, 회중교회에 가입하지 않았다. 시간이 갈수록 회중교회는 뉴잉글랜드 내 여러 교파 가운데 하나가 되어 갔다. 또한 청교도 교회 내에서도 2, 3세대는 1세대 교인들의 경건성과 종교적 열심, 엄격한 칼뱅주의 신학을 견지하기 힘들었다.

너새니얼 호손Nathaniel Hawthorne(1804~64)의 고전적 소설《주홍 글씨The Scarlet Letter》(1850)가 보여준 것처럼 1640년대 뉴잉글랜드 청교도 사회는 허위로 가득차 있었고, 신앙과 도덕성은 경직되어 따뜻함이 없었다. 그런 사회와 신앙이 지속되기는 어려웠다. 보스턴은 거대한 상업도시로 변해가고 있었으며, 그 속에서 청교도적 도덕과 가치관을 유지하며 사는 일은 과거보다 훨씬 힘들었다. 사람들의 관심은 점점 더 세속적으로 변해갔고 신앙이나 교회의 힘으로는 그 역사의 흐름을 막을 도리가 없었다.

결국, 교회는 점점 더 '가시적 성도'를 얻기 힘든 상황에 직면하게 되었다. 1661년 솔로몬 스토다드Solomon Stoddard(1643~1729)가 제안한 소위 '절반의 계약Half-Way Covenant' 제도는 뉴잉글랜드 청교도들이 처한 어려움을 잘 드러내 주었다. 기독교 가정에서 자랐지만 스스로 신앙고백을 하고 엄격한 청교도 교회의 윤리규정을 따를 수 있는 사람의 수가 크게 줄어들자, 세례만 받았으면 신앙고백은 하지 않더라도 '절반의 교인'이 될 수 있는 자격을 교인 자손들에게 부여했던 것이다. 이렇게 해서 부분적 교인이 된 사람은 자녀의 유아세례를 허락받았고, 교회의 규정을 엄격하게 따르지 않아도 되었다. 그러나 성찬식에 참여할 수 없었고 교회의 제반사에 의결권이 주어지지 않았다. 물론 절반의 교인이 공개적으로 자신의 신앙을 고백할 경우에는 언제든지 정교인이 될 수 있었다.

몇몇 교회는 이 제도를 수용했다. 가능하면 많은 사람에게 신앙생활 할 수 있는 기회를 주어 기울어가는 청교도 회중교회를 다시 살리고자 했기 때문이다. '절반의 교인'들이 교회생활을 하다 보면 정교인이 누리는 특권을 보게 될 것이고 자신들도 정교인이 되기를 바랄 것으로 기대했다. 그러나 많은 회중교회는 이 제도가 청교도 전통에 어긋난다고 보아 받아들이지 않았으며, 받아들인 교회에서도 의도했던 결과가 잘 나타나지 않았다. 절반의 계약 제도는 첫 이주 후 한 세대가 지난 17세기 중반의 뉴잉글랜드가, 청교도들이 전통을 유지하기 위해 힘겨운 싸움을 해야 하는 곳이 되어가고 있음을 극명하게 보여주었다.

이민 1세대가 지배하던 1630~40년대의 뉴잉글랜드는 회중교회 신자 비율이 전체 인구의 70~80퍼센트에 달했다. 이때 뉴잉글랜드 여러 마을은 말 그대로 '성도의 공동체'였고, 청교도가 지배하는 세상이었다. 그러나 교인의 비율은 한 세대 만에 급감하여 1670년대에는 1630~40년대의 절반밖에 되지 않았다. 자료에 의하면 1690년 살렘의 세금 납부자 가운데 약 30퍼센트만 청교도 회중교회에 속해 있었으며, 1680년대에는 뉴헤이븐New Haven, 뉴런던을 비롯하여 코네티컷의 네 도시에 사는 성인 남자의 15퍼센트만 교회에 다녔다.[65] 1690년대에도 청교도 회중교회는 뉴잉글랜드의 공교회였으며, 청교도들은 여전히 정치를 지배했다. 그러나 주민들은 점점

---

[65] Butler, *Religion in Colonial America*, 42~43.

더 세속화되어 갔고 뉴잉글랜드는 청교도적 엄밀함이 아니라 자본주의적 가치관이 지배하는 곳으로 변해갔다.

뉴잉글랜드의 청교도 교역자들은 교회의 순결을 위해서 세속화, 자본주의화 되어가는 사회와 힘겨운 싸움을 했지만 결국 실패했다. 그 싸움의 힘겨움은 그들이 남긴 수많은 글 속에 기록되어 있다. 대표적인 것이 '제레미아드jeremiad哀歌'라는 독특한 수사학적 설교였다. 유대 왕국을 멸망으로 이끈 종교적·도덕적 타락에 대하여 애절한 경고의 예언을 퍼부은 고대 이스라엘의 예언자 예레미야처럼 청교도 목사들은 제레미아드를 통해 뉴잉글랜드 사회의 타락을 한탄하며 신의 심판과 계약 공동체의 멸망을 엄중히 경고하고 예언했다.[66] 매사추세츠를 중심으로 초기 뉴잉글랜드 식민지의 역사를 섭리사적 입장에서 집대성한 코튼 마터Cotton Mather(1662~1728)의 《아메리카에서 행한 그리스도의 위대한 일들Magnalia Christi Americana》(1702)은 신대륙에 '거룩한 공동체Holy Commonwealth'를 건설하겠다는 초기 청교도들의 이상이 잊혀져가던 17세기 말의 현실을 역설적으로 보여주었다.

뉴잉글랜드 청교도 공동체가 점점 세속화되며 자본주의적 가치관의 무게 아래 붕괴해 가는 모습을 가장 극명하게 드러내준 것은 살렘의 마녀사냥 사건이었다. 1692년 살렘의 몇몇 소녀들이 당시 상식과 의학적 소견으로는 설명할 수 없는 발작 증세를 일으켰다. 그들은 자기들이 마녀의 주문에 걸렸다고 주장하며 티투바Tituba라는 원주민 노예를 비롯하여 세 명의 여자를 마녀로 지목했다. 그러나 소녀들이 지목한 마녀의 수는 점점 늘어났으며, 그 가운데는 직접적인 증거가 아니라 그들의 환영幻影이 꿈에 나타났다는 '환영 증거spectral evidence'에 따라 마녀로 지목당한 사람도 있었다. 살렘은 곧 마녀사냥의 광기에 휘말렸고, 마녀라고 고발된 사람의 수는 150여 명에 이르게 되었다.

살렘의 청교도들은 '성도'들이 사는 '하늘의 도시city of heaven' 살렘에 악

---

[66] 청교도 애가에 대해서는 다음 대표적 연구서 참조: Sacvan Bercovitch, *The American Jeremiad* (Madison: University of Wisconsin Press, 1978).

마의 수하인 마녀들이 들어오게 용납할 수 없었다. 보스턴의 코튼 마터를 비롯한 회중교회 지도자들의 지지를 얻게 된 매사추세츠만 식민지 총독 윌리엄 핍스William Phipps(1651~95)는 특별 법정을 구성하여 재판을 진행했다. 최소한 네 명의 피의자가 감옥에서 죽고, 한 명이 고문 중 사망했으며, 남자 6명을 포함하여 총 19명이 유죄 판결을 받고 교수형에 처해졌다. 개 두 마리가 마녀의 공범자라는 이유로 처형되기도 했다. 스스로 죄를 자백하고 다른 마녀의 이름을 진술한 사람들은 목숨을 부지할 수 있었다. 무고한 사람들이 고발되고, 불충분한 증거로 유죄 판결이 내려지고, 가혹한 처형이 이루어진 데 대한 반대 여론이 일었다. 시민들의 흥분이 가라앉자 총독은 특별 법정을 해산하고 모든 피고인을 석방했다. 그리고 1711년 무고하게 고통받았다고 청원한 사람 22명의 유죄 판결이 무효화 되고 금전적 보상이 이루어졌다.[67] 재판을 주도한 목사와 위정자들의 반성과 회개가 잇달았다. 그러나 살렘의 비극은 추락해가던 청교도 지도자들의 권위와 청교도적 신정정치에 회복하기 어려운 상처를 입히고 말았다.

식민지 시대 뉴잉글랜드에는 마법이 성행했다. 물론 그 마법은 근원이 중세까지 거슬러 올라가는 오래된 민간신앙이었다. 살렘에서도 마법을 믿고 행한 사람들은 있었겠지만, 고발자나 청교도 지도자들이 주장한 것처럼 그들이 악마와 계약을 맺고 어린 소녀들을 유혹하지는 않았을 것이다. 마녀로 지목된 사람들은 대부분 사회의 주변부에 있던 가난하고 무력한 중년 이상의 여자였으며, 청교도들의 미움을 받거나 그들과 분쟁이 있는 사람들, 혹은 마녀사냥에 비판적인 사람들이었다.[68] 결국, 마녀재판은 악마의

---

[67] 살렘 마녀재판의 신원(伸寃)이 완전히 이루어진 것은 21세기 들어서였다. 억울하게 마녀로 고발당한 사람들의 자손은 조상의 결백함을 밝혀달라는 요청을 계속 했고 그런 이들에 대한 신원이 이어졌다. 2001년에는 그동안 신원 되지 못한 사람을 포함하여 모든 희생자에 대한 명예회복 법안이 주의회에서 통과되었다.

[68] 이 사건에 연루된 사람들에 관해서는 다음 연구서 참조: Diane E. Foulds, *Death in Salem: The Private Lives behind the 1692 Witch Hunt* (Guilford, CT: Globe Pequot, 2010). 너새니얼 호손의 고전적 소설 The House of Seven Gables도 대대로 이어지는 이 사건의 저주 문제를 다루었다.

존재에 대한 믿음과 공포, 점점 더 영역을 넓혀오던 상업적–비청교도적 살렘을 바라보며 전통적–청교도 살렘 공동체가 느낀 위기감, 그리고 개인적인 원한관계 등이 마녀 히스테리로 증폭되어 나타난 비극적 현상이었다.[69] 그리고 이 사건은 17세기 말까지도 뉴잉글랜드 청교도들이 여전히 중세적 정신세계 속에 살고 있었음을 극적으로 보여주었다. 중세적 세계관을 밑바탕으로 그들이 만들어낸 기독교, 사회, 그리고 가치관은 변해가는 시대 속에서 총체적 위기 상황에 직면하고 있었다.

---

[69] 이 사건의 사회적 배경에 대해서는 다음 연구서 참조: Paul Boyer and Stephen Nissenbaum, *Salem Possessed: The Social Origins of Witchcraft* (Cambridge: Harvard University Press, 1974).

제4장

여러 교파의
진출

The Treaty of Penn with the Indians(1771)

Benjamin West

Pennsylvania Academy of Fine Arts

윌리엄 펜이 원주민을 존중하며 계약을 맺는 장면

개혁교, 루터교, 장로교, 그리고 침례교

유럽대륙에서 온 개신교

에스파냐와 영국에 이어 세 번째로 북미대륙에 진출하여 항구적 정착지를 만든 것은 당대의 해상 강국 네덜란드였다. 1609년 네덜란드의 동인도회사 Dutch East India Company는 영국인 헨리 허드슨Henry Hudson(1565~1611)을 고용하여 북미대륙 동해안을 탐사했다. 이제 막 버지니아에 제임스타운이 건설되었을 뿐 영국 청교도들의 뉴잉글랜드 진출은 아직 이루어지기 전이었다. 이때 허드슨은 델라웨어만Delaware Bay에서 메인에 이르는 광범위한 지역을 조사했는데, 유럽인으로는 처음으로 뉴욕의 맨해튼Manhattan섬에서 (이후 그의 이름을 따게 되는) 허드슨강을 거슬러 올라가는 탐험을 감행하기도 했다. 허드슨의 탐험보고를 토대로 네덜란드인들은 델라웨어부터 케이프 코드에 이르는 지역을 계속 탐사했으며, 유럽인이 아직 진출하지 않은 그 지역을 1614년부터 뉴네덜란드Nieuw-Nederland라고 부르기 시작했다. 그 지역에 대한 영국의 소유권 주장을 무시한 것이다. 그리고 10년 후인 1624년 네덜란드는 뉴네덜란드를 국토의 일부분으로 정식 편입시켰다.

뉴네덜란드 경영권을 얻게 된 네덜란드 서인도회사Dutch West India Company는 1624년부터 신대륙으로 이주민을 보내기 시작하여 맨해튼섬을 중심으로 정착시켰다.[70] 동쪽으로 대서양과 연결되고 북서쪽으로는 허드슨 강을 통해 내륙 깊숙이 진출할 수 있는 전략적인 위치에 놓인 맨해튼은 뉴네덜란드의 중심지가 되었고 거기에 뉴암스테르담이 세워졌다. 네덜란드인들은 식민지 소유권을 강화하기 위해 그 지역 원주민인 마나하타Manahatta 부족과 계약을 맺고 맨해튼을 정식으로 사들였다. 그들은 허드슨 강을 따라 내륙으로 진출하여, 오늘의 알바니Albany 근처에 포트 오렌지Fort Orange를 건설하고 원주민들과의 모피 거래 전진기지로 삼았다. 다른 유럽 열강과 달리 네덜란드의 식민지 경영은 영토 확장과 제국 건설이 아니라 교역을 통한 이윤추구를 목표로 진행되었다. 상업지향적인 네덜란드인에게 종교는 식민지 진출의 일차적인 관심이 아니었다. 네덜란드는 당시 유럽의 어떤 나라보다 더 많은 종교적 관용을 베풀었으므로 영국 청교도처럼 박해를 피해 신대륙으로 이주해 와야 할 사람도 없었다. 그럼에도 불구하고 당시 유럽의 다른 나라들과 마찬가지로 네덜란드는 국교를 가진 나라였고, 서인도회사는 신대륙 이주민들이 어려움 없이 종교생활을 할 수 있게 해줄 의무가 있었다.

네덜란드 개혁교회가 처음으로 목사를 파견한 것은 1628년이었다. 그리고 그 이듬해 네덜란드 개혁교회는 뉴네덜란드의 국교로 정식 선포되었다. 국교로서 개혁교회는 뉴네덜란드에서 법적으로 독점적 지위를 누릴 수 있었다. 그러나 본국에서와 마찬가지로 뉴네덜란드에서도 종교적 관용이 베풀어졌고, 그것을 잘 알고 있던 여러 교파들이 뉴네덜란드에 진출했다. 뉴네덜란드에는 루터교, 장로교, 퀘이커, 가톨릭 교인뿐 아니라 유대인들까지 유럽과 브라질의 뉴홀란드New Holland에서 들어와 정착했다.[71] 이베리아에서 오랫동안 핍박받던 세파르디Sephardi 유대인들이 뉴암스테르담에 정착

---

[70] 서인도West Indies란 북미대륙 남동부, 중미의 동부, 그리고 남미 북부 및 동부로 둘러싸인 지역으로, 카리브해와 그 해안에 있는 수많은 섬들로 구성되어 있다.

[71] '더치 브라질Dutch Brazil'이라고도 불리는 뉴홀란드는 네덜란드가 1630년부터 1654년까지 브라질 북동부에 건설한 식민지다. 포르투갈에서 진행된 종교재판의 핍박을 피해 그곳으로 이주한 유대인들이 지은 카할 주르 이스라엘Kahal Zur Israel 회당은 아메리카대륙 최초의 유대교 회당이었다.

하여 거기서 신앙생활을 했다는 사실은 그곳의 종교적 분위기가 어떠했는지 단적으로 보여준다.[72] 다른 교파를 추방시키고 네덜란드 개혁교회에 독점적 지위를 부여하려 했던 페이터르 스타위퍼산트Peter Stuyvesant(1592~1672) 같은 식민지 경영자도 있었지만, 이미 다양한 종교를 가진 민족들이 섞여 살고 있던 뉴네덜란드에서 종교의 자유는 당연한 것으로 인식되었다. 서인도회사도 종교에 관한 온건한 정책을 견지했다.

스타위퍼산트는 델라웨어강을 따라 세워진 작은 스웨덴 정착촌을 정복하기도 했다. 수백 명의 스웨덴 사람들이 1630년대 말, 현재의 윌밍턴Wilmington에 위치한 포트 크리스티나Fort Christina를 중심으로 식민지 뉴스웨덴Nya Sverige을 만들었다. 이주민 가운데는 다수의 핀란드 사람도 포함되어 있었다. 스웨덴은 네덜란드와 마찬가지로 상업적인 동기에서 식민지 진출을 도모했지만 국교가 있는 나라였다. 루터교는 당연히 뉴스웨덴의 종교가 되어야 했다. 뉴스웨덴의 공교회는 스웨덴 루터교였고 공식 신학은 루터교 표준 신앙고백인 아우크스부르크 신앙고백Augsburg Confession이었다. 그런데 델라웨어강 유역은 네덜란드가 이미 탐사를 하고 소유권을 주장하던 곳이었다. 뉴스웨덴은 뉴네덜란드와 지리적으로 가까웠기 때문에 뉴스웨덴의 영역 확대는 두 식민지의 충돌로 이어질 수밖에 없었다. 스웨덴 사람들이 늘어나고 네덜란드 영역이 침범당하자, 뉴암스테르담 총독 스타위퍼산트는 1654년 함대를 파견하여 포트 크리스티나를 점령했다. 인구 약 400명의 작은 스웨덴 식민지는 그렇게 끝나고 말았다. 그러나 네덜란드 식민지로 바뀐 후에도 스웨덴인들은 루터교를 신봉하면서 계속해서 델라웨어 연안에서 살았다.

북미대륙 식민지 쟁탈전은 철저하게 힘이 지배하는 경쟁이었다. 뉴스웨덴을 강점한 네덜란드는 꼭 10년 후 영국의 압도적인 무력 과시 앞에 뉴암스테르담을 빼앗기고 말았다. 뉴네덜란드가 영국 식민지 뉴욕으로 바뀐 것이다. 이때 영국은 종교 행위, 교리, 그리고 목사들을 그대로 둘 것을 요구

---

[72] 세파르디 유대인은 이베리아–아프리카계 유대인인데, 당시 아메리카대륙으로 이주한 사람들은 이베리아 출신이었다.

하는 네덜란드의 항복 조건을 받아들였다. 물론 영국의 의도는 이미 그 지역 국교로 자리 잡은 네덜란드 개혁교회의 존재를 인정하자는 정도였다. 영국인들은 엄연히 국교가 있는 뉴네덜란드의 종교 상황이 그렇게 복잡하고 다양하리라고는 생각하지 않았던 것이다. 일부 뉴욕 총독들은 성공회를 확립하기 위해 네덜란드 개혁교회를 포함하여 다른 교파 탄압하기를 주저하지 않았다. 그러나 뉴욕뿐 아니라 뉴저지, 델라웨어, 펜실베이니아 같은 중부 식민지Middle Colonies에는 남부나 뉴잉글랜드보다 훨씬 더 다양한 민족이 정착하여 여러 가지 종교를 믿고 있었다. 그런 대세의 흐름을 막는 것은 불가능했다. 영국에 강점당하기 전 뉴네덜란드에 있던 11개의 네덜란드 개혁교회가 영국 지배 이후에도 성장하여 1750년에는 뉴욕과 뉴저지에 70개 이상으로 늘어난 것도 그런 상황을 증명하는 한 예가 된다. 네덜란드 개혁교회는 주도적인 지위는 누리지 못했지만 뉴욕과 뉴저지 문화의 중요한 부분으로 계속 존재했다.

루터교는 뉴스웨덴과 뉴네덜란드로 유입되었지만 그 세력이 미미했다. 유럽에서 가장 큰 개신교 교파로 자리 잡고 있던 루터교가 북미대륙에 본격적으로 들어오기 시작한 것은 펜실베이니아가 만들어진 1680년대 초반이었다. 독일인들은 1683년 필라델피아 근교에 저먼타운Germantown을 세우고 정착하였다. 당시 독일은 통일된 국가가 아니라 여러 영지로 나뉘어 있었고, 각 영지를 다스리는 영주의 선택에 따라 정해지는 종교의 종류도 다양했다. 따라서 독일계 이주민은 주요 교파만 하더라도 루터교, 개혁교, 메노나이트Mennonite, 모라비언Moravian, 침례교, 가톨릭 등 다양한 종교를 믿고 있었다. 그러나 많은 독일 영지가 루터교를 국교로 삼고 있었기 때문에 북미대륙에 들어온 독일계 이민 가운데 루터교인이 가장 많았다. 특히 펜실베이니아가 그러했다. 루터교인 다음으로 많은 것이 개혁교회 교인이었다. 1710년경에는 개혁교회 전통이 강한 라인강 유역의 남부 독일에서 많은 사람이 뉴욕의 허드슨강 유역으로 이주해왔다.

18세기 중엽에는 독일계의 대대적인 이주가 이루어져 미국 독립 때까지 약 7만 5천여 명이 북미대륙으로 들어왔다. 이들은 비슷한 시기에 이주해 온 스코틀랜드계 이민주들과 마찬가지로 필라델피아로 와서 펜실베이니아 서부, 메릴랜드, 버지니아, 노스캐롤라이나로 진출해 나갔다. 초기 루터교 형성에 가장 큰 기여를 한 사람은 "독일 경건주의의 가장 훌륭한" 영성을 가진 것으로 평가되던 헨리 뮈렌버그Henry M. Muhlenberg(1711~87)였다.[73] 그는 1742년 필라델피아에 들어온 후 30년 동안 펜실베이니아뿐 아니라 뉴욕부터 조지아까지 다니면서 교회를 세우고, 종교에 무관심한 이주민들을 일깨웠으며, 목사들을 관리하여 북미 전체 루터교인을 혼자서 돌보듯 하였다. 한편, 독일 개혁교회 교인들 대부분은 계약 노예indentured servitude로 신대륙에 건너왔기 때문에 신앙생활을 하는 데 많은 제약이 있었다. 즉 이들은 신대륙으로 이주하는 비용을 받는 조건으로 몇 년 동안 계약 노예로 일해야 했던 것이다. 독일에서 온 루터교와 개혁교 교인들은 같은 언어를 사용하는 민족적 동질성 때문에 같은 교회 건물과 찬송가를 쓰는 등 긴밀히 협력했다. 영국이 지배하고 교파 간 경쟁이 심하며 교역자와 자원이 제한되어 있는 신대륙에서 생존하기 위해서 그것은 불가피한 일이기도 했다.

장로교와 침례교

네덜란드 및 독일 개혁교회와 함께 넓은 의미의 개혁주의 신학Reformed theology을 공유한 장로교는 16세기 영국 종교개혁의 와중에 존 녹스John Knox(c.1514~72)를 중심으로 스코틀랜드 칼뱅주의자들 사이에서 발생했다. 장로교는 칼뱅의 신학적 전통을 따른다는 점에서 다른 개혁교회들과 같았으나, 대의정치 원칙에 따라 교인들이 선출한 장로가 교회를 다스리고, 당회, 노회, 대회synod, 총회로 이어지는 계층적 교회 질서를 가지고 있다는 점에서 다른 교파와 구별되었다. 스코틀랜드 장로교인 가운데 다수가 17세기에 북

---

[73] Juergen L. Neve, *A Brief History of the Lutheran Church in America* (Burlington, IA: German Literary Board, 2020, orig. 1916), 86.

아일랜드로 이주해서 그곳에도 상당한 규모의 장로교회가 형성되었다. 이들 영국 장로교인들은 버지니아와 뉴잉글랜드에 식민지가 개척되자 서둘러 들어왔다. 특히 뉴잉글랜드에서는 신학적으로 개혁주의 전통을 공유한 회중교회와 우호적인 관계를 맺으며 지낼 수 있었다. 그러나 본격적인 장로교회 건설은 스코틀랜드와 북아일랜드에서 많은 이주민이 들어오면서 시작되었다.

초기 장로교회 건설의 주역은 스코틀랜드계 아일랜드 선교사 프란시스 매키미Francis Makemie(1658~1708)였다. 그는 뉴잉글랜드부터 노스캐롤라이나까지 영국 식민지 해안을 다니면서 교회를 조직하고 전도 활동을 했다. 1684년 메릴랜드 스노우 힐Snow Hill에 북미대륙 최초의 장로교회를 건립한 후 1706년에는 최초의 노회인 필라델피아 노회를 조직하는 데 성공했다. 필라델피아 노회는 스코틀랜드 및 스코틀랜드계 아일랜드, 잉글랜드, 웨일스, 그리고 뉴잉글랜드 계열의 장로교회를 묶은 것으로, 상호 간의 세세한 차이점에도 불구하고 웨스트민스터 신앙고백Westminster Confession of Faith에 대한 공통된 충성심을 바탕으로 함께할 수 있었다.

매키미는 한 동료 선교사와 더불어 1707년 뉴욕에서 선교하다가 성공회를 제외한 모든 교파를 축출하려고 시도 중이던 총독에게 체포되기도 했다. 두 사람은 면허 없이 설교한다는 혐의로 재판에 회부되었다. 매키미는 1689년 영국 의회가 이미 종교관용법Act of Toleration을 선포했다는 점을 들어 무죄를 주장했고 결국 무죄 판결을 받아내었다. 종교관용법은 가톨릭과 유니테리언Unitarian은 제외하되, 퀘이커를 포함한 모든 '불복종주의자'에게 종교적 관용을 베푼 조치였다.[74] 총독은 종교관용법이 매키미처럼 "치명적인 교리"를 가르치는 "떠돌이 설교자"에게는 적용되지 않는다는 궤변을 늘

---

[74] 유니테리언주의는 삼위일체와 예수의 신성을 부정하고 신의 단성單性oneness을 주장하는 기독교의 한 흐름으로 그 기원은 초대교회까지 거슬러 올라간다. 그러나 중흥하여 하나의 운동으로 자리 잡은 것은 개신교 종교개혁 이후였다. 삼위일체가 비성경적이라고 가르친 이탈리아 출신 종교개혁가 레리오 소치니Lelio Sozini(1525~62)는 많은 추종자를 낳아 유니테리언주의 형성에 크게 기여했다. 성서중심주의로 시작한 유니테리언주의는 18세기가 되면서 합리주의적으로 변해갔고, 특히 영국에서는 교파를 불문하고 많은 지적인 성향의 사람들이 받아들였다. 19세기가 되면 잉글랜드의 장로교 대부분이 유니테리언적 신학을 가지기에 이른다.

어놓았다.[75] 그러나 매키미는 영국 신민은 영국 식민지에서 종교관용법의 보호를 받는다고 하면서, 자신의 교리에 "어떠한 잘못이나 해로움"이라도 있다면 누구든지 지적해달라고 당당하게 항변했다. 총독의 요구에도 불구하고 배심원들이 무죄 평결을 내린 것은 종교적 다양성이 현실적으로뿐 아니라 법적으로도 보장받게 된 시대적 변화를 잘 보여주었다.

북미대륙 식민지에서 장로교가 크게 성장하게 된 것은 독일계의 하노버 Hanover 왕조가 영국 왕권을 차지한 이후였다. 독일어를 모국어로 사용하고 영어에 서툰 조지 1세(1660~1727)가 1714년에 즉위하여 하노버 왕조를 연 직후, 스튜어트가House of Stuart를 복위하려는 반란이 스코틀랜드에서 일어났다가 곧 진압당하는 일이 발생했다. 이후 약 20만 명의 아일랜드계 스코틀랜드 사람과 5만 명의 스코틀랜드 사람이 신대륙으로 이주했다. 이들은 주로 필라델피아에 도착하여 남쪽과 서쪽으로 진출해 나갔다. 스코틀랜드계 이주민이 모두 장로교인인 것은 물론 아니었다. 그들 가운데는 다수의 퀘이커 및 스코틀랜드 국교회Church of Scotland 교인이 포함되어 있었다. 스코틀랜드 국교회는 영국 국교회와 유사한 모습을 보였다. 장로교 제도를 발달시켰으나 그 제도가 왕정체제에 맞지 않는다는 정치적 압력 때문에 감독제도를 도입했던 것이다. 장로교회는 효과적인 선교와 조직을 통해 많은 스코틀랜드인을 장로교회로 유인하는 데 성공하여 교세가 크게 늘었다.

프랑스의 칼뱅주의 개신교 신자인 위그노가 북미대륙으로 집단 이주해 온 것은 1680년대였다. 위그노들은 1598년의 낭트 칙령으로 상당한 정도의 종교적·시민적 자유를 누리고 있었다. 그러나 절대왕정 신봉자였던 루이 14세(1638~1715)는 종교도 가톨릭교회로 획일화하려 했다. 그가 1685년 낭트 칙령을 무효화하여 개신교를 불법으로 규정한 후 신체적 고문 등 엄청난 박해를 가하자 위그노들은 대대적으로 피난을 떠나기 시작했다. 1700년까지 10만 명 이상의 위그노가 프랑스를 떠났는데, 이 가운데 최대

---

[75] Francis Makemie, *A narrative of a new and unusual American imprisonment of two Presbyterian ministers*… (n.p., 1707, HathiTrust), 10~11.

2천 5백 명가량이 신대륙으로 들어왔다.

위그노들이 주로 정착한 곳은 보스턴, 뉴욕, 그리고 사우스캐롤라이나의 찰스턴Charleston이었다. 그런데 그들은 사회경제적인 면에서뿐 아니라 종교문화적으로도 급속하게 신대륙에 동화되었다. 그리고 위그노들은 위그노가 아닌 사람들과 통혼하는 비율이 높아 그 정체성이 빨리 약화되었다. 1710년 이미 전체 위그노의 절반 이상이 위그노가 아닌 사람과 가정을 이루고 있었다. 이주 후 한 세대도 지나지 않은 시점이었다. 선교와 개종보다는 자기 집단 내의 인구 증가에 정체성과 교세가 달려있던 식민지 상황에서 이것은 위그노 전통의 급격한 소멸을 의미했다. 결국 위그노들은 주위의 교파, 특히 칼뱅주의적 전통을 공유한 회중교회, 네덜란드 개혁교회, 장로교회 등에 흡수되어 갔고, 식민지 시대가 끝날 때쯤에는 완전히 사라졌다.

뉴잉글랜드에 청교도 공동체가 건설되고 있을 때 들어온 이주민 가운데는 청교도가 아닌 기독교인도 있었다. 청교도와 마찬가지로 국교회의 탄압을 피해 신대륙으로 건너온 침례교인이 섞여 있었던 것이다. 침례교는 영국 분리주의자들 가운데 네덜란드로 피난 갔다가 재세례파인 메노나이트에게 영향을 받아 생긴 교파였다. 이들 영국 침례교인은 위계적 교단 조직을 인정하지 않고 지역교회 중심이며 엄격한 교인 자격을 요구했다는 점에서 뉴잉글랜드 청교도들과 비슷했다. 그러나 그들은 교회가 정치의 힘을 빌려 종교를 강제하는 것을 비판하고 유아세례를 부인한다는 점에서 청교도와 전혀 달랐다. 영국 침례교는 대체로 칼뱅주의 영향을 많이 받았지만, 모든 사람에게 구원의 가능성을 열어놓는 '일반General' 침례교도와 예정설에 따라 그리스도의 죽음이 특정한 사람들에게만 의미가 있다는 '특정 Particular(혹은 '정규Regular') 침례교도로 나뉘었다. 전자는 주로 뉴잉글랜드에, 후자는 펜실베이니아에 많이 정착했다. 매사추세츠 청교도 지도자들은 뉴잉글랜드 계약 공동체의 근간을 이루는 정치와 교회의 긴밀한 관계를 비판하는 침례교를 불법으로 규정했고, 침례교인들을 심하게 박해하여 추방하거나 공개 채찍질로 벌하기도 했다.

뉴잉글랜드 침례교인들은 회중교회의 강제력이 미치지 않는 로드아일랜드Rhode Island에 갔다. 그들은 그곳에서 로저 윌리엄스의 도움을 받아 1639년 북미대륙에서 처음으로 교회를 설립하였으며, 지도자 존 클라크John Clarke(1609~76)를 중심으로 뉴포트New Port에 정착했다. 토요일에 예배를 드리는 안식일 침례교인들Seventh-day Baptists도 영국에서 뉴포트로 들어왔다. 안식일 침례교인들은 처음에는 기존 침례교인들과 같이 신앙생활 하다가 1671년 독자적 교회를 세우고 분리해서 나갔다. 로드아일랜드에 자리 잡은 침례교인들은 북쪽의 매사추세츠와 남쪽의 코네티컷으로 진출을 시도했다. 그러나 로드아일랜드의 침례교인은 수가 매우 적어 1660년까지 겨우 네 교회밖에 없었고, 회중교회의 아성에 들어가 성장하기는 더더욱 어려웠다.

로드아일랜드는 뉴잉글랜드 청교도의 본거지인 매사추세츠와 코네티컷 사이에 위치한 작은 지역으로서, 매사추세츠에서 추방당한 청교도 목사 로저 윌리엄스가 중심이 되어 건설된 식민지였다. 윌리엄스는 1636년 내러건셋Narragansett만에 도착하여 프로비던스Providence를 세우고 당시 북미대륙 어디에서도 볼 수 없는 민주적 식민지로 만들었다. 로드아일랜드는 종교의 자유를 주민 기본권으로 인정하고, 교회와 정치를 분리시킨 최초의 북미대륙 영국 식민지였다. 1663년 로드아일랜드가 국왕 찰스 2세(1630~85)의 허가를 받고 정식 식민지가 되었을 때 그 설립강령은 누구도 종교적 견해 차이로 피해를 보지 않고, 종교 문제에서 "완전한 자유a full liberty"를 누린다고 선언했다.[76] 물론 당시의 종교 자유는 기독교 교파 가운데 어떤 것이나 믿을 수 있다는 의미였지, 무신론이나 다른 종교까지 포함한 포괄적인 자유를 의미하지 않았다. 어쨌든 로드아일랜드는 뉴잉글랜드 청교도로부터 특히 심한 박해를 받았던 침례교와 퀘이커를 포함하여 많은 소수 교파 사람에게 도피처를 제공할 수 있었다.

청교도 지도자들은 뉴잉글랜드에서 피난한 퀘이커나 침례교인을 받아주

---

[76] "Charter of Rhode Island and Providence Plantations—July 15, 1663," http://www.yale.edu/lawweb/avalon.

는 로드아일랜드를 "뉴잉글랜드의 하수도"라고 비난했다.[77] 그런 태도는 다른 교파를 바라보는 편협한 눈과 아울러 핍박받던 소수 교파들에게 로드아일랜드가 어떤 역할을 했는지 단적으로 증명한다. 로드아일랜드의 개방적인 태도는 윌리엄스가 주위의 원주민 언어를 배우며 그들과도 우호적인 관계를 유지했고, 뉴암스테르담의 유대인들이 그곳으로 옮겨가서 최초의 회당을 세운 데서도 드러났다.

침례교인들은 신앙의 자유가 보장된 펜실베이니아가 1680년대에 만들어지자 그곳에도 들어갔다. 로드아일랜드뿐 아니라 잉글랜드, 웨일스에서 많은 침례교인이 이주해서 필라델피아 근처에 정착했다. 이 지역은 특히 웨일스에서 온 '특정' 침례교인이 많았는데, 그들은 주로 농촌 지역에 자리잡았다. 델라웨어강 연안의 특정 침례교회들은 1707년 신대륙 최초의 침례교 조직인 필라델피아 침례교협회Philadelphia Baptist Association를 만들었다. 이후 이 협회는 세력을 확장해서 남쪽으로는 메릴랜드와 버지니아, 북쪽으로는 뉴욕과 코네티컷까지 포괄했고, 식민지 시대 침례교의 중심이 되었다. 1710년까지 20개 이상의 침례교회가 펜실베이니아와 뉴저지에 세워졌다. 그러나 침례교의 교세는 크게 늘지 않아 1730~40년대 대각성 이후 북미대륙 종교 상황이 근본적으로 바뀔 때까지 소수 교파로 남아 있었다.

개신교 소종파와 가톨릭

퀘이커와 펜실베이니아

식민지 시대 미국 종교의 다양성과 활력에 가장 크게 기여한 것은, 역설적이

---

[77] 흔히 코튼 마터가 한 것으로 알려진 이 말의 원전은 찾을 수 없었고, 다음에서 재인용: Teresa M. Bejan, "When the Word of the Lord Runs Freely": Roger Williams and Evangelical Toleration," 1, https://ora.ox.ac.uk.

게도 어떤 교파보다도 많은 고난을 받았던 퀘이커였다. 퀘이커는 영국 종교개혁 과정에서 조지 폭스George Fox(1624~91)를 중심으로 1650년대 탄생한 급진적 개신교 교파로서 정식 명칭은 종교친우회Religious Society of Friends였다. 퀘이커들은 성서 이후에도 신의 계시는 계속되며, 모든 사람 속에 존재하는 신이 각 사람에게 직접 계시해주는 '내면의 빛inner light'을 잘 들으면 신의 뜻에 따라 살 수 있다고 믿었다. 퀘이커 모임은 성직자와 모든 전통적 예배형식을 배제한 채 내면의 빛을 받은 사람들이 자발적으로 그것을 회중에게 말해주는 것이 전부였다. 모든 사람이 내면의 빛을 가지고 있으므로 남자뿐 아니라 여자도 교회에서 발언하고 기도할 수 있는 똑같은 자격이 있었다. 그리고 퀘이커들은 평화주의를 택하여 물리적 힘으로 폭력에 대항하지 않았으며, 전쟁 참여를 거부했다.

다른 평화주의 교파들과 마찬가지로 퀘이커는 가는 곳마다 위정자와 국교로부터 극심한 박해를 받았다. 당시 유럽과 북미 식민지를 지배하고 있던 국교제도는 국가와 교회가 결합된 형식이었고, 교회에 대한 충성과 국가(혹은 식민지 정부)에 대한 충성이 구별되지 않았다. 따라서 국가에 대한 충성의 가장 분명한 표현이던 전쟁 참여를 거부하는 행위는 용납되기 어려웠다. 더구나 개신교인이 최상의 권위로 인정하는 성서를 무시하는 듯하고, 여성에게 남자와 다르지 않는 종교적 역할을 부여한 퀘이커의 진보성과 독특한 신앙은 기존 교파에 큰 충격을 주었다. 퀘이커는 가톨릭과 개신교의 모든 주류 교파로부터 이단으로 낙인 찍혀 심한 핍박을 받았다.

퀘이커는 1650년대 말부터 뉴잉글랜드에 들어와 정착을 시도했다. 그러나 뉴잉글랜드 회중교회는 퀘이커 모임을 즉시 금지시켰고, 퀘이커 친우들은 회중교회의 눈이 미치지 않는 곳에서 몰래 신앙생활을 하였다. 매사추세츠 지도자들은 들켜서 잡힌 퀘이커 친우들에게 채찍질을 하고, 낙인을 찍고, 혀에 구멍을 내고, 귀를 자르는 등 잔인한 방법으로 모욕과 고통을 주었다. 그리고 1659년부터 1661년 사이에 매사추세츠 법정은 신성모독과 소란죄를 범했다는 이유로 4명의 퀘이커를 교수형에 처하기도 했다. 이때 희생된 퀘이커 지도자 가운데는 여성 설교자 메리 다이어Mary Dyer(1611~60)가 포함되어 있었다. 다이어는 자신에게 교수형을 명한 보스턴 법정 앞에서, 그들 속에 있는 "그리스도의 빛"을 찾으면 누가 진정으로 신에게 불순종하고 잘못을 범한 것인지 알 수 있다면서 "무죄한 피"를 흘리지 말 것을 강력히 주장했다.[78]

퀘이커의 급진성은 종교의 자유를 외치던 로저 윌리엄스마저 싫어했다. 그는 친우회원들이 로드아일랜드에 정착하는 것을 막지는 않았지만 환영하지도 않았다. 퀘이커 친우들은 박해가 없던 로드아일랜드, 종교의 다양성이 현실적으로 인정되던 중부 식민지, 그리고 성공회가 국교이기는 해도 그 장악력이 약한 버지니아, 메릴랜드, 노스캐롤라이나 등지로 조금씩 퍼져갔다. 뉴네덜란드 총독 스타위퍼산트는 퀘이커를 "가증스럽고 이단적인 분파sect"라고 부르며 자신의 영토에서 멸절시키기 위해 노력했다.[79] 그러나 많은 주민이 퀘이커와의 접촉을 금하는 총독의 명령에 항의하는 서한을 보낼 정도로 종교적 관용은 시대의 요청이 되어가고 있었다.[80] 점점 더 많은 수의 신우회원들이 뉴네덜란드를 포함하여 중부 식민지로 들어가 정착했다.

핍박받는 신분이던 퀘이커의 운명은 스스로 식민지를 만들면서 급변했다. 윌리엄 펜William Penn(1644~1718)의 지도 아래 펜실베이니아를 건설한 것이다. 20대 초에 퀘이커가 된 옥스퍼드대학 출신의 펜은 감옥에 투옥되는 등 핍박을 받으면서 영국에서는 퀘이커의 앞날이 없다고 생각하게 되었다. 신대륙에 관심을 가지게 된 그는 1670년대 말 퀘이커 신우들이 뉴저지로 이주하는 것을 도왔으며, 1681년에는 찰스 2세로부터 이후 펜실베이니아(즉 "펜의 숲")라고 불리게 된 거대한 땅을 불하받고 그곳을 퀘이커 식민지

---

[78] Horatio Rogers, *Mary Dyer of Rhode Island: the Quaker martyr that was hanged on Boston Common, June 1, 1660* (Providence, RI: Preston and Rounds, 1896), 94~97, Documentary History I, 99.

[79] "Sentence of Tobias Feaks, Schout of Flushing, for Harboring Quakers," https://thornfamily.net.

[80] 1657년 플러싱 지역 주민들이 제출하여 "플러싱 항의서Flushing Remonstrance"라고 불리는 이 서한은 종교의 자유에 관한 역사적 문서로 기념되고 있다.

로 건설하기 시작했다. 펜의 아버지는 해군 제독으로 자메이카를 점령한 사람이었는데, 그에게 막대한 금전적 빚을 지고 있던 찰스 2세가 델라웨어 강 서쪽의 드넓은 땅을 그 아들에게 준 것이다. 펜실베이니아는 윌리엄 펜의 개인 땅이었다. 펜은 1682년 필라델피아를 건설하고 자신의 이상에 따라 펜실베이니아 헌법을 만들어 반포했다.

윌리엄 펜은 식민지 건설 초기를 포함해서 단 두 차례, 짧은 기간 동안만 펜실베이니아에 있었다. 그러나 그는 퀘이커적 관용과 영성, 인도주의적 자비심, 주도면밀한 정치이론을 겸비한 사람이었고, 펜실베이니아는 그런 면들이 종합적으로 잘 반영된 모습으로 건설되어 갔다. 최초의 정착지요 수도인 필라델피아(즉 "형제의 사랑")는 펜의 이상을 가장 잘 드러낸 계획도시였다. 펜실베이니아 헌법은 유럽과 신대륙을 아울러 당시 그 어떤 곳에서도 유례를 찾기 힘든 수준의 종교적 자유를 주민에게 보장했다. 유일한 창조주를 믿고 "평화롭고 정의롭게 사는" 사람은 그 종교적인 신념이나 신앙 행위로 인해 핍박받지 않으며, 어떤 종교도 강요당하지 않을 것을 주헌법에 명시했던 것이다.[81]

펜실베이니아는 로드아일랜드에 이어서 북미대륙에서 종교의 자유를 적극적으로 보장한 두 번째 식민지가 되었다. 그러나 펜실베이니아는 로드아일랜드와 비교가 되지 않을 정도로 광활했고, 대륙 중심부에 위치하고 있었으며, 무엇보다 윌리엄 펜이라는 뛰어난 지도자를 가지고 있었다. 종교의 자유를 보장하는 윌리엄 펜의 '거룩한 실험Holy Experiment'은 종교적 자유가 민족적 다양성으로 연결되고, 그것이 경제적 활력과 경쟁력으로 발전된다는 사실을 잘 보여주었다. 펜실베이니아는 가장 번성하고 중요한 식민지로 성장했다.[82]

---

[81] 펜실베이니아 헌법 제35항 규정으로 다음에서 인용: "Frame of Government of Pennsylvania, May 5, 1682," https://avalon.law.yale.edu.

[82] 윌리엄 펜에 관해서는 다음 평전 참조: Andrew R. Murphy, *William Penn: A Life* (New York: Oxford University Press, 2019).

식민지 건설이 시작되자마자 펜실베이니아는 이주민으로 넘쳐나는 활력 있는 지역으로 변했다. 수많은 퀘이커 친우들이 영국에서 건너와 정착했음은 물론이고, 독일에서도 많은 이주민이 들어왔다. 펜실베이니아는 박해를 피해온 여러 소수 교파에게 더할 나위 없는 피난처를 제공했다. 그 가운데 독일계 교파가 특히 많았다. 세 번에 걸쳐 몸 전체를 완전히 물에 잠기게 하는 침례를 베풀어 '담그는 사람들Dunkers'이라고 불리던 독일 침례교Old German Baptist Brethren가 저먼타운에, 재세례파 계열의 분리주의적 공동체 메노나이트와 아미시Amish가 랭커스터Lancaster에, 경건주의적 열심과 선교로 유명한 모라비언이 베들레헴에, 그리고 독일에서 온 안식일 침례교가 에프라타Ephrata에 자리 잡았다. 또한 모든 교파를 아우르는 영적인 기독교를 만들고자 했던 슈벤크펠더들Schwenckfelders이 남동부 지방에서 자유를 만끽했다.[83] 이들 독일계 소수 교파들은 성인세례, 정치와 종교의 철저한 분리, 그리고 평화주의를 받아들이는 공통점이 있었다. 이들 외에도 독일의 루터교와 개혁교, 영국계열의 침례교, 스코틀랜드 장로교, 아일랜드 가톨릭, 성공회, 그리고 자유를 얻은 아프리카 출신 노예들이 만든 감리교까지 자리를 잡으면서 펜실베이니아는 명실 공히 모든 기독교 교파의 전시장이 되었다.

펜실베이니아가 이렇게 많은 교파, 특히 유럽대륙의 기독교인을 끌어들일 수 있었던 원인 가운데 하나는 윌리엄 펜이 계획 단계부터 펜실베이니아를 유럽대륙에 열정적으로 선전한 데 있었다. 그러나 다른 무엇보다 신앙의 자유를 보장한다는 사실 그 자체가 펜실베이니아가 가진 흡인력의 가장 큰 요인이었다. 퀘이커 지도자들은 주민들에게 충성 서약을 받지 않았

---

[83] 메노나이트, 아미시, 슈벤크펠더는 모두 창시자의 이름에서 비롯되었다. 메노 시몬스Menno Simons(1496~1561)는 네덜란드의 가톨릭 신부였다가 재세례파가 된 사람이며, 야콥 암만Jacob Amman(c.1656~1730)은 스위스 메노나이트로 당시 메노나트들이 창시자의 가르침에서 멀어져 간다고 생각하여 분리해 나갔다. 카스파 슈벤크펠트Kaspar Schwenkfeld von Ossig(1490~1561)는 실레지아Silesia(현재의 폴란드, 체코, 독일 접경지역) 귀족으로 마틴 루터의 영향을 받고 종교개혁가가 되었지만 신비주의적이고 재세례파적이어서 루터와 결별했다. 한편, 할레Halle대학 출신의 요한 바이셀Johann Conrad Beissel(1690~1768)을 중심으로 1733년 에프라타에 만들어진 공동체는 안식일을 성일로 삼는 사람들이 독일 침례교에서 분리해 나간 수도원적 공동체다.

으며 민병대militia도 조직하지 않았다. 소수자 권익에 큰 관심을 가지고 있던 그들은 소수 교파뿐 아니라 가난한 사람과 원주민을 보호하는 일에도 각별한 관심을 보였다.

월리엄 펜이 원주민들에게 보여준 시대를 앞서가는 모습은 펜실베이니아가 다른 식민지와 얼마나 구별되는 세계관적 기초 위에 세워졌는지 여실히 보여주었다. 펜은 펜실베이니아로 진출하기 전 원주민 델라웨어 부족에게 대표단을 보내서 선물을 주고, 그들의 우호적 동의를 구했다. 1681년 그는 원주민들에게 보낸 편지에서, 그동안 원주민과의 관계에서 일방적으로 이득을 보려는 유럽 이주민들이 그들에게 행한 많은 "불친절과 불의"를 알고 있다고 하면서 자신은 그런 사람이 아니라고 분명히 밝혔다.[84] 펜은 원주민들에게 "큰 사랑과 존경심"을 가지고 있다고 밝히면서, 그들의 "사랑과 동의" 아래 "이웃과 친구로서" 같이 살고 싶다고 했다. 그는 자신이 도착하면 확고한 평화조약을 체결하겠다고 약속했으며, 실제로 1701년 두 번째로 펜실베이니아를 방문했을 때 원주민들과 조약을 체결했다. 필라델피아를 건설할 때 윌리엄 펜은 원주민을 자극하지 말고 그들 사이에서 사이좋게 살기 위해서 왔다는 사실을 인식시키라고 책임자들에게 각별히 당부했다. 펜실베이니아에서 유럽 이주민과 원주민 사이에 아무 문제가 없었던 것은 아니지만, 원주민을 멸시하고 학대하여 끊임없는 보복의 악순환 속에 수많은 인명과 재산의 손실을 보아야 했던 다른 식민지와는 상황이 전혀 달랐다.

모든 사람에게 '내면의 빛'이 있다는 퀘이커 신앙은 18세기 노예제도 폐지운동, 19세기 여성인권운동으로 전개될 수 있는 사상적 기초를 제공했다. 존 울만John Woolman(1720~72)은 당대의 대표적인 평화운동가로서 노예제도의 정당성을 심각하게 문제 삼은 거의 최초의 인물이었다. 양복장이였던 그

---

[84] *Some account of the conduct of the Religious Society of Friends towards the Indian tribes in the settlement of the colonies of east and west Jersey and Pennsylvania*… (London: Edward Marsh, 1844), 29~30, Documentary History I, 86~87.

는 "시간과 영원 속에서" 신을 섬기기로 결심한 사람이었다.[85] 그는 노예제 도가 악이라는 강한 확신을 가지고 1743년부터 여러 식민지를 돌아다니면 서 전쟁과 노예제도 반대를 역설했다. 퀘이커 교리가 내포한 반노예제도적 입장에도 불구하고, 노예무역에 종사하거나 노예를 거느린 부유한 퀘이커 들은 많았으며 교회도 그들을 징계하지 않았다. 노예가 주는 금전적 이익과 편안한 삶, 그리고 시대의 관습이 그들의 신앙양심을 어둡게 했던 것이다.

울만은 노예제도는 "모든 인간의 생존권"인 자유를 해칠 뿐 아니라 "우 리만큼이나 소중한 영혼을 가진" 사람에게 행하는 악행이라고 설파했다.[86] 노예 거래 항구인 코네티컷의 뉴포트부터 노예노동을 통한 농업이 이루어 지는 남부 식민지까지 먼 길을 다니는 고된 여정이었다. 그는 이 과정에서 노예로부터 받은 봉사에 대해서는 반드시 값을 치렀으며, 노예노동과 관계 된 설탕, 물들인 옷, 럼주 등을 사용하지 않았다. 울만은 원주민 인권을 위 해 헌신했던 바르톨로메 데 라스카사스와 마찬가지로 시대를 멀리 앞서간 사람이었다. 동시대 사람들은 그를 성가시게 여겼으며, 세월이 지나 노예 제도 폐지운동이 벌어졌을 때는 그의 주장이 너무 온건한 것처럼 보였다. 그러나 그가 남긴 일기와 글은 18세기 북미 식민지에 살았던 한 선각자의 거대한 영혼을 후대에 전해주었다.

개신교 소종파와 가톨릭

네덜란드 개혁교회와 루터교, 그리고 독일계 소수 교파들은 유럽대륙에서 들어온 개신교라는 점에서 성공회, 회중교, 침례교, 장로교, 퀘이커 같은 영 국계열 교파와 구별되었다. 대륙에서 온 개신교는 종교의 자유가 상대적으

[85] *A Journal of the Life, Gospel Labors and Christian Experiences, of that Faithful Minister of Jesus Christ, John Woolman…* (Philadelphia: Association of Friends for the Diffusion of Religious and Useful Knowledge, 1860), 18.

[86] 같은 책, 74, 75.

로 보장되었던 중부 식민지, 특히 펜실베이니아와 뉴저지를 중심으로 정착했지만, 영국이 북미 식민지를 압도적으로 지배하는 상황에서 오랫동안 소수자의 위치에 있을 수밖에 없었다. 그러나 앞서 살펴본 바와 같이 17세기 후반부터 점점 더 많은 수의 대륙 개신교파들이 새로운 땅과 가능성을 찾아 북미대륙으로 이주해 신앙공동체를 만들어갔다. 특히 이들 가운데 경건운동에 영향을 받은 교파들은 당시 북미대륙을 지배하던 영국계열 교파에까지 강력한 영향을 주어 18세기 들어 식민지의 종교 상황이 근본적으로 바뀌는데 기여하였다.

개신교 경건주의는 17세기 후반 독일에서 본격적으로 시작되었다. 독일의 루터교 목사 필립 스페너Philipp J. Spener(1635~1705)가 시작하여 그의 후계자 아우구스트 프랑케August H. Francke(1663~1727)가 주도한 할레Halle대학을 중심으로 퍼진 경건주의는 교리와 의례 중심의 차갑고 딱딱한 기독교를 '가슴의 종교religion of the heart'로 만들고자 하는 운동이었다. 스페너가 1675년에 쓴 《피아 데시데리아Pia Desideria(경건한 소망)》는 30년 전쟁(1618~48) 이후 황폐해진 독일의 개신교를 개혁하기 위한 방법을 제시했고, 이후 경건운동의 교과서가 되었다.[87] 스페너는 더 많은 성서 사용, 각 개인의 영적 제사장 의식 부활, 실천하는 믿음, 그리고 경건과 영성의 개발 등을 제안했다. 이에 따라 성서 중시, 개인 경건과 도덕성 진작, 사회봉사와 선교에 대한 관심은 경건운동의 핵심이 되었다.

식민지 미국에 끼친 경건운동의 영향은 여러 교단의 정착과 발전을 주도한 사람들 속에서 발견할 수 있다. 네덜란드 개혁교회의 테오도르 프렐링하위센Theodore Frelinghuysen(1691~1747), 루터교의 헨리 뮈렌버그, 모라비언 니콜라우스 진젠도르프Nikolaus von Zinzendorf(1700~60) 같은 식민지 미국에서 활동한 대륙 개신교의 뛰어난 지도자들이 경건주의자들이었다. 또한 신대

---

[87] Philipp Jakob Spener, *Pia Desideria*, Theodore G. Tappert, trans., ed. (Philadelphia: Fortress Press, 1964). 30년 전쟁은 신성로마제국 내의 전쟁으로 가톨릭 세력과 루터파 사이의 치열한 종교적·정치적 전쟁이었다. 이 전쟁으로 당시 독일은 인구의 약 절반을 잃었다.

륙으로 들어온 영국 장로교, 독일 개혁교, 프랑스 위그노 등도 경건주의 영
향력 안에 있었다. 경건주의적 요소는 이 교단들이 1730년대 대각성을 적
극 수용하고 약진할 수 있었던 중요한 이유 가운데 하나였다.

모라비언 교회의 예에서 볼 수 있는 바와 같이 경건주의 운동은 소수 교
파에 특히 큰 영향을 미쳤다. 모라비언 교회는 경건, 원주민 선교, 그리고 봉
사하는 모범적 삶을 통해 신대륙의 개신교 개혁과 부흥에 큰 영향을 끼쳤으
며, 특히 존 웨슬리John Wesley(1703~91)를 통해 감리교 형성에 기여했다. 독일
침례교, 메노나이트, 아미시, 슈벤크펠더와 같이 철저한 성서적 삶의 실천
을 강조하는 평화주의 신앙공동체들은 경건주의에 영향을 받아 복잡한 신
학보다 단순하고 경건한 삶을 사는 데 더 큰 관심을 가졌다. 이들 소종파들
은 신앙의 자유가 보장된 펜실베이니아에 공동체를 만들고 수도원적 삶을
살았다. 대부분의 경건주의적 소종파는 개종을 통한 세력 확장에 관심을 가
지지 않은 채 자기들 세계를 만들고 그것을 지키는 데 전념하였다.

변해가는 세상을 거부하고 자기들만의 세계를 만드는 일은 근본적으로
신앙과 의지에 달려있었다. 그러나 선대의 신앙과 의지는 후대로 유전되지
않는 법이고, 신앙공동체를 지켜내는 일은 시간이 갈수록 점점 더 어려워
지기 마련이다. 신대륙은 자유도 주었지만 그만큼 더 많은 유혹도 만들어
내었다. 배타적 신앙공동체들은 세상과 어떻게 소통하고 관계할 것인가를
두고 예외 없이 갈등과 분열을 경험하게 된다.

공동체적 소수 교파들의 대외적 영향력은 미미했다. 그러나 그들은 자신
들이 발견한 성서적 원칙을 철저하게 지키기 위해 어떤 박해에도 굴하지
않고 타협하지 않으려는 일관된 자세를 보였다. 그것은 세상의 변화에 따
라 종교적 신념을 바꾸는 데 익숙한 주류 교파와 구별되었다. 기독교의 본
질에 속하는 것이 분명하지만 실천하기 위해서는 큰 용기와 믿음이 필요한
어떤 차원들을 용기있게 실행했던 것이다. 또한 정치가 종교에 개입하는
것을 반대하고 자발적 선택에 의한 것만 참된 신앙으로 받아들인 그들의
신학은 국교라는 정치적 강제력에 의지하여 종교를 유지하려는 중세적 습

관을 여전히 벗어나지 못하고 있던 주류 개신교보다, 적어도 그 점에서만 큼은 훨씬 앞서가고 있었다.

소수 교파들에게 보금자리를 마련해준 것은 펜실베이니아의 자유로운 정신과 넓은 땅이었다. 그러나 자비로운 정치, 자유로운 사회, 그리고 도덕적이고 책임 있는 시민을 꿈꾸었던 윌리엄 펜의 '거룩한 실험'이 그의 뜻대로 성공적으로 진행된 것만은 아니었다. 퀘이커 신우들은 점점 상업적으로 번성해 가는 주변의 환경에 동화되면서 퀘이커적 정체성을 잃어갔고, 공동체는 내부적으로 갈등이 점점 심해졌다. 결국 그들은 개방적인 도시 생활에 적응한 사람들과 과거 전통으로의 회귀를 주장하는 시골의 보수파로 나뉘어 심한 갈등을 겪었다. 이뿐 아니라 거의 무한하게 주어진 '자유의 축복'은 그것을 누릴 자격이 없는 무책임한 사람들에 의해 정치적 부정과 도덕적 타락으로 이어지곤 했다. 윌리엄 펜은 방탕한 아들이 진 빚과 자신이 "가난한 사람들에게 후하게 베풀고 펜실베이니아를 지원하느라" 쓴 돈 때문에 엄청난 빚을 지고 감옥까지 가야 했다.[88] 펜실베이니아에 쓰는 돈은 거의 보상이 없어 밑 빠진 독에 물 붓는 것과 마찬가지였다. 그는 자신이 이루고자 했던 꿈이 사라져간다고 느끼면서 돈 한 푼 없이 삶을 마감했다. 고금동서를 불문하고 그것은 아름다운 꿈을 실현하려 했던 이들이 종종 겪어야 했던 아픔이었다.

펜실베이니아에 자신들의 세계를 건설한 퀘이커 친우들은 오랫동안 펜실베이니아와 인근 뉴저지의 일부 지역을 정치사회적으로 지배했다. 1685년에 결성된 필라델피아 퀘이커 연회는 중요한 결정들이 이루어지는 장소였다. 그러나 많은 다른 교파가 이주해 오면서 1720년대부터 퀘이커는 펜실베이니아의 최대 교파 지위를 점차 상실한 것 같다. 특히 독일계 이주민이 많았다. 18세기 중반 들어 엄청나게 증가한 이민과 자연증가로 인해 신대륙 내 독일계 인구는 미국 독립 때까지 22만 5천 명 이상으로 늘었는데

---

[88] Murphy, *William Penn*, 325.

그 대부분이 펜실베이니아에 정착했다. 1750년의 경우 약 5만 명의 퀘이커가 펜실베이니아에 있었다. 그러나 독일과 스코틀랜드, 아일랜드에서 온 많은 이주민 사이에서 그들은 이제 소수자 신분이었다. 그러던 중 '프랑스와 인디언 전쟁'이 벌어졌다. 영국과 프랑스의 식민지 쟁탈전인 이 전쟁은 원주민 부족들도 양편으로 나뉘어 싸운 국제전이었다. 영국 식민지인 펜실베이니아도 이 식민지 쟁탈전에 가담하지 않을 수 없었다. 평화주의 신념을 유지하기 위해 존 울만을 비롯한 퀘이커 지도자들은 70년 이상 지배해 오던 펜실베이니아 정치에서 손을 떼기로 결정하고 만다. 펜실베이니아에 대한 퀘이커의 장악력이 사실상 사라진 것이다.

영국에 개신교 종교개혁이 일어난 후 가톨릭교회는 핍박받는 입장에 놓이게 되었다. 따라서 영국 가톨릭이 일찍부터 신대륙 식민지에 피난처를 마련하기 위해 노력했다는 점은 놀라운 일이 아니다. 신대륙의 가톨릭 거주지는 1632년 세실 캘버트Cecil Calvert(1605~75)가 고교회주의자 찰스 1세로부터 버지니아와 뉴네덜란드 사이의 땅을 불하받음으로써 마련되었다. 가톨릭 집안 출신인 캘버트는 그곳을 가톨릭 신자인 왕비 마리아Maria의 이름을 따서 메릴랜드라고 불렀다. 메릴랜드는 개인에게 불하된 최초의 전매 식민지proprietary colony로서 영토 전체가 캘버트 소유였다. 캘버트는 영국뿐 아니라 북미 식민지도 이미 개신교가 압도적인 다수를 차지하고 있다는 점을 잘 알고 있었다. 합리적이었던 그는 자신의 식민지에 가톨릭교인뿐 아니라 개신교인에게도 이주를 장려하는 한편, 예배는 사적으로 조용히 드리고 종교적 문제에 대해서는 일절 침묵할 것을 가톨릭교인들에게 명했다. 캘버트를 비롯한 메릴랜드의 가톨릭교인들은 개신교를 인정하며 개신교인들을 자극하지 않기 위해 노력했다. 그러나 영국과 북미 식민지의 개신교인들은 가톨릭 집안에 식민지를 불하한 것 자체를 문제 삼으며 캘버트의 권위에 끊임없이 도전했다.

메릴랜드 의회는 1649년 종교자유법Toleration Act을 통과시켰다. 영국의 종교자유법보다 40년 앞선 이 법은 모든 기독교인에게 "자유로운 예배"의 권리를 제공했으며 종교적 박해를 금했다.[89] 그러나 영국의 정치적 변동에 따라 캘버트가의 영향력도 같이 부침浮沈을 거듭했고, 메릴랜드 내 반가톨릭 세력은 기회가 있을 때마다 가톨릭교인들을 핍박했다. 영국 개신교 종교개혁을 완성한 명예혁명(1688)은 식민지 가톨릭 신자들의 운명에도 큰 영향을 미쳤다. 명예혁명으로 입헌군주제가 확립되고 가톨릭신자는 왕이 될 수 없게 되었다. 팽배한 반가톨릭 정서 속에 가톨릭 집안인 캘버트가는 위기를 맞았고, 1692년 결국 메릴랜드는 개인 식민지 지위를 상실하고 왕의 소유로 변하고 말았다. 성공회는 왕립 식민지가 된 메릴랜드를 지배했고, 1702년 국교로 확립되었다. 그러나 북미에서 메릴랜드만큼 가톨릭이 자리 잡은 곳도 없었으므로 아일랜에서 가톨릭 이주민들이 메릴랜드로 계속 들어왔다. 메릴랜드는 식민지 가톨릭의 중심지였다. 메릴랜드와 펜실베이니아의 가톨릭교인들은 가톨릭 신자로는 유일하게 미국 독립선언서에 서명한 찰스 캐롤Charles Carroll(1737~1832), 그의 사촌으로 1789년 미국 최초의 가톨릭 주교가 된 존 캐롤John Carroll(1735~1815) 같은 뛰어난 지도자와 함께 개신교의 압도적인 세력과 견제 속에서도 생명을 이어갔다.

---

[89] "Maryland Toleration Act; September 21, 1649," https://avalon.law.yale.edu.

제5장

원주민, 아프리카 노예, 그리고 비기독교 유럽인

Dancing in Congo Square(1886)
Edward Winsor Kemble

아프리카 출신 노예들이 뉴올리언스 콩고 광장에서 춤추는 모습

원주민과 아프리카 노예의 종교

아메리카 원주민

유럽인이 아메리카대륙에 들어오면서 생긴 가장 비극적 결과는 원주민의 급격한 소멸이었다. 이것은 가톨릭 국가들이 점령한 남미나 중미, 그리고 궁극적으로 영국이 장악하게 된 북미에서 공통적으로 나타난 현상이었다. 예를 들어, 유럽인 진출 이전 약 1천 5백만 명이던 아즈텍제국 주민 수는 1550년 약 400만, 그리고 1580년 200만 이하로 줄어든 것으로 추정된다. 이것은 유럽인 진출 이후 채 한 세기도 되지 않는 짧은 기간 동안에 중부 멕시코 인구의 80~90퍼센트가 사라졌음을 말해준다. 미국 대륙의 상황도 다르지 않아, 유럽인이 처음으로 발을 들여놓은 시점부터 미국이 독립할 때까지 많게는 200개의 원주민 부족이 소멸했으며 그런 추세는 19세기에도 이어졌다. 그렇게 많은 수의 원주민을 죽인 두 가지 주요 원인은 유럽인들과 함께 들어온 다양한 질병, 그리고 유럽인들에 의해 여러 가지 형태로 자행된 정복 전쟁 및 살육 행위였다.

극적인 원주민 인구 감소의 가장 큰 원인은 유럽인들이 전염시킨 질병이었다. 수두, 천연두, 티푸스, 콜레라 같이 전염성 높은 질병들은 면역이 없고 공동체의 구성원 수가 제한되어 있는 원주민 부족 전체를 멸절시키는

일이 빈번했다. 1492년 콜럼버스가 도착했을 때 히스파니올라Hispaniola섬
에는 수십만 명의 원주민이 살고 있었다. 그러나 50년 후, 그곳에 생존해
있는 원주민의 수는 500명에 불과했다. 북미에서도 유럽인과 접촉한 원주
민 부족이 전염병으로 몰살하는 경우가 적지 않았다. 1616년부터 1618년
사이에 매사추세츠의 케이프 코드 북쪽 연안에 수두로 보이는 전염병이 만
연하여 원주민의 약 90퍼센트가 사멸하기도 했다. 전염병 전파는, 물론 의
도된 것은 아닐지라도, 원주민 인구를 급감시켰고 결과적으로 유럽인의 아
메리카대륙 진출을 도운 가장 큰 요인이 되었다.

　원주민 부족의 멸절은 부족의 수만큼이나 다양했던 그들의 문화와 종교
의 사멸을 의미했다. 살아남은 사람들은 조상으로부터 물려받은 땅을 빼앗
기고 유럽인들의 종교와 문화, 그리고 정치경제적 이해관계에 철저히 복속
되었다. 원주민들은 자신들이 유럽인보다 하등의 인간이고, 자신들의 문화
는 저급하며, 자신들의 종교는 사악하다는 믿음을 강요당했다. 저항하는
원주민을 기다리고 있는 것은 꾸중과 가혹한 처벌, 그리고 죽음이었다. 유
럽인이 원주민에게 강요한 것 가운데 하나는 기독교였다. 앞서 살펴본 바
와 같이 기독교 선교는 유럽인의 북미 식민지 개척을 정당화한 핵심적 요
소 가운데 하나였다. 그러나 신대륙 진출의 진정한 목적은 대부분 돈, 권력,
그리고 명예였으며, 몇몇 예외적인 경우를 제외하면 원주민에게 기독교 전
하는 일에 진지한 관심을 가지고 그 일을 행하는 사람은 많지 않았다. 에스
파냐가 먼저 모범을 보였지만 영국도 예외가 아니어서 에스파냐 식민지에
서 발생한 일은 정도의 차이는 있을지언정 영국 식민지에서도 일어났다.

　식민지 시기 북미 원주민에 대한 기독교 선교가 어떠했는지, 혹은 어떠
해야 했는지 잘 보여주는 것이 뉴잉글랜드에서 진행된 두 가지 상반된 모
습의 선교였다. 청교도 목사 존 엘리엇John Eliot(1604~90)은 매사추세츠 지역
원주민들의 언어인 알곤퀴안을 익혀 문자를 만들고 성서를 번역하는 등 원
주민 선교에 헌신하여 많은 개종자를 낳았다. 그는 '기도하는 원주민praying
Indians', 즉 원주민 개종자들을 집단 거주지인 '기도하는 마을praying towns'에

모아놓았는데, 한창 때는 그런 마을이 30개가 넘었다. 그런데, 엘리엇과 그의 동료들은 매사추세츠 및 영국 정부의 지원을 받는 선교사였고, 기도하는 마을은 매사추세츠만 식민지 외곽을 둘러싼 방어벽 역할을 할 수 있도록 구성되었다. 원주민 개종자들은 자신의 종교 전통을 철저히 버리도록 요구받았다. 이뿐 아니라 달력에서부터 복장, 예절, 건물, 사회구조, 경제 활동에 이르기까지 공동체의 중요한 요소들은 원주민 전통이 아니라 영국식으로 구성되었다. 결국 이런 조치는, 그 의도가 무엇이었든, 기독교인이 되기 위해서는 전통을 버리고 영국인처럼 되어야 한다는 것을 의미했다. 그것은 결과적으로 원주민 전통을 무가치하게 만들어 정체성에 혼란을 가져오고 자존감을 떨어뜨리는 역할을 했다.

기독교인이 되어 "가시적 성스러움"을 갖기 전에 반드시 먼저 "가시적 공손함civility"을 가져야 한다는 엘리엇과 영국 선교사들의 주장을 원주민들이 받아들이기는 쉽지 않았다.[90] 기도하는 마을에 있던 원주민 가운데 세례받은 사람은 20퍼센트에 이르지 않았고, 많은 원주민이 그곳을 떠나 본래의 마을로 돌아가고 말았다. 이런 와중에 해안을 중심으로 형성된 영국 식민지는 점점 원주민 영역인 내륙으로 확장되었다. 영토전쟁이 벌어져 그 와중에 피큇Pequot족이 거의 몰살되고, 영국인들과 함께 들어온 전염병이 원주민 인구를 급감시켰다. 원주민들의 분노와 위기감은 증폭되어 갔다. 왐파노악Wampanoag족 추장인 메타코멧Metacomet(1638~76)은 뉴잉글랜드의 다른 부족 지도자들과 마찬가지로 가능하면 영국 이주민과 평화롭게 살고 싶어 했다. 필립 왕이라는 영국식 이름까지 가지게 된 그는 영국인들과 상거래를 하고 그들의 요구에 맞추어 가면서 평화를 유지하기 위해 애썼다. 그러나 영국인들은 무기를 반납하고 영국법에 종속될 것을 요구하며 점점 더 원주민 영토를 잠식해 들어갔다. 마침내 1675년 17세기의 가장 큰 유럽

---

[90] 엘리엇이 조나단 해머Jonathan Hammer에게 보낸 1653년 5월 19일 자 편지. 다음에서 재인용: Neal Salisbury, "Red Puritans: The "Praying Indians" of Massachusetts Bay and John Eliot," *William and Mary Quarterly* 31/1 (Jan. 1974): 28.

인-원주민 전쟁이 시작되고 말았다.

'필립 왕 전쟁King Philip's War(1675~76)'은 최대 7천 명의 원주민과 최소 2천 명의 영국인 희생자를 낳았다. 죽거나 다친 사람이 양쪽 모두 전체 인구의 10퍼센트에 해당되었다고 한다. 많은 원주민 포로들이 카리브해 지역에 노예로 팔려가기도 하여, 인구와 자원이 한정되어 있는 원주민들은 회복하기 어려운 피해를 입었다. 전쟁이 한창일 때 영국인들은 '기도하는 마을'에 있는 개종자들이 원주민 세력에 가담할 것을 의심하여 마을 안에 가두거나 집단 수용소로 강제 이주시켰다. '기도하는 마을'은 철저히 파괴되었으며, 전쟁 후 남아있는 마을은 4개에 불과했다. 재건하려는 노력에도 불구하고 얼마 후 기도하는 마을은 결국 모두 사라지고 말았다.

한편, 1640년대에 마르타스 빈야드Martha's Vineyard섬에 정착한 메이휴 부자는 섬에 살고 있던 4천여 명의 왐파노악 부족민과 매우 공평하고 평화적인 관계를 맺었다. 아버지 메이휴Thomas Mayhew, Sr.(1592~1682)는 원주민이 동의하지 않거나 정당한 값을 치르지 않은 땅은 결코 점령하지 않는 정책을 처음부터 세웠으며, 다른 유럽인들이 원주민 영토 침략하는 것을 막아주었다. 목사인 아들Thomas Mayhew, Jr.(1621~57)은 원주민 언어를 배우고, 그들과 함께 살면서 선교에 헌신했다. 그리고 아들이 젊은 나이로 죽자 아버지가 이어서 선교에 전념했다. 그들은 원주민 전통을 최대한 존중해주어, 원주민이 개종해도 전통을 따르고 여전히 추장의 지배를 받도록 해주었다. 따라서 마르타스 빈야드와 인근 섬의 기독교 선교는 존 엘리엇의 본토 선교보다 훨씬 성공적으로 이루어질 수 있었다. 필립 왕 전쟁 동안에도 이 지역 원주민들은 전혀 동요하지 않아서, 수적으로 20분의 1밖에 되지 않던 영국 정착민들은 안전할 수 있었다. 17세기 북미대륙 어디에서도 찾을 수 없는 원주민-유럽인 관계를 만들어낸 마르타스 빈야드에서는 단 한 번의 피흘림도 없이 둘이 공존했다. 원주민 후손은 그 수가 크게 줄었지만 21세기까지 그곳에 살고 있다.

뉴잉글랜드 청교도 가운데 원주민 선교에 관심을 가진 사람은 극히 드물었다. 대부분의 청교도에게 원주민은 기독교 전파의 대상이 아니라 자신들의 삶을 위협하는 험한 '광야'의 일부분이었을 뿐이다. 하버드대학 출신으로 당시로서는 매우 진보적 신학을 가졌던 청교도 목사 솔로몬 스토다드도 원주민들이 늑대처럼 행동하므로 늑대처럼 취급해야 한다는 이유로 곰을 잡듯이 개를 풀어 원주민을 "사냥"할 것을 제안하기도 했다.[91] 간헐적인 청교도의 원주민 선교 성과는 미미했다. 그러나 영국 성공회가 원주민 선교에 들인 노력이나 결과에 비하면 그래도 나은 편이었다. 성공회는 SPG를 중심으로 원주민 선교를 하였지만, 선교사는 몇 명 되지 않았고, 성과도 거의 없었다. 회중교회나 성공회는 모두 식민지의 국교로 자리 잡고 있었기 때문에 원주민 영토 속으로 식민지를 확장해 나가는 이주민들의 이해관계나 식민정부의 정치에서 자유롭기 어려웠다. 따라서 두 교회는 원주민들과 우호적 관계를 맺는 데 구조적인 어려움을 겪어야 했다. 이뿐 아니라 교리를 강조하는 회중교와 의례를 중시하는 성공회 모두 원주민들의 생활 습관에 맞는 매력적인 종교가 되기 어려웠다.

식민지 시대의 원주민 선교에 가장 성공한 사람들은 모라비언이었다. 독일계 소종파로 영국의 북미 식민지에서 소수자였던 그들은 원주민과의 갈등에서 제일 큰 원인이던 식민지 팽창정책에서 멀리 떨어져 있었다. 이뿐 아니라 모라비언은 평화주의자요 경건주의자였으며, 헌신적이고 끈기 있는 선교사들이었다. 모라비언 선교사들은 퀘벡의 예수회 선교사들과 마찬가지로 원주민 속에 들어가 그들의 언어와 문화를 배우고 그들 속에서 같이 생활하며, 시간이 걸리더라도 말이나 문자가 아니라 삶을 통해 자연스럽게 전도하는 방법을 택했다. 그리고 교리나 종교의식보다 회심의 경험과 감성을 중시한 그들의 신학은 기독교를 받아들인다는 것이 무엇을 의미하는지 원주민들에게 좀 더 명확히 제시할 수 있었다. 유럽인의 서부 진출에 쫓겨 거주지를 계속 옮겨야 하는 극단적으로 어려운 상황에서 60년 이상 이로쿼이족 및 델라웨어족과 운명을 같이하며 원주민 모라비언 공동체를

---

91 Frederick Jackson Turner, *The Frontier in American History* (New York: Dover Publications, repr. 1996), 45.

일구어낸 데이비드 자이스버거David Zeisberger(1721~1808)는 모라비언 선교
사의 한 전형을 보여주었다.[92]

　대부분의 원주민은 유럽인이 들여온 기독교라는 새로운 세계를 충분히
경험하거나 생각한 후 반응할 수 있는 여유를 가지지 못했다. 체로키처럼
유럽인 침입에도 살아남아 강성한 세력을 유지할 수 있었던 부족은 천천히
기독교를 알아갈 수 있었고, 선교사를 초청하여 기독교가 무엇인지 충분히
살피고 스스로 결정할 수 있었다. 그러나 그런 부족은 예외였다. 유럽 식민
지는 매우 빠르게 팽창해 갔으며 그 길목에 있던 대부분의 원주민에게는
기독교를 받아들이고 유럽 문화에 동화되든지, 아니면 전면적으로 거부하
고 투쟁해야 하는 두 가지 선택밖에 주어지지 않았다. 물론 유럽인과의 전
쟁에서 원주민이 궁극적으로 승리할 수는 없었다. 따라서 강요된 개종만이
원주민들이 택할 수 있는 길인 경우가 많았다. 그리고 직접적으로 기독교
를 강제 받지 않는다고 해도, 자연을 존중하지 않는 유럽인들의 사고와 생
활방식은 자연환경에 급격한 변화를 일으켜 자연에 기반한 원주민의 삶과
종교를 근본적으로 위협했다. 특히 유럽인들에 의한 무차별적 동물 살육은
원주민의 종교세계에서 중요한 역할을 하던 토템이나 신화적 동물의 신성
에 타격을 가해 원주민 종교를 혼란스럽게 만들었다.

　기독교로 개종한 원주민의 수는 많지 않았다. 그러나 낯설고 적대적인
환경에 처한 원주민 종교는 원주민들과 함께 소멸되거나 생존을 위한 변화
의 과정을 거쳐야 했다. 많은 북미 원주민 종교는 유럽인들이 들여온 물질
문화뿐 아니라 기독교와도 결합하여 독특한 혼합주의syncretism적 모습을 보
여주었다. 가톨릭 묵주가 원주민 샤먼의 치유 행위에 사용되는가 하면 개
종한 주니족의 성당에 가톨릭 성인들과 함께 카치나가 그려지기도 했다.

---

[92] 자이스버거에 대한 책은 많으나, 편집한 그의 선교일기와 다음 연구서 추천: David Zeisberger,
　The Moravian Mission Diaries of David Zeisberger, 1772~1781, ed. Herman Wellenreuther and Carola
　Wessel, trans. Julie Tomberlin Weber (University Park: Pennsylvania State University Press, 2005); Earl P.
　Olmstead, *David Zeisberger: A Life among the Indians* (Kent, OH: Kent State University Press, 1997).

종교의 생명력은 환경의 변화에 얼마나 빨리 적응하고 외부 충격에서 얼마나 잘 회복하는가를 통해 알 수 있는 법이다. 원주민 종교가 보인 창조적·혼합적 변화는 적대적인 환경에서 살아남기 위한 처절한 노력과 아울러 끈질긴 생명력의 표현이었다.

아프리카 출신 노예

아메리카대륙에 진출한 유럽인들은 원래 원주민의 노동력을 이용하여 광산과 농장을 경영하고자 했다. 그러나 유럽인이 진출하면서 원주민 인구가 급감하자 아프리카로부터 노예를 사들여오기 시작했다. 아프리카 노예들은 아메리카 원주민에 비해 유럽의 질병에 강했으며 열대 및 아열대 기후에 잘 적응했다. 그리고 무엇보다 그들은 뛰어난 노동자, 농부들이었다. 아프리카에서는 부족 간 전쟁에서 포로로 잡힌 사람을 노예로 거래하는 오랜 관습이 있어 노예 구하는 일이 어렵지 않았다.[93] 처음으로 아프리카 출신 노예가 카리브해 연안에 실려 온 것은 1518년이었다. 이때부터 노예제도가 폐지된 19세기 말까지 약 1천 2백만 명의 아프리카 노예들이 아메리카로 수입되었다. 특히 1770년대까지만 놓고 본다면 신대륙에는 유럽인 수보다 아프리카에서 온 노예의 수가 더 많았다.

아프리카 노예의 대부분은 라틴 아메리카와 카리브해로 수입되었다. 즉 아메리카대륙 전체에 들어온 아프리카 노예의 90퍼센트 이상이 중남미와 서인도로 팔려 갔던 것이다. 이에 비해서 영국 식민지에는 좀 더 늦게, 그리고 상대적으로 매우 적은 수(아메리카대륙 전체의 약 4.5퍼센트)의 아프리카 노예가 수입되었다. 18세기 전체를 통해 약 27만 5천 명의 아프리카 노예가 영국 식민지로 들어온 것으로 보인다. 아프리카 노예가 들어오기 시작한 것은 버지니아에 제임스타운이 시작된 직후였다. 그런데 그들은 계약기간

---

[93] 아프리카 노예거래에서 아프리카 노예상들의 역할에 관해서는 다음 연구 참조: David Eltis, *The Rise of African Slavery in the Americas* (Cambridge: Cambridge University Press, 1999), 특히 7장.

동안만 노동력을 제공하는 한시적 노예였다. 그리고 영국 식민지 노예에는 아프리카 출신 외에, 아메리카 원주민, 유럽인 전쟁포로와 범죄자들이 포함되어 있었다. 그러나 시간이 지나면서 종신노예들이 늘어났고, 노예제도는 인종주의와 결합하여 갔다.[94] 19세기가 되었을 때 미국의 모든 노예는 아프리카 계열, 곧 '흑인'을 의미하게 되었다.[95]

영국 식민지 가운데 상업적인 북부보다 농업에 기반을 둔 남부 식민지에서 노예노동 의존도가 훨씬 높았다. 북부의 노예들은 대체로 주인을 섬기는 하인이었다. 그러나 남부 노예들은 육체노동자로서 천연물감을 추출하는 식물인 인디고indigo와 벼농사에 주로 동원되었으며, 부차적으로는 담배와 목화 재배에도 동원되었다. 노예노동은 플랜테이션 방식의 대규모 농업에 가장 효과적으로 사용될 수 있었다. 남부 식민지의 경제는 점점 노예노동에 의존해 갔다. 특히 벼농사를 많이 지었던 사우스캐롤라이나는 카리브해의 바바도스Barbados로부터 많은 아프리카 출신 노예를 수입하여 유럽인보다 아프리카인이 더 많은 유일한 영국 식민지가 되었다. 1750년 사우스캐롤라이나 인구 6만 4천 명 가운데 거의 4만 명이 아프리카 출신의 노예였다. 이렇게 노예노동에 대한 의존도가 높아지고 점점 더 많은 노예가 수입됨에 따라 각 식민지는 노예를 관리하기 위한 규정을 점점 더 엄격하게 만들어 적용하기 시작했다.

아프리카의 종족과 종교문화는 아메리카 원주민과 그들의 종교문화만큼이나 다양했다. 아프리카인들의 종교문화는 다른 지역의 거대종교와 비교하여 전혀 손색이 없을 정도로 정교하고 풍요로웠다. 아메리카대륙으로 팔려온 노예 대부분의 출신지인 서부 아프리카 거주민들은 영혼과 사후세계를 믿었으며, 현재의 삶뿐 아니라 내세에도 영향을 주는 수많은 초자연적

---

[94] 노예제도와 인종주의의 결합에 관해서는 다음 참조: Stanley Engerman, "Slavery without Racism, Racism without Slavery," *Journal of Global Slavery* 5/3 (Oct. 2020): 322~56.

[95] 1997년 예산관리청Office of Management and Budget은 '흑인'을 이렇게 정의했다: "아프리카 흑인 종족 집단에서 기원한 사람A person having origins in any of the Black racial groups of Africa."

존재와 힘에 대한 믿음을 보편적으로 가지고 있었다. 초월적 세계와 내세는 종교적 매개자를 통해 개인이나 공동체와 일상적으로 교통했다. 그러나 그 수가 많지는 않았지만 아프리카인 중에도 무신론자와 회의론자도 존재했다는 증거가 있다. 한편, 이슬람은 7세기에 아프리카의 북부, 9세기부터는 동부, 그리고 10세기에는 서부 여러 부족과 국가에 자리 잡고 강성한 세력을 형성했다. 18세기에 서부 아프리카로 진출한 유럽인들은 가나, 말리Mali 등에서 모스크와 헌신적인 무슬림들을 발견할 수 있었다. 또한 서부 아프리카에는 포르투갈 예수회 선교사들이 16세기부터 진출하기도 했다. 기독교로 개종한 사람은 많지 않았다. 그러나 유럽인의 진출이 본격화되면서, 수세기 동안 서부 아프리카에서 진행되던 종교적 변화를 더욱 촉진시켰다.

유럽인 진출로 인해 아메리카 원주민들의 종교가 핍박과 소멸, 그리고 변화와 회복의 험난한 길을 걸어야 했다면, 아프리카 노예들의 종교는 그것과 비교할 수 없을 정도의 어려움 속에서 대부분 소멸의 길을 걸어야 했다. 인간으로서 기본적인 권리와 존엄성이 보장되지 않고, 소규모로 흩어져 살며, 여행과 집회가 금지되고, 종교 지도자도 없는 상황에서 아프리카 출신 노예들이 고향에서 가져온 다양하고 풍요로운 종교가 오래 유지되기는 힘들었다. 각기 다른 언어와 종교 전통을 가진 종족들이 자신들의 의지와는 상관없이 섞여 살아야 했기 때문에 여러 종교 전통이 갈등을 빚을 수밖에 없었고 제대로 종교적 기능을 발휘하기 힘들었다. 그리고 노예주들은 노예들의 종교집회를 철저히 금지하였다. 대부분의 식민지 정부는 어떤 이유에서든 노예들이 자기들끼리 모이는 것을 법으로 엄금했다. 노예주들은 특히 아프리카식 종교 행위가 노예들을 단결시키고 저항심을 불어넣을 것으로 의심하여 금지시켰다.

아프리카에서 들어온 다양한 종교 전통 가운데 그 원형을 온전히 보전할수 있었던 것은 단 하나도 없었다. 그러나 자메이카, 버진 아일랜드Virgin Islands, 바바도스 같은 카리브 해역의 영국 식민지에서는 중서부 아프리카의 아샨티Ashanti족계의 노예들을 중심으로 오비아Obeah(혹은 오비Obi)라는 아프리카 기원의 주술 종교가 유행했다. 오비아는 아샨티어로 무당을 일컫는 말로 병을 치료하고 행운과 재물을 얻기 위해 행하는 여러 종류의 주술적 행위 및 그것에 종사하는 사람을 통칭하는 말이었다. 북미의 영국 식민지에도 오비아 혹은 그와 유사한 아프리카 전통의 주술과 치유법을 사용하던 치료-주술사들이 노예들 속에서 활발하게 활동했던 것으로 보인다.

'나무뿌리 의사root doctors' 혹은 '후두 의사hoodoo doctors'라고 불렸던 치료-주술사들은 약초, 나무뿌리, 뼈, 묘지의 흙 등의 재료와 비밀 주문을 사용하여 병을 치료하거나 적에게 해코지하려 했다. 이들은 약초에 관한 식견을 가지고 실제로 독을 제거하거나 병을 낫게 했다. 후두 의사 중에는 유럽계 사람들이 찾는 사람도 있었다. 특히 남부에서는 아프리카계뿐 아니라 유럽계 사람들도 일반 의사가 손댈 수 없는 병을 치료하고, 불행을 피하고, 적에게 해코지하기 위해 아프리카 전통의 치료-주술사를 찾곤 했다. 기독교인 노예 가운데는 주술을 사악한 것으로 여기는 사람도 있었으나 주술사들은 그것을 신의 선물로 여겼다. 이와 같은 아프리카계 치료-주술은 대도시의 아프리카계 거주지를 중심으로 21세기까지도 그 전통이 남아있다.

전체 아프리카 노예 가운데 최대 30퍼센트가 무슬림이었다는 추정이 있는 것으로 보아 노예 가운데 상당수가 무슬림이었음에 틀림없다. 그러나 '기독교 국가' 속에서, 그것도 노예의 신분으로 무슬림의 삶을 제대로 살 수는 없었을 것이다. 단편적으로 전해지는 사례를 통해서 알려진 바에 의하면, 메카를 향해 정규적인 기도 생활을 하고 기도 방석을 사용하는 등 주어진 환경 속에서 무슬림으로서 정체성을 지키기 위해 노력한 무슬림 노예들이 19세기까지도 존재했다.

오늘의 세네갈Senegal 출신 노예 오마르 이븐 사이드Omar ibn Said (c.1770 ~1864)는 전쟁에서 붙잡혀 노예가 되었다. 그러나 그는 고도로 훈련받은 무슬림 학자였다. 그는 1831년에 쓴 자전적 에세이를 비롯하여 14편의 글을 아랍어로 남긴 것으로 유명하다. 아프리카 출신 노예가 남긴 유일한 아랍어 기록인 그의 글에는 미국에 노예로 오기 전 신실한 무슬림으로 살던 이야기, 그가 기억하는 쿠란의 구절들, 그리고 신에 대한 감사와 신뢰의 표현이 가득 담겨있었다. 당시 유럽계 사람들은 오마르가 기독교로 개종했다고 생각했지만, 근래 연구에 따르면 그는 여전히 무슬림의 정체성을 유지했다. 그가 신을 찬양할 때 그의 머릿속에 있는 것은 쿠란의 신이지 성서의 신은 아니었다. 그는 심판의 날이 이르면 "아프리카라고 불리는 우리 땅, 크바 크비K-ba/K-b-y라고 불리는 강가에 있고 싶다"고 썼다.[96] 그것이 그가 진정으로 갈망한 것이었다.

아프리카 출신 노예들은 감시 속에서 철저히 통제된 생활을 하였다. 그러나 출생이나 죽음과 같은 삶의 중요한 통과의례마저 거치지 않고 살 수는 없었다. 노예들의 결혼은 법적으로 그 효력을 인가받지 못했지만, 그것을 현실적으로 인정하는 주인이 많았다. 노예들은 중요한 통과의례를 치를 때 아프리카 전통을 적용하기 위해 애썼던 것으로 보인다. 1990년대 초 뉴욕시에서 발견된 대규모 노예 공동묘지를 비롯하여 버지니아와 메릴랜드의 노예 무덤에는 조개껍데기, 구슬, 목걸이, 씨앗 등이 종종 발견되어, 노예들이 아프리카의 장례 관습을 따르려 했다는 사실을 짐작케 해준다. 가장 많은 미국 노예의 출신지였던 아프리카 콩고 지역에는 흰 조개껍데기로 무덤의 경계선을 만들어 내세로 길을 열어주고, 죽은 사람의 소장품을 무덤 위에 놓는 풍습이 있었다. 한 성공회 신부가 남긴 1710년대 기록에 의하면 대부분의 뉴욕 지역 노예 장례식에서는 기독교 예식이 거행되지 않고 "이교도적 의식"이 행해졌다.[97] 기독교식 장례의식이 끝난 이후 노예들이 따로 모여서 그들만의 의식을 추가로 행하기도 했다.

초기 식민지 미국의 유럽인들은 아프리카 노예들에게 기독교를 전하는 데 별다른 관심이 없었다. 노예가 종교성을 가진 인간이라는 데 이의를 제기하는 사람은 거의 없었다. 그러나 노예는 자신들의 삶을 편리하고 풍요

---

[96] Omar Ibn Said, *A Muslim American Slave: The Life of Omar Ibn Said*, tran. and ed. Ala Alryyes (Madison: University of Wisconsin Press, 2011, ebook), 200.

[97] Butler, *Religion in Colonial America*, 76.

롭게 하는 도구에 불과한 것으로 여겨졌기 때문에 노예의 종교적 욕구와 필요는 관심의 대상이 아니었다. 또한 많은 노예 주인은 노예가 기독교 신앙을 가지게 되면 스스로 주인과 동등하게 여길 것을 두려워하여 노예 선교에 비협조적이었다. 영국 식민지 주민들의 이런 태도는 가톨릭이 지배하던 뉴에스파냐와 뉴프랑스가 아프리카 노예들의 종교생활에 보인 상당한 관심과 대조된다. 1760년대 이전 성공회는 아프리카계 노예를 개종시키기 위한 간헐적인 시도를 했다. 장로교도 1750년대와 1760년대에 버지니아와 노스캐롤라이나에서 아프리카 노예에게 기독교를 전했다. 그러나 성공회와 장로교의 노예선교는 거의 결실을 맺지 못했다. 성공회는 노예 개종자를 교회의 정식 교인으로 결코 받아들이지 않았으며, 장로교 전도자 사무엘 데이비스Samuel Davies(1723~61)는 노예들에게 활발히 전도하고 교회에 초대했지만 세례 베푸는 일은 주저했다.

1760년대 이후 침례교와 감리교가 노예선교에 뛰어들면서 상황은 크게 변했다. 교리보다는 회심의 경험을 강조하고 감성에 호소하는 부흥회적 방법을 사용한 침례교와 감리교 선교사들은 아프리카 출신 노예들의 마음을 쉽게 사로잡았다. 신과의 직접적 교제를 강조하며 소리치고, 춤추고, 몸을 떨며, 무아지경에서 노래 부를 것을 장려하는 부흥회적인 집회는 노예의 생활감정과 아프리카적인 종교성을 표현할 수 있는 좋은 계기를 마련해주었다. 미국에서 노예들의 아프리카적 종교와 기독교는 서로 분리될 수 없을 정도로 결합되었다. 시계 반대 방향으로 돌면서 종교적 황홀의 경지에 이르는 링 샤우트ring shout, 북을 치는 것 같은 리듬으로 손뼉을 치는 행위 등은 아프리카의 종교 행위를 그대로 옮겨놓은 것이었다. 그리고 설교자와 청중이 주고받는 설교 형식, 다중 리듬, 같은 말이나 노래의 반복, 예배 중 몸을 흔드는 행위 등 아프리카계 기독교에서 볼 수 있는 특징들은 아프리카인들의 노래 형식에서 큰 영향을 받은 것이다.

침례교와 감리교로 개종한 노예 중에는 노예공동체를 넘어 교단 차원에서 지도자 역할을 감당하는 사람들이 생겨났다. 아프리카계 기독교인들은 궁극적으로 유럽인과 분리된 교단을 설립해 나갔으며, 교회는 아프리카계 사람들에게 지도력과 구심점을 제공하는 공간으로 빠르게 발전해 갔다. 노예 설교자들이 생겨나면서 이르게는 1750년대 후반에 이미 아프리카 노예 설교자가 인도하는 노예들만의 교회가 설립된 것으로 보인다. 1776년경에는 사우스캐롤라이나 에이켄Aiken에 오늘날까지 지속되고 있는 가장 오래된 아프리카계 교회인 실버 블럽Silver Bluff 침례교회가 8명의 교인으로 시작되었다. 이 교회를 지도하던 데이비드 조지David George(1742~1810)는 대표적인 초기 아프리카계 지도자였다. 노예였던 그는 미국 독립전쟁이 일어나자 충성하는 대가로 자유를 준 영국을 선택한 후 조지아의 사바나Savannah, 캐나다의 노바 스코티아에 아프리카계 침례교회를 만들었다. 이후 그는 아프리카로 돌아가 시에라리온Sierra Leone 건국과 서아프리카 지역 침례교 형성에도 기여했다.

기독교로의 개종은 아프리카계 노예들의 삶과 종교세계를 근본적으로 바꾸었다. 노예들의 기독교는 유럽인 기독교와 뚜렷이 구별되었다. 노예들은 아프리카적 종교성과 의식을 통하여 유럽식 기독교를 자신들의 삶과 성정에 맞는 종교로 바꾸었다. 그리고 노예들은 기독교 속에서 자신들의 경험세계를 해석하고 자신들이 처한 상황을 견디고 극복할 수 있는 단서를 발견했다. 유럽인들은 주어진 삶에 자족하고 주인에게 더욱 순종할 것을 기독교가 요구한다고 노예들에게 가르쳤다. 그러나 예수의 가르침은 유럽인들이 노예들에게 알려준 것보다 훨씬 큰 무엇이었다. 노예들은 성서를 통해 만족과 순종뿐 아니라 자유에 대한 갈망과 불의에 대한 저항을 배웠으며 인간으로서 존엄성을 찾았다. 유럽계 식민지 주민들은 자신들이 전해주고자 한 내용에 반하는 노예들의 기독교 해석은 잘못이라고 가르쳤다. 그러나 기독교는 유럽인과 노예주만을 위해 존재하는 종교가 아니었다.

아프리카 출신 노예들은 기독교와 전통 종교를 혼합한 독특한 신앙을 만들기도 했다. 루이지애나 부두Louisiana Voodoo라고 불린 혼합종교가 대표적이다. 뉴올리언스를 중심으로 루이지애나 남부 가톨릭 지역에서 생겨난 이 종교는 서부 아프리카의 종교 전통과 가톨릭적 기독교가 혼합된 종교였다. 절대신을 믿고 가톨릭 성인을 숭배했다는 점에서는 기독교적이었지만 다른 신들도 믿었고 조상의 영혼이 매우 중요한 역할을 했다는 점에서는 아프리카 전통과 가까웠다. 또한 치료나 소원 성취를 위해 '그리스-그리스 gris-gris'라는 주문을 사용하고 동물 제사를 드린 것도 아프리카적이었다. 이런 혼합종교가 생긴 것은 가톨릭계 유럽인이 지배하는 곳에서 노예들이 종교 전통을 유지하며 생존하기 위해서였을 것이다.

비기독교 신앙

유대교

개신교 종교개혁 이후에도 유럽은 여전히 기독교 세계였고, 대부분의 나라가 기독교의 한 교파를 국교로 삼고 있었다. 따라서 종교개혁을 전후하여 유럽인들이 개척하기 시작한 북미대륙 식민지는 기독교가 공적 종교로서 지배하는 곳이 될 수밖에 없었다. 그런데 유럽과 북미 식민지의 종교지형을 기독교가 지배한 것이 사실이지만, 기독교를 자신의 신앙으로 받아들여 적극적으로 믿는 사람의 수는 놀랄 만큼 적었다. 종교가 없거나 기독교가 아닌 종교를 가진 사람도 적지 않았다.

비기독교 종교 가운데 식민지 시대부터 자리 잡기 시작한 대표적 종교는 유대교였다. 1490년대에 이베리아반도에서 쫓겨난 많은 유대인들은 네덜란드로 가서 정착했다. 그리고 1630년부터 네덜란드가 브라질 북동부에 식민지를 경영하자 그곳에 진출한 유대인이 있었다. 그러나 1654년 포르투갈이 브라질을 점령했고, 그곳에 있던 20여 명의 유대인들은 뉴네덜란드로 도망가야 했다. 북미대륙에 온 최초의 유대인들이었다. 그로부터 2년 후 열다섯 가족이 네덜란드에서 로드아일랜드 뉴포트로 이주해왔다. 유대인들이 북미 식민지에 본격적으로 정착하기 시작한 것은 1680년대 이후였다. 1695년 뉴욕에 첫 회당이 만들어졌으며, 18세기 중엽에는 사바나, 찰스턴, 그리고 필라델피아 등지에 유대교 신앙공동체가 생겼다. 특히 필라델피아는 식민지 시대를 거치면서 북미에서 가장 큰 유대인 공동체를 가진 도시가 되었다. 17세기에 이주해 온 유대인은 에스파냐어나 포르투갈어를 사용하며 이베리아적 요소뿐 아니라 이슬람 요소가 섞여 있는 전통을 가진 세파르디였지만, 그 이후 18세기에 들어온 사람들은 중부나 동부 유럽 출신으로 독일어나 이디시Yiddish를 사용하는 아슈케나지Ashkenazi였다.[98]

미국 독립 직전까지 북미대륙 전체에 거주하는 유대인 인구는 약 2천 명에 불과했다. 1720년대에 뉴욕시에 거주하는 유대인은 약 20가정이었는데, 그것은 뉴욕시 전체 인구의 2퍼센트 정도밖에 되지 않는 규모였다. 개신교가 지배하는 영국 식민지에서 유대인들은 유럽에서와 마찬가지로 환영받지 못하는 소수집단이었다. 그러나 북미에서 유대인들은 차별을 당하기는 해도 유럽에서와 같은 박해는 받지 않았다. 유대인들은 선거권을 갖지 못하거나, 공공연한 조롱거리가 되거나, 가끔씩 폭력의 대상이 되는 등 다양한 형태로 반유대주의를 겪어야 했지만, 유럽의 상황에 비하면 심하다고 할 수 없었다. 무엇보다 유대인들은 상업적인 영향력을 확보하여 식민지 사회에서 위상을 확립해 갈 수 있었다.

유대인이 겪어야 했던 진정한 어려움은 다른 곳에 있었다. 각기 다른 전통과 문화를 가진 집단 사이의 내부 갈등, 랍비의 부족, 그리고 고립된 소수집단이라는 어려움은 종교공동체로서 생존을 위협했다. 결국 북미대륙의 유대인들은 영어로 예식을 행하고 평신도의 역할을 높여나가면서 전통과 현실을 조화시키기 위해 노력했다. 그러나 무엇보다 유대인의 정체성을 위협한 것은 비유대인과의 결혼 및 세속화였다. 실제로 식민지 시대 유대인 가운데 80~90퍼센트가 비유대인과 결혼하여 유대인의 정체성을 잃어갔

---

[98] 이디시는 유럽 중부 및 동부에 살던 유대인과 세계 전역에 있는 그 후손이 사용한 언어로 독일어에 히브리어, 슬라브어 등이 섞여서 만들어진 혼합언어다.

다. 종교적 관용이 당연한 것으로 여겨지고, 많은 다른 민족, 다른 종교 및 교파와 섞여 살아가는 북미 식민지 상황에서 민족이나 종교 간 통혼은 보편적인 현상이었다. 그러나 유대교처럼 선교를 하지 않고 교세를 이민과 출산에 전적으로 의존하는 소규모 공동체에게 통혼은 공동체의 존립과 관계되는 문제였다. 그리고 종교적 박해로부터 사실상 자유로워진 많은 유대인이 북미 식민지에서 상업적인 성공을 거두면서 점점 종교적 관심을 잃어가기도 했다. 예수도 "하나님과 재물을 같이 섬기지 못한다"(마태복음 6장 24절)고 하지 않았던가. 신대륙은 국교가 있더라도 종교가 강제되지 않는 환경을 만들고 있었고, 종교는 점점 선택의 문제가 되어갔다.

민간신앙

중세부터 많은 유럽인이 일상생활에서 믿고 행한 것은 마법이었다. 민간신앙으로서 마법은 어떤 물리적, 실제적 현상과 결과를 일으키기 위해 사용하는 초자연적이고 오컬트occult(비술秘術)적인 여러 가지 수법, 그리고 그런 효과가 일어날 수 있다는 믿음을 총체적으로 의미한다. 마법에서 주로 사용한 수법은 주문, 제약, 부적, 점성술, 역술, 관상 등이었다. 마법 종사자들은 그런 방법을 사용하여 병을 치료하고, 일의 원인을 알아내고, 잃은 물건을 찾으며, 미래를 예측하고 소원을 이루려 했다. 마법은 종교의 유무와 종류, 사회적 신분의 높고 낮음을 불문하고 유럽 전체에 걸쳐 사람들이 믿고 행하던 행위였고, 거기에 종사하던 마법사, 점성술사, 연금술사, 비술사는 헤아릴 수 없이 많았다. 마법은 기독교와 결합되기도 했다. 많은 기독교 신앙과 종교 행위에서 둘 사이의 경계를 명확히 구분하는 것은 쉽지 않았다. 성인聖人의 유해(물)relics가 신비한 힘을 가졌다고 믿는 것이나 악마와 천사에 대한 복잡한 신학적 이론은 중세를 거치면서 마법이 기독교와 접목되어 나타난 대표적인 현상이었다.[99] 그러나 마법은 기독교를 믿지 않거나 기독교의 신이 아닌 어떤 다른 초월적 힘에 기대어도 소원을 이룰 수 있도록 하는 체계이기 때문에 교회의 탄압 대상이 되기도 했다.

　유럽인들이 신대륙에 이주하면서 기독교와 함께 마법도 함께 가지고 왔으리라는 것은 쉽게 짐작할 수 있다. 1626년 조안 라이트Goodwife Joan Wright (c.1596~?)라는 여인이 마법을 행한 혐의로 버지니아 법정에서 재판받은 일은 초기부터 영국 식민지에 마법이 유입되었음을 증명한다. 라이트는 마법을 사용하여 죽음을 예측하고, 사람들을 병들게 하거나, 저주받은 사람이 그 저주를 되돌려주게 했다는 혐의를 받았다. 이 사건은 북미 영국 식민지에서 행해진 최초의 마녀재판으로서, 앞서 살펴본 살렘 마녀재판보다 65년 이상 앞선 일이었다. 이외에도 버지니아 주민들이 마녀에게 피해를 받았다며 고발하는 경우가 종종 있었다. 따라서 일부 주민들은 마녀로부터 보호받기 위해 대문에 말편자를 걸어놓기도 했다. 마법은 기독교인들에게도 영향을 미쳤다. 예를 들어, 성공회 신부 토마스 티클Thomas Teackle(1624~95)이 소장했던 책 가운데는 점성술, 연금술을 설명하고 손금이나 관상을 통해 사람의 운명과 성품을 알 수 있게 해주는 책들도 포함되어 있었다.[100] 이뿐 아니라 기독교와 마법을 융합시킨 책들도 있었다. 티클은 1650년대부터 40년 이상 버지니아 동부 해안에서 일한 교역자로 330권이 넘는 그의 장서는 뉴잉글랜드를 포함하여 당시 그 어떤 사람의 장서보다 규모가 컸다.

　뉴잉글랜드에서도 마법은 식민지 초기 단계부터 실행된 것으로 보인다. 1660년부터 1690년 사이에 뉴잉글랜드에서 마녀재판의 수가 급격히 늘어났다. 마법이 뉴잉글랜드에서 점점 더 유행해 갔다는 의미였다. 회중교회 지도자 코튼 마터는 1689년 출간한 책에서 마법의 현상을 소개하고 그 원인을 분석하면서, 많은 수의 주민이 병을 치료하기 위해 마법을 사용한다고

---

[99] 성인 숭배, 마법, 영적 존재들에 대한 중세의 믿음에 대해서는 다음 두 연구 참조: Wilfrid Bonser, "The Cult of Relics in the Middle Ages," *Folklore* 73/4 (Winter 1962): 234~56; Owen Davies, *The Oxford History of Witchcraft and Magic* (Oxford: Oxford University Press, 2023), ch. 2.
[100] Jon Butler, "Thomas Teackle's 333 Books: A Great Library on Virginia's Eastern Shore, 1697," *William and Mary Quarterly*, 3d Ser., 49/3 (July 1992): 449~91.

한탄한 바 있다.[101] 이 책은 뉴잉글랜드의 많은 사람에게 읽혔고, 1692년의 살렘 마녀재판에 큰 영향을 주었다. 살렘의 마녀사냥은 마법의 유행뿐 아니라, 그로 인해 뉴잉글랜드 회중교회가 느끼던 위기감이 극에 달했음을 보여주는 사건이었다. 살렘의 마녀재판은 뉴잉글랜드뿐 아니라 영국 식민지 전체에 큰 영향을 주어 마법의 유행을 상당히 억제시킨 듯하다. 그러나 식민지 거주민들에게 민간신앙으로 깊이 뿌리내린 마법은 근절되지 않았다.

1692년 이후에도 마녀재판은 최소한 두 차례 더 열렸다. 1705년 버지니아에서는 그레이스 셔우드Grace Sherwood(1660~1740)라는 여인이 마녀 혐의를 받고 전통적인 마녀판별법인 침수시험dunking test을 받기도 했다. 몸이 묶인 채 물에 빠뜨려진 사람이 떠오르면 마녀로 판별되어 처벌을 받고, 떠오르지 않으면 마녀가 아닌 것으로 판별되는 터무니 없고 잔인한 방법이었다. 셔우드는 묶었던 끈을 풀고 떠올랐으며, 오랫동안 감옥에서 지내야 했다. 1706년에는 사우스캐롤라이나 대법원장이 마녀들을 처벌하라고 대배심원에 요구하기도 했지만 받아들여지지 않았다.

살렘 사건 이후 마녀재판은 거의 식민지에서 사라졌다. 그러나 그것이 곧 마법에 대한 믿음의 종말을 의미하지는 않았다. 인간과 우주에 관한 궁극적인 답은 하지 못하더라도 일상에서 만나게 되는 온갖 종류의 문제에 대해서 즉각적이고 구체적인 답을 주는 것을 특징으로 하는 마법은 많은 사람, 특히 민중층에게 여전히 매력적인 문제해결 방법을 제공해주었다. 동서고금을 불문하고 민간신앙의 매력이 거기에 있었다. 마법적인 방법을 사용하여 잃어버린 물건을 찾아주거나, 병을 낫게 해주거나, 미래를 알려주는 사람들은 식민지 곳곳에서 여전히 활동하고 있었다.[102] 1690년대와 1720년대에는 펜실베이니아의 한 점성술사협회가 마법을 배우려는 학생들을 모아놓고 가르치기도 했다. 18세기 중엽 독일계 루터교회를 이끌던 헨

---

[101] Cotton Mather, Memorable Providences, *Relating to Witchcrafts and Possessions*⋯ (Boston: Richard Pierce, 1689).

[102] 이들은 흔히 'cunning men(women)'이나 'wise men(women)'이라 불렸다.

리 뮈렌버그가 펜실베이니아에는 기독교인보다 마법을 믿고 따르는 사람이 더 많다고 할 정도로 마법은 성행했다.[103] 뮈렌버그는 자신의 교회에서 마법적 사고방식과 술수를 쫓아내기 위해 많은 노력을 했다.

식민지 시대에 마법이 유행했다는 증거 가운데 하나는 각종 마법–비술적 정보를 담고 있던 역서曆書almanac의 광범위한 사용이었다. 역서가 담고 있던 대표적인 마법적 정보 가운데 하나는 '해부도anatomy'였다. 해부도는 인간 신체의 각 부분과 장기를 그 부위를 지배하는 천체 12궁宮zodiac 및 마법적 치료제와 연결시킨 그림으로, 병이 나거나 다쳤을 때 그것을 보고 적절한 치료제를 찾을 수 있게 해주었다. 많은 사람이 이 조악한 해부도를 신탁神託인 양 믿고 따랐으며, 그것을 얻기 위해 역서를 샀다고 한다. 그런 마법적 정보에 대한 수요는 특히 교육받은 사람들을 중심으로 점점 줄어들었지만, 민중 속에서는 오랫동안 유지되었다.

북미 식민지에서 종교를 가진 사람보다 종교가 없거나, 형식적으로는 교인이지만 실질적으로 신앙생활에 무관심한 사람이 훨씬 많았다. 또한 유럽에서와 마찬가지로 신이나 종교 자체를 믿지 않는 사람도 적지 않았다. 앞서 메이플라워호 탑승자에서도 보았지만 식민지 거주자 대부분은 세속적 동기 때문에 신대륙으로 이주해 온 사람들이었다. 당시의 다른 유럽인들과 마찬가지로 그들은 나면서부터 자동적으로 자기 나라 국(공)교회 교인으로 등록되기 마련이었다. 출생신고를 교회에 했기 때문이다. 그러나 능동적인 신앙생활을 하는 것은 별개의 문제였다. 대다수의 식민지 주민은 종교에 "놀라울 정도로 무관심"했다.[104] 더구나 교파를 불문하고 교역자와 종교시설이 늘 부족하고 신앙공동체도 제대로 형성되어 있지 않았다. 이런 식민지 상황은 비록 원한다 하더라도 신앙생활을 정상적으로 하기 어렵게 만들었다. 버지니아의 성공회 찰스 교구에서 1649년부터 1680년 사이에 태어

[103] Jon Butler, *Awash in a Sea of Faith*: *Christianizing the American People* (Cambridge: Harvard University Press, 1990), 87.

[104] Butler, *Religion in Colonial America*, 49.

난 어린이 가운데 약 85퍼센트가 세례받지 못했다.[105] 그리고 메릴랜드 켄트 카운티에서는 1657년부터 1670년까지 태어난 115명의 유럽계 어린이 가운데 단지 5명만 세례를 받았다고 한다. 출생뿐 아니라 결혼이나 죽음 같은 다른 중요한 통과의례에서도 비슷한 상황이 벌어졌다. 그리고 이런 상황은 새로운 식민지, 그리고 유럽계 주민이 희박한 '개척지frontier'에서 더욱 심했을 것이다.

식민지 거주민들의 종교적 무관심은 통계수치를 통해서도 확인할 수 있다. 한 통계에 의하면 미국 독립이 이루어지기 직전인 1776년 북미 영국 식민지 거주민 가운데 단지 17퍼센트만 어떤 종교집단에 교인으로 등록되어 있었다.[106] 지역별로 보면, 뉴잉글랜드의 종교인 비율이 20퍼센트, 중부 식민지들이 19퍼센트, 그리고 남부 식민지들이 12퍼센트였다. 대체적으로 북부보다 남부, 오래된 식민지보다는 새로 개척된 식민지에서 비종교인 비율이 높게 나타난 것이다. 교인 비율이 비교적 높은 북부와 중부에서도 매사추세츠(22퍼센트), 뉴저지(26퍼센트), 펜실베이니아(24퍼센트) 등이 상대적으로 높은 종교인 비율을 보인 반면, 버몬트Vermont(9퍼센트)와 메릴랜드(12퍼센트)는 현저히 낮은 종교인 비율을 보였다. 그런데, 성직자와 종교시설이 부족하고 인구밀도가 낮은 식민지 상황을 고려할 때 교회에 정식으로 등록한 사람보다 어떤 식으로건 개인적으로 종교생활을 한 사람의 수가 더 많았을 것으로 짐작된다. 이것은 등록교인의 수는 많으나 실질적으로 종교생활을 하는 사람의 수는 적은 현대의 상황과 반대되는 현상이다.

---

[105] 같은 책, 66.

[106] Roger Finke and Rodney Stark, *The Churching of America, 1776~1990: Winners and Losers in Our Religious Economy* (New Brunswick, New Jersey: Rutgers University Press, 1992), 15, 27. 이들의 통계 방법에 대해서는 같은 책 24~30 참조.

제6장

식민지 종교의
융성과 변화

Whitefield Preaching
Cassell's Illustrated History of England(1909)

조지 휫필드가 군중에게 설교하는 광경

기독교의 변화와 발전

17세기 말부터 미국이 독립하는 1770년대까지 식민지의 종교는 양적으로 크게 성장하며 질적인 변화도 많이 겪었다. 미국이 독립하기 직전 식민지 전체의 알려진 교회 수는 유대교 회당 5개를 포함하여 3,228개였다.[107] 그런데 이 가운데 85퍼센트 이상이 1680년 이후에 새롭게 생겨난 곳이었다. 특히 1740년과 1770년 사이의 30년은 식민지 기독교가 폭발적으로 성장한 시기였다. 이 기간 동안 SPG는 150개 가까운 교회를 설립했으며 장로교와 침례교도 최소한 400개의 교회를 새로 개척하였다.[108]

초기 식민지 시대부터 영국의 북미 식민지 종교계를 주도하던 회중교회와 성공회는 공식 종교라는 지위를 충분히 활용하며 지속적으로 성장해 나갔다. 정치적·법적 특혜에 더하여 공교회의 지위가 주는 가장 큰 혜택은 주민들이 내는 종교세를 받아 교회를 운영·유지할 수 있다는 점이었다. 공교회가 아닌 다른 교파 교인 입장에서는 자기가 내는 종교세로 종종 자기 교회를 핍박하는 회중교회나 성공회를 지원하고, 자신의 교회를 위해서는 따로 돈을 내야 하는 역설적인 상황을 의미했다. 뉴잉글랜드 회중교회는 목

---

[107] Charles O. Paullin, *Atlas of the Historical Geography of the United States* (1932) 자료로 다음에서 재인용: Finke and Stark, Churching of America, 25.

[108] 1740년 통계는 다음 참조: Noll, *History of Christianity*, 80~81.

사들의 교회 장악력과 교회 조직력을 강화하면서 미국 독립 직전까지 668 개로 성장했다. 성공회도 사우스캐롤라이나, 노스캐롤라이나, 메릴랜드, 조지아의 공교회가 되면서 교회 수가 500개 가까이로 늘었다. 남부 전체에 걸쳐 성공회가 국교로 확립되자, 다른 교파들은 18세기 중엽까지 남부에 발을 들여놓기 어려웠다.

그러나 식민지 시대 후반기로 접어들면서, 종교 전체에서 차지하는 회중 교와 성공회의 비중은 점점 줄어들었다. 1690년 이전에는 식민지 전체 교 회의 90퍼센트가 회중교회 아니면 성공회였다. 그러나 1776년이 되었을 때 전국의 교회 3천 228개 가운데 회중교(20.6퍼센트)와 성공회(15.3퍼센트)의 비율은 크게 줄어들었고, 장로교(18.2퍼센트), 침례교(15.3퍼센트), 퀘이커(9.6퍼 센트)가 그 자리를 대신 차지하고 있었다.[109] 그리고 독일 개혁교, 루터교, 네덜란드 개혁교 등 대륙계열의 교파도 각각 4~5퍼센트의 비중을 차지하 고 있었다. 유럽대륙에서 기원한 이 교파들의 성장은 북미 영국 식민지가 더 이상 영국 이민자들만의 세상이 아님을 잘 보여주었다. 또한 교세가 상 대적으로 약하기는 했으나 감리교, 가톨릭, 모라비언, 메노나이트를 포함 하여 다른 여러 교단도 점차 뿌리내리고 있었다. 교파적 다양성은 공식 종 교가 없고 신앙의 자유가 주어진 중부 식민지에서 가장 두드러졌다. 각 교 단의 비중 변화를 보여주는 이런 수치는 식민지에서 기독교가 점점 더 다 양한 모습을 띠어갔음을 보여준다. 물론 그런 다양성은 회중교회와 성공회 의 몰락이 아니라 다른 교파의 성장에서 기인한 것이었다.

교세의 증가는 교단의 조직과 결속 강화로 이어졌다. 교회 숫자가 늘어 나면서, 각 교단은 유럽 모교회를 본받아 전국적-지역적 교회 행정조직을 만들기 시작했다. 1685년 퀘이커는 연회를 개최하기 시작했고, 1707년 침 례교인들은 필라델피아 침례교협회를 조직했다. 장로교인들은 1706년 필 라델피아 노회를 만든 후 1716년에는 새로 생겨난 두 노회를 합하여 대회

---

[109] "Number of Congregations per Denomination, 1776." Finke and Stark, *Churching of America*, 25.

Synod까지 조직했다. 또한 독일 개혁교회는 목사들의 모임인 코에투스Coetus 를 필라델피아에 조직했고, 1748년 독일 루터교인들도 교단 조직인 펜실베 이니아 미니스터리움Ministerium을 만들었다. 한편, 코네티컷의 회중교회는 교회의 영향력과 권징勸懲을 좀 더 강화하기 위해 웨스트민스터 신앙고백 에 기초한 사보이 선언Savoy Declaration을 받아들였으며, 1708년에는 세이브 룩 플랫폼Saybrook Platform을 만들어 장로교적 교회정치 요소를 도입했다.[110]

교단 조직은 지역교회와 교역자들을 효과적으로 돕고 관리하며, 교단의 정체성과 통일된 신학을 형성하는 데 많은 도움이 되었다. 그리고 각 교단 조직은 기본적으로 유럽 제도를 가져온 셈이었지만, 독자적인 교단 조직을 만들기 시작했다는 사실은 식민지 교회가 결과적으로 유럽의 모교회로부 터 독립할 정도로 성장했음을 의미했다. 미국이 독립할 때까지 성공회가 북미 식민지에 주교를 파견하지 않은 것은 식민지의 교회를 영국 주교 아 래 두어 독자적 교회로 자립할 수 없게 하기 위함이었다.

각 교파 조직이 필라델피아를 중심으로 형성된 것은 결코 우연이 아니다. 교파의 자유가 주어지고 공교회가 없는 중부 식민지, 특히 펜실베이니아와 델라웨어강 연안은 여러 교파가 와서 자리를 잡았고, 그 중심지인 필라델피 아는 종교적 수도와 같은 역할을 하고 있었다. 회중교와 성공회를 제외한 대부분의 기독교 교파들이 필라델피아를 중심으로 발전하게 되자, 각 교파 는 다른 교파와 경쟁하되 공존하면서 생존하는 것에 익숙하게 된다. 퀘이 커, 침례교, 장로교, 루터교 같은 교파의 지도자들은 조화를 이루며 살아갈 수 있도록 서로 협조했다. 로마 가톨릭을 제외하고 개신교 교파들 사이에서 벌어진 이와 같은 필요에 의한 상호 관용은 유럽에서는 그 유례를 찾기 어 려운 현상이었다. 각 교파가 교단 조직을 만들어 교단적 결속력을 강화해 나갔지만, 어느 교파도 압도적 힘을 가지지 못하고 다른 교파와 어울려 살 아가는 모습이 만들어진 것이다. 이것은 앞으로 국교가 없어지고 정치와 교

---

[110] 사보이 선언은 1658년 영국 회중교인들과 분리파들이 런던 사보이 호텔에 모여 채택한 신앙고백으 로 웨스트민스터 신앙고백에 기초하되 교회정치 부분을 좀 더 강화한 내용이었다.

회가 철저히 분리된 시장경제적 종교지형 속에서 한편으로 경쟁하되 또 한편으로는 서로 관용하며 공존하게 될 미국 기독교의 독특한 성격을 미리 보여주었다. 이제 각 교단의 미래는 이렇게 자유로운 종교시장에서 얼마나 매력적인 종교가 되어 사람들을 끌어들일 것인가에 달리게 되었다.

17세기 후반부터 북미의 영국 식민지 기독교가 겪게 된 이런 변화는 무엇보다 이민 증가로 인한 인구 급증에서 그 원인을 찾을 수 있었다. 인구 증가는 모든 식민지에서 보편적으로 나타난 현상이었다. 18세기 전반부 50년 동안의 변화를 보면, 뉴잉글랜드 인구가 9만 명에서 36만 명으로 4배 증가했으며, 중부(뉴욕, 뉴저지, 펜실베이니아의 경우 5만에서 27만)와 남부(10만에서 50만) 식민지에서는 5배 혹은 그 이상씩 급증했다. 인구 증가의 가장 큰 원인은 지속적인 유럽 이민과 아프리카 노예의 유입이었다. 단순히 식민지로 유입되는 사람의 수만 늘어난 것이 아니라 그들의 출신과 배경 또한 다양해졌다.

인구의 급격한 증가는 각 교회에 기회와 위기를 동시에 가져다주었다. 한편으로 교회는 기독교를 전할 수 있는 많은 대상을 가지게 되었다. 식민지의 종교 상황을 시장으로 비유하자면, 시장의 규모 자체가 크게 확장된 것이다. 그러나 다른 면에서 본다면 교회는 광활하고 독특한 식민지 환경에 적응하고 사람들의 필요와 생활감정에 맞는 종교를 만들어야 하는 과제를 안게 되었다. 대서양 연안의 정착지는 지역별로 대표적 항구를 중심으로 도시화, 다양화되어 갔다. 도시는 필연적으로 자본주의화, 세속화되어 갔으며, 세계주의적cosmopolitan 분위기를 만들어냈다. 도시 속의 종교는 그런 변화가 낳는 독특한 종교적 필요를 만족시켜야 했다. 그러나 기존 정착지에 사회경제적 계층구조가 확립되어 기회가 줄어들자 새로운 가능성을 찾아 대서양 연안을 떠나 더 내륙 깊숙이 들어가서 정착하는 사람들도 늘어났다. 교회도 이주민을 따라서 내륙으로 들어갔다. 광활하고 인구밀도가 희박한 서부 내륙의 개척지에는 도시를 중심으로 발달한 대서양 연안과는 전혀 다른 종교적 환경이 조성되었다.

남부의 경제가 노예노동에 의존하게 되면서 유입된 아프리카 노예의 증가는 식민지 종교가 감당하기 힘든 비극적 상황이었다. 1680년경이 되자 노예는 전적으로 아프리카 출신자들을 의미하게 되었으며, 노예제도는 합법적인 제도로 확립되었다. 이 시기는 성공회가 남부 식민지에서 공교회로 자리 잡아가던 때였다. 남부의 공교회인 성공회는 노예를 인간으로 인정하여 개종의 대상으로 삼으면서 노예제도는 지지하는 이중적 입장을 취했다. 플랜테이션에서 저질러지는 노예에 대한 온갖 "극악무도하고 비인간적으로 잔혹한" 악행을 목격하고 그것을 강력하게 비판한 한 성공회 신부도 성서가 주인에 대한 종의 "절대적이고 완전한 복종"을 요구한다며 노예제도 자체는 옹호했다.[111] 다른 교파들도 이 점에서는 대동소이한 입장을 보였다. 노예들은 노예라는 신분이 주는 극한의 상황 때문에 유럽 출신 주민들과 근본적으로 구별되었다. 또한 그들은 유럽인들과 전혀 다른 생활감정 및 종교 전통을 가지고 있었다. 따라서 노예들에게 전해진 기독교의 운명은 이와 같은 종교 상황에 얼마나 잘 적응하고, 그런 상황에 처한 사람들의 종교적 필요에 어떻게 응할 것인지에 달려있었다. 식민지 종교 전체의 운명도 이와 크게 다르지 않았다.

대각성

흔히 제1차 대각성First Great Awakening이라 불리는 일련의 감성적이고 폭발적인 종교현상은 식민지 시대에 일어난 종교적 사건 가운데 특히 많은 주목을 받아온 현상이다. 대각성은 어떤 특정한 사건이라기보다 종교적 부흥현상들이 광범위하고 연속적으로 발생하고 그것이 종교적 차원을 넘어 국가적인 파장을 일으킬 때, 그리고 그런 현상이 주기적으로 나타날 때 사용하는 용어

---

[111] Travis Glasson, *Mastering Christianity: Missionary Anglicanism and Slavery in the Atlantic World* (Oxford: Oxford University Press, 2012), 50, 51.

다. 대각성의 구성요소인 종교적 부흥은 무엇보다 감성적으로 고양된 부흥
회적 분위기 속에서 고통스런 죄의식, 신과의 직접적이고 개인적인 교감, 그
리고 확실하고 격렬한 회심의 경험이 나타나는 종교현상이다. 이런 점에서
제1차 대각성은 독일 경건주의와 일맥상통했다. 경건주의는 감성적 종교경
험을 중요시하고 개인 경건과 영성을 추구하여 17세기 후반부터 18세기 초
반 사이에 독일, 네덜란드, 스코틀랜드와 아일랜드계 교파를 중심으로 유럽
과 북미 기독교에 많은 영향을 주었다. 감성적-경험적인 대륙계열 기독교의
대대적인 발흥은 식민지 기독교의 주축을 이루고 있던 교리적-이성적 기독
교에 대한 일종의 반란과 같았다. 대각성이 일어난 장소, 참여한 사람, 그리
고 그 파급효과는 이런 점을 잘 보여주었다.

　비상한 종교적 각성의 첫 징조는 중부 식민지에서 일어났다. 유럽대륙 경
건주의의 영향을 받은 네덜란드 개혁교회 목사 테오도르 프렐링하위센은
1720년 이주해온 이래 뉴저지에서 네덜란드계 주민을 대상으로 일하고 있
었다. 그는 부흥회를 통해 개인의 회심과 거룩한 삶을 가르치면서 많은 개
종자를 낳았다. 프렐링하위센은 종교적 갱생regeneration의 경험과 구원의 확
신이야말로 기독교인의 참된 표시라고 믿었다. 비슷한 시기에 이민 온 스코
틀랜드계 아일랜드 성공회 신부 윌리엄 테넌트William Tennent, Sr.(1673 ~1746)
도 실천적 경건과 선교에 대한 열심이 가득 찬 사람이었다. 식민지에서 장
로교 목사가 된 그는 자신의 신학을 퍼뜨리기 위해 1726년 펜실베이니아 느
세미니Neshaminy에 통나무집을 짓고 제자를 키우기 시작했다. 정규 학교에
서 공부한 교역자들로부터 '통나무대학log college'이라고 멸시받던 이 신학교
에서 테넌트는 자신의 아들 세 명을 포함하여 20여 명의 장로교 목사를 배
출했다. 이 학교 졸업생들은 테넌트에 의해 경건주의적이고 선교에 열심인
사람으로 훈련받았고, 대각성 기간에 장로교 부흥사로 활약했다.

　아버지가 운영한 통나무대학에서 공부하여 목사가 된 길버트 테넌트
Gilbert Tennent(1703~64)는 프렐링하위센이 교역하고 있던 곳에서 가까운 뉴
저지 뉴브룬스윅New Brunswick에서 일을 시작했다. 그는 프렐링하위센으로

부터 큰 영향을 받아 개종을 교역의 주목적으로 삼게 되었다. 길버트가 회심을 겨냥하고 열성적인 설교와 목회상담을 행하자 뉴브룬스윅과 뉴욕의 스태튼 아일랜드Staten Island 사이에 있던 여러 교회에서 부흥이 일기 시작했다. 그리고 그의 형제 존과 윌리엄도 뉴저지에서 조금씩 신앙부흥을 일으켰다.

한편, 청교도의 아성 매사추세츠 변두리인 노스햄프턴Northampton에서는 영향력 있는 회중교회 목사 솔로몬 스토다드가 뉴잉글랜드 교계에 큰 파문을 던지고 있었다. 그는 이미 17세기 후반부터 기존의 청교도 신학에 도전하는 새로운 실험을 하였다. 점점 청교도 전통에서 멀어지는 2세대를 위해 '절반의 계약' 제도를 제안하기도 했던 그는 교육과 엄격한 과정을 통해 구원이 점진적으로 얻어진다고 보는 전통적 청교도 신학에 반기를 들었다. 스토다드는 신의 영광을 개개인이 직접 경험함으로써 회심回心conversion이 이루어진다고 주장했다.

스토다드는 설교를 통해 전해지는 신의 말씀이야말로 구원의 유일한 원천이라고 보았다. 그는 죄인의 영혼을 회심시켜 구원하는 것이 목사의 역할이라고 생각했으며, 거기에 기여하는 것을 일생의 사명으로 여겼다. 스토다드는 심판과 지옥의 고통을 생생히 묘사하는 설교를 통하여 사람들을 회심시키려 했다. 회심을 경험의 차원에서 이해한 스토다드는 회심한 사람과 그렇지 않은 사람을 철저히 구별하여, 회심한 사람은 자신의 구원을 확신할 수 있다고 보았다. 그는 만약 어떤 청교도 공동체가 오랫동안 회심하지 않은 채로 있다면 그것은 목사 자신이 회심하지 못했거나, 아니면 그의 설교가 회심을 일으키기에 부족하기 때문이라고 여겼다. 이것은 구원이 오직 신의 뜻에 달려있기 때문에 인간은 자기 구원을 확신할 수 없다는 청교도의 신학적 전통에 정면으로 위배되는 견해였다.

보스턴의 코튼 마터를 비롯한 회중교회 지도자 대부분은 스토다드의 신학을 수용하지 않았다. 회중교회 주류는, 특히 성찬식이 회심에 효과가 있다고 믿으면서 교인이 아니더라도 도덕적으로 흠이 없는 모든 사람을 성찬식에 환영한 그의 '열린 초대open admission'를 반대했다. 그러나 교회 부흥을 위한 스토다드의 개방적이고 혁신적인 신학은 뉴잉글랜드의 개척지인 서부 매사추세츠와 인근 코네티컷에서 환영받았다. 회중교회 주류는 그를 "교황 스토다드"라 불렀고, 원주민들은 "영국인들의 신"이라고 지칭했다.[112] 그의 정치적, 종교적 영향력은 실제로 교황 못지 않았다. 그런데 노스햄프턴이 대각성의 진정한 주역이 된 것은 스토다드 사후였다.

조나단 에드워즈

스토다드는 예일대학에서 공부한 외손자 조나단 에드워즈Jonathan Edwards (1703~58)를 자신의 교회에서 목사로 안수하고 일하게 했다. 예일대학은 하버드대학 졸업생들이 코네티컷에서 일할 목사와 평신도 지도자를 배출하기 위해 1701년에 만든 학교였다. 1729년 스토다드가 사망하자 에드워즈는 노스햄프턴 교회를 담임하게 되는데, 이때 그 교회는 뉴잉글랜드에서 보스턴 제1교회와 제2교회 다음으로 크고 영향력 있는 교회였다. 미국 기독교 역사를 대표하는 신학자일 뿐 아니라 세계 지성사의 거인 중 한 명으로 평가되는 에드워즈는 칼뱅주의적 청교도 신학 전통을 견지하면서 교회 부흥에 관한 스토다드의 열심을 발전시켜 부흥운동의 신학적 근거를 탁월하게 제시하였다.

조나단 에드워즈는 평생 6만 쪽 분량의 육필 원고를 남겼는데, 그 방대한 저술 가운데 많은 수, 특히 1737년부터 1746년 사이의 저술은 부흥운동을 옹호하고 설명하기 위한 설교나 논문이었다.[113] 그의 신학 중심에 있는 것은 신의 주권sovereignty과 인간의 부패depravity라는 개혁주의 신학이었다. 그는

---

[112] Perry Miller, "Solomon Stoddard, 1643~1729," *Harvard Theological Review* 34/4 (Oct. 1941): 278, 279.

[113] 예일대학 조나단 에드워즈 센터Jonathan Edwards Center는 1954년부터 에드워즈 전집*The Works of Jonathan Edwards*을 발간했다. 그러나 전체 26권의 이 방대한 전집도 그의 저술 전체 절반도 반영하지 못한다. 따라서 조나단 에드워즈 센터는 그의 모든 육필 원고와 그것을 활자화한 문서 데이터베이스를 온라인으로 접할 수 있도록 작업하고 있는데, 2023년 9월 18일 현재 총 73권이 편집되었다. http://edwards.yale.edu 참조.

그 중심 주제를 경험에 근거하여 해석하고 그것을 지옥의 실재, 중생重生new birth에 의한 회심의 필요성 등과 결합한 설교를 행했다. 다른 부흥사들과 마찬가지로 그에게 구원이란 '가슴heart'의 변화와 관련 있었다. 에드워즈가 자기 교회에서 비상한 부흥의 조짐을 감지한 것은 1734~35년경이었다. 그의 기록에 의하면 그가 노스햄프턴 지역에서 행한 일련의 설교를 듣고 수백 명이 회심하는 현상이 일어났다. 에드워즈의 딸 에스더 버Ester Edwards Burr(1732~58)가 경험한 것처럼 부흥회는 신을 "느낄 수 있을 정도로 가까이sensibly near" 만나게 해주었고, 그것은 "천국을 미리 맛보는 것"과 같았다.[114] 에드워즈는 노스햄프턴과 그 근교에서 발생한 이 "하나님의 비상한 섭리의 베풂"을 자세히 기록하여 발간했다.[115] 기독교 회심에 관한 그의 견해를 탁월하게 제시한 이 책자는 식민지뿐 아니라 잉글랜드와 스코틀랜드에서도 널리 읽혀, 그와 비슷한 영적 부흥을 모색하던 존 웨슬리 같은 사람들에게 하나의 실천적 모델을 제공했다. 에드워즈는 부흥사와 신학자로 국제적 명성을 얻었고, 많은 목사와 전도자들이 그를 찾아 노스햄프턴으로 왔다.

부흥현상이 식민지 여러 지역으로 확산되던 1741년 에드워즈가 코네티컷 엔필드Enfield에서 행한 "화난 하나님의 손에 있는 죄인들"이라는 설교는 이후 청교도적 부흥설교의 전형으로 기억되고 있다. 완고한 회중을 각성시키기 위한 이 설교는 모든 인간이 지고 있는 죄의 엄청난 무게, 죄에 대한 거룩한 신의 분노, 그리고 언제 닥칠지 모르는 무서운 심판을 생생하게 묘사하며, 구원받지 못한 죄인들이 지옥에서 받게 될 감당할 수 없을 정도로 "맹렬한 신의 분노"를 경고했다.[116] 그의 불같은 설교는 회중에게 엄청난

---

[114] Esther Edwards Burr, *The Journal of Esther Edwards Burr, 1754~1757*, ed. *Carol F. Karlsen and Laurie Crumpacker* (New Haven: Yale University Press, 1984), 293~96, Documentary History I, 174~76. 에스더는 에드워즈의 셋째로서 1754년부터 쓴 일지는 당시 여성의 삶에 관한 중요한 사료다. 그의 남편 아론 버Aaron Burr, Sr.는 프린스턴대학 총장을 지냈고, 그들의 아들 아론 버 2세는 제3대 미국 부통령이 된다.

[115] Jonathan Edwards, *A faithful narrative of the surprising work of God…*(Boston: Kneeland and Green, 1738).

[116] Jonathan Edwards, *Sinners in the Hands of an Angry God*(New Kensington, PA: Whitaker House, repr. 1997), 21, 31, 45, 62.

충격을 주어 겁에 질린 사람들의 소란으로 여러 번 설교를 중단해야 했다고 전한다. 임박한 심판과 회개를 이렇게 극적으로 강조한 것은 인간 본성이 총체적으로 타락했다고 보는 그의 칼뱅주의적 견해 때문일 것이다. 여기에 더해진 것이 그의 종말론이었다. 그는 당시 식민지를 휩쓸고 있던 부흥의 물결이 서기 2000년경에 시작될 천년왕국millennium의 전조라고 믿었다.[117] 그러나 이 설교는 에드워즈가 행한 수많은 설교 가운데 유독 암울하고 무자비했다. 그가 행한 천 개 이상의 설교 가운데 이렇게 저주하는 듯한 설교는 10여 개에 불과했다. 신의 장엄한 영광에 압도당한 신학자였던 에드워즈는 지옥불과 죄인의 멸망이 아니라 신의 자비와 아름다움에 대해 훨씬 더 많은 설교와 저술을 하였다.

조나단 에드워즈가 대각성을 분석하고 변호하면서 쓴 많은 저술 가운데 특별히 중요한 것은 1746년에 발간된 종교적 감정에 관한 논문이었다. 이 책에서 에드워즈는 진정한 종교란 무엇인가에 대한 견해를 밝혔다. 그에 따르면 진정한 종교는 "거룩한 감정holy affections"에 있다. 여기서 그가 말하는 "감정"은 단순한 감동emotion이나 열정, 혹은 의지가 아니라, 중립적이거나 수동적인 입장에 있던 사람들로 하여금 마음이 내켜 무엇을 하도록 만드는 어떤 것이다. 그런데 사랑이야말로 모든 '감정'의 "처음이고 우두머리며…근원"이다.[118] 따라서 진정한 기독교는 종교적 감동의 양이나 강도가 아니

---

[117] 기독교 종말론은 계시록 20장 1절부터 6절까지에 나오는 "천 년"을 어떻게 해석할 것인가에 달려있다. 이 천 년을 문자적으로 해석하는 사람들에게 천년왕국은 그리스도가 재림하는 때부터 최후의 심판까지의 기간을 의미한다. 이 천 년 동안 그리스도는 지상에 낙원(천년왕국)을 건설하고 다스린다. 이런 견해는 그리스도가 천년왕국 이전에 재림한다고 하여 전천년설premillennialism이라고 불린다. 여기에 비하여, 인간이 천년왕국을 건설한 후 그리스도가 재림한다고 보는 견해가 후천년설postmillennialism이다. 인간의 역할과 상관없이 갑자기 도래한 그리스도에 의해 천년왕국과 최후심판이 이루어진다고 보는 전천년설과 달리 후천년설은 인간의 종말론적 역할을 강조하고 있어 훨씬 낙관적인 역사관을 가지고 있다. 조나단 에드워즈를 비롯하여 미국의 종말론적 사명을 강조한 사람들은 대체로 후천년설적 생각을 가지고 있었다. 한편, 계시록의 천년을 상징적 언어로 해석하여 천년왕국 자체를 상징적으로 이해하는 입장이 무천년설amillennialism이다.

[118] Jonathan Edwards, *A Treatise concerning Religious Affections* (Whitefish, MT: Kessinger Publishing, repr. 2004), 9, 19.

라 신을 사랑하고 신을 기쁘게 해드리도록 '가슴'이 바뀌는 데 있는 것이다. 에드워즈에 따르면 '가슴'의 변화는 '마음mind'의 변화와 달리 더 깊은 감정, 새로운 방향, 그리고 변화된 삶으로 이어진다. 결국 '거룩한 감정'은 자비롭고 거룩한 신으로부터 와서 인간의 지정의를 변화시키며 그리스도인다운 행동으로 열매 맺는 것이다. 에드워즈는 이 책에서 믿음의 근원을 신의 본성과 연결시켜 이해하는 칼뱅주의적 전통을 견지하였다. 그는 경험적, 감정적 종교현상인 대각성을 지지했지만, 일부 대각성 참여자들의 무책임하고 지나치게 열광적인 행태를 비판했다. 부흥현상을 넘어 종교적 경험 그 자체에 관한 심오한 심리학적, 철학적 성찰이 담긴 이런 논저들의 영향은 당대를 넘어서 윌리엄 제임스William James(1842~1910)의 고전적 명저《종교적 경험의 다양성Varieties of Religious Experience》(1902)같은 곳에서도 발견된다.

에드워즈는 칼뱅주의적 청교도 전통을 견지했다. 부흥운동과 스토다드가 끼친 영향 아래 이미 그 전통에서 멀어져 가던 노스햄프턴 지역 교인, 목사, 정치인들과 갈등을 빚을 수밖에 없었다. 그는 점점 만연하는 종교적 무관심을 극복하기 위해 만들어진 '절반의 계약' 제도나 외할아버지 스토다드가 도입한 '열린 초대'에 반대했다. 교회 가입과 성찬식 참여 기준을 느슨하게 만들면 교회에 너무 많은 불신자와 위선자가 들어오게 된다고 생각한 것이다. 그러나 18세기 중엽의 뉴잉글랜드는 이미 옛날 같은 청교도적 열심을 가진 곳이 아니었다. 노스햄프턴 교회는 엄격한 교인 자격을 유지하려는 에드워즈에게 사임을 권했다. 새로운 뉴잉글랜드가 전통적 뉴잉글랜드를 거부한 상징적 사건이었고, 식민지를 뛰어넘어 근대적 사상을 예비하던 대사상가가 세속적 근대화의 힘에 밀려난 역설적 사건이었다. 또한 그것은 뉴잉글랜드를 변화시키고 있던 사회-경제-사상적 힘들이 복합적으로 작용하여 나타난 현상이었다. 조나단 에드워즈는 1750년 노스햄프턴 교회를 사임한 후 매사추세츠 서쪽 변경 스톡브릿지Stockbridge에 가서 원주민 선교와 작은 유럽인 교회를 위해 일하였다.

조나단 에드워즈가 서부 개척지에 갔을 때, 뉴잉글랜드 부흥은 거의 끝나고 있었다. 스톡브릿지에서 피난처를 얻은 에드워즈는 그의 생애에서 가장 깊이 있는 신학적·철학적 글들을 썼다. 특히 《의지의 자유*Freedom of the Will*》(1754)는 그의 최고 걸작으로 이후 서양 사상사에서 가장 중요한 저술 가운데 하나로 평가되고 있다. 이 책에서 에드워즈는 의지를 "마음이 어떤 것을 선택하게 하는 힘"이라고 정의한 후 그것을 분석했다.[119] 그는 "모든 의지의 작동은 어떤 동기에 의해 일어난다"고 보았다. 결국 의지를 작동시키는 동기가 문제인데, 인간은 그 타락한 본성 때문에 죄 아니면 신의 은총에 따라 의지가 결정된다는 논지를 폈다. 인간 행위를 인간의 본성과 연결시켜 논한 이 책은 이후 벌어질 자유의지와 결정론에 관한 오랜 철학적 논쟁에 단초를 제공했다. 한편, 1758년 발간된 원죄에 관한 그의 저술은 인류 전체가 아담과 단일체이기 때문에 아담의 원죄가 그의 후손에게 "전가imputation" 되어 결국 인류 전체가 죄를 범했다는 이론을 대단히 정교한 형이상학적 논리로 설파했다.[120] 《의지의 자유》에서 밝힌 타락한 인간론을 이어나간 것이다.

식민지 변방에서 조나단 에드워즈의 지성이 더욱 빛을 발하자, 부흥운동을 지지하는 장로교인들이 1746년 새로 설립한 뉴저지대학College of New Jersey(이후 프린스턴대학)이 그를 학장으로 청빙했다. 1757년 말 에드워즈는 망설임 끝에 뉴저지로 향했다. 그러나 그 이듬해 봄 그는 천연두 예방주사를 장려하기 위해 본보기로 맞고 부작용으로 사망하고 말았다.

조지 휫필드

뉴잉글랜드에서 큰 부흥운동이 일어나는 데 조나단 에드워즈가 결정적 역할을 한 것은 사실이다. 그러나 그의 활동은 뉴잉글랜드를 거의 벗어나지 않았으며, 그의 영향은 주로 저술을 통해 이루어졌다. 강해설교, 부흥운동에 대

---

[119] Jonathan Edwards, *Freedom of the Will* (Grand Rapids, MI: Christian Classics Ethereal Library, 2000), 2, 52.

[120] Jonathan Edwards, *The great Christian doctrine of original sin defended*… (Boston: S. Kneeland, 1758).

한 철학적·신학적 옹호, 개혁주의와 새로운 뉴잉글랜드 신학 변증, 존재의 본질에 관한 기독교 철학, 그리고 창세기부터 자신의 시대까지를 섭리로 해석한 역사학 등을 포괄하는 그의 저술은 아직 완전히 출간되지 못했을 정도로 방대하다. 당대 사람들은 자신이 접한 몇몇 글만으로 그를 단편적으로 이해하기 마련이었다. 에드워즈의 영향력은 대중보다 목사와 지식인 사이에서, 오랜 기간에 걸쳐 발휘되었다. 이에 비하여 여기저기에서 다발적으로 일어나던 '가슴의 종교'에 대한 갈망에 불을 붙여 대각성을 식민지 여러 지역의 종교현상, 대중의 종교 경험으로 만드는 데 결정적 역할을 한 사람은 영국 성공회 전도자 조지 휫필드George Whitefield(1714~70)였다.

휫필드가 경건운동과 처음 만난 것은 웨슬리 형제가 옥스퍼드대학에 만든 신성클럽Holy Club에서였다. 1729년 결성된 신성클럽은 이성적이고 세속적인 옥스퍼드대학의 분위기에 반발하여, 성서적인 거룩한 삶을 살 것을 목표로 하는 경건주의 조직이었다. 신성클럽 회원들은 정기적으로 같이 모여 기도, 성경 공부, 단식을 했으며, 감옥과 가난한 가정을 방문하기도 했다. 그들은 모두 평민commoner이나 하인계급servitor 출신이었고, 옥스퍼드의 주류인 신사계급gentleman commoner은 그들을 깔보며 "성서 나방Bible Moths" 혹은 "규율주의자Methodists"들이라고 불렀다.[121] 휫필드는 웨슬리 형제의 경건주의로부터 큰 영향을 받았지만, 아르미니안주의자인 웨슬리 형제와 달리 청교도적 칼뱅주의 전통을 따르는 사람이었다. 그는 예정설 같은 신학적인 견해 차이 때문에 존 웨슬리와 결별하였다가 오랜 시간이 흐른 후에 화해하기도 했다.

휫필드는 다른 청교도 경건주의자들과 마찬가지로 경건한 삶을 살려고

---

[121] Harry S. Stout, *The Divine Dramatist: George Whitefield and the Rise of Modern Evangelicalism* (Grand Rapids: Eerdmans, 1991), 16~20. 당시 신사계급에게 옥스퍼드대학은 주로 지위의 재생산을 위한 곳이었으며, 오히려 평민 출신 학생들이 대학의 학문적인 면에 더 많은 관심을 보였다. 한편, 옥스퍼드는 매년 제한된 수의 하인계급 출신 학생을 받아들였는데, 이들에게는 등록금이 면제된 대신 신사계급 학생과 교수들을 위해 심부름, 청소, 빨래 등의 허드렛일이 부과되었다. 몰락한 여관집 아들인 휫필드는 하인계급에 할당된 자리로 입학허가를 받았다.

노력하면 할수록, 즉 신이 좋아하는 일을 해서 신을 만족시키려고 애쓰면 애쓸수록 오히려 신으로부터 멀어지는 것 같아 괴로웠다. 결국 그는 신이 무조건적으로, 대가 없이 은혜를 준다는 사실을 깨닫게 된다. 이것은 '새로운 탄생New Birth'의 경험으로 이어졌다. 구원하는 은총의 강렬한 경험을 뜻하는 이 중생의 체험은 횟필드에게 참된 기독교인이냐 아니냐를 판단하는 기준이 되어 이후 횟필드 부흥운동의 핵심이 되었다. 횟필드는 성공회 신도들로부터 절대적 존경을 받던 캔터베리 대주교 존 틸롯슨John Tillotson(1630~94)을 중생의 경험을 하지 못한 사람이라고 공격하기도 했다. 중생이라는 개념은 영국 성공회의 질서와 전통에 도전하는 강력한 무기가 될 수 있었다.

횟필드는 탁월한 설교자였다. 신성클럽을 통해 회심하기 전 연극에 매료되었던 그는 회심 후 극장을 사탄의 교회, 악의 소굴이라고 불렀다. 그러나 설교자가 된 이후에도 횟필드는 천부적인 연극적 재능과 청중의 감동을 일으키는 연극적 방법을 적절히 잘 구사했다. 하층계급 출신인 횟필드는 대중의 언어로 설교했고, 상상력과 극적인 효과를 사용하여 청중의 감정을 자극하는 데 탁월한 재능을 보였다. 그는 항상 원고 없이 눈을 감고 설교했는데, 놀라운 표현력을 지닌 극적인 목소리와 연극을 하는 듯한 몸동작, 엄청난 카리스마, 그리고 죄인에 대한 신의 관용과 자비, 그리스도에 대한 믿음을 통해 얻게 되는 평화와 행복을 강조하는 설교는 청중을 휘어잡는 마력을 발휘했다.

횟필드의 집회는 죄를 고백하며 엎드려 울부짖는 사람들, 중생을 경험하고 감격의 눈물을 흘리는 사람들로 흥분의 도가니가 되곤 했다. 횟필드의 집회에 참석했던 코네티컷의 한 청중은 그가 "거의 천사처럼" 보였으며, "위대한 하나님으로부터 온 권위"를 입고 있는 것 같아서 설교를 시작하기 전부터 전율스런 두려움을 느꼈다고 기록했다.[122] 횟필드의 설교는 마음에 새겨진 상처와 같은 지울 수 없는 감동을 주었다고 한다. 계몽주의적 이신론자Deist로서 종교를 철저히 이성적 차원에서 이해했던 벤자민 프랭클린

---

[122] Michael J. Crawford, "The Spiritual Travels of Nathan Cole," *William and Mary Quarterly* 33/1 (Jan. 1976): 92~94.

Benjamin Franklin(1706~90)도 횟필드의 설교가 청중에게 끼치는 "비상한 영향력"에 감탄을 금치 못했다.[123]

1736년 성공회 신부가 된 조지 횟필드가 처음 신대륙 식민지에 온 것은 고아원 건립을 위해 조지아를 잠시 방문한 1738년이었다. 이때 이미 영국에서 탁월한 설교자로 알려지기 시작한 그는 국제적인 칼뱅주의 부흥운동을 꿈꾸며 그 이듬해부터 식민지 전역을 다니며 본격적으로 전도집회를 하기 시작했다. 횟필드가 뉴잉글랜드에 가서 '신성한 불divine fire'을 지핀 것은 1740년 9월이었다. 횟필드를 자기 교회에 초대하여 설교하게 한 조나단 에드워즈는 그의 설교를 들으며 "집회 시간 내내" 눈물을 펑펑 쏟았다고 한다.[124] 횟필드는 식민지 미국의 아성인 보스턴에서 전례 없는 규모의 청중을 모았다. 그곳의 성공적 집회는 그의 명성과 부흥운동이 전 식민지에 퍼지게 된 결정적인 계기가 되었다.

횟필드는 잉글랜드, 스코틀랜드, 북미 식민지뿐 아니라 버뮤다Bermuda, 지브롤터Gibraltar, 그리고 네덜란드를 다니며 공식적 설교 집회만 1만 8천여 회를 가졌다. 그런데, 그의 설교가 가장 큰 반향을 일으킨 곳은 북미 식민지였다. 극적인 그의 설교는 아직 연극이라는 것을 제대로 접하지 못한 식민지 주민들에게 좋은 볼거리를 제공했고, 권위와 독단적 권력에 대한 그의 비판도 그들의 공감을 샀다. 그리고 무엇보다, 야외집회로 대표되는 횟필드의 탈규범적인 집회 방식은 대중을 지향한 그의 설교와 어울려 식민지 주민들의 생활감정과 맞아떨어졌다. 그는 1770년 설교 여행 중 매사추세츠에서 사망할 때까지 수시로 북미대륙에 와서 부흥회를 인도했다.

횟필드는 가는 곳마다 전례가 없을 정도로 엄청난 수의 청중을 모았다. 1739년 11월 필라델피아를 처음 방문했을 때 개최한 야외집회에는 약 6천 명의 청중이 모여들었는데, 이것은 당시 필라델피아 인구의 절반에 가까운

---

[123] Stout, *Divine Dramatist*, 90.

[124] George Whitefield, *George Whitefield's Journals* (London: Banner of Truth, 1960), 476~77.

수였다. 1740년의 첫 번째 보스턴 방문을 마치고 떠날 때에는 그를 마지막으로 보기 위해 3만 명이 보스턴 공원에 모였다. 이때 보스턴의 전체 인구가 2만 명이었다. 그날 휫필드가 마지막 설교를 통해 작별을 고하자 수많은 사람들이 눈물을 쏟았다고 한다. 음향장치도 없이 육성으로 설교해야 했지만, 그가 만 명이 넘는 청중에게 설교한 경우는 적지 않았다. 1741년 필라델피아에서 개최된 한 야외집회에 참석했던 벤자민 프랭클린은 휫필드의 목소리가 전달될 수 있는 엄청난 거리에 놀랐으며, 그가 한 번에 2만 5천 명의 청중에게 설교했다는 신문보도가 사실일 것으로 생각했다.

휫필드의 집회가 있는 교회는 예외 없이 청중으로 가득 찼으며, 미처 입장하지 못한 사람을 위해 그가 따로 설교해 주는 일도 많았다. 그의 설교를 듣기 위해 해당 마을이나 도시 전체의 인구보다 많은 청중이 몰리는 일도 종종 있었다. 휫필드는 야외설교의 개척자였다. 그는 지역의 교회에서 집회 장소를 빌려주지 않거나, 청중이 너무 많거나, 적당한 실내 공간이 없을 경우에는 기꺼이 야외에서 설교를 했다. 이후 야외설교는 부흥운동을 대표하는 한 현상으로 굳어져갔다. 특히 교회나 실내 집회 시설이 부족한 남부와 서부의 개척지에서 야외 천막 설교는 가장 효과적인 집회 방법으로 자리 잡아갔다.

조지 휫필드는 조나단 에드워즈와 전혀 다른 방식으로 부흥운동에 기여했으며, 이후 미국 기독교 역사에 항구적인 영향을 미쳤다. 18세기 초의 부흥현상이 대각성이라고 불릴 만큼 일관성 있고 전 식민지적 현상이었는지, 그리고 그 영향이 그렇게 중대하였는지에 대해서는 여전히 이견이 있다.[125] 이때의 대각성은 휫필드가 행한 일련의 부흥 전도 활동일 뿐이라고 생각하는 학자도 있는 것이다. 제1차 대각성에서 차지하는 휫필드의 위치는 그만큼 중대했다.

---

[125] 이에 관해서는 최근의 다음 연구들 참조: Frank Lambert, *Inventing the "Great Awakening"* (Princeton: Princeton University Press, 2021); Thomas S. Kidd, *The Great Awakening: The Roots of Evangelical Christianity in Colonial America* (New Haven: Yale University Press, 2007).

역사적인 관점에서 볼 때 횟필드가 남긴 가장 중요한 유산은 그가 현대 복음전도자, 또 나아가서 현대 복음주의의 한 전형을 제시했다는 데 있다. 무엇보다 횟필드는 기독교를 좀 더 민주적이고 대중적인 종교로 만드는 데 기여했다. 기독교를 성직자와 전통의 권위에 복종하는 의례儀禮적 종교에서 탈피시켜 개개인이 신을 만나서 그 위엄과 사랑을 느낄 수 있는 경험적 종교로 만든 것이다. 횟필드의 집회에 모인 수많은 청중 속에는 남녀노소, 식자와 무식자, 부유한 자와 가난한 자, 지배자와 피지배자가 섞여 있었다. 횟필드 설교의 핵심은 어떻게 하면 구원을 받을 것인가였고, 믿음과 '새로운 탄생'이라는 똑같은 답이 누구에게나 주어졌다. 이와 같은 민주적 원칙은 대중으로 하여금, 지배자와 다를 바 없거나 지배자도 체험한 적 없는 종교경험을 할 수 있게 해주었다.

횟필드는 신학적 논쟁에 관심이 없는 초교파적 사람이었다. 그는 아르미니안주의를 혐오하고 칼뱅주의 전통을 따랐지만, 칼뱅의 글을 단 한 편도 읽은 적이 없다고 말했다. 그가 아르미니안주의를 싫어했던 것도 어떤 복잡한 신학적 이유라기보다 구원이 신으로부터 일방적으로, 불현듯 온다는 그의 믿음과 아르미니안주의가 배치되었기 때문이다. 이 점을 제외한다면, 횟필드는 당시의 첨예한 교파적 이해관계로부터 초연하였으며, 그의 집회에는 온갖 교파의 사람들이 다 몰려들었다. 그에게 중요한 것은 신학과 교파가 아니라 진정으로 구원을 받았는가였다. 기독교의 핵심을 그리스도에 대한 믿음을 통한 중생의 체험이라는 것으로 단순화시킨 후 거기에 동의하는 모든 사람과 협력하는 한편, 거기에 반대하는 사람을 적대시하는 자세를 보였던 것이다. 초교파주의와 선악 이원론적 세계관이라는 두 대립적인 태도의 공유는 이후 현대 복음주의에 이르기까지 부흥회적 기독교의 중요한 특징 가운데 하나가 되었다.

조지 워싱턴Geroge Washington(1732~99)이 출현할 때까지 횟필드는 식민지 시대 전체를 통하여 가장 유명한 사람이었을 것이다. 가는 곳마다 엄청난 수의 청중을 모으고 그 이름이 식민지 전체에서 회자膾炙할 수 있었던 것은 그가 탁월한 설교자였기 때문만이 아니라 사업가, 기획가, 그리고 대중 연예인의 자질을 갖추고 있었기 때문이다. 자신의 존재를 알리기 위해 언론을 이용하는 데도 능숙했던 그는 전담반을 두고 자신의 존재를 선전하는 데 많은 돈과 노력을 들였다. 휫필드의 전도집회는 잘 계획되고, 잘 조직되고, 많은 돈을 들인 하나의 무대였다.

휫필드는 어떤 지역을 방문하기 전에 그 지역의 신문사 및 목사들과 편지로 교신한 후, 자신의 존재와 방문 사실이 대대적으로 알려질 수 있도록 하는 방법을 썼다. 종교가 세속적 언론의 중요한 취재거리가 된 것도 휫필드가 처음이었다. 그는 자신을 알리기 위해 언론뿐 아니라 벤자민 프랭클린 같은 출판업자와도 긴밀한 관계를 유지하며 일기를 출간하기도 했다. 휫필드는 자신을 하나의 상품으로 만들었으며, 전례가 없을 정도로 많은 금전적 사례를 받았다. 그는 교회의 위계와 권위는 공격하되 정치사회적 질서에 대한 언급을 교묘하게 피하면서 지역의 지도자들과 우호적인 관계를 맺어갔다. 그는 언론과 사적 네트워크를 통해 "대 순회전도자Great Itinerant"가 되었다.[126] 그렇게 만들어진 그의 이미지는 과장된 부분이 많았지만, 그는 그것이 자기 진면목인 것처럼 보이기 위해 노력했다. 휫필드가 이때 보여준 종교, 오락, 그리고 돈의 결합은 이후 복음주의 전도자들의 전형이 되었다.

휫필드의 부흥운동은 자신에 대한 대중의 인기를 바탕으로 철저히 대중의 자발적인 참여에 의존했다. 그리고 그의 집회는 과거와 같이 일요일에 행해지는 종교집회가 아니라 주중에 다른 세속적 흥밋거리와 경쟁하는 볼거리를 제공했다. 이런 점에서 그의 부흥운동은 전통적 제도교회의 테두리를 뛰어넘어서 종교가 자유시장경제적 상황에 놓인 새로운 시대를 열어놓고 있었다. 조지 휫필드와 함께 기독교는 중생이라는 상품을 가지고 이제 막 태동하던 소비자 시대에 종교 소비자를 찾아 나선 새로운 종교가 되었다.

---

[126] Stout, *Divine Dramatist*, xiii.

대각성 이후

부흥운동이 끼친 영향

대각성같이 공개적으로 전통에 도전하는 새로운 현상은 그것에 동의하는 사람과 반대하는 사람을 나누어, 이전에는 보이지 않던 다양한 견해와 갈등을 표면으로 드러내는 역할을 하기 마련이다. 부흥운동은 종교적 열광을 긍정적으로 바라보면서 다른 매개체 없이 직접 신을 경험할 수 있게 해주었다. 경험적 신앙이 강조되면서 회심(혹은 중생)의 경험이 기독교 신앙의 핵심으로 등장하자 중생의 경험이 없는 목회자를 거부하고, 나아가서 기존의 제도교회 자체를 부정적으로 바라보는 경향이 생겼다. 따라서 부흥운동이 지나간 곳에는 그와 같은 감성적, 경험적 기독교를 받아들이는 사람과 그렇지 않은 사람, 그리고 전통과 질서의 변화를 원하는 사람과 그것을 수호하고자 하는 사람 사이에 큰 갈등이 빚어지곤 했다.

청교도의 중심이요 칼뱅주의의 아성인 뉴잉글랜드 상황은 특히 복잡했다. 대각성이 전파한 자유로운liberal 메시지를 받아들여 회중교회 조직에서 분리해 나간 사람이 있는가 하면, 조나단 에드워즈처럼 회중교회에 속해 있으면서 중생의 체험을 종교적 경험의 핵심으로 받아들인 사람이 있었다. 그런가 하면 부흥운동이 교회에 활력을 불어넣은 것은 반기면서 교회와 사회의 위계질서를 깨뜨릴까 두려워한 사람도 있었다. 한편, 예일대학 학장 티모시 커틀러Timothy Cutler(1684~1765)처럼 부흥운동이 불러온 "열광enthusiasm"이 과해져서 부흥운동에 참가하지 않는 모든 사람을 배척하는 "광기madness"를 부린다고 비판한 보수파나, 하버드대학 학장 찰스 촌시Charles Chauncy(1592~1672)처럼 계몽주의의 영향을 받아 부흥운동의 감성적 차원을 비판한 합리주의자도 있었다.[127] 꿈, 무아지경, 환상 같은 급진적 부흥운동 참여자

---

[127] William Stevens Perry, ed., *Historical Collections Relating to the American Colonial Church*, vol. 3 (New York: AMS Press [1969]; repr. of 1870~78 ed.), 350~51, Documentary History I, 168.

들이 보여준 온갖 이상한 현상은 전통주의자들을 경악시키기에 충분했다. 부흥운동을 비판한 사람들도 진지하게 거룩함을 추구하는 사람들이었지만, 그들에게 거룩함은 종교적 의무를 행하면서 평생 추구해야 할 무엇이었다. 그러나 부흥운동 참여자들은 자신들이 "무지와 어둠" 속에서 "반짝이는 빛"을 본 것으로 여겼다.[128] 그들은 '새로운 빛New Lights'이라 불렸다.[129]

뉴잉글랜드 회중교회와 함께 초기 대부흥을 주도했던 중부의 장로교인들도 뉴잉글랜드와 마찬가지로 대각성 와중에 극심한 분열을 경험했다. 부흥운동 참여자들이 목사에게 높은 도덕적 기준과 중생의 체험을 요구하자 부흥운동 반대자들이 크게 반발했던 것이다. 특히 길버트 테넨트가 1739년 3월에 행한 "회심하지 못한 목회의 위험"이라는 설교는 회심의 경험이 없는 목회자를 "옛 바리새인 선생old Pharisee-teachers"에 비유하여 많은 사람을 격노케 하였고, 결국 장로교단 분열의 단초를 제공했다.[130] 테넨트는 신약 시대 바리새인과 마찬가지로 대다수 식민지 목사가 그리스도에 대한 개인적 체험이 없고 성령의 인도를 받지 못하여, 신의 자식이 아니라 "자연인natural men"이기 때문에 그들의 목회는 소경이 소경을 인도하는 것처럼 위험하다고 주장했다. 그는 중생하지 못한 목사를 거짓 목자, 위선자라고 부르며 목사 선택에 조심하라고 경고하는 것으로 설교를 맺었다.

필라델피아 대회는 테넨트의 설교 내용을 문제 삼고 정식으로 항의서를 제출하였다. 이에 테넨트와 뉴브룬스윅 노회는 즉시 필라델피아 대회를 탈퇴하고 독자적으로 뉴욕 노회를 결성하였다. 장로교 신파New Side와 구파 Old Side의 분열이었다. 조나단 에드워즈와 조지 휫필드는 테넨트의 정죄定

---

[128] Douglas Leo Winiarski, *Darkness Falls on the Land of Light: Experiencing Religious Awakenings in Eighteenth-century New England* (Chapel Hill: University of North Carolina Press, 2017), 4.

[129] 'New Light'이라는 표현은 조나단 에드워즈의 책 《하나님의 놀라운 일에 관한 충실한 기록A Faithful Narrative of the Surprising Work of God》(1737)에 나오는 내용으로, 회심을 경험한 사람들이 죄와 구원을 이해하는 '새로운 빛'을 얻게 되었다는 의미였다.

[130] Gilbert Tennent, "The Danger of an Unconverted Ministry, Consider'd in a Sermon on Mark VI. 34," *The Great Awakening: Documents Illustrating the Crisis and Its Consequences*, ed. Alan Heimert and Perry Miller (Indianapolis: Bobbs-Merrill, 1967), 72~75.

罪하는 태도에 찬성하지 않았으며, 이후 테넨트도 교단 분열을 일으킨 자신의 무자비하고 공격적인 발언을 후회한 후 교단 재통합을 위해 노력했다. 그러나 테넨트 같은 지도자가 행한 이런 설교는 누구도 통제할 수 없을 정도로 흥분이 고양된 분위기 속에서, 절제력 없고 극단적인 전도자들이 어떤 설교와 행동을 했으며 어떤 혼란과 갈등을 일으켰을지 짐작할 수 있게 해준다. 횟필드에서 확인했던 바와 같이, 중생을 기독교 신앙의 핵심으로 보았던 부흥운동 지지자들은 교단 내에서 자신들과 견해를 달리 하는 사람들과 갈등을 일으키면서, 같은 견해를 가진 다른 교단 사람들과는 우호적인 관계를 유지하는 상반된 태도를 보였다.

대각성이 일으킨 큰 혼란과 분열에도 불구하고 역사는 부흥운동 지지자들이 지향했던 방향으로 흘러갔다. 특히 처음부터 넓은 종교적 다양성을 누리고 있던 중부 식민지 교회들은 대화가 불가능할 정도로 분열된 뉴잉글랜드와 달리 초기의 혼란을 극복하고 전반적으로 좀 더 평등하고 경건주의적인 경향과 덜 형식적인 교회를 받아들이게 되었다. 중부 식민지에 자리잡고 있던 영국, 독일, 네덜란드계의 여러 교파는 식민지에서 공교회 지위를 누리던 회중교회나 성공회보다 부흥운동이 가져온 새로운 기독교를 잘 수용했다. 횟필드가 전한 새로운 기독교는 제도에 의해 유지되는 것이 아니라 근본적으로 사람들의 선택과 자발적인 참여에 의해 발전하는 교회를 지향했다. 그것은 식민지 지배구조와 결탁하지 않은 교단들에게 훨씬 더 매력적이었다. 그런 점에서 볼 때 성공회가 대각성에 대해 냉담하게 반응한 데 비해서, 침례교와 감리교가 그 최대 수혜자로 등장했다는 사실은 놀랄 일이 아니다. 성공회는 식민지 지배계층의 종교로 정치와 긴밀하게 연결되어 있던 데 비해, 침례교는 철저한 정교분리를 주장했고 감리교는 성공회에서 출발했지만 주로 피지배계급을 위한 종교였다.

회중교회는 뉴잉글랜드의 공교회였다는 점에서 성공회와 비슷한 입장이었다. 그러나 부흥운동이 조나단 에드워즈, 조지 횟필드, 길버트 테넨트 같은 칼뱅주의자들이 주도한, 사실상의 칼뱅주의적 부흥운동이었다는 점에서 청교도적 칼뱅주의 전통 속에 있던 회중교회의 상황은 성공회와 크게 달랐다. 부흥운동의 영향으로 회중교회 주류에서 분리되어 나온 독립 회중 교회 교인들 가운데 많은 수는 침례교인이 되었다. 그들은 종교가 정치적 강제력에 의지하면 안 된다고 믿어 회중교회를 탈퇴했으며, 중생의 체험을 한 이후에 세례를 받아야 한다고 확신하여 유아세례를 부정했다. 뉴잉글랜드 침례교 지도자인 아이작 백커스Isaac Backus(1724~1806)는 목사, 조직가, 역사가로 활약했으며, 정교분리, 종교 자유, 그리고 미국 독립을 위해 투쟁하였다. 1764년에 설립된 최초의 침례교 고등교육 기관 로드아일랜드대학 College of Rhode Island(이후 브라운대학)은 뉴잉글랜드 침례교가 그동안 얼마나 성장했는지 상징적으로 보여주었다. 그런데, 뉴잉글랜드 침례교인들은 회중교회와 마찬가지로 대체로 칼뱅주의의 범주에 속했으며, 그들이 경험한 부흥도 전체적인 칼뱅주의 부흥의 틀 속에서 일어난 것이었다.

북부나 중부와는 달리 남부의 종교적 부흥은 뒤늦게 시작되었다. 조지 횟필드는 남부 중심도시인 조지아 사바나, 사우스캐롤라이나 찰스턴에서도 많은 청중을 모아놓고 설교했다. 그러나 남부는 성공회가 튼튼하게 자리 잡고 있었으며 사람들이 넓게 흩어져 살고 있었기 때문에 중부나 북부와 같은 즉각적인 부흥은 일어나지 않았다. 예를 들어, 사우스캐롤라이나의 성공회 주교대리 알렉산더 가든Alexander Garden(c.1685~1756)은 1740년 횟필드가 찾아와서 자신과 성공회의 영적 나태를 공격하자 종교재판을 열어 횟필드의 성공회 신부 자격을 정지시키려 했다. 그는 자신이 할 수만 있다면 횟필드를 출교시키겠다는 의견을 런던의 주교에게 전하기도 했다. 가든은 구원이 인간의 이성과 이해를 이용하는 "점진적이고 협력적인" 일이 아니라 "갑작스럽고 즉흥적인 일"이라고 가르쳐서 교육과 훈련을 받지 못한 사람들이 전도자로 나서게 한다고 횟필드를 맹렬하게 비난했다.[131] 그러나 남부에서 '자유주의자, 분파주의자, 그리고 열광주의자'들이 점점 많아지는 것을 성공회

---

[131] Gaustad and Schmidt, *Religious History of America*, 105.

제도권이 막을 수는 없었다. 뉴잉글랜드와 중부 식민지에서 부흥의 불길이 거의 꺼진 1750년대부터 부흥의 불길이 남부로 서서히 번져갔다.

남부에서 에드워즈와 휫필드가 말한 새로운 기독교를 전한다는 것은 그곳을 지배하고 있던 성공회와의 싸움을 뜻했다. 그 싸움이 가장 치열했던 곳은 성공회 조직이 잘 자리 잡고 있던 버지니아와 메릴랜드였지만 다른 지역에서도 많은 갈등이 있었다. 남부 부흥의 주역은 뉴잉글랜드 출신 침례교 전도자들이었다. 그들은 가난하고 무지한 농부와 아프리카 출신 노예들에게 '복음'을 전했다. 침례교인들은 작고 초라한 예배당에서 집회를 했으며, 필요에 따라 야외와 가정에서도 모였다. 이것은 권력과 지위의 상징이 된 성공회의 크고 화려한 성당과 비교되어 침례교의 특징과 매력을 극명하게 보여주었다. 남부 식민지에서 침례교가 세력을 확장하면서, 농업에 종사하면서 설교자로 활동하는 방식이 침례교의 새로운 전통으로 확립되었다. 자작농yeoman이던 농부–설교자들은 주중에는 농사를 짓고 일요일에는 설교를 하였다. 이와 같이 새로운 형태의 목회 방법은 정식으로 훈련받은 목사가 태부족한 남부와 개척지에서 침례교가 급속도로 성장할 수 있는 토대가 되었다.

늘 제도권으로부터 핍박받는 입장에 있던 침례교는 모든 계층에게 '살아 있는' 신앙을 전하는 독특한 능력을 발휘했다. 침례교는 특히 하층민들을 성공적으로 포용하여 그들이 남부 기독교의 새로운 세력으로 등장하게 만들었다. 그런데 원래 침례교 주류였던 필라델피아 협회의 '특정(혹은 정규)' 침례교인들은 대각성 와중에 뉴잉글랜드 회중교회에서 분리해 나온 사람들의 영향을 받은 남부의 '분리Separatist' 침례교인들이 지나치게 감정적이며 훈련받지 못했다고 의심하여 탐탁지 않게 여겼다. 이 두 분파 사이의 화해와 협력은 미국 독립 이후에야 이루어졌다. 이런 갈등에도 불구하고 뉴잉글랜드와 남부에서 침례교는 비약적으로 세력을 확장하였다. 1776년 침례교는 뉴잉글랜드에서 회중교회(뉴잉글랜드 교회 전체의 63퍼센트) 다음 가는 교세(15.3퍼센트)를 가지고 회중교의 아성에 도전할 만큼 성장해 있었으며, 남부에서는 성공회(남부지역 교회 전체의 27.8퍼센트)를 제치고 가장 큰 교단(28

퍼센트)이 되어 있었다.[132] 이것은 대각성 이전까지 중부 이외에는 그 존재 자체가 미미하던 상황과 비교해 볼 때 실로 놀라운 변화였다. 그리고 이 변화는 단순히 한 교단의 성장이 아니라 그것이 가능하게 된 미국 종교지형의 근본적인 변화를 말하고 있었다.

침례교와 더불어 대각성의 가장 큰 수혜자로 등장한 것이 감리교였다. 성공회 내의 경건주의 운동으로 시작한 감리교는 1760년대에 식민지로 전해졌다. 부흥, 개인적 경건, 신과 이웃에 대한 헌신, 그리고 평신도 사역으로 특징지을 수 있는 감리교 운동은 성공회에 속해 있으면서도 '가슴의 종교'를 원하던 많은 사람에 의해 받아들여졌다. 감리교 설교자들이 가장 큰 성공을 거둔 곳은 성공회가 튼튼하게 자리 잡고 있던 메릴랜드와 버지니아였다. 특히 이 가운데 메릴랜드는 식민지 감리교의 중심지가 되어, 1773년에 1천 1백 명을 넘어선 감리교인의 절반 이상을 그곳에서 발견할 수 있었다. 식민지 감리교의 태동에 가장 중요한 역할을 한 사람은 프란시스 애즈베리Francis Asbury(1745~1816)였다. 그는 1771년 처음 북미에 온 이래 총 30만 마일의 전도여행을 다니면서, 말을 타고 오지를 찾아다니는 감리교 순회전도자circuit rider의 전형을 보여주며 식민지(이후 미국) 감리교의 기초를 놓았다. 그러나 존 웨슬리가 살아있는 동안 감리교는 성공회에서 독립하지 않았으며, 그의 뜻에 따라 영국에 대한 충성을 견지했다. 이후 독립전쟁의 와중에 큰 어려움을 겪어야 했던 이유다.

사회적 소수들

대각성의 목표 가운데 하나는 신앙 행위를 좀 더 민주적이고 평등하게 만드는 것이었다. 부흥운동의 이런 차원을 가장 잘 드러낸 것은 침례교 여성 활동이었다. 많은 침례교회는 여성들이 교회의 여러 사안에 대해 발언을 하고

---

[132] Finke and Stark, *The Churching of America*, 25, 29~30.

투표권을 행사할 수 있도록 허락했다. 이런 현상은 부흥운동의 결과물로 생겨난 뉴잉글랜드의 침례교회에서 특히 두드러졌으며, 펜실베이니아 지역 침례교회에서도 발견되었다. 침례교 여성은 문제를 일으킨 교인을 징계할 때나 목사를 선출할 때 투표권을 가졌다. 그리고 어떤 침례교회에서는 모든 교인의 평등을 상징적으로 보여주는 발 씻는 의식에 여성이 참여하였다. 필라델피아 침례교 연합에서 여성의 투표권을 없애려는 시도가 있을 때는 여성들이 나서서 자신들의 권리를 강력하게 주장하여 지켜내기도 했다.

여성의 인권과 재산권이 존중되지 않던 시대에 교회에서 여성의 독립적 권리가 인정되지 않는 것은 당연했다. 식민지 시대 여성은 선거권이 없었으며 결혼할 경우 자기 소유의 재산에 대해서도 독자적으로 재산권을 행사할 수 없었다. 자본주의가 발달하면서 일터와 가정이 분리되자, 중산층을 중심으로 여성이 생업에 종사하지 않고 가정에 머물 수 있게 되었다. 이에 따라 여성과 남성은 두 개의 완전히 분리된 영역에 속하는 것으로 점차 인식되었다. '여성의 영역woman's sphere'은 '가정domesticity'이었다.[133] 가정을 꾸리고, 자녀를 낳아 기르며, 남편을 보필하는 것이 여성의 고유한 일로 생각되었다. 이에 비해서 남성들은 가정의 바깥, 즉 일과 정치로 대표되는 세상의 주인이었다. 이와 같은 성역할 이원화와 더불어 여성은 남성보다 도덕적으로 우월한 존재라는 인식이 시작되었다. 이후 "참된 여성성 숭배cult of True Womanhood"라 불리게 된 이 여성관은 여성을 가정에 머물게 하고, 여성에게 가정의 순결과 유지를 책임지우기 위해 가부장적 사회가 만든 일종의 지배이데올로기였다.[134] 그러나 중산층 여성 입장에서 볼 때, 여성의 영역, 여성의 종교성과 도덕성 등의 가정 이데올로기는 적어도 여성을 열등한 존재로 여기던 과거의 관점으로부터 진일보한 것이었다.

---

[133] 이에 관해서는 다음의 대표적 연구 참조: Nancy F. Cott, *The Bonds of Womanhood* (New Haven: Yale University Press, 1977).

[134] Barbara Welter, "The Cult of True Womanhood: 1820~1860," *American Quarterly* 18/2 (Summer 1966).

여성이 남성보다 도덕적으로 우월한 존재라는 사회적 통념은 여성이 교회 신자의 대부분을 이루고 있다는 현실적인 상황과도 일치했다. 1691년 코튼 마터는 "세상에는 거룩한Godly 남자보다 거룩한 여자가 훨씬 많다"고 했는데, 그 상황은 21세기까지 변하지 않았다.[135] 식민지 미국은 대부분 개척지 상태였고, 힘들고 험한 개척지는 남자들의 세계였다. 여성의 비율이 오히려 많았던 뉴잉글랜드를 제외한다면, 모든 식민지에서 남성이 여성보다 훨씬 많았다. 그리고 개척지적 상황에 가까운 지역일수록 인구에서 남성이 차지하는 비율은 높았다. 그럼에도 불구하고 대부분의 교회에서 여자 교인은 남자 교인 수를 훨씬 상회했으며, 여자가 남자의 두 배가 넘는 곳도 적지 않았다. 여성들은 교회정치와 교권으로부터 철저하게 소외되었지만, 세례식, 결혼식, 장례식같이 가정과 긴밀하게 연결된 의례와 미성년자의 종교교육에서 핵심적 역할을 담당했다. 결국 여성의 존재는 교회의 유지와 발전에 결정적인 요인으로 작용했고, 여성이 적은 개척지는 선교와 교회 건설에 많은 어려움을 겪지 않을 수 없었다.

세계 다른 곳에서와 마찬가지로 여성은 식민지 미국 교회의 신앙과 활동을 현실적으로 주도하고 있었다. 여성의 활발한 종교 활동으로 말미암아, 여성은 남성보다 도덕적으로 우월할 뿐 아니라 선천적으로 더 종교적인 존재로 여겨졌다. 남자들의 영역이라고 정의되어 버린 '세상'으로 진출하는 것이 차단된 여성들은 교회가 주는 기회를 충분히 활용하였다. 종교가 여성의 영역으로 되어가자 여성 가운데 신학적 문제에 관해 대단한 식견을 가지게 된 사람도 있었다. 로드아일랜드 뉴포트에서 노예와 유럽계 주민을 상대로 부흥집회를 이끌었던 사라 오스본Sarah Osborn(1714~96)이 대표적이다.

정신적·육체적 질병과 가족의 비극을 겪은 오스본은 휫필드와 길버트 테넌트의 부흥집회에서 영향을 받고 1740년대부터 그 지역 최고의 칼뱅주의 부흥운동가가 되었다. 삶의 혹독함을 내세에 대한 소망을 통해 극복하

---

[135] Cott, *Bonds of Womanhood*, 127.

고자 했던 그녀의 설교는 힘겨운 삶을 살아야 했던 사람들, 특히 노예들에게 큰 위로가 되었다. 그녀의 집에서 매주 모인 집회에는 한 번에 500명이 모여 "놀라운 종교적 부흥"을 경험했다고 한다.[136] 그러나 여성이 '여성적feminine' 일에 집중하지 않고 지도력을 발휘하는 것을 공동체 질서를 해치고 가정의 평화를 깨는 행위로 여기던 사람들은 사라 같은 여성 지도자를 환영하지 않았다. 다행히 사라는 자기 교회의 진보적 목사인 사무엘 홉킨스Samuel Hopkins(1721~1803)와 신뢰 관계를 유지했으며, 죽기 전 회고록을 포함한 많은 분량의 저술 원고를 그에게 부탁하기도 했다. 홉킨스는 사라가 남긴 원고를 편집하여 1799년 출간했는데, 이 책은 이후 미국 종교사와 여성사에 중요한 사료가 되었다.[137]

신대륙에 있던 기독교 교파 가운데 가장 평등주의적인 것은 퀘이커였다. 퀘이커 공동체에서 여성은 남성과 동일한 발언권을 가졌다. 퀘이커 여성은 자신들만의 모임을 만들어서 자선과 결혼에 관계된 일들을 주관했으며, 퀘이커가 아닌 여자와 결혼하여 교회의 결혼 규정을 어길 경우 남자도 징계할 수 있었다. 식민지 미국의 교단 가운데 여성에게 독자적인 모임을 허락한 곳은 퀘이커 친우회가 유일했다. 물론 퀘이커 여성회가 남자들로부터 완전히 독립된 것은 아니었다. 그러나 남자 퀘이커들은 여성들의 모임을 인정하고 그 권위를 존중했다. 침례교 여성들은 퀘이커 여성과 같은 정도의 권리를 누리지는 못했다. 그럼에도 불구하고, 부흥운동의 영향을 받은 침례교 여성들은 교회 내 여성의 권익신장과 여성의 사회적 활동에서 선구적 역할을 하였다. 그러나 미국 건국 이후 침례교는 여성의 투표권을 정지시켰다. 이것은 시간이 가면서 침례교가 부흥운동 당시의 열심과 진보성을 상실하고 좀 더 전통적인 교회로 변해갔다는 사실을 의미했다.

---

[136] Catherine A. Brekus, *Sarah Osborn's World: The Rise of Evangelical Christianity in Early America* (New Haven: Yale University Press, 2013), 6.

[137] 홉킨스가 뉴포트 제1회중교회 목사가 된 데에는 사라 오스본의 역할이 컸다. 책 제목은 다음과 같다: *Memoirs of the Life of Mrs. Sarah Osborn, Who Died at Newport, Rhode-Island, on the Second Day of August, 1796 in the Eighty-third Year of Her Age*.

부흥운동은 사회적으로 여성보다 더 약자인 원주민과 노예들에 대한 관심도 증가시켰다. 부흥운동이 기독교 복음의 핵심을 개인의 체험에 기초한 중생으로 정리하자, 그동안 그런 복음에서 소외되었던 사람들에 대한 복음 전파에 관심이 크게 일었다. 매사추세츠의 모히칸Mohican족과 뉴저지의 델라웨어족에게 복음을 전하다가 스물아홉에 폐결핵으로 사망한 데이비드 브레이너드David Brainerd(1718~47)는 부흥운동이 고양한 선교에 대한 열정을 대표했던 사람이다. 그의 동생 존(1720~81)은 델라웨어족을 대상으로 복음 전파와 아울러 인도주의적 지원을 성공적으로 하였다. 원주민 개종자를 교육하여 선교사로 만들 목적으로 1769년에 세운 다트머스Dartmouth대학은 원주민 선교에 대한 회중교회 교인들의 높은 관심을 잘 드러내었다. 그러나 원주민 거주 지역을 자신들의 개척지로 여기고 그곳으로 계속해서 영역을 확장해 나가려는 유럽계 사람들의 욕심은 브레이너드 형제처럼 원주민들의 영혼과 물질적 진보에 진지한 관심을 가졌던 사람들의 노력을 수포로 만들었다.

　원주민보다 더 성공적인 선교의 대상이 된 사람들은 아프리카계 노예였다. 조지 휫필드, 길버트 테넨트, 그리고 사무엘 데이비스 등 여러 전도자들이 노예들의 개종에 관심을 가졌으며, 많은 개종자를 낳았다. 특히 장로교의 사무엘 데이비스는 버지니아 순회전도 기간 중에 노예들의 개종을 위해 애썼으며 그들을 위해 따로 집회를 마련하기도 했다. 그러나 다른 유럽계 사람들과 마찬가지로 전도자들은 노예제도 그 자체는 문제 삼지 않았다. 조나단 에드워즈와 조지 휫필드는 노예를 소유했으며, 휫필드는 조지아에서 노예제도 합법화 운동에 적극 동참했다. 그럼에도 불구하고, 감정을 적극적이고 열광적으로 표현하는 부흥집회 분위기는 노예들 속에 내재해 있던 아프리카의 역동적 종교성과 잘 어울렸다. 또한 신과의 인격적 만남을 통한 속죄와 해방을 강조한 부흥전도자들의 메시지는 노예들에게 지상의 고통을 인내할 수 있는 희망과 위로, 그리고 인간으로서 존엄성을 가져다 주었다. 여성에게 그러했던 것과 마찬가지로 부흥운동은 노예들에게 새로운 정체성과 함께 새로운 가능성을 열어놓고 있었다.

대각성을 경험한 지역과 교회는 폭발적으로 교인 수가 증가했다. 그러나 그것은 일시적인 현상이었다. 부흥운동이 식민지 전체 인구대비 교인 수의 장기적인 증가로 이어지지는 않았다. 특히 대각성의 열기가 식은 이후 독립전쟁이 끝날 때까지 식민지의 기독교는 대체적으로 쇠퇴하는 모습을 보였다. 식민지 시대의 미국은 종교적이라기보다 세속적인 세계였고, 대각성도 그런 상황을 근본적으로 바꾸어 놓지는 못했다. 그러나 에드워즈의 신학과 휫필드의 집회 방식은 식민지 기독교의 새로운 방향을 제시했고, 그것을 적극적으로 받아들인 교회를 성장시켜 식민지의 종교지형 자체를 바꾸어 놓고 있었다. 그리고 새로 건국될 국가의 종교는 그 새로운 방향으로 전개되었다.

제7장

건국과
종교

Declaration of Independence(1819)
John Trumbull
U.S. Capitol

독립선언서 초안을 검토하는 미국 건국의 아버지들

독립전쟁

점증하는 독립 욕구

7년전쟁의 일환으로 영국과 프랑스가 북미대륙에서 벌인 '프랑스와 인디언 전쟁'(1755~63)에서 북미 식민지 주민들은 영국의 편에서 프랑스에 대항해서 싸웠다. 영국과 함께 싸운 식민지 주민들은 절대왕정 체제를 가지고 가톨릭을 지지하는 프랑스를 악의 화신으로 여겼다. 그러나 전쟁에서 승리한 영국은 곧 식민지를 압박하기 시작했다. 7년전쟁을 치르면서 엄청난 빚을 지게 된 영국 정부는 의회 입법을 통해 1764년 설탕조례Sugar Act부터 1774년 퀘벡조례Quebec Act에 이르기까지 식민지에서 조세수입을 거두고 식민지를 좀 더 강력하게 통치하기 위해 10여 개의 법안을 연달아 통과시켰다.

영국 의회가 식민지를 대상으로 강압적인 입법들을 만들어 괴롭히자 식민지 주민들은 프랑스가 아니라 영국을 악과 폭정의 상징으로 여기기 시작했다. 식민지와 영국 사이의 갈등이 점점 악화되었다. 이 와중에 발생한 1773년 보스턴 차 사건Boston Tea Party과 그에 대한 영국의 보복은 영국과 식민지 사이 갈등을 심화시키고 식민지 주민들의 반영감정을 악화시키는 데 결정적인 역할을 했다.[138] 보스턴 차 사건에 대한 보복으로 만들어진 일련의 '강압조례Coercive Acts' 혹은 '참을 수 없는 조례Intolerable Acts'들은 보스턴항을 폐쇄하고 영국 군대가 필요에 따라 가정집까지 강제로 점령할 수 있게 하였다. 그리고 이어진 퀘벡조례는 미시시피강 동부와 오하이오강 북부 지역을 퀘벡에게 양도하고 퀘벡의 가톨릭 신자들에게 좀 더 많은 종교의 자유를 주는 조치였다. 미국 식민지 주민, 특히 개신교인들이 분노한 것은 당연했다. 많은 개신교인에게 가톨릭은 곧 정치·종교적 폭정의 상징이었다. 따라서 다른 일련의 강압적인 입법에 더하여 가톨릭교인의 권리를 증진시킨 영국의 조치는 식민지 주민들으로 하여금 영국 왕 조지 3세를 "네로Nero 같은 폭군"으로 여기게 만들었다.[139] 식민지 주민들은 북미 지역 식민지의 권리와 자유를 억압하고자 하는 영국의 대대적인 음모가 시작되었다고 점점 확신하고 있었다.

영국 식민지의 독립운동은 근본적으로 영국이라는 '폭군'과 싸운 정치적인 사건이었다. 식민지 주민들이 영국의 지배에 항거하기 시작한 것은 무엇보다 자신들의 동의나 참여 없이 일방적으로 제정된 입법을 통해 부과되던 각종 과중한 세금 때문이었다. 1765년 시행했다가 식민지 주민들의 거센 반발 때문에 그 이듬해 폐지된 인지조례Stamp Act는 이런 상황을 잘 보여주었다. 인지조례는 인쇄가 찍힌 거의 모든 물건에 대해 부과하는 직접세로서, 신문이나 책자는 물론이고 유언장, 계약서, 임명장 같은 문서, 그리고 심지어 주사위나 카드에도 부과되었다. 인지세는 현찰로 납부해야 했으

---

138 식민지에 대한 영국의 각종 세금 징수를 항의하기 위해 북미 식민지들이 차 보이콧을 하자, 영국 동인도회사는 중국산 차 판매가 급감하여 적자에 허덕이게 되었다. 이에 1773년 영국 정부는 동인도회사가 식민지에 직접 차를 팔 수 있게 하는 차조례Tea Act를 제정했다. 이것은 관세를 내지 않는 동인도회사가 식민지 상인들보다 차를 싼 값에 팔 수 있도록 한 조치였다. 이에 항의하여 대부분의 북미 식민지 항구는 동인도회사 배의 접안을 거부했다. 그러나 영국 정부가 임명한 총독이 있던 보스턴에는 영국 해군의 도움 아래 차를 하역하려는 계획이 진행되었다. 1773년 12월 13일 사무엘 애덤스Samuel Adams가 인도하는 '자유의 아들들Sons of Liberty'이 동인도회사 차를 가득 싣고 보스턴항에 정박해 있던 세 척의 배에 올라가 차 342상자를 바다에 던져버리는 일이 발생했다. 이 사건은 엄청난 파장을 일으켜 한편으로는 그와 유사한 반영항쟁을 낳았고, 또 한편으로는 영국 정부로 하여금 '강압조례'들을 만들게 하였다. 이 사건과 그 파장은 식민지들이 독립을 지지하게 만드는 결과를 낳아, 미국 독립전쟁의 중요한 원인 가운데 하나가 되었다.

139 Eran Shalev, "Empire Transformed: Britain in the American Classical Imagination, 1758~1783," *Early American Studies: An Interdisciplinary Journal* 4/1 (Spring 2006): 140.

며 미납자는 배심원 없이 재판을 받아야 했다. 식민지에서 이런 규모로 세금을 부과한 유례가 없었다. 인지조례가 모든 식민지 주민에게 영향을 미치자 이전까지 그런 정치적 문제로부터 소외되었던 하층 유럽계 주민, 아프리카계 주민, 그리고 여성들까지 처음으로 이 일에 관심을 가지게 되었다. 군중집회와 영국 제품 수입 금지를 포함한 대대적인 조세 저항에 직면한 영국 정부는 결국 인지조례를 폐지하고 말았다.

뉴잉글랜드를 중심으로 일었던 이른바 '주교 문제bishop question'도 식민지의 불만이 점점 증대되는 와중에 발생했다. 영국 성공회는 북미 식민지를 독립된 교회로 만들지 않기 위해 주교를 파견하지 않고 대리주교 commissary를 통해 교회를 운영해왔다. 그러나 식민지의 성공회는 주교 파견을 지속적으로 요구했고, 곧 주교 파견이 있을 것이라는 소문이 돌았다. 그러자 다른 교파들 속에서 성공회 주교 임명을 반대하는 목소리가 일었다. 사람들은 성공회 주교들이 영국에서 국교 반대자들에게 행한 심한 박해를 기억했고, 또 주교가 국교회 수장인 영국 국왕에게 충성한다는 사실도 알고 있었다. 주교 파견은 종교의 자유를 파괴하고 식민지 전체에 성공회를 강제하려는 의도로 받아들여졌다. 뉴잉글랜드와 중부 식민지의 여러 교회는 특히 비난의 목소리를 높였다. 그들은 주교 파견을 영국의 폭정이라고 비난하며 자유와 양심에 대하여 인지조례보다 더 큰 위협을 가하는 조치라고 주장했다. 주교 파견을 반대하는 이런 아우성은 성공회가 잘 확립된 남부에서는 들리지 않았다. 주교는 결국 파견되지 않았다. 그러나 주교 문제는 영국에 대한 비성공회 교인들의 생각과 감정이 어떤지 잘 보여주었다.

인지조례에 항의하는 과정에서 확인된 바에 따르면 식민지 주민 대부분이 원했던 것은 독립이 아니라 납득할 수 있는 수준의 자치였다. 그러나 식민지 내에 공화주의republicanism가 확산되면서 자치를 바라는 마음은 독립에 대한 욕구로 발전되어 갔다. 기독교적 가치관이 공화주의적 독립 정신 형성에 구체적으로 어떤 영향을 끼쳤는지는 분명하지 않다. 다만, 올리버 크롬웰 치하에서 영국 공화정을 주도했던 청교도주의는 권력이 본질적으로 타락하는 경향이 있다고 믿으며, 자유를 속박(죄 혹은 폭정)으로부터의 해방으로 해석했다는 점에서 공화주의와 일맥상통했다. 물론 식민지 공화주의에는 이신론이나 불가지주의agnostic적 요소가 뒤섞여 있었다. 그러나 특별히 칼뱅주의적 기독교인들에게 공화주의는 개혁주의적 세계관과 혼합될 수 있는 여지가 많아 독립전쟁에 당위성을 부여하는 데 기여했을 것으로 보인다.

각 교단의 태도

기독교인들이 식민지 독립운동에 보인 태도는 다양했다.[140] 다양한 신학적 가치관 이외에, 영국에 대한 태도, 사회질서에 대한 관점, 그리고 여러 가지 이해관계 등 복잡한 이유와 동기들이 얽혀있었다. 식민지의 독립을 지지했던 기독교인들은 종교적 의미를 부여하여 독립전쟁을 정당화했다. 어떤 사람은 정당한 전쟁belum iustum 이론을 동원하여 독립전쟁의 불가피함을 주장하는가 하면, 어떤 사람은 미덕virtue과 도덕morality을 해친 영국이 신의 규범을 어겼다고 공격했다. 또 어떤 사람은 영국과의 전쟁을 로마나 이집트, 혹은 지옥과 대항해서 싸우는 성스러운 전쟁으로 비유하기도 했다. 천년주의적 믿음을 가지고 독립전쟁을 적그리스도와의 싸움으로 이해하고, 독립전쟁이 그리스도의 재림을 준비하는 것이라고 의미 부여하는 사람도 있었다. 그리고 독립운동의 현장에 직접 뛰어들어 활동한 교역자도 있었다. 장로교 목사로서 뉴저지(프린스턴)대학 학장이던 존 위더스푼John Witherspoon (1723~94)은 독립운동 지도자이기도 했다. 그는 설교를 통해 불의한 폭정에 저항하는 일의 당위성과 악을 물리치고 정의를 이루는 신의 섭리에 대해 역설하였다. 독립선언서에 서명한 유일한 교역자였다. 다른 목사들 가운데도 독립운동에 사람들을 동원하거나 독립군에 군목으로 참전한 사람도 있었으며, 새롭게 탄생하는 각 주정부를 조직하는 데 참여한 사람도 있었다.

---

[140] 이 문제에 관해서는 다음 연구 참조: Mark A. Noll, *Christians in the American Revolution* (Vancouver: Regent College Pub., 2006).

독립전쟁을 지지하는 목소리는 뉴잉글랜드의 회중교회에서 가장 크게 들렸다. 영국과 갈등이 가장 컸고 무력 충돌이 처음으로 시작된 곳이 뉴잉글랜드였다는 점을 생각한다면 그것은 당연했다. 그러나 지역과 교단을 막론하고 독립이라는 목표에 동참하는 기독교인은 많았다. 중부와 남부에 있던 장로교인과 침례교인 가운데 많은 사람이 독립운동에 동참했다. 교세가 약하기는 해도 영어권 식민지의 상당수 가톨릭교인도 식민지의 반가톨릭적 분위기에도 불구하고 찰스 캐롤을 중심으로 독립을 지지했다. 성공회는 공식적으로 국왕에 대한 충성을 맹세하고 독립을 맹렬히 비난했다. 그러나 일부 신부들은 교회의 공식 입장에 반대하면서 영국을 비난하는 데 동참하기도 했다. 또한 평화주의자인 퀘이커 친우 가운데도 교회의 전통적인 반전주의를 거부하고 독립전쟁을 지지했던 '자유 퀘이커들Free Quakers'이 있었다.

물론 독립을 반대하고 영국에 대한 충성을 견지한 사람도 적지 않았다.[141] 전체적으로 13개 식민지 거주민의 5분의 1에서 3분의 1에 해당하는 사람들이 영국에 대한 충성을 지킨 것으로 보인다.[142] 성공회 신부와 교인들은 성공회 수장이 영국 국왕이고, 신이 세운 권위에 복종해야 하며, 독립은 사회의 안정과 질서를 파괴한다는 이유로 국왕에 대한 충성을 선택했다. 남부보다 뉴욕과 뉴저지 지역 성공회가 더욱 단호하게 독립에 반대했다. 식민지 안에 주교가 없는 상태에서 성공회 신부들은 대부분 SPG에서 파견된 선교사들이었다. 그들은 영국을 고향으로 여기면서 식민지에는 뿌리내리지 못한 사람들이었다. 반영국 감정이 점증하던 1760년대부터 독립 직전까지 성공회 신부들은 주교 파견을 줄기차게 요청했다. 성공회 신부 가

---

[141] 이들의 신학적 논리에 대해서는 다음 연구 참조: Gregg L. Frazer, *God against the Revolution: The Loyalist Clergy's Case against the American Revolution* (Lawrence: University Press of Kansas, [2018]). 이들은 충성파Loyalists, 토리당Tories, 혹은 '왕의 사람들King's Men'이라고 불렸으며, 이에 비해서 독립전쟁에 참여한 사람들은 애국자Patriots, 휘그당Whigs, 반란군Rebels 등으로 불렸다. 한편, 당시 영국의 북미 식민지 가운데 오늘날 캐나다 영토에 속하는 노바 스코티아, 뉴펀들랜드, 퀘벡(오늘의 퀘벡과 온타리오), 나중에 미국의 영토가 된 동플로리다(오늘의 플로리다), 서플로리다(오늘의 루이지애나, 미시시피, 앨라배마, 플로리다 일부)는 독립전쟁에 참여하지 않았다.

[142] Noll, *A History of Christianity*, 122.

운데는 주교제도가 군주제와 어울린다면서 공화주의를 비난하거나, 독립 전쟁을 두고 역사상 가장 우발적이고 정당한 이유가 없는 반란이라고 공격 하는 사람도 있었다. 이런 태도 때문에 식민지의 성공회는 독립을 지지한 대부분의 식민지 주민으로부터 큰 비난과 물리적 공격을 받아야 했다.

감리교 지도자 존 웨슬리도 식민지 독립을 지지하지 않았다. 그는 성공회 에서 이탈하여 새로운 교단 세우기를 거부했으며, 영국 국왕에 대한 충성을 견지했다. 식민지 독립에 반대한 웨슬리는 1774년 독립전쟁이 발발하자 감 리교 선교사를 식민지에서 철수시켰다. 이때 프란시스 애즈베리 한 사람을 제외한 모든 감리교 선교사가 영국으로 돌아갔고, 식민지 감리교는 큰 위기 를 맞을 수밖에 없었다. 독립을 반대한 감리교의 태도는 독립운동가들뿐 아 니라 식민지 대중의 미움을 샀다. 성공회와 마찬가지로 감리교는 독립전쟁 동안 많은 핍박을 받았다. 독립을 반대한 친영국주의자라는 꼬리표는 독립 후에도 한동안 감리교를 따라다녔다. 미국 독립 이후 성공회로부터 독립한 미국의 감리교는 그런 과거를 극복하는 데 상당한 어려움을 겪어야 했다.

퀘이커, 메노나이트, 모라비언, 슈벤크펠더, 독일 침례교 같은 소교파들 가운데 상당수도 독립전쟁에 반대했다. 자기들을 핍박하던 큰 교파들이 영 국의 폭정을 반대한다는 태도가 위선적으로 보이기도 했지만, 그들이 정말 반대한 것은 독립이 아니라 독립을 얻기 위해 치러야 할 전쟁이었다. 평화 주의자였던 이들 교파는 무기 사용과 폭력을 단호하게 거부했다.[143] 소교파 가운데 규모가 큰 공동체는 독립군과 일종의 평화협정을 맺고 전쟁에 동원 되지 않을 수 있었다. 펜실베이니아 정부는 양심적 병역 거부자들에게 일 정한 액수의 세금을 부과했다. 그러나 이 세금마저 간접적 전쟁 참여라고 여겨 내지 않는 사람은 재산을 몰수당했다. 여기저기 흩어져 있던 소규모 공동체들은 전쟁에 비협조적이라는 이유로 영국군과 독립군 양쪽으로부터

---

[143] 독립전쟁에 대한 미국 종교적 평화주의자들에 태도에 관해서는 다음 연구 참조: Peter Brock, *Pacifism in the United States: From the Colonial Era to the First World War* (Princeton: Princeton University Press, 1968), part 1.

고통받았다. 독립전쟁에 반대하거나 동참하지 않는다는 이유로 상당수의 펜실베이니아 퀘이커들이 위협을 받거나 투옥됐으며, 다른 식민지로 추방되었다. 평화주의 공동체들은 영국군 포로, 부상자, 그리고 도망병들을 인도적인 차원에서 차별 없이 돌보기도 했는데, 적군을 도왔다는 이유로 독립군으로부터 무거운 세금과 긴 징역형을 선고 받는 경우도 있었다.

기독교 평화주의자들은 자기들이 예수의 분명한 가르침을 따르고 있다고 진지하게 믿었다. 칼을 가진 자는 칼로 망한다는 것이 예수의 가르침이었으며, 원수를 사랑하고 핍박하는 자를 축복하라는 것이 그의 위대한 명령 아니었던가. 뉴잉글랜드 청교도 시대부터 독립전쟁을 거쳐 21세기 '테러와의 전쟁'에 이르기까지 미국은 전쟁에 나설 때마다 신이 자신의 편에 서 있다고 주장하여 자신의 행동에 종교적 의미를 부여하고 전쟁을 정당화해 왔다. 그러나 기독교 평화주의자들은 신의 이름으로 폭력과 전쟁을 합리화하는 일의 모순됨을 성서에 기초한 소수의견을 통해 지속해서 보여주었다. 독립전쟁 동안 기독교 평화주의 공동체들이 당했던 고통은 그들의 평화주의가 희생을 각오한 깊은 종교적 신념으로부터 나왔음을 극명하게 드러내 주었다.

독립을 찬성하여 그 일을 위하여 적극적으로 나선 교회도 있었고, 그 반대도 있었지만, 대부분의 교회는 중립을 유지하거나 침묵을 지켰다. 그러나 독립에 대해 어떤 태도를 보였느냐와 상관없이 독립전쟁의 소용돌이를 피해갈 수 있는 교회는 없었다. 아무리 정당한 명분으로 시작되었고 불가피한 것이었다 해도 전쟁은 지극히 파괴적이고 참혹한 것이기 마련이다. 독립전쟁은 많은 교회에 큰 손실과 깊은 상처를 남겼다. 특히 교단 전체가 영국 국왕에 충성하고 식민지 독립에 반대했던 성공회는 가장 큰 손실을 입을 수밖에 없었다. 많은 성공회 교회가 파괴되었고 교역자들이 고통당했다. 독립전쟁의 와중에 전체의 약 4분의 3에 해당하는 성공회 신부가 식민지를 떠나 영국으로 돌아갔다. 미국이 독립하자 성공회는 남부에서 공교회 지위를 상실했으며, 1789년 미국 성공회는 영국에서 완전히 독립했다. 독립전쟁과 관련하여 성공회와 같은 입장을 취했던 감리교도 비슷한 손실을 입어야 했다. 전쟁은 침례교의 활동에도 큰 어려움을 주었다. 1776년에 42개 교회, 3천 명의 교세를 가지고 있던 필라델피아 침례교 협회는 1781년 26개 교회에 교인 1,400명으로 급감했다. 퀘이커는 전통적 평화주의자와 독립전쟁 참여자들 사이에서 분열되었으며, 독립을 지지한 많은 장로교회가 영국군에 의해 전쟁 중 파괴되었다.

독립전쟁 직전 정기적으로 교회에 나가던 사람은 식민지 인구 중 매우 적은 비율에 불과했다. 1775년부터 1783년까지 지속된 독립전쟁은 이와 같은 식민지 기독교의 상황을 더욱 어렵게 만들었다. 독립전쟁이 끝나고 신생국 미국이 탄생했을 때 각 교파는 전쟁의 상처를 치유하고, 새로운 공화국이 만든 전혀 새로운 종교적 상황 속에서 생존하고 발전하기 위해 모든 역량을 기울여야 할 상황에 놓이게 되었다.

건국의 아버지들

건국의 아버지들과 종교

미국은 독립을 위해서 싸운 수많은 식민지 주민의 피와 땀이 만들어낸 나라였다. 그러나 서구 역사상 최초의 민주 공화국으로 탄생한 미국은 무엇보다 독립선언서와 헌법에 기초한 나라였다. 독립선언서와 헌법은 '건국의 아버지Founding Fathers'들 작품이었다. 한 역사가는 그들은 자기들이 하는 일의 "역사적 중요성에 대한 날카로운 감각"을 가진 사람들이었다고 표현했다.[144] 독립선언서와 헌법도 미국이라는 새 공화국의 미래를 깊이 생각하며 만든 문서였다. 건국은 건국의 아버지들의 가치관, 의도, 성품, 그리고 우연 등이 종합적으로 반영된 결과물이었다.

---

[144] Joseph J. Ellis, *Founding Brothers: The Revolutionary Generation*(New York: Alfred A. Knopf, 2002), 18.

미국 건국의 아버지들은 거의 예외 없이 자신을 기독교인으로 정의했다. 그러나 그들은 동시에 인문주의, 고전적 자유주의, 급진주의, 그리고 스코틀랜드의 상식철학Common Sense Philosophy 같은 계몽주의적 사조에 영향받은 지식인이었다.[145] 그들의 신앙은 대부분 이신론적이었다. 전통적 기독교인 입장에서 볼 때 그들 가운데 기독교 신앙을 가진 사람은 찾기 어려웠다. 매사추세츠의 사무엘 애덤스Samuel Adams(1722~1803)는 자신의 청교도적 뿌리를 자랑스러워 했던 충실한 회중교회 교인이었다.[146] 델라웨어의 리처드 바세트Richard Bassett(1745~1815)는 프랜시스 애스베리를 비롯한 선교사들의 활동을 후원한 감리교인으로, 건국의 아버지들 가운데 아마도 유일하게 '중생'한 기독교인이었던 것으로 보인다. 그러나 그들은 헌법을 만드는 회의 석상에서 기독교적 정체성을 드러내는 발언을 삼갔다.

독립전쟁의 영웅이자 초대 대통령인 조지 워싱턴은 버지니아의 성공회 배경을 가지고 있었지만 전통적 의미의 기독교 신앙을 견지하지 않았다. 그는 신을 지칭하기 위해 '대건축가Grand Architect,' '우주의 통치자Governor of the Universe,' 또는 '사건의 대주재자Great Ruler of Events' 같은 모호하게 비인격적이며 광범위하게 합리주의적인 이신론 용어를 사용했다. 그는 평생 동안 성서를 인용한 적이 거의 없으며, 예수에 대해서는 단 한 번도 언급하지 않았다. 미국 독립의 거의 모든 차원에 기여한 후 워싱턴 아래에서 부통령을 지내다가 2대 대통령이 된 존 애덤스John Adams(1735~1826)도 성서나 전통적 기독교가 아니라 자연과 이성에서 종교적 영감을 찾는 사람이었다. 매사추세츠의 회중교회 전통에서 자랐으나 이신론적 유니버설리스트Universalist가 된 애덤스는 신앙고백이 아니라 행동이 진정한 신앙의 척도라고 생각하며 기독교의 전통적 신조를 혐오했다.[147] 그는 십자가를 인류 역사에서 "슬픔을

---

[145] David L. Holmes, *The Faiths of the Founding Fathers* (Oxford: Oxford University Press, 2006), ch. 12.
[146] 사무엘 애덤스를 비롯하여 전통적 기독교 신앙을 가졌던 사람들에 대해서는, 같은 책, 13장 참조.
[147] 유니버설리스트는 영원한 지옥과 형벌은 존재하지 않으며 궁극적으로 모든 인간이 신의 구원을 받는다고 믿는데, 그런 믿음을 보편구원론Universalism이라 부른다.

남용한 최악의 예"라고 하였으며, 십자가가 수많은 재난을 불러일으켰다고 말하기도 했다.[148] 워싱턴의 경우와 마찬가지로 애덤스에게도 신은 기독교에서 말하는 인격신이 아니라 우주를 움직이고 이끄는 "영원하고 무한한 원인과 결과"요 "완전한 절대 고독" 속에 있는 "무한한 지혜"였다.

세 번째 대통령 토마스 제퍼슨Thomas Jefferson(1743~1826)은 당대뿐 아니라 미국 역사에 우뚝 선 거대한 지성이다. 미국 독립선언서를 기초하고 자유주의와 공화주의, 그리고 국가와 종교의 분리를 주창하여 미국의 정치제도와 사상에 항구적인 영향을 끼친 사람이었다. 애덤스와 마찬가지로 그는 기독교를 교리로부터 해방시켜 단순하고 명백한 도덕 법전으로 만들기 위해 노력했다. 그는 만약 종교가 "교파적 도그마Sectarian dogmas"를 뜻한다면, 종교가 없는 세상이 최상일 것이라고 말했다.[149] 제퍼슨에게 나사렛 예수가 가르친 것은 숭고한 인류애와 합리적인 이신론이었다. 그러나 그 순수한 도덕성을 "난해한 은어unintelligible jargon"로 만든 주범이 초대 기독교에 스며든 플라톤주의였으며, 사제들이 교권과 이권을 위해 그렇게 신비화된 기독교를 끊임없이 더 복잡하게 만들어 왔다는 것이다. 그가 신약성서 복음서를 바탕으로 편집해서 만든《제퍼슨 성서Jefferson Bible》가 보여주는 바와 같이, 그는 기독교를 합리적이고 순수한 도덕적 종교라고 믿었으며 예수의 신성이나 기적을 일절 배격했다.[150] 제퍼슨의 정적들은 그를 무신론자요 종교의 적이라고 비난했다. 그러나 그는 전통적인 기독교를 배격했을 뿐 신과 섭리를 믿은 이신론자였다. 독립선언서에 등장하는 "자연의 신Nature's God," "창조주Creator," 그리고 "신의 섭리Divine Providence" 같은 비인격적 신 명칭은 그의 이신론적 관점을 잘 반영했다.

---

[148] Adams to Jefferson, Sep. 14, 1813, *The Adams–Jefferson Letters*, vol. 2, ed. Lester J. Cappon (Chapel Hill: University of North Carolina Press, 1959), 375, *Documentary History* I, 270.

[149] Jefferson to Adams, May 5, [18]17, 같은 책, 271.

[150] 제퍼슨 성서의 정식 제목은 "나사렛 예수의 생애와 도덕*The life and Morals of Jesus of Nazareth: Extracted textually from the Gospels, together with a comparison of his doctrines with those of others*"(c. 1819)이다. 이 편집물은 제퍼슨이 주위의 친구들과 나누어 보았을 뿐 출간하지 않았는데, 그의 사후에 출간되었다.

교리와 기적을 배제하고 종교를 이성적이고 도덕적인 차원으로 단순화시켜 이해하려는 경향은 당시 계몽주의적 합리주의자들 속에서 공통적으로 발견된다. 이 점에서 제4대 대통령이며 연방헌법을 기초한 '헌법의 아버지' 제임스 매디슨James Madison(1751~1836)이나 다재다능한 천재적 외교가로 독립전쟁 승리에 결정적으로 기여한 '최초의 미국인' 벤자민 프랭클린도 예외는 아니었다. 매디슨은 한때 목사가 될 것을 고려하기도 했지만 결국은 계시의 신이 아니라 자연의 절대자, 성서가 아니라 역사 속에서 갈 길을 찾는 데 익숙해진 사람이었다. 프랭클린은 젊어서 제도교회에 환멸을 느끼고 철저한 이신론자가 되었다. 도덕을 숭상하고 교회의 교리를 공격하던 그도 만년에 기독교 신앙의 실용적인 가치를 인정하기는 했다. 그러나 그는 여전히 전통적 기독교와 거리가 먼 사람이었다.

미국 건국의 아버지들이 계몽주의적 이신론에 큰 영향을 받았다는 것은 독립선언서에 서명한 사람 56명 가운데 52명, 그리고 미국 의회 전신인 대륙의회Continental Congress 대표 과반수가 프리메이슨Freemason이었다는 사실이 극명하게 증명한다. 프리메이슨단은 12세기경 영국에서 시작되어 1730년대에 북미 식민지로 전해진 조직으로, 초월자Supreme Being를 믿고 일정한 도덕적·철학적 가치를 공유하는 비교적秘敎的esoteric 형제단fraternity이었다. 프리메이슨이 믿었던 '초월자'는 각자의 종교나 양심에 따라 다를 수 있었으며, 기독교는 많은 종교 가운데 하나에 불과했다. 프리메이슨은 태양을 내적인 빛인 이성과 짝을 이루는 외적인 빛으로 여겨 숭배하였고, 하지와 동지에 큰 축제를 열었다. 프리메이슨단의 상징은 석공mason의 주요 도구라고 할 수 있는 컴퍼스와 직각자였고, 단원들은 초월자를 '대건축가'라고 즐겨 불렀다. '대건축가'는 자연의 법칙에 따라 일단 만들어진 작품에 대해서는 관여하지 않는다는 점에서 기독교적 신이라기보다는 이신론적 신에 훨씬 가까웠다.

집단으로 볼 때 건국의 아버지들은 '신'이나 '그리스도'라는 단어 사용을 극히 주저했다. 따라서 그들은 미국 헌법에서 신이나 종교를 의미할 수 있는 단어를 의도적으로 배제했다. 그들이 만든 연방헌법은 명백하게 "세속적 인문주의" 문서였다.[151] 연방헌법은 신의 계시가 아니라 인간의 이성을 신뢰했으며, 인간이 신의 개입 없이 스스로 문제를 해결할 수 있다는 믿음을 표현했다. 그리고 연방헌법에는 인간이 도덕적으로 타락해 있다는 성서적 인간관이 아니라 이성적 인간은 충분히 도덕적 행동을 할 수 있다는 건국의 아버지들의 긍정적 인간관이 담겨있었다. 이 점은 대부분의 식민지에 공교회가 엄연히 존재했고, 각 주의 주헌법이 정도의 차이는 있지만 모두 신과 신의 섭리를 말했던 사실에 비추어볼 때 결코 우연히 발생한 일이 아니었다. 매사추세츠, 코네티컷, 뉴햄프셔 같은 뉴잉글랜드의 주헌법들은 성서적 용어로 신의 섭리를 이야기했고, 다른 주의 헌법도 비록 형식적이거나 계몽주의적 용어를 사용하기는 해도 신을 언급하기는 했던 것이다. 역설적인 것은 의도적으로 세속적 문서로 만들어진 미국 연방헌법이 19세기를 지나면서 종교적 의미를 부여받고 '성스러운' 문서가 되었다는 사실이다.

미국 건국의 아버지들이 전통적 기독교인은 아니었지만, 그렇다고 비종교적이거나 반종교적인 것은 더더욱 아니었다. 워싱턴은 "종교와 도덕률"이 정치의 번영에 "불가결한 도움"이라고 했는데, 다른 건국의 아버지들도 비슷한 생각을 가지고 있었다.[152] 이점은 미국 독립을 그 직후에 일어난 프랑스 대혁명(1789~99)과 비교할 때 극명하게 드러난다. 대혁명 이후 프랑스에서는 모든 계층에 걸쳐 종교적 신념에 대한 심한 거부감이 퍼졌고, 기독교의 권위는 크게 훼손되었다. 미국 독립과 비교할 때 프랑스 대혁명은 분명히 급진적이고 반종교적이었다. 기독교적 신앙은 미덕에 대한 믿음, 인류가 완전에 이를 수 있다는 확신으로 대체되어 인류 갱신과 사회 변화에

---

[151] John M. Murrin, "Religion and Politics in America from the First Settlements to the Civil War," in *Religion and American Politics: From the Colonial Period to the 1980s*, ed. Mark A. Noll (New York: Oxford University Press, 1990), 31.

[152] William J. Bennett, "Religious Belief and the Constitutional Order," in *Piety and Politics: Evangelicals and Fundamentalists Confront the World*, eds. Richard John Neuhaus and Michael Cromartie (Washington, DC: Ethics and Public Policy Center, 1987), 367.

대한 기대감을 낳았던 것이다.

독립 이후 미국에서도 인간의 가능성에 대한 낙관적 견해가 팽배하기는 했지만 프랑스와 같은 급진적 전통 파괴는 이루어지지 않았다. 프랑스의 탁월한 관찰자 알렉시 드 토크빌Alexis de Tocqueville(1805~59)에 의하면 미국은 18세기의 "가장 대담한 정치 이론들"이 실현된 유일한 나라였지만, 그런 이론이 품고 있던 "반종교적 원칙들은 전개되지 않은" 독특한 나라이기도 했다.[153] 건국의 아버지들이 택한 것은 종교 거부가 아니라 국가를 종교와 분리시켜 세속적 가치 위에 세우고 종교의 특권을 폐지하는 일이었다.

정치와 종교의 분리

미국 건국의 아버지들, 특히 연방헌법을 만든 사람들은 독립된 미국을 '세속적secular' 가치, 즉 비종교적인 가치 위에 세우는 데 결정적인 역할을 하였다.[154] 그들은 종교적 자유와 시민적 자유를 분리하여 시민적 자유를 우위에 두었으며, 연방의 정치와 행정에서 종교 문제를 완전히 배제하고자 했다. 1787년 완성된 미국 연방헌법은 '종교'라는 단어 자체를 어디에도 사용하지 않았다. 유일하게 종교 관련 문제를 언급한 헌법 제6조는 역설적이게도 종교를 연방정부에서 배제하기 위한 규정이었다.[155] 건국의 아버지들은 미국이 기독교를 포함하여 어떤 종교 위에 건설되는 것도 원하지 않았다. 1796년 이슬람 국가인 트리폴리Tripoli와 체결한 수교조약 제11조는 미국이 "어떤 의미에서도 기독교 위에 세워지지 않았"으며 무슬림 세계에 대하여

---

[153] Alexis de Tocqueville, *The Old Regime and the French Revolution*, tran. Stuart Gilbert (New York: Anchor Books, 1983), 153.

[154] 라틴어 *saeculum*(generation, age, world)에서 온 'secular'라는 말은 원래 가치중립적인 표현으로 초월적 세상에 대비된, '물질적 세상'과 '이 시대'에 대한 것을 포괄적으로 뜻한다. Harvey Cox, *The Secular City: Secularization and Urbanization in Theological Perspective* (New York: Macmillan, 1966), 1~12, 15~32 참조.

[155] 연방정부 공무원들에게 "종교 시험"을 치르게 하지 않는다는 규정이었다: "…but no religious test shall ever be required as a qualification to any office or public trust under the United States."

"적대감"이 없다고 분명히 밝혔다.[156] 이 조약은 상원에서 만장일치로 비준된 후 대통령 존 애덤스가 서명함으로써 미국 정부의 공식 문서가 되었다.

토마스 제퍼슨을 비롯하여 많은 사람은 연방헌법이 시민의 자유, 특히 종교의 자유를 충분히 명시하고 있지 않다는 점을 지적했다. 완전한 종교의 자유는 양심에 따라 종교(혹은 무종교)를 자유롭게 선택하게 하는 것과 특정한 종교에 대한 정치적 특권 부여를 금지하여 종교의 선택을 원천적으로 공평하게 해주는 것이 맞물려 있는 문제였다. 즉 종교의 자유는 국교(공교회)를 금하는 문제와 불가피하게 연결되어 있었다. 그런 요구를 반영하여 제임스 매디슨은 시민의 헌법적 권리를 명시한, 흔히 "권리장전Bill of Rights"이라고 불리는 제1차 헌법수정안을 만들어 1789년 의회에 제출했다. 전체 10개 조항으로 된 이 헌법수정안은 "의회는 종교의 설립establishment에 관계되거나 자유로운 종교 행위를 금지하는 어떤 법도 만들지 않는다"라는 역사적 조항으로 시작했다.[157] 제퍼슨은 바로 이 조항이 "교회와 국가 사이에 분리의 벽a wall of separation"을 세웠다고 평하며 만족스러워 했다.[158] 서구 역사상 처음으로 정교분리에 기초한 완전한 종교의 자유가 국가 헌법으로 명시된 셈이었다.

로마의 콘스탄티누스 황제Constantine the Great(c.274~337)가 기독교를 공인하고, 테오도시우스 황제Theodosius I(347~95)가 니케아적Nicene 기독교를 제

---

[156] 조약 11조의 전문은 다음과 같다(강조 첨가): "**As the Government of the United States of America is not, in any sense, founded on the Christian religion**; as it has in itself **no character of enmity against** the laws, religion, or tranquillity, of Mussulmen; and, as the said States never entered into any war, or act of hostility against any Mahometan nation, it is declared by the parties, that **no pretext arising from religious opinions, shall ever produce an interruption of the harmony existing between the two countries**."

[157] "Congress shall make no law respecting an establishment of religion, or prohibiting the free exercise therof." 국교처럼 국가에 의해 배타적 지원을 받는 종교를 영어로 'established church'라고 했으며, 그와 같은 공교회 제도를 'establishment,' 그런 제도를 없애는 것을 'disestablishment'라고 했다. 이 헌법 조항에 나오는 "establishment"라는 단어는 이런 맥락에서 이해되어야 할 것으로 보인다.

[158] 제퍼슨 대통령이 코네티컷의 댄버리 침례교협회Danbury Baptist Association에 보낸 1802년 1월 1일자 편지, 다음에서 재인용: Philip Hamburger, *Separation of Church and State* (Cambridge: Harvard University Press, 2002), 1.

국의 교회로 선포한 이래로 교회는 통치의 한 수단이었고 기독교는 서구에서 국교의 지위를 누려왔다.[159] 개신교 종교개혁이 일어났을 때도 마틴 루터와 장 칼뱅을 비롯한 주류 종교개혁가들은 국가와 종교의 결합을 당연한 것으로 여겼고, 그런 중세적 전통에 반대하는 재세례파나 퀘이커 같은 급진파를 극심하게 박해했다. 따라서 신생국 미국이 행한 국가와 종교의 분리는 서구 역사에서 일어난 가장 혁명적인 사건 가운데 하나였다. 국가와 종교의 분리는 이미 로드아일랜드 침례교도와 펜실베이니아 퀘이커 친우들이 오래 전부터 주장해온 것이었다. 그러나 종교적 급진주의자와 건국의 아버지들은 전혀 다른 이유에서 국가와 종교의 분리를 말하고 있었다. 로저 윌리엄스와 윌리엄 펜은 종교와 합해진 정치는 종교를 타락시킨다고 보았다. 이에 비해서 제퍼슨과 매디슨으로 대표되는 건국의 아버지들은 그와 정반대의 이유에서 국교제도를 금지시키려 했다. 즉, 그들은 법에 의해서 특권을 부여받은 종교는 정치를 타락시킨다고 생각한 것이다.

정치와 종교의 분리는 연방헌법이 규정함으로써 종결된 것이 아니라, 비로소 시작된 일이었다. 정교분리를 명시한 제1차 헌법수정안이 각 주로부터 비준받아 공포된 것은 1791년이었다. 그러나 종교의 자유를 선언적으로 받아들이는 일과 그것을 실제로 적용하는 것은 전혀 다른 문제였다. 헌법은 연방 차원에서 국교제도를 두지 않는다는 점을 말했을 뿐이고, 생활 속에서 종교의 자유를 구체적으로 어떻게 보장할 것인가는 독립된 주권을 가지게 된 각 주가 결정할 문제였다. 모든 주는 종교의 자유를 인정한다는 원칙에는 이의를 달지 않았다. 그러나 많은 주가 기독교를 적어도 형식상의 공식 종교로 남겨두고 싶어 했다. 델라웨어 헌법은 삼위일체에 대한 믿음을 모든 공무원이 맹세하도록 했으며, 메릴랜드는 기독교인만 공무원이 될 수 있게 하고 기독교인에게만 종교의 자유를 부여했다. 그리고 1790년에도 무신론자는 펜실베이니아에서 공무원이 될 수 없었다. 뉴햄프셔, 매사추세

---

[159] 니케아적 기독교란 325년 니케아 공의회Council of Nicaea에서 결정한 니케아 신경에 기초한 기독교를 말한다. 니케아 신경은 이후 공교회의 기초가 된 신앙고백이다.

츠, 뉴저지, 사우스캐롤라이나, 그리고 조지아의 헌법은 개신교인만 공직에 선출될 수 있도록 제한했다. 특히 뉴햄프셔는 주의회 의원은 개신교인이어야 한다는 주헌법 규정을 1877년까지 유지했다.

종교의 자유를 인정하고 국교제도를 폐지하는 데 앞장선 것은 워싱턴, 제퍼슨, 매디슨의 고향으로 미국 건국을 사실상 주도한 버지니아였다. 물론 다른 주에서와 마찬가지로 버지니아에서도 토마스 제퍼슨처럼 어떤 공식 종교도 인정하지 않으려는 사람과 특정한 교파의 국교화는 막되 기독교자체는 주의 공식 종교로 해야 한다고 주장하는 사람들의 입장이 충돌했다. 그러나 결국 버지니아 의회는 종교는 이성이 판단하고 결정해야 할 문제이지 법이나 강제력이 상관할 문제가 아니라는 제임스 매디슨의 논리를 받아들였고, 1786년 역사적인 "종교자유법Statue for Religious Freedom"을 통해 공교회 제도를 폐지했다. 식민지가 만들어진 직후부터 오랫동안 공교회 지위를 누려오던 버지니아의 성공회는 마침내 그 특권을 상실했고, 앞으로 어떤 종교나 교파도 그런 지위를 얻을 수 없게 된 것이다.

그러나 대부분의 주는 버지니아처럼 단호하고 발 빠르게 정교분리를 실행하지 않았다. 어떤 특정한 교파, 그리고 궁극적으로는 기독교의 우월적 지위가 해소됨을 뜻하는 정교분리는 여러 가지 이해관계가 충돌하는 속에 점진적으로 시행되었다. 역설적이게도, 가장 오랫동안 공교회 지위를 누린 것은 영국 및 성공회와 가장 치열하게 맞섰던 뉴잉글랜드의 회중교회였다. 세금으로 재정지원을 받는 뉴잉글랜드 회중교회의 특권은 19세기 들어서도 지속되었다. 그러나 뉴잉글랜드의 침례교, 퀘이커, 성공회, 그리고 공화주의자들은 정교분리를 위해 지속적으로 투쟁했고, 결국 코네티컷은 1818년, 뉴햄프셔는 1819년, 그리고 매사추세츠는 1833년에 회중교회의 공교회 지위를 종결시켰다. 이로써 미국에서는 어떤 교파나 종교도 정치에 의해 특권을 부여받지 못하는 종교지형이 완성되었다. 모든 종교와 교파가 자유로운 시장경쟁 상태에 놓이게 된 것이다.

독립된 미국의 성격을 규정한 문서들이 말하고 있던 종교의 자유가 과연 얼마나 포괄적으로 적용될 것인지 의구심을 가진 사람들도 있었다. 개신교와 개신교적 정서에 둘러싸인 소수자로 메릴랜드와 펜실베이니아에서 조심스러운 삶을 이어가던 가톨릭교인들이 대표적이었다. 그들은 초대 대통령에 취임한 조지 워싱턴에게 새 공화국 내에서 자신들의 지위가 어떻게 되는지 편지로 질문했다. 워싱턴은 독립에 기여한 가톨릭교인들과 가톨릭 국가인 프랑스의 역할을 언급하면서, 미국이 영원히 "정의와 관대함liberality의 실천에서 가장 앞서가는 나라"에 속하기를 바란다는 답변을 주었다.[160] 가톨릭보다 더 작은 소수자였던 유대인들도 새 공화국이 모든 박해받고 핍박받는 사람에게 '피난처asylum'가 될 것이라는 매디슨의 약속이 지켜질지 궁금해 했다. 로드아일랜드 뉴포트의 유대인 공동체가 보낸 편지를 받은 워싱턴은 어떤 구별이나 차별도 없이 "모든 [미국 시민]이 똑같은 양심의 자유"를 누릴 것이라고 답했다.[161] 식민지 시대를 거치면서 핍박을 받은 경험이 있던 퀘이커와 침례교 신자들도 같은 질문을 했고, 비슷한 답변을 얻었다.

아프리카 출신 노예들은 워싱턴이 말한 '모든 미국 시민'에 포함되지 않았음이 분명했다. 미국인들은 미국의 독립을 '폭군' 영국으로부터 자유를 쟁취한 행위로 이해했다. 그러나 그 자유는 유럽계 주민에게만 한정된 것이었다. 미국 독립선언서와 헌법 어디에도 노예의 인권에 대한 언급은 없었다. 영국으로부터 자유는 쟁취했지만, 미국 내에서 자유를 기다리던 사람들에게 해방과 자유는 주어지지 않았던 것이다. 건국의 아버지들도 그 모순을 잘 알고 있었으며, 토마스 제퍼슨은 그것을 "우리가 [받아야 할] 도덕적 책망"이라고 말한 바 있다.[162] 독립전쟁의 혼란과 사회적 이완은 아프리카계 노예들에게 교회를 만들고 신앙생활을 할 수 있는 기회를 간간이

---

[160] "From George Washington to Roman Catholics in America, c.15 March 1790," https://founders.archives.gov.

[161] "From George Washington to the Hebrew Congregation in Newport, Rhode Island, 18 August 1790," https://founders.archives.gov.

[162] Thomas Jefferson to Edward Coles, Aug. 25, 1814, in William W. Freehling, "The Founding Fathers and Slavery," *American Historical Review* 77/1 (Feb. 1972): 82.

주었다. 그러나 좀 더 근본적인 면에서, 노예들은 독립전쟁에 나서는 노예주나 유럽계 주민들의 태도에서 커다란 위선을 발견했다. 독립의 당위성을 주장하기 위한 구호는 영국 의회가 식민지를 '노예'로 만들려 하고 있다고 표현했다. 그런 가정된 '노예' 상태로부터 독립을 외치던 유럽계 주민들은 정작 실제로 노예 상태에 있던 수십 만의 아프리카계 노예에게 자유를 줄 생각은 하지 않고 있었다.

유럽계 인사 가운데도 이와 같은 자기모순을 지적하며 노예제도 철폐를 주장한 사람들이 있었다. 독립전쟁 당시 로드아일랜드 뉴포트에서 목회하던 사무엘 홉킨스는 그곳에서 행해지던 노예무역을 직접 목격하고 노예제도의 문제를 절실히 느낀 사람이었다. 조나단 에드워즈의 제자였던 그는 노예제도가 인간성을 파괴할 뿐 아니라 기독교를 노예들에게 전하는 데도 큰 장애가 된다는 점을 지적했다. 홉킨스는 영국의 폭정으로부터 해방을 논하면서 노예들에게 자유를 주지 않는 것의 모순을 지적하는 소책자를 만들어서 독립 문제를 다루기 위해 열린 제2차 대륙의회(1775~81)에 참가한 모든 대표자들에게 배포하기도 했다.[163] 감리교의 프랜시스 애즈베리, 장로교의 제이콥 그린Jacob Green(1722~90), 침례교의 데이비드 바로우David Barrow(1753~1819) 같은 기독교 노예해방론자들은 대륙의회와 제헌의회가 열릴 때 노예 문제를 상기시키고 노예제도를 없애기 위해서 애썼다. 그런 노력의 결과 1804년 뉴저지를 마지막으로 북부 주들이 모두 노예제도를 공식적으로 폐지했다. 그러나 전쟁과 건국의 와중에 수많은 긴박한 문제들이 생겨나는 상황 속에서 노예 문제는 점점 중앙정치의 관심에서 멀어졌다.

미국 건국의 아버지 대부분은 정통orthodox 신앙과 제도로서의 교회에서 멀리 떠나 계몽주의적·이신론적 종교관을 가지고 있었으며 특히 교역자에 의한 교권의 지배를 혐오했다. 토마스 제퍼슨에 의하면 미국 독립전쟁은 이 세상temporal 지배자뿐 아니라 영적 지배자들과의 싸움이기도 했다. 그러

---

[163] Samuel Hopkins, *A dialogue concerning the slavery of the Africans*… (Norwich, [New York]: Judah P. Spooner, 1776; repr., New York: Robert Hodge, [1785]).

나 건국의 아버지들은 모두 기독교를 존중한 유신론자였으며, 초월적 가치와 도덕의 중요성을 받아들인 사람들이었다. 조지 워싱턴, 존 애덤스, 토마스 제퍼슨으로 이어지는 초기 대통령들은 이 세상을 도덕적이고 이성적인 신이 지배하는 세계로 보았으며 정의가 궁극적으로 이기리라고 믿었다. 그들은 궁극적인 정의의 실현과 관련하여 사후세계를 받아들이기도 했다. 즉 건국의 아버지들은 대체로 영혼의 불멸을 믿었으며, 최후의 보상과 심판이 있을 것으로 생각하는 경향이 있었다. 삼위일체나 예수의 신성 같은 전통적 기독교가 말하는 '비합리적' 신학을 받아들일 수 없었던 것만큼이나, 그들은 혼란하고 무의미한 우주를 받아들일 수 없었던 것이다.

제8장

미국적 종교지형의
탄생

뉴욕 미국성서공회American Bible Society 건물(1855)
New York Public Library Digital Collection

시민종교와 다원주의

시민종교의 탄생

종교에 대한 미국 건국의 아버지들의 태도는 다분히 이중적이었다. 한편으로는 급진적 이신론자 토마스 페인Thomas Paine(1737~1809)이 《이성의 시대 *The Age of Reason*》에서 말한 "내 마음이 내 교회"라는 식으로 종교를 내면화시켜 철저히 개인적 선택의 문제로 만들었지만, 또 한편으로는 자유와 정의를 표상하는 국가 차원의 시민종교civil religion를 만들었던 것이다.[164] 종교를 어떤 외부적 강제로부터도 자유로운 상태에서 개인의 양심이 결정해야 할 문제로 믿으면서도 시민종교를 만든 것은 새로 생긴 공화국에 어떤 초월적인 의미와 정당성을 부여하기 위함이었다. 시민종교는 미국의 "종교적 자기이해를 위한 진정한 도구"였다.[165] 이제 막 탄생한 국가의 정체성을 형성해 주고, 다양한 배경을 가진 국민을 묶어주는 구심점 역할을 할 수 있었다.

---

[164] Thomas Paine, *The Age of Reason*(New York: Citadel Press, repr., 1988), 50. 인용된 부분의 원문은 다음과 같다(강조 첨가): "I do not believe in the creed professed by the Jewish church, by the Roman church, by the Greek church, by the Turkish church, by the Protestant church, nor by any church that I know of. **My own mind is my own church.**" 자유주의적 혁명가이며 이신론자인 토마스 페인은 많은 소책자를 통해 건국의 아버지들의 혁명 이론과 이신론에 큰 영향을 끼쳤다.

[165] Robert N. Bellah, "Civil Religion in America," *Daedalus* 134/4 (Fall 2005): 46.

건국 과정을 거치면서 자연스럽게, 혹은 지도자들의 의도 및 계획에 따라 만들어진 시민종교는 유대-기독교 전통, 특히 청교도주의 전통에 기반을 두고 있으면서 그리스-로마의 문화와 계몽주의적 세계관을 반영하는 독특한 형태를 띠고 있었다.

하나의 "완결된 종교"로서 미국 시민종교는 신앙, 상징, 의례, 그리고 그것과 연결된 성인과 성물聖物, 성지와 거룩한 절기를 가지고 있었다.[166] 시민종교의 가장 중요한 상징은 조지 워싱턴이었다. 워싱턴은 살아있을 때부터 기적을 행하는 초인, 성스러운 사람으로 여겨지기 시작하여, 그에 관한 이야기는 이미 사실과 전설이 섞이기 시작했다.[167] 이후 그는 모세나 여호수아 같은 성서적 구원의 지도자, 신신나투스Lucius Quinctius Cincinnatus 같은 전설적 로마 영웅으로 묘사되었다. 워싱턴이 모세처럼 미국이라는 '새로운 이스라엘'을 영국의 압제에서 해방시켰으며, 여호수아처럼 거룩한 전쟁을 통해 미국을 '약속의 땅'으로 인도했다는 것이다. 또한 스스로 농사를 지어 검소하게 살면서 필요할 때마다 로마를 위기에서 구해줌으로써 로마의 미덕을 상징하게 된 신신나투스처럼 워싱턴은 사심 없는 위대한 지도자의 전형으로 여겨졌다. 그의 어머니 이름이 마리아, 부인의 이름이 마르타인 것이 결코 우연처럼 보이지 않았다. 1837년 새로운 대리석 관으로 이장하기 위해 워싱턴의 무덤을 팠을 때, 그의 시신이 거의 부패되지 않은 상태였다는 보도도 있었다.

워싱턴의 집인 마운트 버논Mount Vernon은 성지가 되었다. 또한 그를 기념하기 위해 새로 만든 수도 워싱턴은 그를 포함하여 다른 시민종교의 성인과 성물들을 기념하는 장대한 건물과 기념관을 가진 시민종교 순례지가 되었다. 조지 워싱턴과 함께 토마스 제퍼슨, 벤자민 프랭클린, 존 애덤스와 같은 건국의 아버지들이 성인으로 숭상되었으며, 시간이 흐르면서 에이브

---

[166] 같은 글, 42, 46.

[167] 신화적 워싱턴과 역사적 인물 워싱턴에 관해서는 다음 책 참조: Marcus Cunliffe, *George Washington, Man and Monument* (Boston: Little, Brown, 1958).

러햄 링컨Abraham Lincoln(1809~65), 로버트 E. 리Robert E. Lee(1807~70), 프랭클린 루스벨트Franklin D. Roosevelt(1882~1945), 그리고 존 F. 케네디John F. Kennedy(1917~63) 등도 사실과 전설이 뒤섞이는 일정한 신격화apotheosis 과정을 거쳐 시민종교 성인의 반열에 오르게 되었다.

워싱턴과 더불어 시민종교의 가장 대표적 성물이 된 것은 독립선언서와 연방헌법이었다. 처음 독립선언서와 헌법이 만들어졌을 때 중요한 것은 그 내용이었다. 그러나 시민종교가 형성되어가면서 독립선언서와 헌법이 기록된 종이, 그것을 기록한 펜, 잉크 등이 성스러운 물건으로 되어갔다. 헌법 원본은 경전과 같은 지위에 올라 20세기가 되기까지 일반에게 공개조차 되지 않았다. 같은 맥락에서, 독립선언서와 헌법이 만들어진 필라델피아의 독립관Independence Hall이 성지로 변했고, 그곳에서 독립선언서를 낭독할 때 쳤던 자유의 종Liberty Bell은 성물이 되었다.[168] 그리고 독립전쟁 그 자체가 일종의 건국신화 같은 역할을 하게 되면서 전쟁은 거룩한 이야기로 만들어져갔고 역사적인 전투가 벌어졌던 장소들이 모두 성지가 되었다.

시민종교가 지키는 거룩한 절기 가운데 대표적인 것은 독립기념일이다. 대륙의회가 독립을 선언한 것은 7월 2일이었지만, 독립선언서가 공식적으로 채택된 날인 7월 4일을 기념하게 되었다. 독립기념일에 행해지는 폭죽놀이, 행진, 축제들은 시민종교의 대표적인 의례로 지켜졌다. 독립기념일과 함께 워싱턴의 생일은 독립전쟁 동안 이미 성스러운 날로 여겨졌다. 흔히 대통령의 날President's Day이라고 불리는 워싱턴 생일은 미국에서 탄생한 사람을 기념하는 날로는 처음으로 모든 주에서 기념하는 최초의 국경일이 되었다. 남북전쟁 직후 북군 전몰자를 기념하기 위해서 시작된 현충일 Memorial Day도 시간이 지나면서 미국 시민종교의 중요한 절기가 되었다. 현충일은 미국을 위해 싸우다 희생한 사람을 기념하는 날이지만 가족이 모이고 피크닉이나 운동 경기들이 행해지는 축제일이며, 여름이 비공식적으로

---

[168] 자유의 종에는 구약성서 레위기 25장 10절이 새겨져 있다: "Proclaim Liberty throughout all the land unto all the inhabitants thereof."

시작되는 날이기도 하다.

미국 시민종교에는 종교적 교리도 있다. 그 핵심적 교리는 미국이 인류 역사 속에서 특별한 사명을 행하기 위해 선택된 나라라는 믿음이었다. 이때 미국을 선택한 것은 신일 수도 있고, 자연일 수도 있고, 아니면 역사적 필연일 수도 있었다. 이렇게 선택된 미국은 다른 어떤 나라와도 구별되는 특별한 나라라고 생각되었다. 미국 건국의 아버지들이 6년에 걸친 토론과 연구 끝에 만들어낸 미국의 국가인장Great Seal은 미국이 새로운 시대를 이끌어 나갈 선택된 나라라는 믿음을 잘 표현했다. 이 인장에서 특히 주목되는 부분은 독수리가 올리브 가지와 13개의 화살을 쥐고 있는 앞면이 아니라 뒷면이다. 인장의 뒷면에는 미완성의 피라미드 위에 광채가 나는 삼각형의 눈 하나가 그려져 있으며, 그것을 "그(혹은 그것)가 우리의 일을 인정했다Annuit Coeptis," "시대의 새로운 질서Novus Ordo Seclorum"라는 라틴어 표어가 둘러싸고 있다. 여기에 그려진 눈은 프리메이슨의 역사와 상징을 보여주는 상징도Emblematic Chart에 나오는 섭리의 눈Eye of Providence과 같다. 프리메이슨은 자신들의 기원을 고대 이집트로 여겼다. 미국 국가인장 뒷면의 피라미드는 건국의 아버지들 속에 프리메이슨의 영향이 얼마나 컸는지 잘 보여주었다. 그러나 미국 국가인장 뒷면이 나타내고자 한 것은 프리메이슨이나 계몽주의를 훨씬 넘어서는 무엇이었다.

먼저 "그(혹은 그것)가 우리의 일을 인정했다"는 말은 미국이 초월자(그것을 어떻게 정의하든)에 의해서 선택된 국가이며, 그의 뜻을 행하는 나라라는 의미를 내포하고 있었다. 그리고 "시대의 새로운 질서"라는 말은 선택받은 미국이 세계의 역사를 새롭게 열어놓을 것이라는 믿음을 표현했다. 피라미드는 고대 이집트와 그리스-로마 시대부터 발달하여 온 탁월한 문명을 말하는 것이고, 미완성의 피라미드를 광채가 나는 눈이 완성한다는 것은 아직까지 인류 역사가 완성하지 못한 일을 새로운 시대의 질서를 이끌어갈 미국이 완성할 것이라는 선언이었다. 국가인장은 유대-기독교적 세계관, 프리메이슨 전통, 고대문화적 상징, 그리고 계몽주의적 요소가 혼합된 미국 시민종교의 성격을 잘 드러내주었다.

시민종교의 신념체계에 따르면 미국은 선택된 나라로서 자유, 평등, 정의를 실천하는 민주주의의 모범이 되어야 하고, 그것을 다른 나라에 전해야 하는 이중적 사명을 가지고 있었다. 이 이중적 사명은 미국의 독특한 자아정체성과 세계관을 만드는 데 기여했다. 선택된 국가로서 다른 나라에 모범을 보여야 한다는 사명감은 미국인들로 하여금 스스로 의롭다고 확신하게 만들었다. 미국과 미국인의 행동양식은 선택된 나라라는 정체감 및 자기의自己義self-righteousness에서 자연스럽게 흘러나왔다.

새 시대를 이끌어갈 나라로서 미국은 세계의 지도자가 되어야 할 운명이었다. 따라서 미국 대륙 전체를 차지하고 세계로 그 세력을 확장해가는 일은 국익을 위하는 일일 뿐 아니라 세계의 운명을 개척하는 차원의 일로 여겨질 수 있었다. 그 선민의식은 지극히 복잡한 국제관계를 미국과 미국의 적, 즉 선과 악으로 단순화시켜 바라보는 독특한 이원론적 세계관을 낳았다. 또한 의롭고 정의로운 나라라는 정체성은 미국으로 하여금 전쟁에 나설 때마다, 그 진정한 동기와 목적은 무엇이더라도, 도덕적 십자군의 깃발 아래 싸울 수 있게 만들어주었다. 미국인들은 선민이라는 자부심과 자기의를 가지는 동시에 선택된 국가인 미국에 충성해야 할 의무를 가지게 되었다. 즉 미국 시민은 세계에 모범을 보이고 인류를 구원하기 위한 일종의 천년왕국적 사명을 이루기 위해서 자발적으로 열심히 일해야 하는 사람인 것이다. 미국이 하는 모든 일은 세계사적 의미를 가지므로 미국인들은 도덕의 함양뿐 아니라 정치, 경제, 기술에서도 세계를 이끌어야 했다.

그러나 미국인들은 이와 같은 정체성에 타격을 주는 일이 벌어질 때마다 죄의식을 느껴야 할 운명에 처하게 되었다. 예를 들어, 남북전쟁은 노예제도라는 미국의 '죄'에 대한 신의 '심판'으로 해석되었다. 인종 문제, 베트남전, 또는 워터게이트 사건 같은 국가적 위기가 닥칠 때마다 나라의 죄악을 한탄하는 애가哀歌들이 발표된 것도 같은 맥락에서 이해할 수 있다. 미국인들은 뉴잉글랜드의 청교도 선조들과 마찬가지로, 선민이라는 정체성에 진실할수록 스스로 의롭지 않고 순수하지 않음을 깨닫게 되어 더 많은 죄의식을 느끼게 될 운명이었다. 그리고 그 정체성을 손상하지 않고는 죄의식의 근본 원인을 해결할 수 없는 것이 선민으로서 미국인이 가진 모순이었다.

시민종교는 미국이라는 나라의 정치적 목적을 종교라는 형식 속에 용해시켰다. 그리고 정치와 종교의 분리라는 건국강령에도 불구하고 국가의 정체성에 초월적인 의미를 지속적으로 부여할 수 있게 해주었다. 시민종교는 역사 속에 일어나는 현상들에서 의미를 발견하고 국가가 해야 할 일들에 정당성을 부여해주는 매우 유용하고 강력한 역할을 했다. 시민종교 속에서 정치와 종교는 도저히 분간할 수 없을 정도로 서로 침투해 있었다. 시민종교는 종교가 적극적으로 정치에 참여할 수 있게 해주었고, 정치가 안심하고 종교를 이용할 수 있게 해주었던 것이다.

종교적 다양성의 탄생

시민종교는 미국이라는 신생 공화국이 만들어낸 새롭고 독특한 종교지형 속에 탄생한 다양한 여러 종교현상 가운데 하나였다. 미국 건국의 아버지들은 기독교와 사제들을 공격한 프랑스 혁명의 급진적 공화주의자들과 달리 전통적 기독교에 대한 반감을 개인적 차원에서 해결했다. 그들은 이신론, 유니테리언주의, 유니버설주의Universalism 같은 다양한 종교적 견해를 가지고 있었다. 건국의 아버지들은 당대 최고의 지식인이었고, 그들의 이신론적 종교는 미국 시민대중의 종교를 대표하지 않았다. 그들의 아내와 딸들 가운데도 그런 종교관을 공유한 사람은 찾기 어려웠다.[169] 그러나 그들이 보여준 종교적 다양성은 미국이 맞이하게 된 새로운 종교적 상황을 짐작할 수 있게 해주었다. 19세기 초 미국의 종교 상황은 다원적이었는데, 그 다원성은 시장경제적 종교지형과 민주적 원칙에서 나왔다. 정치가 더

---

[169] 여기에 관해서는 다음 참조: Holmes, *The Faiths of the Founding Fathers*, ch. 11.

이상 종교에 관여하지 않게 됨으로써 종교는 종교시장에 나온 하나의 상품으로 종교 소비자의 선택을 받게 되었다. 민주적이고 자유롭고 희망적인 분위기 속에서 여러 다양한 종교가 사람들의 선택을 받기 위해 종교시장에 나타나기 시작했다. 그리고 많은 종교 소비자의 선택을 받은 종교와 교파가 크게 성장하면서 기존의 종교질서 자체를 완전히 바꾸어놓았다.

미국의 독립은 모든 형태의 전통과 위계질서의 권위를 축소했고 자유, 평등, 주권 등에 관하여 스스로 생각하고 주장할 수 있는 사람의 수를 극적으로 확대했다. "자기 자신의 의지와 이해를 가지고 자기 일을 해낼 수 있는 사람"이 모든 것 위에 군림하고, 모든 것을 결정할 수 있게 되었다.[170] 양도할 수 없는 권리inalienable rights인 천부인권natural rights과 시민 주권에 대한 믿음은 신의 절대주권을 강조하는 칼뱅주의적 세계관의 점진적인 약화와 맞물려 있었다. '자유의 정신'이 팽배한 가운데 미국 사회는 민주적이며 대중주의적으로 변해갔다. 정치와 종교가 분리된 새로운 상황 아래서 기독교로 대표되는 미국의 종교는 사람들의 선택에 의해 완전히 재정립될 수밖에 없었다. 일반 시민대중은 건국의 아버지들로 대표되는 지배계층과 다른 생활감정과 세계관을 가지고 있었으며, 건국의 아버지들이 제시한 기준이 아니라 자신들의 필요와 선호도에 따라 종교를 선택했다. 시민대중이 선택한 종교는 그들에게 맞는 종교였다. 미국 종교의 민주화는 대중의 필요와 생활감정에 맞춰서 종교가 변화되는 방향으로 전개되어 갔다.

대중민주주의의 열기 속에서 건국 이후의 종교 상황은 대체로 대중 종교운동의 양상을 띠며 전개되었다. 대중 종교운동은 대중의 자유로운 선택과 전통에 대한 거부감으로 특징지어졌다. 대중 종교운동에 영향받은 사람들은 성직자를 구별된 존재로 여겨온, 오래된 전통을 거부했으며, 전해 내려오는 신학적 정통과 관습적 의례를 무조건 받아들이려 하지 않았다. 대중의 종교운동은 엘리트가 아니라 보통 사람의 미덕과 연관되어 있었으며 보

---

[170] 1776년 5월 *Pennsylvania Packet* 기고문, 다음에서 재인용: Sophia A. Rosenfeld, *Common Sense: A Political History* (Cambridge: Harvard University Press, 2011), 158.

통 사람의 언어와 감정으로 신과 교류하는 방향으로 나아갔다. 오랫동안 지배계급 문화와 연결되어 온 기독교는 민주적이고 대중주의적인 새 공화국에서 보통 사람의 가치관과 우선순위에 맞추어야 하는 혁명적 변화를 겪게 되었다. 대중은 대각성에서 경험했던 것들을 자신들의 종교적 표현 방법으로 받아들였다. 그들은 전통적 교회조직에 얽매이지 않았고, 정형화된 교회음악보다 감정을 북돋우는 가스펠을 선호했으며, 지적이고 신학적인 설교보다 신의 존재와 은총을 현장에서 느끼게 해주는 설교에 열광했다. 그리고 많은 대중은 신의 초자연적 임재, 그리고 꿈이나 환상을 통한 계시가 늘 일어날 수 있다고 믿었다.

새로운 공화국이 만들어낸 전반적으로 대중운동적인 상황 속에서 기독교 지식인들은 계몽주의적 요소와 기독교를 동시에 수용하는 방향으로 나가고 있었다. 일종의 기독교화된 계몽주의를 선택한 것이다. 당대의 미국 지성인은 모두 계몽주의로부터 영향을 받았다. 그러나 종교의 근거 자체를 부정하는 데이비드 흄David Hume(1711~76)의 회의주의나 볼테르Voltaire(1694~1778)의 냉소적인 반감 같은 것을 받아들인 사람은 많지 않았다. 계몽주의적 합리성은 견지하면서 기독교의 전통적 가치를 옹호하고자 했던 미국 지성인들에게 가장 매력적인 대안은 스코틀랜드 상식철학이었다. 스코틀랜드 계몽주의의 산물인 상식철학은 인과관계나 관찰 가능한 세계 같은 '보편적인 경험'(상식)에 기대어 진리를 객관적으로 알 수 있다고 보았다. 상식철학은 과거의 권위에 기대지 않고 합리적으로 전통적 가치를 옹호할 수 있게 해주었다. 따라서 상식철학은 독립을 정당화하고 새로운 사회를 도덕적 기초 위에 세우는 데 유용했다. 토마스 제퍼슨과 제임스 매디슨은 각각 독립선언서와 헌법을 기초하면서 상식철학적 논리를 많이 사용하였다.

상식철학은 미국처럼 정치와 종교가 분리되어 국교라는 권위에 기댈 수 없는 상황에서 기독교 진리를 객관적으로 주장할 수 있는 기반도 제공했다. 당시 미국의 기독교 지식인 대부분이 상식철학을 수용한 것으로 보인다. 스코틀랜드 장로교 출신으로 뉴저지대학 학장이 된 존 위더스푼은 여기에 앞장섰던 사람이다. 1812년에 시작한 최초의 장로교 신학교인 프린스턴신학교 초대교수 아치발드 알렉산더Archibald Alexander(1772~1851)와 그를 이어서 형성된 소위 '구 프린스턴 학파Old Princeton School'의 철학적 기초도 상식철학이었다.[171] 알렉산더는 상식철학의 경험주의에 근거하여 기독교는 "충분한 증거가 제시되지 않으면 믿으려 해도 믿을 수 없다"고 주장했다.[172] 또한 회중교회를 대표하는 예일대학의 티머시 드와이트Timothy Dwight IV(1752~1817)와 예일 신학대학원에서 '뉴헤이븐 신학New Haven Theology'을 완성한 너새니얼 테일러Nathaniel Taylor(1786~1856), 하버드대학의 유니테리언 헨리 웨어Henry Ware, Jr.(1794~1843)와 앤드류스 노턴Andrews Norton(1786~1853), 그리고 침례교를 대표하는 브라운대학의 프란시스 웨이랜드Francis Wayland(1796~1865) 등에서 확인할 수 있는 바와 같이 상식철학은 당대를 대표하는 지성들을 통해 미국 대학과 신학계에 강력한 영향력을 미쳤다.

스코틀랜드 상식철학은 개인의 책임과 정의로운 사회를 강조하는 새로운 공화국의 분위기와 어울렸다. 그리고 그것을 받아들인 신학자들은 계시보다 이성과 논리, 신의 절대주권보다 인간의 자유, 그리고 원죄보다 개인의 실질적 범죄를 강조하는 새로운 신학을 탄생시켰다.

새 공화국의 종교시장은 전반적으로 교리나 신조creed보다 직접적인 신神 경험을 추구하고 전통보다 새로운 것이 환영받은 분위기였다. 그러나 성공회, 장로교, 개혁교, 루터교, 그리고 가톨릭 등 전통적 신앙고백을 신앙의 핵심으로 여기는 사람들은 여전히 각 교회의 고유한 신조를 견지했다. 트렌트 공의회Council of Trent 결정 사항에 충성하는 가톨릭교인, 아우크스부르크 신앙고백을 따르는 루터교인, 39개 조항을 원칙으로 삼는 성공회 신자, 그리고 웨스트민스터 신앙고백에 목숨을 거는 장로교인과 개혁교회 신자들이

---

[171] 구 프린스턴 학파란 알렉산더에서 시작하여 찰스 하지Charles Hodge(1797~1878), 아치발드 알렉산더 하지Archibald Alexander Hodge(1823~1886), 그리고 B. B. 워필드Benjamin B. Warfield(1851~1921)로 이어지는 대표적인 신학자들을 통해 프린스턴 신학교가 일관적으로 취했던 신학적 입장을 말한다.

[172] James C. Livingston, *Modern Christian Thought: The Enlightenment and the Nineteenth Century* (Minneapolis, MN: Fortress Press, 2006), 304.

여전히 강성하게 존재했던 것이다. 특히 유럽에서 지속적으로 유입되던 이민자들은 이와 같은 신앙고백적 교회의 자리를 계속해서 채워주었다.

계몽주의적 합리성이나 전통적 신앙고백은 교회의 공식적 입장을 대변했다. 그러나 기독교인이 아닌 이웃 사람들과 마찬가지로 기독교인들은 식민지 시대부터 이어져 오던 민간신앙을 생활 속에서 계속 실천했다. 점占막대기divining rod를 사용하여 지하수를 찾고, 부적으로 악귀를 몰아내고, 성적 매력을 증가시키기 위해서 특별한 미약媚藥posion을 사용했던 것이다. 또한 사람들은 미래를 알기 위해 점성술에 의존했고, 병을 치료하거나 해코지하기 위해서 마법을 사용했다. 물론 이런 '미신' 행위를 걱정하는 교회 지도자가 있었겠지만 대부분의 교인은 그런 오래된 관습에 별다른 문제가 있다고 생각하지 않았던 듯하다.

자원주의

선교운동

건국 초기의 미국은 기독교에 결코 이롭지 않은 상황에 놓여있었다. 전쟁은 수많은 교인을 죽이고 많은 교회를 파괴했으며, 살아있는 사람들의 신앙생활을 방해했다. 세속적 민주주의 국가를 만들고, 새로운 개척지를 열어야 하며, 인플레이션을 극복하고, 복잡한 국제질서 속에서 새로운 공화국을 지켜야 하는 등의 국가적 문제들이 산적해 있는 상황에서 종교는 부차적인 듯 보였다. 그러나 새로운 상황은 새로운 문제들과 함께 새로운 기회도 제공했다. 어린 공화국이 가지고 있던 문제들을 해결하기 위한 미국인들의 노력은 1800년대 초부터 짧게는 약 30~40년 동안, 길게는 남북전쟁까지 지속된 폭발적인 종교현상으로 표출되었다. 흔히 제2차 대각성이라고 불리는 이 비상한 종교현상은 새로운 기독교(혹은 기독교적 성격의) 단체,

조직, 대학을 양산했고, 그런 기관들은 사회를 개혁하고자 하는 대대적 운동으로 연결되었다. 또한 들불처럼 번진 부흥회의 열기 속에 교인의 수는 엄청나게 증가했고, 실험적이거나 독특하게 미국적인 신흥 종파들이 번성했다.

19세기 초에 나타난 현상 가운데 가장 새롭고 혁신적인 것은 수많은 초교파적 기독교 자원voluntary 단체의 탄생이었다. 자원 단체란 어떤 외부의 강제도 없이 순전히 참가자들의 자발적 동기에 의해서 만들어진 민간 조직이었다. 이때 만들어진 자원 단체 가운데 많은 수는 남북전쟁을 거치면서 사멸했다. 그러나 어떤 단체들은 19세기 내내, 혹은 그 이후에도 지속하면서 자원주의 원칙에 근거한 동원, 조직, 운영, 그리고 기술적인 혁신을 이루어, 미국의 기독교와 사회, 그리고 나아가서는 전 세계에 큰 영향을 미쳤다. 이 단체들은, 물론 중첩이 되기도 하지만, 전체적으로 선교, 교육 진작, 그리고 도덕 함양을 위한 단체로 나눌 수 있었다. 이 가운데 선교단체들이 먼저 시작되어 19세기 이후 가장 큰 민간 차원의 사업으로 전개되었다.

미국 최초의 조직적 해외선교 기관인 미국해외선교위원회American Board of Commissioners for Foreign Missions(ABCFM)는 새롭게 만들어진 회중교회 신학교인 앤도버신학교Andover Theological Seminary를 중심으로 1810년 조직되었다. 앤도버신학교는 하버드대학의 유니테리언적 경향에 반발한 회중교회의 삼위일체주의자들이 1808년에 만든 미국 최초의 목사 양성 전문기관이었다. 보스턴을 중심으로 동부 매사추세츠의 지식인들은 19세기 말부터 대대적으로 유니테리언주의를 받아들이고 있었다. 당대를 대표하는 진보적 신학자 윌리엄 채닝William E. Channing(1780~1842)을 중심으로 유니테리언 세력이 커져 하버드대학과 많은 교회를 장악하자 회중교회 내에 심각한 갈등과 분열이 일었다. 그리고 그 결과로 만들어진 것이 앤도버신학교였다. 매사추세츠의 윌리엄스대학Williams College에서 영적 각성을 경험하고 해외선교를 하기로 결심한 학생들이 앤도버신학교에 입학하여 ABCFM의 조직을 주도했다. ABCFM이 1812년 겨울 다섯 명의 선교사를 인도로 파송하면서, 파란만장한 미국의 해외선교 역사는 시작되었다.

첫 해외 선교사 중 한 명인 아도니암 저드슨Adoniam Judson(1788~1850)과 그 첫 부인 앤Ann(1789~1826)은 이후 미국 역사상 가장 존경받는 선교사의 반열에 오르게 된다. 저드슨은 인도로 가는 선상에서 침례교를 받아들여 ABCFM과 관계가 끊어졌지만, 버마(미얀마)에 정착하여 40년 가까이 헌신적으로 선교하였다. 저드슨 부부의 활동은 미국에 상세히 보고되어 시민들의 큰 관심을 불러일으켰고, 그것을 기록한 책들은 베스트셀러가 되기도 했다.[173] 저드슨 부부에게 보인 미국인들의 관심은 기독교가 널리 전파되는 데 대한 응원이기도 했지만, 미국의 힘이 대양을 건너 멀리까지 미치는 데 대한 환호이기도 했다. 저드슨 부부와 같은 선교사를 자기희생적인 영웅으로 여긴 미국인들의 태도 속에는 종교심과 애국심이 함께 들어있었다. 해외선교가 가진 이와 같은 양면성은 그 이후 미국 해외선교를 역사상 가장 크고 성공적인 민간 운동으로 만들어 놓는 데 기여했다. 각 교단은 팽창하는 미국의 해외 진출에 발맞추어 경쟁적으로 해외 선교사들을 파견하였다. 19세기 중엽까지 미국 선교사는 하와이, 서아프리카, 중국과 동남아, 터키, 팔레스타인, 그리고 라틴 아메리카에 진출하여 미국 개신교와 문화를 전했다.

한편, 1826년 시작한 미국국내선교회American Home Missionary Society는 "미국 내의 궁핍한 자들"에게 복음을 전하는 것이 목적이었다.[174] 건국 이후 애팔래치아산맥 너머 서쪽으로 점점 확장되던 '서부 개척지'를 선교지로 삼겠다는 뜻이었다. 서부로 가는 이주민이 늘어나면서 그들에게 기독교를 전해야 한다는 이전부터의 노력이 결집된 결과였다. 국내선교회는 개척지에 교회를 세우고 자립할 수 있을 때까지 재정지원을 했다. 그러나 국내선교회 선교사들의 활동은 단지 기독교 전파에만 머물지 않았다. 그들은 교사, 지

---

[173] 예를 들어 온라인 사이트 Internet Archive(https://archive.org)에 공개된 다음 전기 참조: Jesse Clement, *Memoir of Adoniram Judson : Being a Sketch of His Life and Missionary Labors* (Auburn, [NY]: Derby and Miller, 1852).

[174] Dsiturnell's New York State Register for 1858… (New York: John Disturnell, 1858), 179.

역사회 지도자, 그리고 동부 문화의 전도사로 활동하면서 서부 개척과 개발의 중요한 동력으로 활동했다. 자체 기록에 의하면 1893년 해체될 때까지 국내선교회는 2천 명 이상의 선교사를 지원하여 42만 2천 명의 개종자를 낳고, 많은 교회학교와 학교를 만들었다.

1816년 조직된 미국성서공회American Bible Society도 강력한 선교기관이었다. 영국 식민지로 있는 동안 미국에서는 어떤 출판사도 영어 성서를 출간할 수 없었다. 영국 왕들이 유일한 공인 영어 성서인 제임스왕본King James Version을 식민지의 출판사가 출간하는 것을 금지했기 때문이다. 그러나 독립 이후 그런 제약이 사라지자 미국 내의 엄청난 영어 성서 수요에 부응하기 위해 많은 출판사가 영어 성서 출판에 뛰어들었다. 성서를 출판했던 기관 가운데 가장 규모가 컸던 미국성서공회는 성서를 싼 값에 만들어 널리 전파하자는 목적 아래 세워진 기관이었다. 그러나 궁극적으로는 미국을 넘어서 전 세계의 선교지에 지부를 설치하고 그 지역 언어로 성서를 번역, 출간, 반포하는 해외선교기관이 되었다. 성서를 그렇게 대대적으로 전파하고자 한 것은 기독교의 진리로부터 "인류를 유혹"하는 잘못된 사상들에 대항하여 "살아계신 진정하고 유일한 신에 대한 지식"을 전파하기 위함이었다.[175]

미국기독교서회American Tract Society도 비슷한 선교적 목적을 가지고 있었다. 1825년에 조직된 이 기관은 짧고 단순하며, 교훈적이고 재미있는 문서를 통해 도덕과 기독교를 전파하려 했다. 미국기독교서회와 미국성서공회는 미국의 섭리적 사명과 임박한 천년왕국에 대한 낙관적 믿음을 공유하고 있었다. 특히 기독교서회는 권서勸書colporteur제도를 통해 세상에서 가장 가난하고 지구의 가장 후미진 곳에 있는 사람들에게까지 미치기 위해 많은 책자를 무료로 퍼뜨렸다. 권서란 소외된 곳이나 외딴 곳까지 기독교 문서를 가지고 다니면서 판매하고 전파하는 사람이었다. 권서제도가 좋은 성과

---

[175] *Constitution of the American Bible Society: Formed by a convention of delegates, Held in the city of New York, May, 1816, Together with Their Address to the People of the United States…* (New York: American Bible Society, 1816), 13~14.

를 내자 성서공회도 그것을 채택하고 해외선교지에서 선교사가 미칠 수 없는 곳에 현지인 권서를 파송했다.

미국성서공회와 미국기독교서회는 독립부터 남북전쟁 사이에 생겨난 수많은 기독교 언론출판 단체, 그리고 그것을 통해 이루어진 매스커뮤니케이션의 혁명적 변화를 잘 반영했다. 1790년과 1830년 사이에 거의 600가지의 종교 잡지가 출간되었다. 이 잡지사들과 성서공회, 기독교서회는 새로운 출판 기술을 통해 싼 값으로 잡지와 책을 대량으로 펴내었고, 쉽고 재미있는 글을 통해 많은 독자를 얻었으며, 빠르고 효과적으로 배포하는 방법을 개발해 활용했다. 1829년부터 1831년 사이에 미국성서공회는 100만 권의 성서를 발간했고, 당시 미국에서 가장 많이 팔리던 잡지였던 감리교 주간잡지 *Christian Advocate*는 1830년 매주 2만 5천 부씩 전국에 판매하였다. 이와 같은 대규모 출판 사업은 독서 대중을 크게 늘리고, 저자와 독자, 독자와 독자를 연결하는 광범위한 커뮤니케이션 망을 구축할 수 있게 하였다. 그리고 궁극적으로 미국의 섭리적 사명, 선교, 그리고 기독교적 개혁의 필요성에 대한 공감대를 교회와 일반 시민 사이에 확장하는 역할을 감당했다.

교육과 개혁운동

기독교 및 기독교적 가치관의 전파는 기독교 교육에 대한 관심과 연결되어 있었다. 1824년 발족한 미국주일학교연합회American Sunday School Union는 불신앙과 아울러 무지와 싸우려 했던 당시 미국 기독교인들의 태도를 웅변적으로 보여주었다. 물론 연합회가 만들어지기 이전에도 주일학교는 존재했다. 그러나 주일학교연합회는 개별적으로 운영되던 주일학교를 조직하고 그 자원을 모아서, 서로 돕는 하나의 효율적인 운동으로 발전시켰다. 18세기의 주일학교가 자선가들에 의해 만들어지고 보수를 받는 교사들이 가르쳤던 것과 달리 연합운동의 영향으로 만들어진 주일학교는 자원주의 원칙에 따라 자원 교사들이 만들어 운영했다. 당시 주일학교는 제대로 된 학교의 기능을 하는 교육기관으로서, 특히 개척지에서는 거의 유일한 교육기관인 경우가 많았다. 주일학교는 목사 없이 만들고 운영할 수 있었기 때문에 교회보다 먼저 만들어질 수 있었고 교회로부터 독립적으로 운영될 수도 있었다. 따라서 주일학교 운동에는 평신도들이 적극 참여했다. 주일학교 교사 일은 주위의 인정과 존경, 영적·지적 자기개발, 넓은 사회경험, 그리고 좀 더 다양한 책임감을 보상으로 주었기 때문에 사회진출이 제한되어 있던 여성에게 특히 매력적이었다. 1832년 통계에 의하면 주일학교연합에 속한 교사 가운데 여성이 22,454명으로 전체의 51.7퍼센트를 차지하고 있었다.[176]

교육에 대한 기독교계의 열의는 주일학교를 넘어 각 교단이 대학과 학교를 만드는 것으로 이어졌다. 그런데 19세기 초엽부터 각 주정부도 대학을 설립하거나 기독교적 배경을 가진 대학을 인수하여 직접 운영하려 했다. 주립대학은 세속적인 교육을 목표로 했으므로 기독교 대학과 경쟁하는 관계였다. 1819년 버지니아 주정부가 설립한 버지니아대학University of Virginia은 버지니아에 이미 있던 윌리엄-메리대학의 종교적 분위기에 실망한 토머스 제퍼슨이 주도하여 만든 학교였다. 제퍼슨은 "가장 광범위하고 진보적인" 대학을 만들려 했다.[177] 그리고 같은 시기 회중교회 소유의 다트머스대학을 주립대학으로 만들려 했던 뉴햄프셔 주정부의 노력은 앞으로 고등교육 기관을 두고 벌이게 될 세속과 교회 사이의 경쟁 및 갈등을 예고했다.

1815년 뉴햄프셔 주의회는 다트머스대학의 회중교회 재단을 해산시키고 주정부가 선정한 재단으로 대체하고자 했다. 다트머스대학 설립인가charter는 식민지 시기 영국 왕이 재가한 것이므로 독립된 나라에서 더 이상 효력을 가지지 않는다는 것이 이유였다. 이 조치에 항거하여 기존의 재단

---

[176] Anne M. Boylan, *Sunday School: The Formation of an American Institution, 1790~1880* (New Haven: Yale University Press, 1988), 115.

[177] Alf J. Mapp, Jr., *Thomas Jefferson, Passionate Pilgrim: The Presidency, the Founding of the University, and the Private Battle* (Lanham, MD: Madison Books, 1991), 19.

이 주의회를 상대로 제기한 소송Dartmouth College v. Woodward은 국가와 종교가 분리된 나라에서 종교단체가 교육기관을 통제할 수 있는가 하는 문제가 달린 기념비적 사건이었다. 연방대법원장 존 마셜John Marshall(1755~1835)이 기초한 다수의견은 다트머스대학 재단 손을 들어주면서, 기존의 설립인가가 헌법 규정과 합치하므로 "[미국 독립]으로 인해 종식되지 않았다"고 판결했다.[178] 또한 주정부가 계약을 해치는 입법을 할 수 없으므로 뉴햄프셔 주의회 결정은 "헌법 위반이며 무효"라고 하여, 사립 교육재단이 주정부 간섭 없이 학교를 운영할 권리를 보장했다.

회중교회의 다트머스대학 소유권을 인정한 1819년 연방대법원 판결은 기독교인들이 적극적으로 고등교육 기관을 설립할 수 있는 계기가 되었다. 1820년대부터 1850년대까지 기독교인들은 애팔래치아산맥 서쪽의 개척지에 수많은 고등교육 기관을 설립했다. 회중교, 장로교, 감리교, 침례교의 역할이 특히 두드러졌다. 이런 맥락에서, 중서부 및 서부 개척지에 새롭게 설립된 대학을 지원하기 위한 '서부 대학 및 신학교육 증진협회Society for the Promotion of Collegiate and Theological Education at the West(SPCTE)'가 1843년에 만들어지기도 했다. 동부의 '신파New School' 장로교와 회중교회 교인들이 만든 이 협회는 대학 설립을 통해 서부를 "문명화"하고 "기독교화"하는 것이 목적이었다.[179] 그와 같이 기독교 고등교육 기관은 학식 있고 경건한 목사를 기를 뿐 아니라 복음적 진리 위에 사회를 건설하는 데도 관심을 가졌다. 주요 교단 이외에 독일 개혁교회, 퀘이커, 루터교 등도 애팔래치아산맥 서쪽으로 진출하면서 대학을 만들었다. 이리하여 남북전쟁 이전까지 개척지의 고등교육은 교회의 압도적인 영향력 아래 놓이게 된다.

SPCTE가 보여준 것처럼 각 기독교 교단이 중서부 및 서부의 새롭게 만들어진 주에 경쟁적으로 대학을 설립한 중요한 이유 가운데 하나는 개척지

---

[178] "Trustees of Dartmouth College v. Woodward, 17 U.S. 518(1819)," https://supreme.justia.com.

[179] Ruth Evelyn Ratliff, "Society for the Promotion of Collegiate and Theological Education at the West: A Congregational Education Society"(Ph.D. thesis, University of Iowa, 1988), 3.

의 '문명화'였다. 새로운 기독교 대학을 설립한 사람들은 사회개혁에 대한 강한 의지를 가진 활동가들이었고, 특히 노예제도 폐지론자가 많았다. 제2차 대각성 기간 동안 미국 사회에 불었던 열기 가운데 하나는 사회의 제반 문제를 개혁하겠다는 것이었다. 노예제도 폐지, 여성인권 증진, 그리고 금주, 이 세 가지 주제는 각각 독립적으로, 또는 서로 연관되어 집중적인 관심을 받았다. 사회개혁을 위한 19세기 초의 이런 노력은 이후 집단적으로 "자비로운 제국Benevolent Empire," 혹은 "복음적 연합전선Evangelical United Front"이라고 불렸다.[180]

　자유와 평등을 주장하는 새로운 공화국 안에 노예제도가 존재한다는 사실은 국가 자체를 위선적으로 만들었다. 중부 및 북부의 주들은 1804년까지 노예제도를 완전히 폐지하였고, 1808년 연방정부의 노예무역 금지조치로 새로운 노예의 유입은 금지되었다. 그러나 메릴랜드를 포함한 남부 주들은 여전히 노예제도를 유지했으며, 노예제도가 법적으로 폐지된 주에서도 실질적인 노예해방은 대단히 느리게 진행되었다. 윌리엄 개리슨William L. Garrison(1805~79) 중심으로 1833 설립된 미국노예제도반대협회American Anti-Slavery Society는 설립된 지 2~3년 만에 1천 개의 지회와 15만 회원을 가지게 된 가장 큰 노예해방 조직이었다. 노예제 폐지와 해방된 노예들의 인권과 권익을 위해 일한 이 협회는 그 취지에 동의하는 모든 사람을 회원으로 받아들였다. 그러나 이 협회는 협회강령에서 노예제도가 "기독교의 원칙"에 어긋나며 노예 소유는 "신 앞에서 가증스런 범죄"라고 밝힌, 대단히 기독교적인 색채를 지닌 운동이었다.[181] 개리슨이 발행한 주간지《해방자 The Liberator》는 3천 부밖에 발행하지 않았지만 모든 노예제도 폐지 운동가들을 묶어준 일종의 기관지 역할을 했다.

---

[180] 여기에 대해서는 다음 연구들 참조: Caleb Joseph David Maskell, "American Icarus: Imagining Millennial Benevolence, 1814~1815"(Ph.D. thesis, Princeton University, 2019); Charles Foster, *An Errand of Mercy: The Evangelical United Front, 1790~1837* (Chapel Hill: University of North Carolina Press, 1960).

[181] "American Anti-Slavery Society, 'Constitution,' 4 December 1833," http://afgen.com.

노예제도 폐지운동은 그 논리와 참가자들의 성향 때문에 여권운동과 직결되어 있었다. 선구적 퀘이커 여성운동가 루크레티아 모트Lucretia Mott(1793 ~1880)와 수잔 앤서니Susan B. Anthony(1820~1906), 페미니즘의 선구자 엘리자베스 스탠턴Elizabeth Cady Stanton(1815~1902)과 루시 스톤Lucy Stone(1818~93) 같은 진보적 여성들은 반노예제도운동에 주도적으로 참여했다.[182] 윌리엄 개리슨은 이들 여성운동가들과 함께 일하면서 많은 영향을 받았다. 개리슨은 여성이 남성과 똑같은 권리와 책임을 가지고 노예제도반대협회에 참여할 수 있도록 했으며, 투표권을 포함한 여성인권 증진을 위해서도 노력하였다. 노예제도반대협회의 이런 진보적 성향은 논쟁의 대상이 되었고, 결국은 협회가 분열되어 다른 경쟁단체가 생기기도 했다.

건국 초기의 종교적·도덕적 사회개조운동 가운데 가장 큰 호응을 받은 것은 금주운동이었다. 식민지 시대부터 교회는 술의 과용을 금지하고 그 규정을 범한 사람을 벌했다. 일종의 사회통제 기능이었다. 그런데 사회가 점점 자본주의화 되면서 도시화, 빈곤, 실업 등의 '사회악' 문제가 생기고 범죄가 증가하자 음주 문제가 다시 부각되었다. 많은 사람이 그런 사회문제의 근원이 술에 있다고 생각했던 것이다. 점차 절제운동이 생겨나기 시작했다. 독립전쟁을 거치면서 주춤했던 절제운동은 1826년 결성된 미국절제협회American Temperance Society를 통해 전국적 운동으로 전개되었다. 절제협회는 10년 만에 8천 개의 지방조직과 금주를 서약한 150만 명 이상의 회원, 그리고 15개의 정기 간행물을 가진 거대한 조직으로 발전했다. 많은 교회가 절제운동에 동참했으며 여러 절제운동 단체가 만들어졌다.

그런데 처음에는 자발적 절제와 적절한 음주를 권장하던 운동이 점점 종교적 열심과 겹쳐졌고, 음주 자체를 죄악시하는 경향이 생겨났다. 윌리엄

---

[182] 이들에 관한 대표적 연구로는 다음 참조: Otelia Cromwell, *Lucretia Mott* (Cambridge: Harvard University Press, 1958); Kathleen Barry, *Susan B. Anthony: A Biography of a Singular Feminist* (New York: Ballantine Books, 1988); Elisabeth Griffith, *In Her Own Right: The Life of Elizabeth Cady Stanton* (New York: Oxford University Press, 1984); Joelle Million, *Woman's Voice, Woman's Place: Lucy Stone and the Birth of the Woman's Rights Movement* (Westport, CT: Praeger, 2003).

개리슨은 술을 "독약," 음주벽을 창조 이래 최악의 "폭군"이라 부르며 술장사를 하느니 차라리 노예상이 되겠다고 했다.[183] 결국, 절제운동은 완전 금주를 지향하는 쪽으로 급진화되기 시작했다. 음주는 주로 남성의 문제였기 때문에 여성의 절제운동 참여가 특히 많았고, 여권신장운동, 노예제도 폐지운동과 맞물려 진행되었다. 남부보다 북부에서 더 활발했다.

이상과 같은 기독교 단체들의 결성과 운영에서 나타난 가장 큰 특징은 순전히 참여자들의 자발적 동기에서 만들어지고 일이 진행되었다는 사실이다. '자원주의voluntarism'라고 불린 이 새로운 현상은 정치와 종교가 철저히 분리된 공화국에서 종교가 어떻게 힘을 발휘할 수 있는지 잘 보여주었다. 정부의 도움이나 간섭은 물론이고 교회의 지배에서도 자유로운 자발적 종교단체의 탄생은 서구 역사에서 유례를 찾을 수 없는 새로운 현상이었다. 제2차 대각성에서 나타난 자원단체들은 세속적 대중민주주의가 가진 종교적 위기를 기독교인들이 자원주의 원칙에 따라, 즉 자신의 동기, 자원, 그리고 에너지에만 의존해서 극복해 나갈 수 있음을 과시했다. 미국을 넘어서 앞으로 다가오게 될 새로운 시대의 종교지형을 미리 보여준 것이다.

자발적 기독교 단체들의 특징 가운데 하나는 어떤 공동의 목표를 위해 교파적 차이와 경쟁심을 넘어서 같이 일하는 모습이었다. 미국성서공회는 창립총회에서 빠르게 확장되는 영토와 함께 급증하는 인구가 "이성과 자유로움이라는 명목" 아래 "이교 종족으로 되돌아가지" 않도록 기독교 신앙과 도덕으로 정복하기 위한 일종의 전쟁을 선포했다.[184] 미국성서공회는 그 싸움을 위한 "협력"을 호소하면서 "집중된 행동은 강력한 행동"이라고 강조했다. 이것은 자원단체들이 협력하여 공동의 적과 싸우는, 말 그대로 '복음적 연합전선'이 형성되었음을 시사한다. 이 연합전선의 인도주의적·사회

---

[183] 개리슨이 1832년 필라델피아에서 개최된 제2차 유색인 대회Convention of the People of Color에서 행한 연설, 다음에서 재인용: Michael P. Young, *Bearing Witness against Sin: The Evangelical Birth of the American Social Movement* (Chicago: University of Chicago Press, 2006), 1.

[184] *Constitution of the American Bible Society*, 14~17.

개혁적 힘은 건국 직후 새로운 공화국에 팽배했던 낙관적인 분위기에서 동력을 제공받았다. 나라 전체의 낙관적인 분위기는 당시 미국 교회에도 그대로 반영되어, 제2차 대각성의 부흥사들은 대체적으로 후천년설에 기초한 낙관적 종말론을 가지고 있었다. 즉 그리스도의 재림 이전에 평화와 정의와 도덕이 완성된 이상적 지상낙원이 건설된다고 보았던 것이다.

그러나 미국을 '복음적 제국Evangelical Empire'으로 만들기 위한 이 거대한 연합전선이 종교적 동기만 가지고 있었던 것은 아니다. 자원단체를 이끌던 사람 가운데는 사회적 엘리트, 특히 부유한 상인이나 법률가가 많았다. 그들의 종교적 열심은 계층적 관심과 뗄 수 없을 정도로 결합되어 있었다. 그들은 어린 대중민주주의 속에서 발생하던 사회 분열과 잠재적 반란의 요소들을 제어하려는 목적으로 자원기관에 참여했다. 따라서 종교적 자원기관들의 정치적 지향성은 상인, 생산자, 노예주 계층을 대변했던 휘그Whig당과 일맥상통했다.[185] 휘그당은 사립대학, 자선단체, 그리고 문화기관 설립을 장려했다. 대부분 동부와 북부에 기반을 둔 자원기관들은 온정주의paternalism적 경향을 보이면서 남부와 서부를 자기들 이상과 이해관계에 맞추어 건설하려 했고, 궁극적으로 민주–공화 양당체제에서 보수의 축인 공화당 탄생에 기여했다.

---

[185] 휘그당은 앤드류 잭슨 대통령을 중심으로 1828년 만들어진 민주당에 반대하여 1832년에 결성된 정당으로 1856년까지 이어졌다. 휘그당은 시장경제적 질서의 확장과 신속한 산업화를 위해서 생산·자본가 위주의 정책을 폈으며, 그 노선은 1854년에 결성된 공화당이 이어갔다. 이에 비해서 제퍼슨의 반엘리트적 공화주의 이상을 바탕으로 만들어진 민주당은 현대화와 산업화가 부유한 귀족을 만들어 민주주의를 위협할 것이라고 보았다.

제9장

부흥과 기회, 그리고 변화

Camp—Meeting(c.1829)
Hugh Bridport and Kennedy/Lucas, Alexander Rider
National Museum of American History

천막집회에 참석한 사람들의 다양한 모습

새로운 부흥운동

천막집회와 감리교

제2차 대각성에서 나타난 현상 가운데 1730~40년대 제1차 대각성의 부흥 현상과 가장 유사하면서도 구별되는 것은 새로운 형태의 부흥집회였다. 제2차 대각성의 부흥회들은 18세기에 일어났던 제1차 대각성과 마찬가지로 성서의 권위를 강조하고 회심을 통한 개인 구원에 일차적인 관심을 보였으며, 감정적이고 비전통적인 집회를 중심으로 전개되었다. 그러나 둘 사이에는 큰 차이도 있었다. 우선, 첫 번째 대각성은 회중교, 성공회, 그리고 장로교가 주도했기 때문에 식민지의 종교질서에 근본적인 영향을 끼치지 못했다. 이에 비해서, 감리교와 침례교, 그리고 '그리스도의 제자Disciples of Christ'들이 주도한 두 번째 부흥운동은 회중교와 성공회가 지배하던 기존의 종교지형에 근본적 변화를 가져왔다. 또한 이것은 좀 더 본질적 차원에서 신학의 변화와도 깊이 연결되어 있었다. 제1차 대각성은 칼뱅주의 신학이 주도했던 데 비해서 제2차 대각성은 뚜렷하게 아르미니안주의 쪽으로 기울어 있었다.

조나단 에드워즈와 조지 휫필드가 인간의 타락과 도덕적·영적 무능력을 강조한 반면, 19세기 부흥사들은 모든 인간이 신의 부름에 응답할 수 있는 능력을 가졌다고 부르짖었다. 칼뱅주의자들이 주도한 18세기 부흥회에 참석한 사람들은 자신이 너무도 타락하고 무능하여, 신의 도움 없이는 그가 베푼 구원의 은총을 받아들일 능력조차 없는 것을 한탄하곤 했다. 전지전능한 신 앞에서 인간은 구원에 관한 한 전적으로 무능력하고 수동적인 죄인에 불과했던 것이다. 그러나 19세기 천막집회에 모여든 사람들은 구원의 은총은 이미 주어졌으며, 그것을 받아들이느냐 마느냐는 그들 자신에게 달려있다는 설교를 들었다. 이와 같이 좀 더 긍정적인 인간관은 19세기 초 새로운 공화국이 가지고 있던 역동적이고 낙관적인 분위기와 잘 맞아떨어졌다.

19세기 초 부흥운동은 남서부와 동북부 두 지역에서 조금씩 다른 모습으로 전개되었다. 부흥의 조짐이 먼저 시작된 곳은 켄터키와 테네시로 대표되는 남서부지역이었으며, 장로교 목사 제임스 맥그리디James McGready(1763~1817)가 활동하던 중남부 켄터키가 시발점으로 꼽힌다. 맥그리디는 다른 목사들과 함께 1800년 여름 전도를 위한 야외집회를 개최하였는데, 그곳에서 나타난 현상은 목격자들을 경악시킬 정도로 새롭고 충격적이었다. 수많은 사람이 땅바닥에 쓰러져 몇 시간 동안 죽은 듯이 있다가 일어나서 '구원' 받았다고 외치는 등의 현상이 일어났던 것이다. 맥그리디의 '천막집회camp meeting'는 한번 모이면 며칠씩 지속되었는데, 주로 동부 해안의 도시에서 개최되던 기존 전도집회와 달리 내륙의 농부들을 위한 야외집회였다. 맥그리디의 천막집회가 크게 성공하자 그와 비슷한 유형의 집회들이 다른 전도자들에 의해 개최되기 시작했다.

장로교 목사 바턴 스톤Barton W. Stone(1772~1844)은 맥그리디의 집회에 참석하여 천막집회의 효과를 목격한 후, 1801년 8월 켄터키 렉싱턴Lexington 근처 케인 릿지Cane Ridge에서 대규모 천막집회를 개최했다. 켄터키주 전역의 교회에 대대적인 광고를 하고 개최된 이 집회에는 장로교인, 감리교인, 침례교인, 유럽계 사람, 아프리카계 사람, 남녀노소가 모두 모여, 적게는 1만 명에서 많게는 2만 명 이상의 군중이 참가했던 것으로 알려진다. 당시 켄터키 최대 도시인 렉싱턴의 인구는 채 2천 명이 되지 않았다. 일주일 동안 계속된 이 집회에는 참가한 사람의 수가 너무 많아 5명에서 7명의 설교자들이 집회 장소 곳곳에서 동시에 설교했으며, 약 3천 명이 개종했다고 전한다. 훗날 "케인 릿지 부흥회"로 불린 이 천막집회는 동부의 신문에까지 보도되어 "오순절 이후 최대의 성령강림"이 일어난 사건으로 알려졌고, "미국 교회사의 전환점"이라는 역사적 평가를 받았다.[186] 단일 종교집회로는 미국 역사상 가장 유명한 사례 가운데 하나였다.

케인 릿지 부흥회 참가자들에게 나타난 육체적 현상은 그때까지 부흥집회에서 볼 수 있었던 것보다 훨씬 강렬하고 충격적이었다. 바턴 스톤의 기록에 의하면 사람들이 갑자기 비명을 지르며 쓰러지고, 발작적으로 웃거나 울고, 노래를 부르고, 경련을 일으키고, 춤추고, 원을 그리면서 뛰는 현상이 나타났다. 이 "육체적 흥분bodily agitations"은 기이한 행위로 나타나기도 하여, 어떤 사람은 무릎을 꿇고 개처럼 짖기도 했다고 한다.[187] 이런 비정상적인 행위는 접신接神한 샤먼처럼 종교적 황홀경trance에 빠진 사람에게 나타나는 현상으로서, 강렬한 심리적 해방을 맛보게 해주었다.

당시 미국 농부들은 광활한 땅 위에 이웃으로부터 멀리 떨어진 채 외롭게 살아야 했다. 따라서 수많은 사람이 모여 며칠씩 지속된 케인 릿지 부흥회는 그렇게 외로이 살던 사람들에게 육체적·정신적으로 고통스런 개척지의 삶에서 일탈하는 즐거움을 주었다. 그리고 열렬한 분위기 속에서 행해진 카리스마 넘치는 설교자들의 설교는 비상한 종교적 체험을 선사했다. 케인 릿지 부흥회와 마찬가지로 다른 수많은 크고 작은 천막집회에는 종교적 체험과 함께 개척지에서 좀처럼 경험하기 힘든 만남과 교제가 있었고 마을 축제와 같은 즐거움이 있었다. 천막집회는 하나의 "거대한 피크닉mammoth picnic"이었고, 종교보다 축제에 관심을 가진 수많은 사람이 천막집

---

[186] Sydney E. Ahlstrom, *A Religious History of the American People* (New Haven: Yale University Press, 1972), 433.

[187] "A Short History of the Life of Barton W. Stone Written by Himself," in *Voices from Cane Ridge*, ed. Rhodes Thompson, facsimile ed. (St. Louis: Bethany Press, 1954), 69~72, 같은 책, 434~35에서 재인용.

회에 몰려들어 많은 문제를 일으키기도 했다.[188] 그런 문제들이 얼마나 심각했던지 여러 주들이 천막집회 주위 1~2마일 안에서는 술을 팔 수 없도록 하는 법을 만들기도 했다.

천막집회는 봄의 파종과 가을의 추수가 끝난 농한기에 모였다. 천막집회를 기다리던 사람들의 기대는 대단했던 것 같다. 1820년대 말에 테네시 컴버랜드Cumberland강 연안의 천막집회에 참석했던 사람의 기록에 따르면 집회가 있기 전 두세 달 전부터 집회 소식이 돌아다녔다고 한다. 천막집회 장소로는 며칠 혹은 일 주일 이상 천막 생활을 할 수 있는, 물이 흐르고 나무가 많은 곳이 선택되었다. 예정된 집회 시간이 가까워지면 사람들이 사방에서 마차, 수레, 말 등을 타거나 걸어와서 천막을 쳤는데, 그 광경은 몇 시간 내에 "종교 도시"가 하나 만들어지는 것 같았다고 한다.[189] 온갖 종류의 사람들이, 여러 가지 서로 다른 동기를 가지고 모여들었다. 저녁이 되어 나무마다 등불이 걸리고 설교자들이 거친 목청을 높여 영원한 것에 대해 부르짖어 감동한 사람들의 흥분이 시작되면, 그 장소는 "세상에서 가장 찬란한 극장," 또 나아가 "신의 위엄에 적합한 사원"으로 변화되었다고 한다. 그곳에서 사람들은 신의 임재를 느낄 수 있었고 삶의 방향을 전환시키는 경험을 할 수 있었다.

천막집회는 새벽부터 한밤중까지 빡빡한 일정으로 진행되었다. 기록에 의하면, 천막집회 참가자들은 새벽 5시 정도에 기상했으며, 나팔 소리와 함께 6시 반부터 모이는 가족예배부터 천막집회의 하루가 시작되었다.[190] 각 천막 단위로 예배와 아침식사를 마친 후 다시 나팔이 울리면 전체 기도회가 열렸고, 10시부터는 첫 설교집회가 개시되었다. 설교집회는 기도회로 이어져 정오까지 지속되었으며 각자의 천막에서 점심을 먹은 후에는 2시부

[188] 예를 들어, Peter Cartwright, *Autobiography*, ed. Charles L. Wallis (Nashville: Avingdon, 1956), 134.

[189] Gaustad and Schmidt, *Religious History of America*, 146~47.

[190] B. W. Gorham, *Camp Meeting Manual: A Practical Book for the Camp Ground* (Boston: H. V. Degen, 1854), 155~56, Finke and Stark, 103.

터 오후 기도와 설교집회가 이어졌다. 저녁 식사 후에는 전체 모임이 저녁 7시 반부터 다시 시작되어 밤 10시 정도까지 지속되었고, 그 이후에도 많은 사람들은 개별적으로 기도를 이어갔다고 한다. 이와 같은 일정이 며칠 혹은 일주일 넘게 지속되었다. 그리고 집회는 '애찬식love feast'과 함께 대단원의 막을 내렸다. 한 참가자의 기록에 의하면 마지막 날의 작별은 "가장 감동적이고 눈물겨운" 장면을 연출했다.[191] 인도자들을 선두로 모든 참가자가 집회 장소 주위를 원을 그리며 돌다가 멈추어 서서 마지막 찬송을 부른 후 서로 포옹을 하며 "부활의 아침"에 다시 만날 때까지 지상에서는 다시 만나지 못할 작별을 고했다고 한다.

감리교의 프란시스 애즈베리는 1811년 이와 같은 천막집회에 매년 300만에서 400만 명이 참가한다고 추산했다. 애즈베리의 추산이 얼마나 정확한지 확인할 방법이 없으나 만약 사실이라면 그것은 당시 미국 전체 인구의 3분의 1에 해당하는 엄청난 수였다. 초기의 천막집회에는 교육받은 장로교 목사, 감리교 순회전도자, 그리고 침례교의 농부-설교자들이 모두 참가하여 같이 일했다. 그러나 얼마 되지 않아 천막집회는 감리교 순회전도자들의 집회로 변했다. 천막집회에서 가장 큰 소득을 얻은 것은 감리교였으며, 그것을 가능하게 한 사람이 애즈베리였다.

감리교 순회전도자는 험한 개척지에서 지칠 줄 모르고 헌신적으로 일한, 개척지 선교의 상징 같은 사람이었다. 애즈베리가 그 화신이었다. 그는 자원 전도자로 미국에 와서 독립전쟁 동안 영국으로 돌아가지 않고 남아있던 유일한 감리교 전도자였으며, 미국 감리교가 성립되었을 때 최초의 감독이 되었다. 그는 말을 타고 매년 수천 마일씩, 미국 전역은 물론 캐나다까지 다니면서 복음을 전했다. 거의 매일, 청중이 있는 곳이라면 언제, 어느 곳, 어떤 개인적 상황에서라도 찾아갔다. 1784년 미국 감리교가 시작된 때부터 은퇴할 때까지 30여 년 동안 애즈베리는 거의 30만 마일을 다녔으며 애팔

---

191 Gaustad and Schmidt, *Religious History of America*, 148.

래치아산맥을 60번이나 넘었다고 한다. 그가 모집하고 파송한 수많은 순회 전도자들은 후미진 개척지의 광활한 담당 구역circuit을 돌며 복음을 전했으며, 개종자들을 잘 조직하여 교회를 설립했다. 애즈베리는 "모든 부엌과 가게"에 들어가서 "모든 사람"에게 구원을 전하라고 감리교 전도자들에게 말하곤 했다.[192] 1771년 애즈베리가 처음 미국에 왔을 때 4명의 목사가 약 300명의 교인을 돌보던 감리교의 교세는 1816년 그가 사망할 때 목사 2천 명에 신도 21만 4천 명으로 급증하였다. 1850년이 되었을 때, 감리교는 13,302개의 교회와 260만의 교인을 가진 미국 최대의 교파가 되어 있었다. 제2차 대각성의 최대 수혜자가 감리교였다.

애즈베리는 감리교 교세를 증가시켰을 뿐 아니라 미국 감리교의 기본적 성격 형성에도 크게 기여했다. 웨슬리 형제의 아르미니안적 전통에 따라 그는 값없이 주어지는 신의 은총과 그것을 받아들이거나 거부할 수 있는 인간의 자유를 가르쳤다. 또한 회심한 이후에는 자의적 죄를 더 이상 짓지 않는 단계인 '그리스도인의 완성Christian Perfection'에 이르도록 노력할 것을 강조했다. 그것은 "하늘에 계신 너희 아버지의 온전하심 같이 너희도 온전하라(마태복음 5장 48절)"는 예수의 명령에 따라 지상에서 사는 동안 온전함, 즉 성화聖化를 이루고자 한 웨슬리 형제와 추종자들의 종교적 이상이었다. 성화의 개념을 이해하지 못한 사람들로부터 "그리스도를 모욕한다"는 비난을 들어야 했지만, 그들에게 그것은 "성숙한adult 그리스도인"의 경지였다.[193] 또한 애즈베리는 그리스도와의 친밀하고 신비적인 교제를 교리나 교회제도보다 더 본질적인 것으로 가르쳤으며, 내면의 경건이 밖으로 드러나야 한다고 믿어 교인들에게 높은 도덕적 기준을 따르도록 했고, 음주와 흡연을 금지시켰다. 그리고 그는 질서를 중시하여 감리교를 상명하복의 원칙

---

[192] Noll, *History of Christianity*, 171. 애즈베리는 미국에서 사역을 한 34년 동안 자세한 일기를 기록하였는데, 그 기록은 그의 사역뿐 아니라 초기 미국 역사에 대한 소중한 기록으로 남아있다: Francis Asbury, *Journal and Letters*, eds. Elmer E. Clark, et. al. (Nashville: Abingdon Press, [1958]).

[193] John Wesley, *A Plain Account of Christian Perfection* (n.p.: CreateSpace, 2013), 11.

아래, 지역의 기본 단위부터 전국의 연회에 이르는 효과적인 조직으로 만들었다. 애즈베리와 함께 확립된 미국 감리교의 영성과 조직은 초기 미국의 종교지형을 근본적으로 변화시켜 놓았다.

찰스 피니

동부의 제2차 대각성은 농업지역인 서부 개척지와는 상이한 모습으로 전개되었다. 이곳의 부흥운동은 남부 뉴잉글랜드의 회중교회를 중심으로 점화되었다. 회중교회 부흥의 도화선이 된 사람은 조나단 에드워즈의 손자로서 예일대학 학장이던 티머시 드와이트였다. 예일대학에 있던 이신론적 경향을 불신앙이라고 생각하여 걱정하던 그는 이신론자 토마스 제퍼슨 같은 사람이 대통령이 되면 "성서가 모닥불에 던져지는 꼴"을 보게 될 것이라고 경고했다.[194] 그는 학생들을 상대로 열심히 각성운동을 전개했고, 많은 학생이 개종했다. 예일 부흥운동에 영향을 받은 학생 및 졸업생들은 뉴잉글랜드와 뉴욕의 부흥운동에 기여했으며, 일부는 서부까지 진출했다. 라이먼 비처Lyman Beecher(1775~1863)는 드와이트의 제자로서 뉴잉글랜드 부흥의 영향을 받은 많은 사람들 가운데서도 특히 돋보이는 활약을 했다. 그는 많은 복음적·개혁적 자원기관 설립에 큰 역할을 하였으며, 1830년대 초에는 서부로 이주한 후 그곳의 종교 부흥과 사회개혁을 위해 헌신했다.

동북부 부흥운동을 주도한 사람은 찰스 피니Charles Grandison Finney(1792~1875)였다. 변호사가 되기 위해 공부하던 피니는 29세에 성령이 전류처럼 몸을 관통하는 극적인 경험을 한 직후 장로교 설교자로 나섰다. 큰 키에 사람들을 사로잡는 눈빛, 설득력 있는 언변, 그리고 친화력과 지도력을 지닌 그는 혁신적인 방법들을 부흥회에 적용하여 이름을 날렸다. 그는 로체스터Rochester 같은 뉴욕 서부 내륙의 "불타버린 지역Burned-over District"과 오하

---

[194] William J. Bennett, *America: The Last Best Hope, Volume 1*(Nashville, TN: Thomas Nelson, 2006), 180.

이오에서도 활동했다.[195] 그러나 피니는 특히 필라델피아, 보스턴, 뉴욕 같은 동부 해안의 대도시에서 조직적인 전도집회를 집중적으로 열었으며, 영국까지 큰 영향을 주어 현대적 도시 부흥회의 방법과 전통을 확립한 19세기 최대의 부흥사가 되었다.

1830년대 초반 피니는 인간의 가능성과 책임을 경시하는 장로교와 결별하고 회중교인이 되었다. 그는 그리스도의 죽음이 오직 구원받을 사람들의 죄만을 대속하기 위한 것이라는 칼뱅주의 정통을 거부했다. 피니의 신학은 존 웨슬리보다 더욱 인간중심적인 면이 있었다. 그는 신의 선행先行적 은총 prevenient grace 없이는 인간이 구원을 받아들일 수 없다는 웨슬리의 생각에 동의하지 않았고, 진심으로 추구하기만 하면 모든 인간이 높은 영적 완성에 이를 수 있다고 믿었다.

피니가 끼친 가장 큰 영향은 그때까지 자연발생적 종교현상이던 부흥회를 잘 조직되고 계획된 집회로 변화시켰다는 점에 있을 것이다. 종교는 "인간의 일work of man"이며, 부흥은 기적이 아니라 "조직된 방법constituted means을 잘 사용"하여 얻는 합리적 결과라고 그는 생각했다.[196] 1835년에 출간된 《종교의 부흥에 관한 강의Lectures on Revivals of Religion》는 부흥회에 관한 피니의 새로운 이론이 결집된 책으로 미국뿐 아니라 영국(특히 스코틀랜드)에도 큰 영향을 미쳤다. 이 책에서 그는 특별히 고안된 '조직된 방법'을 통해 회심을 더욱 조장할 수 있다고 주장했다. 그가 사용했던 '간절한 의자anxious bench'는 이와 같은 그의 이론이 구체적으로 적용된 예였다. 간절한 의자란 설교단 근처에 마련된 장소로서 설교를 듣고 자신의 죄를 깨달은 사람들이 나가서 신을

---

[195] '불타버린 지역'이란 휘트니 크로스Whitney R. Cross의 책 *The Burned-over District: The Social and Intellectual History of Enthusiastic Religion in Western New York, 1800~1850* (Ithaca: Cornell University Press, 1950)에서 기원한 말로 19세기 초반 더 이상 개종시킬 사람(즉, 더 이상 '태울' 연료)이 없을 정도로 부흥운동이 활발했던 서부 뉴욕을 지칭한다. 이 지역은 서부 개척지 성격이 강하여 천막집회 같은 부흥운동이 성행했고, 민간신앙적 요소가 농후하여 모르몬교, 윌리엄 밀러 계열의 천년왕국 운동, 쉐이커, 오네이다 공동체 등의 발생지가 되었다.

[196] Charles G. Finney, *Lectures on Revivals of Religion* (Old Tappan, NJ: Fleming H. Revell, 1868), 6, 8.

받아들이기로 결단하는 곳이었다. 전도집회에서 회심하기로 작정한 사람들을 앞으로 불러내는 관행의 원형이었다. 이것은 회심이 시간을 두고 일어난다고 믿었던 이전의 부흥사들과 달리, 그것이 즉시 일어난다고 본 피니의 견해가 반영된 장치였다. 비판자들은 피니의 '조직된 방법'이 회심과 관련하여 인간의 행위만 강조하고 신의 역할은 지나치게 축소한다고 지적했다. 그러나 피니는 자신이 아르미니안주의가 아니라고 기회 있을 때마다 강변했다.

피니는 이 밖에도 다른 여러 가지 '새로운 방법New Measures'을 사용했다. 부흥회를 며칠 동안 매일 개최하는 방식을 통해 부흥집회가 사람들에게 발휘하는 효과를 극대화했으며, 지적이고 신학적인 언어가 아니라 대중의 일상 언어를 사용하여 설교함으로써 설교 내용이 머리가 아니라 가슴에 전해지도록 했다. 그러나 그는 지나친 감정이 신의 뜻을 따르는 데 방해가 된다고 생각하여 감정적으로 격앙된 부흥회를 지양했다. 그는 지나치게 긴 찬양과 기도를 금지했으며, 어린이와 개는 집회에 데리고 오지 말도록 했다.

피니는 이성과 의지, 그리고 인간의 능동성을 중시했으며 복음 전파와 사회개혁을 연결시키기 위해서 애쓴 사람이었다. 피니의 사회개혁적 관심은 그의 긍정적 인간관에서 흘러나왔다. 그는 질서와 미덕이 어떤 외부적 개입이 아니라 "신에게 복종할 수 있는 능력"을 가진 "도덕적 대리인moral agents"인 각 사람의 의지와 선택에 의해 얻어지는 것이라고 가르쳤다.[197] 그는 자선운동, 노예제도 폐지운동을 비롯하여, 여성교육, 금주, 평화, 장애인 보호 등 당시에 전개되던 거의 모든 사회개혁운동에 참여하였다. 그가 교수와 학장으로 있던 오하이오의 오버린대학Oberlin College은 미국 역사상 처음으로 여성(또 그 이후에는 아프리카계 학생)에게 정식으로 입학을 허락했다. 피니의 영향을 받은 젊은 기독교 사회개혁가들이 1830년대부터 자원운동에서 큰 역할을 하기 시작했는데, 그 가운데는 여성도 다수 포함되어 있었다. 그는 노예제도의 즉각적인 폐지에는 동의하지 않았지만 노예제도를 공

---

[197] 같은 책, 59.

격하며 그 궁극적인 폐지를 주장했고, 여성 안수를 찬성하지 않았지만 여성의 공적인 기도와 발언을 허락했다.

도시 부흥집회는 부유한 기독교인들로부터 많은 재정지원을 받아야 가능했다. 자유방임적 자본주의 가치관과 복음적evangelical 기독교를 잘 융합했던 피니는 열심히 생업에 종사하고 헌신된 삶을 살면 누구나 성화를 이룰 수 있다고 설교하여 그들의 참여를 유도했다. 상업적 성향의 사람들도 자본주의 체제 속에서 열심히 돈을 벌고 사회봉사를 하면 거룩함을 이룰 수 있다는 것이었다. 부흥회는 종교적 헌신을 재확인하고, 신의 백성이라는 소속감을 느끼며, 다른 사람들로부터 인정과 애정을 받는 데 중요한 역할을 했다. 피니와 더불어 결성된 보수적 신학과 자본주의적 부의 결합은 이후 복음적 개신교 문화의 한 중요한 성격으로 자리 잡았다. 그러나 피니는 그를 모범으로 삼은 이후의 많은 부흥전도자와 달리 돈이나 자기과시의 유혹에 빠지지 않고 절제되고 도덕적인 생활을 하여 줄곧 존경받았다.

애즈베리와 마찬가지로 피니는 미국 개신교에 뚜렷한 대중주의적 요소를 주입했다. 그러나 그는 그때까지 개종자를 만드는 데 집중했던 부흥회를 개인 구원뿐 아니라 사회 변혁을 추구하는 조직된 운동으로 바꾸었다. 피니의 새로운 부흥회 방법, 신학, 그리고 사회개혁적 관심 등은 19세기를 넘어 미국 기독교계에 지속적인 영향을 끼쳤고, 조나단 에드워즈, 조지 휫필드와 비견되는 거인의 발자국을 미국 사회와 종교에 남긴 것으로 평가된다. 세속적 공화국의 성립으로 종교가 공적公的 영역과 결별하고 철저히 개인적 차원의 문제가 된 상황 속에서 피니는 한편으로 기독교를 개인적 결단의 종교로 만들면서, 또 한편으로는 공동체로 경험되고 사회를 위해 일하는 기독교를 만들기 위해 노력했다.

침례교와 '크리스천'

감리교와 함께 19세기 초 부흥운동을 주도한 것은 침례교였다. 침례교는 감리교와 마찬가지로 교리보다 행동을 중시했고, 인간의 자유와 가능성을 믿었으며, 대중적이고 비형식적이라는 면에서 새로운 공화국의 분위기와 잘 어울렸다. 두 교파 모두 아프리카계 사람들에게 호소력이 있었다는 점에서도 공통점이 있었다. 그러나 감독제도를 가진 감리교와 달리 침례교는 개個교회주의를 택하여 모든 일의 최종 결정권은 각 개별 교회가 가지고 있었다. 침례교의 각 교회는 성서 이외에 그 어떤 상위 권위도 인정하지 않았지만, 공동의 목적을 위하여 지역이나 전국의 교회들이 연합으로 일하는 경우가 많았다. 침례교 연합 활동에서 가장 대표적인 것은 선교회였다. 중서부 개척지에 선교사를 파견하기 위해 1802년 조직된 매사추세츠 침례교 선교회Massachusetts Baptist Missionary Society 이래로 그와 유사한 선교단체들이 다른 지역이나 주에서 만들어졌다. 그리고 1814년에는 해외선교를 위한 전국적 조직도 신설되었다. 여러 선교회가 이렇게 보여준 바와 같이 침례교는 개교회주의 원칙 속에서도 활발한 연합 활동과 조직을 통해 급격하게 교세를 키워갈 수 있었다.

감리교와 구별되는 침례교의 또 다른 특징은 신학에서 나타난 근본적인 변화였다. 남북전쟁 이전에는 침례교 신학이 전체적으로 칼뱅주의적이었다. 그러나 침례교인들은 신이 구원받을 사람을 무조건적으로 선택하며 그들만을 위해서 그리스도가 죽었다는 전통적 칼뱅주의에서 점차 멀어졌으며, 개인의 회심 경험을 크게 강조했다. 제1차 대각성 때까지 미국 개신교를 주도했던 칼뱅주의 전통은 점차 아르미니안주의적 경향에 자리를 내어주고 있었다. 인간의 가능성을 낙관하던 건국 초기의 분위기, 그리고 그것에 편승한 제2차 대각성은 이런 변화를 더욱 가속시켰다. 신학이나 의례에 얽매이지 않았던 침례교는 건국 후 변화하는 상황에 잘 적응할 수 있었다. 침례교는 뛰어난 지도자를 가지지 못했음에도 불구하고 엄청난 활력을 가지고 새 공화국이 열어놓은 가능성을 최대한 활용했으며, 특히 버지니아, 남북 캐롤라이나, 조지아, 켄터키 등 남부와 서쪽의 새로운 주에서 많은 성공을 거둘 수 있었다. 건국 당시 500개 교회도 되지 않던 침례교는 1850년

이 되었을 때 유럽계 교회만 9천 개에 전체 교인 수 100만 이상을 헤아리는 막강한 교회로 자라났다.

감리교, 침례교와 함께 부흥운동에서 가장 큰 혜택을 받은 것은 바턴 스톤과 알렉산더 캠벨Alexander Campbell(1788~1866)의 회복주의Restorationism 운동이었다. 스톤은 부흥운동에 적극적으로 참여하면서 인간이 지정의에서 총체적으로 타락하여 자신의 구원과 관련하여 어떤 능동적 역할도 할 수 없다는 칼뱅주의의 전적 부패설total depravity이 비성서적이라고 생각하게 되었다. 스톤과 그의 동료들 입장에서 볼 때 칼뱅주의는 인간의 결단을 강조하는 천막 부흥회와 근본적으로 어울리지 않았다. 결국 스톤은 칼뱅주의가 사람들이 천국을 찾는 것을 방해하는 가장 큰 장애물 가운데 하나라고 생각했다. 그런 견해를 수용할 수 없었던 켄터키의 렉싱턴 대회는 바턴 스톤을 비롯한 다섯 명을 칼뱅주의에 헌신하지 않는다는 이유로 정직 처분했다. 이에 맞서 스톤은 동료들과 함께 1803년 스프링필드Springfield 노회를 구성하였다. 그러나 1년 후 그들은 철학, 인간의 전통, 그리고 "세상의 원리들rudiments"로부터 자유로운 "단순한 복음simple Gospel"을 전하기 위해 노회를 스스로 해산하고 말았다.[198]

스톤은 신약성서의 원칙에 충실한 교회를 만들어 비성서적 이유로 분리된 여러 교파를 통합하겠다는 생각을 가졌다. 그것은 알렉산더 캠벨의 목표와도 일치했다. 스톤과 마찬가지로 장로교 출신인 캠벨은 교파의 분열을 한탄하면서 "기독교인의 연합"을 위해 모든 교회가 신약성서 원칙에 따라 단순히 "크리스천," 혹은 "그리스도의 제자"가 되어야 한다고 생각했다.[199] 그것이 그가 생각한 "원시 기독교 회복"의 핵심이었다. 캠벨과 스톤의 추종자들은 1830년대에 서로 합쳐서 그리스도의 교회Church of Christ, 혹은 그리

---

[198] "The Last Will and Testament of the Springfield Presbytery," *Journey into Faith*, W. E. Tucker and L. G. McAllister (St. Louis: Bethany Press, 1975), 77~79, *Documentary History I*, 352~33.

[199] Alexander Campbell, *The Christian System: in Reference to the Union of Christians, and a Restoration of Primitive Christianity, as Plead in the Current Reformation* (Nashville: Gospel Advocate, repr., 1956).

스도의 제자Disciples of Christ 교회를 만들었다. 이 복고주의적 '제자' 혹은 '크리스천'들은 자신들이 생각한 신약성서의 가르침에 따라 감리교, 장로교 같은 교파적 이름 대신 '그리스도의 교회(혹은 제자)'라는 좀 더 보편적인 이름을 사용하고, 매주 성찬식을 행하였으며, 유아세례를 거부하고 침례에 의한 세례를 베풀었다. 19세기 초 부흥운동에 적극적으로 참여한 '제자'들은 남부와 중서부에서 교세를 크게 확장해 나갔으며, 세기말에는 65만 명을 헤아렸다. 그러나 분열된 개신교회를 통합하겠다는 이들의 궁극적 목표는 달성하기 어려웠다. 그리고 교회가 성장해 가면서 예배 때 악기를 사용할 것인가 말 것인가 하는 문제 등을 놓고 스스로 분열하는 양상을 보여 오히려 더 많은 교단의 성립에 기여하고 말았다.

제2차 대각성 기간 동안 일어났던 부흥운동은 일차적으로 개신교 종교 현상이었다. 그러나 이 시기에 전개된 교구 선교parish mission는 개신교 부흥 운동에 상응할 만한 종교적 부흥을 가톨릭교회에 가져다주었다. 교구 선교 는 부흥회 같은 집회와 영적 갱신운동을 통해, 새 공화국의 종교적 특징으로 확립되어 가던 자원주의에 적응하려 했다. 1808년 가톨릭교회는 애팔래치아산맥 서쪽 전체를 통괄하는 새로운 주교구diocese를 만들고 조셉 플라제 Benedict Joseph Flaget(1763~1850)를 주교로 임명했다. 켄터키 바즈타운Bardstown 에 본부를 둔 이 최초의 내륙 주교구는 켄터키, 테네시, 일리노이, 오하이오, 미시간, 미주리 등 서부의 새로운 주 10개 전체에 해당하는 광활한 지역을 총괄했다. 미국 가톨릭 역사상 가장 큰 주교구였다. 서부 내륙과 쿠바에서 선교사로 활동한 경험을 가진 플라제는 여러 명의 선교사를 데리고 가서 바즈타운을 개척지 선교의 중심지로 삼았다. 그는 직접 선교 일선에 나가서 희생적인 모범을 보이면서 선교사들을 독려하였다. 플라제와 많은 선교사의 노력 덕분에 바즈타운 주교구는 신시내티Cincinnati 주교구를 비롯 한 새로운 주교구로 나눌 수 있을 만큼 성장하였으며, 바즈타운 주교구도 본부를 루이빌Louisville로 옮겼다. 바즈타운 주교구에 속하던 지역에는 21세기 초 35개의 주교구가 있었다.

부흥이 가져온 변화

확대되는 여성의 기회

새로운 공화국이 가져온 민주적 상황, 그리고 부흥운동이 불러일으킨 자원주의와 평등주의적 분위기는 여성들에게 이제까지 없던 기회를 제공했다. 여성은 교인의 대다수를 점하고 있었지만, 대부분의 교회에서 여성이 지도력을 발휘할 수 있는 기회는 좀처럼 주어지지 않았다. 선구적인 노예해방론자요 여권운동가였던 그림키 자매 사라Sarah M. Grimké(1792~1873)와 안젤리나Angelina E. Grimké(1805~79)는 사우스캐롤라이나의 부유한 성공회 집안 출신이었다. "채찍 소리와 고문당하는 [노예들의] 비명"을 듣고 자란 그들은 노예해방론자가 된 후 펜실베이니아로 가서 퀘이커가 되었다.[200] 이후 자매는 여성투표권운동과 노예해방운동의 지도자가 되는데, 특히 사라는 '여성투표권운동의 어머니'라는 평을 듣게 된다. 사라는 신이 여자에게 남자와 "똑같은 권리"와 아울러 "똑같은 의무"도 주었다고 강변했다.[201]

그런데 새로운 부흥운동이 자원주의 원칙에 따른 참여와 개인의 경건한 삶에 기초한 성화를 강조하자 많은 여성이 재능과 지도력을 보일 수 있게 되었다. 부흥회와 저술을 통해 큰 영향력을 행사하던 찰스 피니는 당시로서는 진보적인 여성관을 가지고 있었으며, 엘리자베스 스탠턴 같은 운동가들이 그의 영향력 아래에서 탄생했다. 앞서 언급된 바와 같이 많은 진보적 여성이 기독교 사회운동에 뛰어들었다. 특히 그들은 노예제 폐지, 정신질환자 치료, 여성교육, 도시빈민운동, 그리고 절제운동에서 두드러진 활약을 보였다.

절제운동과 노예제도 폐지운동에 집중되었던 여성운동가들의 관심은 자

---

[200] Sarah Moore Grimké, "Narrative and Testimony of Sarah M. Grimké," 340, https://loa-shared. s3.amazonaws.com.

[201] Sarah Moore Grimké, *Letters on the Equality of the Sexes, and the Condition of Woman* (Boston: Isaac Knapp, 1838), 123.

연스럽게 여권신장으로 확장되었다. 전국여성투표권협회National Woman's Suffrage Association가 조직된 것은 남북전쟁 이후인 1869년이었다. 그러나 선구적 여성운동가들은 여성인권 신장을 위해 전쟁 이전부터 점점 목소리를 높여가고 있었다. 1848년 7월 뉴욕 세네카 폴스Seneca Falls에서 여성의 "사회적·시민적·종교적 상황을 토론"하기 위해 모인 회의는 그런 관심이 결집된 최초의 집회였다. 훗날 '페미니즘의 기원'이라고 불리게 된 이 회의는, 루크레티아 모트와 엘리자베스 스탠턴의 주도 아래, 성별과 인종을 불문하고 여권 문제에 관심을 가진 사람 약 300명이 모였던 역사적 집회였다. 여기에 노예 출신의 저명한 노예해방 운동가 프레더릭 더글러스Frederick Douglass (1817~95)도 참가하여, 여권운동과 노예해방운동이 긴밀하게 연결되어 있음을 보여주었다.

세네카 폴스 회의에서 열띤 토론 끝에 채택된 "소감선언Declaration of Sentiments"은 미국 독립선언서의 형식을 빌려 여성의 피압박 상황과 고통을 고발하고 선거권 등의 권리를 요구한 역사적 문서였다. 스탠턴이 기초한 소감선언은 참정권은 없으면서 법에 복종하고 세금을 내야 하는 불합리한 상황, 이혼과 양육권 상의 불이익, 교육과 직업의 제한, 그리고 교회를 비롯한 각종 단체에서 지도자가 될 수 없는 현실 등을 구체적으로 나열하며 여성의 불이익과 불만을 지적했다. 소감선언은 독립선언서와 마찬가지로 사회계약론과 천부인권론 같은 계몽주의적 사상에 기초하고 있었다. 그러나 선언서에 서명한 대부분의 여성은 퀘이커와 감리교 운동에 참여하고 있었고, 선언서는 신과 성서의 권위에 의지하여 여성의 권익을 주창했다. 소감선언은 "모든 남자와 여자가 동등하게" 창조되었음을 강조한 후, 남성이 그 동등한 권리를 빼앗고 여성에 대하여 "절대 폭정"을 행해왔으므로 그 훼손된 권리를 되찾기 위해 모든 방법을 동원하겠다고 선포했다.[202]

부흥운동의 열기는 여성들에게 종교적 차원의 참여와 지도력 발휘 기회

---

[202] Elizabeth Cady Stanton, *A History of Woman Suffrage*, vol. 1 (Rochester, New York: Fowler and Wells, 1889), 70~71.

도 제공하기 시작했다. 성결한 삶이 강조되던 부흥운동은 남성보다 더 종교적이고 도덕적인 존재로 인식되던 여성의 역할과 삶을 부각시켰다. 특히 모든 사람에게 성령 강림이 임할 수 있다는 가르침은 성령의 특별한 임재를 체험한 많은 여성에게 공적 기도와 설교의 기회를 주었다. 설교자로 활동한 여성들은 대부분 감리교인이거나 '크리스천'들이었으며, 아프리카계 여성도 있었다. 이 시대의 대표적 여성 설교자 푀베 파머Phoebe Worrall Palmer(1807~74)의 경우를 살펴보면 어떤 과정으로 여성이 종교 지도자의 길로 나서게 되었는지 알 수 있다.

푀베 파머는 감리교에서 자라고 감리교인과 결혼한 신실한 감리교인으로, 존 웨슬리의 성화론에 큰 관심을 가지고 있었다. 1837년 7월 어느 날 그녀는 성령이 임재하는 특별한 힘을 경험한 후 '완전한 성화entire sanctification' 가 이루어졌다고 느꼈다. 그녀는 그 경험을 사람들과 나누어야 한다고 생각하고 그것을 전하기 시작했다. 푀베는 처음에는 여성들 앞에서만 섰다. 그러나 한 회중교회 목사로 하여금 성령 충만을 경험하게 한 후부터는 원하는 사람 누구나 가르쳤다. 그녀는 비슷한 경험을 한 친자매인 사라 랭크포드 Sarah Lankford와 함께 뉴욕에서 매주 규칙적으로 집회를 가지기 시작했다. '성결 증진을 위한 화요회Tuesday Meeting for the Promotion of Holiness'라고 이름 붙여진 이 모임은 감리교 감독을 포함하여 성결의 삶에 관심을 가진 사람들이 모이는 초교파적 집회가 되어 이후 성결운동의 뛰어난 지도자들을 배출했다. 푀베는 여성에게 설교와 간증을 금지하는 대부분의 기독교 교파 관습은 기독교의 진리를 실천하는 것이 아니라 "야만으로 돌아가는 것"이라고 주장한 여권주의자였다.[203] 그녀는 《성결의 길The Way of Holiness》(1843)을 비롯한 여러 권의 책과 많은 설교를 통해 미국, 캐나다, 영국에서 전개된 초기 성결운동의 지도자로 활약했다.

당시 대부분의 교회는 성인 남녀가 모여 있는 공공 집회에서 여성이 설

---

[203] Phoebe Palmer, *Promise of the Father* (New York: Garland, repr., 1985), 333~34.

교하는 것은 물론 기도하거나 발언하는 것조차 허락하지 않고 있었다. 찰스 피니가 비난받았던 이유 가운데 하나도 집회에서 여성에게 공적 기도를 할 수 있도록 허락했기 때문이었다. 그러나 부흥운동은 기존의 교회보다 훨씬 자유롭고 개방적인 분위기 속에서 진행되었고, 부흥회에서 설교자가 갖추어야 할 조건은 신학교육이 아니라 신으로부터 오는 영감과 능력이었다. 따라서 부흥운동은 카리스마 있고 영감 넘치는 여성들이 능력을 발휘할 수 있는 좋은 기회를 제공했다.

많은 여성 설교자들이 부흥회 설교자로 활동했다. 그 가운데 특히 뛰어난 여성 설교자들은 전국적으로 이름을 알렸다. 해리엇 리버모어Harriet Livermore(1788~1868)는 네 차례나 연방의회에 초대되어 네 명의 각기 다른 대통령과 의원들에게 설교했다. 리버모어는 할아버지, 아버지, 삼촌을 의원으로 둔 명문가 출신이었기 때문에 그런 자리에 설 수 있었고, 여성이 대통령과 의회 앞에서 설교한다는 사실이 사람들의 호기심을 자극했기 때문에 화젯거리가 되었다는 평도 있었다. 그러나 1827년 1월 처음으로 연방의회에서 설교했을 때 워싱턴 지역의 한 신문은, 그녀의 설교가 "정확하고 설득력 있으며…극히 달변"이어서 많은 사람을 울렸다고 보도했다.[204] 한 시간 반 동안의 설교를 마치며 찬송을 부를 때는 목소리가 너무도 아름답고 얼굴이 천사처럼 빛나서 마치 "변모transfiguration"되는 것 같았다고 한다.

여성 설교자들의 활약에도 불구하고 여성 안수는 아직 역사의 지평선 멀리 있는 문제였다. 18세기 중엽부터 19세기 중엽까지 미국에서 설교자로 활동한 여성은 알려진 것만 100명이 넘었지만, 그 가운데 정식으로 안수받은 사람은 아무도 없었다. 여성이 교회나 집회에서 자유롭게 발언할 수 있도록 해야 한다고 주장한 푀베 파머도 여성 안수를 공개적으로 요구하지는

---

[204] *Daily National Intelligencer*, Jan. 12, 1827, *Documentary History I*, 320~21. 신약성서 마태복음 17장에는 예수가 베드로, 야고보, 요한을 데리고 한 높은 산에 올라가서 "변모"되는 장면이 기록되어 있다. 변모된 예수의 얼굴은 해처럼 빛났으며 그의 옷은 빛처럼 하얗게 되었다고 한다. 거룩한 모습으로 변모되는 것이라고 하여 '현성용顯聖容'이라 부르기도 한다.

않았다. 1853년 앤트워네트 블랙웰Antoinette B. Blackwell(1825~1921)이 회중 교회 목사로 안수받은 일은 그런 점에서 역사적 사건이었다. 오버린대학을 졸업하면서 그녀는 목사가 되는 과정인 신학과에 입학하고자 했다. 여성이 목사가 되는 일을 용납하지 않는 시대였으므로 오버린대학은 학위와 설교 면허를 주지 않는 조건으로 그녀를 신학과에 받아들였다. 그러나 뉴욕 웨인 카운티Wayne County의 제일 회중교회가 그녀를 목사로 청빙했고, 블랙웰은 목사가 될 수 있었다. 이것은 여성이 주류 교회 목사로 안수받은 미국 종교사 최초의 사건이었다. 그러나 블랙웰은 이내 회중교회를 떠나 유니테리언이 되었다. 그녀는 여성인권운동에서 오랫동안 크게 활약하였으며 철학과 과학에 관한 책을 여러 권 저술하였다.

부흥운동의 열기와 자유로움 속에서 생겨나거나 힘을 얻어가던 새로운 교파들은 여성에게 설교의 기회와 지도자의 역할을 부여했다. 이들 새로운 교파는 기존 교단과 달리 교세 확장을 위해 도움을 줄 수 있는 재능이라면 누구라도 환영해야 할 입장이었다. 그러나 자유의지 침례교Freewill Baptists 부흥사로 활약하던 낸시 타울Nancy Towle(1796~1876)의 경험에서 확인할 수 있는 바와 같이 새로운 교파들도 교단이 성장하여 주류 교단으로 확립되면서 여성을 지도적 위치에서 배제하기 시작했다.[205] 타울은 1821년부터 약 10년 동안 2만 마일 이상을 다니면서 뉴잉글랜드와 동부 해안지역, 캐나다, 그리고 영국에서 카리스마 있는 부흥설교자로 활동했다. 그러나 부흥운동으로 교세를 늘린 다른 신흥 교단과 마찬가지로 침례교도 조직화·제도화되어 가는 속에 사회적 존중을 받기 위해 애썼고, 교육받은 목회자를 선호하며 여성 설교자를 배척하기 시작했다. 설교권을 잃은 타울은 순회 설교를 그만두고, 설교권을 포함하여 여성의 권리와 역할을 옹호하기 위해 책을 쓰고

---

[205] 자유의지 침례교는 영국의 일반 침례교General Baptist 계열의 미국 침례교파로서 다른 침례교단보다 칼뱅주의를 더 철저히 배격하고 아르미니안주의에 충실하며, 성서 무오설, 전천년설, 주일 성수, 완전 금주를 받아들이는 등 근본주의적 색채가 있었다. 1780년 7명의 교인으로 시작한 자유의지 침례교는 1830년 2만 1천 명을 헤아릴 정도로 성장했다.

신문 발행하는 일을 전개해야 했다. 여성에게 닫힌 문은 쉐이커Shakers의 앤 리Ann Lee(1736~84), 안식교Seventh-Day Adventist Church의 엘렌 화이트Ellen G. White(1827~1915), 그리고 크리스천 사이언스Christian Science의 메리 베이커 에디Mary Baker Eddy(1821~1910)의 경우처럼 여성 종교 지도자들이 기존의 교회 밖으로 나가 새로운 교단을 만들게 한 요인으로 작용하기도 했다. 이들에 대해서는 앞으로 살펴볼 것이다.

아프리카계 교회

아프리카계 사람들이 볼 때 19세기 부흥운동은 이전과 다른 매력을 가진 기독교였다. 1770년대와 1780년대의 독립전쟁 기간에 노예들에게 선교한 감리교와 침례교는 자신들이 기존의 교파와 전혀 다르다는 사실을 그들에게 확실하게 각인시켜 주었다. 그리고 이어진 제2차 대각성 동안 두 교회는 아프리카계 사람 대부분이 살고 있던 남부의 부흥운동을 거의 독점하다시피 하며 그 어떤 교파보다 그들에게 큰 영향을 미쳤다. 절대다수가 노예이며 문맹인 아프리카계 사람들 입장에서 볼 때 개종의 경험과 감정적이고 자유로운 예배를 강조하는 두 교파는 교리와 신조가 중심이 되는 기존 교파보다 상대적으로 받아들이기 쉬웠다. 그리고 부흥회적 분위기는 아프리카의 종교의식과 유사한 점이 많았다. 노예와 자유인을 불문하고 많은 아프리카계 주민이 신 앞에서 모든 죄인이 동일하다는 부흥운동의 복음을 받아들였다.

높은 사망률 때문에 계속해서 노예를 수입해야 했던 카리브 연안과는 달리 미국의 노예 인구는 자연적으로 증가했다. 카리브 연안에는 지속적으로 공급되는 아프리카적 요소 때문에 아프리카계 종교가 성행할 수 있었다. 그러나 미국에서는 1808년 노예무역이 금지된 이후 일부 밀수된 노예 이외에는 노예 수입이 공식적으로 중단되었다. 따라서 19세기 아프리카계 미국 인구의 절대다수는 미국에서 태어난 사람들이었다. 이런 정황은 미국의 노예들 사이에 아프리카와 직결된 종교가 쇠퇴하고, 아프리카적이면서 부흥회적인 독특한 형태의 개신교가 발전할 수 있게 해주었다.

노예주들은 기독교 신앙이 노예들에게 자존감과 반항심을 불러일으킬 것을 늘 두려워했다. 실제로 출애굽 사건, 자유와 정의에 대한 성서의 가르침, 그리고 의로운 신에 대한 믿음은 노예반란의 계기가 되기도 했다. 17세기부터 19세기까지 북미대륙에서 250여 건의 노예반란이나 반란 시도가 있었던 것으로 기록에 남아있다. 그 가운데는 덴마크 베시Denmark Vesey (c.1767~1822)나 냇 터너Nat Turner(1800~31)의 사례처럼 기독교가 전해준 자유와 평등의 복음에 영향을 받은 경우도 있었다. 노예였다가 돈으로 자유를 산 베시는 사우스캐롤라이나 찰스턴에 아프리카 감리교African Methodist Episcopal Church(AME)를 개척한 사람이었다. 성서를 깊이 공부한 그는 이집트의 "속박"에서 이스라엘 사람들을 구원해준 신이 "모든 사람이 속박에서 풀려날 것을 명령한다"고 교인들을 설득했다고 한다.[206] 또한 깊이 종교적이었던 '예언자' 터너는 예수를 대신하여 "뱀Serpent[사탄]과 싸우라"는 신의 계시를 받고 버지니아에서 반란을 일으켰다.

실제 반란을 도모하지 않는다고 해도 노예들이 종교집회에 참석하는 일은 그 자체로 저항이요 독립과 자아 정체성을 선언하는 행위가 될 수 있었다. 따라서 남부 주들, 특히 노예가 '백인' 인구보다 많은 곳에서는 노예 반란에 대한 두려움이 팽배했고, 법을 통해 노예들의 종교집회를 억제하려 했다. 사우스캐롤라이나가 1800년 노예나 유색인종이 "백인과 동행하더라도 정신적 교육이나 종교적 예배"를 위해 모이는 행위를 금지한 것은 그 두려움이 어떤 지경이었는지 잘 보여준다.[207] 노예들의 종교집회를 금지하는 법은 인기도 없고 실행하기도 어려웠다. 대체로 노예들은 제한된 범위 내에서 종교집회를 가지도록 허락받았다.

얼마나 많은 아프리카계 주민이 기독교를 받아들였는지는 확인하기 어렵

---

[206] 인용문들은 다음에서 재인용: Nicholas May, "Holy Rebellion: Religious Assembly Laws in Antebellum South Carolina and Virginia," *American Journal of Legal History* 49/3 (July 2007): 249, 251.

[207] 같은 글, 245. 강조는 원문.

다. 청교도 '순례자' 전설이 말해주는 바와는 달리 남북전쟁 이전 대부분의 미국인은 어떤 종교집단에도 속하지 않았다. 아프리카계 주민도 마찬가지였다. 많은 노예는 노예제도를 허락하는 따위의 신은 존재하지 않거나 정의로울 수 없다고 보았다. 노예주의 종교인 기독교를 거부하는 것은 노예제도를 거부하는 한 가지 표현 방법이기도 했다. 그러나 종교를 선택한 아프리카계 주민 가운데 가장 많은 사람이 기독교를 선택했던 것으로 보인다.

미국의 아프리카계 주민은 1800년 약 100만 명이었으며, 50년 후 그 수는 360만 명 이상으로 증가했다. 이것은 각각 미국 전체 인구의 19퍼센트와 16퍼센트에 해당하는 많은 수치였다. 이 가운데 약 90퍼센트가 노예였으며, 모두 남부에서 살았다. 새 공화국이 열어놓은 시장경제 상황을 맞이한 각 종교의 입장에서 볼 때 아프리카계 주민, 특히 남부의 노예들이 어떤 종교를 택할 것인가는 종교시장의 판도에 큰 영향을 주는 중대한 일이었다. 제2차 대부흥 동안 노예와 아프리카계 주민을 위한 집회가 대대적으로 개최되었다. 결국 그들은 감리교와 침례교를 다른 어떤 종교나 기독교 교파보다 압도적으로 많이 선택했다.

남북전쟁 이전 남부의 아프리카계 기독교인 대부분은 유럽계 기독교인들의 교회에 참석하며 신앙생활 하였다. 물론 이 경우 그들은 평등한 지위와 지도력을 인정받지 못했다. 그러나 같이 신앙을 고백하고 예배를 드리며 성례전에 참여하고, 같은 교회묘지에 묻힌다는 것은 당시 상황에서 기독교 신앙이 제공할 수 있는 최대의 인종 융합이었고 노예와 주인의 교제였을 것이다. 실버 블럽 교회처럼 노예들의 자치적 교회도 있었지만 그 수효는 매우 제한되어 있었다. 노예들끼리 모이더라도 공개된 예배의 설교자는 노예주의 "대변인"이나 마찬가지였다.[208] 따라서 노예들은 몰래 다시 모여 그들이

---

[208] 1838년 사우스캐롤라이나에서 노예로 출생한 해리엇 그레셤Harriet Gresham의 대담으로 다음에 기록됨: "On the Secret Religious Meetings of Enslaved Persons: Excerpts from the digital collection Born in Slavery, Slave Narratives from the Federal Writers' Project, 1936~1938 in American Memory, Library of Congress," https://nationalhumanitiescenter.org.

원하는 기도를 하고 찬송을 불렀다. 그들의 신앙을 유럽계 지배자들 눈에 드러나지 않는 '보이지 않는 제도Invisible Institution'로 발전시킨 것이다. 즉, 보이는 곳에서는 종교 활동을 하지 않거나 주인이 허락하는 범위 내에서 기독교 신앙생활을 하되, 유럽계 사람들이 없는 자신들의 거주지, 일터, 혹은 개인적 공간에서는 현재의 고통을 위로하는 예수와 미래의 자유를 약속하는 신을 만났던 것이다.

북부에 살던 아프리카계 주민의 수는 남부의 10분의 1 정도밖에 되지 않았다. 노예제도가 점점 폐지되어 가던 북부의 아프리카계 기독교인들은 남부와는 비교할 수 없는 자유를 누릴 수 있었다. 그러나 그 자유는 상대적인 것이었고, 아프리카계 교인들은 유럽계 교인들과 같이 신앙생활을 하면서 많은 차별을 받아야 했다. 이 자유와 차별의 역설적인 결합은 아프리카계의 대표적인 두 기독교단이 왜 북부의 대도시에서 탄생했는지 설명한다. 최초의 아프리카계 감리교 목사인 리처드 알렌Richard Allen(1760~1831)에서 시작된 아프리카 감리교(AME)는 1816년 필라델피아에 설립되었고, 뉴욕의 아프리카계 감리교인들이 독자적으로 설립한 아프리카 시온 감리교African Methodist Episcopal Zion Church(AMEZ)는 1821년에 조직되었다. 두 교단 모두 처음에는 유럽계 교인과 같이 신앙생활 하던 아프리카계 교인들이 차별을 당하게 되자 독립해 나가서 만들었다.

남부와 북부를 막론하고 교회는 아프리카계 주민들 삶의 구심점이 되어주었다. 아프리카계 주민들은 정치, 경제, 사회의 모든 면에서 유럽계 사람들에게 종속되었거나 소외되어 있었다. 그러나 그들은 독립적으로 운영하던 교회에서 그들만의 독특한 세계를 창조할 수 있었다. 교회가 주는 이와 같은 기회 때문에 많은 재능있는 젊은이가 교회 속에서 능력을 발휘하며 지도력을 키워갔다. 아프리카계 기독교인에게 교회는 단순히 신앙의 처소일 뿐 아니라 삶과 문화의 중심지였다. 그리고 그들은 박수를 치고, 열성적으로 몸을 흔들면서 노래하고, 설교자와 회중이 문답식으로 주고받는 등의 독특한 예배문화를 창조했다. 또한 수난받는 예수 속에서 자신들의 고통스런 삶을 위로받을 수 있었던 아프리카계 기독교인들은 신이 아니라 예수에 대한 믿음이 중심되는 독특한 신앙체계를 만들어냈다.

종교시장의 변화

1776년과 1850년의 교파 간 교세를 비교해 보면, 두 시점 사이에 있었던 극적인 변화를 쉽게 확인할 수 있다. 전체 종교인 수의 20.4퍼센트를 점유한 최대 교파였던 회중교는 4퍼센트의 중소교단으로 몰락했으며, 19퍼센트로 전체 2위였던 장로교도 11.6퍼센트를 점하여 전체 4위로 내려앉았다. 또한 전체의 15.7퍼센트로 4대교단 위치에 있던 성공회도 3.5퍼센트로 급감했다. 이에 비해서 1776년 전체 종교인구의 2.5퍼센트밖에 차지하지 못했던 감리교는 1850년 34.5퍼센트라는 압도적인 수치로 최대교단의 지위에 올랐다. 이때 감리교는 1만 3천 300여 개의 교회와 260만 이상의 교인을 가지고 있었다. 또한 16.9퍼센트로 제3위 교단이던 침례교는 20.5퍼센트로 2위를 차지해 감리교와 함께 미국 전체 종교인의 절반 이상을 차지하게 되었다. 이와 아울러 주목되는 것 가운데 하나는 건국 당시 전체 1.8퍼센트밖에 차지 못하던 가톨릭이 1850년에는 13.9퍼센트로 크게 성장하여 감리교, 침례교 다음으로 큰 교세를 자랑하게 되었다는 점이다.[209]

미국이라는 자유방임적 종교시장에서 성공하느냐 실패하느냐는 얼마나 종교 소비자들의 필요와 구미에 맞는 종교를 만들어 내느냐에 달려있었다. 1800년 미국 인구의 94퍼센트가 농업에 종사하고 있었다. 따라서 농부들의 정서에 맞고 농경 생활방식에 어울리는 종교가 교세를 늘려갈 수밖에 없었다. 상대적으로 높은 보수를 받고 안정된 삶을 살고 있던 장로교, 회중교, 그리고 성공회 같은 전통적인 교단의 교역자들은 개척지로 가서 험한 육체노동자들을 상대로 일해야 할 필요성을 느끼지 못했다. 또한 그들은

---

[209] Finke and Stark, *Churching of America*, 54~56.

교인을 확보하기 위해서 서로 경쟁적으로 일하던 감리교나 침례교 전도자들의 공격적인 태도를 이해하지 못했다. 주류 교단 목회자들은 일종의 신사협정 전통에 따라 다른 교회로부터 교인을 데려오는 데 익숙하지 않았던 것이다. 그러나 종교시장은 이미 자유경쟁 상태에 돌입해 있었고, 내가 차지하지 못한 시장은 남이 차지할 수밖에 없는 상황이었다.

프랜시스 애즈베리는 1807년 한 차례의 천막집회에서 수백, 수천 명의 개종자가 생기고 있다고 말했다. 천막 부흥회를 통해 감리교와 침례교가 이렇게 기하급수적으로 교세를 늘려가자, 주류 교회 교역자들은 그런 집회가 평화와 질서를 해친다고 공격했다. 지역 관리를 통해 벌금을 물리기도 했다. 장로교-회중교 목사들은 피니의 혁신적 부흥회 방식을 공격했다. 코네티컷의 영향력 있는 목사 아사헬 네틀턴Asahel Nettleton(1783~1844)은 그를 따르는 사람들을 "천한 서민ignoble vulgus"이라고 폄하했다.[210] 라이먼 비처도 남녀가 모인 자리에서 여성에게 기도를 시키고, "문명을 후퇴"시키는 집회 방법들을 사용하여 "난장판과 완전한 파멸"을 초래하고 있다고 피니를 맹렬하게 비난했다.[211] 장로교 목사였던 비처는 개혁적이고 부흥운동에 긍정적이어서 교단에서 이단 시비까지 있었던 사람이지만 피니의 부흥회는 선을 넘었다고 본 것이다. 그러나 미국인들의 절대다수는 '천한 서민'이었고 그들은 유식한 목사가 있는 멋진 교회보다 감리교 순회전도자의 천막집회나 피니의 부흥회를 선호했다. 비처도 그런 점을 잘 알고 있기에 피니의 설교에 "엄청난 진리와 힘"이 있음을 인정하고 결국 그를 부흥운동의 다음 세대 기수로 인정할 수밖에 없었다.[212]

성공회와 회중교 주류는 부흥운동으로부터 멀리 있었으며, 켄터키의 초기 부흥회를 주도했던 장로교도 부흥회에 참여했던 장로교 목사들이 칼뱅주의

---

[210] A. Nettleton to L. Beecher, Oct. 29, 1827, 다음에서 재인용: Howard Alexander Morrison, "The Finney Takeover of the Second Great Awakening during the Oneida Revivals of 18251~27," *New York History* 59/1 (Jan. 1978): 50.

[211] 비처와 네틀턴이 피니의 새로운 부흥회 방식에 관해 나눈 편지, 다음에서 재인용: Finke and Stark, *Churching of America*, 98.

[212] L. Beecher to A. Nettleton, Nov. 30, 1829, 다음에서 재인용: Morrison, "Finney Takeover," 51.

를 공격하는 것을 경험한 후 부흥운동으로부터 멀어졌다. 특히 칼뱅주의자들은 부흥집회가 점점 아르미니안주의로 흐르는 것을 걱정하였다. 그런 주류 교단들은 감리교, 침례교 같은 새로운 '분파sect'들이 부흥회를 통해 점점 커 가는 것을 경계심을 가지고 지켜볼 수밖에 없었다. 성공회와 장로교는 일정한 신학교육을 받은 사람만 목사로 세웠기 때문에 수요가 있다고 해서 거기에 맞추어 교역자를 생산할 수는 없었다. 따라서 서부 개척지와 유사한 지역의 주류 교회는 설교자에게 신학교육을 요구하지 않는 감리교나 침례교와 경쟁하기 어려웠다. 피니가 서부 뉴욕에 뿌려 놓은 부흥의 씨앗을 장로교와 회중교가 아니라 감리교와 침례교가 풍성하게 거둔 것은 당연했다. 이런 어려움 때문에 천막집회와 부흥운동이 활발하던 켄터키와 테네시의 컴버랜드강 유역 장로교회들은 교육받지 않은 사람을 목사로 안수했으며, 목사들이 웨스트민스터 신앙고백을 선별적으로 받아들이는 것을 허락하고 말았다. 그러나 교단이 그것을 용납할 수는 없었다. 결국 1810년 컴버랜드 노회는 컴버랜드 장로교Cumberland Presbyterian Church라는 독자적 교단을 설립하고 말았다.

부흥운동의 다른 쪽 끝에는 유니테리언-유니버설리스트 운동이 있었다. 부흥운동과 유니테리언-유니버설리스트 운동은 모두 칼뱅주의 전통에 대한 도전이라는 점에서 유사했다. 또한 두 운동 모두 자기들 주장이 성서에 근거하고 있다고 믿었다. 그러나 부흥운동이 서부 개척자들 사이에서 불붙은 데 비해서 진보적인 유니테리언-유니버설리스트 운동은 매사추세츠 동부의 지식인 사이에서 유행했다. 유니테리언-유니버설리스트들은 부흥운동과 기독교 정통을 모두 경멸했다. 유니테리언들은 삼위일체와 예수의 신성을 부정했으며, 유니버설리스트들은 신은 도덕적이고 자비롭기 때문에 모든 사람을 구원할 것이라고 믿는 보편구원론자들이었다. 조나단 에드워즈와 부흥운동의 반대자였던 찰스 촌시에서 싹이 텄던 미국 유니버설주의는 1850년대에 이르러 뉴잉글랜드와 뉴욕에 퍼졌다. 그러나 유니버설리스트는 그 수가 많지 않아 교회에 던진 파문은 그렇게 크지 않았다. 이에 비해서 유니테리언 운동은 뉴잉글랜드의 회중교회 전체를 뒤흔들어 놓았다.

유니테리언주의는 유니버설주의와 마찬가지로 합리주의적 가치관에 기초하고 있었다. 미국을 대표한 유니테리언주의자 윌리엄 채닝은 대혁명 이후 프랑스의 반종교적 급진주의와 뉴잉글랜드의 칼뱅주의 정통 사이에서 합리적이고 온건한 유니테리언주의를 선택했다. 그는 칼뱅주의 전통을 거부하면서, 인간의 원죄와 전적 부패 교리는 신의 도덕적 완벽함과 상충될 뿐 아니라 "말할 수 없는 잔인함"이며, 인간이 태어날 때부터 죄를 가지고 있다면 그것을 벌하는 것은 "가장 무자비한 폭정"보다 더한 잘못이라고 주장했다.[213] 유니테리언주의자들은 성서가 삼위일체가 아니라 신의 단일성 oneness을 가르친다고 하면서 자신들의 합리성을 주장했다. 유니테리언주의가 뉴잉글랜드 회중교회 진보주의자들 사이에서 유행하면서 회중교회는 분열했다. 1820년 큰 분열이 있을 때 유니테리언주의를 택한 교회는 100개가 넘었다. 그리고 유니테리언 교회는 점점 서쪽으로 전파되어, 1830년대부터 뉴욕 서부의 버펄로Buffalo, 중서부의 세인트루이스, 시카고, 그리고 태평양 연안의 샌프란시스코에도 교회가 설립되었다. 태평양 연안의 자유로운 분위기는 유니테리언주의가 뿌리내리는 데 큰 도움이 되었다. 그러나 유니테리언주의 교회 절대다수는 뉴잉글랜드에 있었다.

제1차 대각성이 과연 대각성이라고 부를 만한 일관되고 전반적인 종교 현상이었는지, 또 그 영향력이 얼마나 크고 지속적이었는지에 대한 논쟁이 아직도 계속되고 있다. 그러나 이와는 달리, 제2차 대각성이 미국 종교지형에 근본적이고 항구적인 변화를 주었다는 점에는 이론의 여지가 없다. 새롭게 생겨난 수많은 자원기관, 교회와 교인을 동원하고 조직하는 새로운 부흥집회 방법, 식민지 시대부터 미국 기독교의 주류를 형성했던 칼뱅주의적 신학의 쇠퇴, 그리고 자유방임적 종교시장에서 성공하여 세기 중엽에 이미 압도적인 최대 종파로 등장한 감리교와 침례교는 미국 종교지형을 완전히 바꾸어 놓았던 것이다.

---

[213] William Ellery Channing, *The Works of William E. Channing, D. D.* (Boston: James Munroe & Co., 1847), 85~88.

제10장

유토피아 건설과
서부 정복

Crossing the Mississippi on the Ice(c. 1878)
C. C. A. Christensen
Brigham Young University Museum of Art

얼어 붙은 미시시피강을 건너 유타로 가는 모르몬 이주민들

신흥 종파의 명멸

유토피아 공동체

19세기 초 부흥운동의 자유롭고 역동적인 분위기는 소수 교파나 신흥 교파에게 기회를 주어서 미국의 종교시장을 더욱 복잡하고 풍요롭게 만들었다. 소종파들 가운데 특히 흥미로운 것은 지상에서 유토피아를 추구한 신앙공동체들이었다. 이 가운데 가장 큰 세력을 형성했던 집단은 1774년 미국으로 들어온 그리스도 재림신앙 연합회United Society of Believers in Christ's Second Appearing였다. 이 교파는 집회할 때 춤추고, 뛰며, 손뼉을 치고 노래 부르는 등의 혁신적인 행동을 하였는데, 특히 죄를 '떨어 없애는' 동작을 하여 쉐이커Shakers, 즉 흔드는 사람들이라고 불렸다. 쉐이커의 창시자 앤 리는 영국 맨체스터 출신 퀘이커였는데, 감옥에 있으면서 자신이 교회의 '두 번째 기둥Second Pillar,' 즉 예수 그리스도의 여성 파트너라는 계시를 받았다고 주장했다. 그녀는 미국에 와서 독신과 엄격한 도덕적 생활, 평화주의를 가르쳤는데, 높은 기준의 영적인 삶이 강조되던 부흥운동의 영향을 받은 많은 사람이 그를 '거룩한 지혜의 어머니Holy Mother Wisdom'로 여기고 추종했다. 쉐이커들은 사도행전의 '오순절 교회' 원칙에 따라 모든 재산과 물건을 공유하는 원시 공산주의적 유토피아 공동체를 형성하고 살았으며, 부부가 그 공동체에 들어오면 결혼관계가 종료될 정도로 철저한 독신생활을 강조했다.

뉴욕과 뉴잉글랜드에서 시작한 쉐이커는 핍박을 피해 오하이오, 인디애나, 켄터키로 옮겨가서 교세를 증대시켰고, 19세기 중반까지 약 6천 명을 헤아렸다. 쉐이커 공동체는 노예제도에 반대했으며, 폭력을 행사하지 않고, 검소하고 질서 있으며 욕심과 낭비가 없는 단순한 삶을 사는 것으로 유명했다. 그러나 제2차 대각성이 끝나면서 새로운 교인이 공급되지 않았고, 독신생활 원칙 때문에 자연적인 교인 증가도 이루어지지 않아 공동체는 점차 소멸하여 갔다. 21세기 초엽 신앙공동체 쉐이커는 거의 명맥이 끊겼으며, 쉐이커라는 이름은 그들이 만들어 유명하게 된, 단순하고 유용하며 질좋은 쉐이커 가구로 더 알려져 있다.

독일 루터교 출신 경건주의자들이 미국으로 건너와서 세운 하모니회 Harmony Society도 해외에서 들어온 원시 공산주의적 유토피아 공동체라는 점에서 쉐이커와 유사했다. 1805년 펜실베이니아 하모니에 세워진 이 공동체는 임박한 천년왕국의 도래를 간절히 기다리면서 매일의 연단鍊鍛을 통해 완전에 이를 것을 도모했고, 1807년부터는 독신주의를 채택했다. 이 집단은 신약성서의 원칙에 근거한 원시 공산주의적 경제를 추구했으며, 다른 유토피아 공동체들이 쇠락의 어려움을 겪는 가운데도 농업, 직조업, 양조업, 정유업 등에 두각을 나타내며 번성했다. 그러나 독신주의를 선택한 유토피아 공동체가 거의 그러하듯이 하모니회도 결국은 공동체 구성원 수의 감소로 20세기 초에 사멸하고 말았다.

같은 독일계의 '참 영감 공동체Community of True Inspiration,' 혹은 에벤에셀회Ebenezer Society는 뉴욕의 버펄로 근처에서 신앙공동체를 시작했다. 이 영감주의자들은 예언자를 통해 신이 계속 계시를 내린다고 믿으며, 기독교의 근원으로 돌아가서 단순하고 겸손한 신앙생활을 하려는 경건주의자들이었다. 평화주의요 평등주의자였던 이들의 공동체는 공동소유를 원칙으로 하였는데, 자본주의화 되어가는 주변의 물질주의적 경향으로부터 떠나기 위해 아이오와의 아마나Amana로 이주했다. 아마나에서 그들은 7개의 마을을 만들었으며, 성공적인 농업과 공예를 통해 오랫동안, 아마도 유토피아 공동체 가운데 가장 성공적인 공동체적 집단생활을 했다. 그러나 이들도 사회의 변화가 주는 압박을 견디지 못하고 1932년 사유재산을 인정하고 말았다.

다트머스와 앤도버신학교 출신의 존 험프리 노이즈John Humphrey Noyes(1811~86)가 만든 유토피아 신앙공동체는 자생적 집단이었지만 쉐이커나 하모니회와 비슷한 과정을 통과했다. 노이즈는 사람들이 죄 없는 완전에 이를 수 있으며, 완전에 이른 기독교인들이 모든 것을 공유하는 '성서 공산주의Bible Communism' 공동체를 통해 지상에 천국을 건설할 수 있다고 보았다. 1840년 그는 자신을 따르는 성서 공산주의자들을 데리고 버몬트에 신앙공동체를 건설하였다.

노이즈의 공동체는 모든 것을 공유하고 높은 도덕적 기준을 실천하려 했다는 점에서 다른 유토피아 공동체와 비슷했다. 그러나 노이즈는 초대교회는 물질의 소유만 없앤 공산주의였지만 자신의 공동체는 "성적 결합에 대한 세상적 제한"을 없애고 성서가 말한 "완전한 자유"를 얻을 수 있다고 주장했다.[214] 그렇게 해서 나온 것이 '복잡한 결혼complex marriage'이라는 파격적인 제도였다. 복잡한 결혼은 독신제도와 일부일처제를 모두 비판하며 만들어진 것으로 회원들이 돌아가면서 짝을 맺도록 한 독특한 제도였다. 가장 우량한 인간을 번식시켜 진정한 영적인 혁명이 일어날 수 있는 경지까지 인류를 향상시키겠다는 것이 그 의도였다. 이것은 배우자를 독점하는 기존의 일부일처제를 없애고, 일종의 공산주의적 공유 원칙을 결혼에 적용시킨 급진적인 형태였다. 이 제도는 외부 사람들에게 큰 충격을 주었으며, 각종 송사訟事에 휘말리게 되었다.

핍박과 배척을 견디지 못한 노이즈는 1848년 공동체를 서부 뉴욕의 오네이다Oneida로 이주시켰다. 오네이다 공동체라고 불리게 된 이 유토피아 집단은 성서 공산주의, 완전주의perfectionism, 그리고 공동체가 남녀관계를

---

[214] "Bible Communism: Pamphlet by Noyes Published February 1849," https://library.syracuse.edu.

통제하는 '자유연애free love'를 실천하며 성장했다. 그러나 이 공동체는 그 파격적 성격 때문에 수 백 명 이상의 구성원을 얻을 수 없었다. 결국, 오네이다 공동체는 다른 유토피아적 신앙공동체와 마찬가지로 생존을 위해서 종교가 아니라 경제에 의존할 수밖에 없었다. 1879년 노이즈가 사법적 처벌을 피해 캐나다로 피신한 후 공동체는 금속 식기류 생산 회사로 유명해졌다. 오네이다 공동체는, 비록 방법은 전혀 달랐지만, 전통적 결혼제도를 개혁하고자 했다는 점에서 쉐이커와 유사했다. 두 공동체의 부침은 이 시기에 생겨난 많은 원시 공산주의적 유토피아 공동체의 전형을 보여주었다.

천년왕국 운동

부흥운동이 조성한 환경 가운데 하나는 천년왕국의 실현에 대한 기대감이 고조된 것이다. 죄와 사탄에 대한 승리, 그리스도의 재림, 최후의 심판 같은 종말론적 내용은 부흥회에서 흔히 들을 수 있었다. 종말론적 주제에 대한 관심은 재림이나 천년왕국 같은 종말론적 사건이 언제 일어날 것인가 하는 문제와 연결되었다. 여기서 주목되는 점은 많은 설교자가 천년왕국이 대단히 가까운 미래에 미국 땅에서 일어날 것으로 예측했다는 사실이다. 1835년 찰스 피니는 "교회가 모든 의무를 다 한다면" 천년왕국이 3년 내에 미국에 도래할 수 있다고 선언하기도 했다.[215] 후천년주의자였던 그는 교회가 단결하여 부흥운동에 헌신적으로 동참하면 모든 사람을 개종시킬 수 있고, 천년왕국을 미국 땅에 이룰 수 있다고 본 것이다. 그에게 천년왕국이란 그리스도가 숭배되고 신의 법이 지켜지며 더 이상의 부흥운동이 필요 없는 기독교적 황금시대였다. 임박한 천년왕국에 대한 기대는 제2차 대각성이 낳은 낙관주의와 완전주의를 반영했다.

찰스 피니가 천년왕국의 도래를 강조한 것은 교회로 하여금 부흥운동에

---

[215] Charles G. Finney, *Lectures on Revivals of Religion* (Grand Rapids, MI: Christian Classics Ethereal Library, n.d.; orig. New York: Fleming H. Revell, 1868), 230.

더욱 적극적으로 동참하도록 동기를 부여하기 위함이었다. 그러나 천년왕국을 열렬히 기다리던 사람 중에는 구체적인 날짜를 정하여 제시한 이도 있었다. 윌리엄 밀러William Miller(1782~1849)는 정확한 재림의 시기를 계산하여 예언함으로써 많은 추종자를 얻은 설교자였다. 그는 이신론을 받아들이고 프리메이슨으로 활동하다가 회심의 경험을 한 후 어릴 적 종교인 침례교로 돌아온 사람이었다. 밀러는 성서의 예언이 예수 재림 날짜를 알려주고 있다고 생각했다. 그는 성서에 대한 독특한 해석과 계산법을 통해 1843년 그리스도가 재림하여 새 예루살렘을 건설할 것이라고 믿게 되었다. 그는 자신의 해석과 계산이 정확하다고 확신한 후 1831년부터 공개적으로 그것을 선전하기 시작했다. 반응은 폭발적이었다. 침례교뿐 아니라 감리교, 장로교, 회중교에서 많은 사람이 밀러의 예언을 추종하자, 밀러의 천년왕국 운동은 하나의 전국적 캠페인으로 전개되었다. 전성기에는 최대 10만 명이 밀러의 예언을 믿었다고 한다. 밀러는 사람들이 그리스도의 재림을 준비하는 데 방해가 되는 모든 것을 반대하였는데, 거기에는 노예제도도 포함되어 있었다.

윌리엄 밀러는 그리스도의 재림에 관하여 정확한 날짜를 제시하지 않았다. 그러나 점점 더 많아지는 추종자들Millerites의 요구가 이어지자, 그는 예수가 1843년 3월 21일부터 그 이듬해 3월 21일 사이에 재림할 것이라고 발표하였다. 그러나 마지막 날인 1844년 3월 21일에도 예수는 재림하지 않았다. 밀러는 자신의 실수를 인정하고 다시 날짜를 계산하여 1844년 4월 18일을 제시했고, 그 날에도 예수가 재림하지 않자 8월 22일을 재림일로 다시 지목했다. 밀러가 예언한 마지막 날이 여느 날과 다름없이 지나가자 8월 23일은 재림일이 아니라 '대실망Great Disappointment'의 날이 되고 말았다. 그는 처음 예언을 시작할 때 만약 자신이 틀리다면 "시간이 곧 내 어리석음을 드러낼 것"이라고 말했는데, 그 말대로 이루어진 것이다.[216] 그가 지목했던 마지막 날이 지나자 엄청난 실망감을 이기지 못한 열렬한 추종자들은 밤새도

---

[216] William Miller, *Evidence from Scripture and History of the Second Coming of Christ about the Year 1843; Exhibited in a Course of Lectures* (Boston: B. B. Mussey, 1840), 8.

록 울었다고 한다.

밀러의 예언을 믿고 예수 재림을 기다리던 사람들 가운데 많은 수는 다시 원래 교단과 교회로 돌아갔으며, 일부는 절망감을 이기지 못하고 아예 기독교를 버렸다. 그러나 날짜 계산이 잘못 되었을 뿐 가까운 시일에 예수가 미국에 재림할 것이라는 예언 자체는 여전히 유효하다고 믿는 사람들은 다시 재림을 기다렸다. 시한부 종말론이 거치게 되는 전형적 과정이었다. 밀러는 재림이 임박했다는 믿음을 잃지 않은 채 1849년 말 사망했다.

분열된 윌리엄 밀러의 추종자들 가운데 재림 신앙을 견지한 소수는 무엇이 잘못되었는지를 다시 점검했다. 이 과정에서, 1844년 예수가 지상에 재림하지 않고 하늘의 지성소Most Holy Place에 들어간 것을 환상을 통해 보았다는 사람이 등장했다. 즉, 이것은 그리스도가 지상에 재림하여 새 예루살렘을 건설하고 사람들을 심판하기 위한 예비 단계가 이미 시작했다는 의미로 해석되었다. 재림일을 확정하지 않고 미래의 불특정한 시점으로 잡아서 과거와 같은 실망을 피하면서 임박한 재림에 관한 신앙을 이어갈 수 있는 해석이었다. 또한 안식일을 거룩하게 지키지 않았기 때문에 예수가 지상에 재림하지 않았다는 견해도 등장했다. 안식일을 거룩하게 하라는 구약의 계명이 폐지되지 않았으므로 일요일이 아니라 안식일, 즉 토요일이 거룩한 날이라는 것이다. 이와 관련하여 조셉 베이츠Joseph Bates(1792~1872)는 몸을 육체적·도덕적으로 거룩하게 지키는 일을 강조하였다. 그는 몸을 정결하게 유지하기 위해서 육식, 알코올, 담배, 커피나 차를 금하고, 성적 무절제처럼 건강한 육체와 순수한 마음을 가지는 데 해가 되는 것을 모두 멀리해야 한다고 가르쳤다. 그는 채식주의와 '건강 개혁health reform'의 선구자가 되었다.

이런 혼란 속에서 남아있는 밀러 추종자들을 모으고 조직을 정립한 사람은 '예언의 영Spirit of Prophesy' 엘렌 화이트였다. 그녀는 '대실망' 직후부터 수많은 환상과 계시를 받으면서, 남편 제임스와 함께 그 내용을 출간했다. 화이트는 예수의 공중재림 때 신자들은 하늘로 들려 올라가 예수와 함께 '거룩한 도시'에서 사는 동안 지상에는 '사탄의 왕국'이 건설될 것이라는 독특한 종말론을 말했다. 천 년 후 예수가 지상에 재림하여 사탄을 물리치면 "거룩한 도시"가 "하늘로부터"에 내려와 영원한 지상낙원이 완성된다는 것이다.[217] 밀러의 추종자 가운데 많은 사람들이 엘렌 화이트를 예언자로 받아들이면서 제7일 재림교, 즉 안식교가 1863년에 조직되었다. 설립 당시 약 3천 5백 명의 신자를 가지고 있던 안식교는 적극적인 선교와 건강한 삶에 대한 사람들의 관심에 힘입어 교세를 크게 성장시킬 수 있었다.

화이트의 가르침 가운데는 신이 거하는 거룩한 성전인 육체의 건강에 관한 혁신적 제안이 포함되어 있었다. 베이츠의 영향을 받은 그녀는 고기 한 가지에 채소 두 가지라는 당시의 표준적 식단을 거부하고 완전 채식을 주장했다. 안식교 신자들은 채식과 자연식 위주의 식단을 개발하기 위해 많은 노력을 기울였다. 안식교인 윌 켈로그Will K. Kellogg(1860~1951)는 정백精白하지 않은 곡식whole grain으로 시리얼을 만드는 제조법을 개발했다. 켈로그의 시리얼이 건강한 아침식사로 알려지면서 그의 회사가 거대한 시리얼 왕국으로 발전한 것은 건강 개혁을 주창한 안식교의 가르침이 얼마나 많은 미국인들에게 영향을 끼쳤는지 알려주는 단적인 예에 속한다. 시리얼뿐 아니라 안식교는 운동과 좋은 생활습관, 각종 건강식품, 병원, 휴식처 등을 통해 종교와 건강을 연결시키는 미국의 새로운 흐름에 선구자가 되었다. 안식교는 2022년 전 세계에 2천 2백만 이상의 교인을 가지고 있었다.

모르몬교

19세기에 등장한 신흥 종파 가운데 가장 독특하고 미국적인 것은 모르몬교였다. 모르몬교는 조셉 스미스Joseph Smith, Jr.(1805~44)에서 시작되었다. 버몬트의 가난한 농가였던 스미스 집안은 다른 많은 뉴잉글랜드 농가들과 마찬가지로 새로운 기회를 찾아 서쪽으로 이주했다. 스미스 집안은 뉴욕 북

---

[217] Ellen G. White, *The Great Controversy between Christ and Satan: The Conflict of the Ages in the Christian Dispensation* (n.p.: Pacific Press Pub. Association, 1953), 654.

중부 파미라Palmyra라는 곳에 정착했는데, 이곳에서 조셉은 14세부터 시작하여 여러 차례 계시를 받았다고 한다. 그가 받은 계시의 요지는 역사적 기독교는 타락하여 진리를 잃었기 때문에 신이 그것을 회복할 것이라는 내용이었다. 마침내 1823년 어느 가을 밤, 17세의 조셉 스미스는 그를 방문한 천사 모로나이Moroni를 통하여 결정적인 신탁을 받았다. "영원한 복음의 충만fullness of the everlasting Gospel"이 기록된 금판金版과 그것을 번역하는 데 사용하는 두 개의 돌, 즉 우림Urim과 툼밈Tummim이 근처에 묻혀있다는 것이었다.[218] 모로나이는 그때까지 기독교 문헌 어디에도 등장하지 않던 천사였다. 모로나이가 스미스에게 금판을 캐서 번역할 것을 지시한 것은 1827년이었다. 예언자가 된 스미스는 "개혁 이집트어Reformed Egyptian"로 기록된 금판을 번역하여 아내 및 모로나이가 허락한 두어 명의 사람에게 받아 적게 하였다고 한다. 이 작업은 1830년 3월에 완성되었고, 번역된 책은 《모르몬경The Book of Mormon》이라는 제목으로 출간되었다.

《모르몬경》에 의하면 부활한 예수 그리스도가 신대륙에 와서 전한 복음이 조셉 스미스가 발견한 금판에 기록되어 있었다. 예수가 새롭게 전한 복음의 특징은 미국을 고대 이스라엘 역사와 연결시킨 데 있었다. 즉 고대 이스라엘 민족 가운데 '잃어버린 부족'들이 기원전 600년경 아메리카대륙으로 왔으며, 그 지도자인 리하이Lehi의 아들들이 선한 부족Nephites과 악한 부족Lamanites으로 나뉘어 오랫동안 싸웠다는 것이다. 이후 부활한 예수가 신대륙에 와서 구원의 복음을 전하자 그것을 믿은 선한 네피족은 '크리스천'이라고 불리게 되었다. 그러나 싸움은 계속되었고, 마침내 악한 부족이 선한 부족을 전멸시켰다. 이때 선한 부족에서 살아남은 두 사람, 즉 위대한 예언자 장군인 모르몬과 그 아들 모로나이가 이 모든 이야기를 금판에 적었고, 384년 모로나이가 금판들을 뉴욕의 파미라 근처 언덕에 숨겼다. 한편,

---

[218] Fawn M. Brodie, *No Man Knows My History: The Life of Joseph Smith*, 2d ed. (New York: Vintage, 1995), 34. 우림과 툼밈, 즉 "계시"와 "진리"는 구약성서에 나오는 점치는 장치로서 고대 이스라엘 제사장들이 신의 뜻을 알기 위해서 사용했다.

선한 부족을 멸망시킨 악한 부족은 점점 피부가 짙어지고 무지해져서 그 후손들이 아메리카 원주민이 되었다는 것이다.

《모르몬경》의 중심은 미국이었다. 이제 막 태어나 역사가 짧은 어린 미국의 국민들에게 《모르몬경》은 오랜 역사적 뿌리에 대한 자부심을 줄 수 있었다. 그리고 무엇보다, 그것은 아메리카대륙을 특별히 선택된 땅으로, 미국 시민은 복원된 복음을 전할 사람들로 묘사하여 미국을 우주적 섭리 속에서 우뚝 솟은 존재로 부각시켜주었다. 1982년부터 《모르몬경》에 붙기 시작한 '예수 그리스도의 또 다른 성서Another Testament of Jesus Christ'라는 부제가 보여주는 바와 같이, 서반구에 전해진 예수의 복음이라는 성격을 가지고 있는 《모르몬경》은 신구약 성서와의 연속성이 강조되면서도 뚜렷이 구별된다. 《모르몬경》은 원죄를 부정하며, 신의 계시가 앞으로도 계속될 것을 예언했다. 또한 아메리카대륙은 모든 땅 가운데 가장 선택 받은 곳으로 시온, 즉 새로운 예루살렘이 설립될 곳이라고 가르쳤다. 《모르몬경》이 완성된 이후에도 조셉 스미스는 계속 신의 계시를 받았으며, 그때마다 모르몬교는 전통적 기독교로부터 점점 더 멀어져갔다. 그가 받은 계시 가운데는 신은 영적인 존재가 아니라 육체적 존재이고, 인간은 신이 되어가는 과정에 있으며, 죽은 자에게도 세례를 베풀어야 한다는 새로운 내용이 있었다. 또한 구약에 따라 일부다처제를 실행한다는 "새롭고 영원한 언약"도 포함되어 있었다.[219]

많은 사람이 스미스를 예언자로 받아들였고, 성서와 더불어 《모르몬경》을 정경正經canon으로 삼았다. 그러나 훨씬 더 많은 사람에게 《모르몬경》은 종교적 사기 행위였으며, 계시가 아니라 사람에 의해 저술된 책으로 보였다. 또한 고고학적 증거는 그 속에 담긴 많은 내용과 상치되었다. 기독교인들은 모르몬교도들이 '예언자' 조셉 스미스를 통해 주어진 새로운 계시를 믿고 그것을 성서와 같은 권위로 받아들이며, 전통적 신학과 전혀 다른 교리를 믿는 데 충격을 받았다. 무엇보다, 일부다처제는 주변 사람들뿐 아니

---

[219] 일부다처제에 관한 예언은 다음 참조: "Revelation, Given to Joseph Smith, Nauvoo, July 12th, 1843," *Deseret News Extra*, Sep. 14, 1852, *Documentary History I*, 344~45.

라 미국 정부와 모르몬교도들을 끊임없이 충돌하게 만들었다. 조셉 스미스는 '이방인Gentiles'들의 핍박을 피해서 교인들을 이끌고 서부로 이주하여 일리노이 노부Nauvoo에 정착했다. 여기서 모르몬교는 성장하여 1840년까지 약 1만 명의 교인을 확보할 수 있었으며, 영국으로 선교사를 보내기도 했다. 스미스는 민병대를 조직하고 자신을 천국의 왕이라고 선포한 후, 미국 대통령 선거에 출마하겠다는 의사를 밝히기도 했다. 그러나 모르몬교도들은 주위의 '이방인'들과 대결함으로써 정체성을 확보하려 했다. 그 결과 투옥된 조셉 스미스는 1844년 7월 감옥을 습격한 폭도들에 의해 무참히 살해되고 말았다.

조셉 스미스의 '순교' 이후 모르몬교는 권력투쟁과 분열을 겪었다. 교주가 사망한 후 모든 성공한 신흥 종파가 거치게 되는 일이었다. 모르몬교 주류를 이끌게 된 사람은 브리검 영Brigham Young(1801~77)이었다. 그는 스미스 같은 예언자적 카리스마는 없었지만 탁월한 조직가요 지도자였다. 영은 모르몬교도를 적대시하는 사람들을 멀리 떠나 누구로부터도 방해받지 않는 곳에서 살기 위해 더 먼 서쪽으로 이주하기로 결심했다. 1846년 겨울, '유일하고 진정한 이스라엘 국가'의 미국 대탈출exodus이 감행되었다. 일리노이 노부에서 시작된 17개월간의 이 길고 고통스런 대장정은 아이오와Iowa, 네브래스카Nebraska, 와이오밍Wyoming을 지나고 로키산맥을 넘어 솔트레이크Salt Lake에서 끝났다. 미국 역사상 단일 규모로는 최대의 서부 이주였다.

영의 겸손하고 강력한 지도 아래 모르몬교도들은 솔트레이크 연안의 척박한 땅을 공동 관개시설을 이용하여 옥토로 바꾸었다. 그리고 그곳에 계획경제에 따라 왕성한 산업을 일구며 질서 있는 사회인 '데세렛Deseret'을 건설했다.[220] 1850년 준주準州territory가 되고 1896년 정식 주가 된 유타Utah는

---

[220] 데세렛은 《모르몬경》에 나오는 고대 부족 자레드Jaredites족 언어로 꿀벌이라는 뜻이다. 자레드족은 바벨탑 사건 때 자신들의 언어가 혼합되지 않을 것을 허락받고 아메리카에 도착한 것으로 기록되어 있다. 브리검 영은 모르몬 영토의 이름을 데세렛이라고 하였으나, 연방정부는 그것을 받아들이지 않고 유타라고 명명했다.

이렇게 모르몬교 왕국이 되었다. 미국 동부 여러 주에서뿐 아니라 영국과 독일, 그리고 북유럽에서 수많은 모르몬 개종자가 이 '새 예루살렘'으로 몰려들었다. 그러나 모르몬교회는 유타의 테두리 안에 머물지 않았다. 브리검 영이 사망할 때 모르몬교회는 아이다호Idaho부터 남부 캘리포니아까지 산재한 350개의 거주지에 10만 명의 교인을 가진 종교로 성장해 있었다.

일부다처제를 실행하고 기독교 전통을 충격적으로 변화시킨 교리를 가지고 있던 이 새로운 종교가 짧은 기간에 그토록 크게 성장할 수 있었던 것은 놀라운 일이다. 순수하고 본질적인 신약성서적 교회 회복에 대한 약속, 인간의 영원한 진보를 가르칠 만큼 낙관적인 인간관, 임박한 그리스도의 재림을 맞기 위해 준비해야 한다는 종말론 등이 모르몬교회의 매력에 속했다. 그리고 의문에 대해 확실한 답을 주고 결속력과 안정감을 주는 강력한 중앙집권적 권위도 있었다. 모르몬교회는 1852년부터 일부다처제를 공식적으로 인정했다. 브리검 영은 최소 56명의 아내를 두었다. 그러나 영이 죽은 후인 1890년 그것을 완전히 금하고 어기는 사람들을 출교시켰다. 그리고 놀랍게도, 1896년 유타는 와이오밍에 이어서 미국에서 여성에게 투표권을 부여한 두 번째 주가 되었다.

모르몬교회가 가지는 가장 독특한 면은 애국심과 종교를 결합한 데 있을 것이다. 모르몬교회만큼 인류 구원을 위한 신의 거대한 계획에서 미국이 담당하는 역할을 강조한 종교는 없었다. 아메리카는 부활한 예수가 나타나 참된 복음을 전한 곳이며, 미국은 예수가 재림하여 새 예루살렘을 건설할 곳이다. 또한 모르몬교회보다 미국 헌법을 더 신성하게 여기는 종교도 없었다. 그들은 연방헌법을 만들기 위한 회의가 신의 영감을 받는 가운데 진행되었으며, 그렇게 해서 만들어진 헌법은 신이 역사에 직접 개입한 결과물이라고 주장했다. 한 연구자는 모르몬의 역사를 "[미국] 역사의 한 전형적 모범paradigm"이라고 표현했다.[221]

---

[221] Robert N. Bellah, *The Broken Covenant: American Civil Religion in Time of Trial* (Chicago: University of Chicago Press, 1992), 3.

서부 정복과 기독교화

기독교의 서부 진출

쉐이커나 모르몬 같은 신흥 종파가 동부에서 시작하여 서부로 이주한 것은 유럽계 사람들이 거의 살지 않던 광활한 영토가 펼쳐진 서부가 그들에게 안식과 새로운 기회를 제공했기 때문이다. 그러나 서부는 신흥 종파뿐 아니라 전통적인 교파에게도 기회와 사명의 땅이었다. 독립 당시 미국은 대서양 연안에 남북으로 길게 뻗은 영토를 가진 국가였다. 그러나 건국 후 애팔래치아 산맥 서쪽의 개척지로 수많은 사람이 이주해 갔으며, 넓어지는 미국의 영토에 따라 새로운 주들이 속속 만들어져 합중국에 편입되었다. 미국은 먼저 이주민이 들어가서 살게 하고, 이후 프랑스, 에스파냐, 영국, 멕시코로부터 그 지역을 사들이거나 쟁취하는 방식으로 영토를 확대했다.

미국의 대륙 영토는 빠르게 확대되었다. 1803년의 루이지애나 영토 매입은 애팔래치아산맥과 로키산맥 사이의 모든 땅을 미국에 편입시켜 국토를 단번에 두 배로 늘렸으며, 1846년 영국과 맺은 조약을 통해서는 북서부의 영토를 확보했다. 그리고 멕시코와 치른 전쟁Mexican-American War(1846~48)에서 승리하면서 1848년 남서부의 광활한 땅을 모두 차지하게 되어, 북미대륙 영토를 완전히 가지게 되었다. 1800년 미국의 변경은 켄터키와 테네시였는데, 1820년에는 북쪽의 오하이오, 인디애나, 일리노이, 남쪽의 루이지애나, 앨라배마, 그리고 미시시피가 미국의 경계였다. 그리고 19세기 중엽이 되자 미국인 거주지는 남서부 멕시코 국경과 태평양 연안까지 도달했다. 19세기 중엽 대부분의 미국인은 서부 전체를 미국 영토로 만드는 것이 신의 섭리에 따른 "명백한 운명manifest destiny"이라고 굳게 믿고 있었다.[222] 미국을 향한 신의 섭

---

[222] 이 용어의 출처에 대해서는 다음 참조: Julius W. Pratt, "The Origin of 'Manifest Destiny'," *American Historical Review 32/4* (July 1927): 795~98; Linda Hudson, *Mistress of Manifest Destiny: A Biography of Jane McManus Storm Cazneau, 1807~1878* (Austin: Texas State Historical Association, 2001), 60~62.

리를 말한 '명백한 운명' 속에는 급격히 증가하는 인구에 맞추어 국토가 팽창하지 않으면 미국이 생존할 수 없다는 불안감이 잠복하고 있었다.

　서부지역 인구 증가는 엄청나게 빨리 진행되었다. 서부의 관문인 샌프란시스코 인구는 1848년 1천 명에서 2년 후 3만 5천 명으로 증가했고, 1860년경 신시내티, 세인트루이스, 시카고 같은 도시는 이미 인구 10만 명 선을 넘겼다. 그런데, 과거 매사추세츠나 버지니아에 온 초기 이주민이 그러했던 것처럼 서부의 새로운 지경에 몰려든 사람들 가운데 종교적 동기를 가진 사람은 일부에 불과했다. 비버 가죽을 거래하는 모피상과 탐험가들이 개척한 미주리부터 오리건에 이르는 오리건 길Oregon Trail과 1848년 캘리포니아에서 발견된 금은 태평양 연안 이주를 폭발적으로 증가시킨 중요한 요인이었다. 서부 이주민 대부분은 싸고 넓은 땅에서 경작하거나, 동물을 잡아 모피를 구하거나, 아니면 금을 캐어 일확천금을 얻고자 하는 사람들이었다. 유럽계 남자들이 압도적인 다수를 점했던 서부 거주지는 거의 무정부 상태에 가까운 자유와 독립된 삶, 그리고 무질서에 가까운 평등주의가 지배하는 세속적이고 험한 세상이었다. 따라서 이런 지역에 기독교와 동부의 문명을 전하겠다는 사명감을 가진 선교사와 자원단체들이 진출했으리라는 것은 쉽게 짐작할 수 있다.

　감리교, 침례교, 회중교, 장로교, 가톨릭 등 거의 모든 교회가 1830년대에 선교사와 교역자를 미시시피강 서쪽으로 파견했다. 인디애나와 일리노이, 아이오와 등지에서 활동한 감리교 순회전도자 피터 카트라이트Peter Cartwright(1785~1872), 세인트루이스를 중심으로 활동한 침례교 선교사 존 펙John M. Peck(1789~1858), 아이오와에 처음으로 진출한 장로교 선교사 아사 터너Asa Turner(1799~1885), 그리고 오하이오에 정착한 회중교회 목사 라이먼 비처는 서부 거주민을 대상으로 선교한 대표적인 인물이었다. 각 교회와 선교단체들은 선교사를 보내고, 성서와 기독교 문서를 반포하고, 글을 가르치고, 부흥회를 개최하여 기독교를 전했으며, 아울러 도덕과 인격, 그리고 시민의식을 전파하려 했다. 서부 개척지도 미국에 건설 중인 '복음적 제국'에 편입시키려 했던 것이다.

서부가 열리면서 미국 각 종교의 운명은 영토가 서부로 확장될 때 얼마나 성공적으로 그곳에 진출하느냐로 결정되었다. 건국 이후 가장 크게 성장한 것이 감리교와 침례교였는데, 그것은 두 교파가 서부 개척지 선교에서 가장 큰 성공을 거두었다는 말과 다르지 않았다. 장로교나 회중교가 견지했던 뉴잉글랜드식의 지적 설교나 엄격한 예법은 개척지 주민들과 잘 맞지 않았다. 침례교는 동부에서 선교사를 파견하기도 했지만 현지 설교자들에게 크게 의존했다. 이들 현지 설교자들은 대부분 서부 개척지에 진출하여 농사를 짓던 사람들이었기 때문에 개척지 주민들의 삶과 생활감정을 매우 잘 이해하고 있었다. 개교회주의를 원칙으로 하는 침례교 특성상 개척지에서 농부–설교자가 되기 위해서 고등교육이나 신학교육을 받을 필요가 없었고, 상부 조직의 임명 절차도 필요 없었다. 단지 성령의 감동이 각 개인에게 주는 영감과 사명감만으로 충분했다. 서부에서의 성공에 힘입어 침례교는 1850년 이미 160만 명 이상의 교인을 가지게 되었다.

19세기 중엽까지 서부 개척지에서 침례교 이상 큰 성공을 거둔 것은 감리교였다. 감리교 설교자들은 지성에 호소하는 설교가 아니라 마음에 직접 와닿는 즉흥적인 설교를 했다. 그들 대부분은 설교자로 소명을 받기 전에는 회중들과 마찬가지로 평범한 생업에 종사하던 보통 사람들이었기 때문에 회중들의 언어로 설교할 수 있었다. 감리교 핵심 교리인 성화는 교리로서 이해되는 것이 아니라 내적으로 경험될 수 있는 무엇이었다. 따라서 성화는 신학자가 아니라 그것을 경험한 설교자들에 의해 강력하게 전해질 수 있었다. 그리고 감리교 전파에 무엇보다 큰 힘이 된 것은 순회전도자들이었다. 거친 개척지 주민들을 찾아다니며 1만 5천 회 가까이 설교한 카트라이트의 경우에서 볼 수 있는 바와 같이 감리교 순회전도자들은 헌신적이고 지칠 줄 모르는 일꾼이었다. 순회전도자들의 삶이 얼마나 고달팠고, 그들이 얼마나 자기희생적으로 일했는지는 초기 순회전도자 700명 가운데 거의 반수가 30세 이전에 사망하였으며, 그 가운데 199명은 사역을 시작하고

5년 이내에 사망했다는 사실이 웅변적으로 증명한다.

아이오와의 1860년 인구조사에 의하면 감리교인 수가 9만 명이었다. 그것은 다른 어떤 교단보다 두 배 이상 많은 수치였다. 남부와 중서부의 다른 주에서도 감리교는 가장 큰 교단이었다. 그러나 많은 선교적 노력에도 불구하고 1860년 당시 아이오와 전체 인구의 3분의 2가 넘는, 40만 명 이상이 종교를 가지고 있지 않았다.[223] 다른 서부 개척지 상황도 이와 크게 다르지 않았을 것이다. 이때 미국 전체의 종교인 비율이 37퍼센트였다는 점을 생각한다면, 서부 개척지가 동부보다 훨씬 비종교적이었음을 알 수 있다. 각 교단이 적극적으로 선교에 나섰지만 서부는 너무나 광활했고, 사람들은 물질적 기회를 찾아 물밀듯이 몰려들었다. 19세기의 서부는 음주가 만연하고 범죄가 성행하며 일요일은 공휴일로 여겨져 주중보다 오히려 더 많은 사고가 발생하는 곳이었다. 많은 기독교인이 서부를 희망 없는 곳으로 여겼다. 그러나 서부의 가능성에 주목한 라이먼 비처나 존 펙 같은 사람에게 그곳은 새로운 시온이었다.

서부 이주는 1860년대부터 1880년대 사이에 대서양 연안에서 태평양 연안을 연결하는 대륙횡단 철도가 건설되면서 그 속도가 더욱 빨라졌다. 워싱턴부터 텍사스까지 서부지역 전체가 대륙횡단 철도로 연결되면서 역세권에는 수많은 마을이 우후죽순처럼 생겼다. 물론 이렇게 많이 생겨나는 모든 마을에 교회가 즉시 들어설 수는 없었다. 대륙횡단 철도를 따라 형성된 마을 주민들에게 기독교를 전하고 예배드릴 수 있도록 하기 위해 고안된 것이 '채플 열차chapel cars'였다. 채플 열차는 강단, 의자, 오르간 등을 갖추고 스테인드글라스로 장식된 예배당과 목회자를 위한 작은 거주 공간이 있는, 철로 위를 달리는 이동식 교회였다.[224] 19세기 후반부터 20세기 중엽

[223] Noll, *History of Christianity*, 225.

[224] 이에 대해서는 다음 참조: Wilma Rugh Taylor and Norman Thomas Taylor, *This Train Is Bound for Glory: The Story of America's Chapel Cars* (Valley Forge, PA: Judson Press, 1999). 이 책은 온라인에서 무료로 읽을 수 있다.

까지 미국 전역에서 13개의 채플 열차가 운영되었는데, 침례교 것이 가장 많았다(침례교 7개, 성공회 3개, 가톨릭 3개). 채플 열차는 주로 미시시피강 서쪽을 다니면서 활동했다. 서부지역 교회가 모두 그러했듯이 채플 열차는 새로 생겨난 마을을 안정시키고 교화하는 사회적 기능도 했기 때문에 초기에는 철도회사들이 적극적으로 채플 열차를 유치하고 재정지원도 하였다. 채플 열차는 미국인들의 서부 진출에 발맞추어 그 종교적·사회문화적 필요에 부응하려 했던 교회들의 노력을 상징적으로 보여주었다.

원주민 선교, 원주민 고난

아메리카대륙을 '광야'라고 부르던 유럽계 사람들은 건국 후 서부를 '개척지'라고 불렀다. 물론 그런 명칭은 그곳에서 오랫동안 조상대대로 살아온 원주민들의 존재를 무시한 유럽중심적이고 정복주의적인 세계관을 반영할 뿐이었다. 역설적이게도 유럽계 사람들의 서부 진출은 원주민들의 직접 혹은 간접적 도움 없이 진행될 수 없었다. 유럽계 사람들은 원주민을 길라잡이로 삼아, 그들이 오래전부터 사용하던 길을 따라 진출했고, 원주민들이 제공한 식량과 식수에 의존해야 했다. 그러나 궁극적으로 유럽계 거주지의 확장 과정에서 원래 주민인 원주민들은 살육당하거나 조상 때부터 살던 곳에서 쫓겨나 집단 거주지로 몰아넣어지는 수난을 당했다. 또한 유럽계 '개척자'들과 접촉한 원주민은 상업적 술수, 거짓말, 술, 자연 파괴 같은 '백인들의 악습vices of the whites'에 영향받았다. 그런 '악습'은 공동체적 가치관을 파괴했으며, 자연과 조화롭게 살아가는 태도를 변화시켰다. 미국인들 가운데 선한 동기를 가지고 원주민에게 다가갔던 사람도 있었는데, 기독교 선교사들이 그런 부류의 대표였다. 그러나 선교사도 기독교와 아울러 미국식 문화와 도덕을 가르쳤으며 사유재산 제도, 미국식 농경법과 정치제도를 원주민에게 전파했다.

서부는 많은 원주민 부족의 삶의 터전이었기 때문에 원주민 선교는 서부 개척과 발맞추어 진행되었다. 기독교 선교사는 미국이 진출하는 곳마다 상인, 탐험가들과 함께 가장 먼저 도착하는 사람들이었다. 따라서 선교사들이 1830년대에 이미 태평양 연안까지 진출한 것은 놀랄 일이 아니다. 그리고 개신교 선교사들은 원주민 선교와 아울러 유럽인 이주자들에게 봉사하는 일도 함께 하여, 궁극적으로 그들의 서부 진출을 도왔다. 1834년 로키산맥을 넘어 오리건에 도착한 감리교 선교사 제이슨 리Jason Lee(1803~45)는 아마도 태평양 연안에 도착한 최초의 개신교 선교사였을 것이다. 캐나다 퀘벡 출신이었던 그는 플랫헤드Flathead족을 대상으로 선교했는데 성과가 없었다. 오히려 그는 오리건에 정착하는 유럽계 주민을 조직하여 오리건을 미국의 영토로 만드는 데 기여했다. 곧 이어서 장로교 의료선교사 마커스 휘트먼 Marcus Whitman(1802~47)과 그 아내 나르시사Narcissa(1808~47)가 워싱턴의 콜롬비아강 연안에, 그리고 목사 선교사 헨리 스폴딩Henry Spalding (1803~74)과 아내 엘리자Eliza(1807~51)가 아이다호에 선교지를 개척했다. 이 두 부부는 미주리에서 만나 오리건 길을 따라 오리건으로 함께 들어갔는데, 나르시사와 엘리자는 로키산맥을 넘은 최초의 유럽계 여성이었을 것이다.

"너무도 더러운" 원주민과 그들의 삶을 혐오했던 나르시사 휘트먼은 동부에 있는 가족과 친구들에게 선교활동과 고독하고 험한 삶에 관하여 편지로 자주 전했다.[225] 그녀가 쓴 편지와 일지는 북서부 개척지 선교와 삶을 동부 대중에게 전하는 역할을 했다. 휘트먼 부부가 도착한 이래 수천 명의 유럽계 사람들이 그 지역에 와서 정착하자 휘트먼 부부도 유럽계 이주민의 이해관계에 얽힐 수밖에 없었다. 원주민들은 점증하는 유럽계 사람들에게 점점 위기감을 느끼고 있었다. 결국 1847년 11월 휘트먼 부부는 선교구에 있던 11명의 다른 유럽계 사람들과 함께 케이유스Cayuse족 전사들에게 살해당하고 만다. 범행은 유럽계 주민과 원주민, 개신교 선교사와 가톨릭 선

---

[225] "[Narcissa] to Mother, May 2, 1840," Narcissa Whitman, *Letters and Journals of Narcissa Whitman, 1836~1847* (n.p.: CreateSpace, 2014).

교사 사이의 갈등을 포함하여 복잡한 동기에 의해 촉발된 것으로 보인다. 그런데 사건의 직접적 이유 가운데 하나는 유럽인들 때문에 전염된 홍역으로 많은 원주민들이 희생당한 일이었다. 원주민 입장에서 볼 때 의사는 샤먼이었다. 따라서 홍역으로 많은 원주민이 죽은 데 비해 면역이 있던 유럽계 이주민은 상대적으로 피해가 덜하자 이에 대해 의사인 휘트먼에게 책임을 물은 것이었다. 이 살해 사건에 연루된 추장과 전사 등 5명은 3년 후 오리건 대법원에서 유죄 판결을 받고 공개 교수형에 처해졌다.

한편, 스폴딩 부부는 아이다호의 네즈 퍼스Nez Perce 부족을 대상으로 상당히 성공적인 선교활동을 했다. 그들은 성서 일부를 원주민 언어로 번역했으며, 원주민들에게 관개법과 감자 재배법을 가르치기도 했다. 휘트먼 부부의 죽음 이후 점점 더 원주민과 유럽계 이주민 사이에 갈등이 심해지자 스폴딩 부부는 선교지를 상대적으로 안전한 오리건으로 옮겨야 했다. 이때 엘리자는 투아라틴Tualatin Academy이라는 학교를 세우고 가르쳤는데, 이 학교는 나중에 퍼시픽대학Pacific University으로 발전했다.

원주민 선교는 미국의 영토 확장과 발을 맞추어 진행되었기에 북미대륙뿐 아니라 태평양 여러 섬과 알래스카에도 선교사들이 나갔다. 태평양에서 특히 미국인들의 관심을 끈 것은 미국과 동북아시아 중간에 위치한 큰 섬들인 하와이였다. 1837년까지 80명이 넘는 개신교 선교사들이 하와이로 진출하여 부흥회적 기독교와 서구 문명을 전했다. 그 결과 1853년이 되자 하와이 인구의 30퍼센트 이상이 기독교를 받아들였다. 하와이에 진출한 미국 개신교 선교사들은 하와이 왕국의 종교뿐 아니라 법, 행정, 경제, 그리고 교육 등 사회 전체를 미국식으로 변화시키는 데 결정적 역할을 하였다.[226] 일부 선교사들은 선교 사업을 그만두고 하와이 국왕의 정치 고문이나 관료로 일하기도 했다. 이런 의미에서 선교사는 하와이 경제권을 완전히 장악한 캘리포니아 지역 설탕 가공업자들과 함께 하와이를 미국의 영토로 편입

---

[226] 대표적 하와이 선교사 부부에 대한 다음 연구 참조: Clifford Putney, *Missionaries in Hawai'i: The Lives of Peter and Fanny Gulick, 1797~1883* (Amherst: University of Massachusetts Press, 2010).

시키는 데 가장 큰 역할을 한 사람들이었다. 하와이 왕국은 1898년 7월 미국에 강제 병합되었다. 그 과정은 서구 제국주의의 전형적인 모습을 보여주었다. 즉 장악해야 할 지역이 있으면 그곳에 선교사와 상인을 먼저 보내서 준비 작업을 한 후, 때가 무르익으면 정부가 나서서 강점하는 형태였다.

원주민을 대하는 기독교 선교사들의 태도는 크게 두 가지로 구별되었다. 먼저, 많은 선교사가 원주민의 삶과 문화에 불쾌감과 적개심을 가지고 있었다. 이 경우 선교사들이 보였던 가장 전형적인 태도는 원주민의 전통 문화와 종교를 자신들의 기준으로 변화시키려는 것이었다. 개신교 선교사는 대부분 이 부류에 속했다. 서부와 알래스카에서 원주민을 대상으로 일했던 "알래스카의 사도" 셸든 잭슨Sheldon Jackson(1834~1909)이 취했던 입장은 이와 관련하여 좋은 예가 될 수 있다.[227] 오클라호마, 미네소타, 와이오밍 등지에서 원주민 선교를 했던 셸든은 1867년 미국이 러시아로부터 알래스카를 매입하자 얼마 후 그곳으로 파견되었다. 알래스카는 1792년부터 이미 러시아 정교회의 선교지였으므로, 그가 한 일 가운데 하나는 러시아 정교회의 영향력을 없애는 것이었다. 셸든은 혹독한 조건 속에서, 유럽계 상인과 사냥꾼들로부터 알래스카 원주민들을 보호하기 위해 일종의 완충지대 같은 역할을 하였다. 그러나 그는 동화assimilation주의 정책을 펼쳐서 언어, 종교, 교육, 경제 등 원주민의 토착 문화 전체를 미국식으로 변혁시키고, 궁극적으로 알래스카를 '영어를 사용하는' 원주민이 사는 개신교 지역으로 만들고자 했다.

남동부 체로키들을 교육하기 위해서 테네시 차타누가Chattanooga 근처에 ABCFM이 1816년에 세운 브레이너드 선교Brainerd Mission도 동화주의의 한 전형이었다. 이 선교회가 운영한 기숙학교는 강압적 방법을 통해서라도 뉴잉글랜드의 기독교와 자본주의적 가치관을 체로키 어린이들에게 전하려 했다. 뉴잉글랜드의 회중교와 장로교에서 온 선교사들은 체벌까지 동원한 엄격한 규율 속에 원주민 어린이들에게 기독교와 아울러 영어, 산수, 역사

---

[227] J. Arthur Lazell, *Alaskan Apostle : The Life Story of Sheldon Jackson* (New York: Harper, [1960]).

등을 가르쳤으며 근면한 노동윤리를 익히게 하려고 여러 가지 직업교육도 시켰다. 직업교육은 19세기 뉴잉글랜드의 가치관에 따라 남학생과 여학생의 역할을 분명하게 나누었다. 남학생이 밖에 나가서 농장 일이나 목공을 배우는 사이 여학생들은 실내에 남아 바느질, 요리, 육아 같은 가사 일을 배워야 했다. 어머니와 주부가 되는 것 이외에 여학생이 택할 수 있는 직업으로 제시된 것은 선교사밖에 없었을 것이다. 선교사들의 교육 방식은 어린이에 대한 체벌을 금하고 농경을 여자의 일로 인식해 온 원주민들의 오랜 전통과 충돌했다. 기독교 전파보다 더 성과를 거둔 것은 영어 보급이었다. 결국 체로키족이 오클라호마로 강제 이주당하면서 이 선교학교는 문을 닫고 말았다.[228]

이와는 달리 선교사 가운데 미국의 서부 진출로 인하여 수난받고 멸족의 위기에 처한 원주민을 동정하여 그들을 보호하고 살리기 위해 애쓴 사람도 있었다. 중서부 지역 원주민을 대상으로 활동했던 침례교 선교사 아이작 매코이Isaac McCoy(1784~1846)는 그런 선교사 가운데 한 사람이었다. 그는 서부에 원주민 영토를 만들어 갈 곳 잃은 원주민들이 이주해서 살게 해야 한다고 주장했다. 유럽계 사람들로부터 멀리 떨어진 곳에서 독립적으로 살면 원주민들이 유럽계 사람들의 수탈로부터 보호될 수 있고, 종족을 보존하여 기독교인이 될 확률을 높일 수 있다고 생각했던 것이다. 맥코이는 원주민과 미국 정부 사이의 유혈 충돌과 그로 인한 원주민 멸족을 방지하기 위해 연방정부와 함께 일하기도 했다.

앤드류 잭슨Andrew Jackson(1767~1845) 대통령 때 연방정부가 현재의 오클라호마에 '인디언 영토Indian Territory'를 만들고 미시시피강 동쪽에 있던 원주민 부족들을 이주시킨 것은 이런 관심과 노력, 그리고 현실적 필요가 결집된 결과였다. 물론 '인디언 영토'에 들어가는 것은 원주민 입장에서 볼 때 삶의 근거지를 떠나야 하는 일이었다. 그러나 1830년 원주민 이주법Removal

---

[228] David A. Nichol, "Brainerd Mission," in *The Tennessee Encyclopedia of History and Culture* (Nashville, TN: Tennessee Historical Society: Rutledge Hill Press, 1998).

Act이 통과되자, 미국 정부는 가능한 모든 압력을 행사하여 체로키, 크리크 Creeks, 촉토Choctaws, 치카소Chickasaws, 세미놀Seminoles 등의 부족을 이주하게 만들었다. 이 과정에서 원주민들은 분열과 갈등, 그리고 엄청난 희생과 고통을 겪어야 했다. 집단 거주지로 이주했던 원주민들은 모두 잔혹한 '눈물의 길Trail of Tears'을 걸으며 많은 희생을 치러야 했다.[229] 원주민을 보호하기 위해 원주민 보호구역을 만들어야 한다는 맥코이의 주장은 그의 의도와는 달리 결과적으로 원주민에게 큰 고통을 안겨주었다. 그를 포함하여 원주민의 처지를 동정했던 많은 선교사가 근본적으로 온정주의에 근거하여 원주민을 대한 것은 선교사와 원주민 사이에 존재했던 힘의 절대적 불균형에서 기인한 불가피한 일이었을 것이다.

원주민 강제이주 정책이 얼마나 일방적으로 감행되었는지는 체로키족 사례를 통해 충분히 짐작할 수 있다. 테네시, 노스캐롤라이나, 조지아 인근에서 살던 체로키국Cherokee Nation은 경제적으로 자립할 수 있었고, 스스로 독립국으로 여겨 정부와 의회를 구성하고 헌법을 만들었다. 이뿐 아니라 체로키들은 미국이 원하는 바대로 기독교와 유럽식 문화를 받아들여 '문명화'된 모습을 갖추었다. 그들은 연방정부와 맺은 협약에 따라 자신들의 영토에 머물러 살 수 있는 권리를 획득하기도 했다. 그러나 1820년대에 조지아에서 금광이 발견되자 조지아 정부는 체로키국의 독립성을 인정하지 않고 자신의 관할 아래 두고자 했다. 이에 체로키족은 연방대법원에 제소를 했고(*Cherokee Nation vs. Georgia*), 대법원은 체로키국은 "외국foreign state"은 아니지만 "국내에 있는 종속적 국가domestic dependent nation"로서 자기 땅에 대한 권리가 있다고 판결했다.[230] 그러나 앤드류 잭슨은 대법원 판결을 무시했으며, 체로키의 땅을 유럽계 주민에게 열어주기 위해 어떤 대가를 치르고서라도 체로키들을 이주시키기로 작정했다. 잭슨의 부통령이었던 마틴 밴 부

---

[229] 여기에 대한 종합적 이해는 다음 책 참조: Gloria Jahoda, *The Trail of Tears: The Story of the American Indian Removals, 1813~1855* (New York: Holt, Rinehart and Winston, 1975).

[230] "Cherokee Nation v. Georgia, 30 U.S. 1 (1831)," https://supreme.justia.com.

렌Martin Van Buren(1782~1862)은 대통령이 된 후 1838년 군대를 파견하여 체로키족을 오클라호마로 강제 이주시켰다. 이때 "하늘의 위대한 영혼Great Spirit"이 그들에게 준 땅을 떠나야 했던 1만 7천 명의 체로키 가운데 4천 명이 질병과 추위로 인해 "눈물의 길" 위에서 사망했다.[231]

원주민을 대상으로 활동하던 선교사들은 미국 정부의 원주민 정책 때문에 고통당하던 원주민들에게 동정심을 품지 않을 수 없었다. 그러나 선교사들의 태도와 행동은 교단과 선교본부의 정치적 지향에 영향받을 수밖에 없었다. 예들 들어, 1820년대부터 체로키족 속에서 선교사업을 했던 ABCFM 소속 선교사 사무엘 우스터Samuel Worcester(1798~1859)와 엘리저 버틀러Elizur Butler(1794~1857)는 주정부와 연방정부의 원주민 정책에 적극적으로 대항하여 싸울 수 있었는데, 그것은 선교본부가 그들을 지지해주었기 때문이다. 보스턴에 본부를 둔 ABCFM은 앤드류 잭슨 대통령의 정책을 지지하지 않았고, 남부의 유럽계 주민들이 원주민 영토를 잠식해 들어가는 것을 반대했다. 그러나 같은 지역에서 체로키족 선교를 하던 제임스 트롯James J. Trott(1800~68) 같은 감리교 순회전도자들은 ABCFM 소속 선교사들보다 더 강력하게 원주민 이주정책에 반대했음에도 불구하고 교단의 지지를 얻을 수 없었다. 감리교 선교사들은 테네시 연회 소속이었는데, 테네시 연회 회원들은 잭슨을 강력하게 지지한 서부개척민 집단이었다. 따라서 연회는 강제적인 원주민 이주를 불편하게 생각했지만 그것을 정치적인 문제라고 치부하여 개입하지 않았다. 다른 중요한 문제에서도 마찬가지였지만, 원주민 문제에 관한 각 교단과 선교부의 입장은 기독교적 가치관이 아니라 세속적 가치, 즉 지역적, 정치적, 인종적 이유에 의해 결정되곤 했다.

한편, 서부에서 개신교 선교사들과 경쟁관계에 있던 가톨릭 선교사들은 개신교 선교사들과 다른 태도를 보였다. 개신교 선교사들이 원주민 선교와 유럽계 주민에 대한 봉사를 병행한 데 비해서, 가톨릭 선교사들은 대체로

---

[231] Theda Perdue, *The Cherokee Nation and the Trail of Tears* (New York: Penguin Books, 2007), 6.

원주민 선교에 주력하는 경향을 보였다. 서부의 여러 부족, 특히 플랫헤드족 속에 들어가 선교했던 예수회 선교사 피에르-장 드 스메Pierre-Jean de Smet(1801~73)는 원주민 문화에 깊은 존경심을 가졌던 경우에 속한다. 그는 플랫헤드 부족이 거짓말하는 것을 가장 혐오하여 "사고 파는 일에서 고지식할 정도로 정직하다"고 기록했다.[232] 또한 그들은 결코 도둑질을 하지 않을 뿐 아니라, 공손하고 매우 친절하며, 서로 도우며 항상 유쾌하게 살고 있었다. 그는 이런 격조 높은 문화를 가진 사람들을 '야만인'이라고 부르는 것을 강하게 반박했다. 드 스메는 원주민들이 그런 문화를 유지할 수 있었던 것이 '백인들의 악습'을 아직 배우지 않았기 때문이라고 진단했다. 그는 플랫헤드족뿐 아니라 오세이지Osage족과 수Sioux족에 대해서도 찬탄했다. 드 스메의 이런 태도는 원주민들의 깊은 신뢰를 살 수 있었고, 그로 하여금 '잔인한 야만인' 속에 들어갔다가 안전하게 돌아올 수 있는 유일한 백인이라는 평을 들을 수 있게 해주었다. 내무부 장관의 요청을 받고 협상을 통해 수족으로 하여금 1869년 평화조약을 받아들이게 할 수 있었던 것도 원주민들과 드 스메 사이에 형성되었던 상호 존중과 신뢰 때문이었다.

서부는 아메리카 원주민들만 살고 있는 곳이 아니었다. 남서부 지역은 이미 17세기부터 히스패닉 가톨릭교인들이 자리 잡고 있던 곳이었다. 에스파냐 가톨릭 선교사들은 18세기 동안 남서부지역에서 광범위한 선교를 하여 그 지역에 히스패닉 가톨릭이 뿌리내리게 하였다. 그러나 에스파냐로부터 1821년 독립한 멕시코는 세속적 국가였다. 멕시코 정부는 특히 에스파냐계 성직자를 적대시하여 선교지를 없애고 수사와 수녀들을 환속시켰으며, 사제들을 에스파냐로 돌려보냈다. 그런데, 멕시코와 미국의 전쟁으로 뉴멕시코, 애리조나, 캘리포니아, 그리고 텍사스를 아우르는 방대한 영토가 미국으로 편입되자 상황은 달라졌다. 그 지역 가톨릭교인들은 종교의 자유를 보장받았지만, 돈과 금을 찾아 동부에서 몰려든 사람들, 그리고 개

[232] Pierre-Jean de Smet, *Letters and Sketches With a Narrative of a Year's Residence Among the Indian Tribes of the Rocky Mountains 1843* (Whitefish, Montana: Kessinger Pub., repr., 2005). 45.

신교와 맞닥뜨려야 했다. 또한 미국 영토가 되었다는 것은 그 지역 가톨릭 신자들이 미국 동부 가톨릭교회의 권위에 종속되어야 한다는 것을 의미했다. 20세기 후반이 될 때까지 남서부 히스패닉 가톨릭교인들은 아일랜드, 프랑스, 독일계 교권자들의 지배를 받았다.

남서부 지역 히스패닉 가톨릭은 에스파냐 선교사들이 전해준 중세적 관습을 여전히 간직하고 있었다. 그 가운데는 특히 고행회苦行會Penitents 전통에서 행하던 자학적 난행고행難行苦行이 포함되어 있었다. 자신의 몸에 채찍질을 하며 회개하거나 고난주간에 거대한 십자가를 메고 다니며 예수의 고난을 체험하는 행위는 미국 동부지역 가톨릭에서는 발견할 수 없는 관행이었다. 개신교 선교사들은 이런 자학적 종교 행위를 '무지한 미신'이라고 불렀다.

동부에서 온 사람들은 히스패닉 사람과 전통을 무시하고 자신들을 우월하게 생각하는 경향이 있었다. 남서부 지역을 관할하게 된 동부의 주교들은 원주민 가톨릭교인들이 가지고 있던 에스파냐-멕시코-원주민식 종교 문화를 없애기 위해 노력했지만 성공할 수 없었다. 히스패닉 가톨릭 전통에는 다른 어디서도 찾을 수 없는 독특한 문화와 매력이 있었고, 그것이 남서부 지역 가톨릭 신자들의 삶에 깊이 각인되어 있었던 것이다. 그런 문화는 남서부를 미국의 다른 지역과 구별되게 만드는 특징으로 자리 잡았고, 시간이 흐르면서 동부에서 온 이주민조차 그것을 지역적 정체성으로 받아들이게 만들었다. 에스파냐와 멕시코는 비록 미국에게 이 지역의 영토를 내어주었지만, 그들이 남긴 히스패닉 가톨릭과 그 문화 전통은 21세기 들어서도 미국 남서부를 지배했다.

이민 증가와
종교지형 변화

Their New Jerusalem
Grant E. Hamilton
Judge Magazine(1892)

오른쪽에는 유대인 이민자가 몰려와서 뉴욕을 뉴예루살렘으로 바꾸고 있는데
왼쪽에는 원래 뉴욕 주민들이 "쫓겨나" 서부로 향하고 있다.

이민과 가톨릭교회

이민 증가와 가톨릭교회 성장

미국은 영국 식민지에서 독립한 나라, 즉 영국계 이민자들이 만든 나라였다. 1790년에 행해진 미국 최초의 인구조사에 의하면 전체 인구의 83.5퍼센트가 영국계였다.[233] 그러나 미국은 이민으로 만들어졌을 뿐 아니라 이민을 통해 성장하고 지속적으로 변화해 갔다. 1800년부터 1920년까지 약 4천만 명의 이주민이 미국으로 들어왔다. 1800년 미국 인구가 530만 명에 불과했다는 점을 생각한다면 미국이 이민에 의해 만들어진 나라라는 말이 무엇을 뜻하는지 짐작할 수 있다. 19세기를 거치면서 영국 이외의 나라와 지역에서 수많은 이민이 몰려들었고, 미국의 민족 구성은 근본적으로 변모해 갔다. 특정한 지역 출신 이민의 급격한 증가는 그들과 함께 들어온 종교의 급성장으로 이어졌으며, 궁극적으로 미국 종교지형의 대대적 재편성을 초

---

[233] 미국 인구통계국United States Bureau of Census은 1790년부터 1890년까지 10년 단위로 인구조사를 실시했으며, 그 다음에는 1906년부터 10년 단위로 인구조사를 했다. 1850년 인구조사부터는 종교 관련 통계를 내기 시작하여 1890년까지 10년에 한 번씩 수행된 인구조사 보고서에 포함시켰다. 그리고 1906년부터 1936년까지의 네 차례 인구조사에서는 "종교단체Religious Bodies"라는 별도의 보고서를 내었다. 그러나 인구통계국은 응답자의 종교를 직접 묻는 질문은 하지 않았으며 다른 자료수집을 통해 종교 관련 통계와 보고서를 내었다. 1976년 의회가 10년 단위의 강제적 인구조사에서 종교 관련 질문 하는 것을 법으로 금지하자 이후에는 개인 연구자나 연구단체에서 종교 통계가 나오고 있다.

래했다. 새로운 이민으로 인해 극적으로 교인 수가 증가했고, 또 그만큼 많은 갈등과 어려움을 겪게 된 것은 가톨릭교회였다.

이민으로 인한 미국 인구의 증가와 그로 인한 미국 종교지형의 변화에서 전환점이 된 시점은 1850년경이었다. 건국 후 첫 번째 대규모 이민이 시작된 것은 1840년대 후반부터였다. 1820년부터 1860년까지 약 500만 명의 이민자가 미국으로 들어왔는데, 아일랜드계가 200만이었다. 아일랜드계 이민은 1845년부터 1860년까지 집중되었다. 그 기간 동안 약 150만 명이 아일랜드에서 미국으로 건너왔다. 아일랜드에서 이렇게 많은 사람들이 한꺼번에 이주해 온 것은 심각한 감자 흉작으로 '대기근Great Famine(1845~49)'을 겪던 아일랜드에서 사람들이 쏟아져 들어왔기 때문이었다. 감자가 주식이던 아일랜드 사람들은 식량으로 거의 감자만 단일작물로 재배하고 있었다. 그런데 감자에 치명적인 곰팡이 병이 돌면서 감자 농사를 완전히 망쳐놓았던 것이다. 기근이 계속되는 동안 약 150만 명이 굶주림이나 질병으로 사망하였으며, 전체 인구의 5분의 1에 해당하는 250만 명이 미국을 비롯하여 영국, 캐나다, 호주 등지로 이주해 갔다. 미국으로 온 아일랜드계 이민자들은 주로 보스턴, 뉴욕, 필라델피아 같은 북동부 대도시에 자리 잡았다.

이 시기에 독일과 중부 유럽 독일어권에서도 이주민이 많이 유입되었다. 1840~50년대에 1백수십만 명의 독일계 이민이 미국에 몰려들어 주로 세인트폴St. Paul, 신시내티, 밀워키Milwaukee, 세인트루이스를 중심으로 한 중서부 지역과 텍사스 중부에 정착했다. 이들은 대도시에 자리 잡은 아일랜드계와 달리 주로 농업을 일구었다. 독일어 사용 이민자들은 그 민족적·언어적·종교적 배경이 매우 다양했다. 물론 가장 많은 수는 루터교 전통의 교회에 속해 있었다. 그러나 독일계 이민 가운데도 가톨릭 배경을 가진 사람들이 많이 있었다. 그들은 아일랜드계와 분명하게 구별되는 전통을 가진 가톨릭이었다.

아일랜드와 독일로부터 엄청난 수의 이민자가 들어오면서, 미국 가톨릭교회의 교세는 기하급수적으로 늘었다. 19세기 초 미국 가톨릭교회는 볼티모어 주교구 하나만을 가진, 교인 수 5만 명의 소규모 종교집단이었다. 서부 개척지 전체를 관할하는 바즈타운 주교구가 켄터키에 개설된 것은 1808년 이었다. 루이지애나 영토 매입(1803), 플로리다 편입(1818), 텍사스 병합(1845), 그리고 멕시코와의 전쟁(1846~48)을 통해 확보된 과거 프랑스와 에스파냐의 영토에 살던 히스패닉 및 원주민 가톨릭교인이 미국으로 편입되었지만 그 수는 약 4만 명에 불과했다. 그러나 가톨릭 이민자들이 급증하면서 미국의 가톨릭교인 수는 1860년 거의 250만에 근접하여, 제2차 대각성 기간에 급성장한 침례교를 초월하면서 감리교 다음 가는 규모의 종교집단이 되었다. 1850년부터 1860년 사이에 미국 가톨릭교인 수가 약 250퍼센트 증가한 것이다. 아일랜드와 이탈리아계 이민이 많던 로드아일랜드, 히스패닉 거주민이 살던 캘리포니아, 프랑스 식민지였던 루이지애나, 그리고 독일계 이주민이 많이 정착한 미네소타Minnesota가 가톨릭교인 비율이 가장 높았다.

유럽 가톨릭 지역에서 온 대규모 이민은 19세기 후반에도 계속되었다. 1870년부터 1900년 사이에 또다시 약 150만 명이 아일랜드로부터 유입되었으며, 독일어권에서도 1900년까지 100만 이상이 추가로 이주해 왔다. 한편, 1880년대부터는 이탈리아, 폴란드, 오스트리아-헝가리Austria-Hungary, 리투아니아Lithuania 같은 남부, 동부, 중부 유럽에서 가톨릭계 이민자들이 대거 들어왔다. 이들 '새로운' 가톨릭교인 가운데는 특히 남부 이탈리아와 폴란드 출신이 많았다. 1920년까지 약 330만 명의 이탈리아 출신 이주민이 들어와 보스턴, 뉴욕, 필라델피아 등 동부 대도시를 중심으로 정착했으며, 약 300만 명의 폴란드인들이 시카고, 디트로이트, 밀워키, 클리블랜드Cleveland, 버펄로 같은 오대호 연안 도시로 몰려들었다. 한편, 남서부 지방에는 멕시코에서 온 이주민이 지속적으로 증가하면서 히스패닉 가톨릭교인 수가 크게 늘었다. 1890년 인구조사에 따르면 뉴멕시코 인구 가운데 77퍼센트, 그리고 애리조나 인구의 37.5퍼센트가 가톨릭신자였다. 이것은 미국 주들 가운데 가장 높은 가톨릭 비율이었는데, 물론 가장 큰 이유는 히스패닉 이주민의 증가 때문이었다. 남부 지방에는 가톨릭 이민자가 거의 들어가지 않았다. 식민지 시대부터 가톨릭 지역이던 루이지애나를 제외하면 그 이후에도 남부의 가톨릭 세력은 미미했다.

이와 같은 가톨릭계 이민의 지속적 증가에 힘입어 1890년 마침내 가톨릭교회는 미국 최대의 기독교 교파가 될 수 있었다. 이때 가톨릭교회는 730여만 명의 교인을 기록하여, 710여만 명의 교인을 가진 감리교를 추월할 수 있었다. 가톨릭교회는 그 이후 단 한 번도 최대 교파 자리를 내주지 않고 계속 성장하였다. 최대 교파가 된 1890년 가톨릭교인의 수는 미국 전체 인구의 8퍼센트에 불과했다. 그러나 1906년 가톨릭교인 수는 두 배가 되어 1천 4백만(전체 인구의 17퍼센트)을 넘어섰는데, 교인의 수뿐 아니라 종교시장 점유율에서도 교세는 급증했다. 가톨릭교회의 종교시장 점유율 증가는 이후에도 지속되어 2020년 1만 6천 개 이상의 성당과 7천 2백만 교인을 가진 거대 종교가 되었다. 미국 인구의 5분의 1 이상이 가톨릭교인인 셈이었다.

가톨릭 교구선교

미국 가톨릭교회의 교세 증가가 전적으로 유럽 가톨릭 지역에서 온 이주민 때문만은 아니었다. 가톨릭 지역 출신 이민 증가는 자동적으로 가톨릭교인의 수 증가로 이어지지 않았다. 가톨릭 지역에서 미국으로 들어온 이민자 수와 가톨릭교인 수의 증가를 비교해 보면, 미국에 온 후 수백만 명이 가톨릭교회에 등록하지 않은 것을 확인할 수 있다. 미국 가톨릭교회는 이들을 '잃어버린' 교인이라고 불렀다. 아일랜드 출신의 존 잉글랜드John England (1786~1842) 주교는 1836년 300만 명 이상의 교인을 잃었다고 추정했으며, 1910년에는 1천만 명이 사라졌다고 교황에게 보고되기도 했다.[234] 그러나 이런 추정은 가톨릭 지역에서 온 사람들을 모두 가톨릭교인으로 가정한 것으로, 사실과 거리가 있었다. 가톨릭 지역 출신 이민자들이 모두 가톨릭교인인 것은 아니었으며, 가톨릭 신앙을 가지고 있다고 해도 형식적인 경우

---

[234] Finke and Stark, *Churching of America*, 110~11.

가 많았다. 특히 이탈리아 이민자들의 '종교적 무지'는 미국 가톨릭 지도자들을 경악시킬 정도였다. 뉴욕의 대주교가 1888년 뉴욕시에 거주하는 8만 명의 이탈리아계 주민 가운데 미사에 참석하는 습관이 있는 사람은 2퍼센트에 불과하다고 말할 정도였다.[235]

미국은 개신교가 비록 국교는 아니지만 공적 종교의 역할을 하며, 대다수 국민이 개신교적 가치관을 가진 공화국이었다. 비가톨릭 미국인에게 가톨릭은 개신교 종교개혁 이전의 타락한 교회의 연장선상에 있는 종교, 사제의 폭정을 연상시키는 비민주적 조직, 그리고 교황에 대한 충성으로 공화주의 원칙을 위협하는 집단으로 인식되곤 했다. 더구나 미국은 종교에도 철저하게 자유시장경제가 적용된 곳이었다. 유럽의 가톨릭교회와 달리 미국 가톨릭교회는 정치로부터 어떤 도움도, 전통으로부터 어떤 특권도 받을 수 없는 입장이었다. 감리교, 침례교, 그리스도의 교회 같은 새로운 개신교파들이 미국 종교시장을 급속히 점령해 가고 있는 상황에서 가톨릭교회는 유럽에서 유입된 잠재적 가톨릭교인들이 가톨릭을 자신의 종교로 '선택'할 수 있게 만들어야 했다. 따라서 미국 가톨릭교회가 최대 종교집단이 된 것은 이민 증가로 인한 자연스러운 현상만은 아니었다. 그것은 가톨릭 지역 출신 이민의 급증이라는 기회를 교회가 잘 이용한 결과이기도 했다.

가톨릭교회의 급성장은 여러 가지 이유로 설명될 수 있는 현상이다. 그런데, 아마도 가장 큰 이유는 가톨릭교회가 행한 적극적인 부흥운동에서 찾아야 할 것으로 보인다. 19세기를 지나면서 미국은 인구와 영토에서 급격하게 팽창했다. 이 시기 동안 감리교나 침례교 같은 개신교단들이 부흥운동을 통해 크게 교세를 늘려갈 수 있었던 것과 마찬가지로 가톨릭교회도 교구선교를 통해 크게 성장했다.

교구선교는 선교지향적인 수도회 선교사들이 개최한 일련의 부흥집회를 일컫는 말이었다. 1주일에서 2주일 정도 개최되던 가톨릭 교구선교 집회는

---

[235] John Tracy Ellis, ed., *Documents of American Catholic History* (Milwaukee, WI: Bruce Pub., 1956), 483.

개신교 부흥회와 거의 동일한 성격을 지닌 종교집회였다. 교구선교는 조지 휫필드나 찰스 피니의 집회와 마찬가지로 철저하게 사전에 준비되고 조직된 집회였다. 감정적이고 역동적인 분위기 속에서 영혼을 일깨우고 죄의식을 자극하며, 죽음의 불가피함과 지옥의 공포를 부각시키는 피안彼岸 지향의 설교가 행해졌다. 그곳에서는 천막집회에서 일어났던 것과 유사한 육체적 현상들이 나타났으며 중생의 경험과 회개와 영적 각성이 일어났다.

교구선교 집회는 근본적으로 개신교 부흥집회와 같은 성격을 지니고 비슷한 효과를 발휘한 영적 갱신운동이었지만 개신교 집회와 구별되는 가톨릭적 요소들을 담고 있었다. 집회에서는 향과 촛불, 묵주가 사용되었고, 성인들의 이름이 불려졌다. 그리고 무엇보다, 참가자들의 영적 각성은 고해, 견진, 성체 성사 같은 가톨릭의 성례전을 통해 완성되었다.[236] 또한 가톨릭 선교는 새로운 교인을 얻기보다 기존 교인을 각성시키고, 그들의 신앙에 다시 불을 붙여 "경건한 가톨릭devotional Catholicism"을 만드는 데 주된 목적이 있었다.[237] 물론 개신교인이나 비기독교인을 대상으로 행해진 선교도 있었다. 아이작 헤커Isaac Thomas Hecker(1819~88)가 1858년 만든 바오로회Paulist Fathers는 미국에서 만들어진 최초의 수도회로 미국적 상황에 맞는 방식으로, 영어를 사용하는 개신교인과 비기독교인에게 선교하는 것을 목표로 삼은 단체였다. 그러나 개신교가 주도하며 천주교에 대한 반감이 상존하는 사회에서 그런 노력은 대단히 조심스럽고 부담스러운 일이었다.

가톨릭 교구선교는 대대적으로 전개되었다.[238] 1830년부터 1900년 사이에 구속주회Redemptorists, 바오로회, 예수고난회Passionists, 빈센치오회 Vincentians, 그리고 예수회를 위시하여 13개의 수도회가 참여했다. 전도집회

---

[236] 교구선교의 집회 방법과 내용에 관해서는 다음 참조: Jay P. Dolan, *Catholic Revivalism: The American Experience, 1830~1900* (Notre Dame, ID: University of Notre Dame Press, 1978), ch. 3.

[237] Jay P. Dolan, *The American Catholic Experience: A History from Colonial Times to the Present* (Notre Dame, ID: Notre Dame University Press, 1992), 213.

[238] 교구선교의 전개 과정에 관해서는 다음 참조: Dolan, *Catholic Revivalism*, ch. 2.

는 감리교, 침례교의 집회만큼이나 자주, 그리고 지속적으로 개최되었다. 1860년부터 1890년 사이에 구속주회가 인도한 집회만 해도 4천 회에 가까웠다. 단 두 명의 예수회 전도자가 1876년과 1877년 사이에 11만 6천여 명에게 성체성사를 베풀었다는 보고도 있었다. 이 가운데 약 1천 5백 명이 처음 성체성사를 받는 사람이었으며, 2천여 명에게는 견진성사를 행했다고 한다. 가톨릭 전도자들은 감리교 순회전도자들과 마찬가지로 상부의 명령에 복종하며, 자신을 돌보지 않고 헌신적으로 일하는 사람들이었다. 그중에서도 특히 유명한 사람이 예수회의 프란시스 베닝거Francis Xavier Weninger (1805~88)였다. 오스트리아 출신인 그는 40년 동안 20만 마일 이상을 여행하며 미국 전역에 가서 519개의 선교구에서 영어, 불어, 독일어로 교구전도 집회를 인도했는데, 1년에 1천 회가 넘는 설교를 행하기도 했다. 신학박사이기도 했던 그는 그런 경험을 토대로 40권이나 되는 책을 썼는데, 그 가운데는 "개인적 성서 해석"에 기대는 개신교인들에게 "유일한 그리스도의 참된 교회"인 가톨릭을 믿으라고 권하는 것도 있었다.[239]

교구선교와 아울러 가톨릭교회는 서부 개척지로 진출하는 일도 활발하게 진행했다. 텍사스와 남서부에 있는 히스패닉 가톨릭교인뿐 아니라 서부 일대와 태평양 연안으로 진출한 가톨릭계 이민을 돌보아야 했기 때문이다. 가톨릭교회는 가톨릭계 이민이 있는 곳에 선교사와 사제를 파견하고 교회를 건설했다. 뉴멕시코의 산타페 대교구 초대 대주교였던 장 라미Jean Baptiste Lamy (1814~88)와 미네소타의 세인트폴 대교구 초대 대주교였던 존 아일랜드John Ireland(1838~1918)는 19세기 가톨릭의 서부 진출을 대표하는 인물이다. 프랑스 출신의 라미는 1850년대부터 남서부에서 활약했는데, 그의 교구는 뉴멕시코, 애리조나, 콜로라도, 남부 유타에 이르는 광활한 지역을 포괄했다. 라미는 원주민에게 사제서품을 하고 히스패닉 교인을 위한 사목을 행함과 아울러 광산과 목장으로 몰려든 사람들을 대상으로 활발한 선교를 전개하였다. 또한

---

[239] F. X. Weninger, *Protestantism and Infedelity: An Appeal to Candid Americans* (New York: Sadlier & Co., 1864), 104, 105.

그는 선교사를 파견하고 학교를 지어 남서부의 가톨릭교회를 굳건히 했다.

한편, 주로 남북전쟁 이후에 활동한 존 아일랜드는 가톨릭 이민자들이 미국에 정착하는 데 깊은 관심을 가지고 그들을 위한 사목에 힘썼다. 자신이 아일랜드 출신 이민자였기 때문일 것이다. 그는 철도회사와 협력하여 중서부지역으로 가톨릭 이민자들을 데려오기도 했다. 아일랜드는 미국 가톨릭교회가 "시대"와 연합하기 위한 "새로운 십자군"을 전개해야 한다고 주장한 사람으로 특히 유명했다.[240] 즉 미국의 가톨릭교회는 유럽의 전통을 극복하고 민주주의에 기초한 미국적 삶에 맞는 교회로 거듭나야 한다는 것이다. '미국화Americanization'라고 불렸던 이 새로운 운동은 고유한 민족적 교회와 신앙을 유지하고자 했던 이민자들의 반감을 샀으며, 미국뿐 아니라 세계 가톨릭교회 내에 큰 논쟁을 불러일으키며 전개되었다.

대안사회로서의 가톨릭교회

그러나 19세기 가톨릭교회의 성장은 교구선교와 서부 진출만으로는 충분히 설명될 수 없다. 한 가지 다른 중요한 요인은 사회적 소수자 위치에 있던 가톨릭계 이민자들이 교구 사제들을 믿고 기댈 수 있었다는 점이다. 유럽의 가톨릭 지역에서 온 이민자들은 대부분 대도시 공장지대에서 저임금 비숙련공으로 일해야 했다. 이들은 도시빈민으로 살아갈 수밖에 없었고 생존을 위해서 극단적인 저임금이라도 받으며 일하려 했다. 가톨릭계 이민자들이 일자리를 위협한다고 느낀 비가톨릭 노동자들은 가톨릭계 이민자들을 적대시하였으며, 동부 대도시 곳곳에서 물리적 충돌이 벌어졌다. 또한 가톨릭계 이민이 급증하는 데 위기감을 느낀 이민 배척주의자nativist들은 특히 아일랜드계 가톨릭 이민에 대해 적대적인 정치조직을 만들어 이민을 반대하고 1세대 이

---

[240] John Ireland, *The Church and Modern Society: Lectures and Addresses* (New York: D. H. McBride & Co., 1903~04), 115.

민자들이 미국 시민이 되는 것을 방해하려 했다.[241] 그들은 미국에서 태어난 사람만 미국 시민으로 인정하고, 이민자나 이민자 자녀들을 차별하고 배척한 국수주의자들이었다. 이런 상황 속에서 가톨릭 이민자들은 가난과 차별에 시달리면서 미국에서 생존하기 위해 분투해야 할 입장이었다. 이뿐 아니라 고향에서 "뿌리 뽑혀" 온 가톨릭 이민자들은 언어·문화적, 종교적, 인종적으로 앵글로색슨-개신교가 주도하고 있는 미국 사회에 빨리 동화되기 어려웠다.[242]

이런 적대성 환경에서 교구 사제들은 가톨릭 이민자들에게 큰 힘과 위로가 되었다. 대부분의 가톨릭 성직자는 많은 개신교 성직자처럼 중상류의 교양 있는 계층 출신이 아니었다. 그들은 평안하고 윤택한 삶이나 물질적으로 풍요로운 보상을 바라지 않았으며, 교회나 수도회가 명령을 내리면 언제 어디라도 가서 일할 준비가 되어있었다. 가톨릭 성직자 가운데 교구에서 일한 사제들은 대체로 그 지역 출신으로, 그 지역 출신 사제들이 가르치는 지역 신학교에서 공부하고 돌아와 지역 내 교회나 기관에서 일했다. 그들은 전통적인 신학을 가지고 있었으며 지역 사람들이 알아들을 수 있는 소박한 설교를 했다. 또한 교구 사제들은 지역의 문화와 관습에 익숙했기에 신자들 곁에서, 신자들과 깊은 교제를 나눌 수 있었다.

사제들 이상으로 큰 역할을 한 사람들이 수녀였다. 미국 가톨릭교회에서 1820년부터 1900년까지 수녀는 남성 성직자보다 2배 이상 많았으며, 그 차이는 점점 증가하여 1900년에는 4배 이상(약 5만 명 대 1만 2천 명)이나 되었다. 1818년 성심회Society of the Sacred Heart가 처음으로 설립된 이후, 남북전

---

[241] 이민 배척주의자들은 1849년 비밀조직인 성조기단Order of the Star-Spangled Banner을 조직했으며, 1852년에는 그것을 정당으로 개편하여 미국당American Party을 만들었다. 미국당은 1854년 선거에서 대통령 후보를 내고 75명의 하원의원을 당선시키는 등 한때 세력을 떨쳤다. 그러나 그들의 국수주의가 비판받고, 남북문제가 첨예화되어 이민에 대한 두려움이 잊히면서 급격히 몰락하였다. 이들은 조직에 관한 질문을 받을 때 항상 아무 것도 모른다고 답했기 때문에, 흔히 'Know-Nothings'라고 불렸다.

[242] 19세기 말부터 20세기 초까지 미국에 온 유럽 출신 이민자에 관해서는 다음 연구 참조: Oscar Handlin, *The Uprooted: The Epic Story of the Great Migrations That Made the American People* (Pennsylvania: University of Pennsylvania Press, 2002).

쟁 때까지 미국에는 51개의 가톨릭 수녀회가 설립되었으며, 세기말까지 59개가 더 세워졌다. 수녀 가운데는 노예를 소유한 사람도 있었다. 원주민 선교에 헌신하여 성인이 된 성심회 수녀 로제 두센느Rose P. Duchesne (1769~1852)도 이후 그 문제로 구설에 올랐다. 수녀회는 대부분 외국에서 들어왔다. 그러나 엘리자베스 세턴Elizabeth Ann Seton(1774~1821)이 1809년 창립한 자비 수녀회Sisters of Charity처럼 미국에서 처음 만들어진 단체도 있었다. 세턴은 부유한 명문가 출신이지만 남편 사망 후에는 몰락한 가문의 과부로 자녀 5명을 홀로 키우며 온갖 어려움을 겪어야 했다. 성공회 교인이었던 그녀는 가톨릭으로 개종한 후 자비 수녀회를 통해 여성 교육과 병원 설립에 힘쓰고, 환자와 도움이 필요한 사람을 위한 사역에 헌신하다가 폐결핵으로 사망하였다.[243] 1975년 그녀는 미국에서 태어난 사람으로는 처음으로 성인의 반열에 올라 중병에 걸리거나 부모를 잃은 어린이, 과부, 그리고 교사의 수호자가 되었다.

　수녀들은 전국에 세워진 가톨릭 교육 시설, 병원, 고아원 운영을 주도했다. 특히 가톨릭 학교를 설립하고 학생을 가르치는 일은 수녀들이 거의 전담하다시피 했다. 1900년 현재 약 4천 개의 가톨릭 교구학교와 약 700개의 여학교 교사는 수녀들이었다. 수녀들은 공립학교 교사 월급의 3분의 1에도 미치지 못하는 급료를 받고도 열심히 일했기 때문에, 가난한 지역의 교구도 학교를 운영할 수 있었다. 또한 수녀들은 가톨릭교회가 서부로 진출하는 데도 크게 기여했다. 예를 들어, 신시내티 자비 수녀회의 블랜디나 시게일Blandina Segale(1850~1941)은 "카우보이 근처에서는 어떤 고결한 여성도 안전하지 않다"는 주위 사람들의 만류에도 불구하고 1878년 서부로 들어갔다.[244] 그녀는 콜로라도와 뉴멕시코에서 18년 동안 학교, 병원, 고아원을 세우고, 무법자와 협잡꾼들에게도 사랑을 베풀며 헌신적으로 일했다. 그녀와 같은 수녀들

---

[243] Catherine O'Donnell, *Elizabeth Seton: American Saint* (Ithaca, NY: Three Hills, 2018).

[244] John J. Fialka, *Sisters: Catholic Nuns and the Making of America* (New York: St. Martin's Press, 2003), 6.

의 영웅적인 노력은 가톨릭교회가 생명력을 가진 종교로 살아있게 만들었다.

19세기 내내 이민자의 종교였던 미국 가톨릭교회는 유럽 가톨릭 지역에서 이민 온 잠재적 가톨릭교인들의 신앙에 활력을 불어넣는 것과 아울러, 가톨릭 이민자들을 미국 사회에 정착시키고, 다양한 배경을 지닌 민족적 가톨릭교회를 묶어내야 할 과제를 안고 있었다. 미국 내의 다양한 민족적 가톨릭교회는 이민자들의 출신지만큼이나 다양한 언어를 사용했으며, 서로의 눈에 이질적으로 보이는 전통을 따르고 있었다. 가장 큰 집단인 아일랜드계는 영어를 썼지만, 그다음 크기의 독일계, 이탈리아계, 폴란드계, 프랑스계, 그리고 히스패닉계 교회는 전혀 다른 언어를 사용했다. 1916년까지도 미국 가톨릭교회의 약 50퍼센트가 영어 이외의 다른 언어로 미사를 드리고 있었다. 이것은 미국 가톨릭교회의 민족적 다양성을 알려줌과 아울러, 교회가 가톨릭계 이민자들에게 중요한 구심적 역할을 했음을 암시한다.

민족 교회들은 이질적인 언어와 문화, 그리고 험한 환경에 둘러싸인 가톨릭 이민자들에게 오아시스 같은 역할을 해주었다. 같은 민족적 전통을 가진 사람들로 구성된 민족 가톨릭교회는 이민자들에게 언어·문화적 정체성을 유지할 수 있게 해주었다. 이뿐 아니라 같은 지역에서 이민 온 사람들은 대개 비슷한 사회경제적 상황에 놓여있었으므로, 교회는 그들이 사회적-계층적 연대를 형성할 수 있게 도와주었다. 가톨릭 이민자들은 교구를 중심으로 협동조합이나 상호부조 조직을 만들어 새로운 이민자들이 미국 사회에 적응할 수 있도록 도왔다. 또한 이민해 온 민족 가톨릭 공동체는 본국에 기반한 수도회나 수녀회가 미국에 진출하는 것을 지지했다. 그런 수도회나 수녀회 출신 수사와 수녀들이 민족적 신앙공동체의 언어, 문화, 그리고 신앙 관습에 익숙하여 효과적으로 사역할 수 있었기 때문이다. 따라서 모든 가톨릭교회를 '미국화'하려 했던 존 아일랜드의 정책에 저항하는 민족 교회가 많았다. 민족적 정체성이 강한 집단일수록 그러했다.

가톨릭교회가 개신교적 미국 사회에서 생존하고 번성하기 위해서 만든 하부구조 가운데 가장 광범위하고 효과적인 것은 학교였다. 미국 가톨릭교회는 교구마다 학교를 하나씩 설립하는 것을 목표로 삼고 1840년대부터 대대적으로 학교를 건립하기 시작했다. 필라델피아 주교로서 교구학교 제도를 만든 존 노이먼John Neumann(1811~60)은 미국 시민 가운데 성인이 된 유일한 남성이었다. 모든 교구에 학교를 설립한다는 목표는 달성하지 못했지만, 교구학교 설립이 최고조에 달했던 1960년대 중엽의 경우, 전체 교구의 3분의 2가 학교를 가지고 있었다. 민족적 교구는 그 민족의 언어로 가르치는 학교를 만들기도 했다. 가톨릭 교구학교는 공립학교나 개신교 사립학교가 줄수 없는 종교적·사회적·문화적 교육을 가톨릭 학생들에게 제공하였고, 공동체 의식과 강한 결속력을 가져다주었다. 교구학교와 아울러, 가톨릭은 노트르담Notre Dame, 보스턴 칼리지Boston College, 조지타운Georgetown, 홀리 크로스Holy Cross, 로욜라Loyola 같은 고등교육 기관도 설립했다. 남북전쟁까지 27개의 가톨릭 대학이 설립되었으며, 21세기 초가 되면 미국의 가톨릭계 대학은 약 250개를 헤아리게 된다.

각기 다른 지역에서 온 민족 가톨릭교회들이 교인들의 민족적-계층적 정체성을 유지하는 데 기여했다는 것은 민족적 교회 사이에 민족적-계층적 갈등이 있었다는 사실을 방증한다.[245] 실제로 가장 큰 두 집단이었던 아일랜드계와 독일계는 언어적·계층적으로 달랐으며, 미국 사회에 적응하는 방식도 상이했다.

아일랜드계 가톨릭교인들은 영어를 사용했기 때문에 미국 생활에 적응하기가 상대적으로 쉬웠지만, 주로 공장이나 광산에서 하층 노동자로 살면서 "야만 인종" 취급을 받았다.[246] 이에 비하여, 상인, 기술자, 장인으로 진출한 독일계 가톨릭교인들은 경제적으로 빨리 자립하고 번성할 수 있었지만, 독일어 사용을 고집하고, 독일어 사용자들끼리만 교유하는 경향을 보

---

[245] 이에 관해서는 다음 연구 참조: James Stuart Olson, *Catholic Immigrants in America* (Chicago: Nelson-Hall, 1987).

[246] James T. Fisher, *Communion of Immigrants: A History of Catholics in America* (New York: Oxford University Press, 2007), 45.

였다. 또한 독일계 가톨릭교회는 유럽대륙의 가톨릭 주류와 비슷한 반면, 가난한 농민과 노동자의 종교였던 아일랜드 가톨릭교회는 감리교나 침례교 같은 민중적 성격이 농후했다. 그러나 독일계보다 먼저, 그리고 더 많이 이주해 온 데다 영어를 모국어로 사용했던 아일랜드계는 많은 사람이 사제의 길을 택하여 교회로 진출했으며, 얼마 지나지 않아 아일랜드계 사제들은 미국 가톨릭의 교권을 완전히 지배하게 되었다. 이에 대항하여 독일계가 지역 교구에 얽매이지 않는 "전국national" 교구를 통해 정체성과 독립성을 유지하려 하자 아일랜드계와 독일계 사이에는 상당한 갈등이 발생했다.[247] 뉴욕에서는 독일계 교인들이 죽은 후에도 아일랜드계와 같이 있을 것을 꺼려서 독자적으로 공동묘지를 만들려 하기도 했다.

19세기 미국 가톨릭교회는 자유방임적 시장경제 상황에 놓인 종교시장에서 크게 성장했다. 가톨릭교회는 미국의 종교시장이 만들어놓은 자원주의 원칙에 매우 잘 적응하면서 이민자의 종교성을 일깨우고, 그들의 삶에 구심점이 되어주었으며, 학교, 병원, 협동조합 같은 방대한 하부구조를 만들었다. 가톨릭교회는 개신교가 지배하는 미국에서 가톨릭 이민자들에게 독자적인 조직과 종교문화를 지닌 하나의 완벽한 대안 사회를 제공한 것이다. 역설적이게도, 가톨릭에 적대적인 미국이라는 환경은 가톨릭교인들이 결속을 다지고 정체성을 형성하는 데 도움을 주었다. 그리고 그런 험한 환경은 새로운 교파로서 주류 개신교의 핍박 속에 성장해야 했던 감리교나 침례교와 마찬가지로 가톨릭교회로 하여금 신자들에게 더 많은 헌신을 요구할 수 있게 만들었다.

개신교가 주도하는 사회 속에서, 개신교인들과 지역적-계층적-문화적으로 분리되어 살아야 했던 가톨릭 이민자들에게 위로와 정체성을 준 것 가운데 하나는 가톨릭 경건주의였다.[248] 가톨릭 경건주의는 비판하는 사람

---

[247] 같은 책, 51.

[248] 가톨릭 경건주의에 대해 자세한 것은 다음 참조: Dolan, *The American Catholic Experience*, ch. 8.

제11장_이민 증가와 종교지형 변화 281

들의 눈에 거의 미신과 구별 짓기 어려울 만큼 민간신앙적이고 감정적인 대중종교였다. 이탈리아계 이민자들의 신앙에 중심이 되었던 것은 미사와 성례가 아니라 성인들을 기념하는 축제였으며, 히스패닉 가톨릭교인들은 예수의 고난과 죽음을 기념하는 고통스런 의례들을 행했다. 이런 행위들은 모두 민속신앙과 깊이 연결되어 있었다. 그리고 가톨릭 경건주의는 교황의 무류성과 교회의 권위를 지지하는 보수성과 연결되어 있었다. 미국적(혹은 개신교적) 가치관을 가지는 일은 가톨릭교인에게 쉽지 않았다. 또한 대부분 하층민인 가톨릭 이민자들은 저임금, 높은 사망률, 그리고 열악한 생활환경 같은 큰 고통을 감내하며 살아야 했다. 경건주의는 이런 상황 속에서 가톨릭 이민자가 겪어야 했던 고통에 의미를 부여했으며, 그들에게 자신감과 용기를 불어넣어 주었다. 그러나 대중종교적 관습은 가톨릭 이민자들이 미국적 삶에 적응하면서 점점 사라졌다.

유럽대륙 계열 개신교와 유대교

루터교와 개혁교회

아일랜드에서 온 이민은 대부분 가톨릭 배경을 가진 사람들이었다. 그러나 독일어권 이민의 주류는 루터교인과 경건주의 계열 개신교인들이었고, 개혁교회 계열도 섞여 있었다. 한편, 스캔디나비아에서 온 사람들은 대부분 루터교인이었고, 네덜란드 이민 가운데는 개혁교회 계열이 많았다. 이렇게 19세기 미국으로 들어온 유럽대륙 계열의 '민족적' 개신교단들은 매우 다양한 방법으로 미국 종교시장에서 생존을 모색해 나갔다. 종교적 전통을 완전히 상실하거나 민족적 상호부조 조직 같은 성격을 띤 종교집단을 만든 경우도 있었다. 유럽대륙에서 온 교회들이 미국에서 이민 교회를 조직할 경우에 가장 논란거리가 되었던 것은 새로운 교단을 만들 것이냐 아니면 모교회의 조직 안에 들어갈 것이냐 하는 문제였다. 어떤 이민 교회는 처음부터 유럽에서 독립된 새로운 교단으로 시작했으며, 어떤 교회는 유럽 교회의 미국 지파 같은 성격으로 시작했다가 완전히 독립된 교단을 형성하기도 했다. 19세기 미국으로 들어온 이민 개신교 가운데 규모가 컸던 루터교와 개혁교 계열의 교회는 대부분 후자에 해당되었다.

대륙계열 이민 개신교 가운데 가장 큰 집단인 루터교인들이 겪어야 했던 과정은 유럽에서 건너온 크고 작은 다른 교단들의 경험을 대변했다. 19세기 미국 루터교에서 가장 영향력 있던 지도자 사무엘 슈무커Samuel S. Schmucker(1799~1873)는 장로교 프린스턴신학교 출신으로 루터교 전통과 미국식 개신교 상황을 조화시키려고 노력했던 사람이다. 슈무커는 1820년에 조직된 루터교 총회General Synod와 1826년 개교한 게티즈버그신학교 Gettysburg Lutheran Seminary를 이끌면서 19세기 초엽의 미국 루터교를 주도했다. 그는 한편으로는 아우크스부르크 신앙고백이나 루터의 요리문답 catechism 같은 루터교 전통을 존중하면서, 또 한편으로는 부흥운동과 초교파적 자원기관을 지지했다. 슈무커는 미국에서 출생하고 미국에서 교육받은 사람으로서, 성찬에 예수가 육체적으로 임재하며 세례가 죄 사함을 가져온다는 등의 고교회적 루터교 교리에 반대하였고, 의식을 단순화하고 영어로 예배드릴 것을 주장했다.

루터교를 미국적 상황에 맞게 개혁하려는 슈무커의 노력은 19세기 중엽까지 독일계 루터교 주류 가운데 전반적인 공감대를 형성해 나갔다. 그러나 독일계 이민자 가운데는 그런 합리화─미국화 경향에 반대하여 유럽의 전통을 고수하려는 사람들이 있었다. 그들은 루터교의 진정한 모습은 유럽에 있는 교회가 간직하고 있다고 보았다. 그와 같은 보수적 독일계 루터교인들은 미주리 대회Missouri Synod(1847)나 위스콘신 대회Wisconsin Synod(1850) 같은 교단 조직을 따로 만들었다. 유럽에서 새로운 이주민이 들어오자 유럽의 루터교 전통에 대한 관심이 높아졌고, 미국적 영향을 약화하려는 노력이 일게 된 것이다.

루터교 공동체에서 '유럽파'와 '미국파'의 갈등이 심화되는 가운데, 19세기 후반으로 접어들면서 유럽의 다른 루터교 지역, 특히 스웨덴, 노르웨이, 핀란드, 아이슬랜드 등 스칸디나비아로부터 많은 이민이 들어왔다. 이 새로운 루터교 계열 이주민들은 그렇지 않아도 복잡한 루터교 세력 판도를 더욱 복잡하게 만들었다. 덴마크나 스칸디나비아 출신 루터교도들은 독일계 루터교와 교류하지 않았으며, 민족적 정체성에 따라 각각 독자적인 교단을 만들었다. 어쨌든 미국의 루터교는 이민이 증가하면서 전체적으로 교세가 지속적으로 증가했다. 1870년 약 50만 명이던 루터교인 수는 1910년에 200만으로 증대되어 미국에서 네 번째로 큰 기독교 공동체가 되었다. 그러나 민족에 따라 많은 교단이 생겨나서 19세기 말에는 24개의 독립된 교단이 존재할 정도로 분열이 심했다.[249]

다양한 민족으로 구성되었던 미국의 루터교가 주로 민족에 따라 분열되었다면, 네덜란드 개혁교회는 신학적 견해 차이로 인해 분열을 겪었다. 19세기 초엽부터 많은 네덜란드 개혁교회 계열의 이민자들이 들어와 아이오와 평원지역과 미시간호수 동쪽에 정착했다. 그들은 근면하고 진지한 칼뱅주의자들이었다. 이들의 눈에 17세기부터 미국에 와서 정착해 있던 네덜란드 개혁교회 후손들은 너무 미국화되어 있었고, 칼뱅주의 신학의 전통을 상실한 것처럼 보였다. 칼뱅주의 전통을 견지하려던 사람들은 새로운 이민자를 중심으로 1857년 북미 기독교 개혁교회Christian Reformed Church in North America(CRC)를 만들어 기존의 미국 개혁교회Reformed Church in America에서 분리, 독립했다. CRC는 철저한 주일성수를 원칙으로 하는, 네덜란드 개혁교회 내 보수파가 설립한 교단이었다. 그러나 시간이 흐르면서 CRC도 시대의 변화를 수용하는 방향으로 신학적 변화를 모색하지 않을 수 없었다. 그런 변화에 반대하는 좀 더 보수적인 사람들은 탈퇴하여 새로운 교단을 만들곤 했는데, 신학적 갈등에 의한 분열은 20세기 후반까지 지속되었다. 네덜

---

[249] 미국의 다양한 루터교회 역사에 대해서는 다음 참조: Neve, *A Brief History of the Lutheran Church in America*.

란드 개혁교회는 소수 교파임에도 불구하고 뛰어난 기독교적 학교제도와 캘빈Calvin, 호프Hope 같은 대학을 만들어 훌륭한 학자를 많이 배출하였다.

유대교

유럽대륙 독일어권에서 미국으로 이민 온 사람들 가운데는 상당수의 유대인이 포함되어 있었다. 독일어권 유대인 이민자 증가로 인해 1820년부터 1860년 사이에 미국 내 유대인의 수는 수천 명에서 약 15만 명으로 증가했다. 가톨릭의 경우와 마찬가지로 유대인이라고 해서 모두 유대교를 신앙하는 것은 아니었다. 그러나 유대인의 증가는 유대교가 성장할 수 있는 기반을 제공해 주었다. 식민지 시대 유대인들은 비록 그 수가 적고 차별과 핍박을 받는 소수집단이었지만, 상업적으로 성공하여 주로 대서양 연안 큰 도시에 정착하여 살고 있었다. 한편, 19세기 전반기 독일과 오스트리아-헝가리 등지로부터 이주해 온 독일어권 유대인들은 행상, 수공예가로 일하거나 상점을 경영하면서 동부 도시뿐 아니라 중서부와 태평양 연안까지 진출했다.

유대인 이민자들은 개신교 주류로부터 많은 차별을 받았다. 그러나 가톨릭 이민자들에 비해서 그들이 겪은 어려움은 상대적으로 적었다. 이것은 무엇보다 유대인이 가톨릭 신자에 비해서 그 수가 훨씬 적어 개신교인에게 큰 위협을 주지 않았기 때문이었다. 그리고 유대인들은 근면했으며, 가난하더라도 공공의 부담이 되려고 하지 않았기 때문에 비유대인들로부터 존중을 받았다.

유대교는 고대에 결집된 경전을 가진 매우 오랜 전통의 종교다. 그러나 독일계 유대인 이민자, 특히 1840년대 이주민 중에는 개혁 유대교Reform Judaism라고 불리는 진보적 계열에 속한 사람들이 다수 포함되어 있었다. 개혁 유대교는 계몽주의에 영향을 받은 진보적 유대교로서 고래古來의 유대교 전통을 현대적으로 해석하고 현대적 상황에 맞게 적용하려는 노력이었다. 예를 들어, 개혁 유대교는 토라의 신神적 저작을 부인하고, 현대적 상황에서 이해되고 적용될 수 있는 율법만 지키려 하여 할례를 폐지하고 남녀평등을 실천했다. 또한 개혁 유대교는 히브리어가 아니라 독일어로 된 기도책을 사용했고, 기독교에서 제도와 의식을 차용하여 행하였다. 그리고 무엇보다 개혁 유대교는 유대교를 민족을 넘어서는 종교로 정의하여 유대 민족과 유대교를 분리했다. 따라서 팔레스타인이 아니라 독일이 새로운 시온이 될 수 있었고, 독일을 모국으로 받아들이고 독일에 쉽게 동화할 수 있었다. 이것은 독일 시민이면서 민족종교인 유대교에도 충성해야 하는 정체성의 혼란을 극복할 수 있게 해주었다.

미국의 상황은 개혁 유대교가 번성할 수 있는 토양을 제공했다. 많은 유대인이 개혁 유대교를 받아들였다. 개혁 유대교의 융성에 결정적인 기여를 한 사람은 아이작 와이즈Issac Mayer Wise(1819~1900)였다. 보헤미아 출신의 랍비로서 1846년 미국으로 이주해 온 와이즈는 신시내티에 정착하여 뛰어난 조직가로 활약하며 개혁 유대교를 미국 유대교의 주류로 자리매김해 놓았다. 독일 개혁 유대교의 원칙을 적용하여 와이즈는 영어로 된 기도책 편집을 주도했으며, 예배 때 남녀가 서로 섞여서 앉도록 했다. 여기서 한 걸음 더 나아가 와이즈는 메시아가 특정한 인간이라는 것과 육체적 부활을 부인했다. 그는 정의와 민주주의를 구현하고 인류에 대한 봉사와 신에 대한 참된 예배가 드려지는 "진리의 영토" 자체가 구원자요 메시아라고 주장했다.[250]

와이즈의 지도력 아래 개혁 유대교 교단 조직인 미국 히브리 회중 연합 Union of American Hebrew Congregation이 1873년 만들어졌고, 그로부터 2년 후 미국 최초의 항구적 랍비 교육기관인 히브리 유니언대학Hebrew Union College 이 설립되었다. 1885년에는 개혁 유대교 랍비들이 피츠버그에 모여 "피츠버그 플랫폼Pittsburgh Platform"이라는 일련의 원칙을 채택했다. 와이즈가 "독립선언서"라고 명명한 피츠버그 플랫폼은 유대교를 "진보적progressive 종교"라고 정의한 후 성서에 대한 비평적 연구를 비롯한 근대성을 적극적으로

---

[250] Isaac M. Wise, *Selected Writings of Isaac M. Wise: With a Biography*, eds. David Philipson and Louis Grossmann (Cincinnati: R. Clarke, 1900), 220.

수용하였다.[251] 이런 노력의 결과 1880년 미국에 있던 25만 명의 유대인과 270개의 회당 대부분이 독일계였으며, 개혁 유대교였다.

개혁 유대교는 고대 종교를 현대적 상황, 특히 미국이라는 조건에 맞게 개혁하려는 노력이었다. 와이즈는 "미국 유대교"를 말하면서, 모든 사람에게 설득력 있는 유대인이 되기 위해서는 먼저 완전한 미국인이 되어야 한다고 말했다.[252] 이와 같이 고대 종교를 현대화시키려는 노력은 전통을 유지하려는 사람들의 저항에 부딪히기 마련이다. 개혁 유대교의 현대적이고 진보적인 경향, 그리고 미국화를 통하여 미국 사회에 동화하려는 행동에 불만을 가진 사람들은 독자적인 회당과 기관을 만들었다. 개혁 유대교가 미국 유대교의 주류를 형성한 가운데, 주로 폴란드와 러시아에서 온 사람들로 이루어진 전통주의자들은 유대교 내부에서 소수집단을 형성하고 있었다.

그런데, 1880년대부터 러시아와 동유럽으로부터 이민이 급증하면서 상황이 달라졌다. 1880년부터 1920년 사이 러시아, 폴란드, 리투아니아, 우크라이나, 루마니아 등지로부터 200만 이상의 유대계 이민이 들어와 특히 뉴욕과 뉴저지에 많이 정착했다. 그 수는 미국 유대인 전체 인구의 약 80퍼센트에 해당하는 규모였다. 러시아와 동유럽 출신 유대인은 대개 농촌 출신으로, 기존 유대인 이주민보다 더 가난했고, 기술도 없었으며, 전통을 고수하는 사람들이었다. 이들 가운데는 다른 유대인들을 유대교 전통에서 벗어났다고 보고 스스로 '정통 유대인Orthodox Jews'이라고 부르는 사람들이 있었다. 이 보수적 유대인들은 토라를 신성한 것으로 받아들이고, 인간 메시아의 도래를 믿었다. 또한 그들은 가부장적이고, 음식에 대한 규정을 포함하여 율법을 철저하게 지켰으며, 히브리어(혹은 이디시)로 예배를 드렸다. 유럽 본토에서 온갖 박해를 받아온 그들에게 미국은 유대인으로서 종교적 순

---

[251] *Yearbook of the Central Conference of American Rabbis*, vol. 45 (New York: CCAR, 1935), 198~200, in *A Documentary History of Religion in America: Since 1877*, 3rd ed., ed. Edwin S. Gaustad and Mark A. Noll (Grand Rapids: Eerdmans, 2003) (이하 *Documentary History II*), 407~408.

[252] Wise, *Selected Writings*, 59, 61.

결을 지키고 자유롭게 예배할 수 있는 땅이었다. 즉 미국은 개혁을 요구하는 곳이 아니라 율법을 마음 놓고 지킬 수 있는 곳이었던 것이다. 이들 정통파 유대인들이 1886년 뉴욕에 세운 예쉬바대학Yeshiva University은 미국 유수의 고등교육 기관으로 성장하였다.

한편, 다른 종교나 종파에서도 그랬지만, 근대성과 전통, 미국과 유대교 사이에서 양자택일을 하기보다 양자를 모두 택하려고 노력한 사람도 있었다. 유대인 가운데 이런 중도적 입장을 취한 부류는 스스로 '보수주의자Conservatives'라고 불렀다. 이 보수파는 대개 개혁파에 속했다가 개혁파가 지나치게 급진적으로 나간다고 생각하여 분리해 나간 사람들이었다. 이들은 전통을 손상하지 않으면서 온건한 개혁을 추구하는 방향을 택했다. 보수파 신학을 정립한 독일의 랍비 스가랴 프랑켈Zecharias Frankel(1801~75)은 이런 입장을 '긍정적-역사적Positive-Historical' 접근법이라고 정의했다. 즉 한편으로는 율법과 전통의 권위를 인정하면서, 또 한편으로는 율법과 전통이 역사적으로 변화·발전할 수 있다고 본 것이다. 보수파에게 미국 시민이 되는 것과 토라를 철저히 따르는 것 사이에는 어떤 충돌도 없었다. 프랑켈의 영향을 받은 랍비들은 1886년 뉴욕에 유대교신학교Jewish Theological Seminary를 설립하고 교단 조직을 만들어 나갔다.

유대교가 미국에서 개혁파, 정통파, 보수파로 갈린 것은, 근대성을 수용하는 문제와 아울러 미국이라는 사회에 어떻게 적응할 것인가 하는 문제에 대한 견해 차이 때문이었다. 유대교의 분열은 유대교 이민자들이 다양한 언어-문화-종교적 배경을 가졌음을 말해줌과 아울러, 현대적-미국적 환경 속에 놓여있던 미국 유대교의 어지러운 상황을 반영했다. 그러나 식민지 시대의 버지니아와 매사추세츠 이주민부터 그랬지만, 미국에 온 사람들 대부분의 주된 관심은 종교가 아니라 경제적·정치적 기회였다. 유대인 가운데 많은 사람은 개혁파, 정통파, 보수파 가운데 어디에도 속하지 않은 비종교적 사람들이었다. 21세기가 막 시작되었을 때 유대인 가운데 회당이나 성전에 소속된 사람은 미국 내 유대인 전체의 절반에 불과했다.

제12장

노예제도와
남북전쟁

Lincoln at Gettysburg(c.1938)
Fletcher C. Ransom
Frank and Virginia Williams Collection of Lincolniana, Mississippi State University Libraries

1863년 11월 링컨이 펜실베이니아 게티스버그에 조성된
국립묘지 개원식에서 연설하는 모습

노예 문제와 종교계 분열

19세기 중엽의 미국은 자신감과 가능성으로 가득 찬, 급격하게 팽창하고 성장하는 나라였다. 그러나 팽배한 낙관적 분위기에도 불구하고 한 가지 문제에서 미국은 치유하기 어려운 중병을 앓고 있었으며 시간이 갈수록 병세는 악화되었다. 그 치명적인 병은 노예제도였다. 1831년 미국을 방문하고 쓴 《미국의 민주주의De la démocratie en Amérique》에서 알렉시 드 토크빌은 노예제도를 둘러싼 갈등이 미국을 갈라놓을 것이라고 이미 예견하고 있었다. 미국 사회에 대한 놀라운 통찰력으로 가득 찬 이 책에서 토크빌은 노예해방이 이루어지더라도 원주민을 포함하여 "인종 편견" 문제는 매우 해결하기 어려울 것이라고 보았다.[253]

1808년 미국 연방의회는 노예 수입을 금지시켰다. 물론 이 법이 철저하게 지켜지지는 않았지만 미국의 노예 수요는 더 이상 해외 노예 수입에 의존할 수 없게 되었다. 그런데 노예 수입이 금지된 이후에도 미국 내 노예 인구는 계속 증가했다. 1810년 120만 명이던 노예 인구는 1860년 거의 400만에 육박했다. 그 원인이 무엇이었는지에 대한 논란은 아직도 계속되고 있지만, 노예제도를 가지고 있던 나라들 가운데 미국은 유일하게 자연적으로

---

[253] Alexis de Tocqueville, *Democracy in America*, trans. Henry Reeve (New York, Schocken Books [1961]), ch. 18.

노예 인구가 증가한 나라였다. 노예 문제는 노예제도 자체를 없애지 않고는 근본적으로 해결될 수 없는 일이었다. 북부의 주들은 이미 노예제도를 폐지했지만 노예 노동력에 의존하고 있던 남부 주들은 노예제도를 "우리의 고유한 제도peculiar institution"라고 정당화하며 그것을 유지하는 데 사활을 걸고 있었다.[254] 결국 문제는 새롭게 미국에 편입된 영토에서 노예제도를 허락할 것이냐 하는 데로 집중되었다.

노예제도 폐지를 주장하던 북부와 노예제도 유지와 확장을 원하던 남부의 이해관계 충돌은 1820년 '미주리 타협Missouri Compromise'을 탄생시켰다. 이것은 새로운 주로 미합중국의 일원이 될 미주리와 그 남쪽의 아칸사 준주準州에서 노예제도를 허락하되 아직 행정조직이 정리되지 않은 대평원Great Plains은 비노예 지역으로 만드는 타협안이었다. 이 타협안은 1820년까지 미국 영토에 편입된 지역에 대해 적용되는 법이었다. 따라서 새로운 영토가 미국에 편입되면 새로운 타협안을 만들어야 할 형편이었다. 멕시코–미국 전쟁 결과로 캘리포니아, 텍사스, 뉴멕시코, 애리조나, 유타 등이 미국에 편입되자 노예제 주들과 비노예제 주들은 다시 일련의 입법을 통해 타협안Compromise of 1850을 만들 수밖에 없었다. 이와 같이 새로운 영토를 놓고 만들어진 타협들은 노예제를 둘러싼 남부와 북부의 갈등이 얼마나 첨예한지 보여주었다. 남부와 북부의 경계였던 메릴랜드와 펜실베이니아–델라웨어 사이의 경계, 즉 오하이오강과 메이슨–딕슨 선Mason–Dixon line을 따라 미국은 노예제도 문제에서뿐 아니라 정치경제–사회문화–종교적으로 사실상 양분되어 갔다.

노예 문제와 관련하여 남부 사람이 모두 찬성 쪽에 있었거나 북부 주민이라고 모두 반대했던 것은 아니다. 그러나 메이슨–딕슨 선을 경계로 남북

---

[254] '고유한 제도'라는 표현은 미국 제7대 부통령 존 캘훈John C. Calhoun(1782~1850)이 처음 사용한 것으로 알려졌으나 인용문은 남부 부통령 알렉산더 스티픈스(1812~83)가 한 연설로 다음에서 재인용: Thomas E. Schott, *Alexander H. Stephens of Georgia: A Biography* (Baton Rouge: Louisiana State University Press, 1996), 334.

은 확연하게 다른 입장을 가졌으므로 결국은 남부와 북부의 차이라고 해도 무리가 없었다. 노예제도를 둘러싼 남부와 북부의 점증하는 갈등은 일차적으로 정치경제 및 사회문화적 문제였다. 그런데 종교가 여기에 한 차원을 더하여 갈등을 해소하기보다 상승시키는 작용을 하였다. 성서와 종교적 양심에 의거하여 자신의 주장을 펴기는 노예해방론자와 노예제도 찬성자가 다르지 않았다. 남북전쟁 이전 '복음적 제국'의 전성기 시절에는 모든 문제가 종교적 판단의 대상이었고, 일단 종교적 당위성을 획득한 일은 엄청난 힘을 가지고 주장되고 실천되었다. 노예제도를 둘러싼 남북의 갈등도 마찬가지였다. 갈등이 점점 심해지는 가운데, 양쪽 종교인들은 자신의 종교와 미국의 장래가 결국 노예제도의 미래에 달려있다고 확신하게 되었다.

노예제도 찬반론

노예제도 폐지운동은 19세기 대각성에서 에너지를 공급받고 맹렬하게 전개되었다. 노예제도 폐지론자들이 모두 부흥운동에 호의적인 사람들은 아니었지만 대각성의 정신에 영향을 받은 많은 사람이 노예제도 폐지운동에 나선 것은 사실이다. 찰스 피니는 노예제도를 공격하며, 도덕적 압력을 가해 그것을 점진적으로 폐지할 것을 주장했다. 그의 영향을 받은 많은 사람이 신 앞에서 모든 인간이 평등하다는 성서적 원리에 의거하여 점진적 노예제도 폐지론자가 되었다. 예를 들어, 피니의 부흥회에서 개종하고 오버린대학에서 공부한 테어도어 웰드Theodore D. Weld(1803~95)는 부인 안젤리나 그림키와 함께 노예해방과 여권신장을 위해 헌신했다. 한편, 노예해방 전선에 비견할 수 없는 힘을 실어주었던 《톰 아저씨의 오두막Uncle Tom's Cabin》의 저자 해리엇 비처 스토우Harriet Beecher Stowe(1811~96)는 부흥운동에서 피니의 반대편에 서있던 사회개혁가 라이먼 비처의 딸이었다. 《톰 아저씨의 오두막》은 1852년 출간된 후 한 주 만에 1만 부가 팔리고, 2년 후에 20개 언어로 번역되는 폭발적인 반향을 일으키며 미국 내외의 수많은 독자를 노예제 폐지 전선에 합류시켰다. 19세기 전체를 통하여 성서 다음으로 많이 읽혔던 이 책은 노예제도의 반기독교적 성격을 고발함과 아울러, 기독교적 가정과 도덕성 등 복음적 기독교의 가치관을 강력하게 반영했다.

이에 비해서 부흥운동과 거리가 있던 진보적인 종교인 가운데는 좀 더 강력하게 노예제도 폐지를 주장한 사람들이 있었다. 급진적인 노예해방 기관지 《해방자》 발행인 윌리엄 개리슨은 점진적인 노예제 폐지에 반대하여 즉각적이고 전면적인 노예해방을 주장했다. 유니버설리스트였던 윌리엄 채닝은 노예제도를 폐지하지 못한다면 모든 인간의 형제자매 됨을 가르치는 기독교의 본질을 올바로 실천하지 못하는 것이라고 보았다. 또한 프린스턴신학교 출신의 젊은 장로교 목사이며 신문 발행인인 엘리야 러브조이 Elijah P. Lovejoy(1802~37)는 서부 개척지 일리노이에서 언론의 자유와 노예제도 폐지를 주장하는 언론 활동을 하였다. 그는 노예제도는 미국의 자유를 붕괴시킬 "말할 수 없는 불의"요 "하나님에 대항하는 죄악"이라고 하며, 노예주들이 노예에 대하여 "강도질"을 하고 있다고 맹비난했다.[255] 이런 주장에 반발한 주민들은 세 차례나 그의 인쇄소를 공격하여 파괴하고 그와 가족의 안전을 위협했다. 그러나 러브조이는 죽음을 각오하고 네 번째로 인쇄기계를 들여오다가 노예제도 찬성론자들의 공격을 받고 총에 맞아 사망하였으며, 인쇄기계는 이전처럼 산산조각이 나 강에 던져졌다. 노예제도 해방운동의 '순교자'가 된 러브조이의 죽음은 노예 문제가 더 이상 평화롭게 해결될 수 없는 상황으로 치닫고 있음을 비극적으로 보여주었다.

노예제도의 가장 큰 피해자가 노예들이었다는 것은 말할 필요도 없다. 따라서 가장 설득력 있는 노예해방의 논리가 노예 출신자들로부터 나온 것은 당연했다. 예를 들어, 뉴욕에서 노예로 태어난 이사벨라 바움프리 Isabella Baumfree(c.1797~1883)는 자유인이 된 후, 노예제도 폐지와 여성 인권을 위해

---

[255] Joseph C. and Owen Lovejoy, *Memoir of the Rev. Elijah P. Lovejoy: Who Was Murdered in Defence of the Liberty of the Press, at Alton, Illinois, Nov. 7, 1837* (New York: Arno Press, repr. 1969), 234~37, *Documentary History I*, 520~22.

돌아다니면서 말씀을 전하라는 신의 부름을 받고 스스로 '유숙자留宿者 진리Sojourner Truth'가 되었다. 13명의 자녀 대부분이 노예로 팔려가고, 발에 심한 동상이 걸려 "끔찍하게—끔찍하게" 고생하고, 피부가 찢겨나갈 정도로 채찍질 당했던 그녀의 경험은 강력한 노예해방의 논리를 제공했다.[256] 학교를 다닌 적은 없지만 자석 같은 힘으로 청중을 사로잡는 능력이 있었던 그녀는 북동부와 중서부 곳곳을 찾아다니면서 단순하지만 강력한 논지로 노예해방과 인권을 부르짖고 다녔다. 루터교 목사에서 AME의 주교가 된 다니엘 페인Daniel A. Payne(1811~93)도 노예제도는 거룩하고 선한 신의 존재와 공존할 수 없는 죄악이라고 주장하며 노예제 폐지 전선에서 두드러진 활약을 했다. 그는 자유 흑인free Negro 신분으로 사우스캐롤라이나의 찰스턴에 자유 흑인 자녀들을 위한 학교를 운영하다가 '유색인'은 교사가 될 수 없다는 주법원의 판결에 따라 학교 문을 닫고 쫓겨났다.[257] 이 일을 겪고 난 후 그는 거룩하고 선한 신의 존재를 의심할 정도로 충격을 받았다.

19세기의 가장 유명한 아프리카계 미국인이었던 프레더릭 더글러스는 탁월한 달변의 노예해방론자였다. 메릴랜드에서 노예로 태어나 매사추세츠로 도망하여 자유를 찾은 더글러스는 성서에 근거하여, 순수하고 평화로운 "그리스도의 기독교"와 달리 "노예를 가지는 종교"인 "타락하고 위선적인" 미국의 기독교를 맹렬하게 공격했다.[258] 또한 그는 노예제도를 가지고 있는 미국 민주주의의 위선도 날카롭게 꼬집곤 했다. 예를 들어, 1852년 독립기념일에 뉴욕 로체스터Rochester에서 행한 연설에서 더글러스는 미국의 독립기념일이 노예에게 무슨 의미가 있느냐고 물었다. 그는 미국인이 정치적 독립

---

[256] Olive Gilbert, *Narrative of Sojourner Truth: A Bondswoman of Olden Time, with a History of Her Labors and Correspondence Drawn from Her "Book of Life"*…, ed. Nell Irvin Painter (New York: Penguin Books, repr., 1998), 18. 강조는 원문.

[257] 자유 흑인은 노예해방 이전 아프리카계 주민 가운데 노예 신분이 아닌 사람을 뜻했다. 노예 상태에서 해방되거나 처음부터 자유로운 상태로 태어난 사람 모두에게 적용되는 법적 용어였다.

[258] Giles Gunn, ed., *New World Metaphysics: Religious Readings on the Religious Meaning of the American Experience* (New York: Oxford University Press, 1981), 192~93.

을 이룬 독립기념일은 미국의 노예들이 자신들이 받고 있는 "큰 불의와 잔혹함"을 그 어느 때보다 크게 경험하는 날이라고 지적했다.[259] 그날 자유와 미국의 위대함을 기념하며 행해지는 기도와 감사, 그리고 찬송은 신 앞에서 거짓과 사기, 불경건과 위선에 불과하며, 미국이라는 "야만의 나라"에서 저질러지고 있는 범죄를 가리는 "얇은 가리개"일 뿐이라는 것이다.

한편, 남부 기독교인들은 똑같은 성서 속에서 노예제도의 당위성을 발견하고 있었다. 사실 남부에서도 감리교와 침례교는 1820년대까지 노예제도를 반대했다. 식민지 시대부터 기독교와 노예제도가 상충되지 않는다고 가르친 성공회와 신학적-계층적으로 충돌했던 두 교회는 노예제도를 명백한 종교적 죄악이라고 생각했다. 그러나 노예제도 문제로 남과 북 사이에 갈등이 점점 고조되는 가운데, 남부에서 안정된 자리를 차지하게 된 두 부흥주의 교파는 점차 사회적 보수성과 결합하고 있었다. 결국 감리교와 침례교는 남부의 기독교가 노예제도를 옹호하는 쪽으로 기울 때 그쪽에 합류했다.

노예제도를 옹호한 남부 기독교의 핵심적 논리는 노예제도가 성서의 가르침에 어긋나지 않는다는 것이었다. 최초의 침례교 전국 조직을 이끌었던 리처드 퍼만Richard Furman(1755~1825)은 노예제도가 성서 속에 명백하게 확립되어 있는 제도라고 주장했고, 영향력 있는 장로교 목사 프레더릭 로스Frederick A. Ross(1796~1883)는 "하나님이 정한" 성스러운 제도인 노예제도는 성서와 완벽하게 조화를 이루기 때문에 오히려 노예제 폐지론자들이 성서 밖에서 자신들의 근거를 찾는다고 하였다.[260] 구약의 족장들은 노예를 소유했으며, 신약의 빌레몬서에서 사도 바울도 도망 나온 노예에게 되돌아갈 것을 권했다는 것이다. 노예제도와 관련하여 성서를 해석할 때 남부는 문자적으로 북부는 비유적으로 하는 경향을 보였다.

노예제도를 찬성하는 논리 가운데 하나는 노예제도가 노예를 보호해 주

---

[259] "The Meaning of July Fourth for the Negro," http://www.pbs.org.

[260] Fred A. Ross, *Slavery Ordained of God* (Philadelphia: J. B. Lippincott & Co., 1857).

고 그들에게 기독교를 가르칠 수 있게 한다는 것이었다. 노예제도가 노예에게 기독교적 신앙과 도덕을 심어서 결과적으로 그들에게 이익이 된다는 논리였다. 물론 이것은 노예는 그냥 두면 타락할 것이므로 주인의 '보호'를 받아야 한다는 뜻이었다. 컬럼비아신학교Columbia Theological Seminary의 제임스 손웰James H. Thornwell(1812~62)은 노예들이 미국에 와서 "야만과 죄의 굴레"를 벗어날 수 있었기 때문에 노예제도는 그들에게 "최고의 선"이라고 주장했다.[261] 그는 아프리카 종족은 "존재의 등급scale of being"으로 볼 때 결코 더 이상 개선될 여지가 없기 때문에 "백인"과 함께 있을 때는 노예 상태에 있는 것이 그 종족의 "정상적인 상태"라고 하였다. 사우스캐롤라이나 찰스턴의 가톨릭 주교 존 잉글랜드도 비슷한 맥락에서 노예들이 주인의 보호를 받기 위해 스스로 자유를 포기했다고 주장했다. 극단적인 형태로 노예제 정당성을 주장했던 뉴올리언스의 장로교 목사 벤자민 파머Benjamin M. Palmer(1818~1902)는 아프리카 사람들은 본질적으로 "의존과 노예 상태"에 적합한 성품을 지니고 있기 때문에, 노예제도는 신에 의해 섭리적으로 제정된 것이라고 주장했다.[262] 노예주들은 어린 아이와 같은 노예들을 돌보아야 할 "섭리적 보호자"라는 것이다. 노예제 문제로 장로교가 분열된 후 남장로교 총회장을 지낸 그는 노예제도를 폐지하자는 주장은 "무신론적" 사고방식이라고 맹비난했다. 그는 노예 소유주였다.

한편, 사우스캐롤라이나의 루터교인처럼 노예제도와 관련된 제반 문제는 종교집단이 일절 관여할 문제가 아니라고 생각한 사람도 있었다. 남부에 기반을 둔 장로교의 구파도 성서가 노예주를 교회에서 쫓아내라 명하지 않았고, 교회법도 노예 소유를 금하지 않았기 때문에 교회가 그에 어긋나는 결정을 할 수 있는 권리가 없다고 하였다. 즉 노예들의 상황을 개선하거나 노예제를 폐지하는 일이 아무리 바람직하다 해도, 교회가 그와 관련한

---

[261] Maurice W. Armstrong, et al., eds., *The Presbyterian Enterprise: Sources of American Presbyterian History* (Philadelphia: Westminster, [1955]), 215.

[262] 같은 책, 206~208.

결정을 할 수는 없다는 것이다. 이런 입장은 노예제를 반대하거나 찬성하는 입장과는 다른 제3의 견해를 반영했다. '보수파conservatives'라고 불린 이 입장은 소극적으로 노예제도를 용인하는 셈이었다. 그런 입장을 가진 이들은 노예제도의 옳고 그름은 구체적인 상황에 따라 달라진다고 보고, 남부의 상황이 점진적으로 개선되기를 바랐다.

교회의 분열

노예제를 둘러싼 갈등이 신과 성서에 기대어 노예제도를 찬성하거나 반대하는 양상을 띠게 되자, 종교적 확신 속에 상대방을 공격하는 일이 점점 더 잦아졌다. 한편에서 노예제를 종교적·도덕적·인도적 '죄악'이라고 주장하자, 반대편에서는 노예제 폐지는 무신론적 사상이므로 '신과 기독교를 위해' 노예제를 지켜야 한다고 반박했다. 노예제도를 둘러싼 이런 대립은 결국 교회 분열로 이어졌다. 가장 먼저 분열이 시작된 것은 가장 큰 교단으로 성장한 감리교와 침례교였다. 감리교의 경우, 교단이 노예제를 확실하게 비난하지 않는 데 불만을 가진 뉴욕주의 교인 약 2만 5천 명이 1843년 떨어져 나가 웨슬리안 감리교Wesleyan Methodist Church를 만들었다. 그 이듬해에는 결혼으로 노예를 소유하게 된 조지아의 주교에게 교단이 사임을 요구하자 남부의 교회들이 분리해 나가 남감리교Methodist Episcopal Church, South를 만들고 말았다. 한편, 1814년에 전국적 교단Triennial Convention이 조직된 침례교는 노예를 소유한 사람을 선교사로 파송할 것인지를 두고 갈등을 빚었다. 선교부를 장악한 북부의 교회들이 선교사의 노예 소유에 반대 입장을 분명히 하자 1845년 남부지역 교회들은 남침례교Southern Baptist Convention를 만들고 북부와 인연을 끊었다.

　세 번째 규모의 개신교단이던 장로교의 분열은 이보다 복잡한 양상으로 전개되었다. 장로교는 제2차 대각성이 불러온 신학적인 견해 차이로 인해 전통적인 칼뱅주의를 견지한 구파Old School와 부흥운동의 영향으로 인간의 자발성을 긍정한 신파New School로 1837년 이미 분열된 바 있었다. 그러나 신파와 구파에는 남부와 북부의 노회가 섞여 있었다. 노예 문제로 남과 북이 첨예하게 대립하자 장로교는 다시 분열할 수밖에 없었다. 북부의 노회들이 주축을 이룬 신파 총회가 1857년 노예제를 비난하자 남부 노회들이 총회를 탈퇴하여 남부 대회를 만들었다. 한편, 남부를 기반으로 했던 구파는 노예 문제는 교회가 관여할 문제가 아니라는 입장을 취하여 분열을 면하고 있었다. 그러나 1861년 남북전쟁이 시작된 직후 구파 소속의 남부 노회들은 남부 장로교Presbyterian Church in the Confederate States of America를 만들어 분리·독립하고 말았다. 신파의 남부 대회와 구파의 남부 장로교가 연합하여 1866년 '남장로교Presbyterian Church in the US'를 만들자 북부 교회들은 1870년 '북장로교Presbyterian Church in the USA'로 통합되었다.

감리교, 침례교, 장로교가 분열된 것은 세 교단이 전국적 규모의 큰 집단이어서 남부와 북부의 교회들이 노예 문제로 인해 충돌할 수밖에 없었기 때문이었다. 전국적인 규모였지만 중앙 집권적 조직을 갖추고 있던 가톨릭교회와 성공회는 전쟁 기간 동안에만 나뉘었다가 전쟁 후 곧 다시 합쳐졌다. 이에 비해서 그리스도의 교회는 지역적으로 뿌리내리고 있어서 분열을 피할 수 있는 경우에 속했다. 한편, 처음부터 노예제를 반대했거나 교세가 북부에 집중되어 있던 퀘이커, 회중교회, 유니버설교회, 유니테리언교회 등은 노예제로 인해 분열의 아픔을 겪지 않아도 되었다. 루터교, 개혁교, 유대교같이 상대적으로 교세가 약한 '민족적' 종교집단은 생존이나 내부 갈등 문제로 이미 충분한 고통을 겪고 있었기 때문에 노예 문제가 특별한 어려움이 되지 못했던 것 같다.

노예 문제에 관한 남과 북 기독교인들의 각기 상반된 종교적 확신은 이 첨예한 정치-경제-사회적 갈등을 심화시켜 평화적으로 해결될 수 없게 만들었다. 신앙심은 기독교인들로 하여금 신의 뜻을 쉽게 분별할 수 있게 해주었는데, 신의 뜻은 언제나 자신들 편에 있는 것으로 확인되곤 했다. 신의 뜻을 알았다고 생각한 기독교인들은 자기 동기가 의롭다는 깊은 확신 속에서 적을 공격할 수 있었다. 기독교인들 사이의 다른 역사적 전쟁에서와 마찬가지로 성서는 양쪽 모두에게 배타적인 자기의를 제공하는 듯했다. 전쟁 전에는 전쟁에 정당성을 부여했고, 전쟁 동안에는 무기로 사용된 것이다. 따라서 교회는 정치집단보다 먼저 분열했고, 더 치열하게 싸웠으며, 전쟁이 끝난 후 화해하는 데 더 오랜 시간이 걸렸다. 남과 북의 감리교는 1939년이 되어서야 재회했으며, 장로교의 화해는 1983년까지 기다려야 했다. 그리고 침례교는 21세기까지 그 분열이 지속되었다.

교회의 분열은 국가의 분열을 예고했다. 남북전쟁은 근본적으로 미국이 어떤 나라여야 하는가라는 질문과 연결되어 있었다. 다시 말해서 연방국가 및 연방헌법을 유지하는 것과 각 주의 독립성 사이의 관계를 어떻게 설정할 것인가라는 문제와 관련되었다. 전쟁이 시작되자 남북의 교회는 전쟁에 종교적 의미를 부여하며 적극 참여했다. 특히 분열되면서 제정된 남부Confederate States 헌법이 서문에서 "전능하신 하나님의 은혜와 인도"를 명시적으로 간구하자, 목사들은 남부를 신이 선택한 진정한 기독교 국가라고 불렀다.[263] 그러나 북부의 교역자들에게 남부는 반역자였고 노예제도는 죄악일 뿐이었다.

이 싸움은 근본적으로 정치적-경제적인 갈등이었지만, 신앙, 애국심, 그리고 이해관계가 거의 구별할 수 없을 만큼 혼재되어 있었다. 전쟁에 정당성을 부여하고, 전쟁에 참여할 것을 독려하는 애국적 설교가 행해지는 특별 예배와 기도회가 남과 북을 불문하고 곳곳에서 열렸다. 루이지애나의 성공회 주교 레오니다스 포크Leonidas Polk(1806~64)는 남군 장군으로 참전하여 싸우다 전사하기도 했다. 많은 교역자들이 종군하여 병사들의 영적 필요를 채워주었다. 야전에서 부흥집회가 열려 많은 개종자가 생기기도 했는데, 북군보다는 남군 쪽의 종교 활동이 좀 더 활발했다. 그러나 북군 쪽에서도 부흥 활동의 효과는 대단하여 1863년부터 1865년 사이에 개종한 병사가 10만 명에서 20만 명에 이렀다.

---

[263] "Constitution of the Confederate States; March 11, 1861," https://avalon.law.yale.edu.

자원주의 전통도 전쟁 중에 지속되었다. 많은 자원봉사자가 나서서 병사들과 전쟁으로 고통당하던 민간인을 위해 의료적·물질적·정신적 도움을 주었다. 다른 전쟁들과 마찬가지로 자원봉사에서는 여성의 역할이 두드러졌다. 특히 많은 여성이 간호사로 일하며 따뜻한 기독교적 사랑을 실천했다. 매리 앤 비커다이크Mary Ann Bickerdyke(1817~1901)는 전쟁 동안 활동했던 자원 간호사 가운데 전설이 된 인물이다. 그녀는 신의 뜻에 따라 환자를 돌보는 데 방해가 된다면 누구의 명령도 따르지 않았다. 그녀가 따른 것은 "옳은 것"과 그 옳음이 주는 "이겨내는 힘에 대한 지고한 믿음"이었다.[264] 19개의 전투를 종군하며 헌신적으로 병사들을 돌보았던 그녀는 북군 병사들로부터 '어머니'라는 애칭으로 불리며, 장군들보다 더 많은 사랑과 존경을 받았다. 물론 그녀는 붙잡혀 온 남군 부상자들도 헌신적으로 돌보았다. 자원봉사 단체들이 모두 기독교와 관련된 것은 아니었다. 그러나 북군을 위해 일했던 크리스천 커미션United States Christian Commission(USCC)의 사례에서 보는 바와 같이 기독교 단체들이 가장 많았고, 가장 헌신적이고 효과적으로 일했다. YMCA가 주축이 되어 형성된 USCC에는 5천 명의 자원봉사자가 일했는데, 종군 군목을 파견하는 것 같은 종교적 활동 이외에 의료와 여가 활동을 지원하기도 했다. 여성 크리스천 커미션Ladies Christian Commission은 그 자매기관이었다.

남북전쟁

종교적 의미 부여

남북전쟁은 미국 역사상 가장 잔인하고 파괴적인 전쟁이었다. 4년 간의 전쟁 동안 62만 명의 병사가 목숨을 잃었고, 전체 인명 피해는 약 100만 명에

---

[264] Jenkin Lloyd Jones, *Mother Bickerdyke As I Knew Her* (Chicago: Unity Publishing, 1907), 55.

가까웠다. 이때 미국 인구는 3천 1백여만 명에 불과했다. 전쟁 비용이 총 200억 달러를 넘었는데 이것은 미국 건국 이후 1861년까지 연방정부가 사용한 전체 재정의 다섯 배에 해당하는 엄청난 규모였다. 62만 명의 전몰자는 독립전쟁부터 베트남전쟁까지 미국이 치렀던 전쟁에서 사망한 사람을 모두 더한 것보다 많은 희생이다. 그런 정도의 육체적 희생은 또한 계측할 수 없이 막대한 정신적 고통을 의미했다. 남북전쟁이 얼마나 비극적인 동족상잔이었는가는 링컨의 처남 4명이 남군에서 싸웠고, 그 가운데 한 명이 전사했다는 사실에서도 잘 드러났다.

1865년 전쟁이 끝난 후 남과 북의 미국인들은 이 피비린내 나는 전쟁을 어떤 식으로든 의미 있게 받아들여야 할 입장에 놓이게 되었다. 사람들은 전쟁 그 자체보다는 의미 없는 전쟁을, 그리고 희생 그 자체보다는 무의미한 희생을 받아들이기 힘든 법이다. 그 잔인했던 동족상잔을 신의 가호 아래 벌인 '성전'으로 받아들였던 남과 북의 교회에게는 그런 필요성이 더욱 간절했다.

북부의 기독교인 가운데는 전쟁의 책임을 남부 '반란자'들에게 지우는 사람이 많았다. 해리엇 스토우의 동생이고 당대 가장 유명한 설교자 가운데 한 사람이던 뉴욕 플리머스 회중교회의 헨리 비처Henry Ward Beecher(1813~87)가 대표적이다. 그는 전쟁이 끝나갈 무렵, 전쟁의 모든 책임이 남부 정치 지도자들에게 있다고 하면서, "가장 죄 많고 가장 회개하지 않는" 그 "반역자들"이 "영원한 징벌"을 받을 것이라고 주장했다.[265] 한편, 코네티컷의 신학자 호레이스 부쉬넬Horace Bushnell(1802~76)은 전쟁의 책임을 묻기보다 그 의미를 신학적으로 해석하려 했다. 그는 남북전쟁이 가져다준 엄청난 희생과 고통은 독립전쟁에서 '탄생'한 미국이 '재탄생'하기 위한 것이었다고 의미 부여했다. 전쟁 직후인 1865년 7월 모교 예일대학 졸업식에 참석하여 그가 행한 연설은 남북전쟁에 종교적 의미를 부여하려는 노력의

---

[265] Noll, *History of Christianity*, 332.

한 정점이었다.[266] 부쉬넬은 역사상 가장 위대하고 고상한 일은 "비극적 기원"에서 출발하기 마련이라고 전제한 후, 그런 의미에서 남북전쟁에서 흘린 병사들의 피는 "우리에게 위대한 새로운 삶의 장"을 열어주기 위한 것이라고 하였다. 부쉬넬은 그들이 "우리를 위해" 흘린 피 속에서 미국의 "단합unity이 굳혀지고 영원히 성화되었다sanctified"고 의미 부여했다.

그러나 남부의 분위기는 전혀 달랐다. 합중국Union에서 탈퇴한 것이나 노예제를 견지한 것에 대한 후회의 목소리는 없었으며 전쟁의 책임을 느끼는 분위기도 찾을 수 없었다. 오히려, 전쟁 후 남부에서는 '잃어버린 대의Lost Cause'를 향수 어린 시선으로 회고하기 시작했다. 스톤월 잭슨Stonewall Jackson(1824~63)이나 로버트 리 같은 장군들은 영웅을 넘어 전설이 되더니 결국 남부의 자존심을 상징하는 아이콘으로 만들어져 갔다. 특히 남군 총사령관을 지냈던 로버트 리는 그 탁월한 지도력과 남부 신사로서의 고매한 인품 때문에 전쟁에 패하여 항복한 이후 오히려 더 숭배의 대상이 되었다. 그리고 사후에는 신격화를 거쳐 남부를 대표하는 시민종교의 성인으로 자리 잡았다. 남부 문화와 종교의 독특함을 말하며 여전히 남부를 북부와 다른 나라로 여기는 남부 사람이 많았다. 남부의 교역자들은 남북전쟁을 남부의 '선민'들에게 교훈을 주기 위한 신의 질책으로 여겼다. 남부가 가졌던 대의는 단지 전쟁에 의해 패했을 뿐, 그것이 성서적이고 의로웠다는 점에는 변함이 없다고 믿었다.

남북전쟁에 관한 가장 심오한 종교적 통찰은 교회가 아니라 정치인으로부터 나왔다. 에이브러햄 링컨이 그 주인공이었다. 남북전쟁이 거의 끝나가던 1864년 말 재선된 링컨은 1865년 3월 4일 재임 연설을 했다. 이것은 그가 가장 좋아한 연설이었고, 정치적 연설로는 유례를 찾기 힘들 정도로 인간의 고통에 대한 깊은 고뇌가 담긴 명연설이었다. 북군의 승리가 눈앞에 다가온 시점에서 링컨은 승리의 기쁨에 대해서가 아니라 남북전쟁의 종

---

[266] Horace Bushnell, "Our Obligation to the Dead," *Building Eras in Religion* (New York: Scribner's, 1910), 325~28, *Documentary History I*, 562~63.

교적·도덕적 의미에 대해서 본질적인 의문을 제기했다. 그는 남과 북이 "같은 성서를 읽고, 같은 신에게 기도하며, 적을 이길 수 있도록 도와달라고 한다"는 모순을 지적한 후, 양쪽의 기도가 "모두 응답될 수는 없으며, 어느 쪽의 기도도 완전히 응답되지 않았다"고 말했다.[267] 신은 "그 자신의 목적"을 가지고 있으므로 북부가 심판을 받지 않을 것으로 생각해서는 안 된다고 경고하기도 했다. 링컨은 노예제도로 인해 쌓인 재산을 파괴하고 노예들이 흘린 피 값을 치르는 것이 "이 가공할 전쟁"이라고 정의했다. 전쟁 당사자인 합중국 대통령이 전쟁의 이해관계 위에서 전쟁을 조망한 듯한 이 연설은 인간과 신의 관계에 대한 깊은 성찰을 반영했다. 무엇보다, 신을 쉽게 자기편으로 만들어 버리는 우를 범하지 않았다는 점에서 남북전쟁을 전후하여 횡행했던 수많은 설교들과 분명히 구별되었다. 이 연설 한 달 후 링컨은 암살되었다.

역설적이게도 에이브러햄 링컨은 전통적인 기독교인이 아니었다. 그는 켄터키의 칼뱅주의적 분리파 침례교 집안에서 자랐고, 평생 성서를 가까이하여 많은 부분을 외울 정도로 읽으면서 연설에서 성서적 은유를 빈번하게 사용했다. 그는 정직, 동정심, 그리고 도덕적 겸손 같은 기독교적 미덕을 평생 실천했으며 대통령으로 재직할 때는 가까운 장로교회에 정기적으로 출석했다. 그러나 링컨은 성인이 된 이후에는 한 번도 교회에 교인으로 등록하지 않은 미국 역사상 유일한 대통령이었으며, 어떤 전통적 교리를 자신의 신념으로 받아들인 적도 없었다. 그의 주위에 있던 사람들은 그가 자신의 종교적인 견해를 거의 드러낸 적이 없다고 말했으며, 어떤 사람은 그가 어떤 종교도 가지고 있지 않다고 말했다. 링컨은 많은 건국의 아버지들처럼 전통적 교리와 제도로서의 기독교를 거부하고 이신론—유니테리언적 신관을 가지고 있었던 것으로 보인다. 이신론자들에 의해 탄생된 미국은 이신론에 깊은 영향을 받은 사람에 의해 '재탄생'된 것이다.

---

[267] "Second Inaugural Address of Abraham Lincoln, Saturday, March 4, 1865," http://www.yale.edu/lawweb/avalon.

한편, 정신적으로 불안정했던 링컨의 아내 메리는 강신술spiritualism에서 위로받곤 했다. 강신술은 현상세계와 보이지 않는 세계를 중개해 주는 영매靈媒를 통해 신령이나 천사, 혹은 죽은 사람의 영혼과 교류하는 종교 행위로서 1840년대부터 시작하여 남북전쟁을 거치면서 크게 유행했다. 남북전쟁으로 엄청난 수의 사망자가 발생하자 많은 사람이 강신술에 의존하여 위로받으려 했기 때문이다. 이에 따라 강신술은 1860년대를 지나면서 전국적인 종교운동으로 변했다. 메리는 어려서 죽은 두 아들과 영적으로 만나기 위해 여러 영매를 찾았으며, 링컨이 대통령으로 재직할 때도 영매들을 백악관으로 불러 응접실Red Room에서 강신술 집회를 열기도 했다. 링컨은 강신술에 회의적이었다. 그러나 그는 여러 가지 종교적 실험에 개방적인 "종교적 순례자"였고 백악관 강령술 집회에도 여러 번 참석했다고 한다.[268]

에이브러햄 링컨은 수난절인 1865년 4월 14일 워싱턴의 포드 극장에서 무대 연기자 존 부스John W. Booth(1838~65)가 근거리에서 쏜 총을 뒷머리에 맞고 쓰러져 사망했다. 부스는 도망 다니다 사살되었는데, 자신의 조국 남부를 폐허로 만든 링컨을 처형하라는 신의 명령에 순종했다고 마지막 순간까지 믿었다. 그러나 역설적이게도 그가 쓰러뜨린 것은 남북의 기독교가 전쟁에 동원되어 상대편을 악마로 만들면서 비극적인 동족상잔을 격화시키는 데 반대할 수 있는 통찰력을 가진 사람이었다. 링컨은 "순교자"가 되어 미국 시민종교의 성인으로 만들어졌다.[269] 수난절에 피를 흘린 링컨은 합중국의 '구세주,' 노예들의 '해방자,' 미국인들의 정신적 '아버지'로 불리기 시작했다. 링컨이 사후에 받은 존경과 찬양은 오직 조지 워싱턴과 견줄 수 있을 뿐이었다. 링컨에게는 수도 워싱턴에서 가장 장엄한 기념관이 헌정되었으며,

---

[268] Stephen Mansfield, *Lincoln's Battle with God: A President's Struggle with Faith and What It Meant for America* (Nashville, TN: Thomas Nelson, 2012), 90.

[269] 그를 '순교자' 혹은 '순교자의 죽음'을 맞은 사람으로 묘사하기 시작한 것은 암살 직후였다. 예를 들어, 성공회 뉴욕교구장 호레이쇼 포터Horatio Potter는 링컨 사망 다음날인 4월 15일 보낸 목회서신에서 링컨의 "봉사와 헌신의 영광스런 경력이 순교자의 죽음으로 꽃피었다"고 애도했다: Mourner, "Is President Lincoln a Martyr?," *New York Times*, April 26, 1865.

그 속에 있는 거대한 링컨의 석상은 마주 보고 있는 워싱턴 기념탑과 아울러 미국 시민종교를 상징하는 가장 중요한 아이콘으로 자리 잡았다.

전환점이 된 남북전쟁

남북전쟁은 미국 역사의 대전환점이었다. 다른 무엇보다, 남북전쟁 이후 비로소 미국은 독립된 주들의 느슨한 연합이 아니라 여러 주를 가진 하나의 통일된 국가로 탄생했다. 남북전쟁 때까지 미국을 표현할 때, 특히 남부에서는 "the United States of America"에 "are"라는 복수 동사를 사용하는 경우가 많았다. 그러나 남북전쟁 이후에는 단수 동사 "is"를 사용하는 것이 관례로 확립되었다. 주의 독립성에 대한 극단적인 주장이 남부의 패배로 끝나면서 미국은 연방정부를 중심한 민족국가nation-state로 급격하게 재편된 것이다. 이제 각 주가 합중국에서 독립하는 일이 원칙적으로는 가능할지 몰라도 현실적으로 불가능하게 되었다. 연방정부와 주정부의 행정조직은 점점 더 조직화, 전문화되어 갔다. 특히 연방정부는 전쟁을 수행하고 전후 복구를 하는 과정에서 엄청나게 늘어난 기능과 역할을 수행해야 했고, 점점 더 그 조직과 권력이 거대해졌다. 이와 아울러, 정치의 영역이 확대되고 힘이 커지면서 과거에는 종교가 담당하던 공적인 영역들이 점점 더 정치적 영향력 아래 들어가게 되었다.

건국 이래로 미국이라는 공화국이 어떤 나라가 되어야 하는가라는 문제는 언제나 기독교적 가치와 연관하여 논의되었다. 남북전쟁 직전까지도 남부는 북부가 공화주의적 원칙에 입각한 각 주의 독립성을 억압하고 기독교적 질서를 해친다고 주장했으며, 북부는 남부의 노예제도가 죄악이며 공화주의의 미덕인 자유를 파괴한다고 말했다. 그러나 공화주의가 무엇이며 합중국이 어떠해야 하는가라는 문제에서 기독교는 어떤 생산적인 역할도 하지 못했고, 결국 그 갈등은 토론이 아니라 전쟁으로 결말을 보고 말았다. 남북전쟁 이후 21세기까지, 정부의 기능에 대한 논의는 종교적 가치와 분리되어 순전히 물질적이고 기능적인 차원에서 논의되었다. 미국은 건국 때부터 세속적 국가였지만 기독교는 공적 영역을 포함하여 사회 전반에 강력한 영향력을 미쳤다. 그러나 남북전쟁 때 지역감정의 시녀가 된 기독교는 도덕적 권위를 상실했고, 전쟁 후에는 북부의 상업적 가치관이 미국을 지배하면서 정치는 도덕과 완전히 분리되었다. 남북전쟁 이후 미국은 엄청난 속도로 산업화하면서 국부國富를 증대시켰고, 사람들의 주된 관심은 도덕이나 종교적 이상이 아니라 나라의 번영을 어떻게 자기가 누릴 수 있도록 만들 것인가로 쏠리게 되었다.

노예를 해방시킨 남북전쟁이 남긴 가장 큰 문제는 역설적이게도 해방된 노예들이었다. 링컨 대통령이 1863년 1월 역사적인 노예해방령Emancipation Proclamation을 선포하자 북군의 수중에 들어간 지역의 모든 노예가 자유를 얻게 되었다. 사실상 북부는 전투가 끝나기도 전에 이미 도덕적 승리를 거둔 셈이었다. 이어서 1865년에 만들어진 연방헌법 제13차 개정안은 노예제도를 헌법의 권위로 폐지하였다. 그러나 이 모든 것도 아프리카계 사람들에게 자유의 완성이 아니라 시작에 불과했다. 제도로서의 노예제도가 끝나면서 구조로서의 인종차별이 강화되었고, 아프리카계 주민들은 조직적인 차별과 불이익, 그리고 비공식적인 멸시와 천대로부터 고통받아야 했다.

연방정부 주도 하의 재건Reconstruction(1865~77)이 끝나자 남부의 주정부와 자치단체들은 곧 짐 크로우Jim Crow 법을 만들어 공립학교, 식당, 버스 같은 공공시설에서 '유색인종,' 특히 아프리카계 주민을 유럽계 사람들로부터 분리시켜 이등 시민으로 만드는 조치를 취했다. 인종차별의 대표적 장치였던 짐 크로우 법은 1960년대 인권운동과 더불어 사라질 때까지 아프리카계 주민을 홀대하고 학대하는 데 사용되었다.[270] 또한 많은 아프리카계 주민이 주로 인종적 편견과 증오에서 비롯된 잔인한 린치lynching, 즉 사적 처형 행위의 희생자가 되었다. 1882년부터 1927년 사이에 약 5천 건의 린

---

[270] 이 법의 탄생 및 성격에 관해서는 다음 연구 참조: C. Vann Woodward, *The Strange Career of Jim Crow* (New York: Oxford University Press, 1974).

치가 저질러졌는데 그 희생자 대부분은 '백인'에 의해 무참히 살해된 아프리카계 주민이었다. 린치는 뉴잉글랜드를 제외하고 미국 전역에서 자행되었으며 인종 갈등이 심각했던 남부지방에서 특히 빈번하게 발생했다. 미시시피, 앨라배마, 조지아, 루이지애나, 텍사스 등 남부의 목화지대Cotton Belt는 린치가 가장 심한 지역이었다.

남북전쟁 이후 노예 상태에서 풀려난 400여만 명의 아프리카계 주민에게 관심을 가지는 사람은 많지 않았다. 노예제도가 폐지되자 노예제 폐지운동은 풀려난 노예들에 대한 관심으로 연결되지 않고 곧 사멸했다. 남북전쟁은 노예에게 자유를 주었지만, 풀려난 노예들이 미국 사회 속에서 과연 누구여야 하는가에 대해서는 어떤 공감대도 형성되지 않았다. 아프리카계 사람들은 이제 스스로의 힘으로 법적·정치적·경제적·사회적 권리를 쟁취해야 할 운명이었다. 이 지난한 과제를 풀어나가는 일은 그들의 종교가 풀어야 할 가장 중대한 사명이기도 했다.

북부의 남북전쟁 승리는 남부와 북부를 함께 묶어, 공업적 북부의 주도 아래 대대적이고 효과적인 산업혁명이 일어날 수 있게 해주었다. 남북전쟁후 '제2차 산업혁명'이라고 불리는 본격적인 산업기술혁명의 길로 들어서자 미국은 대륙 전체를 아우른 하나의 국가로 빠르게 재편되었다.[271] 한편으로는 대륙횡단 철도의 건설과 함께 서부가 본격적으로 개척되어 서부 거주민이 크게 늘었고, 또 한편으로는 시골에서 도시로 사람들의 대규모 이주가 이루어졌다. 서부 개척지는 미시시피 동쪽과 달리 기독교, 특히 개신교가 기득권을 가질 수 없는 곳이었다. 또한 서부는 처음부터 종교가 사회적 가치관을 주도했던 동부와는 달리 세속적 문화가 팽배한 곳이었다. 한편, 서부 이주민의 증가는 서부 지역 원주민의 종교와 문화를 파괴하고 생존을 위협하는 결과로 이어졌다. 따라서 서부는 많은 종교에게 기회의 땅이 되었지만, 원주민의 삶과 종교가 파괴되는 비극의 현장이기도 했다.

---

[271] 미국의 제1차 산업혁명은 18세기 후반부터 19세기 중반까지, 제2차 산업혁명은 대체로 남북전쟁 직후인 1870년부터 제1차대전 직전인 1914년까지 진행된 것으로 본다.

대대적인 미국의 산업화는 급격한 도시화와 함께 진행되었고 산업화와 도시화는 노동 문제, 환경 문제, 빈부격차, 범죄 증가 같은 전형적인 산업자본주의적 과제들을 낳았다. 시간이 가면서 도시는 좀 더 세속적인 곳, 즉 종교의 힘과 역할이 더 약화된 곳으로 변해갔다. 산업화와 세속적 도시의 문제들은 각 종교와 종교단체에게 이전에는 경험하지 못했던 전혀 새로운 과제를 안겨주었다.

독립과 제2차 대각성으로 고양된 19세기 초의 사회적, 종교적 열정 속에 우후죽순처럼 생겨났던 많은 자원 단체들이 산업혁명 이후의 변화된 세계에 적응하지 못하고 사라져 갔다. 가장 큰 규모의 자원운동이었던 해외선교 사업도 19세기 중엽에 들어서면서 쇠퇴하기 시작했다. 선교사 지원자들의 수와 함께 교회의 관심과 지원도 줄어들었다. 특히 남북전쟁을 겪고 난 이후에는 상황이 더욱 악화되었다. 교회와 교인의 모든 에너지가 전쟁에 동원되어 선교와 사회개혁에 대한 관심이 크게 저하되었던 것이다. 이에 더하여 남북전쟁 이후의 급격한 산업화와 그로 인한 사회 변화는 자원봉사 기관들이 살아남기 위해서 이전과는 다른 조직과 동원 방법을 사용할 것을 요구했다. 1880년대 초가 되자 해외선교 관련 기관들은 새로운 환경에 적응하지 못한 채 노쇠한 모습이었고, 산업혁명과 더불어 사라진 많은 자원 기관들과 마찬가지로 소멸의 길을 걷는 것처럼 보였다. 해외선교 기관을 비롯한 기독교 자원기관들의 생존은 새로운 산업-도시 사회에 얼마나 적응하느냐에 달려 있었다.

미국의 산업화는 대규모 이민의 증가로 이어졌다. 1860년부터 1890년 사이에 약 1천만 명의 이민이 들어왔다. 1860년에 미국 전체 인구가 약 3천 1백만이었다는 사실을 상기한다면, 남북전쟁 이후 얼마나 많은 새로운 이민자들이 미국으로 유입되었는지 알 수 있다. 1890년 이후에는 그 수가 더욱 증가하여, 1914년까지 약 1천 5백만 명이 추가로 들어왔다. 남북전쟁 이후의 이민 증가는 단지 그 수가 많았다는 점뿐 아니라 이민자의 출신지가 이전과 달라지고 매우 다양해졌다는 점에서 미국 사회와 종교지형의 지각

변동을 예상케 해주었다.

가톨릭교회와 유대교의 변화에서 확인된 바와 같이 19세기 중엽까지 아일랜드와 독일계가 대종을 이루던 이민 양상은 특히 1880년대 이후 크게 변화했다. 1880년부터 1920년 사이에 몰려든 '새로운' 이민은 동부 해안의 대도시뿐 아니라 오대호 연안 중서부와 태평양 연안까지 모든 지역에 정착했다. 또 이들은 생존을 위해서라면 상공업 지대, 광산 지역, 그리고 농촌을 가리지 않고 어디든 가서 살았다. 19세기 후반부터 들어온 이민자들은 이전 이민자들에 비해서 그 수도 훨씬 많았고 민족적·언어문화적·종교적 배경도 더 다양했다. 동부와 남부 유럽, 지중해 연안과 소아시아, 그리고 러시아로부터 많은 사람이 들어왔으며, 남미, 중동, 그리고 아시아에서도 이민자들이 밀려왔다. 이들 가운데 특히 유대인과 동방정교회 교인이 많아 두 종파가 세력을 크게 확장할 수 있었다. 그러나 그보다 더 의미심장한 것은 유대-기독교 전통과는 상관없는, 이슬람, 불교, 힌두교 같은 중동과 동양의 종교도 전래하기 시작했다는 사실이다.

19세기 말 미국은 남북전쟁 이전의 종교적 상황과 전혀 다른 환경에 놓이게 되었다. 무엇보다 제2차 대각성 이후 미국을 지배했던 후천년설적 분위기가 끝났다. 인간이 지상에 천년왕국을 가져올 수 있다는 낙관적 자신감은 참혹한 내전을 겪으며 붕괴되었고, 인간 역사에 대한 비관론이 그 자리를 대신하고 있었다. 또 다른 큰 변화는 유대-기독교 전통의 독점적 지배에서 벗어나 완전히 다종교 사회로 접어들게 되었다는 사실이다. 남북전쟁 이후의 미국은 정치·경제·사회·문화적으로 그 이전과 전혀 다른 나라가 되었으며, 이에 따라 종교지형도 근본적으로 변하였다. 이 혁명적인 변화에 대한 이야기는 다음에 자세히 살펴보도록 하겠다.

제13장

아프리카계 주민의
삶과 종교

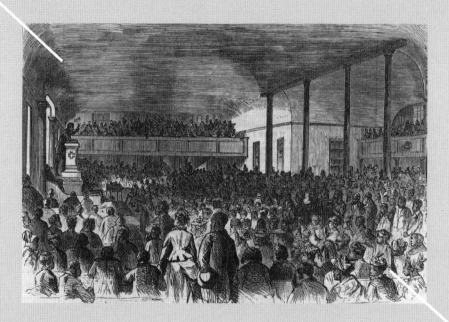

The First African Church, Richmond, Virginia(1874)
William L. Sheppard
Library of Congress Prints and Photographs Division

버지니아주 리치몬드에 건립된 첫 아프리카계 교회

해방된 노예의 꿈과 현실

남북전쟁은 노예해방을 가져다주었다. 그러나 법적으로 인권을 회복했다는 것이 자동적으로 시민적 권리 획득과 인간다운 삶으로 연결되지 않았다. 전쟁 후 연방정부는 전쟁의 상처를 치유하고 나라를 재건하는 대대적인 작업을 전개했다. 1877년까지 진행된 이 재건 작업의 핵심은 독립했던 남부의 주들을 연방에 재편입시키고, 반란을 일으킨 남부 지도자들을 처리하며, 자유를 얻은 아프리카계 주민들을 법적·정치적·경제적·사회적 제도 안에 편입시키는 일이었다. 1870년 7월 조지아를 마지막으로 남부 모든 주가 다시 합중국의 일원이 되었다. 그러나 남부 대통령 제퍼슨 데이비스 Jefferson Davis(1808~89)가 2년 동안 감옥에서 지내기는 했으나 남부 주요 지도자 가운데 단 한 명도 처형당하지 않았다. 남부 지도자들은 대부분 사면을 받았으며 다시 고위관직을 차지하고 잃었던 땅도 되찾을 수 있었다. 많은 어려움 끝에 통과된 제15차 헌법 개정은 노예 출신 남자들에게 선거권을 부여했다. 그것만으로는 해방된 노예들에게 진정한 자유를 줄 수 없다는 사실이 분명해졌지만, 대부분의 사람들은 점점 그들에 대한 관심을 잃어갔다.

해방된 노예들에게 동등한 시민적 권리를 부여하려는 노력은 지속적인 저항에 직면했다. 그리고 1870년대가 되자 연방정부 주도의 재건 작업은 실패한 것이 분명했다. 전쟁 이후 남부에 주둔하고 있던 연방 군사력이 1877년 모두 철수하자 남부는 노예제도를 유지하기 위해서 전쟁을 일으킨, 원래부터 남부를 다스리던 유럽계 사람들 수중에 다시 들어갔다. 극단적 백인우월주의집단인 쿠 클럭스 클랜Ku Klux Klan이 다시 활개치며 아프리카계 주민들을 폭력의 공포 속에 몰아넣었다. 그들은 "미국에서 태어난, 백인, 개신교인"을 "진정한" 미국인이라고 여겼다.[272] 인종의 차이가 지적인 능력의 차이를 낳는다는 온갖 유사과학적 이론이 등장하는 가운데 '흑인' 남성은 성적 욕망의 화신으로 그려져 유럽계 남자들의 적대감을 고조시켰다.

해방된 노예의 대부분은 소작농이나 농업노동자가 되어 유럽계 지주에게 다시 경제적-사회적으로 예속되었다. 인종차별적 남부 지도자들은 아프리카계 사람들을 모든 제도로부터 소외시켰다. 노예제도에서 해방된 아프리카계 사람들은 자유와 희망이 아니라 혼란과 좌절감, 그리고 무엇보다 가난 속에 불확실한 미래를 맞아야 할 처지에 놓이게 되었다. 그런 상황에서 종교는 대단히 중요한 역할을 했다. 정치적으로 위협받고, 사회적으로 주변부화 되고, 문화적으로 소외된 공동체일수록 종교가 자아 정체감과 생존의 중심지 역할을 하게 되기 때문이다.

연방정부 차원의 재건은 실패했지만 재건 기간 동안 여러 기독교 단체와 봉사자들이 풀려난 노예를 위해서 일했다. 그들의 노력은 해방 노예들이 진정한 자유를 얻을 수 있는 방향으로 지속적인 영향을 끼쳤다. 북부의 여러 교단이 남부의 해방 노예를 돕기 위해 단체를 조직하고 선교사, 교사, 일꾼들을 보냈다. 여기에는 뉴잉글랜드지역 교회들이 가장 적극적으로 동참했다. 많은 단체 가운데 가장 효과적이고 지속적으로 활동한 것은 1846년 조직되어 노예해방 운동을 활발하게 벌였던 회중교회 계열의 미국 선교협회American Missionary Association(AMA)였다. AMA는 남북전쟁 이후 1868년까지 500명이 훨씬 넘는 선교사와 교사를 남부에 파견하여 초등학교부터 대

---

[272] Kelly J. Baker, *The Klan: The KKK's Appeal to Protestant America, 1915~1930* (Lawrence: University Press of Kansas, 2011), 79.

학까지 많은 학교를 세우고 해방된 노예들을 가르쳤다. AMA는 어떤 인종이 발전을 위해 다른 인종에게 지속적으로 의존해서는 안 된다는 원칙 아래 해방 노예들을 교육하여 궁극적으로는 그들 스스로 교사가 되어 가르칠 것을 목표로 했다.

AMA의 예에서 볼 수 있는 바와 같이 교육은 남부의 해방된 노예들에게 가장 절실히 필요했던 것이고, 북부 교회들이 가장 많은 인력을 공급했던 사업이다. 그동안 노예에게는 읽고 쓰는 것 같은 기본적인 교육조차 금지되었다. 따라서 자유를 얻은 노예에게 읽고 쓸 수 있다는 것은 그 자유를 체험할 수 있는 가장 구체적인 일 가운데 하나였다. 글 배우는 일은 남녀노소 불문하고 그들에게 "엄청난 야망"이었다.[273] 특히 종교적인 성향의 해방 노예에게는 성서를 스스로 읽겠다는 목표가 교육에 대한 열정을 가지게 했다. 그러나 북부, 특히 뉴잉글랜드에서 온 교사들은 지식뿐 아니라 도덕과 인격 형성에도 큰 관심을 보였다. 그들은 해방된 노예의 도덕적 기준이 매우 낮다고 판단하여, 정직, 근검, 절제, 그리고 시간 엄수 같은 기본적인 시민적·자본주의적 도덕을 가르치려고 노력했다. 근면, 절약, 자립과 같은 북부의 '양키 미덕'을 남부의 해방 노예에게 주입시켜야 한다는 것은 북부의 아프리카계 교회도 적극적으로 동의한 목표였다. 북부의 아프리카계 교회들이 세운 학교는 부지런함을 최고의 덕목으로 삼아 실질적이고 직업적인 교육을 제공하였다.

AMA 선교사들은 자유를 얻은 아프리카계 주민에게 유럽계 중산층의 개신교적 가치관을 심어주고 직업 기술을 가르치려 했다. 물론 그것은 해방된 노예들이 경제적으로 자립하고 도덕적으로 인정받을 수 있는 삶을 살게 하기 위해서였다. 해방 노예 가운데도 그런 교육목표를 수용하여 적극적으로 실천한 사람들이 있었다. 부커 T. 워싱턴Booker T. Washington(1856~1915)

---

[273] Josheph O. Jewell, *Race, Social Reform, and the Making of a Middle-Class: The American Missionary Association and Black Atlanta, 1890~1900* (Lanham, MD: Rowman & Littlefield Pub., 2007), 41.

이 대표적이다. 노예 출신의 침례교인으로 AMA가 버지니아에 세운 농업학교를 졸업한 워싱턴은 앨라배마에 터스키기 학원Tuskegee Institute을 만들어 아프리카계 학생들에게 도덕성, 근면, 자기 수양을 가르치고 농업과 기술 관련 직업교육을 시켰다.

워싱턴의 접근법은 매우 현실적이었다. 그는 현재의 고난을 직시하지 않고 내세의 보상에 모든 것을 건 "감상적 기독교sentimental Christianity"를 경멸했다.[274] 그러나 그는 종교적 확신이 인종적 불평등을 타파하는 사회적 행위로 실현되는 것을 경계했다. 워싱턴은 아프리카계 사람들에게 유럽계의 기득권을 인정하여 불의와 불평등을 참고 점진적으로 진정한 자유를 향해 나갈 것을 가르쳤다. 그는 유럽계 사람들에게 행한 연설에서 "순전히 사회적인" 일에서는 인종에 따라 손가락처럼 나뉠 수 있지만 "공동의 진보"를 위해서는 손과 같이 하나일 수 있다고 말했다. 유럽계 사람들이 허용하는 범위 내에서 움직이고자 했던 그의 접근법은 순응주의적 실력양성론이었다. 즉, 현실을 인정하고 그 현실의 테두리 안에서 실력을 기르자는 것이었다.

부커 T. 워싱턴의 방법은 아프리카계 주민의 삶에 관심을 가진 사람 대부분, 특히 유럽계 사람들로부터 큰 지지를 받았다. 그의 자서전 《노예로부터Up from Slavery》(1901)는 베스트셀러가 되어 대단한 영향력을 끼쳤다. 그는 아프리카계 사람 가운데 처음으로 백악관에 초청되기도 했다.

그러나 모든 사람이 그런 방식에 동의한 것은 아니었다. AME 주교 헨리 터너Henry M. Turner(1834~1915)는 신앙이 영적·사회적 해방을 위해 동시에 작동해야 한다고 믿었다. 남북전쟁 때 주로 아프리카계 병사로 구성된 북군 부대의 군목으로 일했던 터너는 전쟁 후 재건 기간에는 조지아에서 적극적인 공직 생활을 하다가 다시 교역자로 돌아온 사람이었다. 그는 아프리카계 주민의 시민권을 제한하는 일련의 결정을 한 연방의회와 대법원을 격렬하게 비난하며 적극적인 인권운동을 전개했다. 그러나 아프리카계 주민의

---

[274] Booker T. Washington, *Up From Slavery: An Autobiography* (Garden City, New York: Doubleday, 1901), 221~22.

인권이 조금도 개선될 여지가 없는 것을 보면서, 터너는 검은색이 곧 죄악으로 여겨지는 미국을 아프리카계 주민에게 최악의 국가라고 정의한 후 그들에게 '조상의 땅' 아프리카로 돌아갈 것을 권했다. 그는 "백인이 되고 싶어 하는 흑인"들을 경멸하였으며, 유럽계 교회가 가르치는 모든 인종차별적 가르침을 거부해야 한다고 주장했다.[275] 터너는 "신은 흑인이다God is a Negro"라고 선포하기도 했다. 그러나 터너에게 귀를 기울이는 사람은 많지 않았다. 1915년 부커 T. 워싱턴이 국가적 존경 속에 죽었을 때, 그는 캐나다에서 쓸쓸하게 생을 마감했다.

아프리카계 주민의 삶에 관한 헨리 터너의 급진적인 견해는 워싱턴의 순응주의적 접근법에 비해서 비현실적이었음에 틀림없다. 그러나 그는 미국 사회에서 아프리카계의 주민들은 어떤 존재이며, 미국은 그들에게 과연 무엇인가에 대한 좀 더 진지하고 근본적인 질문을 던졌다.

미국과 '흑인'의 관계에 대해 그 누구보다 깊은 성찰을 했던 사람은 W. E. B. 듀보이스Du Bois(1868~1963)였다. 그는 아프리카-네덜란드-영국-프랑스계 조상을 가진 사람이었다. 그러나 그처럼 여러 혈통을 가진 사람도 '단 한 방울의 아프리카계 피'만 섞여 있어도 '흑인'으로 분류하는 원칙one-drop rule이 적용되는 것이 미국 사회였다. AMA가 아프리카계 학생을 위해 테네시에 세운 피스크Fisk대학과 하버드대학에서 공부한 듀보이스는 미국 사회학의 선구자 가운데 한 사람으로 당대를 대표하는 사상가였고 진보적 인권운동가였다. 그가 쓴 《흑인의 영혼The Souls of Black Folk》(1903)은 미국에서 출간된 책 가운데 가장 예언자적이고 영향력 있는 책 가운데 하나로 평가된다.

듀보이스는 워싱턴의 순응주의 정책이 "의기양양한 상업주의triumphant commercialism"의 물질주의 가치관을 반영할 뿐이라고 비판했다.[276] 워싱턴

---

[275] *The Voices of Missions*, Feb. 1. 1898. 다음에서 재인용: Gayraud S. Wilmore, *Black Religion and Black Radicalism: An Interpretaion of the Religious History of Afro-American People*, 2nd ed. (Maryknoll, New York: Orbid, 1991), 125.

[276] W. E. B. Du Bois, *The Souls of Black Folk* (New York: Bantam Books, repr., 1989), 31, 36, 62~76,.

의 태도는 노예와 같은 "적응과 굴복"의 자세이며, 그의 프로그램은 아프리카계 사람이 열등하다는 유럽계 사람들의 주장을 "사실상" 받아들이는 셈이라는 것이다. 듀보이스는 투표권이나 인권에 대해서는 발언하지 않으면서 직업교육이나 시키는 것은 유럽계 사람들의 기득권을 영구적으로 만들고, 아프리카계 주민들을 퇴보시킬 뿐이라고 믿었다. 그는 아프리카계 주민이 동등한 법적·정치적 권리를 가질 때에만 비로소 경제적으로도 진보할 수 있으리라고 확신했다. 또한 그는 워싱턴의 직업교육에 반대하여 젊은이들에게 인문학적 고등교육을 시켜서 무지한 아프리카계 민중을 이끌게 해야 한다고 주장했다. "재능 있는 10분의 1"이 유럽계 사람과 아프리카계 사람 사이를 가르고 있는 "가리개Veil"를 없앨 수 있으리라는 것이었다.

워싱턴과 듀보이스의 태도 차이는 아프리카계 미국인들이 미국에서 살면서 가져야 할 내적·외적 갈등의 심연을 극명하게 드러내주었다. 워싱턴의 순응주의적 접근은 아프리카계 주민들이 직업을 가지고 스스로 벌어서 생존할 수 있게 도왔다. 그러나 그것은 인종차별적 사회구조를 묵인하는 가운데 이루어졌고, 아프리카계 주민을 이등 시민으로 만들어 놓은 구조 자체에 근본적인 변화를 가져올 수도 없었다. 이에 비해서 듀보이스는 구조적 문제 자체의 해결에 관심을 보였다. 역설적이게도, 그의 가치관은 지적인 학문, 특히 문학과 예술이 사회의 진보를 이끌어 간다는 유럽계 미국의 상류 문화를 반영했다. 그럼에도 불구하고 그는 '흑인영가negro spirituals'를 만들어내는 아프리카계 사람들의 영혼 속에서 창조성과 아름다움을 발견했고, 그것을 유럽 문화에 대항할 하나의 대안 문화로 보기도 했다.

워싱턴의 순응주의는 주어진 현실 속에서 최선의 삶을 일구어내고자 하는 전략적 선택이었을 것이다. 따라서 그의 선택은 미래보다는 현실, 즉 당대를 넘어선 의미를 가지기 어려웠다. 듀보이스는 현재에 대한 전략을 제시하기보다 미래에 대한 예언을 하고 있었다. 이후 1960년대에 꽃피게 된 흑인인권운동에 지속적인 영감을 준 것은 워싱턴의 현실주의가 아니라 듀보이스의 이상주의였다.

아프리카계 교회

교회 건설

남부의 풀려난 노예들은 유럽계 기득권층이 또다시 완전히 장악하여 전쟁 이전으로 환원된 인종차별적 사회구조 속에 매몰되고 말았다. 1896년 연방 대법원은 "플레시 대 퍼거슨Plessy v. Ferguson" 재판 판결을 통해 인종에 따라 분리된 기차 객실을 사용하게 하는 루이지애나 주법을 합헌이라고 인정해 주었다. 대법원은 그런 분리가 "유색인종"에게 "열등한 신분표"를 주는 셈 이라는 주장을 받아들이지 않으면서, 만약 그렇게 생각한다면 그것은 "유색 인종 스스로 선택하여 신분표를 단 것"이라는 논리를 펼쳤다.[277] '유색인종' 시설을 따로 만들어 똑같은 서비스만 제공한다면 '백인종'이 사용하는 시설 을 유색인종이 사용하지 못하게 해도 좋다는 판결이었다. 짐 크로우 법의 '평등하지만 분리된다separate but equal'는 원칙을 인정한 셈이었다. 이후 아프 리카계 주민에 대한 인종차별은 법적 정당성을 가지고 실천되었다. 이런 상 황에서 아프리카계 주민들이 주체성을 가지고 독자적으로 무엇인가 해낼 수 있는 거의 유일한 공간은 종교였다. 이와 관련하여, 남북전쟁 이후 남부 기독교계에서는 한 가지 자연스럽고도 의미 있는 현상이 벌어졌다. 아프리 카계 교인들이 유럽계 사람들의 교회로부터 대대적으로 탈퇴했던 것이다.

감리교, 장로교, 침례교 등 남부의 주류 기독교 교단은 노예제도를 찬성 하기 위해 교단 분열을 감수한 교회들이었다. 따라서 북군의 승리가 확정 되자마자 아프리카계 교인들은 그런 남부 기독교단에서 탈출해 나왔다. 그 것은 전면적이고 단호한 '대탈출'과 다름없었다. 예를 들어, 1858년 사우스 캐롤라이나의 남침례교에는 아프리카계 교인이 2만 9천여 명 있었는데, 1874년에는 그 수가 1천 6백여 명밖에 되지 않았다. 또한 1860년 4만 2천

---

[277] "Plessy v. Ferguson(1896)," https://www.archives.gov.

여 명이던 사우스캐롤라이나의 아프리카계 남감리교인 수는 1873년 650여 명으로 감소했다.[278] 이렇게 기존의 남부 교단에서 대탈출을 감행한 아프리카계 기독교인들은, 자기들만의 교회를 만들거나 아니면 북부에 이미 만들어진 아프리카계 교회로 들어갔다.

독립된 아프리카계 교회의 설립은 전쟁 직후부터 이루어지기 시작했다. 1870년에 유색인 감리교Colored Methodist Episcopal Church(1950년대부터 Christian Methodist Episcopal Church)가 남감리교에서 분리·독립했고, 1874년에는 컴벌랜드 장로교에서 유색인 컴벌랜드 장로교Colored Cumberland Presbyterian Church 총회가 분리되어 나왔다. 한편, 남침례교에서 탈퇴한 아프리카계 침례교인들은 주마다 조직을 만들다가 1895년 마침내 교단National Baptist Convention in the USA(NBC)을 조직했다. 이 교단은 이후 선교, '백인' 침례교와의 관계, 사회참여 등의 문제로 몇 차례 분열을 겪어야 했지만 미국에서 가장 큰 아프리카계 교회라는 지위를 놓치지 않았다. 교단이 발표한 교세 통계에 따르면 2022년 NBC는 2천 100여 개 교회와 840만 명 이상의 교인을 가진 큰 교회다. 독자적인 아프리카계 교단의 설립은 어떤 경우는 유럽계 교권자들의 협조 속에, 또 어떤 경우는 얼마 전까지 노예였던 사람들이 자립할 능력이 있겠느냐는 무시와 편견 속에서 이루어졌다. 한편, 교단을 형성하지 않고 독립적인 지역교회를 유지한 수많은 아프리카계 교회도 있었다. 주로 농촌지역 침례교 계열 교회에 이런 현상이 많았는데, 그런 독립교회는 아프리카계 주민이 대대적으로 도시로 이주해 갈 때 도시로 옮겨가곤 했다. 다양하고 독특한 독립교회들은 아프리카계 기독교의 특징 가운데 하나가 되었다.

유럽계 사람들이 주도하는 남부의 기독교단에서 탈퇴한 아프리카계 교인들 가운데 많은 수는 북부에 세워진 아프리카계 교회에 들어갔다. 북부의 아프리카계 교회들은 남부를 특별한 선교지로 인식하고 있었다. 가장

---

[278] Albert J. Raboteau, *African-American Religion* (Oxford: Oxford University Press, 1999), 71, 74.

대표적인 북부의 아프리카계 교회인 AME와 AMEZ는 전쟁 직후 많은 선교사를 남부에 파견했다. 특히 효과적인 활동을 한 것은 AME였다. 이들 북부의 아프리카계 기독교단은 남부에서 많은 교인을 얻게 되면서 지리적인 분포나 교인 수에서 전국적인 교단으로 발전할 수 있었다. 1880년 AME의 신자 수는 40만 명이었는데, 그 대부분은 남부의 아프리카계 교인들이었다. 또한 AMEZ도 남부에서 교인이 급증하여 1860년부터 1870년 사이에 교인 수가 2만 7천 명에서 20만 명으로 증가하였다.

아프리카계 기독교인들은 19세기 후반 전국적인 규모로 전개된 성결 Holiness운동과 오순절Pentecostal운동의 확장에 크게 기여했다. 푀베 파머의 '성결 증진을 위한 화요회'에서 확인할 수 있는 바와 같이 성결운동은 감리교 일각에서 시작하여 초교파적으로 확대된 현상이었다. 성결운동 참가자들은 회심보다 성결과 성화를 강조하였다. 회심 이후 기독교인의 영혼을 깨끗하고 거룩하게 만드는 신의 또 다른 은혜가 있다고 믿고 그것의 체험을 추구했다. 그들은 성령의 은사를 간구하면서, 성결을 추구하기 위해 술, 담배, 마약, 도박을 금하고 세속적 오락을 멀리했다. 아프리카계 성결운동에서 가장 두드러진 활약을 한 사람은 찰스 메이슨Charles H. Mason(1866~1961)과 찰스 존스Charles P. Jones(1865~1949)였다. 침례교 목사였던 두 사람은 미시시피 잭슨Jackson에서 19세기 후반 전개된 성결운동에 동참하여 성화와 절제 등을 가르치다가 침례교에서 쫓겨난 후 1897년 테네시의 멤피스에서 하나님의 교회Church of God in Christ(COGIC)를 결성했다. 두 사람은 뜻을 같이한 동료들과 함께 천막 부흥회를 개최하면서 세력을 확장하였다.

19세기 말과 20세기 초에 미국 전역으로 성결운동이 퍼져가는 가운데, 전천년설적premillennial 종말론에 입각해서 성령의 강림과 인류 역사의 종말을 연결시켜 믿는 사람들이 생겨났다. 전천년설이란 예수가 재림하여 지상에 평화로운 왕국(천년왕국)을 건설하고 1천 년 동안 다스릴 것이라는 종말론이다. 예수 재림과 인류 역사의 종말을 연결시킨 이와 같은 믿음을 가졌던 사람 가운데 한 명이 찰스 파햄Charles F. Parham(1873~1929)이었다. 감리교 및

프리메이슨과 연관이 있던 그는 캔자스주 토피카Topeka에 베델 성서대학 Bethel Bible College을 설립하고 독자적인 운동을 시작했다. 1901년 1월 1일, 20세기 오순절운동의 시발점으로 알려진 한 사건이 베델 성서대학에서 발생했다. 12월 31일 저녁부터 학장과 학생들이 성령의 강림을 간구하며 기도하는 가운데 여학생 아그네스 오즈만Agnes Ozman(1870~1937)부터 시작하여 30여 명의 참가자 전원이 방언方言speaking in tongues을 하게 된 것이다. 이후 오순절운동 최초의 성령세례 체험자로 알려진 오즈만은 그때 "성령의 손이 내 머리 위에 놓이는" 것 같은 느낌 속에 몇 가지 언어로 방언을 했다고 말했다.[279] 이들은 초대교회 오순절 때 등장했던 방언이 20세기 벽두에 갑자기 나타난 것에 종말론적인 의미를 부여했다. 즉, 세기 초에 방언이 나타난 것은 역사의 종말이 가깝다는 경고라는 것이다. 이들은 물로 받는 세례와 구별된 성령의 세례를 가르치면서, 방언을 성령세례의 증거로 보았다.

토피카에서 시작한 오순절운동은 전국으로 전파되었다. 그 영향을 받은 사람 가운데 한 명이 아프리카계의 설교자 윌리엄 세이모어William J. Seymour(1870~1922)였다. 세이모어와 사도적 신앙 선교회Apostolic Faith Mission는 1906년 봄부터 로스앤젤레스 시내 아주사가Azusa Street에 AME 교회로 사용되던 낡은 건물을 빌려 부흥집회를 열고 방언의 은사, 신유神癒divine healing, 그리고 그리스도의 조속한 재림 등을 가르쳤다. 이때 로스앤젤레스에는 1904년부터 1905년 사이에 10만 명이 개종한 웨일스의 대부흥 소식이 전해지면서 성결운동 참가자들 속에서 성령강림에 대한 기대감이 매우 높은 상태였다. 결국 아주사 집회에서 수많은 사람이 방언과 신유를 체험하는 폭발적인 종교현상이 발생했다. 인종과 교파를 뛰어넘게 해주는 성령 체험이 있었고, 여성에게도 설교와 발언의 기회가 주어졌다.

아주사가 부흥운동 소식은 빠른 속도로 퍼지면서 사람들에게 충격을 주었다. 〈로스앤젤레스 타임즈Los Angeles Times〉는 1906년 4월 이 새로운 종교

---

[279] "Personal Testimony of being the first person to Receive the Holy Ghost at 'Stones Folly' in Topeka, Kansas. (January 1, 1901)," https://www.apostolicarchives.com.

현상을 전하며, 참가자들이 이상한 말을 내뱉고 "가장 광신적인 의식을 행하며, 가장 난폭한 교리를 설교하고, 정신 나간 흥분의 상태에 빠져든다"고 당혹해했다.[280] 아주사가의 '오순절' 부흥운동이 전국적 주목을 받으면서 인종과 교파를 불문하고 수많은 사람이 로스앤젤레스로 몰려들었다. 이때 멤피스의 그리스도의 교회COGIC도 메이슨과 대표단을 파견하여 부흥현상을 조사하게 하였다. 아주사 집회에서 방언을 하게 된 메이슨은 돌아와서 자신이 경험한 방언과 성령세례를 가르치기 시작했다. 그러나 존스는 그런 가르침을 거부했고, 결국 두 사람은 갈라서고 말았다. 메이슨의 가르침이 힘을 얻게 되자 기존의 하나님의 교회는 오순절파로 변했다. 하나님의 성회는 이후 가장 큰 아프리카계 교단 중 하나로 성장했다. 한편, 소수의 지지자만 얻게 된 존스는 1915년 그리스도의 교회Church of Christ, Holiness(USA)라는 새로운 교단을 만들고 전통적 성결운동을 유지해 나갔다.

아프리카계 기독교인의 절대다수는 개신교인이었다. 가톨릭 교세가 강했던 루이지애나와 메릴랜드에는 아프리카계 가톨릭교인이 있었으나 그 수는 많지 않았다. 그러나 남북전쟁 후, 특히 도시로 대규모 이주가 시작되면서 로마 가톨릭을 택하는 아프리카계 미국인의 수가 늘어났다. 19세기 후반기 미국 가톨릭교회의 주된 관심은 유럽에서 몰려들던 엄청난 수의 가톨릭계 이민자였었다. 그러나 도시로 이주해 오던 많은 수의 해방된 노예들도 선교 대상으로 주목 받았다. 남북전쟁 이후 재건이 한참 이루어질 때인 1869년 볼티모어에 모인 주교들은 각 교구에 아프리카계 가톨릭 신자를 위한 선교회와 학교를 만들도록 권고하는 한편, 런던에 본부를 둔 성 요셉 해외선교회St. Joseph Society for Foreign Missions에 선교사 파송을 요청했다. 성 요셉회는 미국에 진출하여 아프리카계 미국인을 대상으로 사목과 교육을 하였고, 항구적인 활동의 필요성을 느끼고 1892년 성 요셉 성심회Society of Saint Joseph of the Sacred Heart를 설립했다.

---

[280] Gary B. McGee, "William J. Seymour and the Azusa Street Revival," http://www.ag.org.

성 요셉 성심회와 짝을 이룬 수녀회는 1891년 설립된 복된 성사 수녀회 Sisters of the Blessed Sacrament for Indians and Colored People였다. 아프리카계 주민과 원주민을 대상으로 교육하고 전도하기 위해서 만들어진 이 수녀회의 창시자 캐서린 드렉셀Katherine Drexel(1858~1955)은 필라델피아의 유명한 은행가 딸이었다. 어려서부터 원주민과 아프리카계 주민의 어려운 삶에 눈을 뜬 드렉셀은 유산으로 물려받은 2천만 달러를 가지고 서부의 원주민과 남부 아프리카계 주민을 위해 선교사를 파견하고 성당과 학교를 짓는 데 헌신했다. 그녀는 사망할 때까지 전국에 60여 개의 학교를 설립했는데, 그 가운데 가장 유명한 것이 자비어대학Xavier University이었다. 1915년 아프리카계 학생들에게 고등교육을 제공하기 위해서 뉴올리언스에 세워진 자비어대학은 미국에서 유일한 아프리카계 가톨릭 대학이다. 캐더린 드렉셀은 2000년 엘리자베스 세턴 이후 미국에서 태어난 사람으로는 두 번째로 성인이 되었다.

아프리카계 기독교인의 절대다수가 아프리카계 사람으로 구성된 교회에 속해 있을 정도로 개신교는 철저하게 인종에 따라 분열되었다. 따라서 아프리카계 주민 가운데 개신교에서는 찾을 수 없는 가톨릭의 보편주의와 비非인종적 성격에 매력을 느끼는 사람이 적지 않았다. 가톨릭 성인 가운데는 아우구스티누스, 아타나시우스Athanasius of Alexandria(c.296~373), 시프리아누스Cyprian of Carthage(c.210~58) 같은 아프리카 출신자가 다수 포함되어 있었다. 따라서 인종을 넘어서는 가톨릭의 보편주의는 아프리카계 사람들에게 설득력이 있었다. 도처에 설립된 가톨릭 교구학교는 자녀들에게 좀 더 나은 교육을 시키고자 하는 아프리카계 사람들을 끌어들였고, 이는 개종의 중요한 계기가 되기도 했다. 그러나 미국의 가톨릭교회는 아프리카계 주민을 개종시키는 데는 관심을 보였지만 아프리카계 교인이 사제가 되는 것은 반기지 않았다.

아프리카계 가톨릭교인 가운데 가장 먼저 사제가 된 사람은 아일랜드계 농장주와 노예 사이에서 태어난 제임스 힐리James A. Healy(1830~1900)였다. 그는 파리의 성 술피스St. Sulpice신학교를 졸업한 후 1854년 파리에서 사제서품을 받고 보스턴에서 일했다. 힐리는 1875년, 아프리카계 미국인 최초로 주교에 임명되었다. 그러나 그는 공식적인 자리에서 인종차별을 문제 삼지 않았으며, 아프리카계 미국인 단체에 가입하지도 않았다. 그런 이유 때문인지 최초의 아프리카계 미국인 사제로 흔히 알려진 사람은 어거스투스 톨턴Augustus Tolton(1854~97)이다. 로마에서 신학교육을 받고 사제가 된 그는 시카고에서 아프리카계 교구를 만들고 사목했다. 한편, 미국 내에서 처음으로 아프리카계 성직자의 사제서품이 이루어진 것은 1891년이었다. 당시 미국 가톨릭교회는 인종을 초월한 보편주의를 말했지만 대부분의 수도회와 교구가 아프리카계 사제 후보자를 받아들이지 않았다. 따라서 사제가 되기 원했던 아프리카계 가톨릭교인은 외국에서 신학교를 다니고 서품받아야 했다. 1920년 미시시피에 만들어진 성 어거스틴신학교St. Augustine Seminary는 아프리카계 사제 양성을 위해 설립된 최초의 가톨릭 신학교였다.

교회의 활동

남북전쟁 이후 19세기 후반기 동안 아프리카계 주민의 삶은 노예제도가 시행되던 때보다 좀처럼 더 나아지지 않았다. 해방된 노예들은 형식적 자유는 얻었지만 미국은 그들을 사회의 완전한 일원으로 받아주지 않았으며, 대부분 사회구조의 제일 밑바닥에서 생존을 위해 고군분투해야 하는 처지에 놓여있었다. 아프리카계 교회는 이런 절망적인 상황 속에서 무엇인가 의미를 찾아내고 희망을 제공해야 하는 어려운 과제를 떠안게 되었다.

아프리카계 교회가 관심을 기울여 한 일 가운데 하나는 교육기관, 특히 대학을 설립하는 일이었다.[281] 전쟁 직후에 건립된 아프리카계 학생을 위한

---

[281] 흔히 HBCU라고 불리는 '역사적 흑인 대학Historically Black Colleges and Universities'의 역사와 의미에 관해서는 다음 연구 참조: Bobby L. Lovett, *America's Historically Black Colleges & Universities: A Narrative History from the Nineteenth Century into the Twenty-first Century* (Macon, GA: Mercer University Press, 2011).

대학 대부분은 유럽계 교단에서 설립해 주었다. 쇼Shaw(1865), 모어하우스 Morehouse(1867), 모건Morgan(1867), 탈라데가Talladega(1867), 햄턴Hampton (1868), 녹스빌Knoxville(1875) 등이 여기에 속했다. 그러나 1880년대부터는 아프리카 계 교단들이 직접 대학을 건립하기 시작했다. AMEZ가 리빙스톤Livingstone (1879), 유색인 감리교가 레인Lane(1882), 그리고 AME가 모리스 브라운Morris Brown(1885)을 각각 건립했다. 다른 아프리카계 교회와 기독교인도 대학 설 립운동에 동참하여 1900년까지 25개 이상의 아프리카계 대학이 남부에 만 들어졌다. 아프리카계 교회와 연관된 대학들은 산업교육에 중점을 두고 자 본주의적 노동윤리와 실용적이고 직업적인 기술을 가르치는 경향이 있었 다. 그와 같은 직업교육의 이상은 햄턴을 졸업한 부커 T. 워싱턴과 그가 1881년 설립하고 이끌었던 터스키기 학원을 통해 가장 잘 실현되었다.

아프리카계 주민을 교육하고 계몽시키려는 교회의 노력은 19세기 후반 부터 활발한 출판 사업으로 나타났다. 아프리카계 교회는 책과 정기 간행 물을 출판하여 아프리카계 공동체에 보급하는 데 앞장섰다. 지역의 교회부 터 전국적 교단에 이르기까지 많은 기독교 단체들이 책을 사서 보급하거나 직접 잡지와 신문을 발행했다. 1877년부터 발간된 AMEZ 잡지 〈시온의 별 Star of Zion〉은 21세기에도 계속 발간되어, 미국에서 가장 오래된 종교 정기 간행물 가운데 하나로 자리 잡았다. 한편, AME의 성경학교 연합은 1887년 에 자체 출판사를 만들기도 했다. 아프리카계의 서적과 언론은 대개 종교 적인 관심사를 다루었지만 일반적인 뉴스와 정보를 전하기도 했고, 시, 단 편소설, 서평 같이 일반교양과 관계된 것들도 게재했다. 이들은 종교적 문 제를 포함하여 당시 논란이 되었던 여러 주제에 관해 다양한 아프리카계 사람들의 의견을 소개했고 그런 의견이 대중적 관심을 받는 데 기여했다.

아프리카계 노예 후손들의 미국 내 정체성에 대한 심각한 논의는 아프리 카에 대한 관심으로 연결되었다. 기독교계 일각에서는 조상의 땅인 아프리 카에 기독교를 전하는 일이 자신들에게 주어진 사명이라고 여기는 사람들이 생겨났다. 그들은 기독교 복음이 유럽 열강의 제국주의 침략으로부터 아프리카를 지켜낼 수 있다고 생각했다. 아프리카에서 가장 효율적으로 선교할 수 있는 사람들은 동족인 아프리카계 미국인이라고 확신한 사람들은 아프리카를 '구하기' 위해 선교사로 나서기도 했다. 아프리카계 침례교와 감리교단들은 상당수의 선교사를 아프리카에 파견했다. 이들 아프리카계 선교사들은 영국과 북미에서 해방된 노예들이 돌아와서 만든 나라인 라이베리아Liberia, 시에라리온 등지에서 주로 활동하였다.[282] 기독교와 아울러 서구 문화를 전하려 했다는 점에서 그들은 유럽계 미국 선교사와 다르지 않았다. AME는 남아프리카의 아프리카계 교인들이 유럽계 교회에서 독립하여 교회 건립하는 것을 도와주었으며, 이후 그 교회와 교단적으로 연합하기도 했다. 아프리카의 기독교인들이 대학과 신학교를 다니기 위해 미국의 아프리카계 학교로 유학 오는 일도 있었다. 또한 아프리카계 여성들은 독자적인 선교회를 만들거나 개별적으로 아프리카에서 선교활동을 하기도 했다. 그러나 아프리카계 교단들은 많은 선교사를 파견할 수 있을 만큼 재정이 넉넉하지 않았다.

　AME의 헨리 터너 같은 사람은 노예제도 경험과 인종차별이 없는 아프리카가 아프리카계 미국인들에게 진정한 기회를 준다고 보고, '아프리카로 돌아가기Back-to-Africa' 운동을 다시 전개했다. 그러나 남북전쟁 이전 미국 식민협회American Colonization Society 활동이 실패로 돌아간 사례에서 이미 확인된 바와 같이 그런 운동은 성공하기 어려웠다. 미국식민협회는 자유를 얻은 노예를 아프리카로 보내 인종 문제를 해결하겠다는 목적으로 1816년 만들어진 조직었다. 그러나 노예제 폐지론자들과 아프리카계 주민 대부분은 이 협회 활동에 강하게 반대했다. 예를 들어 프레더릭 더글러스는 아프리카계 주민의 미래가 미국에 있지 "아프리카 망명지"에 있지 않다고 하며 미국식민협회를 인종주의 집단이라고 비난했다.[283] 미국식민협회가 1867

---

[282] 라이베리아는 1847년 아프리카 국가들 가운데 최초로 독립을 선언했지만 미국이 그것을 인정한 것은 1862년이었다. 시에라리온이 영국에서 완전히 독립한 것은 1961년이었다.

[283] Kenneth C. Barnes, *Journey of Hope: The Back-to-Africa Movement in Arkansas in the Late 1800s* (Chapel Hill: University of North Carolina Press, 2004), 98.

년까지 1만 3천 명의 자유 노예를 보내서 건설한 국가 라이베리아는 미국에서 건너간 이주민이 원주민을 열등한 미개인처럼 여겨 큰 혼란을 겪고 있었다. 아프리카계 주민은 미국을 자기 나라로 여길뿐 아니라 이미 '미국화'되어 있었다. 더구나 자유를 찾은 아프리카계 주민의 수는 시간이 갈수록 급증하여 그들을 아프리카로 보내는 일이 가능해 보이지도 않았다.

이처럼 아프리카계 주민에게 아프리카 이주는 좋은 해결책이 아니었다. 그렇다고 심한 차별과 린치를 당하면서 미국에 있어야 하는 이유를 설명하기도 쉽지 않았다. 이와 관련하여, '백인'들의 인종주의가 기독교를 타락시켰기 때문에 아프리카계 주민들이 미국 기독교를 살려내야 한다는 해석이 등장하기도 했다. 즉 서구 문명은 이제 종말에 이르렀으며, 그동안 유럽계 사람들이 말로만 전해온 기독교의 진리를 이제 아프리카계 기독교인들이 실천할 것이라는 주장이었다. 이런 생각을 가진 사람들은 인종차별이나 린치 같은 유럽계 주민의 억압에 대항하여 투쟁했다. 이 싸움에는 여성들도 적극적으로 동참했다. 예를 들어, 1900년에 개최된 아프리카계 침례교NBC의 여성대회Women's Convention에 참가한 100만 명 이상의 여성은 공공기관의 인종차별 철폐, 유럽계와 동등한 학교 재정지원, 린치 중단, 아프리카계 여성 투표권 등을 요구했다.

1890년 830만 아프리카계 미국인의 90퍼센트는 여전히 남부에 거주하고 있었다. 이런 의미에서 본다면 19세기 미국의 아프리카계 기독교는 해방된 노예들의 종교였다고 해도 지나치지 않다. 노예제도 아래서 '보이지 않는 제도'로 존재해 온 남부 아프리카계 주민의 신앙은 생존을 위한 투쟁 속에서 인간으로서 존엄성과 삶의 의미를 찾게 해주었고, 가혹한 환경을 개선하고 독특한 아름다움과 영적인 가치를 창조해 내었다. 그러나 노예주 몰래 발전시켜 온 그들의 신앙은 미신적이고 감정적인 성격이 강해서 북부에서 온 선교사들 눈에 매우 낯설게 보일 정도였다. AME 주교 다니엘 페인은 해방된 노예들의 "원시적이고 야만적이며 이교적인" 종교에 충격을 받았다고 한다.[284] 해방된 노예들은 북부에서 온 유럽계 혹은 아프리카계 선교사들의 교리적이고 도덕적인 설교에 거부감을 보였다. 딱딱한 교리적 기독교는 그들의 정서에 맞지 않았고, 도덕적 행동을 강조하는 설교는 과거 노예제 아래서 유럽계 목사들로부터 지겹도록 들으며 그 위선적 성격을 경멸해 왔기에 감흥이 없었다. 해방된 노예들은 감정적인 예배와 영적인 경험을 중요시했으며, 그들의 기독교는 그런 방향으로 전개되었다.

모든 사회제도가 유럽계 지배 아래로 들어간 상태에서 아프리카계 사람들의 활동은 대체로 교회를 중심으로 이루어졌다. 따라서 교회는 아프리카계 사람들에게 하나의 대안 사회를 제공해준 셈이었다. 이것은 두 가지 대조되는 효과를 발휘했다. 먼저, 교회는 재능과 자원이 결집되는 공간이었다. 교회는 아프리카계 주민의 삶에서 구심점이 되었고, 많은 지도자를 배출했다. 듀보이스가 말한 바와 같이, 설교자는 아프리카계 주민이 미국 땅에서 발전시킨 "가장 독특한 인간형"이었다.[285] 아프리카계 설교자는 때로는 지도자, 정치가, 연설가였으며, 때로는 두목, 선동가, 이상주의자였다. 교회로 몰려든 자원과 지도자 때문에 남북전쟁 이후 20세기 초까지 아프리카계 교회는 엄청난 속도로 성장했다. 그러나 아프리카계 교회의 지나치게 감정적이고 내세적인 신앙은 신자들로 하여금 현실 세계에서 눈을 돌리게 만들기도 했다. 즉 당시의 교회와 교역자 대부분은 아프리카계 시민들에게 인종차별적 사회제도와 싸워 진정한 자유를 쟁취하도록 가르치지 않고, 현세의 고통을 보상해주는 내세의 복락을 전하는 데 그쳤다는 것이다.

그리고 아프리카계 교회는 아프리카계 주민 전체를 포괄하지 못했다. 피부색이 옅은 아프리카계 사람들이 피부색이 더 짙은 사람들과 분리된 교회를 만들었기 때문이다. 아프리카계 교회는 피부색 때문에 '백인'교회와 분리되었는데 아프리카계 사람들은 자기들 사이에서 또 피부색을 가르고 있었다. 또한 교육받고 경제적으로 성공한 사람과 그렇지 못한 사람들 사이에도 넘지 못할 벽이 만들어지고 있었다. 아프리카계 주민들은 한편으로는

---

[284] Raboteau, *African-American Religion*, 69.
[285] Du Bois, *Souls of Black Folk*, 134.

인종차별을 증오하면서, 또 한편으로는 자기도 모르는 사이에 유럽계 사람들이 만들어놓은 가치관과 사회질서의 일부분이 되어가고 있었다.

아프리카계 사람들의 종교인 비율은 상대적으로 그리 높지 않았다. 1890년 아프리카계 미국인 가운데 약 3분의 1인 270만 명이 교회에 등록되어 있었는데, 이때 미국 전체 인구의 약 45퍼센트가 종교단체에 속해 있었다. 따라서 아프리카계 주민의 종교인 비율은 미국 전체로 볼 때 상대적으로 낮은 편이었다. 그런데 대부분의 아프리카계 노예들이 1750년부터 1808년 사이에 미국으로 들어왔으며 그들이 모두 비기독교 전통의 아프리카 사람들이었음을 생각한다면, 남북전쟁 이후 아프리카계 주민 사이에서 대대적인 개종이 있었던 것을 알 수 있다. 1890년 아프리카계 미국인 가운데 기독교인이 3분의 1이었다는 사실은 신앙이 없거나 기독교 이외의 종교를 선택한 사람이 훨씬 더 많다는 뜻이었다. 기독교 신자가 아닌 아프리카계 주민 대다수는 특정한 종교를 가지고 있지 않았다. 그러나 대도시로 이주한 많은 아프리카계 주민은 이전에 경험하지 못했던 다양한 종교를 접하게 된다. 이슬람이나 유대교, 혹은 여러 다른 신흥종교를 선택하는 아프리카계 주민이 증가했다.

제14장

종교다원주의의
시작

1893년 시카고에서 개최된
세계종교의회World' s Parliament of Religions
Wikimedia Commons

다양한 종파의 유입과 탄생

동방정교회

남북전쟁 이후 그때까지 개신교와 가톨릭교회가 주도하던 종교시장에 큰 변화가 오기 시작했다. 미국의 서부 진출과 팽창주의가 본격화되고 새로운 이민이 증가하면서 나타난 결과였다. 무엇보다 기독교 내부의 다양화가 이루어졌다. 기독교의 역사적 주요 교파 가운데 남북전쟁 이후에 비로소 등장하기 시작한 것은 동방정교회Eastern Orthodox Church였다. 동로마제국의 국교였던 정교회는 오래전 서로마제국의 가톨릭교회와 분리된 기독교의 큰 줄기였다. 정교회는 가톨릭교회와 마찬가지로 전통과 예전을 중시한다는 점에서 개신교와 구별되었지만, 교황 같은 어떤 특정한 사람의 권위가 아니라 로마 가톨릭과 분리되기 전 7차례의 공의회Ecumenical Council에서 결정된 신조에 최종 권위를 부여한다는 점에서 가톨릭과 달랐다.[286] 정교회는 신과의 신비한 연합을 최고의 목표로 삼았다. 따라서 그런 영적 목표를 달

---

[286] 공의회는 기독교가 공인된 이후 중대한 종교 문제가 발생했을 때 로마 황제가 제국의 모든 주교들을 소집하여 개최하던 최고 종교회의로서 여기서 결정된 사항은 황제의 권위로 반포되었고, 최종적인 권위를 가졌다. 정교회는 예를 들어, 성찬 때 떡만 분배하고 사제의 결혼을 허락하지 않는 가톨릭의 관습이나, 성모의 무죄와 승천, 교황의 무류 같은 로마 가톨릭 교리는 동서교회가 분리된 이후 로마 가톨릭이 일방적으로 정한 것이라 하여 인정하지 않는다.

성하는 데 도움을 주는 화려한 아이콘이나 아름다운 교회 장식 같은 풍부한 교회예술이 발달했다.[287] 동로마 수도였던 콘스탄티노플(이스탄불)의 총대주교가 전통적으로 정교회의 중심이었지만, 러시아, 시리아, 아르메니아, 세르비아 등지에도 독립된 정교회가 있었다.[288] 동방정교회는 이와 같은 여러 동로마 전통 교회를 포괄했다.

정교회가 의미 있는 종교집단으로 미국에 처음 등장한 것은 1867년 미국이 러시아로부터 광활한 알래스카를 사들인 이후였다. 당시 알래스카에는 상당한 규모의 러시아정교회가 있었다. 러시아가 18세기 중엽부터 알래스카에 진출하여 식민지를 건설하자, 러시아정교회는 1790년대부터 허만 St. Herman of Alaska(c.1756~1837) 같은 선교사를 파견하여 알래스카 원주민 선교를 하였다. 러시아정교회 수사였던 허만은 알래스카 원주민에 대한 깊은 사랑과 금욕적 삶으로 원주민과 러시아 정복자들의 존경을 받았고 1970년 러시아정교회 성인이 되었다. 러시아정교회의 알래스카 선교는 꽤 성공적이어서 원주민 인구의 6분의 1에 해당하는, 약 1만 명을 개종시켰고, 시트카Sitka에 교구를 설립할 수 있었다. 알래스카가 미국 영토가 된 직후인 1872년 러시아정교회는 교구를 샌프란시스코로 이전하였다. 이때 샌프란시스코에는 러시아와 지중해 연안의 정교회 지역에서 이주민이 모여들고 있었다. 이 교구는 1905년 러시아계 이민이 집중되어 있던 뉴욕으로 다시 옮겼다. 다른 기독교 교파들이 동부에서 시작하여 서부로 진출한 것과는 달리, 러시아정교회는 서부에서 동부로 나아갔던 것이다.

한편, 1890년대부터 그리스, 소아시아 등 지중해 연안 지역과 지중해 도서지방으로부터 이민이 크게 늘어나면서 그리스정교회가 세력을 확장하기 시작했다. 그리스정교회는 러시아정교회의 헤게모니와 경쟁하면서 뉴욕,

---

[287] 동방정교회에 대한 개괄적 소개로는 다음 책 참조: Timothy Ware, *The Orthodox Church: An Introduction to Eastern Christianity* (London: Penguin Books, 2015).

[288] 여러 독립된autocephalous, 즉 '스스로 머리가 되는' 정교회는 콘스탄티노플 총대주교를 '동등하되 가장 앞서는primus inter pares' 권위로 인정한다.

매사추세츠, 펜실베이니아, 오하이오, 일리노이 등지에 정착하였다. 그리스정교회는 미국에서 러시아정교회보다 늦게 출발하였지만, 독립된 여러 정교회의 총대주교 가운데 '동등하되 가장 앞서는' 세계 총대주교Ecumenical Patriarch인 콘스탄티노플 총대주교를 수장首長으로 하고 있기 때문에 그 전통과 권위에서 다른 어떤 정교회보다 우위에 있었다. 이후 동방전례 가톨릭교회Eastern Rite Catholic Churches(혹은 Uniates), 알바니아정교회, 벨로루시Byelorussian정교회 등이 정교회의 원류라고 할 수 있는 그리스정교회에 합류하였고, 그리스정교회는 결국 미국 최대의 정교회로 성장했다.[289]

미국의 정교회 인구는 19세기 말까지 9만 명밖에 되지 않았다. 그러나 1880년대 이래로 러시아, 남동부 유럽, 그리고 중동에서 이민이 크게 증가하면서 여러 전통의 정교회가 설립되고 그 세력도 확대되었다. 로마 교황의 권위 아래 모든 조직이 통일되어 있는 가톨릭교회와 달리 정교회는 유럽의 여러 지역에서 다양한 독립된 교회를 이루고 있었고, 미국에서도 그런 민족적 독립성을 유지하였다. 따라서 미국 전체의 정교회를 통합하는 조직을 만드는 것은 가능하지 않았다. 가장 먼저 진출했고 세력이 강했던 러시아정교회가 한동안 주도권을 장악했다. 그러나 제1차대전(1914~18)으로 민족주의 의식이 팽배해진 데 더하여, 러시아에 볼셰비키 혁명(1917)이 발생하여 러시아에서 정교회가 크게 위축되고 교회와 공산주의 정부의 관계가 문제되면서 상황은 크게 달라졌다.[290] 결국 시리아, 불가리아, 세르비아, 루마니아, 알바니아 등 크고 작은 민족적 정교회가 만들어졌으며, 러시아정교회도 몇 개로 분열하고 말았다.

이민과 더불어 성장한 다른 종교나 기독교파와 마찬가지로 정교회는 불가피하게 미국화의 과정을 거쳐야 했다. 미국화는 고통스런 과정이었으며,

---

[289] 동방전례 가톨릭이란 동방정교회의 예전을 따르지만 로마 교황의 영적 권위를 인정하고 그와 교류하는 교회들을 일컫는다.

[290] 서구 열강, 미국, 일본 등 몇몇 강대국들의 이해관계가 충돌하여 싸웠던 전쟁을 두고 '세계 대전'이라고 부르는 것은 서구를 세계의 중심으로 인식하던 과거 서구중심적 세계관을 반영한다. 이 책에서는 제1차대전, 제2차대전이라 하겠다.

공동체 내부에서 갈등의 원인이 되곤 했다. 정교회 교인은 비영어권 지역에서 온 이민자였으므로 미국에 정착하는 데 많은 어려움을 겪었다. 종교적–세속적 자유와 상대주의, 그리고 교파주의가 만연한 미국 사회에서 정교회의 독특한 전통과 영성은 힘든 싸움을 해나가야 했다. 다양한 배경을 지닌 정교회들은 같은 뿌리에서 나온 형제자매들임에도 불구하고 서로 경쟁하는 관계에 있기도 했다. 더구나 각 정교회의 고향인 러시아(소련), 동구권, 그리고 중동지방은 종종 정치적·종교적 소용돌이에 휘말리곤 했고, 그런 일이 있을 때마다 미국 정교회 공동체는 혼란과 갈등을 겪지 않을 수 없었다. 그러나 이런 여러 가지 어려움에도 불구하고 정교회는 가톨릭이나 개신교가 가지고 있지 않은 신비적 영성과 고대로부터 지켜온 신학적, 전례典禮적 통일성을 가지고 있었다. 그것은 결국 정교회의 자부심과 포용력으로 표출되어 세계교회협의회World Council of Churches 같은 초교파 단체에서 다른 기독교 교파들과 주저 없이 교류하게 만들었다. 21세기 초 미국에는 정교회 전통에 속한 사람이 최대 약 700만 명을 헤아리고, 정교회 교인들은 기독교인 가운데서도 가장 부유하고 학력이 높은 것으로 알려지고 있다.

기독교계 신종파

기독교계 종파의 다양화는 이민에 따른 여러 전통적 교파의 유입으로만 이루어진 것이 아니다. 예를 들어, 여호와의 증인Jehovah's Witnesses이라는 새로운 종파는 미국에서 탄생했다. 장로교와 회중교 출신의 성공한 의류업자 찰스 러셀Charles T. Russell(1852~1916)은 윌리엄 밀러 계열의 재림신앙에 이끌려 몇몇 사람들과 함께 분석적인 성경 공부를 시작했다. 그는 이 과정에서 역사적 기독교 신조에는 많은 오류가 있으며 예수의 재림이 임박했다고 믿게 되었다. 한동안 그는 밀러의 추종자였던 넬슨 바버Nelson H. Barbour(1824~1905)와 동역했다. 바버는 1843년 예수가 재림한다고 믿었다가 이루어지지 않자 재림일을 1873년, 그리고 다시 1874년으로 재설정한 사람이었다. 두 사람은 재림한 예수가 진정한 신자들을 공중으로 들어 올려 맞이하는 휴거携擧Rapture가 1878년 4월에 일어날 것으로 확신했다. 사업가였던 러셀은 많은 사재를 들여 출판과 집회를 통해 그 사실을 알리기 위해 애썼다. 그러나 휴거는 일어나지 않았고 러셀은 바버와 갈라서고 말았다. 러셀은 예수의 보이지 않는 재림이 1874년에 있었다고 해석하고, 그를 따르는 '성서 학생Bible Students'들과 함께 1881년 워치 타워 문서협회Watch Tower Bible and Tract Society를 설립하고 자신의 신학을 활발하게 전파했다. 러셀과 성서 학생들은 신의 이름으로는 반드시 '여호와Jehovah'를 사용해야 한다고 생각하여 성서를 다시 번역했다.[291]

러셀은 단지 제한된 수의 사람만 천국으로 가고 대부분의 신자는 지상 낙원에서 살게 된다는 독특한 종말론을 발전시켰다. 그에 의하면 제1차대전은 종말론적 아마겟돈Armageddon 전쟁의 시작이었다. 그리고 그 전쟁은 팔레스타인에 재건될 이스라엘을 둘러싸고 사탄과 여호와의 마지막 대결로 끝나게 되고, 승리한 여호와가 지상에 낙원을 건설한다는 것이다. 러셀은 삼위일체, 인간의 육체나 의식과 구별된 독자적 실체로서의 영혼, 그리고 영원한 지옥의 형벌 같은 전통적 기독교의 신앙을 거부했다. 그는 예수가 사도들에게 전한 진정한 복음이 이미 1세기부터 전통적 교회에 의해 타락되어 왔다는 대배교론Great Apostasy, 전천년적 종말론에 근거한 예수의 임박한 육체적 재림, 그리고 성서의 문자적 해석 등 19세기 기독교계 일부에서 유행하던 견해를 공유하면서, 자신의 독특한 해석을 추가했다. 러셀은 추종자들Russellites에게 철저히 도덕적 삶을 살라고 가르치는 한편, 가난하고 힘없는 사람들을 억압하며 악한 자들의 부와 권력을 증대시키고 있는 기존

---

[291] 신성4문자Tetragrammaton라고 알려진 유대-기독교 신의 이름 YHWH은 그 발음이 정확하게 알려지지 않고 있다. 히브리어는 원래 모음을 표기하지 않고, 제2성전기(516BCE~70CE)에는 발음하는 대신 '아도나이Adonai', 즉 '나의 주'라고 하여 그 발음이 전승되지 않았기 때문이다. 아도나이의 모음을 신성4문자에 적용하면 그 발음이 '여호와Yehowah'가 된다. 16세기 이후에는 여기에 '이에후아Iehouah'나 '저호바Jehovah' 같은 발음이 추가되었다. 영어성서는 윌리엄 틴데일William Tyndale(c.1494~c.1536)의 번역, 제네바 성서Geneva Bible(1560), 그리고 제임스왕본King James Version(1611)에서 'Jehovah'라고 음역했다. 근래에는 음역을 하는 대신 '주Lord'라고 번역하는 것이 일반화되었다.

의 교회와 국가, 그리고 대부분의 기업과 관계를 맺지 말도록 가르쳤다.

'성서 학생'들은 분권적이어서 중앙조직을 이루지 않았다. 그러나 러셀의 사후에 분열이 일어났고, 그 가운데 중앙집권적 조직을 갖춘 것이 여호와의 증인이었다. 1870년대 '성서 학생'의 수는 수백 명에 불과했지만, 활발한 전도 활동으로 교세가 크게 늘었고, 2022년 세계적으로 850만의 활동적 교인을 가지고 있었다. 수혈, 국기에 대한 경례, 그리고 전쟁 참여를 거부하는 여호와의 증인은 여러 나라에서 정부나 주류 종교와 갈등을 빚었다. 그러나 신앙적 확신에 근거한 그런 행동은 당연한 것 같아 보이는 문제의 본질에 대한 질문을 제기하여 법적·윤리적·신학적 논의를 좀 더 깊게 하도록 만들기도 했다. 사회적 통념에 반하는 행동은 신자들에게 핍박받는 소수자로서 정체성과 자부심을 심어주기도 하지만 법적·사회적 고통도 주는 것이기에 여호와의 증인은 개종자가 많은 만큼 탈퇴자도 많다. 2014년의 경우 여호와의 증인 신앙공동체에서 자란 사람들 가운데 성인이 된 이후에도 지속적으로 신앙생활을 하는 사람은 34퍼센트 정도밖에 되지 않는 것으로 조사되었다.[292] 그것은 복음주의 개신교인이나 모르몬교도의 절반밖에 되지 않는 비율이다.

찰스 러셀과 그의 추종자들이 주류 기독교로부터 배척받은 근본적인 이유는 전통적 기독교가 용인할 수 있는 성서 해석의 선을 넘어섰기 때문이었다. 그런데 남북전쟁 이후 새롭게 등장한 또 하나의 대표적 기독교계 종파인 크리스천 사이언스Christian Science는 또다른 차원에서 전통적 기독교와 다른 길을 걸었다. 크리스천 사이언스는 여호와의 증인처럼 기독교를 기반하고 있었지만, 초현상적metaphysical 요소를 가미한 형태를 띠었다는 점에서 구별되었다.[293]

---

[292] Michael Lipka, "A Closer Look at Jehovah's Witnesses Living in the U.S.," April 26, 2016, https://www.pewresearch.org.

[293] Metaphysical은 흔히 '형이상학적'이라고 번역되지만 여기서는 현상계를 넘어서는 세계에 대한 다양한 종교적 관심을 포괄하므로 '초현상적'이라고 번역했다.

크리스천 사이언스는 뉴햄프셔 회중교회 출신의 메리 베이커 에디에서 시작했다. 에디는 어려서부터 병치레로 고생을 많이 했기 때문에 성서 속의 치유 이야기를 비롯하여 메스머리즘mesmerism 같이 1850~60년대에 유행하던 대체의학에 많은 관심을 가지고 있었다.[294] 1866년 큰 낙상을 입은 에디는 "신의 과학," 즉 "생명, 진리, 그리고 사랑의 거룩한 법"을 발견하고 갑자기 완치되는 경험을 했다.[295] 그녀는 이후 이 치료법을 성서적·신학적·형이상학적으로 발전시켜 '크리스천 사이언스'라고 불렀으며 1875년에 출간한 《과학과 건강Science and Health》을 그 교과서로 삼았다. 《과학과 건강》은 마음이 모든 육체적 현상을 나타내므로 "마음이 모든 것이며 물질은 아무 것도 아니다"라고 주장했다.[296] 질병은 실체가 없는 허상이며, 적절한 초현상적 이해력만 가지면 극복할 수 있는 "오류error"라는 것이다. 따라서 육체의 질병보다 더 치유하기 어려운 것은 죄의 치유이며, 그것이야 말로 크리스천 사이언스의 진정한 목표였다. 에디는 신 이외의 모든 것은 허상이며 오류라고 보아, 질병뿐 아니라 죄, 물질, 고통, 그리고 죽음도 '거룩한 마음divine Mind'인 신에 대한 분명한 인식을 통해 넘어설 수 있다고 생각했다.

메리 베이커 에디는 1879년 매사추세츠 린Lynn에 첫 번째 크리스천 사이언스 교회Church of Christ, Scientist를 설립했고, 매사추세츠 초현상대학 Massachusetts Metaphysical College을 통해 많은 신앙치료사를 배출하여 전국으로 '과학적' 치유를 전파했다. 교회와 교인이 늘어나자 에디는 본부를 보스턴으로 옮기고 중앙집권적 조직을 만들어 관리했다. 또한 그녀는 객관적이고 균형 잡힌 보도를 표방하며 일간지 〈크리스천 사이언스 모니터Christian Science Monitor〉를 1908년에 창간하여 영향력 있는 언론으로 성장시키기도

---

[294] 메스머리즘은 독일인 의사 프란츠 메스머Franz Mesmer(1734~1815)가 주장한 이론으로 모든 자연물에는 보이지 않는 힘이 있고 그 힘을 치료에 사용할 수 있다고 말한다. 이 이론은 1850년대까지 유럽과 북미에서 큰 인기를 얻었다.

[295] Mary Baker Eddy, *Science and Health with Key to the Scriptures* (Boston: First Church of Christ, Scientist, 1994), 107.

[296] 같은 책, 108~109. 에디는 1883년부터 *Science and Health*에 *Key to the Scriptures*라는 부제를 붙였다.

했다. 크리스천 사이언스 교회들은 주로 20세기 초 북동부, 남서부, 그리고 캘리포니아 도시 지역에 건립되었다. 크리스천 사이언스는 육체적 건강과 신비한 영성의 결합에 관심이 많은 도시(또는 교외) 중산층 및 중상류층 여성 사이에 큰 반향을 일으켰다. 1910년 이미 1천 개 이상의 교회를 가지면서 확고하게 자리 잡은 크리스천 사이언스는 1930년대에는 2천 개 이상의 교회를 가졌고, 가장 부유하고 영향력 있는 신흥 종파가 되었다. 그러나 초현상적 종교에 대한 미국인들의 관심이 줄어들면서, 이후 교세는 계속 감소 중인 것으로 보인다. 교단이 교인 통계 밝히는 것을 금하고 있기 때문에 정확한 교세 변화는 알려지지 않고 있지만, 1970년대에 5천 명이던 치료사와 교사는 21세기 초 1천여 명으로, 1천 8백 개이던 교회는 약 1천 개로 줄어든 것으로 추정된다.

크리스천 사이언스가 성공하자 그와 유사한 '마음 치유Mind Cure' 운동들이 생겨났다. 한편, 에디가 독재적으로 교회를 운영하는 데 반감을 가진 사람들이 크리스천 사이언스에서 떨어져 나가 독자적인 조직을 만들기도 했다. 1890년대에는 이들 가운데 상당수가 '새로운 사상New Thought'이라는 이름 아래 연대하여 전국적 조직을 만들기 시작했다. 이 새로운 사상운동은 그리스-로마, 이집트, 힌두교, 불교 같은 고대 문화가 쌓아올린 지혜와 철학을 계승하여, 인간의 생각과 의식 등이 상호 작용하는 방식과 그 효과를 탐구하고자 했다. 새로운 사상 신봉자들은 '무한 지성Infinite Intelligence', 즉 신은 어디에나 있으며, 인간의 본질은 신적이라고 믿었다. 또한 그들은 정신이야 말로 실재이고 질병은 잘못된 마음에서 기인한다고 보아 '바른 생각right thinking'이 치유의 효과가 있다고 생각했다. '고등 사상Higher Thought'이라고도 불린 새로운 사상은 크리스천 사이언스와 거의 비슷한 지역적 분포와 인구 통계적 구성을 가지고 있었다.

신비주의 계열

영과 천사에 대한 관심이나 강령술같이 신비주의적 직접 경험을 강조한 종교현상은 19세기 중엽, 특히 남북전쟁 때 엄청난 사망자가 나면서 유행했다. 영적인 세계와의 교류에 대한 관심을 크게 증대시킨 사람은 스웨덴의 발명가-과학자-신비주의자 엠마뉴엘 스베덴보리Emanuel Swedenborg(1688~1772)였다. 50대 중반부터 환상과 꿈을 보게 되었다는 그는 신이 자신의 영적 눈을 열어 천국과 지옥을 마음대로 다니면서 천사나 악마를 비롯한 각종 영들과 대화를 나눌 수 있게 해주었다고 주장했다. 이후 그는 자신의 신비주의적 경험과 견해를 밝힌 18권의 저술을 출간하여 국교회인 스웨덴 루터교회로부터 배척받았다. 그러나 추종자들은 그 책들을 제2성서로 받아들였고 그의 사후에 '새 교회The New Church'를 만들었다. 스베덴보리 교회는 1817년 미국에 상륙한 후 19세기 후반까지 뉴잉글랜드를 중심으로 성장하였다.

스베덴보리의 신비주의 영성은 뉴잉글랜드 지성인들 사이에서 일었던 초월주의Transcendentalism에 큰 영향을 주었다. 19세기 초부터 중엽에 이르는 시기 동안 랄프 월도 에머슨Ralph Waldo Emerson(1803~82), 헨리 데이비드 소로Henry David Thoreau(1817~62), 그리고 여성운동가 마가렛 풀러Margaret Fuller(1810~50) 같은 뉴잉글랜드 지식인들은 당시 유니테리언주의와 하버드 대학을 주도하고 있던 존 로크John Locke(1632~1704) 계열의 감각주의 sensualism에 반기를 들었다. 감각주의는 감각과 지각을 인간 인지 작용의 중심으로 여기고 추상적인 것을 부정적으로 보았다. 초월주의자들은 인도의 베다Veda 철학, 독일의 관념주의, 그리고 영국의 낭만주의를 결합하여 감각적 경험이 아니라 인간의 영적이고 정신적인 본질에 기초하여 종교와 철학을 이해하려 했다. 이들은 이상적인 영적 상태에 이르면 물질적이고 경험적인 것들을 '초월'할 수 있다고 믿었다. 초월주의는 중앙조직이 없는 느슨한 운동이었으며, 초월주의자들은 다양한 목표를 각자의 다양한 방법으로 추구한 사람들이었다. 그러나 종교적인 면에서 그들은 특히 인도의 베다 철학에서 큰 영감을 얻어, 교리가 아니라 각 개인의 직관을 통해 초월을 경험할 수 있다고 생각했다.

소로는 매사추세츠 콩코드Concord의 월든 호수Walden Pond 가에 직접 통나무집을 짓고 단순하고 사색적인 삶을 사는 실험을 한 것으로 유명하다. 그는 문명에서 한 발짝 떨어진 월든 호수의 자연 속에 혼자 살면서 인간 존재와 문명의 본질을 성찰했다. 그리고 문명이란 "개선되지 않은 목표를 위한 개선된 도구"에 불과함을 깨닫는다.[297] 인간 문명이 편의와 사치를 위한 것들만 만들뿐 정작 인간 그 자체는 개선하지 못했다는 것이다. 소로가 오두막에 가져간 몇 권 되지 않는 책 가운데 하나가 초월주의자들에게 특히 큰 영향을 끼친 힌두교 성전 《바가바드기타Bhagavat Gita》였다. 그는 《바가바드기타》를 읽고 명상하는 가운데, 월든의 물이 "갠지스강의 성스러운 물과 섞이는" 환상을 보기도 했다. 그의 환상대로 《월든Walden》(1854)과 "시민 불복종Civil Disobedience"(1849)은 인도의 간디Mahatma Gandhi(1869~1948)에게 심대한 영향을 끼쳤으며, 그렇게 만들어진 간디의 '사티아그라하Satyagraha(무저항-불복종)'는 다시 지구 반바퀴를 돌아와 마틴 루터 킹Martin Luther King, Jr.(1929~68)의 인권운동에 큰 영향을 끼쳤다. 물질 문명과 정치 권력에 대한 소로의 깊고 비판적인 성찰은 정치적 저항운동뿐 아니라 평화주의, 무정부주의, 반자본주의, 자연주의 같은 다양한 사상에 지대한 영향을 끼쳤다.

19세기는 영적인 세계, 특히 죽은 사람과의 교류에 대한 관심이 증대된 시기이기도 했다. 사람은 사후에도 의식이 살아있기 때문에 적절한 방법을 통하면 죽은 사람과 대화할 수도 있다는 심령주의Spiritualism에 대한 믿음이 퍼졌기 때문이다. 이에 따라 그런 일을 가능케 하는 여러 가지 방법이 생겨났는데, 특히 유행했던 것 가운데 하나가 최면술hypnotism이었다. 최면 상태에서 사후세계의 신비를 접할 수 있게 해준다는 방법이었다. 이런 와중에

---

[297] Henry David Thoreau, *Walden*, ed. Stephen Fender (Oxford: Oxford University Press, 1997), 48, 266.

뉴욕의 '불타버린 지역' 가운데 하나인 로체스터 근처에 살던 어린 소녀 마가레타Margaretta(1833~93)와 캐서린 폭스Catherine Fox(1837~92) 자매가 톡톡 두드리는 소리rapping를 통해 영의 세계와 대화할 수 있다고 주장하여 논란과 주목의 대상이 되었다. 1848년 그들은 집에서 들리는 정체불명의 소리에 물건을 두드리는 소리로 응답하기 시작하여 결국 그 방법을 통해 죽은 자의 영혼과 대화할 수 있는 방법을 개발해낸 것으로 알려졌다. 폭스 자매는 가족의 친구인 한 퀘이커 부부의 도움을 받아 영매로 활동하기 시작했다. 자매를 도운 퀘이커 부부는 급진적 퀘이커였고, 따라서 이 심령운동은 노예제도 폐지, 여권신장, 절제운동 같은 사회개혁운동과 연관을 맺게 되었다. 한편, 〈뉴욕 트리뷴New York Tribune〉 편집자인 호레이스 그릴리Horace Greeley(1811~72)는 이 소녀들이 진짜 영매라고 믿어 그들의 보호자가 되었고, 사회 상류층에 그들을 소개해주었다.

폭스 자매가 영매로서 유명해지자, 그들을 모방하거나 나름대로 강령술을 개발해낸 사람이 크게 증가하는 현상이 벌어졌다. 몇 년 내에 수백 명이 스스로 영매라고 주장하며 나타났다. 심령주의는 하나의 운동이 되어 대서양 북동부 연안, 뉴욕 북서부, 중서부, 그리고 태평양 연안을 중심으로 전국에 퍼졌다. 여기에 동참한 사람 가운데는 유니버설주의자들이 특히 많았다. 1851년에 7개였던 심령주의 정기간행물은 6년 후 67개를 헤아렸으며, 19세기 말에는 전국에 걸쳐 백수십 종류가 발행되었다. 그러나 1888년 마가레타 폭스가 한 기자의 돈을 받고 두드리는 소리의 진실을 밝히는 일이 있었다. 2천 명의 청중 앞에서 보여준 바에 의하면 그것은 죽은 자의 영혼이 내는 신비로운 소리가 아니라 자기 엄지발가락을 이용해서 임의로 만들어내는 것이었다. 1년 후 마가레타는 이 고백을 철회하였지만 이미 되돌릴 수 없었다. 심령주의 동료들로부터 버림받은 두 자매는 몇 년 후 알코올 중독과 가난 속에 쓸쓸히 사망했다. 그러나 심령주의운동은 폭스 자매의 고백과 불행한 종말에도 불구하고 계속되었다. 심령주의자들은 교회나 교단 조직을 갖추지 않고 독립적인 공동체나 캠프 형식으로 운영되었다. 그러나

19세기 후반부터는 연합회 형식으로 몇몇 조직이 만들어지기도 했다.

한편, 19세기 말에는 심령주의적 관심에 동양적인 요소가 가미된 새로운 형태의 종교가 생겨나기도 했다. 우크라이나에서 이민 온 신비주의자 헬레나 블라바츠키Helena P. Blavatsky(1831~91)와 변호사 헨리 올코트Henry Olcott (1832~1907)가 중심이 되어 뉴욕에 창립한 신지神智협회Theosophical Society가 대표적이다.[298] 신플라톤주의와 주술, 그리고 힌두교와 불교, 이슬람교 등이 혼합된 신지협회는 영적 구루guru인 마하트마mahatma(위대한 영혼)의 도움으로 신비적 경험을 하고, 동서양 경전의 비교秘敎적 연구를 통해 설명되지 않은 자연의 법칙과 인간의 내재된 힘을 탐구하는 신흥종교였다. 인간의 영적 능력 개발과 함께 성性과 인종, 종교와 계층을 초월한 인류의 보편적 형제애를 추구하기도 했다. 신지협회는 블라바츠키와 올코트가 1879년 인도로 간 이후 본부를 그곳으로 옮겼다. 인도에서 신지협회는 더욱 힌두교-불교적 요소를 가지게 되었으며, 결국 두 사람은 실론Ceylon(스리랑카)에서 불교에 귀의했다. 올코트는 유명한 서구인 가운데 정식으로 불자가 된 첫 사례였다. 그는 블라바츠키가 영국으로 간 이후에도 계속 인도에 머물렀으며, 불교가 미국에 소개되는 데 큰 역할을 하였다. 신지협회는 실론에 몇몇 불교대학을 설립했는데, 거기에서 공부한 젊은이들이 스리랑카 건국의 주역이 되기도 했다.

인도의 본부가 지나치게 힌두교와 불교로 기울었다고 생각한 미국의 신지협회 회원들은 1895년 뉴욕에 미국 신지협회Theosophical Society of America를 독자적으로 설립한 후 캘리포니아 파사데나Pasadena로 본부를 옮겼다. 캘리포니아에는 아시아계 이민이 많고 동양적 종교를 포함하여 새로운 종교에 대한 관심이 높아 여러 가지 형태의 신비주의 종파들이 번성할 수 있는

---

[298] 우리나라 사람 가운데 최초로 신지협회 회원이 된 사람은 한말 개화당 일원으로 갑신정변과 갑오경장을 주도했으며 미국주재 공사를 지냈던 서광범徐光範(1859~1897)이다. 서광범은 갑신정변 직후 미국에 가서 살면서 기독교인이 되었다가 얼마 후 신지협회 회원이 된다. 1897년 그가 미국에서 죽었을 때 장례는 워싱턴에서 신지협회장으로 치러졌다.

환경을 제공했다. 신지협회 계열 종교는 한창 때도 신자 수가 수천 명에 불과했다. 많은 사람이 선택하지는 않았으나 주로 도시의 상류층을 중심으로 교인을 확보했으며, 동양의 종교 전통, 그리고 동서양 종교의 합일이라는 새로운 흐름을 미국 종교계에 소개하는 데 기여했다.

전체적으로 볼 때 심령주의운동은 교세가 크지 않고 지역적으로 편중된 채 전개되었지만 유대-기독교 전통을 대체하거나 보완하는 종교로서 가능성을 보이며 전개되었다. 그리고 심령주의운동은 그 규모에 비해서 큰 영향력을 행사했다. 주류 기독교로 하여금 영적 치유에 대한 관심을 갖게 했으며 20세기 후반 뉴에이지New Age운동이 일어날 수 있는 기초를 제공하기도 했다.

비서구 종교

세계 선교와 비서구 종교

신지협회가 동양 종교의 요소를 받아들이고, 그 초대 회장이 불교도가 된 사건은 19세기 말 미국에 미치기 시작한 동양 종교의 매력을 상징적으로 보여주었다. 그런데 19세기 미국인 가운데 비서구 종교를 가장 먼저 접하여 그 매력을 느낀 후 진지하게 공부한 사람들은, 역설적이게도, 비서구인에게 기독교를 전하러 갔던 해외 선교사들이었다. 선교사들은 미국의 기독교와 문화, 그리고 서구적 가치관을 선교지에 전하는 역할을 수행했다. 그들은 이후 오리엔탈리즘Orientalism이라고 불린 서구중심 세계관을 가지고 선교지에 갔다.[299] 그러나 원주민이 살던 북미대륙과 마찬가지로 아시아, 아프리카, 그리고 중동의 선교지는 도덕적·문화적·종교적 '광야'가 아니었

---

[299] Edward W. Said, *Orientalism: Western Conceptions of the Orient* (New York: Penguin Books, 1995), 특히, 7, 35, 349.

다. 선교사들은 필연적으로 선교지의 종교문화와 만나야 했다. 특히 중국, 인도, 터키 등지에서 활동했던 선교사들은 불교, 유교, 힌두교, 이슬람 같은 고도로 발달된 비서구 종교를 만났고, 그 높은 도덕성과 교리의 심오함에 큰 충격을 받게 된다.

19세기 말의 해외선교는 미국의 경제적·국제정치적 팽창정책에 편승하여 전개되었다. 성공적인 제2차산업혁명으로 세계적 강국이 된 미국은 19세기 말부터 제국주의 경쟁에 본격적으로 뛰어들었다. 1893년의 하와이 병합, 베네수엘라의 국경선을 두고 영국과 대치했던 1895년의 베네수엘라 위기 Venezuelan Crisis, 그리고 1898년 쿠바를 두고 에스파냐와 벌인 전쟁Spanish-American War 및 그 연장선에서 이루어진 필리핀 점령은 미국의 팽창주의 정책이 본격적으로 실현되기 시작했음을 보여주었다. 19세기 초 제2차 대각성 와중에 해외선교운동이 시작된 이후 1870년까지 미국 교회들은 약 2천 명의 선교사를 해외에 파견했는데, 남북전쟁과 그 후유증으로 해외선교운동은 19세기 중반 이후 쇠락의 길을 걸었다. 그러나 해외선교운동은 산업혁명에 성공한 미국의 제국주의적 해외 진출이 시작되는 1880년대 후반부터 다시 활력을 얻기 시작했다. 1860년대에 16개였다가 1900년 90개로 늘어난 해외선교 기관들은 미국이 진출하는 곳으로 수많은 선교사를 파송하기 시작했다.

미국의 제국주의적 팽창은 선교사 이외에 많은 사람을 해외로 나가게 했고, 결과적으로 비서구 종교를 직접 접할 수 있는 사람의 수를 크게 증대시켰다. 남북전쟁 이후 대륙횡단 철도망이 미국 전역을 연결한 후에는 원양 선박이 늘어나고 항해술이 발달하면서 국제 무역과 교류가 활발해졌다. 늘어나는 교역, 팽창하는 미국과 함께 군인, 상인, 외교관 그리고 여행자들이 전 세계로 나갔다. 이들은 선교사와 마찬가지로, 그동안 글을 통해서 접하던 동양의 종교인과 종교문화를 현지에서 직접 관찰할 수 있었다. 직접 경험한 동양의 종교는 단편적인 여행기록이나 상상력과 편견에 의존한 과거의 글이 설명한 것과 전혀 다른 경우가 많았다. 살아있는 동양의 종교 속에는 서구적 편견을 가로질러 전해지는 매력과 존재감이 있었다. 해외에서 직접 경험된 비서구 종교는 여러 인쇄매체를 통해서 미국 사회에 전해졌다. 유대-기독교 전통이 아닌 다른 종교의 실체를 비로소 알기 시작한 미국인들은 시간이 가면서 유대-기독교 전통만이 유일한 종교라는 생각을 수정하기 시작했다. 이 과정에서 가장 큰 역할을 담당했던 것이 해외 선교사들이다.

미국 기독교의 해외선교는 20세기 초까지 엄청난 속도로 확장됐다. 19세기 말 5천 명에 달한 해외 선교사의 수는 1920년 말에 이르러 1만 2천 명으로 늘어났다. 비서구 세계와 관련하여 선교사들이 미국인에게 유난히 큰 영향을 끼칠 수 있었던 것은 선교사 수가 그렇게 많았기 때문만은 아니었다. 당시 선교사는 기록하고 보고하는 사람이었다. 그들의 철저한 기록과 활발한 교신 활동은 해외에 있던 다른 어떤 미국인보다 큰 목소리를 낼 수 있게 해주었다. 기독교를 전하는 일을 담당했던 선교사들이 비서구 종교의 존재와 가치를 발견하고, 그것을 공부하여 미국에 알려주게 된 현상은 하루아침에 이루어지지 않았다. 19세기 전반기의 해외선교는 기독교화와 문명화를 동시에 추구했다. 이때 해외 선교사는 허먼 멜빌Herman Melville (1819~91) 같은 당대의 지성에 의해 원주민들의 선량한 삶을 파괴하는 악당으로 묘사되곤 했다.[300] 이 문제를 해결하기 위한 방법으로 등장한 것이 문명화를 배제하고 순전히 기독교 복음만 전하는 것이었다. 1832년부터 1866년까지 ABCFM의 해외 총무를 지내며 당시 미국 해외선교운동에 막대한 영향을 끼쳤던 러퍼스 앤더슨Rufus Anderson(1796~1880)은 그런 변화된 태도를 대변했다. 그는 "야만인을 문명화시키는" 가장 단순하고 효과적인 방법은 "오직 복음"만 전하는 것이라고 강변했다.[301]

그러나 19세기 말 이후 미국의 제국주의적 해외 진출이 시작되면서, 선교

---

[300] 멜빌은 젊은 시절 쓴 남태평양 지역 여행기 *Typee: A Peep at Polynesian Life*(1846)와 *Omoo: A Narrative of Adventures in the South Seas*(1847)에서 유럽인의 제국주의적·인종주의적 행태와 그 일부인 선교사들의 행동을 신랄하게 비판했다. 이에 대한 분석은 다음 참조: Albert H. Tricomi, *Missionary Positions: Evangelicalism and Empire in American Fiction* (Gainesville: University Press of Florida, 2011), ch. 3.

[301] Rufus Anderson, *Foreign Missions: Their Relations and Claims* (New York: Scribner, 1869), 97.

는 제국주의와 발맞추었다. 1898년 에스파냐와의 전쟁에서 승리를 거둔 후 미국은 본격적인 제국주의 경쟁에 뛰어들었다. 그런데 식민지에서 독립하여 만들어진 공화국이 제국주의적 식민지 쟁탈전에 나선다는 것은 쉽게 정당화하기 어려운 일이었다. 종교계에서는 특히 필리핀 강점과 관련하여, 미국이 과연 정복자가 되어 자신의 의지를 다른 나라 사람에게 강요해도 되는가에 대한 열띤 논쟁이 있었다. 그럼에도 불구하고 에스파냐-미국 전쟁을 승리로 이끈 대통령 윌리엄 매킨리William McKinley(1843~1901)와 많은 종교 지도자들은 미국을 자유와 기독교 문명의 수호자로 정의하고 팽창주의를 신으로부터 부여받은 사명으로 여겼다. 감리교인이던 매킨리는 밤에 기도하던 중 필리핀 사람들을 "교육하여 향상시키고, 문명화하고, 기독교화"하기 위해 필리핀을 점령하라는 신의 계시를 받았다고 말했다.[302] 이때 대부분의 기독교인은 제국주의를 문명화-기독교화와 결합시킨 미국의 이 새로운 사명을 믿고 지지하는 쪽에 서 있었다.

북장로교 해외선교부 총무 아서 브라운Arthur J. Brown(1856~1963)은 필리핀 점령과 관련하여, 자신들에게 좋은 것이 무엇인지 모르는 필리핀인들에게 "좋은 것"을 군사력을 통해 강제로라도 주는 것이 낫다고 하였다.[303] 해외선교를 위한 학생자원운동Student Volunteer Movement for Foreign Missions(SVM) 지도자 존 모트John R. Mott(1865~1955)나 북장로교 해외선교부의 로버트 스피어Robert E. Speer(1867~1947) 같은 선교 운동가들은 해외선교를 '영적 제국주의'로 변모시켰다. 스피어는 선교를 "진정한 제국주의"인 기독교를 전하는 것이라고 의미 부여했다.[304] 그러나 찬란한 고대문명을 꽃피운 지역으로 갔던 선교사들은 '야만인'이 아니라 발전된 종교문화를 가진 자부심 강한

---

[302] Arthur P. Dudden, *The American Pacific: From the Old China Trade to the Present* (New York: Oxford University Press, 1992), 84.

[303] Arthur J. Brown, *The New Era in the Philippines*(New York: Fleming H. Revell, 1903), 152~54, *Documentary History II*, 66~67.

[304] Robert E. Speer, *The Finality of Jesus Christ* (New York: Fleming H. Revell, 1933), 372.

사람들을 만나곤 했다. 예를 들어, 중국인들은 오히려 서구인을 무식한 '오랑캐'로 여겼다. 중국 문화의 생명력과 자족적 성격은 선교사들에게 큰 충격을 주었다. 중국에서 오랫동안 선교했던 장로교의 존 네비어스John L. Nevius(1829~93)는 유교의 가르침에 대해, 성서의 계시와 상관없이 발전된 것으로는 역사상 "가장 순수"하고 인류의 선에 가장 큰 영향을 끼친 윤리 제도라고 평가했다.[305] 그는 동양의 문화와 종교를 분리해서, 기독교를 최상의 종교로 여기되 동양의 문화는 존중하는 태도를 보였다. 그것은 19세기 말에서 20세기 초에 활동한 많은 선교사가 취한 태도였다.

존 모트와 로버트 스피어의 주도로 1910년 스코틀랜드 에든버러Edinburgh에서 개최된 세계선교대회World Missionary Conference는 다른 종교에 대한 기독교인의 태도에서 큰 전환점이 된 사건이었다. 이때 기독교의 중심은 여전히 서구였고 그 신학이나 관점도 서구중심적이었다. 이 회의에 모인 1,215명의 선교사와 선교 운동가 대부분은 북미와 북유럽에서 온 사람들이었고, "이 세대 내의 세계 복음화"라는 모트의 구호가 여전히 설득력을 발휘하는 상황이었다. 그러나 선교사들은 그동안 선교 현장에서 만나게 된 여러 종교의 가치를 인정하지 않을 수 없었고, '세계의 복음화'라는 목표를 이루기 위해서라도 다른 종교를 일방적으로 배척하는 일은 현명하지 않았다. 이 문제와 관련하여 에든버러 세계선교대회가 도달한 결론은 기독교가 진리의 완성이지만 다른 종교들도 그에 이르는 준비 과정이라고 보는 견해였다.[306] 다른 종교에도 신이 준 계시와 진리의 '조각'이나 '씨앗'이 있고, 그런 것들이 기독교를 통해 완성된다는 '성취론Fulfillment Theory'적 견해였다. 이것은 초대교회부터 있던 '복음을 위한 준비praeparatio evangelica'라는 개념, 즉 타 종교나 사상의 긍정적인 면을 기독교와 그들의 '접점points of contact'으로 이해하

---

[305] John Livingston Nevius, *China and the Chinese*…(New York: Harper, 1869), 54, 다음에서 재인용: John Halsey Wood, Jr., "John Livingston Nevius and the New Missions History," *Journal of Presbyterian History* (Spring/Summer 2005), 32.

[306] 타 종교에 대한 논의를 담당한 에든버러 세계선교대회 제4위원회는 *The Missionary Message in Relation to Non-Christian Religions*라는 보고서를 1910년 출간했다.

는 노력의 연장선 위에 있는 생각이었다.

에든버러 세계선교대회는 19세기 세계 선교운동의 총결산이요 현대 선교운동의 시작이라고 할 수 있었다. 따라서 거기에 모인 서구 기독교인들이 다른 종교를 이처럼 긍정적으로 받아들이기로 한 것은 역사적 의미를 지녔다. 그것은 다른 종교에 대한 비교종교학적 연구가 19세기 말부터 서구 학계에서 진행되어 온 상황과 관련 있었다. 그러나 좀 더 근본적인 차원에서 그것은 기독교와 견줄 수 있는 영성과 도덕성을 가진 다른 종교 전통 속에서 활동했던 선교사들의 경험을 반영한 것이었다. 물론 에든버러의 결정을 모든 사람이 환영한 것은 아니다. 진보주의자들은 그 결정이 기독교를 여전히 최종 가치로 여긴다고 비판했고, 전통주의자들은 근대성을 지나치게 수용했다고 반발했다.

동양 종교의 가치에 대한 이해가 깊어지는 가운데, 신학적 자유주의에 영향을 받은 선교사 가운데는 동양 종교에 의해 '개종'되는 사람도 생겨났다. "동양을 변화시키러" 갔다가 "자신이 변화된 사람"이 되어 돌아오는 역개종 현상이 나타난 것이다.[307] 인도 선교사였던 감리교의 스탠리 존스 Stanley Jones(1884~1973)는 인도의 종교적 천재성은 세계에서 가장 풍성하며, 미국의 기독교인은 인도의 힌두교도에게 가르치는 만큼 배울 것도 많다고 주장했다. 그가 인도 문화를 무시하는 젊은 선교사에서 "세상은 법정이 아니라 가족"이라고 깨닫는 성숙한 인간으로 변해가는 경험을 담은《인도 길 위의 그리스도 The Christ of the Indian Road》(1925)는 100만 권 이상 팔리며 수많은 선교사와 서구인에게 큰 영향을 주었다.[308]

선교사의 딸이요 아내요 자신이 선교사였던 노벨 문학상 수상 작가 펄 벅 Pearl S. Buck(1892~1973)은 한 걸음 더 나아갔다. 중국에서 거의 평생, 선교사 공동체에 살았던 그녀는 4천 년 역사의 중국에 비하면 미국은 "영구적

---

[307] Earl H. Cressy, "Converting the Missionary," *Asia* 19/6 (June 1919): 553.

[308] E. Stanley Jones, *The Christ of the Indian Road* (New York: Abingdon, 1925), 190.

으로 미성숙한 정신"의 본거지일 뿐이며 선교사들은 무능력과 비효율과 편협함에 빠진 사람들이라고 비난했다.[309] 그녀는 점차 역사적 기독교의 진리를 의심하게 되었고, 결국 종교를 버리고 "인간에 대한 믿음"을 선택했다. 진보적인 선교사들은 이미 자기들의 훌륭한 종교 전통을 가지고 있는 사람들에게 기독교를 전하는 일이 도덕적으로 정당한가라는 고민과 함께 기독교가 과연 그럴 만한 가치가 있는가라는 근본적인 질문을 하고 있었다.

1932년 평신도 해외선교회Layman's Foreign Missions에서 발표한 보고서《선교의 재고Re-thinking Missions》는 선교의 정당성과 목표에 대한 근본적인 문제 제기가 광범위하게 이루어지고 있음을 보여주었다. 하버드대학 철학교수 윌리엄 호킹William E. Hocking(1873~1966)이 주도한 조사위원회의 이 보고서는 해외선교를 총체적으로 재점검한 후 만든 보고서였다. 보고서에 의하면 "앞을 내다보는 선교사"들은 영혼 구원에 대한 관심에서 시작한 선교가 이제는 "필요에 의해" 삶을 개선하는 사회적 역할에 더 노력을 기울이게 된 것으로 파악하고 있었다.[310] 보고서는 이런 상황 변화에 맞추어, 복음 전파보다 사회봉사에 더 많은 관심을 기울이고 다른 종교에 대해 더 존중하는 태도를 보이라고 선교사들에게 조언했다. 이 보고서는 존 모트의《이 세대 내의 세계 복음화The Evangelization of the World in This Generation》(1900)나 로버트 스피어가 쓴《교회의 새로운 기회The New Opportunity of the Church》(1919)의 논지와 극명하게 대조되었다. 미국이 막 제국주의 진출을 시작한 시점에서 나온 모트의 책은 세계 선교에 대한 미국인들의 과도하게 낙관적인 견해를 대변했고, 제1차대전이 끝난 후에 저술된 스피어의 책은 서구 문명이 비기독교인들에게 입힌 피해를 반성하면서, 그런 잘못을 바로잡고 참담했던 전쟁의 상처를 치유하기 위해서는 더 많은 선교사를 파견해야 한다고 주장했다.

---

[309] Gant Wacker, "Pearl S. Buck and the Waning of the Missionary Impulse," *Church History* 72/4 (Dec. 2003): 860, 861~63, 865.

[310] William E. Hocking, *Re-thinking Missions: A Laymen's Inquiry After One Hundred Years* (New York: Harper, 1932), 60~64.

불교, 힌두교, 이슬람

초월주의나 신지협회는 19세기 중엽의 미국인들, 특히 지식인층 가운데 동양 종교에 관심을 가지는 사람이 있었음을 보여준다. 동양 종교 가운데 가장 먼저 미국에 규모 있는 신앙공동체를 가지게 된 것은 중국 이주민이 들여온 불교였다. 중국인들은 1820년대부터 미국으로 들어오기 시작했다. 그러나 큰 규모의 중국 이민은 캘리포니아 골드러시Gold Rush(1848~55)와 더불어 시작되었다. 북부 캘리포니아에 상업성이 있는 규모의 금광이 발견되자 수년 내에 약 30만 명이 국내외에서 몰려들었고, 1850년 미국의 31번째 주가 된 캘리포니아는 급속도로 개발되었다. 이때 광둥지역을 중심으로 중국 남부에서 많은 중국인 노동자들이 캘리포니아로 들어왔다. 몰락해 가던 청淸나라의 사회경제 체제 속에서 심하게 고통받던 가난한 사람들이었다. 1851년 2천 7백여 명이던 미국 내 중국인 수는 1870년까지 약 10만 5천 명으로 증가했다. 이들 가운데 77퍼센트는 캘리포니아에 정착했으며, 나머지는 서부 일대와 남부, 그리고 뉴잉글랜드로 흩어졌다. 캘리포니아의 초기 중국 이주민은 금광을 찾아온 사람들이었다. 그러나 1860년대 들어서면서 골드러시가 끝나자 중국인들은 유럽계 노동자 임금의 3분의 1을 받으며 대륙 간 철도 건설의 난공사 구간에서 계약 노동자로 일했다.

미국 최초의 불교사찰은 중국에서 온 불교 신자들에 의해 1853년 샌프란시스코에 건립되었으며 두 번째 사찰도 역시 그들에 의해 이듬해에 만들어졌다. 1900년까지 태평양 연안에 건립된 약 400개의 중국계 종교시설 대부분이 불교적 요소를 가지고 있었다. 중국 이민자들의 불교는 도교나 유교, 그리고 민간신앙과 결합되어 있는 경우가 많았다. 중국인에 대한 인종적·문화적 편견과 차별이 심하여 그들의 사원은 '우상 집joss houses'이라고 불리며 의심과 멸시의 대상이 되곤 했다. 그리고 중국인 이민이 증가하면서 태평양 연안에 반중국인 정서가 팽배해졌다. 1871년부터 1880년 사이에만 12만 3천여 명의 중국인이 입국한 것이다.

태평양 연안의 반중국 정서는 1882년의 중국인 배제법Chinese Exclusion Act으로 표출되었다. 중국인들이 지역의 "좋은 질서를 위험에 빠뜨린다"고 밝힌 이 법은 특정한 국가로부터의 이민을 제한한 미국 최초의 법이었다.[311] 이 법으로 인해 중국인 노동자의 입국이 10년 동안 금지되었다. 그러나 그 이후에도 법의 제한을 받는 대상자가 확대되고 금지 기간도 계속 연장되어 1965년 이민법Immigration and Nationality Act이 만들어질 때까지 대규모의 중국인 이민은 사실상 중단되었다. 이 핍박의 기간 동안 중국인들은 개인적 차원에서 신앙생활을 했고, 사원들도 사라져갔다.

중국인 노동자의 본토 유입 금지와 대비된 것이 일본인들의 대규모 하와이 이민이었다. 일본인의 하와이 이주는 하와이가 독립국일 때부터 시작되었지만, 1898년 하와이가 미국에 강제 병합된 이후 본격적으로 전개되었다. 미국의 하와이 병합은 여왕과 백성의 동의 없이 이루어진 불법적 행위였다.[312] 제국주의 침략이란 그런 식으로 이루어지기 마련이었다. 하와이에 온 일본인은 사탕수수와 파인애플 농장에서 계약 노동자로 일했다. 대부분 오키나와 출신이었는데 1920년 그 수가 2만 명에 달하여 하와이 인구의 상당한 부분을 차지했다. 하와이 거주 일본 이민자의 수가 늘어나자 일본 불교 최대 종파인 정토진종淨土眞宗은 1889년부터 선교사를 파견하기 시작했다.[313] 이들의 활동으로 1896년 하와이 파우하우Paauhau 인근에 정토진종 사찰이 세워졌는데, 이것은 서구에 건립된 최초의 일본 불교 사찰이었다. 1898년에는 선교사와 이민자들이 불교청년회를 조직하기도 했다.

한편, 중국 노동자의 입국이 금지되자 그들을 대신할 값싼 노동자에 대한 수요가 증대되어 하와이의 일본 노동자들이 대거 본토로 진출했다. 그

---

[311] "Chinese Exclusion Act(1882)," https://www.archives.gov.

[312] 미국 의회는 1993년 "사과 결의안Apology Resolution"을 통해 그 불법성을 공식 인정하고 사과했다.

[313] 정토진종은 일본의 승려 신란親鸞(1173~1263)에 의해 시작된 대중적 대승불교다. 신란은 많은 공덕과 엄격한 계율을 지키는 수행도 아미타의 자비의 빛 속에서는 빛을 잃는다는 것을 깨닫고 어려운 교리를 공부하거나 속세를 떠나 수행하지 않아도 아미타불을 염불함으로써 서방정토에 이를 수 있다고 가르쳤다.

들은 샌프란시스코와 새크라멘토Sacramento 근처에서 벼를 성공적으로 경작하여 결국 벼농사를 캘리포니아의 주요 농산물로 만들었다. 캘리포니아 지역에 일본인이 늘어나면서 1898년 정토진종 선교사들이 들어왔다. 그 이듬해에는 본토 최초의 일본 불교 사찰이 샌프란시스코에 건립되었으며, 북미 불교 선교회Buddhist Mission of North America가 발족했다. 불교 선교회는 적극적인 미국화 정책을 채택하여 일본 이민자들 사이에서 크게 환영받았다. 그러나 일본 이민을 사실상 중단시킨 1924년 이민법은 선교회의 활동에 큰 타격을 주었다. '동양인 배제법'으로 알려진 이 이민법은 한 나라에서 들어올 수 있는 이민자의 수를 1890년 현재 미국에 있던 그 나라 출신자 수의 2퍼센트 내로 제한했다. 이 새로운 이민법은 이제 막 이민이 시작된 아시아계 이민을 사실상 금지시키는 효과를 발휘했다.

유럽계 미국인이 불교에 진지한 관심을 보인 첫 증거는 마가렛 풀러가 1840년대부터 보스턴에서 발간했던 초월주의 잡지 〈다이얼The Dial〉이었다. 1844년 〈다이얼〉은 불어판에서 영어로 재번역된 법화경 한 장章을 싣기도 했다. 선구적 아동교육가였던 엘리자베스 피바디Elizabeth Peabody(1804~94)가 번역한 이 법화경은 미국에 소개된 최초의 불경이었다. 그러나 불교에 대한 관심은 중국과 일본에서 이민이 들어오면서 본격적으로 일었다. 이때 불교에 흥미를 느낀 일부 지식인들은 주로 인도와 동아시아에 진출한 영국쪽 정보를 이용하여 불교를 공부하기 시작했다. 1880년에 실론에서 불교도가 된 신지협회의 올코트는 불교적 요소를 수용하면서도 비교秘教적 경향이 농후했던 다른 신지협회원들과 달리 정통 불교를 추구했다. 그는 영어로 불교 교리서를 쓰는 등 불교 전파에 기여하였다.

19세기 미국인의 불교에 대한 관점에 가장 큰 영향을 끼친 것은 아마 영국 시인 에드윈 아놀드Edwin Arnold(1832~1904)가 쓴 《아시아의 빛The Light of Asia》이었을 것이다. 1879년에 출간된 《아시아의 빛》은 붓다의 일생과 가르침에 관한 서사시였다. 불교를 왜곡했다는 비판이 적지 않았으나 미국에서 대단히 인기가 있어 80쇄에 걸쳐 50만 권이 판매되었다. 또한 독일계의 비교종교학자 폴 카러스Paul Carus(1852~1919)는 1894년 《붓다의 복음The Gospel of the Buddha》을 출간했다. 이것은 붓다에 관한 이야기를 신약성서 복음서와 유사한 형태로 편집한 책이었다. 카러스는 일본의 저명한 불교학자 스즈키 다이세츠鈴木大拙(1870~1966)를 미국으로 초청하여 번역과 저술을 통해 (선) 불교를 포함한 동양 사상을 미국에 전파할 수 있게 도왔다. 1880년대부터 서서히 일기 시작한 불교에 대한 관심은 19세기 말 하나의 세계적 현상으로 자리 잡아갔다. 이때 그 중심에 있는 사람이 스즈키였다. 그가 전해준 불교, 특히 일본 계열의 선불교는 서구에 아리스토텔레스나 플라톤의 저작이 처음 번역되어 전해졌을 때와 같은 충격을 주었다고 한다.[314]

불교에 비해서 힌두교나 이슬람은 19세기 미국에서 그 존재감을 느끼기 힘들었다. 헨리 데이비드 소로 같은 초월주의자나 미국 최고의 시인이라고 불리는 월트 휘트먼Walter Whitman Jr.(1819~92)에게는 힌두교의 영향이 분명히 감지된다. 휘트먼과 가까웠던 랄프 월도 에머슨은 휘트먼의 걸작 《풀잎 Leaves of Grass》(1855)을 "《바가바드기타》와 〈뉴욕 헤럴드New York Herald〉의 놀라운 혼합"이라고 평한 바 있다.[315] 1883년 보스턴의 유니테리언들은 힌두교 구루를 초대하여 에머슨의 미망인 집에서 강연을 개최하기도 했다. 그러나 힌두교는 절대다수의 미국인에게 자신과는 전혀 관계없는 동양의 이상한 종교에 불과했다. 힌두교 신앙공동체가 생긴 것은 20세기에 들어서였다.

한편, 이슬람은 이와 달리 16세기와 17세기의 에스파냐 정복자들과 아프리카 출신 노예들을 통해 일찍이 들어왔던 것으로 보인다. 이베리아반도에는 8세기부터 무슬림이 진출해 15세기까지 이슬람 왕국을 유지했으며, 서부 아프리카에도 유럽인이 진출하기 수세기 전부터 이슬람교가 성행하여 많은 부족이 무슬림이었다. 그러나 미국의 유럽계 사람 가운데 의미 있는 무슬림

---

[314] 스즈키의 가장 대표적인 영문 저술은 다음 참조: Daisetz Teitaro Suzuki, *An introduction to Zen Buddhism* (Kyoto: Eastern Buddhist Society, 1934).

[315] Frank B. Sanborn, "Reminiscent of Whitman," *Conservator* 8/3 (May 1897): 38. 다음에서 재인용: Nathaniel Preston, "Walt Whitman's Use of Indian Sources: A Reconsideration," https://core.ac.uk.

공동체는 없었던 것으로 보인다. 아프리카 출신의 무슬림 노예들은 노예의 종교생활이 보장되지 않는 데다 사회 또한 압도적으로 기독교적인 상황이라 드러내지 못하고 비밀스럽게 신앙을 지켜갈 수밖에 없었을 것이다.

비서구 종교의 존재와 가치에 대한 미국인의 관심은 19세기 후반 들어 점점 증가하기 시작했다. 1893년 시카고에서 개최된 세계종교의회World's Parliament of Religions는 전환점이 된 역사적 사건이었다.[316] 콜럼버스의 아메리카 진출 400주년을 기념하여 시카고가 세계 콜럼버스 박람회World Columbian Exposition를 주최하자 수많은 사람이 전 세계에서 몰려들었다. 이 것을 계기로 여러 가지 종류의 크고 작은 회의가 열렸는데 그 가운데 하나 가 세계종교의회였다. 시카고의 변호사이며 스베덴보리계 교회 신자인 찰 스 보니Charles C. Bonney(1831~1903)가 주도한 세계종교의회는 이때 개최된 여러 회의 가운데 가장 규모가 컸다.

동서양의 전통적 종교뿐 아니라 바하이Baha'i나 크리스천 사이언스 같은 신흥종교를 포함하여 세계의 많은 종교집단 대표자들이 세계종교의회에 모였다. 물론 모든 종교가 참여한 것은 아니었다. 모르몬은 초대받지 못했 으며, 북미 원주민이나 시크Sikh교도에게도 참여 기회가 주어지지 않았다. 회의에 참석한 불교, 힌두교, 이슬람의 대표자들이 직접 전한 해당 종교의 생생한 모습은 그때까지의 편견과 왜곡을 바로잡아주는 데 크게 기여했다. 비서구 종교의 대표자들은 회의장에서뿐 아니라 길거리에서, 또 회의가 끝 난 후에는 전국을 순회하면서 많은 미국인에게 처음으로 비서구 종교의 매 력을 느낄 수 있게 해주었다. 또한 세계종교의회는 아브라함을 공통의 조 상으로 삼는 세 종교—유대교, 기독교, 이슬람—에게도 대화와 상호 이해 의 장을 마련해주었다.[317]

---

316 이 회의는 100주년이 되는 1993년 Parliament of World's Religions라는 이름으로 다시 모였으며, 그 이후에도 몇 년 간격으로 계속 모이고 있다.

317 이들은 넓은 의미의 셈족계Semitic 종교이며 고대 히브리 족장인 아브라함의 신을 섬기고 경전에서 아브라함을 많이 언급하는 특징이 있다.

역사상 최초의 공식적 종교 간 대화 무대였던 세계종교의회의 주제는 관용과 보편주의였다. 그것은 힌두교 대표로 온 스와미 비베카난다Swami Vivekananda(1863~1902)의 유창한 연설을 통해서 가장 잘 표명되었다. 비베카난다는 힌두교를 모든 종교를 관용하고 진리로 받아들이는 가르침이라고 소개했다. 그는 각기 다른 곳에서 출발한 시냇물이 모두 바다에서 섞이 듯이 각기 다른 사람의 길이 모두 신에게 이른다는 내용의 힌두교 송가頌歌를 소개하며 모든 종교의 보편적 통일성을 강조했다. 아울러서 그는 "무서운 악마"인 종교적 분파주의, 편협된 신앙, 그리고 광신을 종식시키자고 말했다.[318] 7천 명의 청중은 비베카난다에게 3분 동안 기립박수를 쳤다. 그것은 힌두교가 미국인에게 무엇인가 가르쳐줄 것이 있는 심오한 철학적·종교적 전통이라는 데 대한 동의면서, 동시에 다종교적 상황 속에서 상호 관용과 대화가 앞으로 미국의 종교계가 나아갈 방향임을 선언하는 행위이기도 했다.

---

[318] "Swami Vivekananda at the World Congress of Religions, September 11, 1893," http://www.swamij. com.

제15장

소외된 자들:
원주민과 여성

The Ghost Dance of the Sioux Indians
The Illustrated London News(Jan. 1891)
Library of Congress Prints and Photographs Division

수족이 유령춤을 추는 모습

원주민의 고통과 종교

보호지 시대의 원주민과 기독교

시카고 세계종교의회에는 동서양 및 전통과 혁신을 아우른 여러 종교가 모였다. 그러나 수많은 미국 원주민 종교 가운데 그곳에 초대받은 것은 단 하나도 없었다. 원주민 종교는 여전히 하나의 독자적 종교로서 인정받지 못하고 있었다. 남북전쟁 이후 미국의 서부 진출이 본격화되면서 원주민들은 삶의 보금자리에서 속절없이 쫓겨나거나 자연환경의 파괴로 인해 생존을 위협 받았다. 테네시와 조지아의 농경 원주민들이 자리 잡고 있던 땅은 유럽계 농부 및 대농장주들에게 특히 매력적인 비옥한 땅이었다. 유럽계 사람들은 온갖 법적·행정적 조치와 잔인한 폭력을 행사하여 그들이 탐내는 지역에 살던 원주민들을 쫓아내고 땅을 빼앗았다.

서부의 원주민들도 삶의 터전이 파괴되는 아픔을 겪어야 했다. 서부 원주민의 삶은 농경, 목축, 사냥, 낚시, 채집 같은 생존을 위한 기본적인 일과 직결되어 있었다. 땅과 동식물과 인간이 한데 어울려 서로 분리될 수 없는 조화로운 삶을 영위하는 것이 원주민들의 생활이었기 때문에, 환경의 급격한 변화는 그들의 삶을 뿌리째 뒤흔들었다. 대평원지역 여러 부족의 삶에는 특히 들소가 차지하는 비중이 막대했다. 그러나 유럽계 사람들은 들소가 자신들이 하고자 하는 일에 방해가 된다고 보고 닥치는 대로 죽이기 시작했다. 1850년까지만 해도 약 1천 3백만 마리였을 것으로 추정되던 들소가 1880년에는 수백 마리 정도밖에 남지 않았다. 들소의 급격한 소멸은 식량과 자원의 고갈뿐 아니라 들소를 중심으로 형성되어 온 원주민들의 정신세계에 메울 수 없는 영적 진공상태를 초래했다. 라코타Lakota족의 전설적 지도자 시팅 불Sitting Bull(c.1831~90)은 마지막 들소가 쓰러지면서 부족에게는 "죽음의 바람"이 불었다고 말했으며, 크로우Crow족 한 추장은 들소들이 사라지면서 부족의 정신은 땅에 떨어져 일어설 줄 몰랐고, 그 이후에는 노래 부를 일도 거의 없었다고 한탄했다.[319]

19세기 중엽까지만 해도 유럽계 미국인은 원주민을 미국과 다른 나라 사람으로 여겼다. 조약을 맺어서 원주민 부족과 미국 사이에 영토를 조정할 수 있다고 생각한 것이다. 그러나 그렇게 맺어진 조약은 대체로 원주민에게 일방적으로 불리했으며, 그나마도 제대로 지켜지지 않았다. 조약을 거부하고 항거한 부족에 대해서는 무자비한 살육이 자행되었다. 점차 유럽계 미국인들은 어디든지 원하는 땅이 있으면 그곳의 원주민을 '보호지reservation'로 강제 이주시키고 그 땅을 차지할 수 있다고 여기게 되었다. 그와 더불어 원주민을 더 이상 다른 나라 사람으로 여기지 않고, 교육을 통해서 '문명화'시키고 '향상'시킬 수 있다는 생각이 자리 잡았다. 유럽계 미국인들은 근면, 절약, 야망, 그리고 물질주의 같은 부의 축적과 신분 상승을 위한 자본주의적 윤리를 원주민들에게 가르쳐 자기들처럼 생각하고 행동하게 만들려 했다.

제14차(1868)와 제15차(1870) 헌법 개정은 아프리카계 주민에게 미국 시민권과 투표권(남자에게만)을 부여했다. 그러나 대법원 판결에 따라 원주민에게는 그런 권리가 주어지지 않았다. 원주민에게 미국 시민권이 부여된 것은 1924년이었다. 그러나 투표권은 각 주의 관할이었고, 모든 주가 원주민에게

---

[319] Joel Martin, *Native American Religion*, 98.

투표권을 준 것은 그로부터 50년이 지난 후였다. 1883년 연방정부는 태양춤 Sun Dance이나 머리가죽 춤Scalp Dance 같은 "이교도적heathenish" 전통 의식, 치료주술 행위, 물건을 태우는 장례의식, 일부다처 풍습, 그리고 중독성 있는 식물食物 사용 같은 행위들을 불법화 했다.[320] 그런 "부정적인 영향"들이 원주민의 "문명화"에 방해가 된다는 이유 때문이었다. 내무부 장관 헨리 텔러Henry M. Teller(1830~1914)의 주도 아래 이루어진 일이었다.

한편, 미국 정부는 1887년 원주민 집단 거주지 정책을 버리고 도스 단독 보유지 법Dawes Severalty Law을 제정하여 원주민 가족에게 땅을 나누어 주었다. 이것은 원주민 부족들이 집단적으로 거주하면서 전통과 정체성을 유지하는 일을 막기 위해서였다. 그리고 원주민 정책을 총괄했던 내무부 원주민국Bureau of Indian Affairs은 원주민 학생들을 기숙학교에 모아놓고 가르칠 계획을 세웠다. 그들이 영어와 서구적 가치관과 기독교를 배워 '문명화'되고 '야만적' 습관을 버리게 하기 위함이었다. 원주민들이 정체성과 독립성을 유지하는 데 큰 역할을 하는 것으로 보였던 '위험한' 종교 행위를 없애기 위해서 교회를 지원하여 학교를 만들고 원주민 어린이들을 기독교인으로 만드는 작업이 진행되었다.

원주민 선교와 문명화 작업의 중심에 있는 것이 어린이와 청소년을 대상으로 한 기숙학교였다. 원주민 대상 기숙학교는 19세기 후반에 본격적으로 만들어졌는데 1900년이 되자 150개가량의 원주민 기숙학교가 전국에서 운영되고 있었다. 이 가운데 가장 유명하고 대표적인 것이 펜실베이니아 카라일Carlisle에 건립된 미국 원주민 직업학교United States Indian Industrial School였다. 육군 시설을 개조해서 1879년 내무부가 만든 이 학교는 원주민 학생에 대한 강압적 미국화 교육을 실행한 것으로 유명하다. 이 학교의 교육은 "원주민을 죽이고 인간을 구하라Kill the Indian, Save the Man"는 표어로 극명

---

[320] "Rules Governing the Court of Indian Offenses," https://commons.und.edu.

하게 표현되었다.[321] 학교 설립자로서 오랫동안 교장으로 일했던 리처드 프랫Richard H. Pratt(1840~1924)이 원주민 교육과 관련하여 행한 연설에서 나온 이 표어는 원주민을 미국화시키기 위해서는 그들 속에 있는 원주민됨을 없애고 그 자리에 유럽계 미국의 언어, 문화, 종교, 가치를 심어야 한다는 뜻이었다. 이 학교뿐 아니라 당시 대부분의 원주민 기숙학교가 비슷한 교육 목표를 가지고 있었다. 그러나 '백인'들의 사회와 관습에 적응하지 못하고 자기 집으로 되돌아가는 원주민 어린이도 많았다.

원주민 대상 선교가 활발해지자 시간이 지나면서 원주민 가운데 기독교를 수용하는 사람이 크게 늘어났다. 원주민이 받아들인 기독교는 그들에게 기독교를 전해준 여러 교파만큼이나 다양했다. 아니쉬나벡Anishinaabeg은 천주교, 라코타는 성공회, 그리고 머스코기Muskogee는 감리교와 침례교인이 되었다. 그런가 하면 퀘이커가 된 이로쿼이, 장로교인이 된 체로키, 모라비언이 된 문시Munsee, 쉐이커가 된 쇼니Shawnee, 메노나이트가 된 호피도 있었다. 또한 나바호 감리교인, 오세이지 루터교인, 파이우트Paiute 오순절파 교인, 메스카렐로 아파치Mescalero Apache 모르몬, 알류트Aleut 정교회 신자도 생겨났다. 20세기가 시작되었을 때 기독교는 원주민의 주요 종교가 되었다. 기독교를 선택하는 원주민 수는 점점 증가하여 1990년의 조사에 의하면 원주민 고등학교 졸업반의 3분의 2가 기독교를 선호한다고 답했다. 이 가운데 46.4퍼센트는 개신교, 21.4퍼센트는 천주교인이었다.[322]

원주민들이 기독교를 선택한 이유는 다양했다. 기독교인이 되면 힘을 가진 유럽계 미국인과 사귀고 좋은 관계를 유지하는 데 도움이 되었다. 또한 기독교는 좋은 교육을 받고 좀 더 다양한 직업을 선택할 수 있는 기회도 제공했다. 특히 선교사나 성직자가 되면 유럽계 사람들로부터도 존중을 받을

[321] R. H. Pratt, "The Advantages of Mingling Indians with Whites," in *Proceedings of the Naitonal Conference of Charities and Correction at the Nineteenth Annual Sessesion Held in Denver, Col., June 23~29, 1892*, ed. Isabel C. Barrows (Boston: Geo. H. Ellis, 1892), 46.

[322] Joel Martin, *Native American Religion*, 68~69.

수 있었다. 원주민의 개종은 강제이주로 인해 삶과 문화의 기반을 상실하고 난 후에 많이 이루어졌다. 이것은 그들이 기독교를 자유롭게 선택했다기보다 기독교가 그들에게 상황적으로 강제되었음을 말해준다.

원주민들은 기독교를 수용하더라도 자신의 방식과 필요에 따라 독특한 형태로 변형시키는 경우가 많았다. 예를 들어, 1830년대에 앨라배마에서 오클라호마로 강제 이주당했던 머스코기족 가운데 많은 수가 감리교와 침례교로 개종했는데, 그들이 건립한 교회 속에서 과거 원주민 전통의 흔적을 찾는 것은 어렵지 않다. 머스코기 기독교인들은 여전히 전통적인 사각형의 마을 광장을 본떠서 예배당을 만들고, 예배당에서는 옛날과 마찬가지로 성별과 나이에 따라 앉으며, 머스코기 언어로 예배를 드린다. 또한 식민지 시절 뉴잉글랜드에서 기독교를 받아들인 '기도하는 원주민'의 후손들도 유럽계 교회와 분명히 구별되는 방식으로 기독교를 믿었다.

천주교로 개종한 라코타 수Sioux족의 치료주술사 블랙 엘크Black Elk(c.1863~1950) 같은 사람은 기독교와 전통 종교를 섞어서 같이 신앙하고자 노력했던 것으로 유명하다. 수족 사이에서 손꼽히는 치료주술사였던 블랙 엘크는 부인과 자녀들이 먼저 가톨릭으로 개종하는 것을 허락했는데, 부인이 죽은 후 자신도 개종하여 세례를 받으면서 니콜라스Nicholas라는 세례명을 가졌다. 그는 다코타Dakota, 위네파고Winnepago, 아라파호Arapaho 등 서부의 여러 부족에게 가서 가톨릭 신앙을 전했으며, 많은 원주민 가톨릭 신자들의 대부가 되었다. 그러나 블랙 엘크는 가톨릭의 7성사와 라코타의 7가지 종교의식 사이에 충돌이 없으며, 양자 모두 동일한 진리를 지향한다고 보았다. 그는 가톨릭 신앙생활을 하는 동시에 환상을 통해 영혼과 만나는 등 치료주술사로서 부족을 위해 계속 활동했다. 이와 비슷한 맥락에서, 기독교를 받아들인 호피족은 주중에는 전통적 종교의례를 행하고 주말에는 교회에 갔다. 또한 그들은 부활절에 카치나 춤을 추고 산타클로스를 전통 의식에 등장시키는 등의 방법을 통해 전통과 기독교를 자연스럽게 혼합하기도 했다.

블랙 엘크나 호피족뿐 아니라 스스로 기독교인이라고 답한 아메리카 원주민들 가운데 많은 수는 기독교를 받아들인 후에도 여전히 그들의 전통 종교 관습을 동시에 행했다. 그러나 기독교와 전통을 동시에 유지하는 일이 불가능하다고 느낀 원주민도 많았다. 이런 경우 대부분은 전통을 견지하기 위해 노력했다. 유럽계 미국인들이 원주민의 전통 종교를 박해할 경우 원주민들의 종교는 없어지지 않고 지하로 들어가 생명력을 이어가곤 했다. 크리크족 일부는 기독교 받아들이기를 계속 거부한 채, 조상 때부터 전승되어 온 발 구르기 춤stomp dances을 추면서 고유한 종교 전통을 이어갔다.

새로운 종교운동

건국 이후 원주민들에게 지속적으로 자행된 미국 정부의 횡포는 인종말살genocide에 가까운 반인륜 행위였다. 원주민의 종교는 유럽계 미국인들의 핍박 앞에서 원주민들이 정체성을 잃지 않고 살아가는 데 큰 힘이 되었다. 특히 '보호지'라는 명목의 집단 거주지에 갇혀 지내는 고통스런 삶 속에서 생존하고 의미를 찾기 위한 원주민들의 노력은 전통 종교와 기독교적 요소가 결합된 새로운 종교운동으로 표출되기도 했다. 1880년대 이래로 나타난 두 가지 종교운동이 대표적인데, 하나는 네바다에서 시작되어 서부 전체에서 크게 유행했던 유령춤이고 또 하나는 오클라호마에서 출발하여 대평원으로 퍼진 페요테 종교였다.

유령춤Ghost Dance 운동은 네바다 북부 파이우트족 사이에서 샤먼 워보카Wovoka(Jack Wilson, c.1856~1932)가 시작했다. 십대 때 아버지와 헤어지게 된 워보카는 독실한 '백인' 기독교인 가정에 들어가 일하면서 성서와 개신교를 배웠다. 이 과정에서 그는 기독교로 개종하지는 않았지만 그 내용은 잘 알게 된 것으로 보인다. 그는 동족 여인과 결혼했으며 결국 파이우트족의 강력한 샤먼으로 이름을 얻게 되었다. 환상 속에서 신을 만나는 경험을 수차례 한 워보카는 마침내 1889년 1월 1일 일식이 진행되는 동안 종교적 황홀경 속에 하늘에 올라가 창조주을 만난 자리에서 결정적인 신탁을 받았다고 한다. 이때 그에게 내린 신탁은 부족끼리 그리고 '백인'들과 평화롭게 지내며 의롭고 정직하고 부지런히 살면, 질병과 죽음이 없고 먹을 것이 풍성한 저 세상에서 죽은 사람들과 재회하여 살게 될 것이라는 내용이었다. 또한 신은 행복을 주고 죽은 자와의 재회를 촉진하는 원형춤Dance in a Circle을 워보카에게 보여주며 부족들에게 전할 것을 명했다고 한다. 원을 그리고 돌면서 추는 그 춤은 한 번에 5일 동안 추어야 했다.

워보카는 모든 서부 원주민들이 원형춤을 추면 세상에서 악이 속히 사라지고 풍요롭고 회복된 지구가 탄생할 것이라고 설파했다. 많은 원주민 부족이 워보카를 진정한 예언자라고 인정하게 되면서 원형춤 운동은 캘리포니아와 서부 전체, 그리고 오클라호마에 이르기까지 많은 원주민 부족 사이에 삽시간에 퍼졌다. 원주민 언어로 "영혼춤"이지만 유럽계 사람들이 비하하는 의미로 '유령춤'이라 불렀던 이 평화적 종교운동에는 여러 종교적 요소가 섞여 있었다.[323] 원주민의 오래된 종교 전통에 기독교적 유일신관, 예언 신앙, 메시아주의, 그리고 부활 사상 등이 혼합되었던 것이다. 워보카가 어려서 배운 개신교뿐 아니라 모르몬교회의 미국적 메시아주의가 큰 영향을 끼친 것으로 보인다.

유령춤 운동은 라코타족처럼 미국 정부로부터 심한 박해를 받고 있던 부족 사이에서 특히 열렬하게 환영받았다. 조상 대대로 살아오던 삶의 근거지에서 쫓겨나 '보호'지역에 갇힌 채 정부의 감시를 받으며 살던 많은 부족에게 유령춤 운동이 정체성을 찾고 희망과 활력을 되살리는 계기가 되었기 때문이다. 따라서 유령춤 운동은 인종에 따라 정체성과 삶의 층위와 영역이 정해지는 인종차별적 국가 속에서 원주민이라는 보편적 동질감이 형성될 수 있는 계기를 마련해주었다. 각 부족은 자기들 나름의 신앙과 의례를 융합시킨 독특한 형태로 유령춤을 발전시키기도 했다. 예를 들어, 라코타족은 미국 정부가 금지시킨 태양춤을 와보카의 원형춤에 결합시켜, 중앙에 위치

---

[323] Raymond J. DeMallie, "The Lakota Ghost Dance: An Ethnohistorical Account," *Pacific Historical Review* 51/4 (Nov. 1982): 385, n. 1.

한 거룩한 나무나 기둥을 중심으로 돌면서 춤을 추었다. 그들은 원형춤을 추면 나무 기둥 근처에서 죽은 사람들의 영혼과 만나게 된다고 믿었다.

유령춤은 평화로운 종교운동이었다. 그러나 그것이 서부 원주민들 사이에 크게 확산되는 모습을 바라보던 미국 정부의 눈에는 그렇게 보이지 않았다. 라코타족은 모든 악이 사라진 새로운 지구에 대한 와보카의 환상을 모든 '백인'이 사라진 땅이라고 해석하기도 하고, "백인의 총알"로부터도 보호해준다는 "유령 옷ghost shirt"을 입고 원형춤을 추기도 했다.[324] 이런 일은 원주민을 결속시키는 운동에 대해 과민하게 반응하던 미국 정부로 하여금 원형춤을 전투적이고 저항적인 의식으로 생각하게 만들었다. 마침 사우스 다코타South Dakota의 수족 집단 거주지를 분할하는 작업으로 정부와 원주민 사이에 갈등이 빚어지는 동안 원형춤 운동은 라코타족 사이에서 점점 맹렬하게 전개되었다.[325] 이에 위기감을 느낀 원주민국 관리들은 대통령 벤자민 해리슨Benjamin Harrison(1833~1901)에게 수천 명의 추가 병력 파견을 요청했다. 1890년 말, 결국 비극은 찾아오고 말았다. 연방정부와 조약을 맺은 후 평화로운 삶을 살던 수족 지도자 시팅 불이 경찰에 살해당하는 일이 발생했다. 유령춤이 퍼지는 것을 막으려던 당국이 원주민 저항운동의 중심인 시팅 불을 체포하려다 그가 저항하면서 벌어진 혼란 속에 그를 살해한 것이다. 그런데 시팅 불은 유령춤 참가자가 아니었다. 또 다른 추장 '빅 풋Big Foot'을 체포하는 와중에는 어린이와 여자를 포함해서 150명에 가까운 라코타족이 5분 만에 살해당한 '부상당한 무릎 계곡의 학살Wounded Knee Massacre'이 벌어졌다.

'부상당한 무릎 계곡'의 참극 이후, 라코타족 사이에서 유령춤 운동은 열기를 잃고 점차 퇴조했다. 종교운동으로서 유령춤은 20세기까지 전승되지 않았다. 그러나 유령춤은 라코타족뿐 아니라 여러 부족 사이에서 그 형태가 살아남아 과거와 연결하게 해주고 현재에 의미를 주는 종교문화적 기능

---

[324] 같은 글, 387.

[325] 라코타족은 수족의 세 주요 부족 가운데 하나다.

을 계속했다.

유령춤 운동이 미국 서부지역 거의 전체와 오클라호마에서 전개되었지만 모든 부족이 거기에 동참한 것은 아니었다. 오클라호마의 집단 거주지에 있던 코만치Comanche족은 유령춤 운동에 거의 관심을 보이지 않았다. 그들 속에서 유령춤을 능가하는 새로운 종교운동이 탄생하고 있었기 때문이다. 그것은 전통적인 페요테 종교Peyote Religion와 기독교가 접목된 또다른 혼합종교였다. 페요테 종교란 중부 멕시코부터 남서부 미국에 이르는 지역에 자생하는 가시 없는 작은 선인장류인 페요테를 먹는 의식을 중심으로 행해지는 매우 오래된 종교의식이다. 페요테에 자라나는 싹 모양의 돌기는 환각 및 치유 기능이 있어서 유럽인 진출 이전부터 멕시코 지역 원주민들이 오랫동안 약용 또는 종교적 목적으로 사용해왔다. 따라서 페요테는 원주민들에게 신과 교감하게 해주고 치유를 가져다주는 신성한 식물이었다. 에스파냐 정복자들이 들어와 페요테 종교를 탄압하자 원주민들은 몰래 그 전통을 지켜나갔다.

미국에서 페요테 사용법은 19세기 중엽 대평원지역 아파치족을 중심으로 퍼졌다. 그러나 페요테 종교를 부흥시켜 하나의 종교운동으로 만든 것은 코만치족의 콰나 파커Quanah Parker(c.1845~1911)와 카도Caddo족 치료사 존 윌슨John Wilson(c.1845~1901)이었는데, 특히 파커의 역할이 컸다. 코만치족 추장과 포로로 잡힌 유럽계 여성 사이에서 태어난 파커는 미국의 가치와 생활방식에 익숙했으며 사업적 수완이 뛰어났다. 그가 어떤 과정으로 페요테 종교를 접하게 되었는지는 분명하지 않지만, 심한 상처를 입고 사경을 헤매다가 페요테를 먹고 치료받은 경험을 한 것은 분명하다. 페요테를 직접 또는 차에 타서 먹으면 처음에는 구토, 어지러움, 호흡곤란, 통증 같은 나쁜 증상을 느끼다가 차차 평정, 만족, 도취감, 환상 등을 맛보게 된다. 파커는 페요테를 먹고 환상 속에서 예수를 만났는데, 예수는 그에게 폭력과 싸움을 그만두고 원주민 부족에게 페요테 종교를 전하라는 명령을 내렸다고 한다. 19세기가 끝나가던 무렵 그는 페요테 종교에 기독교적 요소가 가

미된 새로운 종교, 즉 '페요테의 길Peyote Road(혹은 콰나 파커의 길)'을 전파하기 시작했다. 이 종교에서 페요테는 예수 그리스도가 원주민을 위해서 준 새로운 성례전이었다.

콰나 파커가 가르친 페요테 종교는 일정한 집단의식과 신앙체계로 구성되어 있었다. '반달half-Moon 의식'이라고 불린 그의 페요테 의식은 '길라잡이 Road Man'의 인도 아래 원주민 천막 안에서 열린다. 여기에는 남자들만 참석하며, 여자들은 치료를 받아야 하는 경우에만 잠시 들어오는 것이 허락된다. 원형으로 둘러앉은 참가자들 가운데에 반달 모양의 흙제단이 중앙의 불구멍을 중심으로 만들어지면 그 위에 십자가 모양의 깔짚을 깔고, 다시 그 위에 페요테 싹을 올린다. 의식은 저녁에 시작되어 그 다음날 아침까지 계속되는데, 불구멍에 불을 지피고, 북을 두드리고, 노래를 부르고, 페요테 싹을 먹고, 기도하고, 의식용 담배를 피우고, 거룩한 물을 마시는 행위 등이 이어지며, 큰 향연으로 끝을 맺는다. 이 의식은 강력한 종교적 효과를 발휘하곤 했다. 참가자들은 육체적·정신적 병이 치료되고 영적 세계와 교감하는 경험을 했다고 한다. 파커는 페요테 의식의 효험과 관련하여, "백인"들은 교회에 가서 예수에 "관하여" 이야기하지만, 원주민들은 천막에서 예수와 "더불어" 이야기한다고 말한 바 있다.[326] 그런데, 그는 페요테 종교를 전파하는 과정에서 페요테 매매와 정치적, 재정적 이권에 개입해 엄청난 부를 축적하기도 했다.

콰나 파커의 페요테 종교 신념체계는 혼합종교적이었다. 전통적 페요테 의식의 특징을 유지한 가운데 기독교적인 요소가 가미되어 있었던 것이다. 한 원주민이 1918년 연방의회에서 한 증언에 따르면 페요테 의식 참가자들이 환상 속에서 만나고자 했던 것은 "예수와 죽은 친척들의 얼굴"이었다.[327] 그들은 백인들이 믿는 신과 예수를 자기들도 경배한다고 주장했다. 파커가

---

[326] William T. Hagan, *Quanah Parker, Comanche Chief* (Norman: University of Oklahoma, 1995), 57.

[327] "James Mooney and Francis la Flesche(Omaha) Testify about Peyote, 1918," in *Major Problems in American Indian History: Documents and Essays*, eds. Alberto Hurtado and Peter Iverson (Boston: Wadsworth, 2001), 356~58.

죽은 후인 1918년 오클라호마의 페요테 신앙인들은 원주민 교회Native American Church(NAC)를 조직했다. 페요테 성례전의 실천과 함께 기독교를 전파한다는 것이 그 목적이었다. 파커의 말이나 가르침을 중심으로 구성되어 있는 NAC의 신앙체계는 부족에 따라 조금씩 달랐다. 그러나 예수를 인간의 중재자, 영적 수호자로 받들며, '위대한 영혼Great Spirit'인 절대신과 여러 영적인 존재들, 그리고 성서를 믿는 공통점이 있었다. 또한 NAC는 원주민들의 형제애와 가족애, 노동을 통한 자립, 금주, 그리고 마약 사용 금지를 가르쳤다.

연방정부와 여러 주, 그리고 일부 원주민 공동체는 페요테를 마리화나와 같은 습관성 식품, 혹은 마약으로 분류하여 금했다. 페요테 종교는 특히 유럽계 기독교인의 오해와 배척의 대상이 되었다. 페요테를 성령의 체현體現이라고 생각하고, 페요테를 먹으면 신과 직접 교제하게 된다고 믿는 것은 기독교인 입장에서 볼 때 분명히 비전통적 신앙이었다. 따라서 환각 효과가 있는 페요테를 먹으면서 스스로를 기독교인이라고 주장하는 원주민에 대해 유럽계 기독교인들이 반감을 가지는 것은 당연했다. 그러나 페요테 종교를 받아들인 원주민들은 페요테가 주는 환각 효과를 초현상 세계와 소통하게 하는 영적 눈이 열리는 것으로 이해했다. 그런 차원에서 NAC는 여가 목적의 페요테 사용을 엄금하면서, 페요테를 개인과 집단, 그리고 사회 문제를 치유하고 해결하는 성스러운 도구라고 믿었다.

페요테 종교는 원주민 사이에서 크게 유행하여 정도의 차이는 있지만 거의 모든 원주민 부족이 받아들였다. 그러나 부족 전통에 따라 독특하고 다양한 의식이 만들어지기도 했다. 콰나 파커계의 '반달 의식' 전통 이외에 '십자가 불Cross-fire' 전통이나 '큰 달Big Moon' 전통 등이 생겨났다. 21세기 초 최대 30만 명의 신자를 가진 것으로 알려진 NAC는 가장 큰 아메리카 원주민 종교로서, 그들의 종교생활 중심에 있다. 그리고 NAC는 모르몬교회와 더불어, 기독교와 연관되어 탄생한 신흥종교 가운데 진정으로 미국적인 것으로 평가받고 있다.

깨어나는 여성

성서와 여성 문제

식민지 시대와 마찬가지로 19세기 미국은 강력한 가부장적 사회였다. 남북전쟁 이후에도 근본적으로 해결된 것은 거의 없었다. 여성에게는 선거권이 없었으며 선출직, 임명직을 막론하고 여성은 공직을 가질 수 없었다. 결혼한 여성은 재산권도 매우 제한되어 있어 결혼 전 여성이 가지고 있던 재산은 결혼과 더불어 남편의 재산이 되거나 적어도 남편의 법적 관리와 통제 아래 놓였다. 남편은 아내 재산을 원하는 대로 처분할 수 있는 법적 권한이 있었고, 남편 잘못으로 아내 재산까지 몰수당할 경우 아내는 드레스 2벌, 부엌 집기, 그리고 침대 1개 이외에 모든 것을 다 빼앗겨야 했다. 19세기 중엽이 되자 일부 북부 주들이 결혼한 여성의 재산권을 조금씩 인정하기 시작했지만, 모든 주가 그런 권리를 인정한 것은 20세기 들어서였다. 기혼 여성이 남편 서명 없이 신용카드를 발급받을 수 있게 된 것은 1970년대부터였다. 그리고 여성은 자녀를 낳고 길러야 한다는 사회적 의무만 있고 자녀에 대한 법적 권리도 없어 이혼할 경우 양육권은 아버지만 가졌다. 1860년 뉴욕주가 어머니와 아버지를 자녀의 '공동 후견인joint guardians'으로 인정한 것은 처음으로 어머니에게 자녀에 대한 법적 권한을 부여한 사례였다.

여성 소외는 종교계에서도 보편적으로 일어났다. 여성의 무신앙irreligion을 "인간 성품 가운데 가장 혐오스런 것"이라고 하며 여성의 종교성을 칭송했지만 교회의 지배자는 남성이었다.[328] 물론 새로운 종교와 교파에서는 과거와 마찬가지로 여성의 지도력이 크게 발휘되었다. 그것은 새로운 종파일수록 가부장적 교단 권력구조가 아직 갖추어지지 않았고, 정식 신학교육을 받은 목회자보다 남녀를 불문하고 카리스마 있는 설교자에게 의존했기 때

---

[328] Welter, "Cult of True Womanhood," 154.

문이다. 쉐이커, 안식교, 크리스천 사이언스 같은 기독교계 신흥 종파가 여성 지도자에 의해 창립되고 발전할 수 있었던 것은 그런 이유 때문이었다. 남북전쟁 이후 빠른 속도로 교세를 늘려가던 성결-오순절Holiness-Pentecostal 계 공동체에서도 여성 교역자의 활약은 두드러졌다. 그러나 좀 더 전통적인 교단에서 여성이 교역자가 되거나 지도적인 위치에 오르는 일은 거의 불가능했다. 회중교, 장로교, 성공회 같은 식민지 시대부터 미국 종교를 대표해온 주류 교회는 물론이고, 침례교나 감리교에서도 대각성이 끝나면서 점차 여성에게 설교권이 주어지지 않았다. 특히 19세기 후반기를 지나면서 주류 교회로 자리 잡아가던 감리교는 감독제를 중심으로 위계질서가 확립되면서 여성을 교역와 교권으로부터 완전히 배제하였다.

주류 종교계의 여성이 지도적 위치로 진출하는 일을 방해한 것은 여성을 '여성의 영역'에 묶어놓고 사회적 활동에서 배제시켜온 오랜 전통과 선입견이었다. 엘리자베스 스탠턴은 여성에 대한 편견이 유색인에 대한 편견 못지않으며, 여성의 성과 노예의 피부색은 그들이 "백인 색슨Saxon 남자"에게 복종해야 할 "자명한 증거"로 사용된다고 지적했다.[329] 물론 그런 선입견의 배후에는 남성의 기득권이 있었다. 가부장제 이데올로기를 지지해주는 가장 강력한 근거는 성서, 특히 남성 지도자들이 필요에 따라 선택해서 사용할 수 있는 성서 속 몇몇 가부장적 내용이었다. 남성들은 수천 년 전에 기록된 성서의 일부 내용을 문자적으로 해석하며 그 권위에 기대어 여성의 발목을 잡았다. 예를 들어, 노예제도를 옹호했던 컬럼비아신학교의 제임스 손웰과 더불어 남장로교의 전통적 구파 신학을 대표했던 유니언신학교 Union Theological Seminary in Virginia의 로버트 댑니Robert L. Dabney(1820~98)는 성서가 여성은 "남자에게 복속된" 존재라고 가르치기 때문에 "여성의 권리"나 설교권 같은 것을 주장하는 일은 "단지 불신앙"일 뿐이라고 단정했

[329] Elizabeth Cady Stanton, "A Slave's Appeal-1860, Address to Judiciary Committee of the New York State Legislature," https://awpc.cattcenter.iastate.edu.

다.[330]

　진보적 여성운동가 입장에서 볼 때 고대의 가부장적 관점에서 기록된 성서야말로 여성 권익신장에 최대의 장애물이었다. 이 문제를 정식으로 제기한 대표적인 사람이 엘리자베스 스탠턴이다. 그녀는 성서가 여성을 태초에 원죄와 죽음을 가져온 범인으로 묘사하여, 결혼이 여성의 굴레가 되고 출산은 여성의 고통이 되게 만들었다고 주장했다. 또한 그녀는 성서가 여성으로 하여금 "침묵과 복종"이라는 미덕 속에 모든 물질적·지적인 문제에 관하여 남성에게 "의존하는 역할"을 운명으로 받아들이게 만들었다고 개탄했다.[331] 출산과 자녀 양육을 좋아했던 그녀는 자녀를 낳을 때 남편과 "자발적 모성voluntary motherhood" 계약을 맺기도 했다. 스탠턴은 가부장적 토대 위에서는 진정한 여성해방이 이루어질 수 없다고 보았다.

　결혼이 여성의 독립성에 주는 부정적 영향은 아프리카계 여성에서도 나타났다. 재산을 소유한 남부지역 아프리카계 여성의 비율이 남북전쟁 이전 노예제 아래서보다 전쟁이 끝나고 노예제가 폐지된 이후 훨씬 낮아진 것이 그 대표적 증거였다. 노예제도 아래서 노예들은 사유재산이었기 때문에 주인의 뜻에 따라 가정이 만들어지기도 하고 붕괴되기도 했다. 또한 노예들이 겪어야 했던 육체적·심리적 고통과 사회적 차별도 안정된 가정을 유지하기 어렵게 만들었다. 따라서 결혼하지 않거나 결혼했다가 혼자 되거나 노예주의 정부情婦가 되는 여성 노예들이 많았다. 그들은 재산을 소유할 수 있었다. 그러나 남북전쟁 이후 노예제가 폐지되자 가정의 안정성은 향상되었으며, 여성의 결혼을 당연한 것으로 여기는 사회적 압력도 크게 증가했다. 유럽계 여성과 마찬가지로 결혼한 아프리카계 여성은 가사에 얽매여 경제활동을 하기 어려웠고 재산은 남편 관리 아래 들어갔다.

　아프리카계 남성에게 선거권을 주는 제15차 헌법수정안이 논의될 때 스

330 Robert L. Dabney, "The Public Preaching of Woman," *Southern Presbyterian Review* 30 (Oct. 1879), *Documentary History II*, 38, 39.

331 Elizabeth C. Stanton, *The Woman's Bible*, Part I (New York: European Pub. Co., 1895), 7~8.

탠턴이나 수잔 앤서니, '유숙자 진리' 같은 여성 지도자들은 아프리카계 남성에게 투표권을 주는 데 반대했다. 남성의 편견과 가부장적 사회질서를 근본적으로 불신했던 그들은 여성 투표권은 허락하지 않으면서 해방된 남성 노예에게 투표권을 주면 여성 참정권에 반대할 투표자가 그만큼 늘어난다고 생각했다. 1869년 제15차 헌법수정안이 통과될 때 일부 여성운동가들이 거기에 동조하자 스탠턴은 여성의 종교적 가치관에 문제가 있다고 판단했다. 즉 제도권 교회가 여성의 굴종을 가르치고 그것이 여성의 가치관으로 내면화된다는 것이었다. 마침 제임스왕본(1611) 이후 최초의 영어 성서인 개정역Revised Version이 1888년 출간된 것을 계기로, 그녀는 동역자들과 함께, 오랫동안 가부장제와 여성의 복종을 정당화하는 데 사용되어 온 성서를 비판적 관점에서 재해석한《여성의 성서The Woman's Bible》를 1895년과 1898년 두 권으로 출간했다. 이것은 여성주의적feminist 관점을 적용하여 가부장적 성서 내용을 재해석함으로써 제도권 교회에 침투해 있는 성차별적 편견을 바로잡으려 한 혁명적 시도였다. 스탠턴은 창세기 1장과 2장에 대해 해설하면서, 1장은 남자와 여자가 모두 신의 형상으로 평등하게 창조된 것으로 그린 데 비해서 2장은 여성이 남성을 위해서 창조된 것으로 말하고 있음을 지적했다. 그녀는 1장에서 완벽한 남녀평등이 기록된 것을 본 "어떤 교활한wily 저자"가 남성의 지배를 위해 여성의 복종을 끌어낼 필요가 있다고 느껴서 2장을 기록했으며, 거기에는 "악한 영"이 개입되어 있다고 주장했다.[332]

스탠턴을 비롯한《여성의 성서》공동 저자 가운데 누구도 전문 성서학자가 아니었다. 따라서《여성의 성서》는 엄밀한 성서신학적 관점에서 그렇게 가치 있는 저술이 될 수는 없었다. 그러나 그것은 19세기 말 진보적 여성들이 기독교 내의 가부장적 질서와 그것을 지지해주는 것으로 오랫동안 알려져 왔던 성서 해석에 대해 참을 수 없는 분노를 느끼고 있었음을 알려주기

---

[332] 같은 책, 20~21.

에는 충분했다. 《여성의 성서》는 성서의 가부장적 성격에 대한 진보적 여성들의 불만이 공개적으로 표출된 사건이라는 의미를 넘어서, 성서와 여성, 그리고 기독교와 여성의 관계에 대한 좀 더 근본적인 질문을 제기했다는 점에서 역사적 의미를 지닌다.

여성 해외선교운동

남북전쟁 이후 미국의 백인 주류 사회는 이전보다 더 광범위하게 빅토리아적 가치관을 이상으로 삼았다. 빅토리아적 가치관은 영국 빅토리아여왕 재위 시기(1837~1901)에 자리 잡은 도덕이다. 그 기간 동안 영국은 다양한 개혁을 이루어 정치사회적 진보를 이루었고, 군사·경제적으로 급격히 팽창하여 지배적 제국이 되었다. 이런 변화와 함께 영국인은 "시끄럽고 잔혹하며 피에 굶주린" 민족 중 하나에서 "정중하고 질서 있으며 상냥한" 사람들로 극적인 변화를 이루었다.[333] 이런 변화의 중심에 있던 것이 산업혁명이었다. 산업화가 진행되면서 나타난 사회문화적 현상이 빅토리아적 가치관의 전파와 강화를 촉진했기 때문이다. 산업화의 가장 큰 결과 가운데 하나는 가정과 직장의 분리였다. 집에서 경제 활동이 이루어진 농업이나 가내 수공업과 달리 산업혁명 시기 상공업은 집과 완전히 분리된 곳에서 경제 활동이 이루어졌다. 그것은 가정과 직장의 분리를 의미했다. 상공업에서 성공한 중산층 가정에서는 남편은 출근하여 직장에서 일하고 아내는 가정에 남아 가사에 전념하는 성역할 분리가 정착되었다. 이에 따라 생업에서 자유로워진 여성과 그런 여성들이 꾸민 편안하고 안정적인 가정이 중산층을 대표하게 되었다.

빅토리아적 가치관은 철저한 성역할 분리를 가르쳤다. 남성에게는 산업 사회에 필요한 근검, 책임감, 자립심 등이 장려된 반면 여성에게는 가정을

[333] Harold Perkin, *The Origins of Modern English Society* (London: Routledge, 2002), 280.

만들고 지키는 데 필요한 순결, 희생, 봉사 같은 덕목이 요구되었다. 여성은 정치나 경제 같은 부도덕하고 험한 남자의 세계로부터 자신들의 영역인 가정을 지키며 가정 안에 머물러야 한다고 가르친 것이다. 여성의 사회진출은 사실상 막혀 있었다. 그러나 여성은 남성보다 더 도덕적이고 종교적인 존재로 여겨졌기 때문에, 여성의 종교적·윤리적 활동은 장려되었다. 남북전쟁 이후 미국에서도 이런 현상이 발생했다. 남북전쟁 후 제2차 산업혁명이 본격적으로 전개되면서 많은 중산층이 생겨난 것이다.

19세기 후반 미국 여성의 종교 활동에서 가장 넓은 무대를 제공한 것은 해외선교운동과 사회개혁운동이었다. 물론 여성이 남성으로부터 독립된 주체로 활동하는 것이 전반적으로 받아들여지지 않는 상황 속에서, 그런 활동도 어디까지나 남성의 지배구조 내에서 가능했다. 그럼에도 불구하고 그런 운동은 백인 중산층 여성에게 가정의 테두리를 넘어설 수 있는 좋은 기회를 제공했다. 특히 해외선교운동이 그러했다. 중산층 여성들은 19세기 말부터 엄청난 세력으로 확대되던 해외선교의 최대 후원자가 되었다. 그것은 무엇보다 산업혁명과 더불어 중산층 주부들이 가정 운영에 필요한 것 이상의 돈과 시간적 여유를 가지게 되었기 때문이었다. 해외선교에 대한 여성의 재정적 기여는 점점 증가하여, 1914년의 경우 300만 명 이상의 미국 여성이 40여 개의 여성 해외선교 기관에 등록하여 세계선교를 적극 지원하고 있었다. 여성 해외선교운동은 당시 어떤 다른 여성 대중운동보다 "현저하게 더 큰" 운동이었다.[334]

여성들은 선교의 후원자로서뿐 아니라 선교사로 직접 나가서 큰 활약을 펴기도 하였다. 여성들이 해외선교 활동에 적극적으로 참여했던 이유는 다양했다. 한편으로는 "부드러움과 자애로움"이라는 여성의 "본성"이 선교지 여성의 상황에 응답했기 때문이기도 했고, 또 한편으로는 남성들이 그것을

---

[334] Patricia R. Hill, *The World Their Household: The American Woman's Foreign Mission Movement and Cultural Transformaiton, 1870~1920* (Ann Arbor: University of Mihcigan Press, 1985), 3.

장려했기 때문이기도 했다.[335] 남성들 입장에서 볼 때 해외선교운동은 그들의 기득권을 위협하지 않으면서 여성이 사회활동에 대한 욕구와 관심을 쏟아부을 수 있는 통로를 제공해 주었다. 그러나 많은 여성이 선교사가 되어 선교지에 나간 이유는 무엇보다 국내에서는 능력을 발휘하거나 포부를 펼칠 수 있는 기회가 좀처럼 주어지지 않은 데 비해서 선교 현장에서는 그런 제약으로부터 상당히 자유로울 수 있었기 때문이었다. 선교지에서 여성은 책임을 지고 일을 하거나 지도력을 발휘할 수 있는 기회가 많았으며, 경우에 따라 공적인 자리에서 발언을 하거나 설교를 할 수도 있었다. 결국, 해외선교는 한편으로 미국 내에서 가부장적 질서를 강화시켜주는 사회통제 기제로 작용했고, 또 한편으로 여성에게 국내에서는 얻기 어려운 기회를 제공하여 능력을 발휘하고 잠재력을 기를 수 있는 무대가 되었다.

해외선교에서 여성의 역할이 증대되면서, 좀 더 지도적이고 독자적인 역할을 맡고자 하는 여성의 요구가 점점 증가했다. 그러나 여전히 각종 선교 단체에서 기득권을 가지고 있던 남자들은 여성을 독립적인 선교사로 인정하지 않으려 했으며, 선교사업과 관련한 여성의 권위 향상도 좀처럼 허용하지 않으려 했다. 따라서 여성들 사이에서는 자기들끼리 설립하여, 모금하고, 운영할 수 있는 선교단체를 만들고자 하는 움직임이 일었다. 보스턴에서 1868년과 1869년에 각각 시작한 회중교회의 여성선교위원회Woman's Board of Missions와 북감리교의 여성해외선교회Woman's Foreign Missionary Society는 선구적인 여성 선교단체였다. 북감리교 경우에는 여성들이 독자적인 단체를 만들기 위해 교단 선교부의 반대를 무릅쓰고 강행해야 했다. 두 단체는 남성이 지배하는 교단 선교부에서 독립된 기관으로 자체 예산과 인사권을 가졌으며, 여성을 대상으로 일할 여성 선교사를 독자적으로 모집하고 파견했다.

1888년 볼티모어에 설립된 남침례교의 여성선교연합Woman's Missionary

---

[335] 같은 책, 59.

Union(WMU)은 여성 선교회를 설립하려는 움직임이 보수적 교단까지 미쳤음을 보여주었다. 이 조직은 지역별로 만들어진 여성 선교단체들을 연합한 것으로 선교 진작을 위한 교육과 자원봉사 기회 등을 제공했다. WMU는 21세기 초 약 100만의 회원을 가진 세계 최대 여성 선교기관으로 성장하여, 선교를 넘어 의료, 직업, 어린이, 식수 등과 관련된 사업을 미국과 해외에서 행했다.

19세기 후반까지 미국에 만들어진 여성 선교기관은 41개였으며 1천 2백 명 이상의 여성 선교사를 지원하고 있었다. 이들 여성 선교회에서 파견한 여성 선교사는 모두 독신이었다. 그들 이외에 남성 선교사의 부인으로 활동하던 사람도 많았다. 전체적으로 볼 때 전체 선교사의 약 60퍼센트가 여성이었다. 독립적인 여성 선교기관들은 남성이 주도하는 선교회와 다른 방식으로 후원자를 모집했다. 먼저, 여성 선교기관들은 매우 적은 액수의 기부금이라도 내도록 해서 가능하면 많은 여성이 동참할 수 있게 하였다. 북감리교 여성선교회의 한 후원자는 "교회에 있는 모든 여성과 어린이를" 선교 후원자로 등록시킬 때까지 쉬지 말고 일해야 한다고 독려하기도 했다.[336] 여성 선교기관들은 교인들이 쉽게 접하기 어려운 기존의 전문적인 선교문서에서 탈피하여 몇 센트면 살 수 있는 가벼운 책자들을 만들어 여성과 어린이 층에 침투해 들어갔다. 이런 방법으로 여성 선교기관들은 선교운동을 대중화하는 데 크게 기여하였다.

여성 선교운동가들은 시간이 지나면서 국제적·초교파적 협력의 중요성을 깨닫기 시작했다. 1888년 미국, 영국, 캐나다 여성들이 모여 기독교 여성 세계선교위원회World's Missionary Committee of Christian Women를 조직했는데, 이것은 기독교 역사상 최초의 국제적 초교파 선교단체였다. 세계 기도의 날World Day of Prayer, 기독교여성청년회Young Women's Christian Association, 기독교여성절제연합Women's Christian Temperance Union(WCTU), 해외여자대학

---

[336] Mrs. E. T. Hill, "The Place of Foreign Missions in Our Thought and Affections," *Woman's Missionary Friend* 27 (Jan. 1896): 190~91, *Documentary History II*, 71.

협력위원회Cooperating Committee for Women's Christian Colleges in Foreign Fields, 선교지 여성과 어린이를 위한 기독교문서위원회Committee on Christian Literature for Women and Children in Mission Fields, 여성기독교인연합Church Women United 등 초교파적 여성 기관은 모두 여성 선교기관들이 기초가 되어 만들어졌다.

여성의 해외선교 참여 증대는 해외선교운동에 활력을 불어넣었을 뿐 아니라 참여한 여성들에게도 의미 있는 변화를 가져왔다. 남성 지배로부터 독립된 조직을 운영해야 하는 필요 때문에 여성들은 자기 권한과 책임 아래 일을 결정하고 실행하는 법을 배웠다. 또한 선교운동을 통해 여성들은 많은 사람과 사귀고 광범위한 조직을 형성하게 되어, 폭넓은 여성적 공감대를 형성할 수 있었다. 그리고 무엇보다, 해외선교운동에 참여했던 여성들은 국제적인 안목을 가질 수 있었다. 선교지의 상황, 특히 여성과 어린이들의 문제를 깊이 이해할 수 있게 된 것이다. 여성 선교단체들은 여성의 힘으로 여성을 돕기 위해 만들어진 최초의 조직이었다. 여성들 사이의 연대감과 여성의 문제에 대한 공감대가 확대되면서 선교에 대한 종교적 열심은 여성주의적 의식으로 전환되기 시작했다.

여성 사회개혁운동

해외선교와 아울러 19세기 후반 미국 여성 기독교인에게 사회적·종교적 열정을 불태울 수 있는 좋은 무대를 제공해 준 것은 절제운동이었다. 19세기 초 제2차 대각성의 와중에 우후죽순처럼 생겨났던 여러 가지 사회개혁 단체들은 남북전쟁 후 사라지거나 급격하게 쇠퇴했다. 참혹한 전쟁이 건국 직후의 사회적·종교적 열정과 낙관주의에 치명타를 입힌 데다, 많은 자원단체들이 산업혁명과 더불어 찾아온 사회의 변화에 적응하지 못했기 때문이다. 그러나 금주운동은 남북전쟁 이후에도 활발하게 전개되었다. 금주운동은 노예제 폐지운동의 에너지를 전달받아 전개된 사회개혁운동이었기에 동력을 잃지 않을 수 있었다. 남북전쟁 이전의 절제운동은 말 그대로 '절제,' 즉 지나치지 않는 음주를 지향했다. 그러나 남북전쟁 이후 절제운동의 목표는 완전한 금주로 강화되었다.

남북전쟁 이후 산업화와 도시화가 급속도로 진행되면서 나타난 사회적 병폐 가운데 하나가 음주 문제였다. 물론 전쟁 이전에도 술이 문제되지 않았던 것은 아니지만, 전쟁 이후 과도한 음주는 대표적인 도시적 병폐로 등장하며 국가적 차원의 문제가 되었다. 금주와 절제를 위한 여러 정치적, 종교적 단체들이 만들어졌다. 그러나 그 가운데 가장 활발하고 지속적으로 활동했던 것은 기독교여성절제연합WCTU이었다. 1874년 클리블랜드에서 첫 총회를 개최했을 때 채택한 "사업 계획Plan of Work"에 따르면, WCTU의 목표는 "아무도 술을 먹지 않으면, 아무도 술을 팔지 않을 것이다"라는 논리에 기초하여 완전 금주를 성취하는 것이었다.[337] WCTU는 이것을 "평화로운 전쟁"이라 불렀다. WCTU는 2대 회장인 감리교 출신 여성주의자 프란세스 윌라드Frances Willard(1839~98)를 통해 전국적인 조직으로 크게 성장했다. 윌라드는 당대의 다른 여성운동가와 마찬가지로 전통적 윤리관과 진보적 정치의식을 동시에 가지고 있었다. 그녀는 감리교 성화 사상과 빅토리아적 윤리관의 영향을 받아 가정을 보호하고 음주나 흡연 같은 행위를 금지하기 위해 애쓰는 한편, 여성의 사회활동과 설교권을 줄기차게 주장하기도 했다. 그녀는 드와이트 무디Dwight L. Moody(1837~99) 같은 부흥운동가와 협력하며 여성의 종교활동을 진작시키기도 했고, 산업사회의 문제들을 해결하기 위한 기독교 사회주의에도 관심을 보였다.

WCTU는 완전금주 서약서를 통해 사람들이 금주를 실천하게 하는 한편, 술집 앞에 모여 집단적인 기도집회를 여는 것 같은 실력행사를 통해 금주운동을 선도했다. 또한 WCTU는 1895년 다른 절제운동 단체들과 연합하여 미국 살롱반대 리그American Anti-Saloon League(ASL)를 결성했다. ASL은

---

[337] Frances E. Willard, *Women and Temperance: or, the work and workers of the Woman's Christian Temperance Union* (New York: Arno Press, repr., 1972), 636~40, *Documentary History II*, 40~41.

술 판매를 법적으로 금지시키기 위한 정치적 압력단체였는데, 특히 감리교, 침례교, 그리스도의 교회 같은 영미권 경건주의 교회로부터 많은 지지를 받았다. 이 리그는 개신교인들이 주축이었지만 노동자들의 지나친 음주가 교회적인 문제로 떠올랐던 아일랜드계 가톨릭 지도자들로부터도 상당한 협조를 얻어냈다. 그러나 음주문화가 오랜 전통 속에 확립되어 있던 유럽대륙 계열, 특히 독일어권의 개신교와 가톨릭교회는 절제운동에 반대하는 입장이었다. 다른 종교적 사회개혁운동과 마찬가지로 절제운동은 중산층이 주도한 운동이었다. 신학적 보수와 진보의 차이를 넘어서 중산층의 광범위한 지지를 이끌어낼 수 있었던 WCTU는 강력한 압력단체로 기능할 수 있었다. 사회의 하층부와 상층부는 종교의 종류나 유무와 관계없이, 절제운동을 남의 삶에 참견하기 좋아하는 중산층의 행동이라고 여겨 동참하지 않았다. 어느 나라에서나 사회개혁은 중산층 특유의 관심거리였다.

금주운동은 시간이 갈수록 점점 더 활발해졌고 더 강한 정치적 힘을 발휘했다. 전국적으로 6천여 금주운동 지방조직이 만들어졌다. 점차 술 생산과 소비를 금지하는 주들이 늘어나더니 마침내 1차대전 직후인 1917년 미국 의회는 제18차 헌법개정을 통해 술의 생산, 판매, 유통을 금지시켰다. 이 금주법이 통과되는 데 가장 직접적으로 기여한 것은 ASL이었다. ASL은 20년 이상, 금주를 찬성하는 정치인을 지지하고 그렇지 않은 사람들을 반대해 온 강력한 압력단체였다. 그러나 좀 더 근본적인 차원에서 이것은 그동안 금주운동을 주도해 온 여성 기독교인, 그리고 '공적 종교public religion'로서 미국 전체에 도덕적 영향력을 행사해 온 '복음적 개신교evalgelical Protestantism'의 힘을 드러낸 사건이었다.[338]

많은 사람이 금주법과 더불어 범죄가 없는 새로운 미국이 도래할 것이라고 기대했다. 그러나 역설적이게도, 그것은 술로 병들어 가던 비도덕적 미국의 종말이 아니라 19세기 내내 지속되어 온 '복음적 제국'의 찬란한 일몰

---

[338] 공적 종교란 특정한 종교를 믿는 사람들이 자발적 동기에서 각자 혹은 집단을 통해 그들의 종교적 신앙을 행동으로 표현하여 사회에 직접적 영향을 미치게 되는 경우 그런 종교적 현상을 말한다.

과 같은 업적이었다. 금주법은 16년 후인 1933년 제21차 헌법개정을 통해 폐지되었다. 미국 역사상 개정 이후 폐지된 최초의 헌법 개정안이었다.

모름지기 문명이란 인간의 본능적 욕구를 억제하는데 기초하고 있다. 그러나 본능의 완전한 억제란 불가능하기에 모든 문명에는 이중성이 있고 적절한 기준이라는 것이 설정되기 마련이다. 금주법은 음주라는 인간의 본능적 욕구와 관계된 돈벌이를 완전히 금지하려 했기에 결코 오랫동안 지속될 수 없었다. 금주운동은 금주라는 불가능한 목표를 설정하고 열정적으로 추진함으로써 자신들의 "기개의 힘force of character"을 과시하고 다른 계층이나 집단과 구별된 사람들이라는 것을 보여주려는 중산층 기독교 여성들의 의지를 담고 있었다.[339] 그런 점에서 본다면 금주운동은 놀라운 역사적 성취를 거두었다. 그러나 금주운동은 그것이 아무리 고상할지라도, 자신의 기준과 가치관을 남에게 강제하는 일의 한계를 극명하게 보여주기도 했다. 청교도 선조들이 실패가 되풀이된 것이다.

WCTU의 활동은 금주와 절제운동에만 머물지 않았다. WCTU는 많은 여권운동 지도자를 배출했으며, 여성투표권운동 조직화와 여성의 정치참여 확대에 크게 기여하기도 했다. WCTU 지도자들은 음주문제를 개인의 도덕적 문제라기보다는 산업사회가 낳은 여러 가지 사회적 병리현상 가운데 하나라고 생각했다. 그들은 여성의 인권, 노동, 매매춘, 공중 보건과 위생, 그리고 나아가 국제평화 문제에 이르기까지 관심과 활동의 영역을 확장시켜 나갔다. WCTU가 특히 관심을 기울였던 분야는 여성 참정권이었다. 회원이 늘어나고 영향력이 확대되면서 WCTU는 적극적으로 여성투표권운동에 뛰어들었다. 여성투표권운동은 1890년 전국적 통합기관으로 미국 여성투표권협회National American Woman's Suffrage Association가 출발하면서 새로운 전기를 맞고 있었다. 이때 WCTU의 프란세스 윌라드는 이 조직에 들어가 엘리자베스 스탠턴, 수잔 앤서니 등 여권운동가들과 함께 여성 투

---

[339] Eric Hobsbawm, *The Age of Capital, 1848~1875* (New York: Vintage Books, 1996), 235~36.

표권 쟁취를 위해 노력했다. 여성투표권운동은 1919년 6월 연방의회가 성 性에 따라 투표권을 "불인정하거나 약화하지" 못하도록 하는 제19차 헌법 수정안을 통과시키면서 성공적으로 끝났다.[340] 1933년 무효화된 금주법과 달리 이것은 역사적이고 항구적인 승리였다.

---

[340] "19th Amendment to the U.S. Constitution: Women's Right to Vote(1920)," https://www.archives. gov.

제16장

산업화와
근대화

제인 애덤스Jane Addams가 헐 하우스Hull House를
방문한 어린이들에게 이야기 하는 모습(1935)

National Archives

도시화와 노동 문제

풍요의 복음과 빈곤의 복음

1870년부터 1920년 사이 50년 동안 미국 사회는 급격한 변화 과정을 겪었다. 그 변화를 주도한 것은 산업화 및 그에 따른 도시화였다. 1870년 미국인 가운데 인구 2천 5백 명 이상의 도시에 사는 사람은 전체의 약 26퍼센트였다. 미국인 절대다수가 여전히 농촌이나 소읍에 거주하고 있었던 것이다. 그러나 산업화의 전개와 함께 농촌을 떠나 도시로 이주하는 사람의 수는 점점 증가했고, 소읍은 도시로, 도시는 대도시로 변해갔다. 1850년에 인구 3만이 채 안 되었던 시카고는 1900년에 170만 명의 인구를 가진 미국 제2의 도시로 성장하였다. 그 정도의 극적인 변화는 아닐지라도 항구나 교통과 산업의 중심지들이 크게 팽창했다. 1920년은 그런 변화의 분기점이 된 해로 기록되었다. 드디어 미국인의 절반 이상(정확히 51.4퍼센트)이 도시에 거주하게 된 것이다. 도시 거주 비율은 이후에도 계속 증가했다. 이제 광활한 자연 속의 목가적이고 조용한 삶은 더 이상 미국을 대표하는 생활양식이 아니었다. 미국인의 과반수는 소음과 공해, 그리고 좁고 복잡한 길로 대표되는 도시 속에서 살고 있었다.

도시는 다양한 경제적 기회, 거칠 것 없는 자유, 그리고 풍부한 문화와 화려한 오락으로 사람들을 유혹했다. 많은 사람이 도시가 주는 기회를 활용하여 신분 상승의 사다리를 타고 올라갔으며 오감을 자극하는 매력적인 도시문화를 만끽했다. 새로운 산업사회는 엄청난 양의 소비재를 시장에 쏟아내었고, 물건을 사서 쓰고 버리는 것이 도시문화의 핵심적 구성요소가 되었다. 인간의 욕구를 극대화시키는 이 새로운 소비문화에 맞추어 종교는 부의 축적과 물질주의를 찬양하는 새로운 영성을 제공했다.

부와 물질의 향유가 권장되는 도시의 소비문화에 발맞추어 등장한 것 가운데 하나는 물질의 풍요와 진보를 찬양하는 성공의 복음gospel of success이었다. 20세기 초의 대표적인 성공의 복음 전도자는 유명한 광고업자 브루스 바턴Bruce F. Barton(1886~1967)이었다. 그는 수많은 대중지에 게재한 글을 통하여 미국의 꿈을 실현하는 데 도움이 되는 조언과 영감을 주고자 노력했다. 그는 여러 권의 책을 써서 성공의 복음을 전했는데, 그가 쓴 많은 책 가운데서도 가장 유명한 것은 《누구도 모르는 사람The Man Nobody Knows》(1925)이었다. 예수의 전기 형식을 띤 이 책에서 바턴은 예수를 성공적인 현대 사업가의 모델로 묘사했다. 바턴의 예수는 성공을 위해 사람들을 동기유발 시켜 이끄는 선전가이며, 매력적인 인품을 지닌 뛰어난 지도자였다. 예수는 낙관주의, 물질적 성공, 개인의 향상 등 성공의 복음을 전한 사람으로 그려졌다.

한편, 템플Temple대학 창건자이며 침례교 목사인 러셀 콘웰Russell Conwell (1843~1925)은 아마도 20세기의 첫 사반세기 동안 가장 유명한 성공의 복음 설교였던 "무진장한 다이아몬드Acres of Diamonds"라는 연설을 5천 회 이상 하였다. 콘웰에 따르면 가난한 것은 "전적으로 잘못"이며, 부자가 되는 일은 "기독교적이고 경건한 의무"였다.[341] 그리고 부자가 되는 열쇠는 바로 주위에 "무진장한 다이아몬드", 즉 크게 부자가 될 수 있는 기회가 있음을 깨닫고 열심히 노력하는 데 있었다.

자본주의적 물질문화 속에서 성공은 부유를 의미했으므로, 성공의 복음

---

341 Russell Herman Conwell, *Acres of Diamonds* (Old Tappan, New Jersey: Fleming H. Revell, repr., 1960), 22~24.

은 곧 부족함이 없고 행복이 가득한 풍요의 복음gospel of prosperity과 연결되어 있었다. 풍요의 복음을 믿는 사람들에게 신은 무한한 풍요였으며, 그의 자녀가 된다는 것은 그 풍요로움에 동참하는 일이었다. 풍요의 복음을 탄생시킨 것은 20세기에 들어서면서 경제적-군사적 최강대국이 된 미국의 자신감이었다. 20세기 초 미국을 지배한 것은 긍정적이고 낙관주의적인 이상이었다. '마음 치유' 열풍과 함께 크게 유행했던 빌리켄Billiken 인형은 그런 사회 분위기를 극명하게 보여주었다. 한 미술교사가 꿈에서 본 것을 특허 내어 만든 빌리켄은 난쟁이 요정처럼 생긴 가공의 '복신福神'으로 '걱정 없이 살자no worry'는 당대 낙관주의의 화신이었다. 빌리켄은 불행, 걱정, 근심, 우울한 마음 등을 치유해 준다고 선전되어 미국뿐 아니라 일본을 비롯하여 전 세계에서 엄청나게 판매되었다.

현대적 풍요의 복음은 인간의 죄와 신의 벌 같은 어두운 주제를 버리고 긍정적이고 낙관적인 영성을 추구했다. 찰스 필모어Charles Fillmore (1854~1948)와 그의 아내 머틀Myrtle(1845~1931)이 만든 유니티 교회Unity Church는 원죄설을 부인하고 인간의 신성과 본래적 선함, 그리고 긍정적 사고의 힘을 가르쳤다. 찰스가 1924년 창간한 〈매일 말씀Daily Word〉이라는 월간지는 사람들에게 '긍정적 기도'의 힘을 전파했다. 〈매일 말씀〉은 긍정적인 확신을 심어주는 글을 통해 매일 긍정적 기도생활을 할 수 있게 도와주었다. 이와 같은 긍정적 영성은 성공과 풍요로운 삶을 바라는 사람들의 욕구를 자극하며 지속적인 인기를 누렸다. 특히 개혁주의 목사 노만 필Norman V. Peale(1898~1993)의 '긍정적 사고'는 20세기 중엽 폭발적인 관심을 받았다. 1952년 처음 출간된 그의 《긍정적 사고의 힘The Power of Positive Thinking》은 186주 동안 〈뉴욕 타임즈New York Times〉 베스트셀러 명단에 올랐으며, 약 2천만 부가 판매되었다. 필이 말하고자 했던 바는 결국 종교는 신에게 "채널을 맞추어" 그 능력을 누리는 행위라는 것이었다.[342]

---

[342] Norman Vincent Peale, *You Can Win* (New York: Abingdon, 1938), 21~23, *Documentary History II*, 244~45.

자본주의적 가치관에 최적화된 기독교는 이후에도 많은 기독교 대중을 사로잡았다. 1920년대부터 나타나기 시작한 '대형 교회megachurch'와 '방송 전도televangelism'는 그런 풍요의 복음 확산과 깊은 관계가 있었다.[343] 대형 교회들은 주로 대도시 교외, 교통 좋고 잘 보이는 곳에 화려하고 거대한 교회를 건축하고, 많은 교인을 모으기 위해 다양한 프로그램을 운영하곤 했다. 대형 교회 교역자는 라디오나 텔레비전으로 다양한 기독교 방송을 진행하는 방송 전도자인 경우가 많았다.

1980년 캘리포니아 가든 그로브Garden Grove에 1천 8백만(2022년 가치로 6천 4백만) 달러짜리 '크리스탈 대성전Crystal Cathedral'을 건축하고 그곳에서 "능력의 시간Hour of Power"을 방송한 로버트 슐러Robert Schuller(1926~2015)는 아마도 당대 풍요의 복음의 화신이었을 것이다. 전 세계로 방송된 "능력의 시간"을 통해 슐러는 죄나 교리 같은 어둡고 무거운 주제는 일부러 피하면서 기독교 신앙의 긍정적인 면을 강조했다. 꿈꾸는 모든 것은 이룰 수 있다는 것이었다. 크고 화려한 예배당, 극장 공연같이 볼거리 있는 예배, 그리고 편안하게 들을 수 있는 설교는 슐러의 크리스탈 대성전뿐 아니라 대부분의 대형 교회가 보여준 공통점이었다. 21세기 들어서 브루스 윌킨슨Bruce Wilkinson(b.1947)의 《야베스의 기도The Prayer of Jabez》나 조엘 오스틴Joel Osteen (b.1963)의 《긍정의 힘Your Best Life Now》 같은 책들이 누리는 인기는 복, 희망, 긍정적인 삶, 자기 계발 등을 가르치는 성공과 풍요의 복음이 여전히 사람들을 사로잡고 있음을 보여주었다.

도시 산업사회의 부와 소비문화는 극단적인 양면성을 가지고 있기 마련이다. 성공과 풍요의 복음이 전해지는 동안 도시의 빈민가는 가난과 절망의 나락에 빠져 있었다. 화려한 소비 도시의 이면에는 비인간적인 자본주의 생산구조의 거대한 틀 속에 갇혀버린, 빈민들의 비참한 삶이 있었던 것

---

343 일반적으로 매주 일요일 예배에 참석하는 인원이 2천 명을 넘을 경우 대형 교회라 하고 그 수가 1만 명을 넘으면 초대형 교회gigachurch라 한다. 미국의 대형 교회는 대부분 플로리다, 텍사스, 캘리포니아, 조지아 같은 남부지역에 있으며, 초대형 교회 수는 2015년 100개 정도였다.

이다. 자기 자신의 노동력 이외에 다른 무엇도 가진 것이 없던 사람들은 주당 7일, 하루 12시간 이상의 살인적 노동, 최저 생활비에도 미치지 못하는 형편없는 저임금, 그리고 언제 손과 발이 잘려 나갈지 모르는 열악한 노동 환경의 쳇바퀴를 빠져나올 수 없었다. 특히 도시로 막 이주해 온 농촌 출신자와 해외에서 들어온 이민자들은 수도나 난방 시설도 없는 도시 빈민가의 더럽고 음침한 방에서 희망도 없는 삶을 이어가고 있었다. 그동안 미국인의 삶을 주도해 왔던 농업적 생활과 전통적 가치관에 맞추어 전개되어 온 종교들은 산업사회가 만들어 놓은 이런 새로운 문제들에 마땅한 종교적 대답을 내놓지 못한 채 시대의 흐름에 휩쓸려가고 있었다.

도시빈민 문제에 가장 집중적이고 지속적인 관심을 보인 것은 영국에서 시작된 구세군Salvation Army이었다. 1865년 감리교 신자 윌리엄William (1829~1912)과 캐서린 부스Catherine Booth(1829~90) 부부가 시작한 구세군은 복음적 기독교를 빈민구제를 위한 사회사업과 결합시킨 군대식 조직이었다. 유럽 노동계층의 절대다수가 종교생활을 하지 않고 있었기 때문에 구세군은 그들에게 복음과 사랑을 전하는 것을 목표로 삼았다. 구세군이 미국에 진출한 것은 1880년대였는데, 20세기 초반 미국 구세군을 주도한 사람은 부스 부부의 딸 에반젤린Evangeline Booth(1865~1950)이었다. 에반젤린은 고압적이고 충동적이었지만 "철저하게 효율적인 지도자"였다.[344] 1904년부터 30년 동안 미국 구세군 사령관을 지내면서 그녀는 구세군이 가장 낮은 데에 처하고, 타락하고, 소외된 사람들의 고통을 덜어주기 위해 할 수 있는 모든 것을 해내는 사람들이라는 평판을 듣게 만들었다. 그러나 사회사업에 집중하면서 종교단체로서 정체성에 혼란이 생기기도 했다. 초기부터 윌리엄 부스가 양성평등을 주장했기에 여성들은 구세군에서 지도자와 활동가로서 중요한 역할을 했다. 에반젤린 부스는 제4대 총사령관General이 되었으며, '할렐루야 아가씨Hallelujah Lasses'라고 불린 여성 대원들은 모금과

[344] Lillian Taiz, *Hallelujah Lads and Lasses: Remaking the Salvation Army in America, 1880~1930* (Chapel Hill: University of North Carolina Press, 2001), 131.

사역에서 남자 이상으로 효과적으로 활약하여 칭송받았다.[345]

제인 애덤스Jane Addams(1860~1935)는 산업화와 도시화가 야기한 문제를 해결하는 데 여성이 얼마나 큰 역할을 했는지를 보여주는 또 다른 증거다. 그녀가 친구인 엘렌 스타Ellen G. Starr(1859~1940)와 함께 1889년 시카고에 창립한 헐 하우스Hull House는 도시빈민 문제를 해결하기 위한 복지관운동settlement house movement의 중심에 있었다. 이때 시카고 인구의 80퍼센트는 이민자 혹은 그 자녀로서 그들 중 많은 사람이 빈민가에서 비참한 삶을 살고 있었다. 영국 런던의 복지관을 본뜬 헐 하우스는 도시빈민들에게 사회복지, 여가, 그리고 교육 시설을 제공했고 당대 미국 사회개혁의 중심지가 되었다. "무엇이든 우리가 줄 수 있는 도움을 우리 이웃에게" 주자는 취지로 시작한 헐 하우스에서는 유치원과 야학이 열렸고, 청소년 동아리, 음악, 드라마 등의 교육이 제공되었다.[346] 노동 문제를 다루는 부서가 운영되기도 했다. 이웃에 대한 사랑은 이웃으로부터 와야 한다는 원칙에 따라 가장 궁핍한 사람들 곁에 세워진 헐 하우스를 모델로 1910년까지 미국 대도시에 수백 개의 복지관이 빈민촌에 건설되었다. 아버지의 퀘이커 신앙과 톨스토이, 사회복음 등에서 깊은 도덕적·영적 영감을 받은 애덤스는 도시빈민을 위한 사회복지뿐 아니라 여권운동, 노동운동, 세계평화운동에서도 활약하였으며, 1931년 노벨 평화상을 수상했다.

노동자를 위한 복음

많은 종교인이 노동자 및 빈부격차 문제에 대한 사람들의 각성을 촉구하고 문제를 해결하기 위해서 노력하는 가운데, 신학적으로 가장 주목할 만한 활

---

[345] Frederick Booth-Tucker, *The Salvation Army in the United States* (n.p.: 1899), *Documentary History II*, 171.

[346] Jane Addams, *Twenty Years at Hull House: With Autobiographical Notes and Sixty-Three Illustrations* (n.p.: Pantianos Classics, 1st pub. 1911), 22.

동을 한 것이 사회복음Social Gospel운동이었다. 사회복음은 어떤 일사불란한 조직이 아니라, 비슷한 생각을 가진 사람들의 느슨한 연대였다. 그때까지 미국 기독교가 사회문제에 보였던 태도는 개인의 양심과 도덕을 함양함으로써 문제를 해결할 수 있다는 것이었다. 그러나 사회복음주의자들은 사회적·경제적 문제는 개인의 선의에 호소할 것이 아니라 구조적·제도적 차원에서 접근해야 한다고 보았다. 그들은 미국 개신교의 사회개혁 전통, 사회문제에 대한 새로운 사회과학적 연구 결과, 그리고 미국보다 앞서서 산업혁명과 산업사회의 문제들을 경험했던 진보적 영국 기독교인들의 노력에서 영향을 받았다. 개인의 영혼뿐 아니라 사회 전체가 기독교 구원의 대상이 되어야 한다고 주장했다는 점에서 사회복음은 기독교의 영역을 크게 확장했다는 평가를 들었다.

사회복음의 초기 주창자는 오하이오주 콜럼버스의 회중교회 목사 워싱턴 글래든Washington Gladden(1836~1918)이었다. 그는 직접 시의회에 들어가 무능하고 타락한 관리들과 싸우는 한편, 수도, 전기, 가스 같은 공적인 성격의 사업은 공유화해야 한다고 주장했다. 글래든은 30여 권의 책과 수백 편의 논문을 통해 노동조합 결성권을 포함한 노동자들의 권리를 옹호했고, 자본가들의 각성을 촉구했다. 또 한 명의 회중교회 목사 찰스 쉘던Charles Sheldon(1857~1946)은 단 한 권의 소설로 사회복음 전파에 크게 기여했다. 기독교 사회주의자였던 쉘던은 캔자스의 토피카에 있는 자신의 교회에서 도덕적 결정에 관한 일련의 설교를 한 후, 1896년 그것을 소설화하여 《그의 발자취를 따라: 예수라면 어떻게 하겠는가?In His Steps: What Would Jesus Do?》라는 제목으로 출간했다. 이 소설은 개인 구원에 관한 기존의 관심이 아니라 가난과 궁핍의 환경에서 마주하게 되는 도덕적 선택을 기독교 사회주의적 관점에서 다루었다. 소설 속의 설교자는 돈을 벌고 쓰는 문제, 실직이나 빈곤 같은 사회적 과제에 관하여 예수라면 어떻게 했겠는가라고 질문하면서, "새로운 제자도a new discipleship"를 만들어 가야 한다고 주장했다.[347] 그런 문제에 관한 좀 더 사도

---

[347] Charles M. Sheldon, *In His Steps* (Grand Rapids, MI: Chosen Books, 1984), 246.

적이고 초대교회적인 접근을 해야 한다는 것이었다. 쉘던의 소설은 미국 역사상 최고의 베스트셀러 가운데 하나가 되었다.

'예수라면 어떻게 하겠는가?(약자로 WWJD)'라는 쉘던의 표어는 20세기 후반 들어 또 한 차례 부흥을 맞았다. 어떤 행동을 하기 전 예수라면 그런 상황에서 어떤 판단을 했을지 생각해 볼 것을 청소년들에게 권하는 만화책을 비롯하여 'WWJD'가 인쇄된 많은 상품이 시장에 등장했다. 그런데, 이번에는 신학적으로 사회복음과 반대편에 서 있는 보수적인 교회가 그런 물품의 주 소비자였다. 'WWJD'를 개인 영성의 구호로 여긴 20세기 후반 보수적 기독교 소비자들 가운데, 그것이 원래 기독교 사회주의자에 의해 만들어진 사회복음의 구호였다는 사실을 아는 사람은 거의 없었다. 소비문화에 대한 경각심을 불러일으키고 기독교인의 사회적 책임을 강조하기 위해 생긴 구호가 소비문화의 수단으로 사용되는 역사의 역설이 발생한 것이다.

당대의 많은 사람이 《그의 발자취를 따라》를 읽고 영향을 받았다. 사회복음의 대표적 이론가 월터 라우쉔부쉬Walter Rauschenbusch(1861~1918)도 그중 한 명이었다. 라우쉔부쉬는 십대 때 극적인 회심의 경험을 했다. 그러나 근대주의에 개방적인 북침례교계의 로체스터신학교Rochester Theological Seminary에서 고등비평 같은 새로운 신학을 배우면서 개인의 죄를 넘어 "국가적 죄와 구원"에 관심을 가지게 되었다.[348] 뉴욕시의 가난한 노동자 지역에서 10년 동안 교역하다가 모교에서 교회사를 가르치게 된 그는 미국 사회의 상업주의와 물질주의가 인간의 선한 본성을 더럽히고 종교를 협박하고 있다고 주장했다. 그는 주류 교회가 사회적 환경을 개선하여 기독교적 사랑을 실천하는 대신 사회적·정치적 기득권과 결탁하여 빈부격차, 어린이 노동, 노동자의 고통에 대해 발언하지 않는 것을 개탄했다.

---

[348] Walter Rauschenbusch, *Christianity and the Social Crisis* (New York: Macmillan, 1920; repr. CrossReach Pub, 2017), 8. 남침례교가 Triennial Convention에서 탈퇴한 후 1907년 북침례교Northern Baptist Convention가 결성되었다. 북침례교는 American Baptist Convention(1950~72)을 거쳐 American Baptist Churches USA가 되었다. 북침례교는 주류 교단으로 여겨진다.

라우쉔부쉬는 기독교의 목적이 예수와 같은 삶을 살아서 '하나님의 나라'를 전파하는 데 있다고 보았다. 그런데 그에게 하나님의 나라란 죽어서 들어가는 하늘에 있는 나라가 아니라 지상에서 신의 뜻에 따라 변화된 삶을 사는 것이었다. 라우쉔부쉬는 기독교가 본질적으로 혁명적이며, 메시아에 대한 소망도 현실의 상황들이 "급진적으로" 바뀌기를 바라는 "혁명적 소망"이라고 말했다.[349] 그는 사람들이 이 땅에 하나님 나라를 구현하는 것을 저버렸기 때문에 개인의 구원에만 관심을 가진 채 세계를 구하는 데는 무관심하게 되었다고 보았다.

라우쉔부쉬는 《기독교와 사회의 위기*Christianity and the Social Crisis*》(1907), 《사회복음의 신학*A Theology for the Social Gospel*》(1917) 같은 영향력 있는 책을 통해 성서 정신에 근거하여 산업사회의 물질주의, 그리고 배금주의를 비판하고 사회정의를 부르짖었다. 그는 헨리 조지Henry George(1839~97) 같은 기독교 사회주의자와 교유하는 한편, 당대의 부흥사들을 비판하였다. 또한 라우쉔부쉬는 '진보적liberal' 신학을 수용하여 예수가 인류의 죄를 대신 속죄하기 위해 죽었다는 것을 거부하고 성서 속 초자연적 내용들을 재해석하였다. 따라서 보수적인 기독교인들 가운데 그를 사회주의자나 이단이라고 비판하는 사람이 많았다. 그러나 그동안 오직 개인이나 내세와 연결해서 논의되던 기독교의 구원을 사회 구원이라는 차원으로 확대시킨 그의 신학은 노동운동가 루시 메이슨Lucy Mason(1882~1959), 인권운동가 데스몬드 투투Desmond Tutu(1931~2021), 그리고 마틴 루터 킹 같은 후대의 사회운동가들에게 지대한 영향을 끼쳤다.

사회복음운동은 개신교에서 전개되었다. 그러나 다른 종교나 교파의 지도자 가운데도 빈곤과 노동문제에 관심을 가진 사람은 많았다. 특히 가난한 이민 노동자 신자가 많던 가톨릭교회는 도시빈민이나 노동문제를 심각하게 받아들이지 않을 수 없었다. 그런데 바티칸을 중심으로 한 유럽의 가

---

[349] Walter Rauschenbusch, *The Righteousness of the Kingdom* (Nashville, TN: Abingdon, 1968), 72.

톨릭 교권은 전통적으로 정치·경제적 기득권과 결탁되어 있어서 노동자의 권익에 무관심하였다. 유럽의 가톨릭 지도자들은 노동자 사이에 계급의식이 발생하고 그에 따라 노동운동이 전개되자 그것을 적대시했다. 그러나 산업자본주의 발달에 따른 계층(혹은 계급)의 출현은 신의 보살핌 속에 모든 사람이 각자의 위치에서 조화롭게 살고 있다는 과거의 도덕적 우주관을 붕괴시켰다. 그것은 사회 구성원들이 공유하던 종교적 세계관이 설 자리를 잃었음을 의미했다. 기득권과 결탁된 교회는 도덕적 발언을 할 수 있는 권위를 거의 잃어갔다.

역사적 "공산당 선언Manifest der Kommunistischen Partei"이 발표된 것은 1848년이었다. 무산계급의 혁명을 통해 부르주아가 장악한 자본주의 사회를 무너뜨리고 계급 없는 사회를 건설하자는 취지의 급진적 선언이었다. 칼 마르크스Karl Marx(1818~83)는 이 선언의 말미에서 계급 없는 사회는 "오직 모든 현존하는 사회적 조건의 강제적 타도"를 통해서만 성취될 수 있다고 선언했다.[350] 그것은 '현존하는 사회적 조건'의 한 축을 이루고 있던 교회에 대한 공격이기도 했다.

가톨릭 교권은 노동조합을 공격했다. 노동운동이 무산계급 혁명, 급진주의, 또는 사회-공산주의와 연결되어 있다는 것이었다. 그러나 미국 가톨릭 교회를 대표했던 제임스 기본스James Gibbons(1834~1921)는 신학과 윤리에서는 전통적 견해를 견지했지만 노동문제에 관한 바티칸의 태도에 저항하며 노동자 권익을 앞장서서 옹호했다. 노동계급과 바티칸의 관계가 점점 악화되는 상황에서 그렇게 나선다는 것은 대단한 용기가 필요한 일이었다. 30대에 주교가 된 후 1877년 볼티모어 대주교, 그리고 1886년 미국 역사상 두 번째로 추기경이 된 기본스는 미국 천주교의 얼굴로 활동하며 천주교 내에서뿐 아니라 전 사회적으로 많은 사랑과 존경을 받은 지도자였다.

노동운동에 대한 기본스의 입장은 1869년 노동기사단Knights of Labor이 조

---

[350] Karl Marx, *Karl Marx: Selected Writings*, ed. David McLellan (Oxford: Oxford University Press, 1977), 246.

직되었을 때 잘 드러났다. 노동기사단은 하루 8시간 노동, 어린이 노동 금지, 동일노동 동일임금 등을 요구하며 결성된 노동조합으로 천주교인이 회원 대다수를 차지하고 있었다. 기본스는 노동기사단 결성을 옹호하면서, 비참한 노동환경 속에서 생계비에도 못 미치는 임금을 받으며 일해야 하는 노동자들이 노동단체를 결성한 것이야말로 "전적으로 자연스럽고 정당"하며, 노동단체는 "가장 효과적인" 수단이라고 주장했다.[351] 그는 노동기사단 속에서 천주교 노동자들이 개신교인, 무신론자, 혹은 공산주의자와 같이 활동해야 할 수도 있지만, 미국 사회와 같이 여러 사람이 섞여 살아야 하는 곳에서 그것은 불가피하다고 말했다. 기본스는 노동조합 결성에 대한 교회의 "경솔한 비난"은 부당하고 잘못된 일이라는 의견을 바티칸에 분명하게 전했다. 그런 비난은 가톨릭 노동자들이 교회에 저항하는 태도를 가지게 만들 우려가 있다는 것이었다. 그는 노동자들이 교회를 사랑하고 영혼이 구원받기를 원하지만, 먹고 살만큼 버는 일도 절박하다는 점을 강조했다.

노동자 및 노동조건에 대한 관심은 가톨릭교회 내에서도 점차 개인적 차원을 넘어 집단적으로 표현되기 시작했다. 그 전환점이 된 것은 1891년 교황 레오 13세(1810~1903)가 발표한 회칙回勅encyclical "새로운 일들*Rerum Novarum*"이었다.[352] 노동과 자본의 의무에 대한 가톨릭교회의 입장을 밝힌 역사적인 문서였다. 이 회칙은 자본과 노동이 상호 의존하는 관계이며 각자의 의무를 행함으로써, 중재자인 교회의 도움을 받아 갈등을 피하고 정의와 질서를 이룰 수 있다고 밝혔다. 레오 13세는 약속된 일을 충실히 행하고 자신의 이익을 지키기 위해 폭력을 행사하지 말 것을 노동자에게 요구하는 한편, 사용자에게는 노동자를 "노예"로 여기지 말고 인간 "존엄성"을 존중하

---

[351] James Gibbons, *A Retrospect of Fifty Years* (Baltimore, MD: John Murphy, 1916), 194~98. *Documentary History II*, 106~109.

[352] 회칙이란 초대교회에서 주교가 보낸 회람 편지를 뜻했으나 이후 가톨릭 교회에서는 교리와 관련하여 교황이 교회에 보내는 목회서신을 뜻한다.

며, 적당한 노동을 요구하고 적절한 임금을 주라고 했다.[353] 특히 그는 더 많은 이익을 얻기 위해 가난한 노동자를 억압하는 행위를 강하게 비판하면서 노동자 임금을 착취하는 것은 하늘로부터 벌 받을 "큰 범죄"라고 엄중히 경고했다.

이 회칙은 사람마다 정해진 역할과 능력이 있다는 전근대적인 세계관 위에서 작성되었다. 그럼에도 불구하고, 노동자가 상대적으로 "약하고 보호받지 못하는" 계층이므로 그들의 적은 수입은 성스러운 것이며, 노동자보다는 부자와 자본가에게 더 많은 도덕적·종교적 의무가 있다고 밝힌 점에서 분명히 친노동자적 견해를 담고 있었다. 노동문제에 대해서 언급한 최초의 교황이 된 레오 13세는 이후 '노동자의 교황'이라고 불렸다.

미국 가톨릭교회가 1919년 채택한 "사회재건을 위한 주교의 프로그램Bishop's Program of Social Reconstruction"은 "새로운 일들"에 표현된 정신이 구체적으로 실현된 한 가지 사례였다. 주교들은 어린이 노동 금지, 최저임금 보장, 직업교육 실시 등을 요구함과 아울러 생활비의 급상승을 통제할 것을 촉구하였다. 한편, 1933년 도로시 데이Dorothy Day(1897~1980)와 프랑스 가톨릭 운동가 피터 모랭Peter Maurin(1877~1949)이 설립한 가톨릭 노동자운동Catholic Worker Movement은 노동자를 포함하여 궁핍한 사람들을 위한 가톨릭 평신도 사회운동이었다. '자발적 가난'의 정신에 기초한 이 조직은 노동자와 빈민을 위한 사업을 펼쳤다. 또한 평화주의 원칙에 따라 폭력과 전쟁을 반대하고 부의 평등한 분배와 사회정의를 위해서도 노력하여 미국 가톨릭교회를 넘어서 전 세계적으로 큰 영향을 끼쳤다. 한편에서는 살아있는 성인으로, 또 한편에서는 급진주의자로 여겨졌던 데이는 2000년 성인이 되는 첫 단계로서 '하느님의 종Servant of God' 칭호를 받았다.[354]

개신교 가운데 노동문제에서 가장 먼저 모범을 보인 것은 감리교였다.

---

[353] "*Rerum Novarum*," http://www.papalencyclicals.net.

[354] 가톨릭교회에서 성인이 되는 단계는 하느님의 종→가경자可敬者Venerable→복자Blessed→성자Saint의 순서로 이루어져 있다.

사회복음에 영향을 받은 북감리교는 1908년 개신교 교단 가운데 처음으로 노동자들의 기본적인 권익과 노동조건 개선을 요구한 "사회신조Social Creed"를 채택했다. 사회신조는 산업재해 방지, 어린이 노동 금지, 여성 노동조건 향상, 주 6일 근무, 그리고 기본 생계비에 해당하는 임금지급 등을 요구하면서, "황금률과 그리스도의 마음"이 모든 사회적 문제를 해결하는 최고의 법칙이라고 주장하였다.[355] 이 감리교 사회신조는 도합 1천 8백만 명의 신자를 가진 33개 개신교 교단의 초교파 연합체인 미국교회협의회 Federal Council of Churches에 영향을 주었다.[356] 교회협의회는 1908년 말에 발표한 "사회신조"를 통해 노동문제에 대한 깊은 관심을 표하였다. 이 사회신조는 노동자의 권리와 노동문제 개선을 위한 주장 14개를 나열하면서 가난한 사람의 고통을 덜어주고 노동의 존엄함을 옹호하는 것은 "그리스도를 따르는 모든 사람에게 속한 대의명분"이라고 선언했다.[357]

한편, 유대교 가운데 가장 진보적인 개혁 유대교는 1928년 미국랍비중앙회Central Conference of American Rabbis를 통해 사회경제적 문제들에 대한 선언을 하였다. 랍비들에 영감을 준 것은 고대 이스라엘 예언자들의 가르침을 비롯한 유대교의 오랜 전통이었다. 이런 가르침을 바탕으로 랍비들은 소수에 의한 무제한적 부의 축적이 도덕적으로 정당화될 수 없는 일이라고 지적하면서, "모든 소유권은 사회적 신탁social trust"이므로 인류 전체에 대한 책임을 수반한다고 주장했다.[358] 또한 그들은 "산업적 민주주의"를 말하면서 가족의 생존을 위해서 삶의 모든 에너지를 투자한 노동자는 자본을 투자한 사람과 똑같은 "침범할 수 없는 권리"를 가진다고 지적했다. 기계화된 현대 산업사회 속에서 노동자의 영혼이 무시되는 현상에 대해 랍비들은 "기계와

[355] "The 1908 Social Creed of the Methodist Episcopal Church," https://www.umcjustice.org..

[356] 정식 명칭은 Federal Council of Churches of Christ in America이며, 1950년 다른 초교파 단체와 연합하여 National Council of the Churches of Christ in the U.S.A.를 만들었다.

[357] "The Social Creed of the Churches," https://nationalcouncilofchurches.us.

[358] Albert Vorspan and Eugene Lipman, *Justice and Judaism: The Work of Social Action*, 4th ed. (New York: Union of American Hebrew Congregations, 1959), 255~57, *Documentary History II*, 112~14.

산업이 인간을 위해서 존재하는 것이지 인간이 그것들을 위해서 존재하지 않는다”고 선언했다. 이것은 노동자들이 존엄성을 가지는 개별 인간이 아니라 하나의 “무리mass”로 여겨지는 데 대한 종교적 우려의 표현이었다.

노동문제에 관한 종교인들의 이와 같은 발언을 누구나 환영한 것은 물론 아니다. 급진적이라거나 종교의 영역을 벗어난 것이라고 비난하는 사람도 많았다. 그럼에도 불구하고 노동자들의 열악한 노동조건과 가난한 삶에 대해 진지한 관심을 가졌던 사람들의 선구자적 목소리는 끊이지 않고 이어졌다. 그들의 목소리는 무엇보다 사회–경제적 약자에 대한 긍휼과 사회정의를 가르친 그들 종교의 가르침과 그 가르침으로 뜨거워진 가슴으로부터 울려 나왔다. 그러나 사랑과 긍휼과 정의를 가르친 종교를 믿는 사람들 가운데도 불의에 저항하며 행동에 나서는 사람은 오직 용기 있는 소수이기 마련이다. 노동자들의 권익을 위해 목소리를 높인 용기 있는 소수의 결집된 힘은 노동문제에 대한 교회와 대중, 그리고 정부의 관심을 불러일으키고 궁극적으로 노동자의 삶을 향상시키는 데 크게 기여했다. 다른 예언자적 목소리와 마찬가지로 노동자들을 위한 외침은 당대에는 급진적인 것으로 여겨졌다. 그러나 시간이 지나면서 점점 더 많은 사람이 그것을 받아들이고 실천했다. 그것이 참으로 시대를 앞서가는 목소리였음이 증명된 것이다.

근대성의 대두

진화론과 현대과학

산업화로 인해 근대화가 이루어지면서, 대체로 1870년대경부터 ‘근대성 modernity’이라고 불리게 된 새로운 요소들이 서구 사회의 시대적 화두로 등장했다. 이 시대의 근대성이란 18세기 계몽주의, 미국과 프랑스의 혁명, 그리고 산업혁명의 연장선상에서 모든 문제를 합리적이고 과학적으로 접근하는 태도로 대표되었다. 근대화는 서구 사회와 문화 전 영역에 걸쳐 총체적으로 파급되었다. 과학기술의 발전, 합리성과 객관적 진리의 추구, 개인주의와 인간 소외, 세속화, 민주화 등 19세기 말 이래의 변화는 서구 사회가 근대화되어 가는 모습의 다양한 표현이었다.

합리주의와 과학적 사고로 대표되는 근대적 세계관의 형성과 발전을 상징적으로 대표한 것은 찰스 다윈Charles R. Darwin(1809~82)과 그의 기념비적 저술《종의 기원On the Origin of Species》(1859)이었다. 1830년대에 해군 탐사선 비글Beagle호를 타고 세계일주를 하며 수집한 방대한 자료를 토대로 쓴《종의 기원》에서 다윈은 자연선택natural selection에 의해 생명체 집단이 점진적으로 진화한다고 주장했다. 다윈은 한때 성경이 문자적으로 진실이라고 믿었던 사람이다. 그러나 그는《종의 기원》을 쓸 당시 이미 기독교 신앙을 완전히 잃은 불가지론자였다. 따라서 다윈의 진화론이 기독교적 전통에 기초한 당대의 세계관을 거부한 것은 놀랄 일이 아니었다. 무엇보다도, 그의 진화론은 자연이 어떤 외부적 힘에 의존하지 않고 스스로의 힘으로 진화할 수 있음을 보여주었다. 이것은 광활한 우주에 질서와 아름다움이 있는 것은 그것을 창조하고 유지하는 신이 있기 때문이라는 논리에 근거하여 신의 존재를 증명해온 전통적 신학을 궁지에 몰아넣었다. 당시 교회는 13세기 신학자 토마스 아퀴나스Thomas Aquinas(1225~74)가《신학대전Summa Theologica》에서 신의 존재를 증명하기 위해 들었던 "5가지 방법Qunique viae"을 여전히 받아들이고 있었다.[359] 아퀴나스가 말한 5가지 이유 가운데 마지막이 우주의 질서는 우연에 의해 생겨날 수 없으며 반드시 신적 디자인과 목적에 의해 만들어지고 유지된다는 것이었다.

자연선택 이론은 사람들의 신분과 역할은 신으로부터 주어졌다는 이론,

---

[359] 이 유명한 논리는《신학대전》제1부, 제2질문, 제3조에 나오며, 아퀴나스는, 1. 모든 움직임의 시작, 2. 모든 인과관계의 시작, 3. 모든 존재의 시작, 4. 모든 단계의 최상 단계, 그리고 5. 우주의 질서 부여를 위해 신이 필요하다고 주장했다. 영어 번역은 다음 참조: https://www.newadvent.org/summa/1002.htm#article3.

즉 신이 사회질서를 위해 권력과 계급에 따라 각기 다른 역할을 사람들에게 부여했다는 교회와 위정자들의 주장을 반박하는 것이기도 했다. 그리고 좀 더 근본적인 차원에서, 자연선택 이론은 서구인이 거의 2천 년 동안 견지해 온 세계관적 전제를 거부했다. 그때까지 기독교적 세계관에 의하면 모든 생명은 신이 태초에 창조한 가장 완전하고 근원적인 종種의 원형에서 파생된 것이었다. 그러나 다윈의 이론에 따르면 개체들만이 객관적인 의미에서 실체이고, 종은 그 수많은 독특한 개체들에 대한 인위적인 개념화에 불과할 뿐이었다.

다윈의 진화론은 일차적으로 창조론에 기초한 당시의 생물학을 비판한 것이었다. 그러나 허버트 스펜서Herbert Spencer(1820~1903)나 토마스 헉슬리 Thomas H. Huxley(1825~95)로 대표되는 다윈 지지자들은 자연선택에 의해 진화가 이루어진다는 그의 논지 자체와 상충되거나, 그것과 상관없는 진화론에 관한 여러 가지 이론을 다윈과 결부시켜 내어놓았다. 따라서 19세기 후반이 되자 다윈은 진화론이라는 대단히 복잡하고 넓은 과학-사상체계를 대표하는 지위에 올라, 과학뿐 아니라 사회와 인간에 관한 많은 혁신적인 이론의 대표자로 칭송받거나 공격의 대상이 되었다. 다윈은 종교 그 자체를 공격하지 않았다. 그러나 진화론을 수용한 19세기 후반의 이론가들은 진화론에 근거해서 인간의 삶 전체를 해석하면서 종교를 폄하하고 비판했다.

진화론에 근거한 여러 (사회)과학적 이론의 등장은 19세기 중반 이후 서구 사회가 근대화되어 가면서 지적인 풍토가 어떻게 변하고 있었는지 잘 보여주었다. 사실상 19세기 후반 서구 지식인들은 토마스 쿤Thomas Kuhn(1922~96)이 말한 "세계관적 틀의 변화paradigm shift"를 경험하고 있었다.[360] 이 변화의 중심에는 점점 더 증대되어 가던 과학의 권위, 그리고 그것과 반비례하여 점점 더 추락해 간 종교의 위상이 있었다. 과학은 우주의 근원이나 인간의 본성과 운명 등 과거 종교가 독점하고 있던 분야로 발언권을 확장했다. 이와 같은

---

[360] Thomas S. Kuhn, *The Structure of Scientific Revolutions*, 2d ed. (Chicago: University of Chicago Press, 1970), 특히 10장.

근본적이고 전면적인 지적 풍토의 변화는 사람들로 하여금 전통적인 권위에 도전하고 세계관적 대전제들을 의심하게 만들었다. 근대적 사고가 등장하면서, 그동안 기독교의 종교적 권위를 지지해 왔던 교회, 전통, 성서 같은 권위들은 안팎에서 몰려드는 큰 도전에 직면했다.

진화론에 대한 미국 신학자와 기독교인들의 태도는 다양했다. 천주교의 기본스 추기경, 프린스턴신학교의 찰스 핫지Charles Hodge(1851~78), 탁월한 설교자 드윗 탈미지T. DeWitt Talmage(1832~1902), 그리고 유명한 부흥사 빌리 선데이Billy Sunday(1862~1935)는 진화론을 그릇된 과학이나 무신론이라고 정죄했다. 그런가 하면 신부이며 노트르담대학 교수였던 존 잠John A. Zahm(1851~1921), 프린스턴신학교의 벤자민 워필드Benjamin B. Warfield(1851~1921), 당대 최고의 설교자라고 불렸던 헨리 비처, 그리고 영향력 있는 기독교 잡지 편집자 라이먼 애봇Lyman Abbott(1835~1922)처럼 다윈의 진화론은 비판하면서도 진화가 창조 질서의 일부분일 수 있다고 생각한 사람도 적지 않았다. 워필드는 성서 무오설inerrancy 주창자였지만 성서와 생물 진화는 상충되지 않는다고 보았다. 창조 이후 어떤 "부수적 요인들" 때문에 생기는 변화는 "진화론일뿐 아니라 순수한 진화론"이라고 그는 말했다.[361] 또한 신학적 진보주의자였던 비처는 진화가 신의 계획이 지상에서 펼쳐지는 한 방법이라고 주장했다.

주목할 것은 과학을 바라보는 교계의 태도 변화였다. 이전에는 과학, 특히 자연과학이 성서와 기독교 진리를 옹호하는 데 큰 역할을 한다고 생각했던 기독교 지성인들이 이제 과학에 위협을 느끼고 과학이 아니라 신학적 논리로 진화론을 평하기 시작했다는 것이다.[362] 그런 점에서 신실한 장로교인이던 하버드대학의 식물학자 아사 그레이Asa Gray(1810~88)와 회중교 목사 조

---

[361] Benjamin B. Warfield, "Calvin's Doctrine of the Creation," *Princeton Theological Review* 13/2 (1915), 다음에서 재인용: David N. Livingstone and Mark A. Noll, "B. B. Warfield (1851~1921): A Biblical Inerrantis as Evolutionist," *Isis* 91/2 (June 2000): 284.

[362] 이 점에 관해서는 다음 연구 참조: Jon H. Roberts, *Darwinism and the Divine in America: Protestant Intellectuals and Organic Evolution, 1859~1900* (Madison: University of Wisconsin Press, 1988).

지 라이트George F. Wright(1838~1921)는 구별되었다. 그들은 신학 논쟁에 휩싸이지 않고 다윈의 진화론을 적극적으로 수용하고 보급했다.

진화론으로 대표되는 현대 생물학만 기독교 지성계를 흔들어놓은 것은 아니었다. 19세기에 발전하기 시작한 역사학, 사회학, 심리학, 경제학, 인류학 등 학문의 다른 영역들도 기독교의 전통적 신학과 세계관적 기초, 그리고 나아가서 종교의 본질 자체에 근본적인 질문을 던지고 있었다. 예를 들어, 지그문트 프로이트Sigmund Freud(1856~1939)의 심리학 이론은 그동안 기독교에서 다루지 못했던 인간 정신의 심연을 분석하여 죄의식과 구원 등 전통적인 신학적 주제들에 대한 무신론적·심리학적 해석을 제공했다. 또한 칼 마르크스의 역사적 유물론에 따르면 종교는 과학적 지식이 없던 원시적 사고 방식의 산물일 뿐이었다. 그는 종교를 유산계급이 무산계급에 대한 수탈을 무마하기 위해 사용해 온 "환상의 행복"이요 "아편"이라고 주장했다.[363] 결국, 두 사람에게 종교는 인간의 욕망이 투영된 어떤 허상에 불과하며, 인간의 문제를 해결해주는 것이 아니라 문제의 원인이 되는 무엇이었다.

이런 분위기 속에서 다른 사회과학자들도 경험에 기초한 과학적 사실만을 받아들이려 했다. 사회학자 오귀스트 콩트Auguste Comte(1798~1857)는 인간 지식의 발전을 신학적·형이상학적·실증적 단계로 구분하며 종교는 가장 원시적인 단계를 반영한다고 주장했다. 실증적·과학적 지식을 위해 폐기해야 할 세계관이라는 것이다. 또한 인류학은 종교가 각 종족의 역사와 문화에 따라 독특하고 다양하게 발전하는 것이므로 종교들 사이에 옳고-그름, 좋고-나쁨을 판단할 수 없다고 보았다. 그런 새로운 관점에 따르면 기독교의 우월성은 더 이상 말할 수 없었다. 그리고 이 시기에 등장한 근대적 역사주의historicism는 모든 사물을 역사적 산물로 파악하고, 저마다 독자적 의미와 가치를 가진다는 상대주의적 관점을 소개했다. 결국 종교도 인간의 역사 속에 발생한 역사의 산물이므로, 각 역사적 상황에 맞는 독특한

---

[363] Karl Marx, *Selected Writings*, 64.

가치와 진리를 가지게 되는 셈이었다. 이와 같은 견해에 따르면 모든 종교와 그 종교의 신들은 결국 공동체의 생존과 질서를 유지하기 위해 생겨난 역사적·사회적 산물에 불과했다.

새로운 사상과 학문, 그리고 고등비평

근대 학문의 발전이 진행되면서 나타난 현상 가운데 하나는 각 개별 학문과 신학의 결별이었다. 중세 서구에서는 수도원이 모든 학문의 중심지였으며, 신학이 모든 학문을 지배했다. 그러나 근대에 들어서면서 학문의 중심지는 대학으로 옮겨갔고, 학문적 권위는 세속적 전문가의 손에 맡겨졌다. 이에 따라 각 학문은 신학적 주제로부터 독립된 독자적 영역을 구축해갔다. 이런 현상이 가장 극명하게 나타난 분야는 철학이었다. 조나단 에드워즈의 예에서 볼 수 있는 바와 같이 신학과 철학은 서로 긴밀하게 연결되어 있는 학문이었다. 그러나 19세기 들어 철학자들이 언어분석이나 기호논리학 같이 세부적이고 전문적인 영역에 관심을 집중하게 되면서 철학과 신학의 연계성은 빠른 속도로 약해졌다.

철학과 신학이 서로 멀어지게 된 좀 더 근본적인 원인은 다른 곳에 있었다. 즉, 철학자들이 종교적 계시를 진리 탐구의 방법으로 인정하지 않게 되었던 것이다. 미국을 대표하던 철학자 존 듀이John Dewey(859~1952)는 계시가 아니라 과학적 탐구와 검증이 종교를 포함하여 모든 진리의 유일하고 최종적인 심판자라고 보았다. 현대의 지성인은 종교적 경전이나 예언이 아니라 "관찰, 실험, 기록, 그리고 통제된 성찰"을 통한 합리적 조사에 의해서 새로운 발견을 하고 현상을 이해해야 한다는 것이었다.[364] 그는 이것을 "'지적 권위의 자리'에 일어난 혁명"이라고 불렀다. 듀이에 의하면 진리는 주어지는 것이 아니라 발견되는 것이며, 정해진 것이 아니라 계속해서 펼쳐지고

---

[364] John Dewey, *A Common Faith* (New Haven: Yale University Press, 1934), 30~33.

확장되는 무엇이다. 이런 점에서 제도로서의 종교는 새로운 진리를 찾는 것보다 이미 알려진 진리를 방어하는 데 관심을 가진, 벗어버려야 할 낡은 껍질이었다. 그는 종교 기관과 종교적 관습이 인간의 삶에서 감당하는 중요한 역할을 인정하면서도 신과 같은 변하지 않는 이상에 대한 믿음을 배격했다. 그에게 신이란 어떤 독립적 실재가 아니라 사람들에게 욕망과 행동을 불러일으키는 온갖 이상의 종합에 불과했다. 이와 같은 듀이의 사상은 교육과 철학뿐 아니라 학문의 거의 모든 영역에 측량할 수 없는 영향을 끼쳤다.

그렇다고 모든 철학자가 이성에 따라 종교를 판단하고 신의 존재를 부인한 것은 아니었다. 듀이와 함께 미국 실용주의Pragmatism를 이끈 하버드대학의 윌리엄 제임스는 신앙의 신비적인 차원을 인정했다. 에딘버러대학에서 행한 기포드 강연Gifford Lectures을 정리해서 출간한 《종교적 경험의 다양성》(1902)에서 그는 종교에 대한 "초월적 믿음over-belief"이 없으면 인간의 삶이 천박하고 삭막해진다고 하였다.[365] 신앙생활을 하지 않았지만 신비주의에 많은 관심을 가진 회중교인이었던 제임스는 경험에 근거해서 증명할 수는 없지만 초월적 믿음이 인간의 삶을 더 좋고 충만하게 만든다고 생각했다. 또한 제임스의 하버드 동료 알프레드 화이트헤드Alfred N. Whitehead(1861 ~1947)와 조지 산타야나George Santayana(1863~1952)도 종교를 옹호했다. 가톨릭 신자였던 산타야나는 근대성을 받아들이는 일은 기독교의 모든 것을 환상이라고 용인하게 되는 "자살 행위"라고 하였다.[366] 한편, 화이트헤드는 1929년에 《과정과 실재Process and Reality》라는 책으로 출간된 기포드 강연을 통해 "유기체 철학philosophy of organism(혹은 과정철학process philosophy)"이라는 것을 소개하며 유신론을 옹호했다. 그러나 화이트헤드의 신은 기독교적 인격신이 아니라 세계 모든 실체들actualities의 유기적 통합으로서, "진화하는

---

[365] William James, *The Varieties of Religious Experience: A Study in Human Nature; Being the Gifford Lectures on Natural Religion Delivered at Edinburgh in 1901~1902* (New York: Longmans, Green, 1902), 513, 515.

[366] George Santayana, *Winds of Doctrine* (London: L J. M. Dent & Sons, 1913), 56~57, *Documentary History II*, 321.

세계와 관계하면서 진화하는" 하나의 과정이었다.[367]

화이트헤드의 과정철학은 많은 기독교인과 유대인들에게 우주와 신을 이해할 수 있는 새로운 관점을 제공해주었고, 과정신학process theology으로 발전했다. 과정신학은 우주의 근원인 신을 변화하고 발전하는 존재로 보았다. 그러나 화이트헤드의 형이상학적 유신론 옹호는 당대 철학의 흐름을 거스르는 행위였다. 20세기 초엽, 대부분의 철학자들은 근대적 학문 방법론을 동원하여 종교적 진리를 검증했던 존 듀이의 생각을 공유하고 있었다. 합리성과 비판적 방법에 따른 탐구는 모든 학문에 요구되는 기본적인 학문 방법이었다. 종교계는 이 요구를 받아들일 경우 전통을 크게 훼손하게 되고, 전통을 고수하면 일반 사회와 학문의 흐름으로부터 격리되는 딜레마에 빠지게 되었다.

근대적 학문은 기독교의 전통적 권위에 심각한 도전이었다. 그 가운데 가장 큰 위기에 처한 것은 성서였다. 고고학과 고대 역사 연구가 발달하면서 고대 세계에 대한 이해가 증대되자 성서는 고대 근동의 역사 속에 탄생한 많은 유사한 종교적 문서 가운데 하나일 뿐이라는 의견이 대두되었다. 그리고 근대적 역사관의 태동과 함께 성서도 하나의 역사적 문서로서 그것이 기록된 시대의 세계관과 기록한 사람들의 생각과 경험을 반영한다는 사실도 부인할 수 없게 되었다. 또한 고대 문서에 대한 연구가 증진되면서, 성서도 신의 계시에 의해 단번에 기록되어 완성된 문서가 아니라 다른 고대 문서와 마찬가지로 저술, 편집, 전승, 결집 등의 복잡한 문서화, 경전화 과정을 겪으면서 오랜 시간에 걸쳐 완성되었다는 견해도 확산되었다. 이와 같은 성서에 대한 '고등비평higher criticism,' 즉 역사적-비평적-문학적historical-critical-literary인 연구는 다윈의 진화론과 비슷한 시기인 19세기 중반부터 독일을 중심으로 활발하게 전개되었다. 고등비평은 성서가 가지고 있던 신비로운 신적 권위를 크게 실추시켰고 그 내용에 대한 합리적인 해석을 요청했다.

---

[367] Alfred North Whitehead, *Process and Reality*, ed. David Ray Griffin and Donald W. Sherburne (New York: Free Press, 1978), 12, 345~47.

성서에 대한 새로운 해석과 과학적·합리적 사고방식은 성서를 포함하여 불변하는 절대적 권위라고 생각되던 전통 위에 형성되어 온 기독교의 권위를 흔들었다. 교회와 성전聖傳이라는 불변하는 진리의 기초 위에 서있던 가톨릭교회는 교회가 단순히 인간적인 기관이며 교리와 의례는 시간이 지나면서 형성되고 변화되는 것이므로 항구적인 진리가 될 수 없다는 도전에 직면했다. 그러나 기독교의 여러 전통 가운데 특히 고등비평으로부터 충격을 받은 것은 개신교였다. 종교개혁 이래로 성서 이외의 다른 사도전승을 일절 부정하고 오직 성서의 권위에 기대어왔던 개신교는 그 정체성이 뿌리째 흔들리게 되었다. '오직 성경으로sola scriptura'라는 개신교 종교개혁의 구호는 성서에 기록된 내용에 근거하여 교회의 전통을 바로잡고, 순수한 사도적 신앙을 회복하자는 것이었다. 따라서 성서가 누려왔던 신적인 권위의 손상과 그 내용에 대한 비평적·합리적 해석은 개신교의 정당성을 크게 위협했다. 모든 전통적 기독교가 고등비평을 공격하는 가운데, 특히 개신교 전통주의자들이 성서의 전통적 권위를 지키는 데 사활을 걸게 된 것은 이 때문이었다.

1859년《종의 기원》이 처음 등장했을 때 과학자들은 대체로 그 새로운 이론에 대해 회의적인 반응을 보였다. 그러나 많은 뛰어난 과학자와 사상가가 진화론을 받아들이고 그것을 발전시켜 나가면서 진화론을 수용하는 사람이 점차 늘어났다. 19세기 후반이 되자 진화론은 과학계의 정설로 자리 잡았다. 같은 맥락에서, 비판적 연구에 기초한 새로운 성서 해석도 19세기 후반 들어서면서 점점 더 많은 기독교 지식인들 사이에서 동조자를 얻어갔다. 20세기 초 진화론과 성서에 대한 역사적·비평적 이해는 미국에서도 주요 대학과 신학교를 중심으로 기독교 지식인의 세계를 장악해 나갔다. 근대성이 미국적 가치관의 주류로 자리 잡으면서 과학적·합리적 사고방식이 사회적·공적 영역에서 보편성을 획득했다. 이에 따라 종교는 초월적–초자연적인 내용을 내려놓거나, 아니면 합리적인 영역 밖, 즉 순전히 사적인 경험과 신념의 영역 내에서만 의미를 갖도록 강요받았다. 그리고 각 교회와 기독교인은 이런 상황과 관련하여 어떤 식으로든 입장을 취해야 했다.

제17장

'개신교' 미국의 종말

Classroom in Proposed Bryan University of Tennessee(1935)
Rollin Kirby
Wikimedia Commons

'스콥스 원숭이 재판' 풍자만화로 재판에서 근본주의 대표로 나온
윌리엄 브라이언William Bryan이 지구가 평평하다는 수업을 하고 있다.

근본주의와 근대주의의 충돌

근대성을 둘러싼 갈등

진화론과 고등비평으로 대표되는 근대적 사회-문화 환경과 비평적-합리적 사고방식은 '근대주의modernism'라는 이름으로 불렸다. 그 계기가 된 것은 1907년 교황 비오Pius 10세(1835~1914)가 발표한 "참으로 개탄할 만한 이탈 Lamentabili Sane Exitu"이라는 '오류 목록syllabus of errors'이었다. 비오 10세는 65가지나 되는 "근대주의자들modernists"의 오류를 나열하면서 근대주의를 비판했는데, 근대주의자들이 근대 학문으로 "도그마의 진보"를 지향한다지만 실제로는 "도그마의 타락"이외에 아무것도 아니라고 주장했다.[368] 근대성의 여러 요소를 교황이 이렇게 공개적으로 비난했다는 것은 그것이 교회에 위협이 될 정도로 유행했다는 사실을 반증한다. 이제 '근대주의(자)'라는 이름은 그동안 사용되어 온 '자유주의(자)'라는 이름보다 훨씬 더 신자들의 경각심을 불러일으키는 효과를 가지게 되었다.

20세기 초엽까지 미국의 교회에 근대주의가 끼친 영향은 적어도 외면적으로 볼 때 그렇게 크지 않았다. 그러나 전통적으로 교회의 영향력 아래 있

---

[368] *"Lamentabili Sane"*: Pope Pius X-1907, Syllabus Condemning the Errors of Modernists," https://www.papalencyclicals.net.

던 고등교육 기관들은 19세기 후반 이미 근대성을 적극적으로 받아들이고 있었다. 1886년 하버드대학에서 의무적 채플이 폐지된 일이 상징적으로 보여주는 바와 같이 19세기 후반 들면서 기독교 전통의 대학들은 점점 교회의 통제로부터 벗어나고 있었다. 이것은 자금, 교수와 경영진, 그리고 학생 구성 등 모든 면에서 비기독교적 요소가 증대되면서 생긴 현상이었다. 이때 미국의 주요 대학들은 미국인들이 "경외심을 가졌던" 독일 대학을 모델로 삼아 종교적 선입관으로부터 자유로운 높은 수준의 학문 추구를 이상으로 삼고 있었다.[369] 근대성이 학계에서 보편적으로 받아들여지자, 기독교의 범주를 넘어서 미국 사회 전체로 그 영역을 넓히고자 했던 기독교계의 주요 대학들은 그런 흐름에 편승하지 않을 수 없었다. 교회와 기독교인에 의해 설립된 미국 주요 대학들은 점차 교회로부터 멀어졌고, 기독교적 도덕을 함양하는 곳이 아니라 객관적·과학적 진리를 추구하는 곳으로 변모되어 갔다.

19세기 후반 독일 대학들은 "미국의 대학원"이었다.[370] 주요 학자 가운데 독일에서 공부하지 않은 사람을 찾기는 어려웠다. 신학도 마찬가지였다. 각 교단의 신학교에는 독일에서 공부하면서, 또는 독일 신학의 영향 아래 근대주의를 받아들인 학자들이 자리를 잡았다. 특히 장로교 계열의 유니언 신학교(뉴욕)와 침례교 계열의 시카고대학 신학대학원은 근대주의자들의 집합소가 되었다. 따라서 근대주의를 둘러싼 기독교의 갈등은 교회의 통제를 벗어난 대학이 아니라 신학교를 중심으로 발생했다. 신학적 갈등이 가장 심했던 곳은 장로교와 침례교 계열 신학교들이었다. 19세기 말 근대주의는 루이빌에 위치한 유일한 남침례교 신학교인 남부침례교신학교Southern Baptist Theological Seminary까지 침투했다. 교수들이 진화론과 고등비평을 받아들이자 남침례교의 보수적 교회들이 가만있지 않았다. 교회의 압력으로 저명한 구약학자 크로포드 토이Crawford H. Toy(1836~1919)와 교회사 교수이

---

[369] George M. Marsden, *The Soul of the American University: From Protestant Establishment to Established Nonbelief* (New York: Oxford University Press, 1994), 104.

[370] 같은 책, 104.

며 학장인 윌리엄 휘치트William H. Whitsitt(1841~1911)가 1879년과 1898년 각각 사임하고 말았다. 두 사람은 독일에서 공부하며 근대적 신학을 수용한 학자들이었다. 한편, 북장로교에서는 근대주의적 신학교 교수들에 대한 몇 차례의 이단재판이 열려 교수들이 축출되는 사건이 벌어졌다.

이단재판까지는 아닐지라도 근대주의의 유입과 그에 대한 응전으로 인해 갈등을 겪지 않은 교단은 거의 없었다. 주요 유대-기독교 교파 가운데 동방정교회 공동체만 예외적으로 근대주의와 관련된 갈등을 겪지 않았다. 그것은 과거 동서 교회가 분리되기 이전에 개최되었던 7차례의 공의회 결정 이외에 새로운 신학을 추가하지 않는 정교회의 특징상 근대주의를 수용하여 전통적 권위에 도전하는 사람이 없었기 때문이었다. 대다수의 교단에서는 신학자들이 진화론이나 고등비평, 그리고 근대적 학문의 전개에 소극적으로 열린 자세를 보였다. 그러나 개혁 유대교처럼 근대성을 교단 차원에서 적극적으로 받아들인 경우도 있었다. 1871년 개혁 유대교는 지성과 양심의 진보하는 단계에 따라 유대교의 원칙도 새롭게 바뀔 것이라고 선언한 바 있었다. 모세 율법은 고대 이스라엘 사람들에게 주어진 것이므로 현대에는 그 가운데 도덕법만 유효하고, 현대의 삶에 도움이 되는 의례만 따르면 된다는 입장이었다. 이후 개혁 유대교는 1885년 "피츠버그 플랫폼"의 "원칙 선언Declaration of Principles" 제4항을 통해 성서와 랍비 문헌 속 율법의 많은 부분은 "현재 우리의 정신적, 영적 상태로부터 완전히 동떨어져" 있는 사상을 반영한다고 발표했다.[371]

모데카이 카플란Mordecai M. Kaplan(1881~1983)이 중심이 되어 태동한 유대교 내 새로운 운동인 재건주의Reconstructionism는 개혁 유대교보다 한 걸음 더 나아갔다. 보수파 유대교의 산실인 뉴욕 유대교신학교에서 오랫동안 가르쳤던 카플란은 과학, 철학, 역사 같은 현대적 학문의 발달이 전통적 유대교 신학 가운데 많은 부분을 더 이상 견지하지 못하게 만들었다고 보았다.

---

[371] *Yearbook of the Central Conference of American Rabbis*, vol. 45 (New York: CCAR, 1935), 198~200. *Documentary History II*, 407.

원래 정통 유대교 랍비였던 그는 존 듀이의 철학에 영향 받은 '자연주의 신학naturalistic theology'이라는 것을 창안했다. 카플란은 모든 기적을 부정하고 전통적 인격신이 아니라 신플라톤주의적 신 개념을 만들어내었다. 1930년대 공식적으로 출범한 재건주의 운동은 유대교를 계시 종교가 아니라 문명 공동체로, 종교의 기능을 신학적이 아니라 사회적인 것으로 보았다. 재건주의자들은 유대교 전통을 지키는 것이 아니라 미국적 삶에 적응하는 일을 일차적 목표로 하였다. 이런 점에서 재건주의는 과학적이고 다원적이며 민주적인 미국 사회와 같이 가고자 했던 유대교 내부의 근대주의적 움직임이었다. 카플란이 한때 몸을 담았던 정통 유대교는 그를 이단으로 정죄했다.

이와 같이 19세기를 지나 20세기로 접어들면서 서구 사회 전체의 지적 분위기는 점점 근대성을 수용하는 방향으로 전개되었다. 기독교 내에서도 근대주의를 온건하게 수용하는 사람들의 수가 증가했다. 따라서 교회는 근대주의의 도전에 대하여 응전하지 않을 수 없었다. 비오 10세는 앞서 언급한 오류 목록을 발표한 지 한 달 후 회칙 "주의 양 떼를 먹이기*Pascendi Dominici Gregis*"를 발표하고 근대주의를 더욱 강하게 비난했다. 이 회칙에서 그는 교회와 교리의 영원한 진리와 권위를 근본적으로 부인하는 근대주의를 "모든 이단들의 종합"이라고 강하게 정죄했다.[372] 이어서 그는 모든 가톨릭 성직자에게 근대주의에 반대하는 맹세를 할 것을 명함과 아울러, 주교들에게는 관할 교구, 특히 대학과 신학교에서 모든 근대주의적인 요소를 뿌리 뽑으라고 지시했다. 교황이 근대주의에 대하여 이렇게 단호한 입장을 취하자, 근대주의적 성향을 가진 가톨릭 학자들은 더 이상 공개적으로 진화론을 옹호하거나 고등비평에 근거하여 성서를 연구할 수 없었다.

개신교에서도 비오 10세처럼 근대성이 교회에 들어와 점점 그 세력을 확장하는 데 대해 엄청난 위기감을 느낀 사람이 많았다. 구 프린스턴 신학의 마지막 수호자였던 그레삼 메이첸J. Gresham Machen(1881~1937)은 학문적 근본주

---

[372] *"Pascendi Dominici Gregis*: Pope Pius X-1907, On the Doctrine of the Modernists," https://www.papalencyclicals.net.

의의 정수를 보여준《기독교와 자유주의*Christianity and Liberalism*》(1923)를 통해 근대적 요소를 수용한 기독교는 기독교가 아니라고 강변했다. 그는 "기독교의 본질"이라는 것이 있는데, 그것을 모두 버린 자유주의 신학자의 종교는 기독교가 아니라 "기독교와는 너무도 달라서" 또 다른 범주에 넣어야 할 종교라고 했다.[373] 이것은 근대주의를 이단으로 정죄한 천주교의 입장과 유사한 견해였다. 그런데 개신교 정통주의 내에서도 진화론에 대한 입장은 다양했기 때문에 근대성과 관련된 개신교회의 갈등은 주로 고등비평을 둘러싸고 발생했다. 미국에 고등비평이 알려진 것은 19세기 중엽이었지만, 신학교에서 고등비평을 공개적으로 옹호하고 나서는 사람이 생긴 것은 1880년대에 들어서였다. 뉴욕의 유니언신학교에서 구약학을 가르치던 찰스 브릭스Charles A. Briggs(1841~1913)를 1893년 북장로교가 축출한 사건은 성서의 권위와 관련하여 미국 개신교계가 21세기까지 앓게 될 지병持病의 첫 증상이었다.

베를린대학에서 공부하여 구약학자가 된 브릭스는 1891년 유니언신학교에 신설된 성서신학 교수로 취임했다. 이때 그가 행한 취임연설 "성서의 권위The Authority of Holy Scripture"는 고등비평을 옹호하는 내용이었다. 곧 큰 논란의 태풍이 몰아쳤다. 브릭스가 성서 원문에도 오류가 있을 수 있다고 말하자 1891년 북장로교 총회는 그의 교수직 임명을 취소했다. 그러나 유니언신학교는 학문의 자유를 보장해야 한다는 이유로 브릭스를 옹호하면서 북장로교와 관계를 단절하고 말았다.

한편, 브릭스가 소속된 뉴욕 노회는 1892년 그에게 이단 혐의를 두고 재판에 회부했다. 브릭스는 성서가 영감을 받아 기록된 '하나님의 말씀'이며 신앙과 행동의 규칙으로서 오류가 없다고 인정했다. 그러나 그는 계시란 근본적으로 신적이며 오류가 없지만infallible, 오류가 있는 "인간의 자취"를 가질 수 있다고 말했다.[374] 노회와 총회를 오가는 두 차례의 재판 끝에 결국 총회

---

[373] J. Gresham Machen, *Christianity and Liberalism* (New York: Macmillan, 1923), 6~7.

[374] Charles A. Briggs, *The Defense of Professor Briggs before the Presbytery of New York* (New York: Scribner's, 1893), 88~90, *Documentary History II*, 368~69.

는 그에게 유죄 판결을 내리고 말았다. 장로교를 떠난 브릭스는 성공회 신부가 되어 사망할 때까지 유니언신학교에서 계속 가르치면서 당대를 대표하는 구약학자로 활동했다. 브릭스는 고등비평을 수용한 성서신학자였지만 성서의 높은 권위를 인정했고 기독교의 초자연적 차원을 옹호했다. 그러나 1892년 북장로교 총회는 "포틀랜드 평결Portland Deliverance"을 통해 성서는 무오無誤하며 그것을 받아들이지 않는 목사는 목사직을 사퇴하라고 결정했다.

브릭스에 대한 유죄 판결은 문제의 끝이 아니라 시작이었다. 시간이 흐르면서 교단 내에는 신학적 논쟁보다 교회의 평화를 바라는 사람들이 증가했다. 이런 분위기에 편승하여 1909년 뉴욕 노회는 예수의 동정녀 탄생을 고백하지 않은 사람들에게 목사 안수를 주었다. 이에 충격을 받은 뉴욕 노회 내 보수파는 총회에 이의를 제기했다. 총회는 안수 그 자체는 유효한 것으로 받아들였지만, 위원회를 구성하여 이후의 목사 안수에서 원칙으로 사용할 수 있는 교리적 원칙을 만들도록 했다. 위원회는 "1910년 교리적 평결Doctrinal Deliverance of 1910"이라는 이름 아래 기독교 신앙의 "필수적이고 근본적인" 5개 조항을 만들어 발표했다.[375] 이후 "5개 근본조항Five Fundamentals"이라고 불리게 된 이 조항들은, 성서 무오설, 예수의 동정녀 탄생, 예수의 대속代贖적 죽음, 예수의 육체적 부활과 승천, 그리고 기적을 기독교의 "근본적 교리"로 꼽았다. 이 근본조항들은 장로교뿐 아니라 다른 교단에서도 보수주의자들이 이단을 감별하는 기준으로 사용되기 시작했다.

"5개 근본조항" 가운데 가장 중심이 되는 것은 성서 무오설이었다. 왜냐하면 다른 모든 조항이 성서의 기록을 문자적으로 받아들일 것인지에 달려 있는 문제였기 때문이었다. 근대주의에 영향을 받은 사람들은 성서 무오설에 근거한 문자적 해석을 거부했다. 사회복음 신봉자이며 대표적인 근대주의 주창자였던 시카고대학의 세일러 매튜스Shailer Mathews(1863~1941)는 일종의 근대주의 신조를 통해 "역사적으로" 성서를 해석한다면, 성서도 인간

---

[375] "The Doctrinal Deliverance of 1910," http://www.pcahistory.org.

종교경험의 발달을 통해 만들어진 "점진적인 하나님의 계시" 기록이라고 주장했다.[376] 당대를 대표한 설교자로 뉴욕 리버사이드 교회Riverside Church를 담임했던 해리 포스딕Harry E. Fosdick(1878~1969)도 같은 견해를 밝혔다. 즉 현대적 성서연구 결과들이 성서의 역사적 발달 과정을 알게 해주어 성서를 더욱 의미 있게 만들고, 성서에 통일성을 부여하며, 신앙을 고양시킨다는 것이다.

역사적·비판적 성서 해석이 성서의 권위를 근본적으로 훼손한다고 생각한 사람들에게 이런 견해는 성서를 다른 책과 같이 취급하는 불경不敬이었다. 따라서 그런 이들은 성서가 '완전무결한 하나님의 말씀'임을 받아들이느냐에 따라 참된 기독교인과 그렇지 않은 사람을 구별했다. 초대교회가 예수를 누구라고 하느냐에 따라 이단과 정통을 판별했다면, 20세기 초의 보수주의자들에게 참된 기독교인의 척도는 성서에 대한 견해였다.

근본주의자들의 탄생

근대성을 둘러싼 개신교 내의 갈등이 가장 극명하게 표출된 것은 1920년대와 1930년대 사이에 있었던 소위 '근본주의-근대주의 논쟁Fundamentalist-Modernist Controversy'이었다. 이 신학적·교회정치적 싸움을 촉발한 것으로 흔히 알려진 것은 보수주의자들이 1910년부터 1915년 사이에 발간하여 보급한 〈근본들: 진리의 증거The Fundamentals: A Testimony to the Truth〉라는 12권 소책자 시리즈였다. 그러나 이 소책자들은 이후 '근본주의'라고 알려지게 된 전투적 보수주의를 표방하지 않았으며, 저자도 대부분 온건한 보수주의자들이었다. 캘리포니아 소재 유니언 석유회사Union Oil Company 설립자이며 세대주의dispensationalism 신봉자였던 라이먼 스튜어트Lyman Stewart (1840~1923)가 희사한 25만 달러로 출간된 이 소책자들은 근대주의의 확산을 저지한다

---

[376] Shailer Mathews, *The Faith of Modernism* (New York: Macmillan, 1924), 179~82, *Documentary History II*, 404~406.

는 뚜렷한 목적을 가지고 있었다. 그러나 시리즈에 포함된 90편의 글을 쓴 사람들의 신학적·교파적 견해는 매우 다양했다. 64명의 저자 가운데는 벤자민 워필드나 스코틀랜드 신학자 제임스 오르James Orr(1844~1913)처럼 진화론에 열려 있는 사람, 찰스 어드만Charles Erdman, Sr.(1866~1960)이나 로버트 스피어처럼 이후 근본주의에 반대한 사람도 포함되어 있었다.

북장로교의 "1910년 교리적 평결," 즉 "5개 근본조항"과 비교할 때, 고등비평을 비판하고 전통적 기독교의 요점을 피력한 〈근본들〉의 논지는 대체로 온건했다. 그런 이유 때문이었는지 수십만 권의 〈근본들〉 책자가 무료로 미국 전역에 보급되었지만, 큰 논쟁이나 반향을 불러일으키지 않았다. 그러나 〈근본들〉은 전투적인 보수주의자들이 스스로를 '근본주의자'라고 부르면서 등장하는 계기가 되었다. 근본주의자라는 표현이 인쇄물에 처음 등장한 것은 1920년 침례교 목사이며 잡지 편집자인 커티스 로스Curtis Lee Laws(1868~1946)가 북침례교 내에서 "여전히 위대한 근본들을 견지하며" 그런 신앙을 위해 "사투battle royal를 벌일 사람들"을 근본주의자라고 부르면서부터였다.[377] 그는 '근본주의자' 회의를 뉴욕 버펄로에 소집하였다. 이렇게 하여 1920년대와 1930년대에 주로 장로교와 침례교를 중심으로 등장한 근본주의자들은 근대주의와의 싸움을 목적으로 탄생한 매우 전투적인 보수주의자들이었다.

근본주의자들은 〈근본들〉이 아니라, 그보다 더 보수적인 북장로교의 "5개 근본조항"을 기독교의 근간으로 여겼다. 근대주의와 '사투'를 벌이기로 작정한 이들 전투적 보수주의자들이 모두 스스로를 근본주의자라고 부른 것은 아니었다. 예를 들어, 프린스턴신학교의 그레삼 메이첸은 근대주의에 대한 학문적 전투의 선봉장이었지만 자신이 근본주의자라고 불리는 것을 반기지 않았다. 그러나 그도 진화론을 철저하게 배격했고, 상식철학을 받아들였으며, 빅토리아적 도덕성을 견지했는데, 그것이 근본주의자들의 공통점이었다. 그리고 근본주의자들은 대체로 전천년설적 종말론을 공유하고 있었다. 영국에

---

[377] Geroge M. Marsden, *Fundamentalism and American Culture: The Shaping of Twentieth-Century Evangelicalism, 1870~1925* (New York: Oxford University Press, 1980), 159.

서 세대주의가 들어오면서 많은 근본주의자가 그것을 받아들였기 때문이다.

전천년설의 한 극단적 형태라고 할 수 있는 세대주의가 유행하게 된 것은 아일랜드 성공회Church of Ireland 신부였다가 플리머스 형제단Plymouth Brethren이라는 새로운 보수 교단 창설을 주도한 존 다비John Nelson Darby(1800 ~82)를 통해서였다. 인간의 역사를 7개 '세대dispensation,' 즉 신이 각기 다른 방식으로 인간을 통치하는 시대로 이해하는 세대주의에 따르면 마지막 세대는 천년왕국이며, 그 직전 단계인 현 세대는 '은혜의 시대Man Under Grace'에 해당된다. 세대주의는 성서 무오설에 근거하여 성서를 문자적으로 해석하며 천년왕국이 시작되기 전에 예수가 재림한다고 보는 점에서 기존의 전천년적 종말론과 같았다. 그러나 7개의 세대를 말하면서 종말, 특히 대환란Great Tribulation, 재림, 휴거 등에 관한 복잡한 시나리오가 있고, 이스라엘 민족에 특별한 애정을 가지고 시온주의Zionism를 지지하며, 구약의 예언이 현대에 이루어질 것이라고 믿는 점에서 일반적인 전천년설과 구별되었다.[378]

세대주의는 1862년부터 미국을 수없이 방문하여 자기 신학을 전파한 다비의 노력으로 미국에 전해졌다. 많은 사람이 그것을 환영했다. 그러나 세대주의가 본격적으로 미국 내에 전파되기 시작한 것은 부흥전도자 드와이트 무디가 그것을 받아들인 후였다. 세대주의는 루벤 토레이Reuben A. Torrey(1856~1928), 사이러스 스코필드Cyrus I. Scofield(1843~1921), 윌리엄 블랙스톤William J. Blackstone(1841~1935) 같은 무디 주위의 부흥운동 지도자들에게 널리 퍼졌다. 이들은 수많은 부흥회와 성경 공부, 선교 관련 집회, 그리고 그들이 만든 성서 학원과 신학교를 통해 세대주의적 종말론을 퍼뜨렸다. 그 중심에 있는 것이 무디 성서학원Moody Bible Institute과 댈러스신학교Dallas Theological Seminary였다.

---

[378] 현대 시온주의는 이스라엘 민족이 '이스라엘 땅'에 국가를 건설하는 것을 지지하기 위해 19세기 후반에 공식적으로 조직된 국제적인 정치운동으로 1948년 이스라엘 건국을 이끌었다. 시온주의는 그 이후에도 이스라엘을 지지하는 활동을 펴고 있다. 세대주의자는 기독교 시온주의자로서 시온주의가 미국과 세계의 기독교 신자들에게 전파되는 데 가장 크게 기여했다.

세대주의는 근대성에 대한 하나의 대답이었다. 세대주의는 "충격적으로 반 근대주의적"이었고 여러 면에서 "거울에 비친 근대주의의 모습mirror image"처럼 보였다.[379] 현대 역사의 전개를 구약 예언이 실현되어가는 과정으로 해석하는 세대주의적 관점은 근대성의 대두로 혼란을 겪던 많은 기독교인에게 그런 변화를 일관성 있게 해석해 주는 매력이 있었다. 그러나 고대 이스라엘의 종교적 예언을 현대에 적용하는 데 따르는 어려움(혹은 자유로움) 때문에 세대주의 내부에는 혼란스러울 정도로 다양한 해석과 종말론 시나리오가 등장했다.

회중교회 목사 스코필드가 선교사를 위한 참고서로 쓴 《스코필드 관주 성경Scofield Reference Bible》은 세대주의를 대중화시키는 데 가장 크게 기여했다. 1909년에 옥스퍼드출판사를 통해 처음 출간되고 1967년에 개정판이 나온 이 책은 엄청난 인기를 얻으면서 세대주의 공동체뿐 아니라 미국 개신교 전체에 세대주의적 관점이 유행하게 만들었다. 세대주의적 종말론이 미국 사회에 얼마나 지속적으로 영향을 끼쳤는가는 홀 린제이Hal Lindsey (b.1929)와 캐럴 칼슨Carole C. Carlson(b.1925)이 쓴 《대혹성 지구의 마지막The Late Great Planet Earth》(1970)의 인기가 증명한다.[380] 이 책은 1970년대 비소설 최고 베스트셀러로서 3천 5백만 권 이상이 판매되었으며, 이후에도 계속 출판되었다. 이스라엘과 중동 이슬람 국가 간의 '6일 전쟁'(제3차 중동전쟁, 1967) 직후 출간된 이 책은 세대주의적 시온주의 관점에서 러시아, 유럽, 이스라엘 등에 관한 종말적 예언을 하였다. 《대혹성 지구의 마지막》은 린제이가 진행한 텔레비전 방송으로 황금시간대에 소개되기도 했고, 저명한 영화인 오손 웰스Orson Wells(1915~85)가 내레이터로 참여한 영화로 만들어지기도 했다.

20세기 미국에서 전천년설이 얼마나 큰 대중적 기반을 가지고 있었는지는 윌리엄 밀러의 '대실망' 이후에도 안식교나 여호와의 증인처럼 전천년설

---

[379] George M. Marsden, *Understanding Fundamentalism and Evangelicalism* (Grand Rapids, MI: Eerdmans, 1991), 41.

[380] 이 책은 칼슨이 린제이 이름을 빌려 쓴 것으로 알려지고 있다. 칼슨은 많은 종교 관련 서적을 저술한 기독교 저술가이며 린제이는 한국전쟁 참전용사로서 세대주의 본거지인 댈러스신학교 출신의 방송 진행자였다.

을 교리의 핵심으로 하는 신흥 교파들이 크게 성장한 데서도 잘 드러났다. 또한 전천년설은 에이미 맥퍼슨Amiee Semple McPherson(1890~1944) 같은 부흥사를 통해 세력을 확장했다. 오순절 운동과 전천년설을 결합한 맥퍼슨은 여성적 매력을 잘 활용한 설교와 화려한 삶을 통해 큰 인기를 얻어 1920~30년대를 대표하는 부흥사가 된 독특한 인물이다. 여성 설교자가 거의 없던 시대에 진한 화장을 하고 화려한 보석으로 치장한 그녀는 사람들의 호기심을 불러일으켰다. 당시 돈 150만 달러를 들여 로스앤젤레스 근처에 건립한 그녀의 앤젤러스 성전Angelus Temple에는 매주 수천 명이 몰려들어 20세기 대형교회의 시작을 알렸다. 맥퍼슨은 대중의 관심을 끄는 방법을 잘 알고 있는 사람이었다. 그녀는 라디오 설교의 중요성을 깨달은 최초의 설교자 가운데 한 사람으로, 미국 최초의 종교 방송국을 설립하여 방언과 치유, 그리고 임박한 예수의 재림과 선교의 필요성을 이야기했다. 그녀가 설립한 사중복음교회Foursquare Church는 2022년 전 세계 150개 국가에서 약 880만 명의 교인을 가지고 있는 것으로 알려져 있다.

근본주의자들은 성서 무오설과 함께 예수의 재림, 그것도 가시적인 육체적 재림에 대한 신앙이 기독교인이냐 아니냐를 판정하는 중요한 기준으로 여겼다. 전천년설에 기초한 육체적 재림 신앙은 주류 교단에도 확산되었다. 물론 그런 상황이 마음에 들지 않는 사람도 많았다. 예를 들어, 1917년 세일러 매튜스는 〈그리스도는 다시 오실 것인가?*Will Christ Come Again?*〉라는 소책자를 통해 전천년적-육체적 재림을 통렬히 반박했다. 매튜스에 의하면 전천년설은 초대 교부와 종교개혁가 속에서 발견되지 않는 것으로, 역사를 잘못 읽고 성경을 잘못 해석하며, 신을 오해한 견해였다. 즉 전천년주의자들은 세상을 구원하기 위해서 잔인하고 기적적인 군사주의에 기대야 하는 존재로 신을 왜곡했다는 것이다. 그는 신이 영적인 방법으로 승리할 수 있으며, 그리스도는 "영적인 존재"로 다시 올 것이라고 주장했다.[381] 매튜스가 원장으

---

[381] Gaustad and Schmidt, *Religious History of America*, 306, 308.

로 있던 시카고대학 신학대학원은 자유주의 신학의 아성으로서 전천년주의와의 신학적 전투에서 선봉에 서 있었다.

세대주의적 종말론의 대중적 인기는 20세기를 넘어 21세기에도 이어졌다. 1995년부터 침례교 목사 팀 라헤이Tim LaHaye(1926~2016)와 제리 젠킨스 Jerry B. Jenkins(b.1949)가 발행한 소설 시리즈 《남겨진 자들Left Behind》(1995 ~2007)이 그 정점이었다. 16권으로 된 이 시리즈는 휴거가 일어나고 지상에 남은 사람들이 '7년 대환란'을 겪는 이야기인데 당대의 국제정치적 상황이 무대였다. 이 시리즈는 여러 권이 베스트셀러가 되어 2016년 현재 전 세계적으로 6천 5백만 권이 팔렸으며, 영화로도 만들어지는 큰 인기를 누렸다. 그러나 《남겨진 자들》이 보여준 것처럼 대중적으로 성공한 세대주의적 상품들은 원래의 세대주의 신학에는 없는 다양한 상상을 추가했고 하나의 일관성 있는 신학적 관점의 "사실상 붕괴"를 초래했다.[382]

성서와 재림에 대한 공개적 논쟁이 벌어지고, 크고 작은 이단재판이 행해지며, 교단이 분열되는 가운데, 근대주의에 대한 기독교인들의 태도는 크게 세 가지로 나뉘었다. 근대주의자들은 현대 과학의 발견들과 성서에 대한 새로운 이해를 적극적으로 수용했으며, 근본주의자들은 그것을 철저히 배격했다. 그리고 그 중간에 위치한, 흔히 중도파moderates나 포용파 inclusivists라고 불렸던 대다수의 사람은 신앙 전통을 근본적으로 훼손시키지 않는 범위 내에서 근대성을 수용하고 있었다. 학계와 사회 일반이 근대성을 전적으로 수용하는 가운데, 이것은 결국 사회의 근대적 변화를 얼마나 수용하며 얼마나 거리를 둘 것인가 하는 문제와 연결되었다. 사회 일반의 변화에 동참한 근대주의자들은 점점 전통적 기독교의 정체성을 잃어갔으며, 근본주의로 대표되는 전통주의자들은 사회의 변화 및 학문의 전개로부터 격리된 일종의 지적 게토ghetto에 스스로를 가두고 있었다.

---

[382] George M. Marsden, "Review of Daniel G. Hummel's *The Rise and Fall of Dispensationalism*," https://mosseprogram.wisc.edu.

'개신교 미국'의 종말

근대주의의 승리

1922년 5월 22일 해리 포스딕은 뉴욕의 제일장로교회에 초청되어 "근본주의자들은 승리할 것인가?Shall the Fundamentalist Win?"라는 설교를 하였다. 이후 역사에 기록될 설교였다. 포스딕은 근본주의자들은 현대적 학문을 반대하는 사람들이며, 그들의 목적은 교회에서 모든 자유로운 의견을 쫓아내고 미국 개신교를 장악하는 데 있다고 말했다. 그는 자신들과 다른 의견을 가진 "모든 헌신된 영혼"들을 교회에서 축출하려는 근본주의자들의 노력은 "측정할 수 없는 어리석음immeasurable folly"이며 결코 성공하지 못할 것이라고 단언했다.[383] 그가 원했던 것은 "지적으로 우호적이며 관용적이고 자유를 사랑하는 교회"를 만드는 것이었다. 이 설교의 원고는 곧 미국 전역에 있는 13만 명의 장로교 목사들에게 배달되어 엄청난 논쟁을 불러일으켰다. 그런데 포스딕의 예언은 적중했다. 근본주의자들의 목적이 교회에서 근대주의자들을 제거하는 것이었다면, 그런 목표는 어느 교단에서도 달성되지 않았다. 각 교단은 대체로 중도파가 주도했고, 교회의 평화를 위해 신학적 차이를 관용하자는 점에서 중도파는 근대주의자들과 가까웠다.

1925년 테네시의 데이턴Dayton에서 열렸던 '스콥스 원숭이 재판Scopes Monkey Trial'은 근본주의자들의 정체가 미국 일반 시민들에게 알려지게 된 역사적인 사건이다.[384] 이 사건은 1925년 3월 테네시주가 버틀러 법Butler Act을 제정하여 주의 재정지원을 받는 대학을 포함한 모든 공립학교에서 진화론을 가르치지 못하도록 하면서 시작되었다. 진보적 인권단체인 미국 시민자유연합American Civil Liberties Union(ACLU)은 누구든지 이 법에 도전할 자원

---

[383] "Shall the Fundamentalists Win?," http://historymatters.gmu.edu.

[384] 이 재판의 정식 명칭은 다음과 같다: "The State of Tennessee v. John Thomas Scopes."

자를 공모했다. 여기에 응한 사람이 현지 고등학교 미식축구 코치이자 과학 임시교사였던 존 스콥스John T. Scopes(1900~70)였다. 20대 초반의 신출내기 교사였던 스콥스는 자신이 진화론을 가르쳤는지 자신하지 못했다. 그러나 ACLU는 그가 생물 교과서에서 진화론에 관한 부분을 가르쳤음을 증명해 주었고, 결국 스콥스는 버틀러 법을 범한 죄로 재판에 회부되었다. 인구 1천 8백 명밖에 되지 않는 남부의 작은 마을에서 열린 이 형사재판은 검찰 측에 세 차례나 대통령 후보를 지낸 정치가 윌리엄 브라이언William Jennings Bryan(1860~1925)이 합류하고, 시카고에서 온 저명한 변호사 클라렌스 대로우Clarence Darrow(1857~1938)가 피고인 변호를 맡으면서 전국적인 사건이 되었다.

1925년 7월의 무더위 속에서 열흘 동안 지속된 이 재판을 취재하기 위해 신문기자들이 전국에서 몰려들었다. 이제 막 열린 라디오 시대에 맞추어 시카고의 WGN 방송은 재판 과정을 생중계했다. 재판장 밖의 풍경은 시골 축제를 방불케 했다. 양쪽 지지자와 구경꾼들이 몰려드는 가운데 '원숭이 사업monkey business'이 번성했다. 진화론을 상징하는 원숭이 모양의 각종 기념품들이 판매되는가 하면 침팬지 판매상도 등장했다. 그러나 법정에서는 조금의 양보도 없는 설전이 벌어졌다. 대로우는 근본주의자들을 무식한 고집불통으로 몰아붙이며, 진화론과 종교 사이에 어떤 상충되는 점도 느끼지 못하는 수백만의 "지적이고 학술적인" 기독교인들에게 호소했다.[385] 이에 대해 브라이언은 적자생존 이론이 영토 정복과 무한한 부의 축적을 옹호하는 증오의 법칙이라고 주장했다. 그는 재판의 성격을 "불신앙"과 "기독교 신앙의 수호자" 사이에 벌어지는 "사투"라고 정의하며 만약 배심원이 스콥스에게 무죄평결을 내리면, 그리스도를 다시 십자가에 못 박는 것이라고 강변하였다. 재판 내내 스콥스는 일절 증언대에 나서지 않았으며, 그가 과연 진화론을 가르쳤는지도 재판 과정에서 검증되지 않았다.

---

[385] 이 재판에 관한 여러 가지 종합적인 자료는 미주리 대학University of Missouri-Kansas City 법학대학원 교수 더글러스 린더Douglas O. Linder가 만든 다음 웹사이트에서 찾을 수 있다: http://law2.umkc.edu/faculty/projects/ftrials/ftrials.htm.

데이턴의 배심원은 단지 9분의 심리 후 스콥스에게 유죄 판결을 내리고 100달러 벌금형을 선고했다. 그리고 버틀러 법은 1967년에 가서야 공식적으로 폐지되었다. 형식적인 결과만 놓고 본다면 브라이언과 근본주의자들의 승리였다. 그러나 여론은 그 반대편에 서 있었다. 신문과 방송을 통해 이 재판의 진행을 주시하고 있던 대부분의 미국 시민에게 데이턴은 세상의 변화로부터 낙후된 시골로 보였고, 근본주의는 어처구니없는 무지로 비쳐졌다. 이렇게 된 데에는 대로우가 브라이언으로 하여금 이브가 아담의 갈비뼈에서 만들어지고, 요나가 물고기 뱃속에서 3일을 지내고, 여호수아가 해를 정지시켰다는 이야기와 성서에 따른 지구의 나이 등에 관해 설명하도록 요구한 것이 크게 기여했다. 대로우는 성서를 문자적으로 해석하는 것이 얼마나 비합리적이며 브라이언이 과학과 종교에 대해 얼마나 제한적인 지식만 가지고 있는지 잘 드러내 주었다.

시간이 흐르면서, 근본주의자들이 교단, 신학교, 선교부 등을 장악할 수 없다는 사실이 점점 더 분명해졌다. "5개 근본조항"을 채택한 북장로교도 예외는 아니었다. 근대성이 일반화되는 사회 전체의 변화와 맞물려 교단, 특히 신학교에서 근대주의를 철저하게 배격하는 사람은 점점 소수로 몰리게 되었다. 그런 상황은 근본주의-근대주의 갈등이 심했던 다른 교단에서도 비슷하게 전개되었다. 근대주의와 어떠한 타협도 용납할 수 없었던 전투적 보수주의자들에게는 근대주의에 물든 교단을 떠나는 것 이외에 다른 어떤 선택도 없었다. 1932년 북침례교에서 분리해 나간 정규 침례회Regular Baptist Churches, 1936년 북장로교에서 독립한 정통 장로교Orthodox Presbyterian Church, 일 년 후 거기서 다시 분열한 성서 장로교Bible Presbyterian Church는 그런 이유에서 생긴 근본주의적 신생 교단이었다.[386] 근본주의자들, 그리고 그

---

[386] 정통 장로교는 원래 Presbyterian Church in America라는 이름으로 시작했으나 북장로교Presbyterian Church in the USA로부터 교단 명칭에 관한 소송을 당한 후 이름을 바꾸었다. 성서 장로교는 Presbyterian Church of America에서 완전 금주와 전천년설을 옹호하고 에큐메니칼 운동과 공산주의를 반대한 좀 더 근본주의적인 사람들이 만들었다.

들의 신학적 후예들이 기존 교단을 탈퇴하여 새로운 교단을 만드는 일은 이후에도 계속되었다.

미국 사회의 세속화가 심화하여 가자, 근본주의 공동체는 점점 더 분파적이고 비지성적인 소수집단의 성격을 띠게 되었다. 1940년대에 근본주의 공동체에서 해롤드 오켄가Harold J. Ockenga(1905~85), 칼 헨리Carl F. H. Henry(1913~2003), 빌리 그래함Billy Graham(1918~2018)을 중심으로 '신복음주의neo-evangelicalism'가 등장한 것도 '근본주의'가 명예가 아니라 오명stigma이 된 상황 속에서 근본주의가 가졌던 한계를 극복하기 위해서였다. 신복음주의자들은 특히 세대주의적 요소를 버리고 사회와 문화의 변화에 좀 더 건설적으로 대응하고자 했다. 근본주의의 신학적 핵심은 견지하되 19세기 복음적 개신교의 "문화적으로 중도적인 전통"에 따라 사회적·지적으로 존중 받는 "개혁적 근본주의"를 만드는 것이 목표였다.[387]

신복음주의자들은 1943년 미국 복음주의협회National Association of Evangelicals를 결성하여 전국적 네트워크를 만들고, 1947년 풀러신학교Fuller Theological Seminary를 건립하여 주류 신학과 교류하는 새로운 보수 신학을 모색하기 시작했다. 또한 1956에는 대중적 기반을 확보하고 사회적 발언을 더 적극적으로 하기 위해 월간지 *Christianity Today*를 창간했다. 영향력 있는 진보적 기독교 잡지 *The Christian Century*에 맞서려는 의도였다. 그리고 풀러신학교 출신의 윌리엄 브라이트William Bright(1928~2006)가 1951년에 만든 대학생선교회Campus Crusade for Christ는 "이 세대에 세계를 복음화하자"는 과거 SVM의 구호를 다시 외치기 시작했다.

그러나 미국 사회가 점점 더 사악해지는 가운데 자신들만 기독교 신앙의 수호자라고 생각하고 있던 근본주의자들은 신복음주의자들의 목소리에 귀기울이지 않았다. 그들은 신복음주의자들을 변절자로 여겼다. 악이 지배하는 사회와 교류하며 영향을 받고, 근대주의에 물든 개신교 주류뿐 아니라

---

[387] George Marsden, *Reforming Fundamentalism: Fuller Seminary and the New Evangelcialism* (Grand Rapids, MI: Eerdmans, 1987), 6.

자신들이 이단이라고 생각한 가톨릭교회와도 협력한다는 이유 때문이었다. 전투적인 근본주의 전통을 이어나간 것이다.

한편, 근대주의 진영에서는 제1차대전, 공산주의 혁명, 그리고 나치주의의 등장을 겪으면서 신학적 자유주의liberalism가 가지고 있던 낙관주의에 대한 냉철한 반성이 일었다. 라인홀드 니버Reinhold Niebuhr(1892~1971)와 리처드 니버H. Richard Niebuhr(1894~1962) 형제를 중심으로 일군의 미국 신학자들이 1930년대부터 한편으로는 근본주의의 한계를 비판하고, 또 한편으로는 인간의 선함과 인류의 진보에 대한 자유주의자들의 신뢰를 비판하기 시작했다. 그들은 자유주의 신학을 배웠으나, 인간의 유한함과 신의 초월성을 강조하는 칼 바르트Karl Barth(1886~1968), 에밀 브룬너Emil Brunner(1889~1966) 같은 유럽의 신정통주의neo-orthodox 신학자들로부터 영향을 받았다. 라인홀드 니버는 《도덕적 인간과 비도덕적 사회Moral Man and Immoral Society》(1932), 《인간의 본성과 운명The Nature and Destiny of Man》(1941~1943) 같은 저서를 통해 도덕적 이상주의와 자유주의적 낙관론을 모두 배격하고, 인간을 선과 악이 혼재하는 "역설paradox"로 이해했다.[388] 그는 인간의 문제는 이상이 아니라 현실적 방법으로 해결하자는 '기독교 현실주의Christian realism'를 주창했다. 원래 평화주의자였던 그의 입장이 제2차대전을 겪으면서 무력의 사용을 인정하는 쪽으로 바뀌게 된 것도 인간과 사회에 대한 그와 같은 현실주의적 인식의 결과였다.

인간은 악하며, 사회는 진보하는 것이 아니라 악을 행하는 경향이 있다는 인식에서 리처드 니버는 형과 크게 다르지 않았다. 그러나 리처드는 인간과 사회 등 현실에 대한 기독교 윤리적 관심이 많았던 라인홀드와 달리 신의 초월성이나 교회의 본질과 관련된 주제를 더 깊이 파고들었다. 《교파주의의 사회적 근원The Social Sources of Denominationalism》(1929), 《그리스도와 문화Christ and Culture》(1951) 같은 저술을 통해 그는 교회가 어떻게 사회-정치-

---

[388] Reinhold Niebuhr, *The Nature and Destiny of Man, Vol. 1: Human Nature* (New York: Scribner's., 1964), 18.

경제로부터 영향을 받는지, 또 사회에 대한 각기 다른 태도가 기독교인을 어떻게 다른 모습으로 만드는지 보여주었다. 그는 교회들이 "계급 윤리"를 받아들이고 "기독교적 우애의 윤리"를 버렸기 때문에 도덕적으로 무력하게 되었다고 분석했다.[389] 또한 그는 《급진적 유일신론과 서구 문명*Radical Monotheism and Western Culture*》(1960)을 통해 교회와 기독교인이 신의 주권에 충분히 응답할 수 없게 만드는 모든 문화적·사회적 '우상'들을 파괴하는 데 관심을 보였다. 라인홀드 니버는 당대 최고의 미국 신학자로 인정받으면서 교회와 학계뿐 아니라 정치가, 언론인, 외교관 등에게 광범위한 영향력을 끼쳤다. 그러나 좀 더 본질적인 문제에 대하여 더 깊이 고민했던 리처드 니버의 사상은 시간이 지나면서 더 빛을 발하기 시작했다.

'개신교 미국'의 종말과 유산

근본주의–근대주의 갈등은 세속 국가인 미국의 비공식 국교와 같은 역할을 해왔던 복음적 개신교의 내전이었다. 그리고 그것은 복음적 기독교로 대표되는 '개신교 미국Protestant America'을 최종적으로 붕괴시킨 대사건이었다. 19세기 내내 미국을 주도해 왔던 개신교의 주도권은 외부로부터 근대성의 대대적인 공격을 받는 가운데, 공동체 내부의 분열과 더불어 종말을 맞았던 것이다. 19세기 동안 '복음적'이라는 말은 대체로 주류 개신교회 전체를 지칭했다. 19세기 영어권에서 '복음적'이라는 용어의 뜻을 잘 보여주는 것이 1846년 영국에서 조직된 복음적 동맹Evangelical Alliance이다. 이 조직은 영국 국교회 내에서 가톨릭적 전통을 강조하는 옥스퍼드 운동에 반대하는 사람들의 모임을 기반으로 탄생했다. 그러나 복음적 동맹은 단순히 영국 성공회 내의 모임이 아니라 가톨릭의 세력 확장을 저지하고 종교의 자유와 개신교 전통을 지키려는 국제적 연합체였다. 1846년 창립총회가 개최되었을 때 유

---

389 H. Richard Niebuhr, *The Social Sources of Denominationalism* (New York: Meridian Books, repr., 1957), 21~22.

럽과 미국의 개신교 50개 교단에서 800명의 대표자가 참석했다. 가톨릭교회는 물론이고 가톨릭적 영국 국교회Anglo-Catholics나 유니테리언 교회 같은 교회를 제외하고 거의 모든 전통적 개신교가 모인 셈이었다.

복음적 동맹이 신학적 기초로 채택한 "9개 조항"은 "각종 복음적 신앙고백Evangelical Confessions of Faith의 합의를 요약한 것"이었다.[390] 여기서 말하는 '각종 복음적 신앙고백'들은 루터교의 아우크스부르크 신앙고백, 장로교의 웨스트민스터 신앙고백, 개혁주의의 하이델베르크 요리문답Heidelberg Catechism, 성공회의 39개 조항, 감리교의 25개 조항 등 개신교의 전통적 신앙고백을 일컫는 것이었다. 즉, 복음적 동맹 속의 '복음적'이라는 용어는 현대적인 의미의 '복음주의적' 기독교가 아니라 교파를 초월한 주류(즉 복음적) 개신교 전체를 지칭하는 말로 쓰이고 있었다.

19세기의 주류 개신교가 가졌던 포괄적이고 초교파적인 성격은 복음적 기독교의 한 중요한 특징이었다. 그런 성격은 20세기 초까지 이어졌다. 그러나 19세기 말부터 현대적 성서비평, 진보적 역사관, 과학적 합리주의 등 근대성이 교회에 들어오면서 복음적 기독교 내에서 그것에 대응하는 태도에 따라 신학적 차이가 드러났다. 넓은 신학적 스펙트럼을 가졌기에 차이도 분명하게 나타난 셈이었다. 복음적 기독교를 공통분모로 하던 미국 개신교의 갈등이 극적으로 표출된 것이 1920년대의 근본주의-근대주의 논쟁이었다. 근본주의-근대주의 갈등이 한창일 때 근본주의자들과 근대주의자들은 모두 스스로를 '복음적evangelical'이라고 주장했다. 따라서 1930년대에는 복음적이라는 말이 많이 사용되지 않았다. 신학적으로 거리가 먼 사람들이 모두 복음적이라고 말할 수 있는 상황에서 용어의 의미에 혼란이 있었기 때문이다. 그러다가 복음적이라는 말이 다시 대두되기 시작한 것은 그 말에 새로운 의미를 부여한 신복음주의 운동이 일어난 1940년대였다.

---

[390] "The Doctrinal Basis of the Evangelical Alliance. A.D. 1846," *The Creeds of Christendom with a History and Critical Notes*, vol. 3, eds. Philip Schaff and David S. Schaff (Grand Rapids, MI: Baker Books, repr. 1998), 827.

이런 의미에서 본다면, 신복음주의의 등장은 개신교 미국, 혹은 '기독교 미국Christian America'의 '복음적 공감대evangelical consensus'가 완전히 붕괴된 상황을 역설적으로 드러낸 사건이었다.

개신교 미국의 종말에도 불구하고, 그것이 19세기 동안 만들어 놓은 습관, 관례, 제도, 가치관, 문화 등은 21세기에 들어서도 미국의 삶과 사고방식에 강력한 영향을 미쳤다.[391] 무엇보다 19세기의 복음적 기독교는 성서를 미국에서 가장 중요하고 영향력 있는 책으로 만들어 놓았다. 미국은 성서 및 성서와 관계된 서적을 출판하는 데 유례가 없을 정도로 엄청난 에너지를 쏟아부었다. 미국이 독립한 후 1957년까지 미국에서 출간된 영어 성서는 종류만 2천 5백 가지가 넘었으며, 1990년의 경우 그 수는 7천 종류를 상회했다.[392] 2016년 창립 200주년을 맞은 미국성서공회 사장은 미국인 1억 명이 성서를 "적극적으로" 이용하고 있다고 자신있게 말했다.[393] 성서에 '관한' 서적은 성서보다 더 많이 출판되었다. 또한 성서를 연구하는 학자들의 모임인 미국성서학회Society of Biblical Literature는 2018년 8천 3백 명 이상의 회원을 가진 미국에서 가장 큰 학회였다. 성서는 미국인의 삶에 영향을 주고 사회의 변화로부터 영향을 받으면서, 신앙의 중심으로서뿐 아니라 문화적 힘으로 살아남아 지속적으로 미국인의 사랑과 존경을 받고 있다.

개신교 미국이 남긴 또 하나의 거대한 유산은 미국의 문학에서 기독교적 주제가 차지하는 중심적이고 창조적인 역할이다.[394] 미국 문학 가운데는 기독교적 도덕과 가치를 다루거나 성서 이야기를 모티브로 한 작품이 많다. 그런 작품이 모두 높은 문학적 성취를 이룬 것은 아니며, 전통적 기독교를

---

[391] 개신교 미국의 유산에 관한 주요 논지는 다음 참조: Noll, *History of Christianity*, 390~420.

[392] 같은 책, 401, 402.

[393] John Fea, *The Bible Cause: A History of the American Bible Society* (New York: Oxford University Press, 2016), 313.

[394] 청교도 시대부터 현대에 이르기까지 미국 문학에서 기독교가 차지했던 중요성에 관해서는 다음의 두 연구 참조: Alfred Kazin, *God and The American Writer* (New York: Alfred A. Knopf, 1997); Roy Harvey Pearce, *The Continuity of American Poetry* (Princeton: Princeton University Press, 1961).

옹호하지도 않았다. 사실 미국을 대표하는 문인들은 기독교를 변호하기보다 도전한 경우가 더 많았다. 너새니얼 호손의 《주홍 글씨》, 허먼 멜빌의 《모비딕Moby Dick》(1851), 마크 트웨인Mark Twain(1835~1910)의 《허클베리핀의 모험The Adventures of Huckleberry Finn》(1884), 윌리엄 포크너William Faulkner (1897~1962)의 《압살롬, 압살롬Absalom, Absalom》(1936) 같은 고전적 소설들과 에밀리 디킨슨Emily Dickinson(1830~86), 월트 휘트먼, T. S. 엘리엇Eliot(1888~1965)의 시는 미국 최고의 문학이 전통적 기독교 및 신과 투쟁하며 탄생했음을 웅변적으로 보여주었다. 미국의 대시인과 문호들은 신을 찾고, 신과 싸우고, 신과 대화하며 자신의 이미지와 상상력으로 신을 그렸다. 역설적이게도 그들의 문학에서 결여된 것은 신에 대한 "믿음 그 자체"였다.[395]

19세기 개신교 전통은 현대 미국의 정치 스타일과 조직에도 큰 영향을 끼쳤다. 미국의 복음적 기독교는 노예해방부터 여성해방까지 다양한 정치-사회-문화적 개혁을 전방위적으로 전개했다.[396] 장로교 목사 실베스터 그레이엄Sylvester Graham(1794~1851)은 부정한 생각과 자위 행위를 없애기 위한 채식주의운동을 펼치기도 했다. "세상의 언어로 세상을 신성하게" 만들어 보겠다는 그런 노력은 즉각적이고 명시적인 결과 없이 대부분 실패했다.[397] 그러나 전 사회적 차원에서 길고 넓게 본다면 그들의 영향은 시간을 두고 발휘되었다. 사람들의 공적인 활동이 종교적 확신에 기초하여 동기유발 되고 사회개혁적인 목표를 추구하도록 만들었다. 정치도 예외는 아니었다. 공적인 활동, 특히 정치가 가지고 있던 사회개혁적 성격은 20세기 후반 이후 미국 사회가 세속화된 다음에도 그 형태가 유지되었다. 세속적 가치관이 압도하게 된 다원주의 사회에서도 사회 지도자들은 정치의 임무가 사

---

[395] Kazin, *God and The American Writer*, 257.

[396] 이 주제에 관해서는 다음의 두 연구 참조: Robert H. Abzug, *Cosmos Crumbling: American Reform and the Religious Imagination* (New York: Oxford University Press, 1994); William McLoughlin, *Revivals, Awakenings, and Reform: An Essay on Religion and Social Change in America, 1607~1977* (Chicago: University of Chicago Press, 1978).

[397] Abzug, *Cosmos Crumbling*, 8.

회개혁을 통한 사람들의 '구원'이라고 여기는 경향이 있는 것이다. 미국인이 스스로 "선택된 백성"이라 여기고, 인류를 위한 "구원자 국가Redeemer Nation"를 자임하며 국제정치 무대에 나서는 것도 그 연장선에서 이해될 수 있다.[398]

20세기 초 주류 개신교 내부의 갈등, 즉 근본주의와 근대주의의 충돌은 미국 사회가 점점 세속화되어 가는 과정에서 나타난 한 가지 현상이었다. 앞으로 살펴보겠지만 세속화가 종교인 수의 감소를 뜻하는 것은 아니었다. 세속화는 무엇보다 미국 사회와 미국인들의 삶 속에서 종교가 가지고 있던 전반적인 영향력의 감소를 뜻했다. 기독교는 더 이상 학문을 이끌어가지 못하게 되었고, 사람들은 자본주의적 가치관을 내면화하고 있었으며, 이전에 종교가 담당했던 기능을 점점 시장이 대신하고 있었다. 미국이 세계 초강대국이 되면서 미국을 이끌어가게 된 것은 점점 더 그 역할이 증대되고, 조직이 확대되며, 그에 따라 엄청난 권한을 행사할 수 있게 된 정치였다. 20세기 후반부 들면서 미국의 종교는 점점 더 정치에 종속되어 갔다.

---

[398] Ernest Lee Tuveson, *Redeemer Nation: The Idea of America's Millennial Role* (Chicago: University of Chicago Press, 1968).

제18장

현대적 종교지형의 탄생

마커스 가비Marcus Garvey의 세계흑인향상협회가
뉴욕 할렘Harlem을 행진하는 모습(1920)
James Van Der Zee 사진
Wikimedia Commons

차량에 "새로운 흑인은 두려움이 없다"는 구호가 있다.

유대-기독교의 변화

종교시장의 변화

20세기 미국의 종교시장은 전반적으로 점점 더 활기를 띠어 갔으며 전체 인구에서 차지하는 종교인구의 비율도 계속 증가했다. 종교시장은 이전보다 훨씬 더 복잡하고 다원적으로 변해갔다. 비서구 종교의 유입, 기독교계 신흥종교의 탄생과 성장, 다양한 비영국계 및 아프리카계 기독교 교파의 설립, 그리고 전통적 유대-기독교의 교파 분리가 낳은 결과였다. 그럼에도 불구하고 종교인 가운데 유대-기독교계의 여러 종파에 속한 사람의 비율이 여전히 압도적으로 많았다. 그러나 20세기 종교시장의 내부를 자세히 살펴보면, 이와 같은 전반적인 양상 속에서도 각 종파의 부침을 포함하여 여러 가지 의미심장한 변화를 읽을 수 있었다.

1860년부터 1926년 사이에 있었던 변화 가운데 먼저 주목되는 것은 영국계 개신교 교파들의 시장점유율이 상대적으로 하락했다는 사실이다.[399] 감리교, 침례교, 장로교, 성공회, 회중교, '그리스도의 제자' 교회 등 영국계 교회는 여전히 미국 종교시장에서 가장 큰 세력을 형성하고 있었다. 그러나 이

---

[399] Noll, *History of Christianity*, 360~62, 461~63.

들 영국계 교파는 1860년 전체 종교인의 약 70퍼센트를 차지했던 압도적인 지위를 점점 상실하여, 그 점유율이 1890년 약 53퍼센트, 1906년 44.5퍼센트, 그리고 1926년에는 약 43퍼센트로 줄어들었다. 그러나 이런 현상이 영국계 교회들의 교인 수 감소를 의미하지 않았다. 예를 들어, 1906년 180만으로 천주교와 감리교, 침례교에 이어 교인 수 4위의 교단이던 장로교는 1926년 260만 명으로 증가했다. 그러나 비슷한 시기(1907~1927) 유대인 인구는 77만에서 420만으로 성장했고, 루터교는 150만에서 약 400만이 되었다.[400]

교세 증가에도 불구하고 영국계 교회들의 시장 점유율이 크게 감소한 것은 다른 유대−기독교파들이 영국계 교회보다 더 빠른 속도로 증가했기 때문이었다. 실제로 이 기간 동안 가톨릭교회의 미국 종교시장 점유율은 약 21퍼센트에서 약 30퍼센트로, 아프리카계 교회는 2퍼센트 이하에서 10퍼센트 이상으로 증가하였으며, 루터교, 유대교, 정교회의 시장 점유율도 대폭 증가했다. 1860년부터 1926년 사이에 3천 100여만 명이던 미국 인구가 1억 1천 700만 명으로 거의 네 배 증가하고, 전체 인구 내 종교인 비율이 약 20퍼센트 증가했다. 따라서 그 와중에 비개신교, 비영국계, 아프리카계 기독교파와 유대교의 종교시장 점유율이 확대되었다는 것은 그들이 얼마나 크게 성장했는지 짐작케 해준다. 유대−기독교 전통이 여전히 미국 종교시장을 지배했지만 그 내용에서 상당한 다원화가 이루어지고 있었다.

가톨릭교회나 동방정교회와 같은 비개신기독교, 루터교회나 네덜란드 개혁교회 같은 비영국계 개신교, 그리고 유대교의 세력 확장은 일차적으로 그런 종교를 믿는 지역에서 온 이민의 증가에서 그 원인을 찾을 수 있다. 또한 아프리카계 침례교와 감리교의 급성장은 남북전쟁 이후 노예제도가 폐지되고 아프리카계 주민에게 종교의 자유가 주어졌기 때문에 가능한 일이었다. 그러나 앞에서 살펴본 바와 같이 종교의 성장을 종교 바깥의 이유로만 설명할 수는 없다. 이민자나 해방된 노예와 그 후손들이 어떤 특정한 종

---

[400] 이 시기 유대인 인구 증가에 관해서는 다음 참조: H. S. Linfield, "Jewish Population in the United States, 1927." 179. https://www.bjpa.org.

교를 믿고 그 공동체에 속하게 된 것은 그 종교가 사회화 및 공동체적 기능 같은 현실적 보상을 해줄 뿐 아니라 어떤 매력적인 초월적 의미를 제공해 주었기 때문이다.

1926년 미국 종교시장에서 교인 100만 이상을 가진 큰 종파를 차례대로 나열하면, 천주교(1천 900만), 침례교(800만), 감리교(800만), 유대교(420만), 루터교(400만), 장로교(260만), 성공회(185만), '그리스도의 제자'(137만)였다. 여기서 침례교인 가운데 약 350만 명과 감리교인 가운데 약 100만 명은 아프리카계 교회 교인이었다. 비기독교인 유대교, 비영국계의 루터교, 그리고 가장 늦은 시기인 19세기 초 제2차 대각성기에 탄생한 '그리스도의 제자' 계열 교회의 약진이 눈에 띤다. 다시 한 세대가 지나 1960년이 되었을 때 교세는 천주교(4천 200만), 침례교(1천 500만), 감리교(1천 80만), 루터교(800만), 유대교(550만), 장로교(410만), 성공회(320만), 회중교(220만), '그리스도의 제자' 계열(180만) 순서였다.[401] 여기서 주목되는 것은 침례교가 감리교를 제치고 가장 큰 개신교단으로 자리 잡았다는 점, 그리고 식민지 시대부터 오랫동안 미국 종교계를 지배했던 성공회, 회중교, 그리고 장로교가 성장은 했지만 상대적 약세를 면치 못했다는 점이다.

아직 주요 종교의 위치에 이르지는 못했지만, 몇몇 신흥 종파들은 놀라운 속도로 성장하고 있었다. 그 가운데 가장 주목되는 것은 모르몬교회였다. 브리검 영을 따르는 모르몬 교인들이 서부의 광야라고 할 수 있는 솔트레이크로 집단이주했을 때 그들이 성공하리라고 생각한 사람은 별로 없었다. 많은 사람의 눈에 그것은 19세기 초엽 서부에 자리 잡은 여러 괴상한 유토피아 공동체의 하나였고, 종교적 열정이 식으면서 곧 소멸할 것처럼 보였다. 그러나 그들이 건설한 유타는 미국의 45번째 주가 되었으며, 모르몬교는 미국 주류 사회와의 거리를 좁히면서 크게 성장했다. 1890년 일부 다처제를 공식적으로 폐지한 것은 미국 사회 주류로부터 인정받겠다는 가

---

[401] "Christian and Jewish Religious Membership in the United States: 1960 & 1995," http://www.demographia.com.

장 극적인 표현이었다. 그동안 일부다처제는 모르몬교와 미국 정부 및 사회 일반 사이에 있던 갈등의 중심이었다. 역으로 말해서, 일부다처제는 모르몬 교인들의 정체성에서 대단히 중요한 요소였다. 그러나 놀랍게도 모르몬교 본부는 일부다처제를 행하는 사람들에게 출교를 공언할 정도로 강력하게 일부일처제를 실천해 나갔으며, 교회는 별다른 신학적 갈등이나 교인 수 감소 없이 계속 발전해 나갔다.

20세기 들어서 일부다처제를 모르몬교의 근본적 믿음이라고 주장하는 소위 '모르몬 근본주의자'들이 생겨났다. 그러나 솔트레이크시티의 모르몬 교회 본부는 이들을 자신의 일부로 인정하지 않았으며, 근본주의자들은 여러 개의 소수 분파 집단을 형성했다. 유타를 중심으로 형성된 모르몬교 주류는 미국 사회의 전반적인 가치관(특히 애국심)을 더 적극적으로 수용하며 주류 사회의 일원이 되어갔다. 한편, 브리검 영을 조셉 스미스의 후계자로 인정하지 않는 집단은 그들이 후계자라고 받아들인 사람을 따라 미주리, 위스콘신, 펜실베이니아 등에 정착했는데, 그들의 교세는 상대적으로 미약하며 교회도 제한된 지역에 분포하고 있었다. 이들 가운데 가장 큰 집단인 '그리스도의 공동체Community of Christ'는 조셉 스미스의 아들을 제2대 예언자로 여겼다. 그들은 삼위일체를 수용하여 신학적으로 유타 공동체보다 기독교 주류에 더 가까웠다.[402]

말일성도예수그리스도교회Church of Jesus Christ of Latter-day Saints, 즉 모르몬교회는 과거 일부다처제가 준 충격과 전통적 기독교와 다른 정경 및 신학 때문에 여전히 주류 기독교의 의심과 배척을 받고 있다. 그러나 일부다처제 폐지에서 본 것처럼 모르몬교는 논쟁거리들을 없애서 사회의 인정을 받기 위해 노력했고, 그 결과 모르몬교도들은 엄격한 도덕적 삶을 사는 부지런하고, 애국적이며, 신뢰할 수 있는 시민으로 받아들여졌다. 유타의 모르몬교는 소득의 십일조뿐 아니라 시간의 10분의 1을 바치도록 하여 남자

---

[402] 이 집단은 1860년 Reorganized Church of Jesus Christ of Latter Day Saints라는 이름으로 시작했는데, 2001년에 현재의 이름으로 바꾸었다. 이들은 처음부터 일부다처제를 실행하지 않았다.

신도들은 의무적으로 자발적인 선교활동을 하게 했다. 모르몬교회는 그런 적극적 선교에 힘입어 20세기 후반기 세계적으로 극적인 교세 성장을 보였다. 2022년 현재 모르몬교회는 미국, 아프리카, 라틴 아메리카 등지에 3만 1천 개 이상의 교회와 1천 7백만이 넘는 교인을 가진 큰 종교였다. 미국에 있는 약 660만의 교인은 모르몬교를 미국에서 네 번째로 큰 유대-기독교계 종파로 만들었다.

주류 교단 쇠퇴와 신흥 교단의 성장

20세기 미국 종교지형의 변화 가운데 특히 주목되는 것은 감리교의 상대적 쇠퇴였다. 건국 후 19세기 중엽까지 짧은 기간에 이루어진 감리교의 놀라운 성장은 흔히 기적에 비유되곤 했다. 1776년 전국 종교인 가운데 3퍼센트 이하이던 감리교인은 1850년 무려 34퍼센트 이상을 차지하여 가장 큰 종교집단이 되었다. 그로부터 40년이 지난 1890년 감리교는 19세기 중엽 이후 폭발적으로 교세가 늘어난 가톨릭교회에게 최대 교단 자리를 내주었다. 1906년 인구조사에 의하면 570만의 교인을 가진 감리교는 560만 명인 침례교보다 조금 앞서, 개신교에서는 여전히 최대 교단이었다. 그러나 침례교는 곧 감리교를 추월하여 개신교에서 제일 큰 교단이 되었으며, 시간이 지날수록 두 교단의 교인 수 격차는 점점 더 벌어졌다. 여기에는 두 교단을 넘어서 19세기 후반 이후 나타난 미국 종교지형 전체의 변화와 그런 종교지형 속에 전개될 주류 교단들의 상황이 얽혀 있었다.[403]

침례교와 감리교의 순위 바꿈은 1850년 이후 감리교의 종교시장 점유율이 지속적으로 하강하는 가운데 침례교의 점유율은 계속 상승하면서 이루어졌다. 감리교 교세의 상대적 감소는 감리교가 개척지 종교적인 성격을 버리고 미국 주류 사회의 일원이 되면서 나타난 현상이었다. 감리교의 변

---

[403] 비주류 교단의 주류화가 시장점유율 감소 및 교회의 활력 부족으로 나타난다는 논지는 다음 연구 참조: Finke and Stark, *Churching of America*, 145~98, 237~75.

화는 '단순성과 영성simplicity and spirituality'이라는 전통을 떠나 교육받은 교역자들이 교회에 자리 잡고, 교단 조직이 강화되고, 진보적 신학을 수용하고, 교단이 전체적으로 부유해지면서 나타난 현상이었다.

감리교는 전문적 신학교육을 받지 않은 채 서부 개척지에서 헌신적으로 일한 평신도 순회전도자들의 노력으로 건설된 교회였다. 그러나 19세기 후반부를 지나면서 안수받은 전임 목사들이 섬섬 지역교회에 정착하기 시작했고, 순회전도자들은 사라졌다. 정착한 전임 목사들이 지역교회를 담당하게 되자 감리교는 이전의 자유롭고 민주적인 분위기에서 벗어나 목사를 임면任免할 권한을 가진 감독을 중심으로 수직적 구조가 탄탄하게 짜여졌다. 전임 목사제도가 보편화되면서 각 지역교회는 회중교회, 장로교회, 그리고 성공회처럼 대학과 신학교에서 고등교육을 받은 목사를 원하게 되었다. 1839년 버몬트에 뉴베리 성서학원Newbury Bible Institute(이후 보스턴대학 신학대학원)이 설립될 때까지 신학교육 기관을 가지고 있지 않던 감리교는 이후 1880년까지 11개의 신학교와 44개의 대학을 설립했다. 목사의 학력 기준이 점점 강화되어 갔음을 알 수 있다.

신학교를 졸업한 감리교 목사들은 거기에 합당한 대우를 요구했다. 1906년 감리교 목사의 연봉(784달러)은 이미 미국 목회자 평균(663달러)을 상회했다. 그리고 고등교육을 받은 감리교 목사들은 지적인 설교를 선호했으며 감리교 성장의 비결인 부흥회나 천막집회를 꺼렸다. 많은 감리교 천막집회 장소는 중산층을 위한 여름 휴양지로 급속히 변모되었다. 또한 목사 교육을 위한 신학교들이 많아짐과 아울러 감리교의 신학은 점점 더 진보적으로 변해갔다. 감리교 신학교들이 독일 신학의 영향 아래 들어가면서, 한 감독은 감리교가 급격하게 "비복음적, 비웨슬리적, 비성서적"으로 변해갔다고 한탄했다.[404]

감리교가 개척지 종교의 티를 벗으면서 부유한 감리교인의 수가 증가했다. 목사 월급의 급격한 증가, 크고 값비싼 교회 건축, 그리고 파이프 오르

---

[404] George W. Wilson, *Methodist Theology vs. Methodist Theologians* (Cincinnati: Press of Jennings and Pye, 1904), 10~12. 다음에서 재인용: Finke and Stark, *Churching of America*, 158.

간과 유급 성가대의 유행은 감리교회의 부가 증가했음을 보여주는 분명한 증거였다.[405] 강단에서 가까운 자리를 부유한 교인에게 돈 받고 일 년씩 대여해주는 관행도 생겨났다. 교육받은 목사와 부유한 교인의 증가와 더불어, 감리교 예배는 이전 같은 "외침과 할렐루야" 속에서가 아니라 성공회나 장로교처럼 정해진 의식에 따라 딱딱한 분위기에서 진행되었다.[406] 이렇게 감리교가 '중산층 교회'로 성공적으로 '변신'하자 이에 맞추어 교단은 교인이 되는 기준을 낮추었으며, 이전과 같은 도덕적 행동 원칙을 요구하지 않게 되었다. 1924년 감리교는 카드놀이, 춤, 극장, 경마, 서커스 같은 오락을 죄악시하여 금하던 규정을 공식적으로 폐지했다. 감리교는 점점 더 부유하고 영향력 있는 교인을 받아들이면서 과거와 같은 열성적인 신앙과 도덕적 엄격함을 유지할 수 없었다. 19세기 후반에 초교파적으로 전개된 성결운동은 근본적으로 감리교 내의 이런 변화에 대한 반작용에서 출발했다.

부유하고 유식해진 감리교가 과거에 가졌던 민중적 성격을 잃고 있는 사이 침례교에서는 두 가지 상반된 현상이 나타났다. 북침례교가 감리교와 거의 유사한 변화를 겪은 데 비해서 남침례교는 여전히 교육받지 못한 목회자와 부유하지 못한 사람들이 주축을 이룬 서민종교적 성격을 유지해 나갔던 것이다. 1906년의 경우 북침례교 목사(833달러)는 미국 목사 전체 평균보다 많고 남침례교 목사(367달러)보다는 두 배 이상이나 되는 연봉을 받고 있었다.[407] 이것은 북침례교가 남침례교보다 훨씬 부유했음을 보여주는데, 같은 해에 남침례교에 비해 교인 수가 절반밖에 되지 않던 북침례교가 교회 재산은 두 배 이상이나 소유하고 있었다.[408] 또한 최초의 남침례교 신학교인 남부침례교신학교가 1859년 사우스캐롤라이나에 만들어질 때까지

---

[405] 이런 변화에 대해서는 미국 감리교를 다룬 다음 역사 참고: Russell E. Richey, Kenneth E. Rowe, and Jean Miller Schmidt, *The Methodist Experience in America: A History, Volume I* (Nashville, TN: Abingdon, 2010), chs. 10, 12.

[406] William Warren Sweet, Methodism in American History (New York: Methodist Book Concern), 333.

[407] "Table 5.1: Average Ministerial Salary, 1906," Finke and Stark, Churching of America, 156.

[408] 같은 책, 172~73.

모든 침례교 신학교는 북부에 있었다. 북침례교의 신학교들은, 시카고대학 신학대학원에서 볼 수 있는 바와 같이, 진보적인 신학을 수용했다.

남침례교는 남북전쟁 후 경제적으로 낙후되고 사회적으로 조롱받는 지역으로 변한 남부의 문화와 전통을 이어가는 제도로 확립되어 갔다.[409] 과거 남부를 떠받치던 제도들이 붕괴된 상황에서 남침례교는 종교뿐 아니라 정치적·사회적·인종적 견해에 관한 남부 전통의 담지자로 부각되었다. 남부의 농촌 사회에 근거한 남침례교는 20세기 들어서도 과거의 농부–목회자 전통을 이어갔다. 1916년 조사에 의하면 남침례교 목사 가운데 36퍼센트가 교역 이외에 생업을 가지고 있었으며, 그런 사람 중 71퍼센트가 농부였다.[410] 그러나 시간이 지나면서 남침례교에도 신학교육을 받은 전임 목사의 수가 증가했다. 1980년대가 되었을 때 남침례교 목사의 약 절반이 신학교 학위가 있었으며, 1987년의 경우 목사의 4분의 3이 전임 목사였다.

신학교에서 공부한 목사의 수가 늘어나면서 신학교의 중요성이 점점 증대되었고, 신학교를 둘러싼 보수파와 중도파의 갈등이 벌어졌다. 그런데 고등교육을 받은 목사일수록 남감리교의 전통에서 멀다는 사실이 알려지자 지역교회에서 그런 목사를 해고하는 일이 점점 많아졌다. 1990년의 한 조사에서 남침례교인 3분의 2가 성서는 "실제 하나님의 말씀"이며 "글자 그대로 문자적으로" 받아들여야 한다고 답했다.[411] 각 지역교회가 목사 임면에 관한 최종 권한을 가지고 있는 독특한 남침례교 제도는 보수적인 교인들의 신학적 견해가 교회 현장을 지배하게 만들었다.

남침례교의 교인 수는 1906년 약 200만, 1926년 360만, 1950년 700만으로 증가한 후 1962년 1천만 명을 넘어서면서 여러 감리교회를 모두 합한

---

[409] 여기에 관해서는 다음 남침례교 역사 참고: Robert A. Baker, *The Southern Baptist Convention and Its People, 1607~1972* (Nashville, TN: Broadman Press, 1974), chs. 5~6.

[410] Finke and Stark, *Churching of America*, 176, 190.

[411] 이것은 시카고대학 여론조사센터National Opinion Research Center에서 행한 General Social Survey의 Ballot B 문항 110B에 대한 답으로서 구체적인 것은 다음 참조: https://gss.norc.org.

442 새로 쓴 미국 종교사

교세와 견줄 수 있게 되었다. 이 증가세는 그 후에도 지속되어 남침례교는 감리교를 제치고 미국에서 가장 큰 개신교단이 되었으며, 20세기 말에는 1천 580만 교인을 기록했다. 한편, 감리교는 1906년 460만에서 지속적인 증가세를 보이더니 1961년 개신교로는 처음으로 1천만 명 선을 넘어섰다. 그러나 감리교는 1965년 1천 100만 명을 정점으로 점점 내리막을 걷기 시작했다. 1968년 다른 중소 교단과 합하여 연합감리교회United Methodist Church가 된 후에도 교인 수는 지속적인 감소 추세를 보여 1975년 처음으로 1천만 명 이하로 떨어졌으며, 세기말에는 840만 명으로 줄어들었다. 2021년 연합감리교 등록교인은 570만 명이었다.

주류 교회가 된 감리교의 교인 수가 1960년대 이후 줄곧 감소한 반면 보수성을 유지한 남침례교가 20세기 내내 성장한 것은 미국 개신교 시장 전체에서 일어난 현상을 집약적으로 보여주었다. 미국의 전통적 주류 교단들은 조금씩 지속적으로 성장하다가 1950년대 후반부터 1960년대 중반을 정점으로 하향곡선을 타기 시작했다.[412] 장로교의 주류 교단은 1965년 400만을 기록한 후 교인 수가 감소하여 1980년대 말에는 300만 이하, 그리고 21세기 초에는 240만으로 떨어졌다.[413] 마찬가지로 성공회의 신자 수도 1960년대 중반 약 350만을 기록한 후 감소하기 시작하여 1980년대 말 250만 이하가 되더니 21세기 초까지 그 수치를 넘어서지 못했다. 또한 회중교회인 연합그리스도교회United Church of Christ는 1950년대 말 교인 수 220만을 기록한 후 지속적으로 감소하여 21세기 초에는 120만밖에 되지 않았다.

가톨릭교회도 사회적 주류에 편입된 교회가 전반적인 세속화와 종교적

---

[412] 미국 개신교 주류 교단은 신학적으로 진보적 경향을 가진 전통적 교단으로 복음주의-근본주의계, 오순절계, 고백적 교회 및 아프리카계 교회와 구별된다. '일곱 자매Seven Sisters'라고 불리는 다음 교단들이 대표적이다: American Baptist Churches USA, Episcopal Church, Evangelical Lutheran Church in America, Presbyterian Church(USA), United Church of Christ, United Methodist Church, Christian Church (Disciples of Christ).

[413] 장로교의 주류 교단이라 함은 북장로교Presbyterian Church in the USA(1958년부터 United Presbyterian Church in the USA)와 남장로교Presbyterian Church in the United States, 그리고 1983년 그 둘이 연합해 만든 미국 장로교Presbyterian Church in the USA를 말한다.

활기 부족 현상을 겪게 된다는 20세기의 경향을 비껴가지 못했다. 1960년대 중반이 되었을 때 미국의 가톨릭교회는 교인의 소득과 학력에서 개신교단들과 어깨를 나란히 하게 되었다. 시간이 지나면서 가톨릭교인은 평균적인 개신교인보다 더 많이 벌고, 더 높은 사회적 지위를 차지했다. 이뿐 아니라, 가톨릭교회는 역사적인 제2차 바티칸 공의회(1962~65) 이후 예배와 신학, 그리고 생활에서 미국의 주류 사회에 급속히 동화되었다. 현대적 가톨릭교회를 시작한 것으로 평가되는 제2차 바티칸 공의회의 개혁적인 조치들은 미국 가톨릭의 가르침과 실천에 깊고 항구적인 영향을 미쳤다. 개신교인들을 "기독교인이라 불릴 수 있는 권리"가 있는 "형제"라 인정하고, 미사는 라틴어가 아니라 영어로 드리기 시작했으며, 신유와 방언을 포함한 각종 "영적 선물들"이 용인되었다.[414] 평신도의 역할이 크게 증대되었으며 여러 수도회가 전통적인 복장을 버렸다. 이런 혁명적인 변화는 많은 가톨릭교인에게 활력을 제공했으며, 일부는 한 걸음 더 나가 성직자 결혼과 여성 사제가 허락될 것을 기대했다. 그러나 1960년대 이후 천주교회는 신학교 지원자, 미사와 교회 행사 참석률, 헌금 등에서 하강곡선을 그리기 시작했다.

신학적으로 진보적 입장을 수용하고, 사회참여에 적극적이며, 사회 전체의 가치관에 동화하게 된 전통적 주류 교단이 대체적으로 어려움을 겪는 사이, 젊고 보수적인 교단들은 크게 성장했다. 이렇게 성장한 것이 모르몬교, 안식교, 여호와의 증인 같은 기독교 전통과 차별을 둔 분파적 교회, 하나님의 성회Assemblies of God나 하나님의 교회Church of God 같은 오순절 계통의 교파, 남침례교, 나사렛 교회Church of Nazarene, 기독교 선교동맹Christian and Missionary Alliance 같은 근본주의적 교단이었다. 주류 교단의 교인 수가 줄어들고 있을 때 왜 이들이 성장했는지는 큰 논쟁의 주제가 되어 수많은 진단과 의견이 제시되었다. 그러나 주류 교단들이 사회와의 차별성을 잃어가면서 그종교적·도덕적 매력을 상실한 사이, 보수적 신흥 교단들이 각자의 특성에 따

---

[414] 다음의 제2차 바티칸 공의회 공식 문서들 참조: "Documents of the Second Vatican Council," https://www.vatican.va.

라 구별된 종교적 매력을 제공했다는 설명이 설득력을 얻고 있다. 감리교 내 성결운동 계열의 작은 교단들이 합쳐서 20세기 초에 만들어진 나사렛 교회의 급성장은 주류 감리교 교세의 감소와 대비되어 그런 점을 잘 보여준 예에 속한다. 존 웨슬리와 감리교의 원래 정신과 전통으로 돌아갈 것을 지향했던 나사렛 교회는 처음 만들어질 때 수천 명에 불과했지만 1980년대 중반 50만 명을 넘어섰고, 2020년에는 260만 명이 넘는 교세를 가지게 되었다.

아프리카계 및 비유대-기독교 종교

아프리카계 주민의 종교

19세기 후반부터 20세기 중반 사이에 아프리카계 주민의 세계에서 일어난 가장 주목되는 현상은 대대적인 도시 이주였다. 1910년 아프리카계 인구는 1천만을 넘었는데, 90퍼센트가 남부에 살고 있었다. 그러나 1890년부터 1930년 사이에 250만 명 이상의 아프리카계 주민이 남부를 떠나 북부 및 태평양 연안 대도시로 이주했다. 남부에 남아있던 사람들도 농촌을 떠나 도시로 향했다. 인종차별이 극심한 데다 병충해로 남부의 목화농업이 타격을 받으면서 소작농이나 농업 노동자로 생계를 유지하던 아프리카계 농부들의 생존이 어려웠기 때문이었다. 시카고, 디트로이트, 뉴욕, 클리블랜드 같은 도시에는 특히 많은 사람이 모여들었다. 1910년 6천 명이던 디트로이트의 아프리카계 주민은 1929년 12만 명으로 증가했다.

북부 대도시는 남부와 비교할 수 없는 자유와 함께 취업 기회를 제공했다. 한창 번창하는 공업화의 길을 가던 북부 대도시에는 값싼 노동력을 원하는 공장들이 많았다. 특히 1914년 제1차대전이 발발한 이후에는 유럽에서 비숙련 노동자 유입이 중단된 데다 참전한 노동자를 대체할 인력이 필요하여 남부에서 온 노동자에 대한 수요가 증대되었다. 제1차대전 후의 반

이민법, 제2차대전(1939~45) 동안의 군수산업 증가, 그리고 전후의 경제부흥 등으로 인해 아프리카계 주민들의 '대이주Great Migration'는 1960년대까지 지속되었다. 1910년대부터 1960년대까지 600만 명의 아프리카계 주민이 남부를 떠나 북부로 이주했다.

비숙련 노동자로 살아가야 했던 아프리카계 미국인에게 대도시는 결코 낙원이 아니었다. 농촌에서 살던 사람들이 새로운 도시적 환경에 적응하는 일은 결코 쉽지 않았을 뿐 아니라, 유럽계 노동자들과 늘 경쟁하며 살아야 하는 것도 힘겨웠다. 이런 상황에서 종교는 그들이 도시에 정착하고 새로운 정체성을 형성하는 데 큰 역할을 하였다. 대표적인 아프리카계 교단인 하나님의 교회COGIC를 포함하여 남부에서 만들어진 종교들이 이주민과 함께 북부로 옮겨갔다. 이미 북부에 자리 잡은 아프리카계 감리교나 침례교도 있었다. 그러나 남부의 감성적이고 즉흥적인 신앙형태는 북부 교회의 좀 더 엄격한 예배형식과 잘 맞지 않았다. 많은 아프리카계 주민이 자신들의 종교적 심성이나 관습에 맞는 소규모 신앙공동체를 형성했다. 농촌의 공동체적 삶과 가치관을 재확인하고 정체감을 가질 수 있는 곳을 원했기 때문이다. 한편, 대도시는 아프리카계의 유대교, 이슬람교, 가톨릭, 심령주의 등 과거 남부 농촌에서 경험하지 못했던 종교적 다양성을 아프리카계 이주민들에게 제공했다. 아프리카계 사람들에게 자부심을 불어넣어주는 카리스마 넘치는 신흥종교 지도자들에게 끌린 사람도 많았다.

20세기 초에 생겨난 새로운 아프리카계 종교의 지도자 가운데 가장 많은 추종자를 이끌었던 사람은 마커스 가비Marcus M. Garvey(1887~1940)였다. 자메이카 출신의 이민자였던 가비는 범아프리카주의Pan-Africanism에 근거하여 아프리카계 사람들에게 인종적 자존심과 단결, 그리고 경제적 자립을 가르치는 종교적-정치적 운동을 전개했다. 그가 자메이카에서 조직한 세계흑인향상협회Universal Negro Improvement Association(UNIA)는 전 세계의 아프리카계 사람들을 하나로 모아 아프리카에 독립국가를 만들겠다는 목적을 가진 운동단체였다. 정치경제, 사회문화, 종교적 기능을 하는 복합적 조직이던 UNIA는 캘리포니아 및 동부의 대도시에 급속히 퍼져 전성기 때는 미국 역사상 가장 큰 아프리카계 운동으로 기세를 올렸다. 1910년대 후반 미국 내 UNIA 회원 수가 200만 명을 넘어설 정도였다. 종교적인 면에서 UNIA는 가톨릭, 흑인 우월주의, 그리고 가비에 대한 숭배가 결합된 독특한 모습을 보였다. 가비는 백인들이 "흰 안경"을 통해 그들의 신을 보듯이 흑인들은 "에티오피아 안경"을 통해 신을 예배해야 한다고 가르쳤다.[415]

가비는 회원에게 경제적·문화적으로 미국 사회와 분리된 삶을 살도록 가르치고, 국기와 국가 "에티오피아, 우리 조상의 땅이여Ethiopia, Thou Land of Our Fathers"를 만들어 독립국가의 국민이라는 의식을 심어주었다.[416] 그러나 결국 그는 연방정부에 의해 위험인물로 지목되어 체포된 후 우편 사기죄로 유죄 판결을 받았다. 2년 형을 마친 가비가 1927년 국외로 추방된 후 UNIA 조직은 급격히 와해되었다. 그러나 아프리카계 사람들에게 인종적 자부심과 함께 그들만의 세계를 만들어주려 했던 마커스 가비의 범아프리카 해방주의는 미국뿐 아니라 아프리카와 서인도제도의 많은 아프리카계 사람에게 큰 영향을 주었다. 특히 자메이카에서 그는 국가적 영웅으로 칭송받았다.

아프리카계 사람들의 진정한 조상은 원래 유대인이나 무슬림 종족이었다고 주장하는 종교운동도 생겨났다. 뉴욕 할렘에서 1920년대에 만들어진 '명령 수행자들Commandment Keepers'은 대표적인 아프리카계 유대교회였다. 그들은 성서의 족장들은 흑인이었고, 자신들은 솔로몬왕과 시바Sheba 여왕의 후손인 '에티오피아 히브리인'이라고 주장했다.[417] 원래 기독교 집단이던 그들은 점차 예수의 중요성을 덜 강조하면서 정통 유대교를 받아들였

---

[415] John L. Graves, "The Social Ideas of Marcus Garvey," *Journal of Negro Education* 31/1 (Jan. 1962): 68.

[416] "'Declaration of the Rights of the Negro Peoples of the World': The Principles of the Universal Negro Improvement Association," https://historymatters.gmu.edu.

[417] 에티오피아에는 '베타Beta 이스라엘'(즉 '이스라엘의 집')이라고 불리는 유대교 공동체가 오랫동안 존재하고 있다. 현대 연구자들은 이들이 고대 이스라엘에서 기원했거나 14세기 이후 유대교를 받아들인 에티오피아 사람들이라고 생각한다. 이들 대부분은 20세기 후반 이스라엘로 이주했는데, 21세기 초 이스라엘에 약 16만 명이 거주하고 있다.

다. 유대교와 아프리카계 민족주의를 혼합한 다양한 형태의 교회들이 동부 대도시에서 명멸明滅하기도 했다.

한편, 노스캐롤라이나 출신의 드루 알리Drew Ali(Timothy Drew, 1866~1929)는 아프리카계 미국인들은 모로코에서 기원한 무어인Moors으로서, 흑인이 아니라 아시아계 인종Asiatic이라고 주장했다. 그는 아프리카계 미국인의 원래 종교는 이슬람이라고 히며 무이 과학사원Moorish Science Temple을 뉴저지에 만들었다. 그는 신자들의 변화된 정체성을 확인해주기 위해서 새로운 이름과 신분증을 만들어 주기도 했다. 무어 과학사원은 이슬람을 표방했지만, 기독교와 심령주의가 가미되어 있었으며 드루 알리를 예언자로 믿는 등 전통적 이슬람과는 큰 거리가 있었다. 무어 과학사원은 북동부 대도시에서 시작하여 중서부와 남부 도시로 퍼졌으며 전성기인 1920년대 말에는 약 3만 명의 신자를 가졌던 것으로 보인다.

드루 알리가 사망한 직후인 1930년 디트로이트의 아프리카계 빈민가에 파드 무함마드Wallace Fard Muhammad(c.1877~?)라는 정체불명의 사람이 나타나서 알리와 유사한 주장을 했다.[418] 무함마드는 아프리카계 미국인의 조상은 샤바즈Shabazz족이라는 아프리카-아시아Afro-Asia인인데 백인들이 그들의 언어와 국가, 그리고 종교(이슬람)를 앗아갔다고 하면서 알리의 추종자들을 끌어들였다. 그는 이슬람 국가Nation of Islam라는 종교 조직을 만들었다. 이 조직은 1934년 파드가 사라진 이후 그의 후계자인 엘리야 무함마드Elijah Muhammad(본명 Elijah Poole, 1897~1975)가 이끌면서 크게 성장했다. 엘리야 무함마드는 파드 무함마드가 알라의 성육신God-in-Person, 즉 기독교인과 무슬림들이 기다리던 구세주였으며, 자신은 그 성육신의 예언자라고 가르쳤다. 이슬람 국가는 인류가 원래 흑인으로 창조되었으며 한 사악한 과학자의 실험으로 만들어진 백인은 육체적·정신적·도덕적으로 열등하여 '마귀'가 되었다고 주

---

[418] 파드 무함마드에 관해서는 많은 연구가 있었지만 아직 그가 언제 어디에서 출생하고 사망했는지도 밝혀지지 않았다. 그의 사진은 거의 남아있지 않으며 평생 58개나 되는 각기 다른 이름을 사용하였기에 그의 삶에 관해서도 단편적으로만 알려져 있다. 그는 1934년 미국을 떠난 것으로 보인다.

장했다. 이슬람 국가는 유럽계 미국인과 공존을 원하지 않았으며, 타락하고 멸망해가는 그들의 사회에서 독립하여 새로운 국가를 만들고자 했다. 엘리야 무함마드는 이슬람 국가의 건설을 위해 노예제도에 대한 보상으로 땅을 내줄 것을 미국 정부에 요구하는 한편, 경제적 자립을 위해 여러 사업을 펼쳤다.

무어 사원과 마찬가지로 이슬람 국가는 전통적 이슬람의 가르침과는 크게 달랐다. 그러나 그동안 유럽계 사람들이 만들어 놓은 백인 우월적 인종 신화 탓에 멸시당해 온 아프리카계 미국인들, 특히 젊은 남자들에게 아프리카계 인종의 우월성을 강조한 이슬람 국가의 가르침은 대단히 매력적으로 들렸다. 매사추세츠 주립 교도소에서 복역 중이던 말콤 리틀Malcolm Little (1925~65)도 그런 사람 가운데 하나였다. 마커스 가비의 지지자이며 침례교 목사였던 아버지가 의문의 죽음을 당한 후 리틀은 중학교를 중퇴하고, 보스턴과 뉴욕을 오가며 부랑아로 살았다. 그는 마약거래, 도박, 강도 등의 범죄를 저지르다 감옥에 가게 된다. 동생을 통해 감옥에서 엘리야 무함마드의 가르침을 접하게 된 리틀은 과거의 모든 동물적 범죄 본능이 "얻어맞고 마비되는" 극적인 회심의 경험을 한 후 엘리야 무함마드의 헌신적인 추종자가 되었다.[419] 1952년 출옥한 후 "노예 이름"을 버리기 위해 성을 엑스x로 바꾼 그는 탁월한 언변과 지도력을 통해 곧 이슬람 국가를 대표하는 전도자요 대변인이 되었다.

말콤 엑스는 흑인우월주의자요 전투적 분리주의자였다. 타락의 역사를 이끌어 온 백인들은 신의 심판을 받을 것이고, 흑인들이 정의로운 세상을 이끌게 될 때가 곧 올 것이라고 강변했다. 그는 "흑인 인류의 진정한 종교"는 이슬람이라고 말하면서 "백인 종교"의 앞잡이가 된 아프리카계 기독교 성직자들을 특히 혐오했다.[420] 1952년 말콤 엑스가 활동을 시작했을 때 500명에 불과하던 이슬람 국가의 교인 수는 10년 후 3만 명에 달했다. 그와 같

---

[419] Malcolm X, *The Autobiography of Malcolm X with the Assistance of Alex Haley* (New York: Random House, 1964), 164.

[420] Louis E. Lomax, *When the Word is Given: A Report on Elijah Muhammad, Malcolm X, and the Black Muslim World* (Cleveland: World Pub. Co., 1963), 24, 137~38.

은 성장에 가장 크게 기여한 사람이 말콤 엑스였다. 이슬람 국가의 2인자가 된 그의 영향력이 증대되자 엘리야 무함마드와 갈등이 생기기 시작했다. 엘리야 무함마드의 외도, 이슬람 국가 성직자들의 횡령 등에 환멸을 느끼기 시작한 말콤 엑스는 1964년 공식적으로 이슬람 국가를 탈퇴하고 무슬림 회당Muslim Mosque, Inc을 설립했다. 이때부터 그는 이슬람 국가의 종교적 민족주의에서 탈피하여 '흑인 민족주의'라는 이름으로 아프리카계 주민의 정치적·경제적 독립을 모색하기 시작했다. 또한 그는 정통 이슬람을 접하고 메카 순례를 하고 돌아왔다. 이때 말콤 엑스는 "영적 재탄생"을 경험했다.[421] 무슬림에는 인종차별이 없으며 이슬람이 모든 인종 문제를 해결할 수 있다고 믿게 된 그는 흑인 우월주의를 버리고 이름을 엘-하즈 말릭 엘-샤바즈El-Hajj Malik el-Shabazz로 다시 바꾸었다. '엘-하즈'란 메카 순례, 즉 '하즈hajj'를 마친 사람이라는 뜻이었다.

아프리카계 주민이 기독교를 '백인의 종교'로 여겨 거부하고 이슬람교나 유대교를 받아들인 것은 유럽계 사람들에 의해 주도되어 온 미국의 인종적 질서를 거부하는 의도적인 행위였다. 이슬람교는 아프리카, 중동, 동남아시아 같은 비유럽 지역에 널리 분포되어 있어서 유럽인의 인종주의를 극복한 것으로 보였다. 거기다 이슬람교는 유신론적 세계 종교로서 기독교에 대응할 수 있는 종교로 여겨져 백인 종교로 인식된 기독교에 반감을 가진 아프리카계 미국인에게 좋은 대안을 제공했다.

비유대-기독교계 종교

1965년 만들어진 이민법은 출신 국가별로 이민자 수를 제한했던 1924년 이민법을 폐지했다. 1960년대 인권운동에 영향을 받아, 민주당이 주도하던 의회에서 통과시킨 이 법은 무엇보다 1882년의 중국인 배제법 이래로 제한

---

[421] Malcolm X, *Malcolm X Speaks: Selected Speeches and Statements*, ed. George Breitman (New York: Gove Press, 1994), 58.

되어 왔던 아시아계 이민자 수를 크게 늘렸다. 1960년대 중반부터 아시아계 이민이 증가했다. 이에 따라 생긴 현상 가운데 하나는 비유대-기독교계 종교 신자들이 늘어나고 그런 종교에 대한 미국인의 관심이 전반적으로 확대되기 시작한 것이다. 아시아계 종교는 베트남전쟁(1955~75)의 비도덕성, 과학기술 만능주의, 그리고 전통적 서구 종교 등에 대해 환멸을 느끼던 젊은 세대에게 특히 매력적으로 보였다. (선)불교나 힌두교 같이 19세기부터 수입된 종교뿐 아니라 도교, 시크교, 국제크리슈나협회International Society for Krishna Consciousness, 초월명상Transcendental Meditation, 통일교 등 다양한 동양의 종교들이 새롭게 들어왔다. 특히 불교-힌두교계 종교들은 미국인들에게 익숙한 유대-기독교 전통과는 전혀 다른 가르침과 의례를 가지고 있어서 그런 새로움 자체가 매력거리가 되기도 했다.

1965년 이민법은 무슬림 수 증가에도 전환점이 되었다. 20세기 초에 폴란드, 터키, 중동에서 무슬림 이민이 들어왔지만 제2차대전까지 미국 내 무슬림은 대부분 아랍계 사람들이었고, 그 수도 수천 명에 불과했다. 그러나 새로운 이민법이 통과되자 인도, 파키스탄, 동유럽, 북아프리카, 중동, 그리고 동남아시아에서 많은 무슬림 이민자와 유학생이 들어오기 시작했다. 이와 같이 외부에서 들어온 무슬림은 아프리카계 미국인의 개종과 더불어 무슬림 인구를 크게 증가시켰다. 엘리야 무함마드가 사망한 후 그의 후계자가 된 아들 와리스 딘 무함마드Warith Deen Muhammad(1933~2008)는 이런 분위기에서 이슬람 국가를 수니Sunni파로 전환시키는 작업을 하였다. 그는 이슬람 국가 조직을 해체하고 미국 무슬림협회American Society of Muslims를 만들어 교인들을 주류 이슬람에 편입시켰다. 그러나 이슬람 국가의 이런 변화에 반대한 사람도 많았다. 특히 루이스 파라칸Louis Farrakhan(b.1933)은 이슬람 국가를 재조직하고 자신을 파드 무함마드와 엘리야 무함마드의 전통을 이은 이슬람 국가의 계승자라고 주장했다.

여러 이슬람 지역에서 이민자가 들어오면서 미국 내 이슬람의 전통과 종파가 다양해지는 현상도 생겼다. 따라서 이슬람 세계에 전통적으로 존재하는 수니파와 시아Shi'a파 사이의 차이와 갈등도 미국에서 발생했다.[422] 그러나 유대-기독교가 지배하는 미국의 종교적·정치사회적 상황 속에서 그런 갈등은 최소화될 수밖에 없었다. 미국적 상황은 다른 종교인과 마찬가지로 무슬림에게도 '미국화'할 것을 요구했다. 이에 따라 일요일 모임이 증가하고, 아랍어를 예배언어로 유지하면서도 설교와 기도에 영어를 사용하는 등의 변화가 왔다.

미국 이슬람교의 주축을 이룬 것은 무슬림 이민자였다. 따라서 그들이 정착한 북동부, 중서부의 도시와 휴스턴, 로스앤젤레스, 샌프란시스코 등의 대도시에 많은 무슬림이 있었다. 한 가지 특징적인 것은 중동지역에서 온 무슬림은 그곳과 기후가 비슷한 플로리다와 남서부지역에 많이 정착했고, 동남아시아 출신 무슬림은 역시 기후조건이 고향과 유사한 호놀룰루와 태평양 연안 북부의 샌프란시스코, 시애틀 등지에 자리를 잡았다는 점이다. 무슬림들은 유대-기독교계 미국인들의 편견과 차별 속에서 인종적·종교적 소수자로서 살아가야 했다.

미국의 일방적 친이스라엘 정책과 중동지역 이권개입은 이슬람권의 반미주의 및 무력항쟁을 불러일으켰다. 이와 관련하여 무슬림 전체를 테러리스트와 동일시하는 미국 사회의 적대감은 미국 무슬림들에게 특히 큰 상처를 남겼다. 그러나 평화와 인종주의 극복을 주장하는 미국의 무슬림 공동체는 곳곳에서 존중받는 집단으로 자리잡아 갔다. 1970년대 초 수십 개에 불과하던 이슬람 사원의 수는 1990년대에 1천 개 이상으로 급증하였다. 이민자 이외에 이슬람으로 개종하는 사람도 점점 늘었다. 2001년의 보도와 조사에 따르면 매년 2만 5천 명이 이슬람으로 개종하고 있는데, 특히 감옥에서 종교

---

[422] 수니파는 이슬람교의 주류 종파로서 세계 무슬림의 약 90퍼센트를 포괄하며, 마호메트가 죽은 후 그의 대행자로 선정된 칼리프Khalif의 권위를 인정한다. 그러나 칼리프는 그 권위나 능력에서 마호메트와 비견할 수 없으며, 오직 이슬람 공동체의 지도자로 역할한다. 수니파는 전통적인 이슬람 신학을 따른다. 한편, 시아파는 마호메트의 사위 알리Ali ibn Abu Talib를 마호메트의 후계자 이맘Imam으로 여긴다. 후계자는 마호메트와 동일한 영적 권위를 가지며 그 후손만이 그것을 계승할 수 있다고 믿는다. 시아파에는 메시아주의나 신비주의적 색채가 가미되었다. 이란 국민 대부분이 시아파다.

를 가지게 되는 사람(주로 아프리카계)의 80퍼센트가 이슬람을 선택하는 것으로 알려졌다.[423] 세계적 연구기관인 퓨연구소Pew Research Center는 2007년 미국의 무슬림 인구를 약 235만 명으로 추정했다.[424]

힌두교 계열 종교 가운데 미국에서 가장 먼저 조직된 것은 1893년 시카고 세계종교의회에 힌두교 대표로 참석했던 스와미 비베카난다가 만든 베단타협회Vedanta Society였다. 브라만과의 합일을 통한 해탈을 가르치며 모든 사람이 해탈에 이르기까지는 누구도 자유로울 수 없다고 전한 베단타협회는 주로 도시의 유럽계 중산층과 인도 이민자들 사이에 퍼졌다. 파라마한사 요가난다Paramahansa Yogananda(1893~1952)가 1920년대에 만든 자아실현회Self-Realization Fellowship는 요가를 통해 건강과 자아실현, 그리고 상호 이해를 추구했다.[425] 캘리포니아를 중심으로 사원, 수련관, 명상센터, 수도원 등을 가지고 있는 이 조직은 힌두교에 기독교적인 요소를 가미하여 유럽계의 진보적 중산층 기독교인들에게도 영향을 끼쳤다. 이들 이외에도 마하리쉬 요기Maharishi Yogi(1918~2008)가 전한 초월명상과 박티베단타 프라부파다Bhaktivedanta Swami Prabhupada(1896~1977)가 설립한 국제크리슈나협회도 각각의 독특한 요가 수행법을 통해 1960~70년대의 사회적 혼란기에 평안과 행복을 찾던 도시 중산층에게 접근했다. 1960~70년대에 생겨난 여러 동양계 신흥종교들 가운데 가장 많은 것이 이처럼 특정한 구루를 중심으로 만들어진 힌두교계 종파들이었다. 그러나 그들 가운데 수천 명 수준의 교인이라도 가졌던 경우는 많지

---

[423] Jodi Wilgoren, "A Nation Challenged: American Muslims; Islam Attracts Converts By the Thousand, Drawn Before and After Attackes," *New York Times*, Oct. 22, 2001; "Testimony of Dr. Michael Waller, Annenberg Professor of International Communication, The Institute of World Politics, October 14, 2003," http://www.judiciary.senate.gov.

[424] Besheer Mohamed, "New Estimates Show U.S. Muslim Population Continues to Grow," Jan. 3, 2018, https://www.pewresearch.org.

[425] 요가란 인간 속에 잠재되어 있는 가능성이 발현되어 궁극적 자유에 이르게 하는 여러 가지 육체적·정신적 수련법을 통칭한다. 요가에는 수많은 종류가 있어 사람마다 각기 자기에게 맞는 요가를 선택하여 수행하면 되는데, 가장 일반적인 것이 신에 대한 복종과 헌신으로 죄를 용서 받고 카르마karma業를 없애는 박티bhakti 요가다.

않았으며, 그런 종교에 대한 관심도 1980년대가 되면서 쇠퇴했다.

1965년의 새로운 이민법이 이민 제한을 완화하자 인도 이민자도 크게 증가했다. 이들은 다른 이민자들과 마찬가지로 자신들의 종교를 미국 땅에 가지고 왔다. 인도 이민자들은 대체로 학력이 높고 영어를 잘 구사하여 미국 사회에 성공적으로 적응하는 사람이 많았다. 그들은 미국에 와서도 다른 종교를 받아들이지 않고 고향에서 믿던 신을 위한 힌두교 사원을 건립하곤 했다. 각각 다른 신을 섬기는 사람들이 모여있는 경우에는 그런 상황에 적합한 초교파적 성격의 사원이 만들어지기도 했다. 힌두교 이민자들이 만든 힌두교 사원은 베단타협회나 자아실현회같이 미국적 상황에 맞게 변화된, 특정한 구루와 요가-명상 중심의 힌두교계 종파와 달리 여러 힌두교 신을 믿는 좀 더 전통적인 힌두교의 모습을 띠고 있었다.

인도에서 온 이민자 가운데는 전통적인 힌두교 이외에 금욕적인 자이나교Jainism나 힌두교에서 파생되어 세계적인 종교가 된 시크교를 믿는 사람도 있었다. 특히 1890년대 초기 인도 이주민은 대부분 시크교도였던 것으로 알려져 있다. 시크교는 이슬람교 영향을 받아 16세기에 인도 북부 푼잡Punjab에서 시작된 종교로서 유일신에 대한 철저한 헌신과 복종을 통해 얻게 되는 구원을 가르쳤다. 또한 모든 생명을 존중하고, 삶에 대해 낙관적인 견해를 가지며 나누는 삶을 사는 것도 시크교의 중요한 특징이다. 시크교는 1965년 이후 급증한 인도 이민자들과 더불어 크게 성장하여 2020년대에는 캘리포니아를 중심으로 최대 30만 명의 신자를 가진 것으로 추산되었다.

동양 종교 가운데 유럽계 미국인들로부터 가장 환영받은 것은 불교였다. 불교 종파 가운데 가장 먼저, 즉 19세기 말 하와이와 샌프란시스코에 진출했던 일본 정토진종계의 북미 불교선교회BMNA는 20세기 들어 일본 이민 증가와 더불어 활기를 띠다가 1924년 이민법으로 큰 타격을 받았다. BMNA가 미국 주류 사회로부터 인정받기 위해 노력하는 계기가 된 것은 제2차대전이었다. 제2차대전 동안 미국 정부는 태평양 연안에 있던 약 12만 명의 일본계 주민을 집단 수용소에 가두는 조치를 취했다. 민간인에 대한 이런 강제적 조치는 적대국 일본과 관계된 것들에 대한 미국의 부정적인 태도를 잘 드러내 주었다. 제2차대전 도중 BMNA는 미국불교단Buddhist Churches of America(BCA)이라는 새로운 이름을 채용했다. 물론 '교회'라는 용어는 자신들을 의심하는 주류 사회에 적응하고자 하는 의지의 표현이었다. BCA는 이름뿐 아니라 사찰을 교회와 비슷하게 만들고, 일요일에 집회를 하며, 오르간과 피아노를 예불 때 사용하고, 찬불가와 성가대를 사용하는 등 기독교에 접근하는 변화를 보였다.

BCA는 원래 일본 이민자를 위해 만들어졌기에 그 중심은 여전히 일본계 신자들이었다. 그러나 다른 미국인에게도 문호를 개방하였고 2006년에는 유럽계 미국인이 처음으로 교회의 수장이 되었다. BCA는 캘리포니아 버클리에 정규 학위를 수여하는 승려양성 기관Institute of Buddhist Studies을 열었으며, 2004년부터는 군대에 군종법사를 파견할 수 있는 유일한 불교 교단으로 국방부 인정을 받았다.[426] 2022년 1만 2천 명의 신도를 가진 BCA는 동성결혼을 인정하고 성소수자LGBTQ의 권리를 지지했다.

일본에서 들어온 일련정종日蓮正宗과 선불교도 성공적으로 미국에 정착했다. 일련정종은 13세기 일본 승려 니치렌日蓮(1222~82)을 종조로 하는 정토주의 불교로서 일련정종 아카데미Nichiren Shoshu Academy(NSA)라는 형태로 1960년대에 들어왔다. NSA는 새로운 돌파구를 모색하던 당시 미국의 시대적 상황에 맞추어 비아시아계 주민을 상대로 적극 선교하여 크게 성공했다. NSA는 BCA와 마찬가지로 하와이와 캘리포니아에서 교세가 강하며 매우 미국화된 모습을 보이는데, 비일본계 교인이 주류를 이루고 있다는 점에서 BCA와 구별된다. 그 정확한 교세는 알 수 없지만 교인 수에서 BCA를 넘어선 것으로 보인다. 선불교도 일본계가 주류를 이루었는데, 특히 1950년대에 스즈키 다이세츠가 컬럼비아대학에 머물면서 한 일련의 강의는 지식인과 젊은 비주류 문화에 큰 영향을 주었다.

---

[426] IBS는 Graduate Theological Union(GTU) 회원 신학교인데 IBS를 제외한 나머지 7개 GTU 회원 신학교는 모두 기독교 신학교다.

일본계가 선점을 한 가운데 1960년대부터 티베트, 한국, 베트남, 미얀마, 태국 계열의 불교도 그 지역에서 이민이 증가하면서 미국에 수입되었다. 이 가운데 티베트 불교는 제14대 달라이 라마Dalai Lama(b.1935)가 세계적 종교 지도자로 부상하면서 일반인과 연구자들의 관심을 많이 받았다. 동남아시아 불교는 북방불교와 상이한 남방불교의 전통을 새롭게 소개해주었다.[427] 한편, 대만과 동아시아의 화교 공동체에서 수입된 종교는 불교, 유교, 도교, 그리고 민간신앙 등이 혼합된 형태를 띠고 있는 경우가 많았다.

이상과 같은 이슬람교, 불교, 힌두교 계열의 종교뿐 아니라 다양한 동양계 신흥종교도 미국에 수입되었다. 신흥종교 가운데 가장 성공한 것은 바하이Baháʼí Faith였다. 바하이는 1863년 바하울라Baháʼuʼlláh("신의 영광"; 본명 Husayn Ali, 1817~92)가 페르시아에서 창시한 시아파 계열 종교였다. 바하울라는 인류와 모든 종교의 일치를 통해 평화와 통일을 이루도록 신으로부터 보냄을 받은 예언자라고 주장하며, 이슬람교에 유대교, 기독교, 불교, 조로아스터교, 힌두교가 혼합된 새로운 경전을 만들었다. 바하이는 1894년 시카고 세계종교의회에 처음 소개된 이후 활발한 선교활동을 전개했다. 1960년대와 1970년대를 거치면서 많은 미국 젊은이가 종교일치, 인종평등, 사회정의, 그리고 세계평화를 가르치는 바하이의 가르침을 받아들였다. 아프리카계와 히스패닉 주민, 그리고 원주민 사이에서도 많은 개종자가 생겼다. 여기에 동남아시아와 이란에서 이민 온 신자들이 더해져서, 2011년 약 17만 5천 명의 바하이 교인이 있는 것으로 추정되었다.[428]

신흥종교 가운데는 소수의 추종자를 제외하고는 기존 종교나 미국 정부, 그리고 대중의 호감을 얻지 못한 경우도 있었다. 문선명(1920~2012)이 한국에

---

[427] 흔히 남방불교라고 불리는 테라바다Theravada는 붓다의 언어인 팔리어Pali로 된 가장 오래된 경전을 사용하며 붓다의 가르침과 계율을 원래대로 지키려 한다. 스리랑카, 동남아시아에 많은 신자가 있다. 북방불교는 흔히 대승불교 혹은 마하야나Mahayana라고 불리는데 테라바다에서 중생제도를 우선시 한 분파에서 시작한 것으로 알려져 있다. 팔리어 경전 이후에 만들어진 산스크리트어 경전을 사용하며 보살, 미륵, 불국토 신앙 등 중생제도의 다양한 수단을 만들어냈다. 중국, 한국, 일본, 티베트에서 발전했다.

서 만들어온 통일교와 사이언톨로지Church of Scientology가 대표적이다. 통일교는 문선명을 "하늘의 모든 진리"를 밝혀준 사람으로 믿었다.[429] 문선명이 말한 진리는 동양 전통과 기독교가 혼합된 모습을 띠는데, 그 핵심은 에덴동산에서 뱀(사탄)과 하와가 성교하여 인간에게 사탄의 피가 흐른다는 것이었다. 문선명 부부가 주재한 집단적 '축복결혼식'은 사탄의 피를 정결케 하는 의식이었다. 통일교는 1970년대부터 가정의 순결과 긴밀한 공동체를 원하는 북동부 도시지역의 고학력 유럽계 젊은이들 사이에서 개종자를 얻으며 상업적으로도 성공했다. 그러나 문선명을 메시아로 여기는 신학, 상업적·정치적 활동, 신자들의 지나친 종교생활 등이 지속적으로 비판의 대상이 되었다. 연구자들은 미국 내 통일교인의 수가 수천 명 선에 머물고 있는 것으로 보았다.

사이언톨로지는 과학소설가 론 허바드Ron Hubbard(1911~86)가 동양 및 고대 그리스 사상, 오컬트, 심리분석 등을 혼합하여 만든 종교로서 초월적 '치료'를 가르쳤다. 전생과 현생을 통해 마음속에 무의식 상태로 쌓인 고통스런 이미지들을 없애야 건강해질 수 있다는 이 종교의 치료 방식은 서부 해안과 대도시를 중심으로 한때 크게 유행했다. 그러나 사이언톨로지는 정부 기관을 정탐하고 비판자들을 공격하며, 신자들을 심하게 감시하거나 학대하는 등 끊임없이 구설수에 올라 "세계에서 가장 많은 논란을 일으킨 신흥종교"라는 평을 들었다.[430] 21세기가 시작되었을 때 사이언톨로지는 전 세계에 800만 명의 교인이 있다고 주장했다. 그러나 연구자들은 2008년 현재 로스앤젤레스를 중심으로 약 2만 5천 명의 교인이 있는 것으로 보았다.

동양종교에 대한 관심은 1980년대 뉴에이지운동으로 연결되었다. 19세기 심령주의와 신지주의에 영향을 받은 뉴에이지는 특정한 종교라기보다 각종

---

[428] 미국 내 바하이 교인 수와 관련하여 1997년도 *Britannica Book of the Year*는 69만 명, 2005년도 *World Christian Encyclopedia*는 52만 5천 명으로 파악했다. 교단의 내부 통계는 이런 수치가 매우 과장되었음을 알려준다. 소규모 종교나 신흥종교는 정확한 교인 수를 파악하기 어렵다.

[429] *Exposition of the Divine Principle* (New York: H.S.A.-U.W.C., 1996), 12.

[430] Hugh B. Urban, *The Church of Scientology: A History of a New Religion* (Princeton: Princeton University Press, 2011), v, 9.

치료법과 점성술부터 환생과 외계인에 대한 믿음에 이르기까지 다양한 신앙과 영성을 포괄하는 종교-문화 현상이었다. 1985년도에 행한 한 조사에 의하면 미국인 십대의 55퍼센트가 점성술이 "효험이 있다"고 답했고, 1987년에는 미국 신문의 83퍼센트가 점성술로 운세를 보는 고정란을 가지고 있었다.[431] 환생을 믿는 사람은 부지기수였다. 천사, 외계인, 혹은 고대의 현자와 교신할 수 있다고 주장하는 사람도 많았다. 1980년대 내내 대통령이던 로널드 레이건Ronald Reagan(1911~2004)은 의회 연설부터 전용기 이착륙 시간, 암치료 일정까지 아내가 점성술가 조언을 받아서 정한 일정에 따랐다.[432] 이런 분위기에서 뉴에이지라는 새로운 대중음악 장르가 나타나 인기를 누렸으며, 요가, 명상, 침술, 기공, 지압 같은 동양의 치료법들이 종교와 관계없이 미국 사회에 유행했다. 신비한 치유 에너지를 공급해 준다는 돌을 지니고 다니는 사람들도 생겨났다. 또한 뉴에이지운동은 지구를 성스럽게 여기는 아메리카 원주민 종교와도 일맥상통하는 면이 있어 원주민 종교의례를 따라하는 사람도 있었다.

1990년대가 지나면서 뉴에이지운동은 활력을 잃어갔다. 뉴에이지의 특정한 요소에 관심을 가지는 사람들은 많아도 그것을 종교로 받아들이는 사람은 줄어들었다. 그런데 지금까지 21세기는 '영적이지만 종교적이지 않은' 것에 대한 사람들의 관심으로 대표되는 시기였다. 2017년에도 미국인 33퍼센트가 윤회를 믿었고, 29퍼센트는 점성술을 믿었다.[433] 기독교인 가운데도 심령술, 윤회, 점성술 등 뉴에이지적 신앙을 한 가지라도 가진 사람이 61퍼센트였다. 운세를 알려주는 별점horoscope은 어느 신문에나 다 있었다. 뉴에이지가 여전히 살아있으며 앞날이 어둡지 않다는 뜻이었다.

---

[431] William Hively, "How Much Science Does the Public Understand?," *American Scientist* 76/5 (Sep.~Oct. 1988): 440; Alan Bunce, "Searching for Secrets in the Stars…" *Christian Science Monitor*, July 5, 1988.

[432] Shelby Grad and David Colker, "Nancy Reagan turned to astrology in White House to protect her husband," *Los Angeles Times*, March 6, 2016.

[433] Claire Gecewicz, "'New Age' Beliefs Common among Both Religious and Nonreligious Americans," Oct. 1, 2018, https://www.pewresearch.org.

제19장

전쟁, 이데올로기, 자유

한 여성이 "Is God Dead?" 라고 쓴
*Time*지(1966년 4월 8일) 표지를 보고 있다.
Catholic Register

전쟁과 종교

두 차례 대전과 종교

제1차대전 참전이 임박했을 때 참전의 정당성을 놓고 종교계에서 뜨거운 논쟁이 벌어졌다. 전쟁 반대의 목소리는 대체로 진보적인 종교인들로부터 나왔다. 평화주의자이며 인권운동가인 유니테리언 목사 존 홈스John H. Holmes(1879~1964)는 어떤 국가도 전쟁의 본질인 무차별적 파괴와 살인을 정당화할 만큼 중요할 수 없다면서 전쟁의 정당성 자체를 부인했다.[434] 우드로 윌슨Woodrow Wilson(1856~1924) 대통령의 친구인 개혁 유대교 랍비 스테판 와이즈Stephen Wise(1874~1949)는 전쟁 준비를 명한 대통령에게 편지로 "깊은 유감profound regret"을 전했다.[435] 또한 당대의 진보적 개신교를 대표하던 해리 포스딕Harry E. Fosdick(1878~1969)은 전쟁의 잔인함과 비도덕성을 지적하며 "그것을 영광스럽다고 말하는 자는 미쳤다"고 부르짖었다.[436] 전통적 평화

---

[434] John H. Holmes, *A Summons Unto Men: An Anthology of the Writings of John Haynes Holmes* (New York: Simon and Schuster, 1970), 116, *Documentary History II*, 128~29.

[435] Wise to Wilson, Nov. 12, 1915, *Stephen Wise: Servant of the People*, ed. Carl H. Voss (Philadelphia: Jewish Publication Society of America, 1969), 68, *Documentary History II*, 129~30.

[436] Harry E. Fosdick, *The Challenge of the Present Crisis* (London: Student Christian Movement, [1917]), 59~62, *Documentary History II*, 130~21.

주의 교회들이 참전을 거부했고, 국무장관 윌리엄 브라이언이 참전에 반대하여 사임했다. 그러나 독실한 장로교 신자인 우드로 윌슨은 선전포고를 의회에 요청하면서 세계를 민주주의를 위해 안전한 곳으로 만드는 것 이외에 "어떠한 이기적인 목적도 없다"고 강변했다.[437] 그는 "인류 권리의 대변자"인 미국은 어떤 물질적 대가도 바라지 않고 자신을 희생할 것이라고 말했다. 대부분의 종교 지도자와 교인들은 그 말을 믿고 따르는 것처럼 보였다.

제1차대전은 인류 역사상 그 유례가 없을 정도로 잔인하고 파괴적인 '대전쟁the Great War'이었다. 1914년부터 1918년 사이 4년 동안 총 6천 500만 명이 참전하여 850만이 사망하고, 2천 1백만이 부상했으며, 770만이 포로가 되는 고초를 겪었다. 이와 같이 비인간적인 대규모 파멸 앞에서 그 어떤 논리도 더이상 전쟁을 정당화할 수 없는 것처럼 보였다. 국가 간의 갈등과 경쟁을 전쟁으로 해결하는 것을 더 이상 받아들일 수 없다는 공감대가 전쟁 후 종교 지도자들 사이에 퍼지면서 평화주의가 새롭게 주목받기 시작했다. 1921년에는 2만 명의 성직자가 무기 감축을 위한 국제회의를 개최하라고 대통령 워렌 하딩Warren Harding(1865~1923)에게 청원했다. 워싱턴군축회의가 11월부터 개최되자 미국 상원은 그 결의사항을 정식으로 추인했다. 그리고 1928년 8월에는 "전쟁을 국가 정책의 수단으로 삼는 것을 포기한다"는 파리 협정Pact of Paris에 미국, 프랑스를 포함하여 15개국이 서명했다.[438] 이렇게 고조된 1930년대의 평화주의 분위기 속에서 감리교, 북침례교, 성공회, 회중교, 유니버설리스트, 그리스도의 제자 등이 성명서를 통해 전쟁을 가장 악한 죄로 정죄하며 다시는 전쟁을 지지하지 않겠다고 선언했다.

그러나 조약과 교회 성명서가 인간의 호전성과 국가의 팽창주의를 막지는 못했다. 일찍이 장 자크 루소Jean-Jacques Rousseau(1712~78)는 《사회계약론》에서 "모든 민족은 일종의 원심력을 발생"하며, 그 힘으로 "이웃을 희생물로 삼

---

[437] "Woodrow Wilson, War Message, April 2, 1917." http://www.presidentialrhetoric.com.

[438] 이 조약은 전쟁 포기와 국제 분쟁의 평화적 해결이라는 단 2개 항을 결의했는데, 최초 서명국 15개국 이외에 56개 국가가 이후 추가로 서명했다.

아 팽창을 도모한다"고 하지 않았던가.[439] 1935년 이탈리아의 무솔리니Benito Mussolini(1883~1945)는 로마제국을 재건한다는 정신 나간 꿈을 실현하기 위해 에티오피아를 침략했다. 그 이듬해에는 히틀러Adolf Hitler(1889~1945)의 독일이 제1차대전 이후의 질서인 베르사유 조약Treaty of Versailles을 파기하고 라인강 유역Rheinland을 점령했다. 또 그다음 해에는 만주를 점령하고 있던 일본이 중국 전체를 차지하겠다는 야심에 차서 베이징을 향해 진격했다.

이렇게 유럽과 중국에서 제2차대전이 발발했지만 참혹했던 제1차대전의 기억은 미국인들로 하여금 또다시 전쟁에 개입하는 것을 주저하게 만들었다. 그러나 1940년 6월 프랑스가 나치 독일에 의해 점령당하자 미국 여론은 급격하게 바뀌기 시작했다. 1941년 초 한 여론조사에 의하면 조사 대상자 3분의 2가 영국을 돕기 위해 참전하는 것을 찬성하고 있었다.[440] 1941년 말이 되자 미국은 선전포고만 하지 않았을 뿐이지 독일 잠수함을 추적하여 그 정보를 동맹국에 전해주고 있었으며, 영국, 소련, 그리고 중국을 돕느라 이미 수십억 달러를 사용한 상태였다. 고립주의적 의회의 눈치를 살피고 있던 프랭클린 루스벨트 대통령은 전쟁에 나설 수 있는 결정적인 계기가 오기만을 기다리고 있었다.

1941년 12월 7일에 감행된 일본의 진주만 폭격은 일본에 대한 선전포고를 의회에 요청할 수 있는 충분한 이유를 루스벨트에게 제공했다. 이때 상하원 전체에서 전쟁 참가에 반대한 유일한 사람은 몬태나Montana주 하원의원 지넷 랭킨Jeanette Rankin(1880~1973)이었다. 1916년 여성으로는 미국 역사상 최초로 연방의회 의원이 된 랭킨은 여권운동가이며 평화주의자로서 제1차대전 때도 전쟁 참가에 반대표를 던진 사람이었다. 그러나 랭킨의 평화주의는 어떤 종교적 가르침과도 직접적인 관련이 없었으며, 제1차대전 때도 그랬지만 이번

---

[439] Jean-Jacques Rousseau, *The Social Contract*, tran. Maurice Cranston (London: Penguin Books, 1968), 92.

[440] Walter LaFeber, *The American Age: U.S. Foreign Policy at Home and Abroad*, 2d ed.(New York: Norton, 1994), 394.

에도 랭킨의 평화주의적 확신은 그녀를 대중의 공격 대상이 되게 만들었다. 성공회 신자인 루스벨트는 진주만 공격 다음 날 의회에 나가 일본에 대한 선전포고를 요청하면서 미국이 "정의로운 힘"으로 완전한 승리를 할 수 있도록 해달라고 신의 도움을 구했다.[441] 진주만 폭격이 있은 지 며칠 후 히틀러가 미국에 선전포고를 하자 미국은 전면적으로 전쟁에 참전하게 된다. 이번에도 미국인들은 민주주의, 평화, 정의를 위해 미국이 침략자들과 싸운다고 확신했다. 평화주의적 관심과 분위기는 급격히 사라졌다.

국가가 전쟁에 나서자 절대다수의 종교 기관들은 성서를 보내고, 교역자를 종군시키고, 식량과 의약품을 전달하는 등의 방식으로 전쟁 수행을 도왔다. 8천 명 이상의 목사, 신부, 랍비들이 종군하였으며, 그 가운데 많은 사람이 전쟁터에서 목숨을 잃었다. 또한 종교단체들은 전쟁 난민 사이에서 발생하는 각종의 인도주의적 요구에 부응하기 위해서 애썼다. 1917년 제1차대전의 와중에 만들어진 퀘이커의 미국 친우봉사회American Friends Service Committee는 이번에도 유럽, 중국, 인도에서 난민들을 먹이고, 입히고, 병원을 만들어 치료하고, 파괴된 집을 다시 세우며 난민들이 다시 삶을 시작할 수 있도록 도왔다. 그들의 봉사는 전쟁이 끝난 후까지 이어졌다. 미국 친우봉사회는 영국 친우봉사회와 함께 1947년 노벨 평화상을 수상했다.

퀘이커, 메노나이트, 독일 침례교 같이 모든 형태의 전쟁을 반대하는 평화주의 교회나 유니테리언-유버설리스트, 그리고 성결 평화주의Holiness pacifist계 젊은이들은 정부로부터 '양심적 거부자conscientious objectors'로 분류되었다. 제1차대전 때는 어떤 형식으로도 전쟁 수행에 협조하지 않으려는 사람들에 대한 이해가 부족하여 그들을 군사 시설에 수용하고 학대하는 일이 있었다. 그러나 평화주의에 대한 이해가 증가하면서, 1940년의 징병법에는 "종교적 훈련이나 믿음" 때문에 어떤 형태라도 전쟁에 참여하는 것을 "양심적으로" 반대하는 사람에게는 대체복무를 할 수 있게 하는 조항이 만

---

[441] "Franklin D. Roosevelt, War Message, December 8, 1941," http://www.presidentialrhetoric.com.

들어졌다.[442] 이에 따라 제2차대전 때는 모든 징집대상자를 대상으로 '양심'에 따라 병역을 거부하는 사람을 가려내는 작업이 이루어졌다. 평화주의 전통의 교회뿐 아니라 안식교와 주류 교회에서도 많은 양심적 병역 거부자가 나왔다. 한편, 여호와의 증인은 교리적으로 평화주의가 아니지만 기독교인이 세상의 일에 관여해서는 안 된다는 이유로 병역을 거부하여 정부가 정한 양심적 거부자의 정의에 합당하지 않았다. 많은 여호와의 증인 젊은이가 양심적 거부자 신분을 허락받지 못하고 감옥에 가야 했다.

1941년부터 1947년까지 약 1만 2천 명의 양심적 병역 거부자들이 여러 지역의 민간인 공익사업Civilian Public Service 캠프에 모여 토지 보존, 삼림 관리, 소방, 사회봉사, 정신보건 등의 분야에서 대체복무 하였다. 그런데 이들은 연방정부로부터 임금이나 지원을 받지 않았기 때문에 대체복무 기간 동안의 생활은 소속 교단과 가족이 책임져야 했다. 제2차대전 이후에는 양심적 거부자에 대한 규정이 더욱 세밀화되어 거부의 정도와 성격에 따라 다양한 형태의 대체복무를 할 수 있게 되었다.

제2차대전 동안 2천 4백만 명의 병사가 전사했고, 약 3천 8백만 명의 민간인이 목숨을 잃었다. 당시 세계 인구의 약 3퍼센트를 희생시킨, 인류 역사상 가장 파괴적인 전쟁이었다. 민간인 희생자 가운데 약 600만 명은 나치 정권에 의해 집단적으로 도살된 유대인이었고, 약 20만 명은 1945년 8월 일본의 나가사키와 히로시마에 3일 간격으로 떨어진 단 두 발의 원자폭탄에 의해 희생된 민간인이었다. 유대인을 멸종시키기 위해서 조직적으로 저질러진 히틀러와 그 동조자들의 악마적인 만행 앞에 '침묵'을 지킨 신을 경험한 많은 유대인은 신앙을 버리거나 신에 대한 관점을 근본적으로 바꾸었다. '홀로코스트 신학Holocaust Theology'의 대표적 신학자 가운데 한 사람인 리처드 루벤슈타인Richard L. Rubenstein(1924~2021)은 《아우슈비츠 이후After Auschwitz》(1966)라는 책을 통해 홀로코스트는 전통적인 유대교 신에 대한 믿음과 언약

---

[442] President Roosevelt, "Selective Service and Tranining Act of 1940," *World Affairs* 103/3 (Sep. 1940): 181.

을 완전히 산산조각 냈으며, 그와 함께 유대인의 의미와 희망이 사라졌다고 선언했다. 보수파 랍비였던 그는 유대인에게 남은 유일한 종교적 대안은 역사가 아니라 자연(땅)으로 돌아가서 "환상 없이 그 기쁨과 공포"를 받아들이는 길밖에 없다고 하였다.[443] 유대인이 중심이 되어 어떤 이상적인 종말을 향해 나아가는 역사를 포기하고, 자연과 함께 순환하는 역사를 선택한 것이었다.

홀로코스드는 유대인뿐 아니라 정의로운 신을 믿는 종교인들에게 신의 존재, 선과 악, 인간의 본성 등 가장 본질적인 문제에 관한 고통스런 질문을 하게 만들었다. 루벤슈타인의 신학은 1960년대 들어 '신의 죽음Death of God'을 이야기하고 있던 급진적 개신교 진영에서 환영받았다. 개신교계에서는 미국의 토마스 알티저Thomas Altizer(1927~2018), 프랑스의 가브리엘 바하농Gabriel Vahanian(1927~2012), 독일의 도로테 죌레Dorothee Soelle(1929~2003)를 선두로 '사신 신학Death of God Theology'이라고 불린 다양한 논의를 통해 전통적 신(에 대한 믿음)의 죽음을 이야기하고 있었다.[444] 이들의 생각은 유대-기독교 전통 속에 있는 사람들에게 엄청난 충격을 주었고 격렬한 논쟁이 벌어졌다.[445] 이런 논쟁이 준 충격과 파장은 1966년 4월 〈타임Time〉 지가 검은 바탕에 붉은 글자로 "Is God Dead?"라고 커다랗게 쓴 표지를 사용한 데서도 드러났다. 그런데 개신교에서 말하던 '신의 죽음'은 세속화된 현대적 세계관의 반영이라는 면에서 루벤슈타인 신학과는 출발점이 달랐다. 그러나 두 경우 모두 세상에 의미를 부여하는 어떤 초월적 질서가 존재한다는 사실을 부인했다는 점에 공통점이 있었다.

---

[443] Richard L. Rubenstein, *After Auschwitz: Radical Theology and Contemporary Judaism* (Indianapolis, IN: Bobbs-Merrill, [1966]), 111.

[444] 사신 신학의 대표적 저술은 다음 참조: Gabriel Vahanian, *The Death of God: The Culture of Our Post-Christian Era* (New York: George Braziller, 1961); Thomas J. J. Altizer and William Hamilton, *Radical Theology and the Death of God* (Indianapolis, IN: Bobbs-Merrill, 1966).

[445] 사신 신학에 대한 반론은 다음 저술들 참조: Cornelius Van Til, *Is God Dead?* (Philadelphia: Presbyterian and Reformed, 1966); John Warwick Montgomery, *The 'Is God Dead?' Controversy: A Philosophical-Theological Critique of the Death of God Movement* (Grand Rapids, MI: Zondervan, 1966).

한편, 원자폭탄의 가공할 파괴력은 전쟁에 대한 개념을 완전히 바꾸어 놓았다. 아우구스티누스 이후로 정립되어 오면서 조건적으로 전쟁을 정당화하는 데 사용되었던 '정당한 전쟁' 이론은 희생과 파괴를 최소화하고 전쟁수행자가 아닌 민간인에게 무력을 사용하지 않는다는 원칙에 기초하고 있었다. 그러나 원자폭탄으로 대표되는 현대 무기의 무차별적이고 가공할 파괴력은 그런 원칙의 근저를 뒤흔들었다. 많은 정당한 전쟁 이론가들은 원자폭탄을 포함한 현대적 대량 살상 무기의 사용 자체를 금지해야 한다고 주장하기 시작했다.

냉전, 베트남전, 그리고 그 이후

제2차대전의 종말과 함께 냉전Cold War이라는 세계질서가 도래했다. 전쟁이 끝나면서 소련이 주변 국가에 공산정권을 설립했고, 1948년에는 소련이 서구의 베를린 접근을 봉쇄한 '베를린 위기'가 발생했다. 그리고 1949년 마오쩌둥(1893~1976)의 중국 공산당이 본토를 장악했다. 세계는 냉전적 질서에 따라 급격히 재편되었다. 미국을 중심으로 하는 자본주의 진영과 소련을 맹주로 하는 사회-공산주의 진영은 상대방을 악마화함으로써 자신을 정당화했고, 서로를 증오하고, 오해하고, 싸우고, 경쟁했다. 미국과 소련은 "평화를 갈구"했지만, 서로에 대한 "두려움을 벗어"날 수도, 각자 가진 "꿈을 포기"할 수도 없었다.[446]

냉전은 정치적 이데올로기에 기초한 흑백논리에 따라 동지와 적을 구별하는 극히 단순한 사고방식이 지배하는 세상이었다. 미국 정부는 공산주의 봉쇄정책containment policy, 즉 공산주의 영역을 둘러싸고 그 확장을 막는다는 정책을 만들어 실천했다. 한 곳의 봉쇄가 터지면 도미노가 넘어지듯 걷잡을 수 없이 공산화가 이루어진다는 도미노 이론Domino theory에 기초한 정책이

---

[446] Melvyn P. Leffler, *For the Soul of Mankind: The United States, the Soviet Union, and the Cold War* (New York: Hill and Wang, 2007), 8.

었다. 이 정책에 근거하여 미국은 군비 확장에 매진했으며, 세계 어디든지 공산주의 세력 확장이 이루어지는 곳에는 군사적으로 개입했다.

1950년대 매카시즘McCarthyism의 광기는 냉전적 세계관이 얼마나 비이성적일 수 있는지 극명하게 보여주었다. 그 광기는 1950년 2월 위스콘신주 상원의원 조셉 매카시Joseph McCarthy(1908~57)가 국무부에 침투한 공산주의자라고 지목하며 205명의 명단을 발표함으로써 시작되었다. 매카시즘은 정부와 사회 곳곳에 첩자를 잠복시켜 미국을 전복시키기 위한 공산주의자들의 음모가 진행되고 있다는 '적색공포Red Scare'를 불러일으켰다. 반공 이데올로기 광란의 시기가 한동안 이어지며 수많은 사람이 공산주의자 혹은 동조자로 지목되어 고통받았다.

이와 같이 '악한' 적이 이미 상정되어 있고, 그 악의 동조자라는 혐의가 씌워지면 즉시 사회로부터 매장되는 분위기 속에서, 모든 전쟁은 악과의 싸움으로 해석되었다. 한국전쟁은 매카시즘 광풍이 불기 시작한 지 4개월여 만에 발발했다. 미국이 한국전쟁을 공산주의의 세력 확장이라는 차원에서 해석하고 신속히 개입했을 때 그것을 반대한 교회는 거의 없었다. 한국전쟁은 냉전적 질서 속에 치러진 최초의 국제전이었고, 그 강력한 냉전 분위기 속에서 종교집단이 전쟁에 반대하는 일은 매우 어려웠다. 전쟁 개입에 반대하는 목소리는 소수의견에 불과했으며 대중의 경멸을 받았다.

미국 종교계는 미국의 한국전쟁 개입을 압도적으로 지지하는 한편 남한에 가서 적극적으로 구호 활동을 펼쳤다. 한국전쟁 때 남한에 들어간 구호단체 대부분이 미국의 각 기독교 교단에서 파견한 단체들이었다. 1955년 1월 현재 남한에서 활동하던 41개 민간 원조단체 가운데 미국 기독교계가 파견한 단체가 최소 25개였다. 그들의 활동은 전쟁 피난민을 구호하고, 전쟁 고아와 과부를 돌보며, 환자를 치료하고 건강을 증진하는 데 집중되었다. 그런데 이들 구호단체들도 이념을 넘어 북한 주민에게까지 도움의 손길을 건네지는 못했다. 그렇게 하기도 어려웠겠지만, 방법을 모색할 만한 여건도 아니었다. 가장 큰 구호단체였던 기독교세계봉사회Church World

Service는 미국교회협의회를 중심으로 결성된 기독교 초교파 기관이었지만 교회뿐 아니라 미국 정부가 주는 막대한 구호품에 의존했다. 정부가 원하지 않는 곳에서 활동할 수 없었을 것이다.

한국전쟁 이후 더욱 강화된 1950년대 냉전 구도 속에서 미국은 평화와 번영의 시기를 맞았다. 이때 미국의 기독교는 애국심과 단단히 결합되었다. 남침례교로 대표되는 보수적 교회들이 급성장하게 된 중요한 원인 가운데 하나도 그들이 적극적으로 애국심에 종교적 의미를 부여한 데 있었다. 주류 교단들의 연합체인 미국교회협의회도 보수적 교회만큼은 아니어도 종교에서 애국심을 요구하는 1950년대의 요구에 동참했다. 따라서 미국이 공산주의 봉쇄를 내세우고 베트남전쟁에 개입했을 때도 기독교계를 포함한 종교계는 냉전의 논리 속에 그것을 지지했다. *Christianity and Crisis*나 *The Christian Century* 같은 진보적 기독교 언론도 예외는 아니었다.

사실 베트남전쟁은 프랑스 식민주의를 끝내고 독립을 쟁취하고자 하는 베트남 사람들의 오랜 노력에서 나온 민족적 투쟁이었다(제1차 인도차이나전쟁, 1945~54). 그들이 막 그 처절한 투쟁의 결실을 보려 할 때 공산주의 봉쇄 정책에 따라 미국이 프랑스를 대신하여 베트남 독립을 저지하고 나선 것이다(제2차 인도차이나전쟁, 1955~75).[447] 이것은 냉전의 논리 이외에 그 어떤 설명으로도 합리화하기 어려운 행위였다.

'불의한 전쟁'이 되어버린 베트남전쟁은 미국이 하는 일은 항상 옳고 정당하다는 믿음, 그리고 그런 믿음에 기초한 미국인들의 정체성에 심각한 상처를 입히며 전개되었다. 미국의 종교계가 베트남전쟁에 관한 입장을 바꾸어 비판적으로 선회하기 시작한 것은 1965년 초였다. 그것은 미국의 직접적 무력 개입이 시작되었기 때문이다.[448] 1964년 8월 의문의 '통킹Tonkin

---

[447] 따라서 베트남에서는 제1차와 제2차 인도차이나전쟁을 각각 '프랑스전쟁,' '미국전쟁'이라 부른다.

[448] 미국의 베트남전 개입은 1965년 8월 2일과 4일 북베트남 해군이 통킹만에서 정보 수집 중이던 미국 해군을 공격했다는 보고에 의거하여 이루어졌다. 그러나 이후 여러 연구와 비밀 해제된 문서에 의하면 8월 4일에 북베트남이 미해군을 공격했다는 것은 사실이 아니었다.

만 사건'이 발생하자 의회는 즉시 "통킹만 결의안"을 통해 공산주의 "공격자"들의 "더 많은 공격"을 방지하기 위한 무력 사용을 인준했다.[449] 이에 대통령 린든 존슨Lyndon B. Johnson(1908~78)은 1965년 2월 항공모함을 파견하여 북베트남에 대한 대규모 공습을 감행한 데 이어 전투병을 파견하기로 결정했다. 그때까지 남베트남을 지원하는 수준에서 전쟁을 수행하던 미국이 드디어 북베트남과 직접 전쟁을 벌이기 시작한 것이다.

인권운동가, 대학의 젊은이, 그리고 양심적 종교인들은 격렬하게 베트남전쟁에 반대하며 평화적인 문제 해결을 촉구하기 시작했다. 종교인들은 집단적으로 움직였다. 1965년 4월 2천 500명의 기독교 및 유대교 성직자들이 존슨에게 확전 중단과 평화적 문제 해결을 촉구하는 편지를 보내고 그것을 〈뉴욕 타임즈〉에 전면광고로 실었다. 그들은 미국의 베트남 정책이 유대-기독교 신앙의 "높은 기준"이나 미국이 기반하고 있는 "고귀한 포부" 모두에 미치지 못하는 "도덕적 파산"이라고 단언했다.[450] 이 편지에는 감리교 감독, 유니테리언-유니버설리스트 협회장, 퀘이커 운동가, 유대교 랍비, 가톨릭 사제 등이 대표로 서명했다. 이어서 같은 달 18일에는 1만 6천 916명의 개신교 목사가 "지금 즉시! 협상을 시작하라"고 대통령에게 거듭 촉구했다.[451] 그리고 6월에는 Christianity and Crisis가 편집장 라인홀드 니버를 비롯하여 베넷, 하비 콕스Harvey Cox(b.1929) 등 편집위원 전체 이름으로 베트남전쟁을 내전으로 규정하고 남베트남에 친미 정부를 세우려는 미국 정부를 비난했다.

이런 초기의 반전 노력에도 불구하고 1965년 7월, 존슨은 베트남에 공산 정권이 서는 것을 막기 위해 베트남전쟁을 "미국의 전쟁"으로 만들기로 결심했다.[452] 베트남전쟁은 날로 격화되었고 그에 따라 반전평화운동도 더욱

---

[449] "Tonkin Gulf Resolution (1964)," https://www.archives.gov.

[450] "2500 Ministers, Priests and Rabbi Say: Mr. President: In the Name of God, Stop It," *New York Times*, April 4, 1965, E5.

[451] James H. Smylie, "American Religious Bodies, Just War, and Vietnam," *Journal of Church and State* 11/3 (Fall 1969): 390.

[452] Larry Berman, *Lyndon Johnson's War* (New York: W. W. Norton, 1989), xi.

조직화되고 전 세계적으로 확대되었다. 미국교회협의회의 세계질서연구회의World Order Study Conference는 1965년 10월의 세인트루이스 모임에서, 민족해방전선('베트콩Vietcong')을 포함하여 모든 이해당사자와 협상할 것과 폭격 목표를 군사기지로 제한할 것 등을 미국 정부에 촉구하는 결의안을 채택했다. 천주교평화연대Catholic Peace Fellowship, 미국 유대교연맹Union of American Hebrew Congregations 같은 단체들도 비슷한 시기에 정부의 베트남 정책을 비판하는 성명서를 발표했다. 주류 종교계의 반전운동은 1965년 말에 조직된 '베트남을 걱정하는 성직자와 평신도Clergy and Laymen Concerned About Vietnam(CALCAV)'를 중심으로 이루어졌다.[453] 이 조직은 예일대학의 윌리엄 코핀William S. Coffin(1924~2006), 뉴욕 유대교신학교의 아브라함 헤셸Abraham J. Heschel(1907~1972) 등 당대를 대표하던 종교 지도자들의 인도 아래 종교인들의 반전운동을 주도했다.

베트남전쟁 반대 운동가 대부분은 미국의 베트남 정책을 근본적인 문제라기보다 본질적으로 선량한 미국이 저지른 예외적인 실수로 보았다. 그러나 베트남전쟁이 추악한 형태로 지속되면서, 베트남전쟁은 미국이 가지고 있는 어떤 근본적인 한계를 보여준다는 생각이 퍼지기 시작했다. 인권운동가 마틴 루터 킹은 베트남전쟁이 "미국의 정신 속 깊은 곳에 생긴 병의 한 증상"이라고 말했다.[454] 베트남과 관련하여 미국이 보였던 대표적인 병리 현상은 호치민(1890~1969)을 비롯한 베트남 민족주의자들을 소련이나 중국의 꼭두각시로 여겨 평가절하했다는 사실이다.

미국은 전통적으로 자신에게 가해지는 어려움과 문제들을 선악 이원론적으로 단순화시키는 경향을 보였다. 선하고 정의로운 나라인 미국이 세계사의 운명을 좌우할 독특한 섭리적 위치를 차지하고 있다는 믿음이 낳은

---

[453] CALCAV는 처음에 '베트남을 걱정하는 성직자 비상위원회National Emergency Committee of Clergy Concerned About Vietnam'라는 이름으로 만들어진 후 1966년 6월 이름을 CALCAV로 변경했다.

[454] Clayborne Carson, ed., *The Autobiography of Martin Luther King, Jr.* (Warner Books: New York, 1998), 339.

독특한 세계관이다. 이 미국 예외주의는 미국의 목표나 하는 일에 저항하고 방해가 되는 요인은 단순하지 않으며, 그 복잡한 요인들이 상호 독립적일 수도 있다는 분명한 사실을 보지 못하게 했다. 냉전의 시기 동안에는 이런 이원론적 경향이 더욱 심화되어 미국은 모든 '악'이 공산주의 소련이라는 "악의 중심"에서 왔다고 보았다.[455] 미국은 1973년 휴전을 통해 체면을 치린 후 쫓기듯이 베드남을 빠져나왔고 베트남은 북베트남에 의해 1975년 5월 통일되었다.

베트남전쟁의 과정과 결과는 미국의 이원론적 세계관이 얼마나 잘못되어 있는지 잘 드러내었다. 그러나 2002년 조지 부시George W. Bush(b.1946) 대통령이 이란, 이라크, 북한을 '악의 축axis of evil'이라 칭하며 이라크 침략을 정당화한 것은 이런 사고방식이 얼마나 유용하며 그 뿌리가 얼마나 깊은지 잘 보여주었다. 이라크가 악의 축인 이유로 그가 든 혐의는 사담 후세인 Saddam Hussein(1937~2006)이 대량살상무기를 숨기고 있으며 2001년 '9·11사건'을 일으킨 테러 조직 알 카에다al-Qaeda와 비밀리에 연관되어 있다는 것이었다. 모두 사실이 아니었다.

베트남전쟁의 정당성에 대한 의문이 제기되면서 전통적 평화주의 교회뿐 아니라 여러 가지 개인적 확신에 따라 징병을 거부하는 젊은이들이 생겨났다. 그런데, 양심적 병역거부에 관한 법은 "궁극적 존재a Supreme Being"에 대한 믿음같이 인간관계의 의무를 초월하는 차원의 의무가 관계되었을 때에만 병역의무 면제 대상이 될 수 있도록 규정하고 있었다. '궁극적 존재'에 대한 믿음이란 유신론적 신앙을 의미했으므로 그런 신앙이 아닌 다른 종교나 신념에 의해 징병을 거부할 수는 없었다. 마하트마 간디의 영향을 받고 한국전쟁 때 징병을 거부했던 한 사람이 이 법을 문제 삼아 제기한 소송United States v. Seeger은 종교적 믿음의 다양성을 어디까지 인정할 것인가 하는 문제를 제기했다. 1965년 연방대법원은 이 소송을 판결하면서 신에 대

[455] George F. Kennan, *American Diplomacy* (Chicago: University of Chicago Press, 1984), 164.

한 전통적 믿음의 자리를 채울 수 있는 "진지하고 의미 있는 믿음a sincere and meaningful belief"에 근거하여 전쟁에 반대하는 사람은 병역의무를 면제해줄 수 있다고 만장일치로 결정했다.[456] 이것은 모든 종류의 '양심'에 따른 병역 거부를 인정한 결정으로서, '궁극적 존재'에 대한 사람들의 관점이 점점 더 다원화되어가던 1960년대 미국의 종교적 상황을 반영했다.

종교나 교단의 신학적 노선에 따라 베트남전쟁에 관한 정부의 정책을 비난하고 전쟁 종식과 평화적 해결을 요구하는 정도가 달랐다. 유대교는 개신교보다, 그리고 개신교는 가톨릭보다 전쟁에 반대하는 사람이 더 많았으며, 그것은 CALCAV 참여 비율에 그대로 반영되었다.[457] 가톨릭교회는 베트남전쟁과 관련하여 상대적으로 침묵을 지킨 편이었다. 개신교 교역자들을 조사한 1970년의 한 연구에 의하면 캘리포니아 지역 목사 가운데 근본주의자들은 3퍼센트 대 76퍼센트의 압도적인 비율로 완전 철수보다 확전을 지지했다. 보수주의자와 신정통주의자들은 각각 12퍼센트 대 50퍼센트와 15퍼센트 대 30퍼센트의 지지율을 보였다. 신학적으로 보수적일수록 베트남전쟁의 평화적 해결보다는 확전을 통한 승리를 원하고 있었던 것이다. 교단적으로 볼 때도 교회협의회 회원 교단인 연합감리교회, 성공회, 연합그리스도교회 등 주류 교단들의 반전 참여도가 높았다. 이에 비해서 근본주의적인 남침례교와 루터교 미주리 대회는 가장 열렬한 확전 지지 세력이었다. 보수교회의 경우 교역자보다 평신도들이 베트남전쟁을 지지하는 성향이 더 높아서, 남침례교인 대다수가 시종일관 전쟁을 지지했으며 반전운동에 대해 매우 비판적이었다.

근본주의의 한계를 극복하고자 했던 (신)복음주의자들도 베트남전쟁에 관한 입장은 근본주의자들과 다르지 않았다. 복음주의 개신교 총연합체인 미국 복음주의협회나 빌리 그래함 같은 대표적 복음주의자들은 미국의 베

---

[456] "US Supreme Court, United States v. Seeger, 380 U.S. 163 (1965)," http://caselaw.lp.findlaw.com.

[457] 이에 대해서는 Mitchell K. Hall, *Because of Their Faith : CALCAV and Religious Opposition to the Vietnam War* (New York : Columbia University Press, 1990) 참조.

트남전쟁 수행을 열렬히 지지했다. 그들이 베트남전쟁을 찬성한 대표적인 이유는 선교의 기회를 얻을 수 있다는 것과 "모든 권세는 다 하나님의 정하신 바"(로마서 13장 1절)이므로 대통령의 베트남 정책이 마음에 들지 않더라도 그에게 '복종'해야 한다는 것이었다. 말콤 엑스는 빌리 그래함의 그런 정치적·종교적 태도를 "백인 민족주의"라고 비난했다.[458]

개신교인이 다른 종교 신자보다, 또 개신교 내에서도 신학적으로 보수적일수록 전쟁을 더 지지하는 경향은 이후에도 지속되었다. 1980년대 최대 시민운동인 핵무기 반대운동에 참가하지 않던 보수적 개신교인들은 걸프전쟁Gulf War(1990~91)이 벌어지자 적극 찬성하고 나섰다. 이라크전쟁(2003~11) 때도 마찬가지였다. 2006년 갤럽 여론조사에 의하면 교회에 더 자주 나가는 개신교인이 이라크전쟁을 가장 지지하며 다른 종교를 가졌거나 종교가 없는 사람일수록 비판적이었다.[459] 공화당이며 매주 교회에 나가는 사람들은 단지 15퍼센트만 그것이 잘못되었다고 생각했다. 보수적 개신교인 대다수는 이라크전쟁을 지속적으로 지지했다. 그들은 "그리스도 안에서 진정한 형제"인 조지 W. 부시가 세계 평화와 이라크의 민주주의를 위해 사담 후세인과 전쟁을 수행하라는 신의 뜻을 실천하고 있다고 믿었다.[460]

보수적 개신교인과 달리 주류 교회는 이라크전쟁의 도덕성을 크게 문제 삼았다. 부시 대통령과 딕 체니Dick Cheney(b.1941) 부통령이 소속되어 있던 연합감리교회는 두 사람이 "거짓된 이유"를 대고 미국인을 전쟁에 끌어넣는 "중범죄high crime"를 범했다고 맹비난했다. 비슷한 맥락에서 4천만 명의 미국 주류 교회를 대표하는 초교파 조직인 교회협의회는 이라크전쟁을 "불명예스럽다"고 선언했다.

---

[458] Malcolm X, *Malcolm X Speaks*, 40

[459] Frank Newport, "Protestants and Frequent Churchgoers Most Supportive of Iraq War: Least Supportive Are Non-Christians and People with No Religion," March 16, 2006, https://news.gallup.com.

[460] Mark D. Tooley, "Churchgoers Most Supportive of the War," May 1, 2006, https://www.leatherneck.com.

국가와 종교

반공주의

공산주의에 대한 반감과 경계심은 1917년 러시아의 볼셰비키 혁명이 성공한 직후부터 미국 사회에 퍼졌다. 그런데 공산주의의 위협을 가장 심각하게 느낀 사람들은 서구 문명을 '성서에 근거한 문명'으로, 미국을 '기독교 국가'로 생각한 개신교 보수주의자들이었다. 전쟁에 대한 태도에서 확인할 수 있는 바와 같이 보수적 신앙을 가진 사람들은 윤리적·사회적·정치적 문제에서도 대체적으로 보수적인 견해를 가지고 있었다. 그들에게 무신론적 공산주의는 진화론과 더불어 성서와 신의 권위에 도전하는 사탄의 주무기였다. 특히 근본주의자 가운데는 성서의 가치와 미국의 섭리적 사명에 대해 극단적인 믿음을 가지고 있던 사람이 많았다. 그들은 그렇지 않아도 성서적 서구 문명과 기독교적 미국을 붕괴시키고 있다고 생각하며 근대성과 전투를 벌이고 있던 터라 공산주의 러시아의 등장은 그들에게 종말론적 차원의 위기였다.

1920년대 미국의 근본주의 세계에는 공산주의의 위협에 대한 여러 가지 형태의 경고들이 등장했다. 당대 최고의 근본주의 부흥사 빌리 선데이와 추종자들은 뉴딜정책, 미국 시민자유연합ACLU, 민주당, 모더니즘, 진화론, 무신론 등을 공산주의적 요소라고 여기며 싸잡아 공격했다. 이 가운데 ACLU는 제1차대전에 반대하고, 양심적 병역 거부자와 이민자를 옹호했으며, 공산주의-사회주의자라고 지목되어 연방정부로부터 위협받던 사람들을 변호한 진보적 단체였다. 1930년대가 되자 이런 경계심은 기독교 문명에 대한 온갖 종류의 공산주의 음모론과 연대했다. 한 음모론에 의하면 다른 사람도 아닌 대통령 프랭클린 루스벨트가 "미국을 붉게 물들이고" 있었다.[461] 루스벨트가 추진하던 '군축軍縮disarmament,' 그의 사회개혁 모델인 '사

---

461 Marsden, *Fundamentalism and American Culture*, 210.

회복음' 등이 미국과 전 세계 "문명국"을 전복하라는 명령의 암호라는 것이다. 공산주의 음모론은 전천년설에 입각해서 세계의 종말이 임박했다고 믿는 보수적 기독교인들에게 특히 설득력 있게 들렸다.

극단적인 반공주의는 극단적인 애국적 종말론과 연결되어 나타났다. 자유방임적 자본주의와 반공주의, 그리고 백인우월주의로 대표되는 미국 개신교 근본주의 세계관은 제2차대전 이후 냉전기의 사회적·정치적 보수주의와 잘 어울렸다. 공산주의 음모론이 만들어낸 집단적 히스테리인 매카시즘의 광기 속에서, 근본주의 지도자들은 가공架空의 공산주의자들을 색출하기 위한 마녀사냥에 적극 동참했다. 미국의 근본주의 조직체인 ACCC(American Council of Christian Churches) 회장 칼 맥킨타이어Carl McIntire(1906~2002)는 미국이 세계의 구원을 위해서 신에게 선택된 나라라는 오래된 믿음을 반공주의 애국운동으로 연결시켰다. 그는 공산주의를 신의 선민인 미국인의 주적, 즉 사탄과 동일시하였으며, 공산주의와의 싸움에 종말론적, 애국적 의미를 부여했다. 근본주의 지도자들은 매카시즘의 분위기에 편승해 반가톨릭적 태도와 반공산주의를 결합하여 전국적인 지명도를 얻고 돈을 벌었다.

매카시즘의 마녀사냥 표적이 된 사람들 가운데는 진보적 기독교인이 많이 포함되어 있었다. 진보적 개신교인들이 공산주의 음모에 관련되어 있다는 주장은 기독교 쪽에서 제기되었다. 공산주의자를 색출하기 위해 만들어진 하원의 '비미국적 활동위원회House Committee on Un-American Activities' 조사위원장 J. B. 매튜스Mathews(1894~1966)는 1953년 미국에서 공산주의를 지지하는 "단일한 집단으로는 제일 큰" 것이 개신교 목사들이라고 주장했다.[462] 최소한 7천 명의 개신교 목사들이 공산당 조직을 도와주고 있다는 것이었다. 감리교 인도네시아 선교사였던 그는 1930년대 초 잠시 공산주의에 동조했다가 결국 "피해망상적 [공산주의] 음모론자"가 된 사람이었다.[463]

---

[462] J. B. Matthews, "Reds and Our Churches," *American Mercury* 77 (July 1953): 3.

[463] Richard Gid Powers, *Not Without Honor: The History of American Anticommunism* (New York: The Free Press, 1995), 231.

그는 사회복음의 영향을 받은 자들이 기독교를 버리고 대대적으로 "크렘린 음모를 위한 공산주의 조직" 지지자가 되었다고 말했다.

마녀사냥의 집중적 공격 대상이 된 대표적인 사람은 감리교 감독 브롬리 옥스남G. Bromley Oxnam(1891~1963)이었다. 미국교회협의회와 세계교회협의회 회장을 연이어 지냈던 그는 사회문제에 진보적인 태도를 보였으며, 〈타임〉지 표지로 선정되는 등 세계적 명성이 있는 사람이었다. 자청하여 '비미국적 활동 위원회'에 참석한 옥스남은 공산주의가 기초하고 있는 무신론과 유물론을 지지하지 않으며 모든 종류의 전체주의를 배격한다고 말했다. 이어서 그는 위원회가 "증명되지 않고 평가되지 않은" 것들을 "정보"라는 이름으로 마구 공개하여, 평생 일관되게 공산주의에 반대해 온 자신의 명예가 무책임한 사람들에 의해 훼손당하고 있다고 강하게 반발했다.[464]

당시 복음주의권 내에서 주목받기 시작하던 빌리 그래함이 급격하게 지명도를 확대하게 된 중요한 이유 가운데 하나도 그가 공개적으로 공산주의를 공격한 데 있었다. 공산주의를 "악마 그 자신"이 만들어낸 "종교"라고 했던 그래함의 확고한 반공주의는 방송과 보도를 통해 전국으로 알려졌고, 그의 다른 매력과 더불어 냉전적 분위기 속에서 미국 중산층을 사로잡았다.[465] 그러나 그래함을 포함하여 절대다수의 복음주의자들은 ACCC가 주도한 극단적인 반공운동에는 참여하기를 꺼렸고 극우와 동일시되는 것을 피했다. 보수적 신앙을 가진 사람 대부분은 종교를 본질적으로 개인 차원의 문제로 여겼으며 정치와 종교의 분리를 이상으로 삼고 있었다. 또한 그들은 대체적으로 비정치적, 혹은 반정치적이어서 정치사회적 견해를 행동으로 표출하지 않는 경향을 보였다.

1950년대 상황 속에서 신을 믿는다는 것은 소련을 중심으로 한 공산주

---

[464] G. Bromley Oxnam, *I Protest* (New York: Harper, 1954), 35~37, *Documentary History II*, 487~89.

[465] William Martin, *With God on Our Side: The Rise of the Religious Right in America* (New York: Broadway Books, 1996), 29.

의에 대응하는 어떤 무기와 같은 것이었다. 건국 이후 금기시되어 온 '신God'이라는 표현을 연방정부가 쓰기 시작한 것이 바로 이때였다. 1954년 연방의회는 "신 아래에서under God"라는 말을 "국기에 대한 맹세Pledge of Allegiance"에 새로 추가하기로 결정했다.[466] 이것은 백악관 근처의 뉴욕가 장로교회New York Avenue Presbyterian Church 목사 조지 도처티George M. Docherty(1911~2008)가 아이젠하워Dwight D. Eisenhower(1890~1969) 대통령이 참석한 '링컨주일Lincoln Sunday' 예배에서 설교로 제안한 것이 계기가 되어 이루어졌다.[467] 그로부터 2년 후인 1956년, 매카시즘이 한창일 때 미국 의회는 1776년 독립전쟁 시작과 함께 채택된 국가 모토 "여럿으로부터 하나E Pluribus Unum"를 "우리는 신을 믿는다In God We Trust"로 바꾸었다. "우리는 신을 믿는다"는 1864년에 2센트짜리 동전에 처음 사용된 이후 그 사용에 관한 종교적·법적 논란이 지속되었던 표현이었다. 어쨌든 두 경우 모두 무신론으로 알려진 공산주의에 대항하려는 냉전시대적 분위기가 강하게 반영된 결정으로서, 이후 이 표현의 적법성을 둘러싼 논란은 끊이지 않았다.

매카시즘으로 대표되는 냉전기의 '적색공포' 히스테리는 사회정의를 주장하는 진보적 종교 지도자들의 활동을 위축시키고 큰 상처를 남겼다. 그리고 그것은 또 한편으로 보수주의를 새롭게 표방한 사람들이 주목받고 크게 세력을 확장하는 계기가 되었다. 냉전 이데올로기가 미국인들의 세계관을 지배하는 가운데 종교는 고유한 도덕적 힘을 온전히 발휘하기 힘들었다. 1950년대의 미국은 전체적으로 평화와 번영을 누렸지만 그 풍요로움이 모든 사람에게 고루 돌아간 것은 결코 아니었으며, "신"을 불렀지만 그 '신'이 무엇을 의미하는지, 각 개인이나 국가와 그 '신'의 관계가 무엇인지는 분

---

[466] 1892년 처음 사용되기 시작한 국기에 대한 맹세의 현재 형태는 다음과 같다(강조 추가): "I pledge allegiance to the flag of the United States of America, and to the Republic for which it stands, one Nation **under God**, indivisible, with liberty and justice for all."

[467] 이 교회는 백악관에서 가까워 여러 대통령이 재직 중 출석했는데 링컨도 정기적으로 출석했다. 링컨 사후에는 그의 생일(링컨의 날Lincoln Day; 2월 12일) 직전 일요일(링컨주일Lincoln Sunday)에 현직 대통령이 출석하여 링컨이 앉던 자리에 앉는 관행이 생겼다.

명하지 않았다.

1990년대 들어 냉전의 시대가 저물면서 반공주의에 쏟았던 보수적 종교인들의 힘과 열정은 외부적으로는 중동지역에 대한 관심으로, 국내에서는 동성애를 비롯한 사회윤리적 문제에 대한 행동으로 바뀌었다. 중동지역의 갈등과 분쟁을 바라보는 그들의 눈은 과거 공산주의에 대해 가졌던 관점과 마찬가지로 매우 이원론적이었다. 그들은 이스라엘을 선으로 보며 무조건 지지했고, 이슬람권을 악마화했다. 많은 미국의 복음주의자들은 시온주의의 열렬한 지지자가 되었다. 그들의 이런 경향은 2001년 '9·11'을 겪으면서 극적으로 강화되었다. 미국 복음주의자들의 이슬람 증오는 이슬람 극단주의자들의 반미주의와 짝을 이룬 채 서로에게 정당성을 제공했다. 한편, 낙태와 동성애로 대표되는 국내의 사회문화적 변화는 공산주의보다 더 큰 위기감을 보수적 종교인들에게 주었다. 이 문제에 관한 그들의 대규모 행동은 1990년대부터 '문화 전쟁culture wars'이라고 불릴 정도로 큰 파장을 일으켰다.[468] 이에 대해서는 앞으로 살펴보겠다.

양심의 자유와 정교 분리

두 차례의 세계적 대전을 겪으면서 종교적 양심에 따라 전쟁에 참가하지 않을 수 있다는 사실이 확립되어 갔다. 이것은 제1차 헌법수정안이 규정하고 있는 "자유로운 종교 행위"의 범위가 점점 확대되어 갔음을 보여준다. 미국 정부로 하여금 양심적 병역 거부자를 인정하게 만든 장본인은 주류 교파가 아닌 평화주의 교회들이었다. 주류 종교는 미국 사회 가치체계 형성에 오랫동안 기여해 왔기 때문에 사회 일반의 가치관과 그들 사이에 별다른 간격이 존재하지 않았다. 그러나 사회의 통념과 다른 독특한 신앙체

---

[468] 문화 전쟁은 이미 1920년대의 근대–전근대 갈등을 표현하는 용어로 사용되었는데 1990년대 이후의 보수–진보 갈등을 그렇게 표현하는 것은 다음 책이 계기가 되었다: James Davison Hunter, *Culture Wars: The Struggle to Define America* (New York: Basic Books, 1991).

계를 가지고 있는 소수 교파는 헌법이 말하는 "자유로운 종교 행위"의 의미를 새롭고 넓게 해석할 필요가 있었다. "자유로운 종교 행위"의 의미 확대에 가장 크게 기여한 것은 여호와의 증인들이었다.

여호와의 증인들은 독특한 믿음과 행동 때문에 여러 가지 차원에서 사법기관과 갈등을 빚었다. 그런데 신앙적 양심에 따른 그들의 행동이 연방대법원의 판결을 낳을 정도로 문제가 되고, 결과적으로 "자유로운 종교 행위"에 대한 새로운 해석을 낳은 계기가 된 것은 국기에 대한 경례와 맹세 거부였다. 미국 공립학교에서는 매일 국기에 대한 경례와 맹세가 행해졌으며, 그것을 거부하면 퇴학 처분을 당할 수 있었다. 그런데 정치적 기관이나 상징에 대한 경례나 맹세를 우상숭배로 여기는 가르침에 따라 여호와의 증인들은 손을 들어 국기에 경례하고 충성을 맹세하는 행위를 거부했다. 수많은 여호와의 증인 어린이가 일상적인 애국 행사 참여를 거부하자, 종교의 자유 및 여호와의 증인의 신앙과 관계된 논란이 크게 일었다.

이 논란은 결국 펜실베이니아의 한 작은 학군과 두 명의 여호와의 증인 학생 사이에 법정투쟁*Minersville School District v. Gobitis*이 되어 1940년 연방대법원까지 가게 되었다. 미국이 아직 참전을 하지는 않았지만 제2차대전이 진행되는 분위기 속에서 연방대법원은 국가의 통합을 상징하는 국기에 대한 경례나 맹세를 강제하는 것은 합헌이고, 그것을 거부하기 위해서는 학교 규정을 바꾸어야 한다고 판결하였다. 이 판결이 나오자, 여호와의 증인을 비애국적이라고 비난하고, 육체적으로 위협하거나 공격하는 일이 전국에서 벌어졌다.

그러나 3년 후, 웨스트버지니아 주 교육청과 여호와의 증인 사이에서 벌어진 비슷한 성격의 소송*West Virginia State Board of Education v. Barnette*에서 연방대법원은 이전의 판결을 뒤집었다. 이번에는 제1차 헌법수정안 속에 포함된 표현의 자유 규정을 들어, 학생들이 국기에 대한 경례와 맹세에 참가하지 않을 헌법적 권리가 있다고 판결했던 것이다. 강제적 국기의식을 지지했던 이전의 판결과 비교할 때, 미국이 제2차대전에 참전하여 애국심과 국가에 대한 충성심이 한창 고조된 와중에 나온 이 판결은 극적인 반전이었다. 이때 대법원은 표현이나 신앙의 자유를 포함하여 몇 가지 "근본적인 권리"는 정치적 다수결 원칙에 의해 제한될 수 없도록 하는 데 제1차 헌법수정안의 목적이 있다고 해석하였다.[469] "어떤 공직자도 정치, 민족주의, 종교, 또는 견해에 관한 문제에서 무엇이 정통orthodox이라고 규정할 수 없다"는 판결문은 시민의 자유 증진에 기여한 위대한 역사적 이정표 가운데 하나로 여겨진다.

여호와의 증인이 법적 투쟁을 통해 종교적 자유의 영역을 확장하기 위해 노력했던 근본적인 이유는 국기라는 정치적 상징에 대한 그들의 견해가 미국 사회 일반의 견해와 달랐기 때문이다. 주류 사회의 관행이 자신들의 종교적 가르침과 어울리지 않는 사람들은 여호와의 증인들 외에도 많이 있었다. 특히 금요일 해가 지면서부터 안식일이 시작되는 것으로 여겼던 정통 유대인이나 안식교인들은 일요일을 예배와 휴식의 날로 여기는 사회의 기독교적 전통과 갈등을 빚었다. 많은 주들이 의약품, 신문, 자동차 연료, 그리고 일부 식료품 등을 제외한 물품을 일요일에 판매할 수 없도록 금하는 법을 가지고 있었다.

1959년 펜실베이니아에서 의류와 가구를 팔던 정통 유대인들이 일요일에 그런 물품을 팔지 못하도록 한 주법의 폐지를 요구하는 재판을 청구했다. 그들의 주장에 따르면, 유대교 신앙을 지키기 위해 금요일 일몰부터 토요일 일몰까지 상행위를 하지 않는데 일요일에도 장사를 하지 못하면 심각한 경제적 불이익을 겪어야 했다. 즉 일요일에 장사를 못하게 하는 법은 결과적으로 안식일을 지키는 정통 유대교인의 신앙생활에 큰 지장을 준다는 것이었다. 이 법정투쟁Braunfeld v. Brown은 연방대법원까지 올라갔다. 메릴랜드로부터 올라온 유사한 사례McGowan v. Maryland와 함께 이 사건을 심리한 대법원은 1961년 5월 일요일 상행위를 제한한 법이 위헌이 아니라고 판결했다.

그러나 이 문제는 2년 후 안식교 신자의 토요일 근무 거부 문제 때문에

---

[469] "West Virginia State Board of Education v. Barnette et al., Supreme Court of the United States, 319 U.S. 624," http://www.law.umkc.edu.

발생한 또 다른 재판*Sherbert v. Verner*에서 재현되었다. 사우스캐롤라이나의 방직공장에서 일하던 한 안식교인 근로자는 토요일 근무를 종교적인 이유에서 거부했다가 해고된 후 다른 직장을 구하지 못하자 실직수당을 신청했다. 그런데 토요일 근무를 거부하여 해고된 것은 실직수당 사유에 해당되지 않는다는 결정이 내려지자 이 여성은 소송을 했고, 주 법정에서 패소하고 말았다. 연방대법원은 주대법원 판결을 뒤집으면서, 실직수당을 지급하지 않는 것은 그녀의 종교적 자유에 위헌적인 부담을 주는 것이라고 하였다. 헌법이 신앙의 자유에 대한 "적극적positive 보호"의 책임을 정부에게 "명하고 있다"고 밝힌 판결이었다.[470] 이후 각 시민의 종교적 권리가 정부의 행동으로 인해 침해되지 않았는지 좀 더 세밀하게 점검하게 하는 '셔버트 검사Sherbert Test'가 시행되었다.

이와 같은 일련의 판결은 19세기 동안 '개신교 미국'에 의해 형성되어 온 사회적 관행과 가치관이 변화된 세계 속에서 붕괴되어 가는 모습을 극명하게 보여주었다. 미국 사회는 다원화되어 가고 있었으며, '개신교 미국,' 혹은 '기독교 미국' 시절 만들어진 제도와 사회적 관행은 그 다양함을 다 담아낼 수 없었다. 20세기 중반 이후 미국 사회의 변화에서 주목되는 현상 가운데 하나는 미국을 좀 더 세속적 정치체제로 만들고자 하는 노력이었다. 진보적인 운동가들은 토마스 제퍼슨이 꿈꾸었던 정치와 종교의 분리를 더욱 철저하게 실행하여 미국 정부를 종교적 색채가 전혀 없는 완전히 세속적인 국가로 만들고자 했다. 이것은 그동안 기독교가 비공식적 국교와 같은 지위를 누리면서 관행적으로 행해왔던 모든 공적인 차원의 종교 행위를 없애는 것으로 실현되었다. 물론 미국을 신을 믿는 나라로 유지하고자 한 사람들은 그런 노력에 거세게 저항했다.

미국을 세속적 국가로 만들려는 사람들의 노력에 결정적 힘이 된 것은 공립학교에서 행해지는 기도에 관한 연방대법원의 기념비적 판결이었다.

---

[470] "Sherbert v. Verner, 374 U.S. 398 (1963)," https//supreme.justia.com.

과거 '개신교 미국'의 전통에 따라 뉴욕주의 모든 공립학교에서는 조회시간에 학생들로 하여금 간단한 기도문을 암송하게 했다. 학생들이 했던 기도는 특정한 종교나 교단적 성격은 없이, "전능한 신Almighty God"에 대한 신뢰를 표시하고 축복을 비는 짧은 내용이었으며, 참여는 자발적으로 하게 되어 있었다.[471] 그런데 뉴욕주 공립학교 학부모 가운데 일부가 무신론 운동가들과 연대하여 그 기도문이 자신들의 종교적 신념과 맞지 않는다는 이유로 기도를 폐지해달라는 소송Engel v. Vitale을 제기했다. 이 재판은 미국인들의 비상한 관심을 받으면서 결국 연방대법원까지 가게 되었다. 1962년 6월 연방대법원은 거의 만장일치로, 기도는 그 본질상 종교 행위며 정부가 종교 행위를 하는 것은 제1차 헌법수정안 위반이라고 판결했다. 또한 판결문은 문제의 기도문이 어떤 특정한 종교를 장려하지 않기 위해 모호한 표현을 쓰고 있지만, "전능한 신"이라는 표현은 그것을 받아들이는 종교를 장려하는 셈이 되기 때문에 위헌이라고 지적했다.

이 판결은 미국이 기독교적 국가, 혹은 '신'을 믿는 나라라고 생각하던 사람들의 엄청난 저항과 비판을 불러일으켰다. 종교인, 정치인, 언론인, 그리고 일반 시민들이 앞 다투어 나서서 연방대법원의 판결은 신에 대한 가장 기본적인 믿음조차 위헌으로 만든 반종교적·무신론적·공산주의적 결정이라고 맹비난했다. 한 근본주의 정치인은 연방대법원이 "하나님을 공립학교에서 발로 차 쫓아냈다"고 분노했다.[472] 그러나 이 판결에 찬성한 사람들도 많이 있었으며, 그 가운데는 영향력 있는 종교단체와 지도적인 종교인들도 적지 않았다. 그들은 대법원 판결이 종교는 개인 양심의 문제이며 정치에는 절대 관여해서 안 된다는 점을 밝힘으로써 정치와 종교의 좀 더 명확한 분리에 기여했다고 평가했다. 이 판결 이후 정치와 종교의 분리를 좀 더 공고

---

[471] 기도의 전문은 다음과 같다: "Almighty God, we acknowledge our dependence upon Thee, and we beg Thy blessings upon us, our parents, our teachers and our country. Amen."

[472] Bruce J. Dierenfield, *The Battle over School Prayer: How Engel v. Vitale Changed America* (Lawrence: University of Kansas Press, 2007), 1.

하게 하려는 사람들과 미국이 '신 아래'에 있다는 사실을 분명하게 하려는 사람들 사이의 싸움은 공립학교에서 성서를 읽고 기도하는 문제를 둘러싼 끝없는 법정투쟁으로 전개되었다. 그런데, 연방대법원의 판결은 공립학교에서 어떤 형태의 종교 행위도 금지하는 쪽으로 일관성 있게 흘러갔다.

뉴욕주 공립학교 기도와 관련된 판결이 나온 지 얼마 후 펜실베이니아 아빙턴Abington에 살던 한 유니테리언이 공립학교 교육의 일부로 매일 성서를 "최소한 10절씩," "설명 없이" 읽도록 정한 주법이 위헌이라는 소송 *Abington Township School District v. Schempp*을 제기했다. 1963년 연방대법원은 성서를 읽는 것은 종교 행위이므로 펜실베이니아 주법은 위헌이라고 판결했다. 이 판결은 기도를 금한 판결과 함께 공립학교에서 성서를 읽고 기도하는 모든 행위를 불법으로 만들었다. 따라서 기도와 성서읽기를 합법화할 수 있는 유일한 방법은 새로운 헌법 개정안을 통과시키는 것이었다. 공립학교에서 하는 자발적 기도와 성서읽기를 합법적으로 만들기 위해 수많은 헌법 개정안들이 제안 또는 발의되었다. 그러나 그 가운데 어느 것도 의회에서 헌법 개정 정족수인 3분의 2를 얻을 수 없었다.

연방대법원은 1985년 잠깐 동안의 자발적 묵상 기도나 명상을 규정한 앨라배마 법을 위헌으로 판결하였으며, 1992년에는 졸업식에서 성직자가 기도하는 행위도 금지시켰다. 이와 같은 일련의 판결은 미식축구 경기에서 학생의 인도 아래 자발적으로 기도하는 행위도 종교와 국가의 분리라는 헌법 정신에 위배된다는 2000년의 판결로 이어졌다. 공립학교에서의 종교 행위에 관한 이런 결정들은 많은 학부모로 하여금 종교적 사립학교를 택하게 만들었다. 그러나 사립학교와 정부의 관계는 공립학교와 정부 관계보다 더 복잡했다.

공립학교에서 진화론과 창조론을 균형 있게 가르쳐야 한다는 몇몇 주의 법에 대하여 연방대법원은 일관성 있게 위헌 판결을 내렸다. 창조론이 유대-기독교 성서에 근거하고 있으므로, 그것을 가르치는 일은 특정한 종교에게 이익을 주는 위헌적 행위라는 것이었다. 한편, 연방대법원은 정부(연방, 주, 지방)가 사립학교에 다양한 형태의 재정적 도움을 줄 수 있는지 묻는 재판에서는, 제한된 범위 내에서 그럴 수 있다는 쪽으로 판결했다. 통학 비용과 교과서를 지원하고 교육비를 학부모 세금에서 공제해 주는 등의 간접적이고 보편적인 도움은 합헌 판결을 받았다. 사립학교 지원에 관한 연방대법원의 원칙은 1971년의 판례*Lemon v. Kurtzman*에서 만들어진 "레몬 검사 Lemon Test"다. 즉 정부의 행동은 "정당한 세속적 목적"이 있어야 하고, 종교를 장려하거나 제한해서는 안 되며, 종교와 "과도한 얽힘excessive entanglement"을 야기해서도 안 된다는 것이다.[473]

국가와 종교에 관한 연방대법원의 계속된 판결은 미국 사회의 구성과 이해관계가 다원화되면서 나타나는 갈등을 합리적으로 해결할 수 있는 유일한 기준이 헌법이라는 사실을 잘 보여주었다. 미국 건국의 아버지들은 그들이 제정한 헌법과 그 정신을 통해 21세기에도 미국의 제도와 국민들의 삶을 여전히 지배했다. 그 헌법 정신에 따르면, 미국은 철저히 세속적 정부를 가져야 했다. 그런데 제1차 헌법수정안의 문구는 가장 넓은 의미의 원칙을 선언했을 뿐, 그로부터 200년 이후에 발생하는 여러 가지 복잡한 상황 속에 그것을 어떻게 적용할 것인가는 연방대법원 판사들의 해석과 판단에 놓이게 되었다. 한 가지 분명한 것은 연방대법원이 제1차 헌법수정안의 정신에 따라 종교와 국가 사이에 "분리의 벽"을 쌓는 일을 대단히 심각한 사명으로 여겨왔다는 사실이다.

---

[473] "U.S. Supreme Court, Lemon v. Kurtzman, 411 U.S. 192 (1973)," http://caselaw.lp.findlaw.com.

제20장

새로운 사회,
새로운 과제

Creation of God(2017)
Harmonia Rosales

미켈란젤로의 "아담의 창조"를 패러디한 그림으로 신과 아담이
아프리카계 여성으로 표현되었다.

인권과 소수자 운동

아프리카계, 라티노, 그리고 원주민

미국 어린이들은 매일 성조기 앞에서 "모든 사람에게 자유와 정의"를 주는 "신 아래에서, 나뉠 수 없는 한 나라"에 대한 충성을 서약하곤 했다. 그러나 1950년대의 미국은 모든 시민에게 자유와 정의를 제공하지 않았으며, 정치적으로는 한 나라였을지라도 피부색에 따라 깊이 분열되어 있는 나라였다. 특히 남부의 인종차별은 짐 크로우 법들을 통해서 제도적으로 실행되고 있었다. 이런 와중에 1954년 연방대법원이 행한 "브라운 대 토피카 교육청 *Brown v. Board of Education of Topeka*" 판결은 짐 크로우 법들을 폐기하고 인종차별을 극복할 수 있는 역사적 계기를 마련해주었다. 연방대법원이 유럽계 학생과 아프리카계 학생을 분리시켜 각기 다른 공립학교에 입학시키는 것은 "본질적으로 불평등inherently unequal"하다고 선언했던 것이다.[474] 이것은 1896년 연방대법원이 "플레시 대 퍼거슨" 재판 판결을 통해 "분리되지만 평등하다"는 원칙을 인정하여 짐 크로우 법들을 합헌으로 해석했던 것을 번복한 판결이었다. 그러나 연방대법원은 각 지역의 연방판사와 교육위원

---

[474] "Supreme Court of the United States, Brown v. Board of Education, 347 U.S. 483(1954)," http://www.nationalcenter.org.

회 결정에 따라 점진적으로 차별을 철폐하도록 결정했다. 다시 말해서, 공립학교에서 인종차별을 없애고, 나아가서 전면적인 인종 간 평등을 얻는 일은 그것을 원하는 사람들이 쟁취해야 할 일로 남게 되었던 것이다.

헌법이 부여한 권리를 찾기 위한 아프리카계 주민들의 투쟁은 애틀랜타 출신의 젊은 침례교 목사 마틴 루터 킹을 중심으로 벌어진 시민운동으로 가장 잘 표현되었다. 킹은 앨라배마주 몽고메리Montgomery에서 목회를 시작했다. 이때 마침 몽고메리에서 시작된 버스 보이콧 운동(1955~56)을 이끌게 된 그는 탁월한 언변과 지도력, 그리고 강한 신념과 용기를 통해 순식간에 남부 전체의 아프리카계 인권운동의 기수가 되더니, 얼마 후에는 미국 인권운동의 상징으로 떠올랐다. 어린 시절 킹에게 큰 영향을 준 것은 같은 침례교 목사였던 월터 라우쉔부쉬의 사회복음이었다. 그는 라우쉔부쉬 사상에 영향을 받아 사회개혁에 큰 관심을 가지게 되었다. 또한 그의 사상과 운동방식에 심대한 영향을 준 것은 간디의 비폭력–무저항주의였다. 그러나 킹에게 자유를 쟁취하고자 하는 헌신된 마음을 준 것은 예수였다. 그는 자신의 인권운동과 관련하여 "그리스도가 정신과 동기를 부여했고 간디가 방법을 제공했다"고 말했다.[475] 그런 정신과 방법으로 아프리카계 시민들은 몽고메리에서 '백인' 과 '유색인'의 좌석을 분리하는 인종차별적 버스 규정을 온갖 불편과 위협을 무릅쓰고 일 년 동안 거부하여 마침내 승리를 얻어낼 수 있었다.

몽고메리에서 시작된 아프리카계 시민들의 인권운동은 앨라배마의 다른 도시로, 그리고 미시시피, 플로리다, 조지아로 이어지면서 투표권과 노동권, 그리고 인종분리 정책 폐지를 요구했다. 이 역사적인 운동은 많은 아프리카계 지도자와 시민뿐 아니라 아브라함 헤셸을 비롯한 유대교 지도자, 그리스 정교회의 이아코보스 대주교Iakovos of Chicago(1928~2017) 등 유럽계 기독교 지도자와 성직자들의 적극적인 참여와 지지 속에서 이루어졌다. 그리고 그 중심에는 마틴 루터 킹이 있었다. 그는 수많은 연설과 설교, 그리고

---

[475] Carson, *Autobiography of Martin Luther King*, 67.

저술을 통해 '흑인' 인권운동의 정당성을 설파했다. 그 가운데서도 1963년 4월 앨라배마주 버밍햄Birmingham의 감옥에서 쓴 편지와 그해 8월 "직업과 자유를 위한" 워싱턴 집회에서 25만 명의 군중에게 행한 "나에게는 꿈이 있습니다"라는 연설이 가장 유명하다. 버밍햄 감옥에서 쓴 편지는 시위 도중 체포되어 투옥된 킹에게 8명의 '백인' 기독교 및 유대교 성직자들이 공개편지를 통해 그의 행동이 불법적이며 극단적이라고 비난한 데 대한 답이었다. 감옥에서 쓴 이 장문의 편지에는 인권운동에 임하는 그의 생각이 가장 잘 정리되어 있었다. "어떤 곳에서 불의가 저질러지면 그것은 모든 곳의 정의를 위협한다," "자유는 결코 압제자에 의해 자발적으로 주어지지 않는다. 그것은 피압제자에 의해 요구되어야 한다"는 등의 유명한 말이 거기에 포함되어 있었다.[476]

마틴 루터 킹은 1964년 30대 중반의 나이로 노벨 평화상을 받았다. 그리고 그가 동료들과 함께 주장했던 권리들은 1964년의 인권법Civil Rights Act과 1965년의 선거권법Voting Rights Act을 통해 입법화되었다. 그러나 남부에서 인종차별이 완화되었다고 해서 미국의 인종 문제가 해결된 것은 아니었다. 인권운동가들이 남부에서 어렵게 쟁취한 권리를 북부의 아프리카계 주민들은 이미 누리고 있었다. 그런 정치적-시민적 자유에도 불구하고 북부 대도시에서 아프리카계 주민들은 도시 빈민층을 이룬 채 희망 없이 살아가고 있었으며, 절망은 각종 범죄와 폭력으로 연결되어 인종 간 갈등은 폭발 직전의 상태에 있었다. 1965년 킹은 슬럼 문제를 해결하기 위해서 시카고에 갔다. 그러나 그가 할 수 있는 일은 거의 없었다.

미국 주류 사회를 바라보는 태도나 인종 문제에 접근하는 방식에서 말콤 엑스가 마틴 루터 킹과 전혀 다른 태도를 보였던 것은 그가 무슬림이었을 뿐 아니라 북부 대도시에서 활동했기 때문일 것이다. 킹은 미국의 꿈을 소

---

[476] Martin Luther King, Jr., *Why We Can't Wait* (New York: Penguin, 1964), 77, 80. 원문은 다음과 같다: "Injustice anywhere is a threat to justice everywhere"; "Freedom is never voluntarily given by the oppressor; it must be demanded by the oppressed."

중한 것으로 인정하고, 거기에 아프리카계 사람들도 공평하게 참여할 수 있게 해달라고 요구했다. 그러나 말콤은 미국의 꿈은 유럽계 사람에게나 해당하는 것일 뿐, "미국에 살고 있는 아프리카 사람"인 '흑인'에게는 "악몽"에 불과하다고 주장했다.[477] 그는 킹의 워싱턴 군중집회를 "워싱턴 촌극寸劇Farce on Washington"이라 부르며 거기에 참석한 이슬람 국가 교인들을 징계했다.[478] 사실 그 집회는 케네디 대통령의 요구를 받아들여 원래 계획보다 훨씬 온건한 내용으로 진행되었다. 미국의 가치를 포용한 킹의 태도는 시간이 지나면서 미국의 주류로 하여금 그를 인정할 수 있게 해주었다.

킹과 말콤은 모두 암살되었다. 그러나 '백인'들이 만들어 놓은 미국의 꿈을 자신의 꿈으로 여겼던 킹은 워싱턴, 링컨 같은 시민종교의 성인 지위에 올라 생일이 국가 공휴일로 지정되었다. 그의 심한 바람둥이 이력은 정치적으로 문제되지 않았다. 이에 비해서 말콤은 적어도 무슬림이 된 이후에는 철저하게 도덕적 삶을 살면서 종교적·정치적 반항아의 길을 걸었다. 미국의 꿈은 그에게 악몽이었으며, 그가 꾸었던 꿈은 많은 유럽계 미국인에게 미국의 악몽으로 기억되고 있다. 그러나 미국 사회와 기독교에 대한 말콤 말콤의 냉철한 분석은 그 이후 미국의 인종 및 아프리카계 종교 문제를 다루는 모든 사람에게, 결코 쉬운 답은 얻을 수는 없다는 사실을 두고두고 가르쳐주고 있다.

노예제도가 시작된 이후 오랫동안 아프리카계 주민은 미국에서 가장 큰 소수자 집단이었다. 그러나 19세기 후반부터 멕시코에서 많은 농업 노동자들이 텍사스와 남서부, 그리고 캘리포니아로 들어오면서 상황이 바뀌기 시작했다. 멕시코에서 이민이 지속되는 가운데, 제2차대전 후에는 푸에르토리코Puerto Rico와 쿠바에서 온 이민자들이 뉴욕과 플로리다로 몰려들었다. 그리고 1970년대 이후에는 중미지역에서 많은 사람이 정치적 혼란과 경제

---

[477] Malcolm X, *Malcolm X Speaks*, 26, 36.

[478] Malcolm X, *Autobiography of Malcolm X*, 284, 287.

적 궁핍을 피하기 위해 미국으로 들어왔다. 2000년도 인구조사 결과에 따르면 히스패닉 주민의 수는 미국 전체 인구의 12.5퍼센트인 약 3천 5백만 명으로 아프리카계 주민 수를 넘어서 미국 내에서 가장 큰 소수 인종 집단을 형성했다.[479] 이 가운데 멕시코계가 약 60퍼센트였다. 이후 히스패닉계 주민의 수는 계속 큰 폭으로 증가하여 2022년 7월 현재 6천 3백만 명, 총인구의 19.1퍼센트를 넘어섰다. 그들은 멕시코와 국경이 가깝고 히스패닉 문화 전통이 강하게 남아있는 캘리포니아, 애리조나, 뉴멕시코, 텍사스, 그리고 전국의 대도시에 집중적으로 거주하고 있다.

히스패닉-라티노 주민의 압도적 다수는 가톨릭교인이었다. 따라서 히스패닉 주민의 증가는 미국 가톨릭 인구의 증가, 그리고 가톨릭교회 내에서 차지하는 히스패닉 교인 비율의 증가로 이어졌다. 그러나 히스패닉 가톨릭교인들은 유럽계가 주도하는 미국 천주교로부터 오랫동안 소외되었다. 그것은 그들이 영어에 서툴고, 학력과 사회적 계층이 낮으며, 민간신앙과 결합된 독특한 형태의 신앙을 가지고 있었기 때문이다. 또한 히스패닉 가톨릭교인들은 사제가 되는 비율이 매우 낮았다. 파트리시오 플로레스Patricio Flores(1929~2017)가 최초의 히스패닉 주교로 서품된 것은 1978년이었다. 히스패닉 사제와 주교의 수는 점차적으로 증가했지만 2020년이 되어서도 미국 내 전체 가톨릭 사제 가운데 3퍼센트, 그리고 주교 가운데 약 10퍼센트만 히스패닉이었다.[480] 후세에 대한 가톨릭 교육도 잘 이루어지지 않아 미국 가톨릭계 학교 학생 가운데 히스패닉계는 19퍼센트도 되지 않았다.

---

[479] '히스패닉Hispanic'은 에스파냐와 관련된 언어, 문화, 국가 등을 총체적으로 일컫는 용어인데, 미국에서는 대체로 스페인어를 사용하는 주민을 통칭한다. 그와 유사한 '라티노Latino'는 라틴 아메리카에 스파냐어, 포르투갈어를 사용한 아메리카와 언어-문화-혈통적으로 연결된 사람들이다. 엄밀한 의미에서 브라질계 사람은 라티노이지만 히스패닉은 아니다. 그러나 히스패닉과 라티노는 혼용되며, 많은 브라질계 주민이 자신을 히스패닉이라고 한다. 브라질 정부는 2022년 미국에 거주하는 브라질계 사람이 약 190만 명이라고 추정했다. 그 수치가 맞다고 해도 전체 히스패닉-라티노 인구의 매우 적은 부분에 해당된다.

[480] David Crary, "Hispanic Catholics Are Future, but Priest Numbers Dismal," March 14, 2020, https://apnews.com.

가톨릭교회의 전반적인 무관심과 에스파냐어를 사용하는 사제의 부족 속에서 많은 히스패닉 가톨릭교인이 개신교, 특히 복음주의 계열의 교회로 들어갔다. 이에 따라 히스패닉 주민 가운데 가톨릭교인의 비율은 점점 낮아져 2005년 성인 가운데 70퍼센트이던 가톨릭신자 비율이 2022년 43퍼센트로 크게 감소했다.[481] 미국 전체의 가톨릭 비율보다 히스패닉계 가톨릭 비율이 여전히 2배 정도 높지만, 이제 히스패닉 주민 가운데도 가톨릭신자가 아닌 사람이 신자인 사람보다 더 많아진 것이다.

1960년대의 인권운동은 미국 가톨릭교회가 히스패닉 교인의 중요성을 인식하고 구체적인 행동에 나설 수 있는 동기를 마련해주었다. 1972년부터 열리기 시작한 전국 히스패닉목회회의Encuentro Nacional Hispano de Pastoral는 히스패닉 교인들의 종교적 필요에 부합하기 위한 노력의 구체적 표현이었다. 가톨릭교회는 점차 히스패닉 교인의 신앙뿐 아니라 선거권, 노동권, 이민, 언어 같은 사회적 문제에 관해서도 관심을 표명하기 시작했고, 그런 문제를 다루기 위해서 여러 기관을 만들었다. 1991년에 결성된 전국 가톨릭 히스패닉사역위원회National Catholic Council for Hispanic Ministry는 히스패닉 교인을 위한 조직들의 전국적 네트워크로서 종교적 차원을 넘어 사회적, 경제적, 그리고 정치적 힘과 권익의 신장을 위해서 여러 운동과 단체, 그리고 기관들을 연결시켰다.

'미국 라티노 가톨릭 신학의 아버지'라고 불리는 노트르담대학의 비르힐리오 엘리존도Virgilio Elizondo(1935~2016)는 미국이 인종적, 문화적으로 다원화되어가는 상황 속에서 장차 미국 천주교는 "메스티자헤mestizaje"가 되어야 한다고 주장했다.[482] 에스파냐어로 '메스티자헤'란 뿌리를 유지한 채 서로

---

[481] Jens Manuel Krogstad, Joshua Alvarado and Besheer Mohamed, "Among U.S. Latinos, Catholicism Continues to Decline but Is Still the Largest Faith," April 13, 2023, https://www.pewresearch.org; Pew Research Center, "Changing Faiths: Latinos and the Transformation of American Religion: II. Religion and Demography," April 25, 2007, https://www.pewresearch.org.

[482] Virgilio P. Elizondo, *The Future is Mestizo: Life Where Cultures Meet*, rev. ed. (Boulder: University Press of Colorado, 2000), 100~12.

섞이고 통합되어, 새로운 존재가 되는 것을 의미한다. 그는 헬레니즘과 유대교 전통이 만나던 갈릴리에서 새로운 것을 만들어냈던 예수와 마찬가지로 미국의 가톨릭교회도 여러 인종과 문화를 섞어 "새로운 인류"를 만들어내야 한다고 말했다.

그러나 유럽계가 압도하고 있는 상황에서 '새로운 인류'를 만드는 일은 미국 가톨릭교회에게 대단히 어려운 과제로 남아있다. 2020년 미국 전체 가톨릭 인구의 약 40퍼센트가 히스패닉이었다. 적어도 수적으로 볼 때 히스패닉 가톨릭이 미국 가톨릭의 주류가 되어야 할 상황인 것이다. 그러나 히스패닉계가 전체 사제의 3퍼센트밖에 되지 못하는 현실은 여전히 유럽계가 지배하는 미국 가톨릭교회의 교권과 문화, 그리고 히스패닉 가톨릭교인들의 삶과 그들이 속한 교회의 어려움을 동시에 드러내었다.

20세기 중반을 거치면서 북미 원주민 종교에 대한 이해도 점차 확대되었다. 종교적 다양성이 증대되고 과거 북미 원주민들에게 저질렀던 잔혹한 행위에 대한 역사적 반성이 진행되면서 나타난 변화였다. 원주민들의 종교 행위는 주위의 자연과 동물, 그리고 다양한 형태의 원주민 유적과 긴밀하게 연관되어 있었다. 그러나 원주민들의 종교에 대한 충분한 고려 없이 만들어진 각종 법과 규정들은 원주민들이 종교생활을 하는 데 많은 지장을 주었다. 국가나 지방정부 소유로 되어 있는 지역 내의 원주민 무덤이나 거룩한 장소에는 원주민이 마음대로 들어가서 종교의식을 할 수 없었다. 또한 원주민 조상의 유골이나 종교적으로 중요한 물품들이 약탈되거나 수집되어 여러 박물관에 보관되어 있는 경우가 많았다. 원주민들이 종교의례에서 사용하던 페요테, 독수리 깃털, 동물의 뼈 등은 법으로 사용이 금지되어 있기도 했다. 특히 원주민 교회NAC의 페요테 의식은 페요테를 마약류로 분류하여 금지시킨 여러 주의 법에 저촉되어, 원주민들이 페요테 의식을 행하다가 체포되어 처벌받는 일이 생겨났다.

1978년에 연방의회에서 제정된 "미국 인디언 종교 자유 법American Indian Religious Freedom Act(AIRFA)"은 이런 문제들을 포괄적으로 해결하기 위한 노력이었다. 그동안 원주민들에게 충분히 적용되지 않았던 제1차 헌법수정안에 따른 종교의 자유를 보장하겠다는 것이 법의 취지였다. 에스키모와 알류트를 포함한 모든 북미 원주민과 하와이 원주민이 전통적 종교를 "믿고 표현하고 행할 타고난 자유의 권리"를 보호받게 된 것이다.[483] 이에 따라 원주민의 동의 없이 정부가 그들의 종교 행위에 개입하는 것이 금지되었고, 성소聖所 방문이 자유롭게 되었으며, 연방정부 박물관들은 소유하던 원주민 유물을 돌려주었다. 한 걸음 더 나아가 1990년의 "원주민 무덤 보호와 송환법Native American Graves Protection and Repatriation Act"은 원주민들의 종교와 문화에 중요한 유적지를 그들이 다시 돌려받을 수 있게 해주었다.

원주민 종교를 인정하는 점진적인 분위기 속에서도 쉽게 풀리지 않는 문제는 페요테 사용이었다. 많은 주가 페요테를 마약류로 취급하고 있었기 때문에 그 사용에 대한 논란은 그치지 않았다. 원주민들 입장에서 볼 때 페요테 의식은 종교적 목적에서, 철저하게 정해진 규칙에 따라 페요테를 섭취하는 종교적-성례전적 행위였다. 그러나 1980~90년대를 거치면서 연방대법원은 페요테 사용을 금한 주법이 합헌이라고 일관되게 판결하였다. 결국 연방의회는 1994년 AIRFA에 수정안을 첨부하여 원주민들이 자연 상태로 자란 페요테를 수확, 소유, 종교의식으로 먹는 것을 합법화했다. 이에 따라 각 주들도 원주민들의 종교적 페요테 사용은 허락하는 한편, 다른 사람이나 집단이 치료적-종교적 목적으로 페요테를 사용하는 것은 금하는 조치를 내렸다.

여성주의의 대두

1970년대 이후 미국 종교, 특히 기독교에 가장 혁명적인 변화를 불러온 것은 여성주의feminism로 대표되는 여성인권운동이었다. 전 세계적으로 여성주의, 혹은 여성 해방운동은 1960년대부터 과거와 다른 양상으로 전개되었

---

[483] "Act of August 11, 1978-(American Indian Religious Freedom Act)," https://www.govinfo.gov.

다. 이때는 과거 여성운동이 쟁취하기 위해서 애썼던 인권적 기본 권리들이 대부분의 국가에서 이미 법제화되어 있었다. 1960년대부터 일기 시작한 여성운동의 '두 번째 물결'은 사회적·경제적인 차원에서 완전한 자유와 권리를 보장받기 위한 운동으로 전개되었다. 이 시대에 여성운동가들이 피임과 낙태의 권리를 요구하기 시작한 것은 출산과 육아로부터 자유를 얻는 것이 여성의 사회진출에 필수불가결한 조건이라고 생각했기 때문이다. 종교계는 이와 같은 전반적인 흐름에서 뒤처져 있었다. 그러나 역사적으로 종교는 여성의 중요한 활동 영역이었고, 19세기의 초기 여성주의도 기독교 여성들로부터 시작되었다. 또한 종교계에서 여성이 차지하는 비율과 역할을 생각할 때 종교계에서 여성주의 운동이 크게 일게 되리라는 것은 의심의 여지가 없었다.

미국 종교계의 여성주의는 기독교 내에서 여성의 존재, 목소리, 기여를 찾는 움직임으로 1970년대부터 전개되었다. 여성주의 신학자들은 기독교 신학과 전통의 모든 차원에 걸쳐 기존의 남성중심적 고정관념을 지적하고 그것을 깨기 위해서 다양한 문제를 제기했다. 신학적인 차원에서 그들이 제기한 가장 근본적인 질문은, '신이 누구인가?'였다. 여성 신학자들은 신을 남성으로 표현해 온 오랜 전통이 여성을 압제해 왔던 가부장적 역사와 연결되어 있다고 비판했다. 보스턴 칼리지의 메리 데일리Mary Daly(1928~2010)는 《하느님 아버지를 넘어서Beyond God the Father》(1973)에서 "아버지 하느님의 죽음"을 말하며 가부장적 신 자체를 거부하여 기독교계에 큰 충격을 주었다.[484] 원래 가톨릭신자였던 그녀는 기독교가 가부장적 요소들을 결코 극복하지 못하리라 보고 신앙을 버린 후 신학 대신 철학을 선택했다.

그러나 여성주의자들의 주장이 그렇게 급진적인 것만은 아니었다. 신과 인간을 표현할 때 특정한 성별이 드러나지 않는 중립적 표현을 사용할 것을 요구하는 일은 많은 동조자를 얻을 수 있었다. 이런 노력의 결과로 20세기 후반이 되었을 때 적어도 주류 교회에서는 신을 '아버지'로 부르고 인간

---

[484] Mary Daly, *Beyond the God the Father: Toward a Philosophy of Women's Liberation* (Boston: Beacon Press, 1973), 12.

을 남성man으로 대표하는 행위는 금기시되었다. 성에 관한 중립적 용어들이 성서, 찬송가, 기도서, 그리고 각종 기독교 문서에서 보편적으로 사용되기 시작했다.

진보적인 여성 신학자들은 여기서 멈추지 않고, 교회 속에 팽배해 있는 신의 남성적 이미지에 대항하기 위해서 신의 여성적 이미지를 부각하는 작업을 했다. 1993년 11월 미네소타주 미네아폴리스Minneapolis에서 개최된 '다시 상상하기Re-Imagining'에서는 소피아Sophia, 지혜Wisdom 등 고대의 여성신을 재발견하는 작업이 이루어지기도 했다. 27개 나라, 16개 교단에서 2천 2백 명이 참가한 이 모임은 그때까지의 여성주의 운동을 총결산한 역사적 집회였다. 같은 맥락에서 유대교 여성주의 신학자 가운데는 신의 내주內住indwelling를 뜻하는 '세키나Shekinah'와 유대교 신비주의 카발라Kabbalah 전통에 등장하는 신의 배우자인 매트로닛Matronit을 여성신으로 여기는 사람들이 등장했다.[485] 가부장적 역사 속에서 잊혔던 신의 여성성 혹은 여성신을 재발견하고, 가부장적 전통을 극복하기 위한 차원에서 그것을 경배의 대상으로 삼는 시도였다. 전통적 교인들은 엄청난 충격을 받았다. 1993년 '다시 상상하기' 대회에 관해 독일 침례교 계열의 한 보도는 "회의 전체가 이단에게 손뼉 치고 신성모독을 경축했다"고 평했다.[486] 또한 장로교의 보수주의 간행물도 그 모임에서 "소피아, 창조주여, 당신의 젖과 꿀을 흐르게 하소서"라며 참가자들이 외쳤다고 전하며 "기독교에서 이교주의"로 빠르게 바뀌는 상황을 경고했다.[487]

여성주의자들이 많은 관심을 가졌던 분야 가운데 하나는 각 종교의 역사 속에서 여성이 감당했던 역할을 찾아내는 일이었다. 여성은 모든 전통적

---

[485] 카발라는 중세에 등장한 유대교 신비주의 전통으로 전승과 지향에 따라 다양한 형태가 있다. 영원하고 변하지 않는 신과 그의 창조물인 유한한 우주의 관계에 관한 밀교적esoteric 가르침을 핵심으로 한다.

[486] "Editorial: Paganism at the Re-Imagining Conference in Minneapolis 1993," *BRF Witness*, 29/3 (May~June 1994), http://www.brfwitness.org.

[487] Berit Kjos, "From Father God to Mother Earth," Nov. 30, 1997, https://layman.org/from-father-god-to-mother-earth.

종교에서 교인 다수를 점해온 사실상의 주인공이었음에도 불구하고 가부
장적 역사 속에서 언제나 남성 교권자의 권위 밑에서 그 존재가 망각되어
왔다는 것이 여성주의자들의 생각이었다. 따라서 각 종교의 경전과 역사
속에서 여성의 존재와 그 신앙을 찾아내고, 특히 지도적 역할을 했던 여성
을 발굴하는 작업이 진행되었다.

1981년부터 5년에 걸쳐 발간된《미국의 여성과 종교Women and Religion in
America》는 이런 관심을 반영한 선구적 저술이었다. 총 세 권 가운데 이미 많
은 연구가 축적되어 있던 19세기 부분이 먼저 출간되었고, 이어서 식민지
와 독립 국가 시기, 그리고 20세기를 다룬 책이 나왔다.[488] 가톨릭 여성신학
자 로즈메리 루터Rosemary Radford Ruether(1936~2022)와 개신교 학자인 로즈메
리 켈러Rosemary Skinner Keller(1934~2008)가 편집하여 펴낸 이 사료사는 시대
적으로 식민지 시기부터 1960년대까지 망라했고, 기독교의 각 교파, 원주
민 종교, 아프리카계 종교, 시민종교, 유대교, 신흥종교 등을 포괄적으로
다루었다.[489] 각 장은 해당 분야 전문가들의 개괄적 소논문과 중요한 일차
자료 묶음으로 구성되어 있어서, 사료사와 논문집을 겸한 형태였다. 편집
자를 포함하여 20여 명의 모든 기고자가 여성학자라는 점에서 이 책은 미
국 종교사에서 차지했던 여성의 역할과 위상을 드러낸 한편, 여성학자들의
축적된 학문 역량을 웅변적으로 보여주었다.

여성이 인격뿐 아니라 역할에서도 남성과 평등해야 한다는 것이 여성주
의자들의 기본적인 입장이었다. 이런 포괄적 양성평등을 주장하는 사람들
과 거기에 반대하는 사람들은 여성을 성직자로 삼을 것인가 하는 문제를 두

---

[488] Rosemary Radford Ruether and Rosemary Skinner Keller, eds., *Women and Religion in America*, 3 vols. (San Francisco: Harper & Row, 1981~1986). 루터와 켈러는 성gender이라는 한정된 주제를 중심 으로 미국 종교사 내 여성들의 기록을 담은 사료집을 1995년에 다시 편집하여 내놓았다: Rosemary Radford Ruether and Rosemary Skinner Keller, eds., *In Our Own Voices: Four Centuries of American Women's Religious Writing* (San Francisco: HarperSanFrancisco, 1995).

[489] 루터와 켈러는 2006년 3권짜리 *Encyclopedia of Women and Religion in North America* (Indiana University Press)를 펴내기도 했다. 이 사전에는 150명의 학자가 참여했다.

고 격돌했다. 여성 안수는 가부장적 역사를 반영하는 경전과 전통들이 금하는 일이었고, 현장에서 가장 직접적인 영향을 미치게 될 사안이었다. 따라서 그것은 신학과 이해관계가 복잡하게 얽혀있는 문제였다. 감리교, 성공회, 장로교, 루터교 등 주류 개신교단들은 대체로 1950년대부터 1970년대 사이에 여성에게 성직 안수를 주기 시작했으며 주교-감독까지 탄생시켰다. 그러나 같은 장로교, 루터교 전통의 교회라도 보수적 신학을 가지고 있는 교단들은 21세기에 들어서도 여전히 여성 성직자를 배출하지 않았다. 예를 들어, 장로교 주류 교단인 PCUSA나 루터교 주류 교단인 ELCA (Evangelical Lutheran Church in America)와 달리 보수적인 PCA(Presbyterian Church in America)나 루터교 미주리 대회는 계속 여성 안수를 금했다. 한편, 침례교는 19세기부터 여성 목회자에 열려있었고 대부분의 침례교단이 그 전통을 이어갔다. 그러나 가장 큰 침례교단인 남침례교는 1980년대에 근본주의자들이 교단을 "탈취"하면서 오랜 전통을 버리고 여성 안수를 금하기 시작했다.[490]

대다수 교인들이 바라고 있음에도 불구하고 여성 성직자를 허용하지 않는 대표적인 곳이 가톨릭교회다. 미국 가톨릭교회 여성들은 이미 1970년대에 교회의 모든 직분이 여성에게도 열려야 한다고 주장했다. 그러나 1976년 10월 바티칸 신앙교리성Congregatio pro Doctrina Fidei은 바오로 6세(1897~1978)의 추인 아래 여성 사제를 금하는 전통을 고수한다고 발표했다.[491] 이 결정은 많은 미국 가톨릭교인, 특히 수녀들을 실망시켰으며, 수녀 수가 급감하게 되는 한 가지 요인으로 작용했다. 물론 이것은 20세기 후반기 들어 가톨릭 교역자의 수가 지속적으로 감소한 전반적인 추세 가운데 일어난 현상이었다. 유대교에서는 1972년에 첫 여성 랍비를 탄생시킨 개혁파를 시작으로 차

---

[490] Rob James, Gary Leazer and James Shoopman, *The Fundamentalist Takeover in the Southern Baptist Convention: A Brief History* (Timisoara, Romania: Impact Media, 1999), 49.

[491] 신앙교리성은 로마 교황청에서 가장 오래된 행정기구로서 가톨릭교회의 교리를 이단으로부터 지키는 것을 담당한다. 중세시대 종교재판을 행하여 흔히 Inquisition, 혹은 Holy Office라고 불리는데 2022년부터는 명칭이 Dicastery for the Doctrine of the Faith로 바뀌었다. 가톨릭교회에서 수녀와 수사는 평신도다. 다만 수녀와 달리 수사 가운데 일정한 과정을 밟은 사람은 사제가 될 수 있다.

차 여성 랍비가 세워지기 시작했다.[492] 보수파에서는 1983년에 첫 여성 랍비가 나왔다. 정통파 유대교는 계속 여성 성직자를 금했지만, 여성 안수를 금하고 있는 보수적 기독교 교단들과 마찬가지로 내부에서 불만의 목소리가 터져 나왔다. 교단에서 랍비 인정을 거부하자 정통파 소속 여성 가운데 개별적으로 교육을 받고 랍비가 되는 경우가 생기기 시작했다.

한편, 유대-기독교 전통과 달리 불교는 원시불교 때부터 여성 사제인 비구니 전통이 있었다. 초기 경전《앙굿따라 니까야》에는 붓다가 각 분야의 으뜸가는 제자를 칭찬할 때 "신적인 눈"이나 "위대한 직관"을 가진 13명의 비구니를 일일이 언급하는 장면이 나오기도 한다.[493] 그러나 이런 전통이 북방불교에는 아직 남아있으나 남방불교에서는 사라졌다. 불교계에서 여성주의는 비구니 전통을 살려 여성의 역할을 증대하고, 불교의 가르침을 가부장적 아시아 문화와 분리시키는 노력으로 표현되었다.

신의 여성성을 말하고, 여성 종교인의 역사를 재발견하며, 남녀평등을 주장하고, 여성 목사나 사제를 세우는 일은 결국 경전을 어떻게 해석할 것인가 하는 문제와 직결되었다. 대표적 여성신학자인 엘리자베스 피오렌자 Elisabeth S. Fiorenza(b.1938)의《그녀를 기억하며*In Memory of Her*》(1983)는 가부장적 교회가 여성을 종속적 위치에 놓기 위한 의도로 기독교 성서를 만들었다고 비판했다. 그렇게 해서 만들어진 성서가 "사회적·교회적 가부장제"와 소위 "하나님이 정한 여성의 위치"를 정당화하기 위해서 사용되어 왔다는 것이다.[494] 따라서 그녀는 여성해방의 적이 된 신약성서를 여성주의적 관점에서 재해석하고 재구성하기 위해 노력했다.

이런 작업은 처음에는 소수의 진보적 신학자들의 전유물이었다. 그러나

---

[492] 유대교의 여성 랍비 문제에 관한 개괄은 다음 참조: Avi Hein, "Women in Judaism: A History of Women's Ordination as Rbbis," https://www.jewishvirtuallibrary.org.

[493] *The Numerical Discourses of the Buddha: A Translation of the Anguttara Nikaya*, trans. Bhikkhu Bodhi (Somerville, MA: Wisdom Pub., 2012), 111.

[494] Elisabeth Schussler Fiorenza, *In Memor of Her: A Feminist Theological Reconstruction of Christian Origins* (New York: Crossroad, 1983), 7.

여성주의가 역사적 대세가 되면서 보수 교회도 더 이상 여성주의 파고波高를 비껴갈 수 없었다. 1984년 일리노이 오크 브룩Oak Brook에서 개최된 "여성과 성서에 관한 복음주의 콜로키엄Evangelical Colloquium on Women and Bible"은 한편으로 성서의 권위를 해치지 않고, 또 한편으로는 전향적으로 여성주의를 수용해야 하는 보수교회의 고민을 잘 보여주었다. 복음주의자들은 유대-기독교 성서에서 전통적으로 가부장적 권위를 지지하는 것으로 여겨왔던 구절들을 재해석하는 방향으로 여성주의적 요구를 수용했다. 그러나 저명한 복음주의 신학자 J. I. 패커Packer(1926~2020)가 콜로키엄을 평가하며 한 말처럼, "남성-여성 관계는 본질적으로 불가역적"이라 생각하며 '성서적 여성주의'에 불편함을 느끼는 복음주의자는 여전히 많았다.[495]

여성주의 운동이 전개되는 과정에서 메리 데일리 같은 사람은 기독교 전통의 뿌리깊은 여성혐오에 절망하고 기독교를 버렸다. 그러나 많은 여성주의자들은 자신의 종교 전통을 견지한 채, 종교를 믿고 신학을 하는 근본적인 이유를 새롭게 질문했다. 그들은 성서, 교회, 의례같이 종교경험의 통로가 되던 전통들의 권위 및 정당성을 재점검하도록 요구했다. 또한 여성주의는 종교 속의 여성뿐 아니라 여성과 남성의 정체성 및 상호 관계, 가정과 사회 속의 여성, 그리고 가정과 사회의 본질에 대해서도 근본적인 질문을 던졌다. 이런 질문들에 대한 답을 찾기 위한 노력이 지속되는 가운데, 1990년대부터는 여성주의의 '제3의 물결'이 일면서 여성 내부의 다양성에 대한 새로운 깨달음과 과제가 생겨났다. 즉, 기존의 여성주의는 소수 집단이나 가난하고 교육받지 못한 여성에게는 발언권을 주지 못했다는 것이다. 그리고 여성을 지나치게 단일한 집단으로 파악하여, 다양한 개인적 경험이 충분히 조명되지 못한 데 대한 반성도 일었다. 이리하여, 여성주의가 제기한 다양하고 심오한 질문들은 각 종교가 21세기에도 계속 붙들고 씨름해야 할 과제가 되었다.

---

[495] J. I. Packer, "Understanding the Differences," in *Women, Authority, & the Bible*, ed. Alvera Mickelsen (Downers Grove, IL: IVP, 1986), 299.

윤리적-신학적 전쟁

생명과 성정체성 문제

과학과 의술이 발달하면서 과거에는 문제가 되지 않았던 여러 가지 윤리적 문제들이 종교인들의 관심을 끌게 되었다. 그 가운데서도 특히 생명과 관계된 문제는 종교의 가장 근본적인 가르침과 직접적으로 연결된 경우가 많아서 매우 큰 논란거리가 되곤 했다. 예를 들어, 안락사를 허용할 것인가 하는 문제는 이전에 마주치지 못했던 새로운 과제다. 현대적 첨단 의학 장비에 의해 육체적 생명만 유지되는 '식물인간' 상태의 환자나 생명은 연장되고 있지만 극심한 고통과 비참한 삶 대신 편안한 죽음을 원하는 환자는 과거에는 없었기 때문이다. 또한 유전과학의 발전으로 가능해진 줄기세포 연구와 유전자 조작-복제 등을 어느 정도 선에서 허락할 것인가 하는 문제도 종교계가 새롭게 마주하고 있는 어려움이다. 그런데, 생명과 관련된 모든 논란 중에서 미국 종교계에서 가장 큰 논쟁거리가 되어 사회적 갈등과 분열의 원인이 되고 있는 것은 낙태 문제였다.

낙태를 허락할 것인가 하는 문제는 복잡하고 어려운 질문들과 연결되어 있다. 생명의 시작을 어디서부터로 볼 것인가, 태아의 어느 시기부터 인간의 존엄성을 부여할 것인가 하는 문제부터 시작하여, 태아를 하나의 독립적 생명으로 볼 것인가 아니면 잉태하고 있는 여성 신체의 일부로 볼 것인가, 출산이 근본적으로 여성의 선택과 권리에 해당하는 문제인가 아니면 남성 및 사회의 권리와 책임이 연관된 문제인가 하는 등의 질문과 연결된 것이다. 따라서 낙태에 관한 입장은 각 사람이 가진 윤리-도덕의 성격, 책임감의 정도, 법과 정부가 개인의 삶에 관여할 수 있다고 생각하는 범위의 한계, 그리고 생명의 본질과 근원에 대한 관점 등이 총체적으로 작용하여 결정되기 마련이다. 이런 점에서 종교적 세계관과 가치체계는 낙태에 대한 의견이 형성되는 데 결정적인 영향력을 미치게 된다. 따라서 낙태 문제에 대한 견해가 교단과 신학적 노선, 그리고 각 개인의 신념에 따라 크게 달라지는 것은 충분히 짐작할 수 있다. 미국의 종교계는 낙태 문제를 두고 '종교 전쟁'이라고 부를 정도의 심한 갈등을 겪어왔다.

미국에서 낙태가 합법화된 것은 1960년대와 1970년대를 지나면서였다. 19세기부터 1960년대까지 거의 모든 주는 강간, 근친상간 등 매우 제한된 범위 내에서만 임신중절을 허락하고 그 이외에는 처벌하는 법을 가지고 있었다. 낙태 문제가 연방대법원에서 심의된 1973년의 "로 대 웨이드*Roe v. Wade*" 사건은 낙태를 둘러싼 갈등을 더욱 증폭시킨 역사적 계기가 되었다. 연방대법원은 이 사건 및 같은 날 판결을 내린 "도 대 볼턴*Doe v. Bolton*" 사건의 판결에서 낙태를 제한한 텍사스와 조지아 주법에 대해 각각 위헌 결정을 내렸다. 연방대법원은 태아가 모태에서 나와 생존할 수 있는 시점(약 24~28주) 이전에는 임신한 여성이 제한 없이 임신을 중단할 수 있는 헌법적 권리가 있다고 판결한 것이다. 이에 따라 낙태를 금지하거나 제한하고, 위범자에 대한 처벌을 규정한 주법들이 모두 효력을 상실했다.

연방대법원은 "낙태 논쟁의 민감하고 감정적인 성격"을 충분히 인지하고 있었다.[496] 따라서 낙태에 대한 판결은 모든 역사적·법적·의학적·종교적 사례와 증거, 그리고 의견을 검토한 후 매우 조심스럽게 내린 결론이었다. 그러나 미국 사회는 이 판결을 둘러싸고 찬반 양측, 즉 '선택 옹호pro-choice' 진영과 '생명 옹호pro-life' 진영으로 분열되어 엄청난 갈등을 겪게 되었다.[497] 낙태 시술 병원에 폭탄이 던져지고 시술 의사가 살해되는 등의 충격적인 사건은 많은 사람이 이 문제를 삶과 죽음이 걸린 문제로 바라보고 있음을 잘 보여주었다.

낙태 문제에 관한 각 종교와 교단의 입장은 다양했다. 먼저, 복음주의적-

---

[496] "Roe v. Wade, 410 U.S. 113(1973)," https://supreme.justia.com.

[497] 이 논쟁과 싸움에 관해서는 다음 책들 참고: Mary Ziegler, *After Roe: The Lost History of the Abortion Debate* (Cambridge: Harvard University Press, 2015); James Risen and Judy L. Thomas, *Wrath of Angels: The American Abortion War* (New York: BasicBooks, 1998).

근본주의적 교회들은 낙태를 가장 부도덕한 살인 행위로 여기고 강력하게 반대했다. 가장 큰 보수교단인 남침례교는 1970년대까지 낙태를 조건적으로 인정하는 입장을 가지고 있었다. 그러나 그 이후 근본주의자들이 교단을 장악하면서 반대하는 쪽으로 급선회했다. 물론 이런 입장 변화는 교단의 공식 입장과 별개로 각 개별 교회나 신자들에 따라 다양한 견해가 있었음을 말해주기도 한다. 보수적 개신교 계열의 낙태 반대자들은 집단 시위를 하기도 하고, 낙태를 찬성하는 민주당 전당대회나 낙태 시술 병원에 가서 연좌 농성을 하는 등 적극적으로 의사를 표현하기도 했다. 1980년대 후반에 조직된 극단적 반낙태 조직인 '구출 작전Operation Rescue'은 낙태된 태아의 확대 사진을 차량에 붙이고 다니는 매우 자극적인 방법을 사용하여, 논리적으로 접근해야 할 문제를 지나치게 감정적 대결로 만들었다는 비난을 받기도 했다.

낙태를 시종일관 반대한 교회는 가톨릭이었다. 가톨릭교회는 수정이 되는 순간부터 생명은 지켜져야 하며 낙태는 '말할 수 없는 범죄'라는 입장을 오랫동안 견지했다. 1968년 교황 바오로 6세가 발표한 회칙 "인간 생명에 관하여Humanae Vitae"는 어떤 형태의 낙태도 금지함과 아울러 모든 인위적인 피임도 금했다. 이 입장은 1995년 낙태와 아울러 안락사, 사형제도 등을 정죄한 요한 바오로 2세(1920~2005)의 회칙 "생명의 복음Evangelium Vitae"에서 재확인되었다. 정교회도 대체적으로 가톨릭과 비슷한 입장을 가지고 낙태에 반대했다.

주류 교회는 이 문제에 관하여 어떤 일관적인 입장을 제시하지 못했다. 그들은 과거 낙태금지법이 있을 때는 그 위범자들에 대한 처벌 조항을 없애는 데 기여했었고, 대체로 제한적인 범위 내의 낙태를 지지하는 경향을 보였다. 그러나 교인들은 각자의 신념과 가치체계에 따라 낙태 반대자와 찬성자가 뒤섞여 있었다. 따라서 주류 교회의 경우 교단 차원보다는 각 교인에 따라 낙태 문제에 대한 입장을 정하는 상황이었다. 유대교는 태아를 포함하여 모든 생명을 거룩한 것으로 보지만 40일 이전의 태아는 완전한 생명으로 보지 않는 전통이 있다. 신학적으로 진보적인 개혁파와 보수파는 낙태 권리를 인정했지만, 정통파는 분명한 입장을 내놓지 않았다. 모르몬교도 낙태를 원칙적으로 금했다. 한편, 비유대-기독교계 종교 가운데는 힌두교가 낙태에 강한 반대 입장을 표명했고, 이슬람교와 불교는 이 문제와 관련하여 어떤 통일된 입장을 보이지 않았다.[498]

1973년 연방대법원의 판결 이후 낙태 문제는 거리와 법정에서뿐 아니라 정치적으로 대단히 중요한 문제가 되었다. 낙태를 살인으로 보고, 그것을 금지하거나 제한하는 것이 신앙적 의무라고 생각한 보수적 기독교인들 가운데 많은 사람이 각종 선거에서 후보자를 판단할 때 낙태에 관한 견해를 가장 중요한 판단 기준으로 삼기 시작했다. 이에 반해서 낙태를 여성의 헌법적 권리 가운데 하나로 유지하려는 사람도 많아, 각종 법원이 판사를 임명하는 일에도 낙태에 대한 견해가 다른 어떤 견해보다 중요한 일이 되기도 했다. 2022년도에 행해진 퓨연구소 조사에 의하면 미국인 가운데 어떤 경우에도 낙태를 허용해서는 안 된다고 생각하는 사람은 8퍼센트에 불과했다.[499] 그러나 제한적인 범위 내에서 낙태 허용을 지지하는 사람(42퍼센트)이 조건 없이 허용해야 한다고 생각한 사람(19퍼센트)보다 훨씬 더 많았다. 구체적으로 어떤 제한을 해야 하느냐에 대해서는 의견이 다양했다. 어쨌든 전체적으로 낙태 합법화에 찬성하는 사람(61퍼센트)이 반대하는 사람(37퍼센트)보다 훨씬 많았다.

낙태 문제는 연방대법원의 2022년 판결*Dobbs v. Jackson Women's Health Organization*로 새로운 전기를 맞았다. 낙태를 정부가 손댈 수 없는 시민의 '기본적fundamental' 권리로 인정했던 1973년 "로 대 웨이드" 판결을 반세기 만에 뒤집고, 낙태를 미국의 "역사와 전통에 깊이 뿌리내린" 권리가 아니라고 판결한 것이다.[500] 도널드 트럼프Donald Trump(b.1946) 대통령이 임기 중 3명

---

498 각 종교와 교파의 입장에 관해서는 다음 참조: Pew Research Center, "Where Major Religious Groups Stand on Abortion: Major Religious Group's Positions on Abortion," June 20, 2016, https://www.pewresearch.org.

499 Pew Research Center, "America's Abortion Quandary," May 6, 2022, https://www.pewresearch.org.

500 "Dobbs, State Health Office of the Mississippi Department of Health, et al. v. Jackson Women's Health Organization, et al.," https://www.supremecourt.gov.

의 보수적 판사를 지명하여 연방대법원에서 보수파가 다수를 점하면서 가능해진 판결이었다. 이제 낙태 문제는 각 주가 결정해야 했다. 캘리포니아, 매사추세츠, 뉴욕 같은 주가 낙태 권리를 더욱 보완한 반면, 앨라배마, 켄터키, 미시시피 같은 남부 주는 낙태를 거의 전적으로 금지하는 조치를 취했다. 전통적 민주당 지지 주blue states와 공화당 지지 주red states의 태도가 극명하게 나뉜 것이다. 2022년 판결은 그 충격에도 불구하고, 낙태를 여성의 시민적 권리로 여겨온 50년의 시간을 되돌리지는 못했다. 2024년 대통령선거를 앞두고 시행한 한 여론조사는 미국인의 70퍼센트가 자기 주에서 낙태 권리를 인정하는 것이 중요한 요소라고 생각하며, 미국인 절반은 미국 전체에서 낙태를 합법화하는 데 찬성하는 것을 보여주었다.[501]

낙태 문제는 단순히 찬성하느냐 반대하느냐 하는 차원을 넘어서 대단히 복잡한 도덕적·과학적·법적 판단을 요구하는 문제다. 종교는 생명과 삶에 대한 가장 기본적인 가치를 심어준다는 점에서 그런 판단의 근거에서 작용해 왔다. 따라서 종교는 앞으로 전개될 낙태에 얽힌 계속되는 논란과 갈등, 그리고 그것을 해결하려는 노력에도 개입될 수밖에 없는 입장에 있다.

1960년대 이후 낙태 문제에 버금갈 정도로 미국 종교계를 갈등과 분열로 몰아넣은 것은 동성애로 대표되는 성정체성 문제였다. 오랫동안 동성애자들은 사회적 소수로서 특히 기독교 내부에서 오해와 편견, 그리고 정죄와 배척의 대상이었다. 그들은 1960년대부터 조금씩 인권운동 차원의 자기주장을 하기 시작하더니 많은 어려움에도 불구하고 점차 권리를 획득하기 시작했다. 동성애를 범죄로 취급한 텍사스의 법에 대해 위헌 판결을 내린 2003년 연방대법원 판결Laurence v. Texas은 동성애의 헌법적 권리를 보장받기 위해 노력해 온 운동가들이 거둔 커다란 승리였다. 기독교 내에서 성적 소수자의 권익이 얼마나 신장되었는지는 성적 소수자 교단인 MCC(Metropolitan Community Churches)가 설립되어 발전한 것을 통해 쉽게 짐

---

501 Joseph Ax, "How Abortion Could Impact the 2024 US Elections," Dec. 15, 2023, https://www.reuters.com.

작할 수 있다.

MCC는 오순절계 교회에서 목사로 일하던 트로이 페리Troy D. Perry (b.1940)가 시작했다. 그는 결혼하여 두 아들을 두었지만, 자신의 동성애적 성정체성을 숨길 수 없어 결국 이혼하고 목사직을 사임하고 말았다. 1968년 그는 자살을 시도했다가 실패한 후, 동성애자들을 위해 일해야 한다는 소명감을 느끼고 잡지에 동성애자 교회를 개척한다는 광고를 하였다. 광고를 보고 찾아온 6명이 로스앤젤레스의 노동자 거주 지역에 작은 집을 빌려 시작한 교회는 이후 세계적인 교단으로 발전했다. 동성애자, 양성애자, 트랜스젠더 등 다양한 성적 소수자를 위한 사역을 목적으로 하는 MCC는 21세기 초 미국과 캐나다를 포함하여 27개 국가에 220여 개의 교회를 가진 교단이 되었다. 페리와 MCC의 노력은 많은 진보적 종교-사회운동가의 지지를 받았다. 그러나 보수적인 교회는 말할 것도 없고 주류 교회도 MCC를 배척하여, 미국교회협의회에 가입하려는 MCC의 시도는 번번이 좌절되곤 했다. MCC는 2024년 현재 세계교회협의회 공식 옵저버Official Observer로서 다양한 초교파 활동에 참여하고 있다.

기존 교회 내의 동성애 문제는 현장에서 제기되는 구체적인 질문과 연결되어 있었다. 동성애자를 교회의 정식 교인으로 받아들일 것인가, 동성애자에게 안수를 줄 것인가, 그리고 동성애 결혼에 성직자가 주례를 설 것인가 등이 대표적인 질문들이다. 다른 사회적·윤리적 문제와 마찬가지로 보수적 교회와 교인들은 동성애자의 권리에 대해서 닫힌 자세를 견지한 반면, 진보적인 부류는 전향적 방향으로 나아갔다. 유니테리언-유니버설리스트, 개혁 유대교, 재건주의 유대교, 스베덴보리 교회 등은 이미 1990년대부터 동성애자의 시민적·신앙적 권리를 인정했다.[502] 이에 비해서 연합그리스도교(UCC), 장로교(PCUSA), 루터교(ELCA) 등 주류 교단은 내부 의견이

---

502 최근 통계와 각 교단(종교)의 입장에 관해서는 퓨연구센터(https://www.pewresearch.org)의 다음 연구 결과들 참조: "Religious Groups' Official Positions on Same-Sex Marriage, Dec. 7, 2012"; "Religious Landscape Study: Views about Homosexuality."

엇갈려 계속 이 문제를 두고 논란을 빚다가 2000년대 들어서 결혼을 포함한 동성애자들의 여러 권리를 인정하는 결정을 했다. 주류 교단 가운데 연합감리교(UMC)는 동성결혼을 인정하지 않는다는 입장을 거듭해서 밝혔다. 이에 비해서 남침례교, 루터교 미주리대회, 모르몬교 같은 보수적 교회는 동성애와 동성결혼에 강하게 반대하는 입장을 고수했고, 유대교 가운데도 가장 보수적인 정통파는 동성결혼을 인정하지 않았다.

유대-기독교 전통 이외의 다른 종교 가운데는 불교와 힌두교 신자 대다수가 동성애 문제에 진보적 태도를 보였다. 특히 불교도는 동성애를 인정해야 한다는 비율이 거의 90퍼센트에 가까워 모든 종교 집단 가운데 가장 높았다. 무슬림은 동성애 반대가 많았다.

한편, 주교가 이런 문제를 판단할 권한을 가지고 있는 성공회는 진보적인 주교들이 동성애자에게 사제서품을 해왔다. 논란 끝에 2004년 뉴햄프셔 교구의 주교로 착좌着座한 진 로빈슨Gene Robinson(b.1947)은 자신이 동성애자임을 밝히고 주교가 된 최초의 성공회 주교였다. 로빈슨의 착좌는 성공회 내 보수파에게 큰 충격을 주어, 미국과 전 세계의 보수주의자들은 성공회의 분열을 경고했다. 그러나 성공회는 전체적으로 동성애를 포용하는 방향으로 입장을 정하여 2006년에는 동성결혼을 금하는 어떤 법률도 반대한다는 입장을 공식적으로 밝혔다. 성공회뿐 아니라 동성애를 포용한 주류 교단 내 보수파들은 동성애자 안수가 허용될 경우 교단을 탈퇴하겠다고 경고하곤 했다. 그런데 동성애 문제로 주류 교회에서 탈퇴하는 개인이나 집단은 있었지만 경고한 만큼 대규모는 아니었다.

보수주의자들의 결집

시간이 갈수록 종교와 국가 사이 '분리의 벽'은 점점 높고 견고해졌으며 미국 사회의 전반적 가치관은 낙태나 동성애 같은 문제에 포용적으로 변해갔다. 미국이 좀 더 명확하게 세속적 국가로 변해가는 현상은 미국을 신을 믿는 나라, 구체적으로는 기독교 국가로 유지하고자 하는 사람들에게 큰 위기감을 불러 일으켰다. 특히 낙태를 합헌으로 판결한 1973년의 연방대법원 결정은 그렇지 않아도 법원이 '자유주의'와 '세속적 인본주의'에 물들어가고 있다고 생각해 왔던 보수주의자들을 격분시켰다. 1925년의 스콥스 재판 이후 많은 보수주의자는 세상을 타락한 곳으로 판단하고 거기로부터 떨어져 교회 및 자신들이 설립한 학교를 중심으로 자기들만의 세계를 구축하고 있었다. 그러나 연방대법원의 진보적 판결을 비롯한 일련의 흐름은 그들로 하여금 더 이상 그대로 있을 수 없다는 생각을 가지게 만들었다. 특히 보수적 개신교인들은 낙태 합헌 판결을 미국이 나아가고 있는 잘못된 방향을 총체적으로 보여준 사건으로 해석했다.

그때까지 정치적인 무대에 나서지 않고 있던 보수적 종교인들이 활동을 시작할 수 있는 구체적인 계기를 마련해준 것은 1976년도 대통령 선거였다. 워터게이트Watergate 사건으로 탄핵 위기에 몰린 리처드 닉슨Richard Nixon(1913~94)이 사임한 이후 처음 열린 이 대통령 선거는 종교와 도덕성이 중요한 쟁점으로 떠올랐다는 점에서 이전의 선거들과 구별되었다. 민주당 대통령 후보 지미 카터Jimmy Carter(b.1924)는 남침례교 출신으로 스스로 '중생한born-again' 복음주의적 기독교인이라고 선언했다. 그는 보수적 신앙에 기초한 도덕성을 선거운동의 핵심으로 삼았다. 그때까지 정치에 큰 관심을 보이지 않던 보수적 기독교인, 특히 카터와 같은 남침례교인들이 선거과정에 참여하기 시작했고 결국 카터가 당선되었다. 그리고 그는 "미국 복음주의 통수권자Evangelical-in-Chief"가 되어 60년대 이후 "처음으로 종교를 정치에 들여놓은" 사람으로 평가받았다.[503]

복음주의 기독교인 후보자가 복음주의자들의 지지에 힘입어 대통령에 당선되자 〈뉴스위크Newsweek〉지는 1976년을 "복음주의자들의 해The Year of the Evangelical"라고 발표했다. 이때 갤럽 여론조사에 의하면 미국에서 스스

---

[503] Frank Newport, "Jimmy Carter and the Challenge of Identifying Evangelicals," March 24, 2023, https://news.gallup.com.

로 중생한 기독교인이라고 정의한 사람의 수가 5천만 명이나 되었다. 정치적으로 목소리를 내기 시작한 보수적 기독교인들은 점차 다양하게 조직화되었다. 1974년에 만들어진 자유의회 재단Free Congress Foundation을 시작으로, 기독교 목소리Christian Voice, 도덕적 다수Moral Majority, 가족연구 협의회 Family Research Council, 기독교 연대Christian Coalition, 전통적 가치를 위한 미국연대American Coalition for Traditional Values, 미국을 위해 걱정하는 여성 Concerned Women for America 등의 보수적 행동 조직들이 속속 등장했다.

이들 보수적 단체들은 '종교적 우파Religious Right'라고 불렸다. 각기 다른 지도자와 다양한 이해관계를 가진 조직들이었지만 윤리적·정치적 문제에서 공통적으로 보수적 입장을 보였고 그런 입장을 적극적인 행동을 통해 나타냈다. 종교적 우파에 속한 여러 조직들은 낙태, 동성애자 권리, 성의 개방뿐 아니라, 여성과 소수 인종 집단의 권익을 보장하는 입법과 줄기세포 연구에도 반대했다. 그러나 그들은 핵무기 실험과 국방비 증액, 그리고 공립학교에서 기도하는 것에 찬성했고, 창조과학을 가르치고 전통적 가정의 가치를 지켜야 한다고 주장했다. 그런 입장을 퍼뜨리기 위해서 종교적 우파가 선택한 가장 대표적인 방법은 방송 미디어를 통해 선전하고 우편과 가정방문을 통해 지원자와 자금을 모집하는 것이었다. 종교적 우파의 지도자 가운데 제리 폴웰Jerry Falwell(1933~2007)이나 팻 로버트슨Pat Robertson (1930~2023) 같은 방송 전도자televangelist들이 많다는 사실을 생각할 때 충분히 이해할 수 있는 현상이었다. 종교적 우파는 자신들이 원하는 입법을 위해 워싱턴 정가에서 로비 활동을 했고, 선거 때가 되면 자신들 주장에 동조하는 후보자를 지지했으며, '유권자 교육'을 통해 전통적 가치관을 전파했다. 이 과정에서 낙태 문제는 후보자 자격을 판단하고 보수적 유권자를 동원하는 가장 중요한 수단으로 사용되었다.

종교적 우파의 정치적 영향력이 가장 잘 발휘될 수 있는 영역은 선거였다. 법원의 판결이나 의회의 입법에 미칠 수 있는 로비의 영향력은 간접적이고 제한적일 수밖에 없었기 때문이다. 1976년 대통령 선거 이후 2020년

대통령 선거에 이르기까지 종교적 우파는 선거 결과에 상당한 영향을 미친 것으로 분석되었다. 1980년 선거에서는 인권 및 정치와 종교의 분리에 관한 카터의 진보적인 견해에 보수 유권자들이 등을 돌렸다. 그 대신 그들은 진지한 기독교 신앙은 없으나 자신들의 구미에 맞는 언행을 보여준 로널드 레이건을 지지하여 당선시켰다. 이후 2020년 도널드 트럼프가 당선될 때까지 종교적 다수는 줄곧 공화당 후보를 지지했다. 이것은 공화당은 주류 개신교와 연대하고 민주당은 가톨릭, 유대인, (특히 남부의) 복음주의자들을 대변해 온 오랜 전통이 1980년대 들어 깨졌음을 의미했다. 시간이 지나면서 복음주의자들은 점점 더 공화당 쪽으로 기울었고, 종교적·민족적 다양성이 확대되는 가운데 민주당은 아프리카계 개신교와 무슬림, 힌두교도, 불교도 같은 종교적 소수 공동체의 지지를 얻었다.

빌 클린턴Bill Clinton(b.1946)은 종교적 우파를 비롯한 보수적 종교인들의 심한 반대에도 불구하고 당선되었다. 그는 남침례교인이었고, 아프리카계 유권자의 압도적인 지지를 받았으며, 전체적으로 대중에게 인기가 높아 남부의 보수적 개신교에 기반한 종교적 우파의 힘이 충분히 발휘될 수 없었다. 2000년도 선거에서 종교적 다수는 조지 W. 부시를 주저없이 선택했다. 그는 "성서를 읽는 중생한 기독교인"이었으며, 근본적 가치관에서 그들과 다를 바 없었기 때문이다.[504] 연합감리교회 신자인 부시는 교단의 신학적 진보성과 달리 낙태를 반대하는 보수적 신앙을 가지고 있었다. 이것은 남침례교 출신의 카터나 클린턴이 사회정치적 면에서 진보적 입장을 취했던 것과 정반대였다. 실제로 신자 개개인의 신학적·사회정치적 입장은 그들이 속한 교단이 공식적으로 보여주는 것보다 훨씬 복잡했다. 부시는 신앙적 확신이 정책 수행으로 연결되는 사람이었다. 종교적 다수가 보기에 그는 "진짜배기Real Deal"였다.[505] 이라크전쟁, '악의 축' 발언, 일방주의 외교

---

[504] William Martin, *With God on Our Side*, 389.

[505] 같은 책, 390.

등이 논란이 되었지만 그들은 만족했다. 그러나 그런 언행은 부시가 매우 제한된 관점으로 세계를 바라보고 있으며, 그 관점은 그가 가진, 따라서 그를 열렬히 지지한 종교적 다수가 가진, 신앙의 이원론적 세계관과 긴밀하게 연결되어 있음을 드러내었다.

20세기 후반부터 21세기 초까지 치러진 일련의 선거는 기독교인의 투표 성향을 보여주었다. 복음주의적 기독교인들은 공화당을 지지하고 주류 기독교인들은 민주당을 지지하며, 가톨릭교인은 후보자와 쟁점에 따라 지지를 달리하는 대체적인 경향이 드러났다. 보수적 신앙을 가진 사람들은 윤리적·사회적·정치적 문제에서도 보수적인 견해를 드러내었다. 그러나 현대 근본주의–복음주의의 신학적·역사적 조상이라고 할 수 있는 19세기 미국의 복음적 기독교 속에는 개혁적이고 진보적인 요소가 많이 포함되어 있었다. 1920년대 근본주의의 대표적 인물로서 스콥스 재판의 주역이었던 윌리엄 브라이언도 제국주의에 반대하고 노동자의 권익과 사회정의를 주창主唱한 진보적 정치인이었다. 따라서 19세기 복음적 기독교의 후손들 가운데 일부가 보수적인 사회, 정치, 문화적 행동을 보이기 시작한 것은 일종의 "대반전" 현상이었다.[506] 이 대반전의 정체는 미국 사회가 점점 더 "타락"하는 방향으로 나아가고 있다는 절박함, 그리고 그런 사회가 자신들의 가치관을 공격하고 있다는 피해의식이었다. 그러나 자신의 것을 지키려는 노력에서 시작한 보수주의 운동은 점점 공격적으로 변해갔다. 그것은 그들의 적극적 노력에도 불구하고 미국 사회가 점점 더 세속화되고 진보적 가치관에 포용적인 방향으로 나아갔다는 뜻이기도 하다.

'약속을 지키는 사람들Promise Keepers'은 정치와 개인윤리를 분리한 새로운 기독교 보수주의 운동이었다. 대학 미식축구 감독 출신인 빌 매카트니 Bill McCartney(b.1940) 주도로 1993년 시작한 이 조직은 정치적 보수주의를 표방하지는 않으면서 전통적 가치를 고양하려 했다. 이 대중운동은 '남성

---

506 Timothy L. Smith, *Revivalism and Social Reform: American Protestantism on the Eve of the Civil War* (Gloucester, MA: Peter Smith, 1976), 212.

적 기독교'를 전파했다. 남편들이 사랑으로 가장의 의무를 다할 것과 아내들은 자발적으로 남편에게 순종할 것을 가르쳐 여성주의 및 동성애에 반발했던 것이다. '약속을 지키는 사람들'이 지켜야 할 7가지 약속에는 성적인 순결, 성서적 가치에 기반한 가정, 목회자에 대한 존경, 선교의 사명 등 전통적 기독교 가치관이 포함되어 있었다. 이런 점에서는 종교적 우파와 윤리적 지향점이 다르지 않았다. 이 운동은 가정의 붕괴 및 남성의 전반적인 무책임에 대한 진지한 고민에서 출발했다. 그러나 티셔츠, 오디오 테이프, 책, 그리고 각종 기념품을 팔아 기금을 조성하는 이 운동의 상업주의는 20세기 후반 이후의 문화적·종교적 분위기가 어떻게 변해가는지 잘 보여주었다.

제21장

새로운 천 년
속에서

Islamic Center of America
Dane Hillard 사진
Wikimedia Commons

미시건 디어본Dearborn에 있는
북미에서 가장 큰 모스크

강화되는 다원주의

힌두교, 불교, 이슬람

2001년 하버드대학 '다원주의 프로젝트'는 10년 동안 행한 연구 결과물을 출간했다. 이 프로젝트는 미국의 종교적 다원성이 얼마나 이루어졌는지 알아보기 위해서 힌두교, 불교, 이슬람교를 집중적으로 조사·연구하는 데 그 목적이 있었다. 연구는 문서사료 연구를 넘어서 각 종교의 성소와 공동체를 방문하여 그들의 종교세계를 체험하고, 그들의 신앙과 예배를 생생하게 전하는 방향으로 이루어졌다. 프로젝트의 결과물은 그 부제가 밝히는 바와 같이, 한때 "기독교 국가"였던 미국이 어떻게 해서 "세계에서 종교적으로 가장 다양한 나라"가 되었는지 충격적으로 보여주었다.[507]

다원주의 프로젝트의 조사에 의하면 미국에 완전히 뿌리를 내린 힌두 전통은 이제 새로운 "미국적 힌두교"를 만들어가고 있었고, 로스앤젤레스에 있는 300여 개의 불교 사원은 세계에서 가장 다양한 종파가 한 곳에 모여

---

[507] Diana L. Eck, *A New Religious America: How a "Christian Country" Has Become the World s Most Religiously Diverse Nation* (San Francisco: HarperSanFrancisco, 2001), 2~3, 139~140, 142. 정식 명칭이 Pluralism Project: World Religions in America인 이 프로젝트에 관해서는 홈페이지(http://www.pluralism.org) 참조.

있는 불교 공동체를 형성했다. 또한 미국에 있는 것으로 추정되는 최대 600만 이슬람 교인의 수는 이미 유대교인뿐 아니라 오랫동안 미국 주류 기독교의 대표로 군림했던 성공회와 장로교 교인 수를 넘어섰다.

미국의 인구 구성은 빠르게 변하고 있다. 특히 아시아계는 20세기 후반부터 미국에서 가장 빨리 증가하는 인종–문화 집단이다. 2000년과 2020년에 시행된 인구조사에 따르면 미국 내 '아시아인'은 각각 약 1천 200만(다른 인종과 복수선택 170만 포함) 명과 2천 400만(복수선택 410만 포함) 명이었다.[508] 이것은 각각 전체 인구 2억 8천만과 3억 3천만 명의 4.2퍼센트와 7.2퍼센트로서 아시아계 인구가 2천년대 들어서만 100퍼센트 이상 증가했다는 뜻이다. 아시아계 바로 다음으로 급속한 인구 증가를 보여주는 집단이 히스패닉–라티노계다. 이들은 2000년 3천 500만(미국 인구의 12.5퍼센트)이다가 2020년 6천 300만(19.1퍼센트)으로 증가했다. 그 기간 동안에만 80퍼센트의 인구 증가를 보인 것이다. 히스패닉–라티노는 '흑인'(약 4천 5백만)을 제치고 미국에서 두번째로 큰 인종–문화집단이 되었다. 2022년 텍사스의 히스패닉–라티노 인구는 1천 2백만(주 인구의 40.2퍼센트)을 넘어 '백인'(39.8퍼센트)보다 많아졌다. 텍사스는 이제 '백인'이 최대 인종이 아닌 곳이 된 것이다.

20세기 중반 이후 미국에서 '백인'과 '흑인'을 제외한 나머지 인종–문화 집단의 인구 증가는 대부분 이민 증가에 기인한다. 앞서 살펴본 바와 같이, 미국 역사에서 어떤 이민 집단의 증가는 그 집단의 종교가 와서 성장하고, 결과적으로 미국 종교시장이 더 다양해지는 계기가 되었다. 아시아계 이민

---

[508] '아시아계'는 '백인'이나 '흑인'과 마찬가지로 유럽계 미국 주류 사회의 인종적 편견이 반영된 말로서 정의하기 매우 어렵다. 미국 인구통계국이 10년 주기로 행하는 인구조사에서 '아시아계'는 극동, 동남아, 그리고 인도지역 출신을 말한다. 서아시아, 중동, 중앙아시아계는 여기에 해당되지 않는다. 1980년부터 아시아 인디언Asian Indian, 중국인, 필리핀인, 일본인, 한국인, 베트남인 등 6개 선택항목이 있었다. 2000년에도 이 6개 선택항목이 유지되었으나 거기에 '기타 아시아계'라는 항목이 추가되어 자신의 인종–민족 혈통을 기입할 수 있게 했다. 한편, 1990년 조사는 '아시아계' 대신 '아시아계 또는 태평양 도서계Asian or Pacific Islander'라고 범위를 넓혔고, 2000년부터는 둘을 분리하였다. 따라서 인구통계국 통계에서 '아시아계'는 조사 시기에 따라 그 범위가 조금씩 달라진다. 인도계 사람들이 1970년에는 '백인'으로 분류되었다는 것은 이런 사실을 극명하게 보여준다.

들도 이점에서 예외가 아니었다. 아시아계 인구의 증가는 아시아계 종교 수의 증가, 그리고 그 교세의 확대와 같이 이루어졌다.

1977년 7년간의 공사 끝에 뉴욕의 플러싱Flushing에 코끼리 머리를 한 힌두교 신인 가네샤Ganesha를 위한 장대한 사원이 만들어졌다. 이때 뉴욕의 인도계 주민 수는 수천 명에 불과했다. 2020년 뉴욕주의 힌두인은 20만 명을 넘어섰고 1천 100개 이상의 사원과 여러 힌두 센터들이 있었다. 가네샤의 탄생을 기념하는 축제는 플러싱 전체의 전통이 되었다. 뉴욕의 사원이 완공되기 한 달 전 피츠버그에는 비슈누Vishnu 신을 위한 사원이 건립되었다. 미국에 건립된 최초의 정식 힌두교 사원이었다. 이 사원은 남부 인도 티루파티Tirupati의 언덕에 있는 사원을 본뜬 것으로, 미국 내 힌두교 신자들의 중요한 순례지가 되어 매년 수만 명의 순례자가 방문하고 있다. 이것을 시작으로 힌두교 교인들은 인도의 힌두교 성지를 미국에 하나씩 재현하기 시작했다. 여러 신들의 사원이 텍사스의 휴스턴과 오스틴Austin, 뉴욕 퀸즈Queens, 펜실베이니아의 슈킬 헤이븐Schyukill Haven, 그리고 메릴랜드의 랜함Lanham 등에 재현되어 순례자를 맞고 있다. 그런 순례용 대형 사원 외에도 인도계 주민들이 살고 있는 지역, 특히 뉴욕, 뉴저지, 캘리포니아 등에는 많은 힌두 종교-문화 시설이 생겨서 삶의 중심이 되고 있다. 2020년 미국 전체 인구의 약 1퍼센트(330만) 정도 되는 힌두교도가 뉴욕과 샌프란시스코 등 대도시를 중심으로 살고 있는 것으로 조사되었다.[509]

불교에서 일어난 큰 변화 가운데 하나는 일본과 중국 중심의 불교에 여러 가지 다른 전통들이 더해져서 훨씬 더 풍요로워졌다는 것이다. 특히 1980년대와 1990년대를 거치면서 베트남, 캄보디아, 라오스, 태국 등에서 남방불교 전통이 들어와 크게 성장했다. 불교의 중심지 캘리포니아 남부, 특히 로스앤젤레스 지역을 보면 미국의 불교가 얼마나 다양해졌는지 쉽게

---

[509] PRRI, "The 2020 PRRI Census of American Religion," https://www.prri.org. 전체 인구의 1퍼센트 정도 되는 종교집단의 정확한 교인 수를 파악하는 것은 불가능하므로 연구기관들은 숫자보다 총인구 대비 비율을 주로 사용한다.

알 수 있다. 천만 달러를 들인 3년간의 공사 끝에 1989년 완공된 서반구 최대 불교 사원인 대만계의 서래사西來寺Hsi Lai Temple부터 시내 중심가에 있는 한국계의 관음사, 롱비치Long Beach의 캄보디아 사찰들, 오렌지 카운티의 가정집을 개조한 베트남 사찰들, 태국계 불자 4만 명의 보금자리인 할리우드에 위치한 왓 타이Wat Thai of Los Angeles, 일본에서 직수입한 3만여 개의 기와가 덮인 장대한 동본원사東本願寺Higashi Honganji Buddhist Temple를 포함한 여러 개의 정토진종 사찰, 일본계 선불교 사찰인 로스앤젤레스 선 센터 Zen Center of Los Angeles, 한국 승려 숭산崇山(1927~2004)이 설립한 달마선원 Dharma Zen Center, 티벳불교센터Tibetan Dharmadhatu Center, 그리고 그 이외에도 여러 불교 관련 명상 센터가 로스앤젤레스 일대에 분포되어 있다.[510] 로스앤젤레스의 일반 시민은 물론 불교신자들도 이전에는 그 존재조차 알지 못했던 다양한 형태의 불교 전통을 그곳에서 처음으로 경험하며 공존하고 있는 것이다.

불교는 더 이상 아시아계 이민자만의 종교가 아니다. 2020년 미국 인구의 약 1퍼센트, 즉 330만 명 이상으로 추산되는 불교도가 약 1천 개의 사찰을 중심으로 신앙생활을 하고 있었다.[511] 하와이와 샌프란시스코 연안이 그 중심지였다. 의미심장한 것은 그 불교도의 44퍼센트가 '백인'으로서 33퍼센트인 아시아계보다 더 많았다는 점이다. 각 불교 종파는 1980년대부터 미국에서 태어난 유럽계 사람들 가운데서 승려를 배출하기 시작했다. 이것은 불교가 진정으로 미국에 뿌리 내렸다는 증거였고, 불교의 미국화가 본격적으로 진행될 것임을 알리는 신호였다.

한국 조계종의 숭산은 한국 선불교를 미국인에게 가르치기 위해서 1972년 로드아일랜드에 도착했다. 그의 포교 대상은 한국에서 온 이민자가 아

---

[510] Eck, *New Religious America*, 148~49.

[511] 불교인구 통계에 관해서는 다음 참조: PRRI, "The 2020 PRRI Census of American Religion"; "The American Religious Landscape in 2020," https://www.prri.org; Pew Research Center, "Buddhists," Dec. 18, 2012, https://www.pewresearch.org.

니라 미국에서 태어난 사람들이었다. 숭산은 로드아일랜드 컴벌랜드 Cumberland에 프로비던스 선원Providence Zen Center을 설립했고, "나는 누구인 가?"와 "오직 모를 뿐"으로 대표되는 전통적 한국 선문답을 가르치기 시작 했다.[512] 많은 미국인이 단순한 언어로 카리스마 있게 가르치는 숭산에게 매료되었다. 그는 성추문에 휩싸이기도 했지만 프로비던스 선원은 전 세계 에 지부를 가진 관음선원Kwan Um School of Zen의 중심지로 성장했다. 2004 년 그가 사망했을 때, 관음선원은 미국에 있는 20여 개의 선원을 포함하여 32개국 120개 선원을 가진 조직이었다. 미국의 관음선원은 수도승 중심의 한국 불교와 달리 재가 신자에게도 지도법사 자격을 '인가認可'하는 독특한 방식을 도입하여 미국적 상황에 적응했다. 관음선원의 성장에서 볼 수 있 는 바와 같이 유럽계 미국 대중은 불교를 일차적으로 좌선과 명상의 차원 에서 받아들이는 경향이 있었다.

아시아계 이민의 증가가 힌두교와 불교에 가져다준 성장과 변화는 이슬 람에서도 비슷하게 일어났다. 왜냐하면 미국 무슬림 공동체에서 중요한 인 종집단이 아시아계이기 때문이다. 2020년 한 조사는 미국에 440여만(총 인 구의 1.3퍼센트) 명의 무슬림과 2천 700여 개의 모스크가 있는 것으로 파악했 다.[513] 이것은 10년 전에 비해서 모스크는 700개, 무슬림은 190만 명이 증 가한 것을 뜻했다. 무슬림 인구는 앞으로도 계속 빠르게 증가하여 2040년 이면 유대교를 제치고 미국 제2의 종교가 되고, 2050년에는 그 수가 810만 (총 인구의 2.1퍼센트) 명을 넘을 것으로 예측된다.[514]

이슬람은 신도수 증가만큼이나 신도 구성의 변화와 다양성 면에서도 주 목되는 종교다. 2004년에 출간된 한 미국 종교사에 의하면 모스크에 등록

---

[512] Seung Sahn, *The Compass of Zen*, comp. and ed. Hyon Gak Sunim (Boston: Shambhala Pub., 1997), 16.

[513] Clifford Grammich, "The U.S. Religion Census: Introduction and National Overview," https://www.usreligioncensus.org.

[514] Mohamed, "New Estimates Show U.S. Muslim Population Continues to Grow."

된 무슬림 가운데 인도와 파키스탄을 중심으로 한 아시아계(33퍼센트)가 가장 많았으며 그 다음이 중동 출신(25퍼센트)이었다.[515] 그러나 2017년에 행해진 한 연구는 미국 무슬림 가운데 '백인'이 가장 많으며(26퍼센트), 아시아계와 아랍계는 그 다음(각각 18퍼센트)이라는 놀라운 사실을 알려주었다.[516] 무슬림은 중동이나 아시아 사람이라는 통념을 깨는 수치였다. 전체의 약 9퍼센트인 '흑인' 무슬림은 과거 노예로 끌려온 조상들 가운데 많은 수가 무슬림이었다는 사실 속에서 과거와 강한 연대감을 느끼고 있는 것으로 보였다. 어쨌든 이슬람은 미국 주요 종교 가운데 주도적 인종집단이 없는 유일한 종교였다.

그런데 무슬림 종교생활의 특징을 고려할 때, 모스크의 숫자와 모스크에 나오는 사람들의 통계는 이슬람 전체의 교세를 정확하게 반영하지 못한다. 이슬람 지역에서 온 이민자 가운데 어떤 종교단체에도 속하지 않은 사람도 수백만이나 된다. 유형적인 것의 신격화를 일체 배격하는 이슬람의 가르침에 따라 모스크는 힌두교 사원이나 기독교 성당처럼 그 자체로 거룩한 곳이 될 수 없으며, 단지 집회의 장소로 기능한다. 그럼에도 불구하고, 뉴욕 맨해튼, 클리블랜드, 피닉스, 오하이오의 톨레도Toledo, 미시건 디어본Dearborn, 루이지애나 메테어리Metairie 등지에는 주변을 압도하며 이슬람의 존재를 알리는 거대한 모스크들이 서 있다.

무슬림 공동체는 미국 사회에 점점 깊이 뿌리내리고 있다. 1990년대에 나타난 변화만 살펴보아도 그 사실을 짐작할 수 있는데, 연방의회 개회식에서 무슬림 지도자가 기도를 했고(1991), 무슬림 군종이 생겼으며(1993), 시카고에서는 이슬람의 날이 선포되기도 했다(1994). 가장 큰 이슬람 조직인 북미 이슬람협회Islamic Society of North America 소속 무슬림들은 매년 노동절에 정기집회를 갖는데, 이 집회는 회의, 토론, 공연, 그리고 사업이 혼합된 중요한 연

---

[515] Gaustad and Schmidt, *Religious History of America*, 420.

[516] "American Muslim Poll 2017: Key Findings," https://www.ispu.org.

례행사가 되었다. 미국에서 가장 큰 무슬림 모임인 이 집회에는 조 바이든 Joseph R. Biden(b.1942) 같은 정관계 인사들이 가서 연설을 할 정도로 중요한 모임이 되었다. 무슬림이 미국에 정착하고 있는 증거 가운데 하나는 이슬람 학교들이 설립되고 있다는 사실이다. 이슬람 학교 설립은 과거 가톨릭교인과 유대인들이 그들의 종교에 바탕을 둔 사립학교를 세우는 문제를 둘러싸고 경험했던 것과 같은 고민과 논쟁 속에서 이루어지고 있다. 이슬람 학교 설립을 주장하는 사람들은 공립학교가 가지고 있는 마약과 남녀교제 문제, 그리고 전반적인 오락문화로부터 자녀들을 보호하고, 그들을 이슬람 신앙과 관습 속에서 교육할 필요가 있다고 느끼고 있다.[517] 21세기 초 전국에 걸쳐 200개 이상의 이슬람 사립학교가 세워졌으며, 그 수는 점점 증가하고 있다.

심화되는 다원화

아시아 이민자들이 미국에 들여온 종교문화가 비서구 전통의 종교에만 한정된 것은 아니다. 아시아 이민 가운데도 기독교인이 많이 포함되어 있었다. 그런데, 그들이 가져온 기독교는 미국에 오랫동안 존재해 온 유럽계 혹은 아프리카계 기독교와는 상당히 다른 모습을 띠고 있는 경우가 많았다. 예를 들어, 미국 장로교(PCUSA) 내에서 한국계 교회들이 성장해 온 과정과 특징을 살펴보면 아시아계 이민자들이 미국의 주류 기독교에 어떤 변화를 주고 있는지를 확인할 수 있다. 새로운 이민법이 발효된 직후인 1970년대 초 미국 장로교 내에는 약 20개의 한국계 이민교회가 있었다. 그런데 미국 장로교에 속한 한국계 교회는 급격하게 성장하여 2020년 430개 이상의 교회에 약 5만 5천 명의 교인을 가지게 되었다. 2000년 한국계의 이승만(1931~2015)이 아시아계 미국인으로는 처음으로 제212대 미국 장로교 총회장으로 선출된 것은 그의 개인적인 지명도와 아울러 장로교 내 한국계의 힘과 위상이 얼마나 증

---

[517] Eck, *New Religious America*, 285.

대되었는지 잘 보여주었다. 19세기 말 이래 오랫동안 미국 장로교의 선교지였던 한국에서 태어난 기독교인이 미국으로 건너와 미국 장로교 최고 지도자 위치에 오른 것은 미국의 기독교를 전해 받았던 한국 교회가 이제 미국 기독교에 영향을 끼치고 있음을 보여준 상징적인 사건이었다.

한국계 교회는 미국 장로교 내에서 가장 빠르게 성장하는 교회이며, 아프리카계 다음으로 큰 소수민족 교회 집단이다. 한국계 교회의 성장과 활력은 쇠퇴하고 있는 미국 장로교에 새로운 힘을 불어넣었다. 한국계 교회는 열정적인 예배와 기도생활, 체계적인 성경 공부, 그리고 선교와 교회 성장에 대한 관심 등 기존의 유럽계 교회가 잃어버린 것들을 유지하고 있었다. 또한 그들은 새벽기도회, 수요예배, 부흥회, 구역 모임 등 한국 교회 성장에 기여해 온 독특한 제도를 소개하여 교단에 새로운 자극을 주었다. 미국 장로교는 한국계 교회의 중요성을 깨닫고 한국어를 모국어로 사용하는 교회들이 '민족적' 노회를 구성할 수 있도록 허락했다. 한국계 주민이 많이 사는 캘리포니아, 시카고, 뉴욕과 동부 대서양 연안 등을 중심으로 생긴 여러 개의 한미Korean‒American노회는 지역에 따라 정해지는 기존의 노회 경계를 넘어서 만들어진 특별한 노회였다. 그러나 한국계 교인의 독특함은 그들이 미국에 살지만 여전히 한국적 사고와 행동을 한다는 뜻이기도 했다. 이창래(b.1965)의 소설《원어민Native Speaker》(1995)이 보여준 것처럼 그들은 미국에서 여전히 "감정적 이방인"이고 "낯선 사람"이었다.[518] 한국계 교인들이 미국 장로교의 전체적 성향보다 신학적‒윤리적으로 더 보수적이어서 동성애 등의 문제를 두고 갈등을 빚거나 아예 교단을 탈퇴하는 경우가 생기는 것도 그런 이유 때문이었다.

미국 종교의 다원화는 비유대‒기독교 전통의 종교가 와서 성장하거나, 새로운 이민자들이 유대‒기독교 전통을 다양하고 풍요롭게 만드는 차원에서만 진행된 것이 아니다. 기독교 내에서 일어난 여러 분파도 미국 종교가 다원화되는 데 크게 기여했다. 기독교 내부가 얼마나 다양하게 되었는지는 20세기

---

[518] Chang‒rae Lee, *Native Speaker* (New York: Riverhead Books, 1995), 5.

미국 종교계에 일어난 가장 큰 사건 가운데 하나라고 할 수 있는 오순절 운동에서 확인할 수 있다. 감리교 성결운동에서 파생된 오순절 운동은 20세기를 지나면서 각기 다른 신학적 입장, 다른 기독교 교파와의 관계, 인종, 그리고 지도자에 따라 수많은 교단과 독립 교회를 만들어내었다. 21세기 초 오순절-은사파Pentecostal-Charismatic 교회는 미국에 약 1천만 명의 구성원을 가진 것으로 알려진 거대한 집단이다. 그런데, 오순절 운동 참가자들은 오순절-은사파 교단에 한정된 단순한 공동체가 아니다. 오순절 신앙인은 약 200개의 각기 다른 교단, 수많은 독립된 지역교회, 그리고 기존의 개신교단이나 가톨릭 교회에 속해 있다. 결국 오순절 신앙은 대단히 다양한 성격의 사람들에 의해 매우 다채로운 형태로 실천되고 있는 기독교 신앙의 한 형태인 것이다.

오순절 운동은 새로운 신학과 신앙을 소개했을 뿐 아니라 그것을 전파하는 새로운 방법도 개발했다. 에이미 맥퍼슨이 처음으로 방송을 자신의 이름과 설교를 전파하는 수단으로 삼은 이후, 오랄 로버츠Oral Roberts(1918~2009), 팻 로버트슨, 제리 폴웰, 지미 스워거트Jimmy Swaggart(b.1935), 그리고 아프리카계의 토마스 제이크스Thomas D. Jakes(b.1957) 등 오순절 계열 전도자들이 방송의 전파력을 이용하여 소비자 문화에 어울리는 프로그램과 설교를 통해 많은 부와 명성을 쌓았다. 이들 텔레비전 전도자들은 대중문화에 맞추어 자신들을 포장하고 상품화했으며 자본주의적 가치관에 호소해 '풍요의 복음'을 팔았다.

미국 종교지형의 다양한 모습은 지리적인 차원에서도 확인할 수 있다. 유럽인 진출 이전의 원주민 종교는 종교가 지리적·기후적 환경과 긴밀하게 연결되어 발전함을 잘 보여주었다. 종교의 지리적 특성은 현대에도 나타나는 현상이다. 예를 들어, 애팔래치아산맥 남부의 산악지대에는 다른 어떤 곳에도 볼 수 없는 독특한 종교문화가 발달하였다. 켄터키, 테네시, 조지아, 노스캐롤라이나의 산악지역에 해당하는 남부 애팔래치아에 사는 산악인들mountaineers은 기독교, 원주민 종교, 서구의 오컬트 등이 혼합된 형태의 민간신앙을 가지고 있다. 이곳의 치료사들healers은 성서의 특정한 구절을 주문처럼 사용하고, 여러 가지 약초와 주술적 치료법을 이용하여 병을 치료한다. 농업이 주요 산업인 이 지역의 특징은 자연의 질서나 순환에 종교적 차원의 의미를 부여하게 만들었다. 남부 애팔래치아 산악인들은 천궁도에 따라 각 작물의 파종과 수확 시기를 결정한다. 또한 그들은 신령과 동물에 관한 많은 설화와 전설을 가지고 있으며 꿈이나 환상, 그리고 각종 자연현상 속에서 계시와 징조omen를 읽어내는 데도 익숙하다. 한 가지 흥미로운 점은 이와 같은 민간신앙이 대체로 칼뱅주의적이고 부흥회적인 다양한 형태의 기독교 신앙과 공존하고 있다는 사실이다.[519] 기독교 같은 세계 종교가 지배하는 상황 속에서도 북아메리카대륙의 사람들은 자신의 환경과 성정性情에 맞는 독특하고 다양한 생활신앙을 발전시켰다는 증거다.

미국의 종교가 다원화되고 있으며, 비개신교 및 비서구 전통의 종교에 대해서 미국인이 점점 더 관용적으로 변해가고 있다는 사실은 정부통령 후보로 나선 이들의 종교를 통해서도 알 수 있다. 1928년도 민주당 후보로 대통령 선거에 나섰던 뉴욕 주지사 알 스미스Al Smith(1873~1944)는 가톨릭교인으로 주요 정당의 대통령 후보가 된 최초의 인물이었다. 스미스가 선거에서 패했을 때, 그가 헌법보다 교황의 말을 더 따를 것을 유권자들이 두려워했다는 말도 있었다. 가톨릭교인인 존 F. 케네디가 1960년 대통령 선거에 나섰을 때도 많은 사람이 끈질기게 그의 종교를 문제 삼았다. 미국과 교황에 대한 충성도, 종교와 정치의 분리에 대한 신념 등을 반복해서 묻는 사람이 많았다. 그런 의미에서 케네디의 당선은 주류 개신교가 주도권을 잡아온 미국의 정치지형에 어떤 근본적인 변화가 왔음을 알려주는 신호였다. 그러나 케네디는 다른 종교적 대통령에 비해 본인의 신앙이 생각이나 정치에 "훨씬 적은 영향"을 끼친 정치인이었다.[520]

---

[519] Catherine L. Albanese, *America: Religions and Religion*, 2d ed. (Belmont, CA: Wadsworth, 1992), 324~48.

[520] Gary Scott Smith, *Faith and the Presidency: From George Wahington to George W. Bush* (New York: Oxford University Press, 2006), 271.

역사상 최초의 여성 부통령 후보였던 1984년 민주당 부통령 후보 제랄딘 페라로Geraldine Ferraro(1935~2011)도 가톨릭교인이었다. 그러나 이때는 더 이상 그녀의 종교가 문제 되지는 않았다. 오히려 문제가 된 것은 가톨릭교회와 그녀의 관계였다. 민주당 후보답게 페라로가 낙태를 찬성했기 때문이다. 1988년 민주당 대통령 후보 마이클 듀카키스Michael Dukakis(b.1933)는 그리스 정교회에서 세례받은 교인이었다. 그는 유대인과 결혼하고 진보적 견해를 가졌지만 그리스 정교회는 그를 "교회의 아들"로 여겼다.[521]

기독교가 아닌 종교를 가진 사람으로 정부통령 선거에 나온 최초의 사례는 2000년도 대통령 선거에서 민주당 부통령 후보로 출마한 조셉 리버만 Joseph Lieberman(b.1942)이었다. 그는 정통파 유대인이었다. 한편, 2012년도 공화당 대통령 후보였던 매사추세츠 주지사 출신의 미트 롬니Mitt Romney(b.1947)는 모르몬 교인이었다. 그는 결혼, 동성애, 줄기세포 연구 같은 부분에 대한 자신의 견해가 종교적 우파의 가치관과 비슷하다고 하면서 그들과의 연대를 시도했다. 모르몬 교인이 미국에서 가장 영향력 있는 주 가운데 하나인 매사추세츠의 주지사를 지냈고, 그 경력을 바탕으로 공화당 대통령 후보에 도전했다는 사실은 모르몬교가 더 이상 미국 사회로부터 배척받는 종교가 아님을 증명했다. 그리고 1997년부터 2004년까지 대통령을 지낸 버락 오바마Barack Obama(b.1961)와 그의 가계는 미국 종교의 다원화를 총체적으로 보여주었다. 그의 어머니는 불가지론자였고, 그를 키워준 외조부모는 감리교-침례교-유니테리언 출신이었으며, 그의 케냐인 아버지와 인도네시아인 양부는 모두 무슬림이었다. 그는 인도네시아에서 가톨릭 학교를 다녔고 시카고에 정착한 후에는 연합 그리스도교회 교인이었다. 심지어 그의 처가 아저씨 가운데는 아프리카계 유대교 랍비도 있었다.

미국의 종교시장이 점점 다원화되어 가고 있는 것은 분명한 사실이다. 한조사에 의하면 1990년 미국인의 약 86퍼센트가 자신의 종교를 '기독교'라고

---

[521] "Dukakis's Ties to Orthodox Church Stay Warm Despite Abortion Stance," *New York Times*, Sept. 7 1988.

했지만, 2001년에는 그 수치가 10퍼센트 포인트나 줄었다.[522] 2001년의 경우 '기독교인' 가운데 약 3분의 1이 가톨릭이었으며, 나머지에는 전통적 개신교의 모든 교파와 정교회, 그리고 모르몬교회, 안식교, 여호와의 증인 등이 두루 포함되어 있었다. 기독교 이외의 종교 가운데 전체 응답자의 1퍼센트 이상을 차지한 것은 유대교(1.3퍼센트)밖에 없었다. 이슬람(0.5퍼센트), 불교(0.5퍼센트), 힌두교(0.4퍼센트) 등을 믿는 사람의 비율은 모두 상대적으로 미미한 상태에 있었다. 그러나 20년이 흐른 후 기독교인 비율은 최대 65퍼센트(가톨릭 21퍼센트, 개신교 42퍼센트)로 낮아졌다.[523] 이에 비해서 이슬람, 불교, 힌두교는 모두 1퍼센트를 넘어, 비율이 감소한 유대교와 비슷한 신자 수를 가지게 되었다. 비유대-기독교 종교가 전체 인구에서 각각 차지하는 비율이 여전히 매우 낮음을 생각할 때 그들 종교의 신자 증가는 전체에서 차지하는 점유율 증가 수치가 보여주는 것 이상의 의미를 지닌다.

더욱 의미 있는 것은 '백인 기독교인' 비율의 지속적 감소다. 1976년 자신을 '기독교인'이며 '백인'이라고 밝힌 사람이 미국 인구의 80퍼센트였다.[524] '백인 기독교인'이 곧 미국이라고 해도 될 정도의 압도적 비율로서, 식민지 시대부터 내려온 그들의 인종적-종교적 지배력이 그때까지 지속되었음을 알 수 있다. 그러나 그로부터 20년 후 그 비율은 인구의 3분의 2로 줄었으며, 2012년 처음으로 50퍼센트 이하로 내려가더니 2020년대에는 40퍼센트 초반대에 머물렀다. '백인 기독교인' 가운데 복음주의자만 놓고 보면 2006년 인구의 23퍼센트이던 것이 2022년 13.6퍼센트에 불과했다.[525]

---

[522] 이 두 조사는 뉴욕 시립대학City University of New York에서 실시한 종교 식별조사National Survey of Religious Identification로 하와이와 알래스카를 제외한 미국 대륙 거주자를 대상으로 행해졌다.

[523] 조사 방법에 따라 수치는 조금씩 다른데, 자세한 것은 다음 참조: Pew Research Center, "Measuring Religion in Pew Research Center's American Trends Panel," Jan. 14, 2021, https://www.pewresearch.org.

[524] Becky Sullivan, "The Proportion of White Christians in the U.S. Has Stopped Shrinking, New Study Finds," July 8, 2021, https://www.npr.org.

[525] Jennifer Rubin, "Why White Christian Nationalists Are in Such a Panic," March 19, 2023, https://www.washingtonpost.com.

이런 수치는 '백인 복음주의자'들이 왜 미국의 상황이나 자신들의 입지에 위기감을 느끼는지, 그리고 왜 백인 우월주의자인 트럼프 같은 사람을 열렬히 지지하는지 알 수 있게 한다.

유대-기독교 전통은 여전히 미국의 종교시장을 지배하고 있다. 그것은 비기독교 전통 지역에서 온 이민자들이 미국에 와서 다른 종교보다 기독교를 선택하는 비율이 높다는 점에서도 드러난다. 1990년대 시카고 지역 한국계 주민을 조사한 바에 따르면 이민 올 때 기독교인이 아니었던 48퍼센트 가운데 절반이 이민 후 기독교 교회를 찾았다고 한다.[526] 한국계 이민자들이 찾을 수 있는 한국계 공동체 가운데 가장 많고 다양한 사람이 정기적으로 모이는 곳이 교회이기 때문에 꼭 신앙 때문이 아니라 사업이나 친목 같은 이유로도 교회에 나갔을 것이다. 중국계 이민자 가운데 기독교인 비율은 매우 낮다. 그러나 미국 내 중국계 교회는 1950년대 수십 개에서 1990년대 수백 개로 열 배나 증가했고 2007년에는 1천 2백 개로 추산되었다.[527] 이것은 물론 이민자의 수가 증가했기 때문에 나타난 현상으로 보인다. 그러나 미국이라는 환경이 비서구 이민자로 하여금 기독교를 선택하게 하는 요인으로 작용했음도 짐작할 수 있다.

세속화의 거센 물결

미국 종교시장의 점유율 변화 이상으로 주목되는 점은 미국 사회의 전반적인 세속화 현상이다. 1990년에서 2020년까지 30년 동안 특별한 종교가 없거나 무신론자, 혹은 불가지론자라고 응답한 사람이 8퍼센트에서 무려 29

---

[526] Finke and Stark, *Churching of America*, 241.

[527] "How Many Chinese Churches Are in the USA?," July 19 2014, https://djchuang.com.

퍼센트 이상으로 증가했다.[528] 미국 성인 10명 가운데 3명은 비종교인이거나 종교에 무관심한 사람이라는 것이다. 이것은 21세기 들어서 무종교인이 그 어떤 종교나 교파의 신도 수보다 빠른 속도로 증가했다는 것을 뜻한다. 21세기 미국 종교시장에 나타나고 있는 매우 중요한 현상이다.

청교도들이 개척한 미국은 처음부터 종교적인 나라였으며, 유럽 선진국과 달리 기독교가 쇠퇴하지 않는 나라라는 것은 대표적인 '미국 예외주의' 믿음 가운데 하나다. 앞서도 언급한 미국의 종교화에 대한 한 연구에 의하면 1776년 미국은 전체 인구의 17퍼센트만 교회나 회당에 다니던 매우 세속적 국가였다. 종교단체에 소속된 종교인의 비율은 1860년 37퍼센트, 1890년 45퍼센트로 증가하더니, 1906년에는 절반을 넘어 51퍼센트를 기록했다.[529] 그 증가세는 지속되어 1926년에는 종교인 비율이 전체 인구의 56퍼센트, 그리고 1980년에는 62퍼센트가 되었다. 1790년 채 400만도 되지 않던 미국의 인구가 1850년 약 2천 300만, 1900년 7천 600만, 1950년 1억 5천 100만, 그리고 1980년에는 2억 2천 600만 명으로 급증하는 가운데 종교인 비율이 인구 증가 속도보다 더 빨리 늘었다는 것은 미국 내 종교들, 특히 기독교가 전체적으로 얼마나 성공적으로 활력을 유지해 왔는지 짐작케 해준다.

이와 같은 종교 인구의 증가만 놓고 본다면 1990년대까지 미국 종교의 역사는 '성장'의 역사인 것처럼 보인다. 그러나 종교인이 많아졌다고 종교가 더 중요해졌다거나 미국 사회가 더 종교적으로 변했다는 것을 의미하지는 않는다. 그리고 20세기 후반부터는 종교인 비율이 줄어들기 시작했다.

현대 미국 사회의 자본주의적 소비문화와 그 세속적 가치관은 각 종교에 힘겨운 과제를 안겨주었다. 미국의 세속적 문화는 양적으로 성장하는 종교 집단에도 심각한 과제였다. 최대 종교 집단인 가톨릭교회는 계속되는 가톨

---

[528] Gregory A. Smith, "About Three-in-Ten U.S. Adults Are Now Religiously Unaffiliated," Dec. 14, 2021, https://www.pewresearch.org.

[529] 인구통계국의 인구조사에서 종교인 비율이 이전 인구조사보다 줄어들었던 유일한 해는 1870년이었다. 이 감소 현상은 남북전쟁의 결과였던 것으로 보인다.

릭계 이민 증가에 힘입어 교인 수가 줄곧 증가했다. 그러나 1960년대 이후 적극적으로 신앙생활을 하는 교인 수는 점점 줄었다. 2001년도에는 가톨릭 인구 가운데 59퍼센트만 교회에 등록했고, 정기적으로 미사에 참석하고 고해성사를 행하는 사람은 더 적어서 2018년의 경우 가톨릭교인 중 39퍼센트만 매주 미사에 참석했다.[530] 그리고 수백 개의 가톨릭 교구학교가 문을 닫았으며, 신학교 학생의 수는 1965년 4만 9천 명에서 2002년 4천 7백 명으로 90퍼센트 줄어 1965년에 학생으로 가득찼던 신학교 600개가 폐교했다. 그 결과 1965년 거의 6만 명이던 사제의 수는 2022년 3만 4천여 명으로 감소했고, 그 절반은 70세 이상이었다.[531] 사제가 없는 본당이 3천 200개(모든 본당의 15퍼센트)가 넘었다. 수녀도 예외는 아니어서 1965년 거의 18만 명이던 수가 2022년 약 3만 6천 명으로 줄었는데, 2042에는 그 수가 1천 명 이하가 될 것으로 예측되었다.[532] 그리고 2015년 조사에 따르면 70세 이상이 58퍼센트로서 40세 이하의 젊은 수녀는 1퍼센트도 되지 않았다.

이런 현상은 그동안 가톨릭교회의 중추 역할을 해왔던 제도적 기반이 크게 축소되었음을 의미했다. 이보다 더 의미심장한 변화는 가톨릭교인들의 가치관이 점점 세속화되어 가고 있다는 것이다. 결혼, 이혼, 피임과 낙태에 관련된 가톨릭 신자들의 견해는 바티칸의 입장이 아니라 미국 사회 일반의 통념에 가깝다. 이혼을 금하고 있는 교회의 가르침에도 불구하고 가톨릭 신자들의 이혼율은 미국 전체 평균과 크게 다르지 않다. 유사한 맥락에서, 매우 가톨릭적·종교적으로 보이는 히스패닉-라티노 가운데 종교가 없는 사람 비율도 미국 평균과 다르지 않다.

---

[530] Lydia Saad, "Catholics' Church Attendance Resumes Downward Slide," April 9, 2018, https://news.gallup.com.

[531] 이 통계는 조지타운대학Georgetown University 연관 연구소인 Center for Applied Research in the Apostolate(CARA)에서 행한 연구 결과다. 자세한 것은 다음 참조: "Frequently Requested Church Statistics," https://cara.georgetown.edu.

[532] 앞의 CARA 통계 및 Jon Schlosberg, et al., "America's Nun Population in Steep Decline," July 27, 2022, https://abcnews.go.com.

세속화는 미국의 주요 종교 가운데 신학적·윤리적으로 가장 진보적이라고 할 수 있는 유대교부터 가장 보수적 집단 가운데 하나인 모르몬교에까지 두루 미치고 있다. 고학력 종교집단인 유대인들은 오래전부터 현대 사회의 가치관을 적극적으로 수용해왔으며, 사회적 문제에서 진보적인 성향을 보여왔다. 1960년대의 인권-사회정의-반전운동, 그리고 그 이후의 여성운동에서 교인 수 대비로 볼 때 유대(교)인은 가장 활발하게 참여한 종교-민족 집단이었다. 유대인들의 진보성은 비유대인과 결혼하는 유대인의 비율이 급격하게 증가하는 현상으로 나타났다. 1980년 이전 18퍼센트였던 것이 2010년대에는 무려 61퍼센트가 되었다.[533] 이것은 유대인들의 전반적인 진보성이 미국 사회에 대한 개방적인 태도 및 유대교의 정체성 위기와 연결되고 있음을 보여주었다. 유대교의 진보적인 흐름에 동참하지 않았던 가장 보수적 소수 교파인 정통 유대교도 현대 사회의 전반적인 변화를 거스를 수 없었다. '현대 정통파Modern Orthodox'라는 새로운 운동은 현대적 미국 사회와 보조를 맞추기 위해 탄생했다. 개신교 근본주의에서 신복음주의가 나온 것과 유사한 현상이라 할 수 있겠다.

이제 전국적 주요 종교가 된 모르몬교회도 더 이상 과거와 같이 사회 일반과 분리된 분파적 성격에 의지하여 교회를 운영할 수 없게 되었다. 모르몬교회는 주류 종교로 인정받게 되었으며, 교인 가운데 많은 사람들이 정치·경제적으로 성공했다. 교인들이 주류 사회의 일원이 되면서, 과연 무엇이 모르몬의 정체성인가에 대한 심각한 고민을 할 수밖에 없었다. 1978년 모르몬교회는 아프리카계 사람에게 목사가 될 수 있게 허락했다. 많은 사람들에게 이것은 당연한 듯이 보이는 결정이었다. 그러나 오랫동안의 고민과 논란 끝에 내린 그 결정은 미국 주류 사회와 같이 가는 일이 모르몬교회에게 얼마나 큰 압력을 주는지 잘 보여주었다.

식민지 시대부터 미국 종교시장을 주도해 온 주류 기독교는 세속화의 영

---

[533] Pew Research Center, "Jewish Americans in 2020," May 11 2021, https://www.pewresearch.org.

향력을 가장 심각하게 경험하고 있다. 미국의 정치-경제-사회를 주도해 왔기에 그 변화와 가장 밀접하게 연결되어 있기 때문이다. 미국 장로교 (PCUSA)를 보면 주류 개신교의 상황이 어떤지 쉽게 이해할 수 있다. 미국 장로교는 1965년 425만 명의 교인을 자랑하는 큰 교단이었다. 그러나 그것을 정점으로 급속하고도 지속적으로 교인 수가 감소했는데, 2022년 교단이 보고한 교인 수는 114만이었다. 2020년과 2021년 사이에만 104개 교회의 문을 닫고 4개의 노회를 해산했다.[534] 더구나 교회 가운데 43퍼센트는 교인 수가 50명을 넘지 않았고, 전체 교인 3분의 1이 70세 이상이었다. 이런 상황은 조심씩 차이는 있을지라도 사실상 모든 주류 개신교단에 해당하는 현상이다. 1975년 주류 개신교단에 속한 사람은 미국인 가운데 30퍼센트가 넘었다. 그러나 그 수는 급격하게 줄어 2018년에는 간신히 10퍼센트를 넘는 정도였다.

보수적 복음주의 개신교 교단은 이보다 형편이 훨씬 나은 편이다. 1975년 미국 전체 인구의 21퍼센트였던 복음주의 개신교인은 점점 증가하여 주류 교단 신자 수를 따라 잡았다.[535] 그 교차점은 1983년이었다. 이때 주류 교단 신자와 복음주의 교단 신자는 모두 인구의 23퍼센트로 같아졌으며, 이후 주류 교단은 지속적으로 감소하고 보수 교단은 증가했다. 그렇다고 복음주의자들이 미국 사회의 전반적인 세속화 과정을 비껴갈 수 있었던 것은 아니다. 그들도 1993년 미국 인구의 거의 30퍼센트로 정점에 도달한 후 서서히, 그러나 지속적으로 감소했다. 2018년 복음주의자들은 미국 인구의 약 23퍼센트로 추정되어, 그 절대수는 증가했지만 전체 인구에서 점하는 비율은 1983년으로 돌아간 것을 알 수 있다.

세속화는 교인 수, 사제나 수녀 수, 그리고 교회 수의 감소 같은 수치로

---

[534] 통계 수치는 2022년 미국 장로교에서 발표한 다음 보고서 참조: https://pcusa.org/site_media/ media/uploads/oga/pdf/statistics/2022_stats_comparativesummaries.pdf.

[535] Ryan P. Burge, "Mainline Protestants Are Still Declining, But That's Not Good News for Evangelicals," July 13, 2021, https://www.christianitytoday.com.

만 나타나지 않는다. 교회에 나가더라도 이전 세대만큼 자주 나가지 않고, 프로그램에 적극적으로 참석하지 않으며, 헌금도 적게 내는 등 종교에 대한 헌신도가 낮아졌다. 세대 사이의 세속화·비기독교화 차이는 매우 뚜렷하다. 2018~2020년 조사에 따르면 1946년 이전에 출생한 이들은 기독교인 비율이 66퍼센트지만 그 다음 세대인 '베이비 부머Baby Boomers'(1946~64년생)는 58퍼센트, 또 그 다음의 'X세대'(1965~80년생)는 50퍼센드였다.[536] 그리고 '밀레니엄 세대Millennials'(1981~96년생) 가운데는 단지 36퍼센트만 기독교인이었다. 적어도 X세대부터는 미국이 더 이상 '기독교 국가'가 아닌 것이 공식화되었다. 그리고 교회나 교단에 대한 충성도도 현저하게 떨어져서 한 교회나 교단에서 다른 교회나 교단으로 쉽게 옮겨 다니곤 한다. 기독교에서 다른 종교로 옮겨가는 일도 빈번하다. 또한 그들은 부모 세대에 비하여 다른 종교를 가진 사람이나 종교가 없는 사람과 훨씬 더 많이 결혼했고, 그런 경향은 점점 더 심화되고 있다.

이제 사람들은 무신론과 무종교를 포함하여 여러 가지 다양한 종교적 가능성 가운데 하나를 선택하려 하며, 또 필요에 따라 언제든지 다른 선택을 할 수도 있게 되었다. 2019년 밀레니엄 세대의 9퍼센트가 기독교가 아닌 다른 종교를 가졌으며, 무려 40퍼센트가 무종교인이었다. 이런 변화의 원인은 매우 복합적일 것이다. 그러나 한 가지 분명한 것은 전통적인 제도교회가 제공해온 가치들이 필요 없는 것이 되어가고 있거나, 아니면 필요하더라도 교회 밖의 시장에서 얼마든지 구할 수 있는 상황이 되어가고 있다는 사실이다.

미국 사회의 세속화가 미치는 영향은 모든 종교에서 발견할 수 있다. 세속적 가치로부터 가장 멀리 떨어져 있는 것처럼 보이는 보수적 개신교 교단들도 예외는 아니다. 보수 교회들이 신자를 끌어들이고 영향력을 행사하는 방식은 주류 교단에 비해 오히려 세속적인 면이 강하다. 보수적 교단들은 종교적·도덕적인 면에서는 사회 일반의 가치에 저항함으로써 세속화된 사

---

[536] Jeffrey M. Jones, "U.S. Church Membership Falls Below Majority for First Time," March 29, 2021, https://news.gallup.com.

회와 구별된 것을 찾으려는 사람들을 끌어들였다. 그러나 대체로 그들은 경제, 사회문화, 정치외교 문제에 관해서는 침묵하거나 국가주의적 경향을 보였다. 세속화에 가장 강력하게 저항하는 듯한 보수적 교회들이 오히려 국가적 가치를 옹호한다는 사실은 점증하는 정치와 경제의 힘 앞에 무력해지고 있는 종교의 위상을 말해주기도 한다. 그러나 좀 더 근본적인 차원에서, 그들이 국가주의적·민족주의적 목표를 열렬히 수용한다는 것은 그 가치관이 상당히 세속화되어 있음을 말해준다. 또한 보수적 교회는 주류 교회보다 세속적인 대중-소비문화를 더 잘 수용했다. 전국적인 지명도가 있는 많은 보수적 종교 지도자들이 방송매체를 이용하여 매우 상업적이고 오락적인 방법으로, 건강과 부, 투자한 만큼 되받는 은총, 마음의 안정 등 종교소비자가 원하는 세속적 가치를 팔아 명성을 얻고 교세를 확장한 것을 이미 살펴보았다.

통계와 여론조사는 미국 사람 대다수가 여전히 스스로를 기독교인이라 여기거나 어떤 신적인 존재를 믿고 있음을 보여준다. 그러나 그 수는 계속 줄고 있다. 1950~60년대에 미국인 가운데 '신'을 믿는 사람은 인구의 98퍼센트였지만, 2022년 그 비율은 81퍼센트로 낮아졌다.[537] 그리고 신이 존재한다고 확신하느냐는 질문에 그렇다고 답한 사람은 60퍼센트 정도에 그쳤다. 다른 선진국에 비해서 더 많은 미국인이 신의 존재를 믿고, 건국 초기보다 종교인이 더 늘어났고, 근대성에 저항한 보수적 기독교가 한동안 세력을 확장한 것은 사실이다. 그러나 그런 현상들이 미국 사회에서 종교가 예전처럼 중요한 위치를 차지하고 있음을 보여주지 않는다. 미국 전체 인구의 3분의 2에 해당하는 사람들이 매년 몇 차례라도 교회(회당, 사원, 사찰 등)에 출석하며 헌금을 하고 있다.[538] 많은 미국인이 출생, 결혼, 장례 같은 삶의 중요한 순간에 성직자에게 집전執典을 맡기고 있다. 그러나 그런 사람들 가운데 종교가 자신의 개인적 삶이나 미국 사회의 조직과 운영에 큰 영향

---

[537] Gallup News, "How Many Americans Believe in God," June 24, 2022, https://news.gallup.com.

[538] Pew Research Center, "Religious Landscape Study: Attendance at Religious Services," https://www.pewresearch.org.

력을 미치기를 바라는 사람은 많지 않을 것이다.

미국에서 종교는 한때 국가와 정부에 정당성을 부여했고, 사회통제 기관들을 유지했으며, 모든 학문의 중심이었다. 또한 종교는 사회규범을 제시하고 개혁의 동력이었으며, 젊은이들을 사회화시키고, 여가 활동을 거의 독점적으로 제공했다. 미국의 종교는 더 이상 그런 기능을 행하지 않는다. 19세기 초까지만 해도 미국 시민은 종교(교회)에게 거의 모든 것을 기대했었고 정치(국가)에 기대하는 것은 거의 없었다. 그러나 이제는 상황이 완전히 반전되었다. 종교는 교육이나 지역 공동체의 운영 등 공적인 영역에서 행했던 기능을 점점 상실했다. 공적인 영역은 거의 전적으로 정치가 지배하게 되었다. 종교적 기능의 유효성은 개인의 영성이나 가정의 화목, 혹은 생의 통과의례 같은 사적인 영역으로 축소되었다. 세속적 사회 속에 운영되고 있는 자유방임적 종교시장에서 교회나 회당에 출석하는 행위는 단지 피상적인 헌신만을 요구하며 누구나 부담 없이 행할 수 있는 일이 되었다. 진지한 헌신을 요구하는 종교는 소수의 헌신자를 얻을지언정 종교시장에서 성공하기 어렵기 때문이다.

미국 사회에서 종교의 사회적 중요성은 점점 축소되고 있다. 유대-기독교 전통의 종교들이 세속화된 사회 속에서 어려움을 겪는 사이에 비서구 전통의 종교들이 들어와 성장하고 있다. 그러나 그런 새로운 종교들이 이민 사회에 대한 사회적 기능을 넘어서 미국 사회에서 얼마나 의미 있고 구별되는 종교집단으로 성장할 수 있을지는 앞으로 두고 보아야 할 문제다. 신자들이 미국 사회에 자리 잡을수록, 이민에 기반한 비유대-기독교 종교 속에도 그동안 유대-기독교에서 나타났던 현상이 조금씩, 그러나 분명히 나타나고 있는 것이다. 과거 비종교인도 종교(특히 기독교)를 선택하게 했던 미국이라는 환경이 이제는 가졌던 종교도 떠나게 하는 힘으로 작용하고 있다. 교인은 늘어도 헌신하는 교인이 줄어드는 현상은 모든 종교에서 다 나타나고 있다.

유럽인이 들어오기 이전 미국 대륙은 수많은 원주민 부족이 매우 다양한 종교를 믿고 있던 다종교 상태였다. 유럽인들이 진출하여 식민지와 미국을 건설하는 과정에서 그곳은 기독교가 지배하는 땅이 되었다. 그러나 플로리다의 세인트 어거스틴에 최초의 항구적인 유럽인 거주지가 건설된 지 460년의 세월이 흐른 21세기 초, 미국의 종교 상황은 다시 다종교 상태로 돌아가고 있다. 500년 전 유럽인들은 아메리카대륙을 광야라고 불렀다. 그러나 적어도 종교적 차원에서 그때의 북미는 광야가 아니라 여러 가지 다양한 형태의 종교가 원주민들의 삶과 불가분의 관계를 맺고 있던 매우 종교적인 공간이었다. 이에 비해서, 유럽인들이 주도하게 된 21세기의 북아메리카대륙은 자본주의적 물질문화와 세속적 가치관이 지배하는 종교적 광야로 변모해 가고 있다. 앞서 살펴본 바와 같이 21세기 초 20여 년 동안 미국 종교시장에서 승리한 것은 역설적이게도 어떤 종교나 교파가 아니라 무종교였다.

· · · · · · · · · ·

인간의 종교성은 그 깊이를 알 수 없는 심연이다. 그리고 종교는 외부의 영향력에 놀랍게 잘 적응할 수 있는 유달리 강한 생명력을 지닌 현상이다. 그러나 21세기 초 미국 종교시장이 보여준 상황은 인간의 종교성이나 종교의 의미를 재검토하게 만들었다. 적어도 우리에게 익숙한 전통적 종교들이 뚜렷이 쇠퇴하는 가운데 세속적 가치관이 점점 더 영향력을 발휘하고 있었다. 그것은 소득과 학력이 높고 과학기술이 발달한 나라에서 공통적으로 나타나는 현상이다. 2017년 기준으로 영국, 프랑스, 독일, 스웨덴, 일본에서 종교가 삶에서 중요하다고 생각하는 사람은 10퍼센트밖에 되지 않았다.[539] 미국은 53퍼센트로 선진국 가운데 제일 높았다. 그러나 그것은 무엇보다 종교인 비율이 높은 지역에서 꾸준히 유입된 이민에 기인했을 것이

---

[539] Pew Research Center, "The Age Gap in Religion around the World: 3. How Religious Commitment Varies by Country among People of All Ages," June 13, 2018, https://www.pewresearch.org.

다. 그리고 그 상황도 변하고 있다.

미국에서 종교인 비율과 종교의 중요도는 계속 감소하고 있으며, 고소득-고학력일수록 종교와 거리를 두는 세계적 현상은 미국에서도 일어나고 있다. 소득과 교육 수준이 높은 뉴잉글랜드 주들의 종교인 비율이 앨라배마, 테네시, 미시시피 같은 남부 주의 절반에도 미치지 못하는 것이다.[540] 그런데 생각해보면 사람들이 전통적 종교에서 멀어지는 현상은 어쩌면 당연한 일인지도 모르겠다. 힌두교, 불교, 유대교, 기독교는 생긴 지 2천 년이 넘는 종교이며 이슬람도 1천 500년 가까이 되었다. 그 이후 생겨난 수많은 종교도 따지고 보면 그들의 아류 아닌 것이 거의 없다. 고대의 세계관과 지식에 기초한 그런 종교가 힘을 잃어가는 것이 놀랍다기보다, 수많은 사람이 여전히 그런 종교를 믿고 있으며 그들을 대체할 다른 어떤 주요 종교도 아직 등장하지 않았다는 사실이 감탄스럽다.

미국은 상대적으로 젊은 나라지만 인류 역사상 가장 오래 지속된 공화국이다. 또한 미국은 제1차대전 이후 세계를 지배해 온 가장 강성한 나라다. 그 성공 비결은 다양할 것이다. 그러나 종교적 입장에서 본다면, 국가의 운명에 보편성을 부여하고 시민적 삶과 영적 삶, 세속적 역사와 구속적 역사, 그리고 국가의 과거와 미래의 파라다이스를 "하나의 통합된 이상"으로 잘 결합시킨 점을 들 수 있겠다.[541] 그런데 인간이란 "자신이 만든 진리의 먹잇감"이 되어, 어떤 것을 한번 진리로 받아들이면 그 울타리에 갇혀 좀처럼 빠져나오지 못하는 존재 아닌가.[542] 국가도 다르지 않아 보인다. 국가의 종교적 이상화는 이제 미국인에게 '진리'가 되었다. 그것은 미국의 성공 비결이었지만, 벗어나기 힘든 덫이기도 할 것이다.

---

[540] Pew Research Center, "Religious Landscape Study: Attendance at Religious Services by State," https://www.pewresearch.org.

[541] Bercovitch, *American Jeremiad*, 176.

[542] Albert Camus, *The Myth of Sisyphus and Other Essays*, tran. Justin O'Brien (New York: Vintage Books, 1983), 31.

앞으로 500년 후 미국이 존재할지, 존재한다면 어떤 나라일지, 그리고 그때 미국의 종교는 어떤 모습일지 예측하기 어렵다. 지금까지 미국의 종교는 미국을 구성한 민족적-인종적 집단과 그 세력의 정도에 따라 결정되어 왔다. 그러나 앞으로 미국 종교를 결정할 것은 학문과 과학기술의 발달, 그에 따른 세계관과 가치관의 변화, 그리고 사람들의 삶에 점점 더 영향을 끼칠 자본주의적 소비-대중문화로 보인다. 미국의 민족적-인종적 구성이 어떻게 변할 것인지, 미국 사회의 세속화와 다원화는 어떤 방향과 모양으로 전개될 것인지, 점점 심화되는 자본주의적 소비문화는 미국인의 삶과 가치관을 어떻게 바꿀 것인지, 속도를 더하고 있는 학문과 과학기술의 발달은 인간과 우주를 어떻게 새롭게 정의할 것인지, 그리고 그런 변화와 발전, 새로움에 미국 종교는 어떻게 대응할 것이며 그 과정에서 각 종교는 어떻게 변모할 것인지는 후대의 역사가 기록할 질문들이다.

그동안 종교는 지상에서 유한한 삶을 살다 소멸하는 인간에게 삶의 고통과 허망함을 이길 수 있는 강력한 기제로 작동해 왔다. 그러나 사람들은 이제 종교 바깥에서 그 고통과 허망함을 무마하거나 극복할 방법들을 찾고 있다. 과학기술이 아무리 발달해도 인간 존재의 속절없음이나 능력, 그리고 본성의 한계를 근본적으로 바꾸지는 못할 것 같았다. 그러나 현대 과학기술은 인간의 물질적 유한함마저 극복할 수 있는 여러 가능성을 제시하기 시작했다. 아직은 상상에 불과한 이야기들 같다. 그러나 과거의 상상이 오늘을 만든 것처럼 내일은 오늘 한 상상의 결과물일 것이다. 그런 황당해 보이는 상상들이 앞으로 조금씩 현실이 될 때 인간은 과연 어떤 모습일지, 그때도 인간에게 종교성은 남아있을 것인지, 남아있다면 그때의 종교는 어떤 모습일지 궁금하다.

과학기술의 급속한 발전은 사람들의 우주관과 자신에 대한 이해를 근본적으로 바꾸어놓고 있다. AI의 발달은 인간의 고유물로 여겼던 '지성'이나 '창조력'이 과연 무엇인지 재고하게 만들며, 뇌와 인지에 관한 최근 연구는 인간의 '의식'이 사실은 매우 물질적인 데 기반하고 있음을 설득력 있게 보여준다. 인간은 보고, 듣고, 냄새 맡고, 맛보고, 만져보는 5가지 감각의 세계 속에 산다. 그 감각들이 모두 제거된다면 인간은 모든 외부세계와 완전하고 철저하게 단절된다. 그런데 여러 실험과 연구는 인간의 감각들이 매우 제한된 범위에서만 작동하고, 그나마도 터무니 없이 부정확하고 신뢰할 수 없음을 명백하게 알려준다. 그 유한하고 부정확하고 신뢰할 수 없는 감가들에 갇혀서 우리는 세상과 자신을 이해하고 있다. 인간 바깥에는 인간의 오감에 포착되지 않는 무한한 현상들이 있을 것이다. 종교도 결국 인간의 속절없는 한계 내에서 벌어지는 일에 불과할까, 아니면 그 너머의 세계로 통하는 창문 같은 것일까.

인간이란 무엇이며, 우리가 알거나 믿고 있는 것들의 실체는 무엇일까? 종교란 무엇이며, 도대체 인간의 종교성이란 무엇이란 말인가? 미국 종교에 대한 질문으로 시작한 여정의 끝에서 답이 아니라 더 많은 질문과 마주한다. 인간의 욕심과 현대적 생산−소비방식은 생태계 파괴와 지구열대화를 가속시키고 있다. 학자들은 '인간 멸종'이 진행 중이라고 경고한다. 앞으로 500년 후 미국과 미국 종교의 모습을 궁금해하기에 앞서 그때까지 인류가 생존할 수 있을지 걱정해야 하는 형편이다. 그러나 한 가지 분명한 것은 앞으로 500년이 지나도 그것은 북미대륙 인간 역사에서 매우 짧은 시간일 것이고, 5만 년이 흘러도 지구 역사에서는 찰나 같은 순간이라는 사실이다.

참고문헌

※미국 종교에 관한 1980년대 이후 영어 연구서만 대상으로 했으나 일부 고전적 연구는 포함했음.

일차 자료집

Ahlstrom, Sydney, and Jonathan S. Carey, eds. *An American Reformation: A Documentary History of Unitarian Christianity.* Middletown, CT: Wesleyan University Press, 1985.

Armstrong, Maurice W., et al., eds. *The Presbyterian Enterprise: Sources of American Presbyterian History.* Eugene, OR: Wipf & Stock, 2001.

Butler, Jon, and Harry S., eds. Stout. *Religion in American History: A Reader.* New York: Oxford University Press, 1998.

Carey, Patrick W., ed. *American Catholic Religious Thought: The Shaping of a Theological & Social Tradition.* Milwaukee: Marquette University Press, 2004.

Ellis, John Tracy, ed. *Documents of American Catholic History.* Wilmington, DL: M. Glazier, 1987.

Gaustad, Edwin S., and Mark A. Noll, eds. *A Documentary History of Religion in America.* 2 vols. 3d ed. Grand Rapids: Eerdmans, 2003.

Hackett, David G., ed. *Religion and American Culture: A Reader.* New York: Routledge, 1995.

Hurtado, Alberto and Peter Iverson, eds. *Major Problems in American Indian History: Documents and Essays.* Boston: Wadsworth, 2001.

Lundin, Roger, and Mark A. Noll, eds. *Voices from the Heart: Four Centuries of American Piety.* Grand Rapids: Eerdmans, 1987.

Ruether, Rosemary Radford, and Rosemary Skinner Keller, eds. *In Our Own Voices: Four Centuries of American Women's Religious Writing.* San Francisco: HarperSanFrancisco, 1995.

_____, eds. *Women and Religion in America.* 3 vols. San Francisco: Harper & Row, 1981~1986.

Sernett, Milton C. *African American Religious History: A Documentary Witness.* 2d ed. Durham: Duke University Press, 1999.

Tweed, Thomas A., and Stephen Prothero, eds. *Asian Religions in America: A Documentary History.*

New York: Oxford University Press, 1999.

Wilson, John F., and Donald L. Drakeman, eds. *Church and State in American History: Key Documents, Decisions, and Commentary from Five Centuries.* 4th ed. New York: Routledge, 2020.

사전 및 역사지도

Carroll, Bret E. *The Routledge Historical Atlas of Religion in America.* New York: Routledge, 2000.

Dictionary of Christianity in America. Eds. Daniel G. Reid, et al. Downers Grove, IL: Inter—Varsity Press, 1990.

Dictionary of Pentecostal and Charismatic Movements. Eds. Stanley M. Burgess and Gary M. McGee. Grand Rapids: Zondervan, 1988.

Eerdmans' Handbook to Christianity in America. Eds. David F. Wells, et al. Grand Rapids: Eerdmans, 1983.

Encyclopedia of the American Religious Experience: Studies of Traditions and Movements. 3 vols. Eds. Charles H. Lippy and Peter W. Williams. New York: Scribner's 1988.

Encyclopedia of Religion in the South. Ed. Samuel S. Hill. Macon, GA: Mercer University Press, 1984.

Encyclopedia of Women and Religion in North America. Eds. Rosemary Skinner Keller and Rosemary Radford Ruether. Bloomington: Indiana University Press, 2006.

Gaustad, Edwin, and Philip Barlow. *New Historical Atlas of Religion in America.* New York: Oxford University Press, 2001.

Mead, Frank S., rev. Samuel S. Hill. *Handbook of Denominations in the United States.* 10th ed. Nashville, TN: Abingdon, 1995.

통사

Ahlstrom, Sydney E. *A Religious History of the American People.* 2d ed. New Haven: Yale University Press, 2004.

Albanese, Catherine L. *America: Religions and Religion.* Belmont, CA: Wadsworth, 1992.

Butler, Jon, et al.. *Religion in American Life: A Short History.* Oxford: Oxford University Press, 2003.

Corrigan, John, and Winthrop S. Hudson. *Religion in America: An Historical Account of the Development of American Religious Life.* 7th ed. Upper Saddle River, NJ: Prentice Hall, 2004.

Gaustad, Edwin, and Leigh Eric Schmidt. *The Religious History of America.* San Francisco: HarperSanFrancisco, 2002.

Marty, Martin E. *Pilgrims in Their Own Land: Five Hundred Years of Religion in America.* Boston: Little, Brown, 1984.

Noll, Mark A. *A History of Christianity in the United States and Canada*. Grand Rapids: Eerdmans, 1992.

특정 주제에 관한 통사적 연구

Balmer, Randall. *Blessed Assurance: A History of Evangelicalism in America*. Boston: Beacon, 1999.

Boylan, Anne M. *Sunday School: The Formation of an American Institution, 1790~1880*. New Heaven: Yale University Press, 1988.

Butler, Jon. *Awash in a Sea of Faith: Christianizing the American People*. Cambridge: Harvard University Press, 1990.

Dorrien, Gray. *The Making of American Liberal Theology: Imagining Progressive Religion, 1805~1900*. Louisville: Westminster John Knox Press, 2001.

Fea, John. *The Bible Cause: A History of the American Bible Society*. New York: Oxford University Press, 2016.

Finke, Roger, and Rodney Stark. *The Churching of America, 1776~2005: Winners and Losers in Our Religious Economy*. New Brunswick, NJ: Rutgers University Press, 2005.

Handy, Robert T. *A Christian America: Protestant Hopes and Historical Realities*. New York: Oxford University Press, 1984.

Holifield, E. Brooks. *A History of Pastoral Care in America: From Salvation to Self—Realization*. Nashville, TN: Abingdon, 1983.

_____. *Theology in America: Christian Thought from the Age of the Puritans to the Civil War*. New Haven: Yale University Press, 2003.

Hughes, Richard T., and C. Leonard Allen. *Illusions of Innocence: Protestant Primitivism in America, 1630~1885*. Chicago: University of Chicago Press, 1988.

Hutchison, William R. *Errand to the World: American Protestant Thought and Foreign Missions*. Chicago: University of Chicago Press, 1987.

_____. *Religious Pluralism in America: The Contentious History of a Founding Ideal*. New Haven: Yale University Press, 2003.

McDannell, Colleen. *Material Christianity: Religion and Popular Culture in America*. New Haven: Yale University Press, 1995.

McLoughlin, William G. *Revivals, Awakenings, and Reform*. Chicago: University of Chicago Press, 1980.

Marsden, George M. *Religion and American Culture*. San Diego: Harcourt Brace Jovanovich, 1990.

Moore, R. Laurence. *Religious Outsiders and the Making of Americans*. New York: Oxford University Press, 1986.

Morgan, David, and Sally Promey, eds. *The Visual Culture of American Religions*. Berkeley: University of California Press, 2001.

Neve, Juergen L. *A Brief History of the Lutheran Church in America*. Burlington, IA: German Literary Board, 2020.

Noll, Mark A, ed. *Religion and American Politics: From the Colonial Period to the 1980s*. New York: Oxford University Press, 1990.

_____, ed. *The Princeton Theology, 1812~1921: Scripture, Science, and Theological Method from Archibald Alexander to Benjamin Breckinridge Warfield*. Grand Rapids: Baker Book House, 2001.

Page, Jake. *In the Hands of the Great Spirit: The 20,000-Year History of American Indians*. New York: Free Press, 2003.

Pierard, Richard V., and Robert D. Linder. *Civil Religion and the Presidency*. Grand Rapids: Zondervan, 1988.

Richey, Russell E., et al. *The Methodist Experience in America: A History, Volume I*. Nashville, TN: Abingdon, 2010.

Saunt, Claudio. *Black, White, and Indian: Race and the Unmaking of an American Family*. Oxford: Oxford University Press, 2005.

Schmidt, Leigh W. *Consumer Rites: The Buying and Selling of American Holidays*. Princeton: Princeton University Press, 1995.

Stewart, Omer Call. *Peyote Religion: A History*. Norman: University of Oklahoma Press, 1987.

Sweet, Leonard I., ed. *The Evangelical Tradition in America*. Macon, GA: Mercer University Press, 1984.

Synan, Vinson, ed. *The Century of the Holy Spirit: 100 Years of Pentecostal and Charismatic Renewal, 1901~2001*. Nashville, TN: Thomas Nelson, 2001.

Tarasar, Constance J. ed. *Orthodox America, 1794~1976: Development of the Orthodox Church in America*. Syosset, NY: Orthodox Church in America, 1975.

Taves, Ann. *Fits, Trances, and Visions: Experiencing Religion and Explaining Experience from Wesley to James*. Princeton: Princeton University Press, 1999.

Tucker, Karen B. Westerfield. *American Methodist Worship*. New York: Oxford University Press, 2001.

Wells, Ronald A., ed. *The Wars of America: Christian Views*. Grand Rapids: Eerdmans, 1981.

Wigger, Charles Reagan. *Taking Heaven by Storm: Methodism and the Rise of Popular Christianity in America*. New York: Oxford University Press, 1998.

원주민 종교

Axtell, James. *The Invasion Within: The Contest of Cultures in Colonial North America*. New York: Oxford University Press, 1985.

Bowden, Henry Warner. *American Indians and Christian Missions: Studies in Cultural Conflict*. Chicago: University of Chicago Press, 1981.

Curtin, Jeremiah. *Native American Creation Myths*. Mineola, NY: Dover Pub., 2004.

Dowd, Gregory Evans. *A Spirited Resistance: The North American Indian Struggle for Unity, 1745~1815*. Baltimore: Johns Hopkins University Press, 1992.

Erdoes, Richard, and Alfonso Ortiz, eds. *American Indian Myths and Legends*. New York: Pantheon Books, 1984.

Hagan, William T. *Quanah Parker, Comanche Chief*. Norman: University of Oklahoma, 1995.

Hultkrantz, Ake. *The Religions of the American Indians*. Berkeley: University of California Press, 1981.

McLoughlin, William G. *The Cherokee Ghost Dance: Essays on the Southeastern Indians, 1789~1861*. Macon, GA: Mercer University Press, 1984.

McNally, Michael. *Ojibwe Singers: Hymns, Grief, and Native Culture in Motion*. New York: Oxford University Press, 2000.

Martin, Joel. *The Land Looks After Us: A History of Native American Religion*. New York: Oxford University Press, 2001.

_____, *Native American Religion*. New York: Oxford University Press, 1999.

Merrell, James H. *The Indians' New World: Catawbas and Their Neighbors from European Contact Through the Era of Revival*. Chapel Hill: University of North Carolina Press, 1989.

Perdue, Theda. *The Cherokee Nation and the Trail of Tears*. New York: Penguin Books, 2007.

Stewart, Omer Call. *Handbook of American Indian Religious Freedom*. New York: Crossroad Press, 1991.

Waters, Frank. *The Book of the Hopi*. New York: Penguin, 1977.

Weaver, Jace, ed. *Native American Religious Identity: Unforgotten Gods*. Maryknoll, NY: Orbis, 1998.

Wright, John B. *Montana Ghost Dance: Essays on Land and Life*. Austin: University of Texas Press, 1998.

식민지시대

Balmer, Randall H. *A Perfect Babel of Confusion: Dutch Religion and English Culture in the Middle Colonies*. New York: Oxford University Press, 1989.

Barry, John M. *Roger Williams and the Creation of the American Soul: Church, State, and the Birth of Liberty*. New York: Penguin Books, 2012.

Bercovitch, Sacvan. *The American Jeremiad*. Madison: University of Wisconsin Press, 1978.

Bloch, Ruth. *Visionary Republic: Millennial Themes in American Thought, 1756~1800*. New York: Cambridge University Press, 1985.

Bonomi, Patricia. *Under the Cope of Heaven: Religion, Society, and Politics in Colonial America*. Rev. ed. New York: Oxford University Press, 2003.

Bozeman, T. Dwight. *To Live Ancient Lives: The Primitivist Dimension in Puritanism*. Chapel Hill: University of North Carolina Press, 1988.

Boyer, Paul, and Stephen Nissenbaum. *Salem Possessed: The Social Origins of Witchcraft*. Cambridge: Harvard University Press, 1974.

Butler, Jon. *Religion in Colonial America*. Oxford: Oxford University Press, 2000.

Cohen, Charles L. *God s Caress: The Psychology of Puritan Religious Experience*. New York: Oxford University Press, 1986.

Crawford, Michael. *Seasons of Grace: Colonial New England s Revival Tradition in Its British Context*. New York: Oxford University Press, 1991.

Demos, John Punam. *Entertaining Satan: Witchcraft and the Culture of Early New England*. New York: Oxford University Press, 1982.

Ellis, Joseph J. *Founding Brothers: The Revolutionary Generation*. New York: Alfred A. Knopf, 2002.

Foulds, Diane E. *Death in Salem: The Private Lives behind the 1692 Witch Hunt*. Guilford, CT: Globe Pequot, 2010.

Frazer, Gregg L. *God against the Revolution: The Loyalist Clergy's Case against the American Revolution*. Lawrence: University Press of Kansas, [2018].

Glasson, Travis. *Mastering Christianity: Missionary Anglicanism and Slavery in the Atlantic World*. Oxford: Oxford University Press, 2012.

Hall, David D. *Worlds of Wonder, Days of Judgment: Popular Religious Belief in Early New England*. New York: Knopf, 1989.

Hamburger, Philip. *Separation of Church and State*. Cambridge: Harvard University Press, 2002.

Hoffman, Ronald, and Peter J. Albert, eds. *Religion in a Revolutionary Age*. Charlottesville: University Press of Virginia, 1994.

Holmes, David L. *The Faiths of the Founding Fathers*. Oxford: Oxford University Press, 2006.

Kidd, Thomas S. *The Great Awakening: The Roots of Evangelical Christianity in Colonial America*. New Haven: Yale University Press, 2007.

Lambert, Frank. *Inventing the "Great Awakening."* Princeton: Princeton University Press, 2021.

Levy, Barry. *Quakers and the American Family: British Settlement in the Delaware Valley*. New York: Oxford University Press, 1988.

Marsden, George. *Jonathan Edwards: A Life*. New Haven: Yale University Press, 2003.

Miller, William Lee. *The First Library: America's Foundation in Religious Freedom*. Washington: Georgetown University Press, 2003.

Murphy, Andrew R. *William Penn: A Life*. New York: Oxford University Press, 2019.

Noll, Mark A. *Christians in the American Revolution*. Vancouver: Regent College Pub., 2006.

Olmstead, Earl P. *David Zeisberger: A Life among the Indians*. Kent, OH: Kent State University Press, 1997.

Roeber, A. G. *Palatines, Liberty and Property: German Lutherans in British North America*.

Baltimore: Johns Hopkins University Press, 1993.

Schmidt, Leigh Eric. *Hearing Things: Religion, Illusion, and the American Enlightenment*. Cambridge: Harvard University Press, 2000.

_____. *Holy Fairs: Scotland and the Making of American Revivalism*. 2d ed. Grand Rapids: Eerdmans, 2001.

Stout, Harry S. *The Divine Dramatist: George Whitefield and the Rise of Modern Evangelicalism*. Grand Rapids: Eerdmans, 1991.

____. *The New England Soul: Preaching and Religious Culture in Colonial New England*. New York: Oxford University Press, 1986.

Upton, Dell. *Holy Things and Profane: Anglican Parish Churches in Colonial Virginia*. Cambridge: MIT Press, 1986.

Westerkamp, Marilyn J. *Triumph of the Laity: Scots—Irish Piety and the Great Awakening, 1625~1760*. New York: Oxford University Press, 1988.

Willison, George F. *Saints and Strangers: Lives of the Pilgrim Fathers and Their Families*. New Brunswick, NJ: Transaction Pub., 2011.

Winiarski, Douglas Leo. *Darkness Falls on the Land of Light: Experiencing Religious Awakenings in Eighteenth—century New England*. Chapel Hill: University of North Carolina Press, 2017.

Woolverton, John F. *Colonial Anglicanism in North America*. Detroit: Wayne State University Press, 1984.

건국 이후

Abzug, Robert H. *Cosmos Crumbling: American Reform and the Religious Imagination*. New York: Oxford University Press, 1994.

Bailey, David T. *Shadow on the Church: Southwestern Evangelical Religion and the Issue of Slavery, 1783~1860*. Ithaca: Cornell University Press, 1985.

Baker, Kelly J. *The Klan: The KKK's Appeal to Protestant America, 1915~1930*. Lawrence: University Press of Kansas, 2011.

Bozeman, T. Dwight. *Protestants in an Age of Science: The Baconian Ideal and Ante—Bellum American Religious Thought*. Chapel Hill: University of North Carolina Press, 1977.

Carwardine, Richard. *Evangelicals and Politics in Antebellum America*. New Haven: Yale University Press, 1993.

Chritiano, Kevin J. *Religious Diversity and Social Change: American Cities, 1890~1906*. New York: Cambridge University Press, 1987.

Curry, Thomas J. *The First Freedom: Church and State in America to the Passage of the First Amendment*. New York: Oxford University Press, 1986.

Curtis, Susan. *A Consuming Faith: The Social Gospel and Modern American Culture*. Baltimore:

Johns Hopkins University Press, 1991.

Davis, David Brion. *In the Image of God: Religion, Moral Values, and Our Heritage of Slavery*. New Haven: Yale University Press, 2001.

Forgarty, Robert S. *All Things New: American Communes and Utopian Movements, 1860~1914*. Chicago: University of Chicago Press, 1990.

Franchot, Jenny. *Roads to Rome: The Antebellum Protestant Encounter with Catholicism*. Berkeley: University of California Press, 1994.

Frankiel, Tamar. *Californian's Spiritual Frontiers: Religious Alternatives in Anglo—Protestantism, 1850~1910*. Berkeley: University of California Press, 1988.

Goen, C. C. *Broken Churches, Broken Nation: Denominational Schisms and the Coming of the American Civil War*. Waco, GA: Mercer University Press, 1985.

Guelzo, Allen C. *Abraham Lincoln: Redeemer President*. Grand Rapids: Eerdmans, 1999.

Hambrick—Stowe, Charles. *Charles G. Finney and the Spirit of American Evangelicalism*. Grand Rapids: Eerdmans, 1996.

Hanley, Mark Y. *Beyond a Christian Commonwealth: The Protestant Quarrel with the American Republic, 1830~1860*. Chapel Hill: University of North Carolina Press, 1994.

Hatch, Nathan. *The Democratization of American Christianity*. New Haven: Yale University Press, 1989.

Heyrman, Christine Leigh. *Southern Cross: The Beginnings of the Bible Belt*. New York: Knopf, 1997.

Holifield, E. Brooks. *The Gentlemen Theologians: American Theology in Southern Culture, 1795~1860*. Eugene, OR: Wipf & Stock, 2007.

Johnson, Paul E. *A Shopkeeper's Millennium: Society and Revivals in Rochester, New York, 1815~1837*. New York: Hill and Wang, 2004.

Livingston, David N. *Darwin's Forgotten Defenders: The Encounter Between Evangelical Theology and Evolutionary Thought*. Grand Rapids: Eerdmans, 1987.

Magnuson, Norris. *Salvation in the Slums: Evangelical Social Work, 1865~1920*. Grand Rapids: Baker, 1990.

Mansfield, Stephen. *Lincoln's Battle with God: A President's Struggle with Faith and What It Meant for America*. Nashville, TN: Thomas Nelson, 2012.

Marsden, George M. *Fundamentalism and American Culture: The Shaping of Twentieth Century Evangelicalism, 1870~1925*. New York: Oxford University Press, 1980.

Matthews, Donald G. *Religion in the Old South*. Chicago: University of Chicago Press, 1977.

Moore, James R. *The Post—Darwinian Controversies: A Study of the Protestant Struggle to Come to Terms with Darwin in Great Britain and America, 1870~1900*. New York: Cambridge University Press, 1979.

Moore, R. Laurence. *Selling God: American Religion in the Marketplace of Culture*. New York:

Oxford University Press, 1994.

Moorhead, James H. *American Apocalypse: Yankee Protestants and the Civil War, 1860~1869*. New Haven: Yale University Press, 1978.

_____. *World Without End: Mainstream American Protestant Visions of the Last Things, 1880~1925*. Bloomington: Indiana University Press, 1999.

Noll, Mark A. *America's God: From Jonathan Edwards to Abraham Lincoln*. New York: Oxford University Press, 2002.

Putney, Clifford. *Missionaries in Hawai'i: The Lives of Peter and Fanny Gulick, 1797~1883*. Amherst: University of Massachusetts Press, 2010.

_____. *Muscular Christianity: Manhood and Sports in Protestant America, 1880~1920*. Cambridge: Harvard University Press, 2001.

Roberts, Jon H. *Darwinism and the Divine in America: Protestant Intellectuals and Organic Evolution, 1859~1900*. Notre Dame, IN: University of Notre Dame Press, 2001.

Smith, Timothy L. *Revivalism and Social Reform: American Protestantism on the Eve of the Civil War*. Gloucester, MA: Peter Smith, 1976.

Turner, James. *Without God, Without Creed: The Origins of Unbelief in America*. Baltimore: Johns Hopkins University Press, 1985.

Wacker, Grant. *Religion in Nineteenth Century America*. New York: Oxford University Press, 2000.

Weber, Timothy P. *Living in the Shadow of the Second Coming: American Premillennialism, 1875~1925*. New York: Oxford University Press, 1979.

Wilson, Charles Reagan. *Baptized in Blood: The Religion of the Lost Cause, 1865~1920*. Athens: University of Georgia Press, 1980.

20세기 이후

Ammerman, Nacy. *Baptist Battles: Social Change and Religious Conflict in the Southern Baptist Convention*. New Brunswick, NJ: Rutgers University Press, 1990.

Balmer, Randall. *Grant Us Courage: Travels Along the Mainline of American Protestantism*. New York: Oxford University Press, 1996.

_____. *Mine Eyes Have Seen the Glory: A Journey into the Evangelical Subculture in America*. 3d ed. New York: Oxford University Press, 2000.

_____. *Religion in Twentieth Century America*. Oxford: Oxford University Press, 2001.

Carpenter, Joel A. *Revive Us Again: The Reawakening of American Fundamentalism*. New York: Oxford University Press, 1997.

Carpenter, Joel A., and Wilbert R. Shenk. *Earthen Vessels: American Evangelicals and Foreign Missions, 1880~1980*. Grand Rapids: Eerdmans, 1990.

Cox, Harvey. *Fire from Heaven: The Rise of Pentecostal Spirituality and the Reshaping of Religion in the Twenty—First Century*. Reading, MA: Addison—Wesley, 1995.

Dayton, Donald. *Theological Roots of Pentecostalism*. Metuchen, NJ: Scarecrow, 1987.

Dierenfield, Bruce J. *The Battle over School Prayer: How Engel v. Vitale Changed America*. Lawrence: University of Kansas Press, 2007.

Hart, D. G. *The University Gets Religion: Religious Studies in American Higher Education*. Baltimore: Johns Hopkins University Press, 1999.

Hunter, James Davidson. *Culture Wars: The Struggle to Define America*. New York: Basic Books, 1991.

Hutchison, William R., ed. *Between the Times: The Travail of the Protestant Establishment in America, 1900~1960*. New York: Cambridge University Press, 1989.

Hutchison, William R. *The Modernist Impulse in American Protestantism*. Cambridge: Harvard University Press, 1976.

James, Rob, et al., *The Fundamentalist Takeover in the Southern Baptist Convention: A Brief History*. Timisoara, Romania: Impact Media, 1999.

Lienesch, Michael. *Redeeming America: Piety and Politics in the New Christian Right*. Chapel Hill: University of North Carolina Press, 1993.

Martin, William. *With God on Our Side: The Rise of the Religious Right in America*. New York: Broadway Books, 1996.

Marty, Martin E. *Modern American Religion*. 3 vols. Chicago: University of Chicago Press, 1986~1996.

Miller, Donald E. *Reinventing American Protestantism: Christianity in the New Millennium*. Berkeley: University of California Press, 1997.

Neuhaus, Richard John, and Michael Cromartie, eds. *Piety and Politics: Evangelicals and Fundamentalists Confront the World*. Washington, D.C.: Ethics and Public Policy Center, 1987.

Ribuffo, Leo. *The Old Christian Right: The Protestant Far Right from the Great Depression to the Cold War*. Philadelphia: Temple University Press, 1983.

Risen, James, and Judy L. Thomas. *Wrath of Angels: The American Abortion War*. New York: BasicBooks, 1998.

Silk, Mark. *Spiritual Politics: Religion and America Since World War II*. Princeton: Princeton University Press, 1988.

Tracy, James. *Direct Action: Radical Pacifism from the Union Eight to the Chicago Seven*. Chicago: University of Chicago Press, 1996.

_____. *The Restructuring of American Religion: Society and Faith Since World War II*. Princeton: Princeton University Press, 1988.

Wacker, Grant. *Heaven Below: Early Pentecostals and American Culture*. Cambridge: Harvard University Press, 2001.

Young, Michael P. *Bearing Witness against Sin: The Evangelical Birth of the American Social*

Movement. Chicago: University of Chicago Press, 2006.

Ziegler, Mary. *After Roe: The Lost History of the Abortion Debate*. Cambridge: Harvard University Press, 2015.

아프리카계 주민

Austin, Allan D. *African Muslims in Antebellum America: Transatlantic Stories and Spiritual Struggles*. New York: Routledge, 1997.

Baer, Hans, and Merrill Singer. *African American Religion: Varieties of Protest and Accommodation*. Knoxville: University of Tennessee Press, 2002.

Barnes, Kenneth C. *Journey of Hope: The Back-to-Africa Movement in Arkansas in the Late 1800s*. Chapel Hill: University of North Carolina Press, 2004.

Campbell, James T. *Songs of Zion: The African Methodist Episcopal Church in the United States and South Africa*. New York: Oxford University Press, 1995.

Chireau, Yvonne, and Nathaniel Deutsch, eds. *Black Zion: African American Religious Encounters with Judaism*. New York: Oxford University Press, 2000.

Davis, Cyprian. *History of Black Catholics in the United States*. New York: Crossroad, 1990.

Frey, Sylvia R., and Betty Wood. *Come Shouting to Zion: African American Protestantism in the American South and British Caribbean to 1830*. Chapel Hill: University of North Carolina Press, 1998.

Gardell, Mattias. *In the Name of Elijah Muhammad: Louis Farrakhan and the Nation of Islam*. Durham: Duke University Press, 1996.

Genovese, Eugene. *Roll, Jordan, Roll: The World the Slaves Made*. New York: Pantheon, 1974.

Glaude, Eddie S., Jr. *Exodus! Religion, Race, and Nation in Early Nineteenth—Century Black America*. Chicago: University of Chicago Press, 2000.

Harris, Michael W. *The Rise of the Gospel Blues: The Music of Thomas Andrew Dorsey in the Urban Church*. New York: Oxford University Press, 1992.

Jewell, Josheph O. *Race, Social Reform, and the Making of a Middle-Class: The American Missionary Association and Black Atlanta, 1890~1900*. Lanham, MD: Rowman & Littlefield Pub., 2007.

Johnson, Clifton H., ed. *God Struck Me Dead: Religious Conversion Experiences and Autobiographies of Ex—Slaves*. Cleveland: Pilgrim Press, 1993.

Lincoln, C. Eric. *The Black Muslims in America*. 3d ed. Grand Rapids: Eerdmans, 1994.

Lincoln, C. Eric, and Lawrence H. Mamiya. *The Black Church in the African—American Experience*. Durham: Duke University Press, 1990.

Lovett, Bobby L. *America's Historically Black Colleges & Universities: A Narrative History from the Nineteenth Century into the Twenty-first Century*. Macon, GA: Mercer University Press, 2011.

Raboteau, Albert J. *African—American Religion*. Oxford: Oxford University Press, 1999.

_____. *Slave Religion: The "Invisible Institution" in the Antebellum South*. New York: Oxford University Press, 1978.

Sanders, Cheryl J. *Saints in Exile: The Holiness—Pentecostal Experience in African American Religion and Culture*. New York: Oxford University Press, 1996.

Sernett, Milton C. *Bound for the Promised Land: African American Religion and the Great Migration*. Durham: Duke University Press, 1997.

Sobel, Mechal. *Trabelin' On: The Slave Journey to an Afro—Baptist Faith*. Westport, CT: Greenwood Press, 1979.

Turner, Richard Brent. *Islam in the African American Experience*. Bloomington: Indiana University Press, 1997.

Watts, Jill. *God, Harlem, USA: The Father Divine Story*. Berkeley: University of California Press, 1992.

Wilmore, Gayraud S. *Black Religion and Black Radicalism: An Interpretation of the Religious History of Afro—American People*, 2d ed. Maryknoll, New York: Orbid, 1991.

여성

Andrews, William L. *Sisters of the Spirit: Three Black Women's Autobiographies of the Nineteenth Century*. Bloomington: Indiana University Press, 1986.

Beaver, R. Pierce. *American Protestant Women in World Mission: A History of the First Feminist Movement in North America*. Rev. ed. Grand Rapids: Eerdmans, 1980.

Bendroth, Margaret Lamberts. *Fundamentalism and Gender, 1875 to the Present*. New Haven: Yale University Press, 1993.

Braude, Ann. *Radical Spirits: Spiritualism and Women's Rights in Nineteenth—Century America*. Boston: Beacon Press, 1989.

Brekus, Catherine A. *Sarah Osborn's World: The Rise of Evangelical Christianity in Early America*. New Haven: Yale University Press, 2013.

_____. *Strangers and Pilgrims: Female Preaching in America, 1740~1845*. Chapel Hill: University of North Carolina Press, 1998.

DeBerg, Betty A. *Ungodly Women: Gender and the First Wave of American Feminism*. Minneapolis: Fortress Press, 1990.

Fialka, John J. *Sisters: Catholic Nuns and the Making of America*. New York: St. Martin's Press, 2003.

Frederick, Maria. *Between Sundays: Black Women and Everyday Struggles of Faith*. Berkeley: University of California Press, 2003.

Friedman, Jean E. *The Enclosed Garden: Women and Community in the Evangelical South, 1830~1900*. Chapel Hill: University of North Carolina Press, 1985.

Griffith, R. Marie. *God' s Daughters: Evangelical Women and the Power of Submission.* Berkeley: University of California Press, 1997.

Higginbotham, Evelyn Brooks. *Righteous Discontent: The Women' s Movement in the Black Baptist Church, 1880~1920.* Cambridge: Harvard University Press, 1993.

Hill, Patricia R. *The World Their Household: The American Woman' s Foreign Mission Movement and Cultural Transformation, 1870~1920.* Ann Arbor: University of Michigan Press, 1985.

Juster, Susan. *Disorderly Women: Sexual Politics and Evangelicalism in Revolutionary New England.* Ithaca: Cornell University Press, 1994.

Larson, Rebecca. *Daughters of the Light: Quaker Women Preaching and Prophesying in the Colonies and Abroad, 1700~1775.* New York: Knopf, 1999.

Lindley, Susan Hill. *You Have Stept Out of Your Place: A History of Women and Religion in America.* Louisville, KY: Westminster John Knox Press, 1996.

McDannell, Colleen. *The Christian Home in Victorian America, 1840~1900.* Bloomington: Indiana University Press, 1986.

Mickelsen, Alvera, ed. *Women, Authority, & the Bible.* Downers Grove, IL: IVP, 1986.

Million, Joelle. *Woman' s Voice, Woman' s Place: Lucy Stone and the Birth of the Woman' s Rights Movement.* Westport, CT: Praeger, 2003.

O' Donnell, Catherine. *Elizabeth Seton: American Saint.* Ithaca, NY: Three Hills, 2018.

Porterfield, Amanda. *Female Piety in Puritan New England: The Emergence of Religious Humanism.* New York: Oxford University Press, 1992.

Satter, Beryl. *Each Mind a Kingdom: American Women, Sexual Purity, and the New Thought Movement, 1875~1920.* Berkeley: University of California Press, 1999.

Weisenfeld, Judith. *African American Women and Christian Activism: New York' s Black YWCA, 1905~1945.* Cambridge: Harvard University Press, 1997.

Yohn, Susan. *A Contest of Faiths: Missionary Women and Pluralism in the American Southwest.* Ithaca: Cornell University Press, 1995.

천주교, 유대교

Cohen, Naomi W. *Jews in Christian America: The Pursuit of Religious Equality.* New York: Oxford University Press, 1992.

Dolan, Jay P. *The American Catholic Experience: A History from Colonial Times to the Present.* Garden City, NY: Image Books, 1985.

_____. *Catholic Revivalism: The American Experience, 1830~1900.* Notre Dame: University of Notre Dame Press, 1978.

Elizondo, Virgilio P. *The Future is Mestizo: Life Where Cultures Meet.* Boulder: University Press of Colorado, 2000.

Fisher, James T. *Communion of Immigrants: A History of Catholics in America.* New York: Oxford University Press, 2007.

Gillis, Chester. *Roman Catholicism in America.* New York: Columbia University Press, 1999.

_____. *Catholicism and American Freedom: A History.* New York: W. W. Norton, 2003.

Gurock, Jeffrey S. *The Men and Women of Yeshiva: Higher Education, Orthodoxy, and American Judaism.* New York: Columbia University Press, 1988.

Hennesey, James. *American Catholics: A History of the Roman Catholic Community in the United States.* New York: Oxford University Press, 1981.

McGreevey, John T. *Parish Boundaries: The Catholic Encounter with Race in the Twentieth—Century Urban North.* Chicago: University of Chicago Press, 1996.

McGuire, Meredith B. *Pentecostal Catholics: Power, Charisma, and Order in a Religious Movement.* Philadelphia: Temple University Press, 1982.

Massa, Mark S. *Catholics and American Culture: Fulton Sheen, Dorothy Day, and the Notre Dame Football Team.* New York: Crossroad, 1999.

Meyer, Michael A. *Response to Modernity: A History of the Reform Movement in Judaism.* Detroit: Wayne State University Press, 1995.

Orsi, Robert. *Madonna of 115th Street: Faith and Community in Italian Harlem, 1880~1950.* 2d ed. New Haven: Yale University Press, 2002.

Rapheal, Marc L. *Profiles in American Judaism: The Reform, Conservative, Orthodox, and Reconstructionist Traditions in Historical Perspective.* San Francisco: Harper and Row, 1988.

Sarna, Jonathan D., ed. *The American Jewish Experience.* 2d ed. New York: Holmes and Meier, 1997.

_____. *American Judaism: A History.* New Haven: Yale University Press, 2004.

Sorin, Gerald. *Tradition Transformed: The Jewish Experience in America.* Baltimore: Johns Hopkins University Press, 1997.

Taves, Ann. *The Household of Faith: Roman Catholic Devotions in Mid—Nineteenth—Century America.* Notre Dame: University of Notre Dame Press, 1997.

Wertheimer, Jack. *A People Divided: Judaism in Contemporary America.* New York: Basic Books, 1993.

기타 종교 및 주제

Alexander, Thomas G. *Mormonism in Transition: A History of the Latter—Day Saints, 1890~1930.* Urbana: University of Illinois Press, 1986.

Barrett, Paul. *American Islam: The Struggle for the Soul of a Religion.* New York: Picador, 2007.

Bellah, Robert N. *The Broken Covenant: American Civil Religion in Time of Trial.* Chicago: University of Chicago Press, 1992.

Brereton, Virginia L. *Training God s Army: The American Bible School, 1880~1940*. Bloomington, Indiana University Press, 1990.

Dirks, Jerald F. *Muslims in American History: A Forgotten Legacy*. Beltsville, MD: Amana Pub., 2006.

Eck, Diana L. *A New Religious America: How a "Christian Country" Has Now Become the World s Most Religiously Diverse Nation*. San Francisco: HarperSanFrancisco, 2002.

Fields, Rick. *How the Swans Came to the Lake: A Narrative History of Buddhism in America*. 3d ed., Boston: Shambhala, 1992.

Gordon, Sarah Barringer. *The Mormon Question: Polygamy and Constitutional Conflict in Nineteenth—Century America*. Chapel Hill: University of North Carolina Press, 2002.

Grodzins, Dean. *American Heretic: Theodore Parker and Transcendentalism*. Chapel Hill: University of North Carolina Press, 2002.

Hall, Mitchell K. *Because of Their Faith: CALCAV and Religious Opposition to the Vietnam War*. New York: Columbia University Press, 1990.

Hammer, Juliane, and Omid Safi. *The Cambridge Companion to American Islam*. Cambridge: Cambridge University Press, 2013.

Jackson, Carl T. *Vedanta for the West: The Ramakrishna Movement in the United States*. Bloomington: Indiana University Press, 1994.

Kazin, Alfred. *God and The American Writer*. New York: Alfred A. Knopf, 1997.

Long, Jeffery D. *Hinduism in America: A Convergence of Worlds*. London: Bloomsbury Academic, 2020.

Marsden, George M. *The Soul of the American University: From Protestant Establishment to Established Nonbelief*. New York: Oxford University Press, 1994.

McCauley, Deborah Vansau. *Appalachian Mountain Religion: A History*. Urbana: University of Illinois Press, 1995.

Mauss, Armand. *The Angel and the Beehive: The Mormon Struggle with Assimilation*. Urbana: University of Illinois Press, 1994.

Miller, Russell E. *The Larger Hope: The First Century of the Universalist Church in America, 1770~1870*. Boston: Unitarian Universalist Association, 1979.

Numbers, Ronald L. *Prophetess of Health: Ellen G. White and the Origins of Seventh—Day Adventist Health Reform*. Knoxville: University of Tennessee Press, 1992.

Numrich, Paul. *Old Wisdom in the World: Americanization in Two Immigrant Theravada Buddhist Temples*. Knoxville: University of Tennessee Press, 1996.

Said, Omar Ibn. *A Muslim American Slave: The Life of Omar Ibn Said*. Tran. and ed. Ala Alryyes. Madison: University of Wisconsin Press, 2011 (ebook).

Seager, Richard Hughes. *Buddhism in America*. New York: Columbia University Press, 1999.

Smith, Gary Scott. *Faith and the Presidency: From George Wahington to George W. Bush*. New York:

Oxford University Press, 2006.

Smith, Jane I. *Islam in America*. New York: Columbia University Press, 2000.

Stein, Stephen. *The Shaker Experience in America: A History of the United Society of Believers*. New Heaven: Yale University Press, 1992.

Taiz, Lillian. *Hallelujah Lads and Lasses: Remaking the Salvation Army in America, 1880~1930*. Chapel Hill: University of North Carolina Press, 2001.

Tricomi, Albert H. *Missionary Positions: Evangelicalism and Empire in American Fiction*. Gainesville: University Press of Florida, 2011.

Urban, Hugh B. *The Church of Scientology: A History of a New Religion*. Princeton: Princeton University Press, 2011.

Ware, Timothy. *The Orthodox Church: An Introduction to Eastern Christianity*. London: Penguin Books, 2015.

Williams, Raymond B. *Religions of Immigrants from India and Pakistann: New Threads in the American Tapestry*. New York: Cambridge University Press, 1988.

Wuthnow, Robert. *The Restructuring of American Religion: Society and Faith Since World War II*. Princeton: Princeton University Press, 1988.

새로 쓴 미국 종교사

A New History of Religion in the United States

2024년 4월 27일 초판 1쇄 인쇄
2024년 4월 29일 초판 1쇄 발행

글쓴이   류대영
펴낸이   박혜숙
디자인   이보용 김진
펴낸곳   도서출판 푸른역사
    우) 03044 서울시 종로구 자하문로8길 13
    전화: 02)720−8921(편집부) 02)720−8920(영업부)
    팩스: 02)720−9887
    전자우편: 2013history@naver.com
    등록: 1997년 2월 14일 제13−483호

ⓒ 류대영, 2024

ISBN 979−11−5612−275−3 93900